〔明文 中國正史 大系〕

原文 譯註

後漢書(四)

(南朝)宋 范　曄 著

唐　李　賢 註

陶硯　陳起煥 譯註

明文堂

銅製 奔馬(동제 분마. 달리는 말)
後漢시대. 높이 34.5cm, 길이 45cm. 甘肅省 박물관 소장.

황금으로 상감한 짐승 모양의 뚜껑이 있는 벼루.
後漢시대. 높이 10.5cm, 길이 25cm, 폭 14.8cm. 江蘇省 南京 박물관 소장.

擊鼓說唱俑(격고설창용, 북치며 설창하는 광대)
後漢시대. 陶質. 높이 55cm. 中國歷史 박물관 소장.

陶座銅錢樹〔도좌 동전수, 도기 바탕, 동제 돈(錢)나무〕
後漢시대. 四川省 成都市 관할 彭州市 출토.

〖明文 中國正史 大系〗

原文 譯註

後漢書(四)

(南朝)宋 范　曄 著

唐 李　賢 註

陶硯　陳起煥 譯註

明文堂

[차례]

원문 역주

후한서 (四)

24 馬援列傳
〔마원열전〕

❶ 馬援

原文

馬援字文淵, 扶風茂陵人也. 其先趙奢爲趙將, 號曰馬服君, 子孫因爲氏. 武帝時, 以吏二千石自邯鄲徙焉. 曾祖父通, 以功封重合侯, 坐兄何羅反, 被誅, 故援再世不顯. 援三兄況, 余, 員, 並有才能, 王莽時皆爲二千石.

註釋 | ○馬援字文淵 - 馬援(前 14 - 서기 49), 後漢 유명 장군, 光武帝 때 伏波將軍, 보통 馬伏波로 통칭. 마원의 딸이 明帝의 馬皇后(? - 79), 章帝의 養母. 明帝 때 名臣列將 28인의 초상화를 雲臺에 그릴 때 마원은 외척이라 하여 28將에 들어가지 않았다. 나중에 다른 3인과 함께 추가되었다. '畫虎不成反類狗'의 명언을 남긴 사람. 三國 時 馬騰(마등), 馬超(마초)

는 馬援의 후손. ㅇ扶風茂陵人 - 扶風은 右扶風, 관직명이면서 행정구역 명칭. 茂陵은 무제의 능, 현명. 능현. ㅇ趙奢爲趙將 - 戰國시대 趙 惠文王 (재위, 전 299-266년)의 무신. ㅇ號曰馬服君 - 馬服은 말을 잘 다룬다는 뜻. 馬服君이라서 馬를 성씨로 정했다. ㅇ坐兄何羅反 - 馬何羅(마하라, 漢 書에는 莽何羅)는 무제 때 江充(강충)과 친했는데, 강충이 征和 원년(前 92)에 巫蠱(무고)의 禍(화)를 일으켜 衛太子를 죽게 만들었을 때 망하라의 동생 馬 通(마통)은 太子軍을 토벌하는데 공이 있어 제후(重合侯)가 되었다. 뒷날 무제가 태자의 원통함을 알고서 강충의 종족과 무리를 멸족시켰다. 마하 라 형제는 화가 닥칠 것이 두려워 반역하였다(武帝 後元 元年, 前 88). 《漢 書 武帝紀》, 江充은 《漢書 蒯伍江息夫傳》에 立傳. ㅇ故援再世不顯 - 再世 는 마원의 祖父와 父親의 세대. ㅇ爲二千石 - 二千石은 漢 太守의 질록. 태수의 별칭. 질록 二千石은 조정의 卿에 해당.

[國譯]

馬援(마원)의 字는 文淵(문연)으로 右扶風 茂陵縣 사람이다. 그 선 조인 趙奢(조사)는 (戰國時代) 趙의 장군으로 爵號(작호)가 馬服君(마 복군)이었기에 그 자손들은 馬를 성씨로 하였다. 武帝 때 2천석 관리 로 邯鄲(한단)에서 茂陵縣으로 이사하였다. 증조부인 馬通(마통)은 공을 세워 重合侯가 되었으나 兄 馬何羅(마하라)의 반역에 연관되어 처형되었기에 再世에는 (馬援의 조부와 부친) 고위직에 오르지 못 했다. 마원의 세 형인 馬況(마황), 馬余(마여), 馬員(마원)은 재능이 좋 아 王莽(왕망) 시대에 모두 二千石 고관이 되었다.

援年十二而孤, 少有大志, 諸兄奇之. 嘗受《齊詩》, 意不能守章句, 乃辭況, 欲就邊郡田牧. 況曰, "汝大才, 當晚成. 良工不示人以樸, 且從所好." 會況卒, 援行服期年, 不離墓所, 敬事寡嫂, 不冠不入廬. 後爲郡督郵, 送囚至司命府, 囚有重罪, 援哀而縱之, 遂亡命北地. 遇赦, 因留牧畜, 賓客多歸附者, 遂役屬數百家. 轉遊隴漢間, 常謂賓客曰, "丈夫爲志, 窮當益堅, 老當益壯." 因處田牧, 至有牛,馬,羊數千頭, 穀數萬斛. 旣而嘆曰, "凡殖貨財產, 貴其能施賑也, 否則守錢虜耳." 乃盡散以班昆弟故舊, 身衣羊裘皮褲.

| 註釋 | ○汝大才, 當晚成 - 大器晚成이어야 한다는 뜻. ○良工不示人以樸 - 樸은 통나무 박(朴과 通). 전혀 다듬지 않은 목재. 통나무. ○且從所好 - 일단 네가 좋은 대로 하라. ○敬事寡嫂 - 홀로 된 형수. ○送囚至司命府 - 司命官은 上公 이하 관리의 죄를 규찰하고 판결. ○亡命北地 - 北地郡, 치소는 富平縣, 今 寧夏回族自治區 북부, 黃河 東岸의 吳忠市. ○窮當益堅, 老當益壯 - 보통 '老益壯'은 많이 쓰나 신체 건강을 의미하는 말이 아니고 의지의 실천을 강조하는 말이다. '窮當益堅'의 窮은 貧窮. ○守錢虜 - 守錢奴. 虜는 포로, 죄수, 천한 사람을 멸시하는 호칭. ○班昆弟故舊 - 班은 나눠주다. 昆弟는 兄弟. 故舊는 知人. ○身衣羊裘皮褲 - 衣는 옷을 입다. 동사. 裘는 갖옷 구. 길이가 긴 上衣. 褲는 바지 고. 비단옷을 입지 않았다는 뜻.

馬援(마원)은 12살에 부친을 여의었으나 젊어서도 큰 뜻을 품어 여러 형들이 기특하게 여겼다. 일찍이 《齊詩》를 배웠는데 학문에 전념할 마음이 없어 큰형 馬況(마황)을 떠나 변방에 가서 목축을 하고 싶었다. 그러자 마황이 말했다. "너는 재주가 뛰어나니 大器晚成해야 한다. 본래 良工은 다듬지 않은 그대로를 보여주지 않나니, 일단은 네가 하고 싶은 대로 하라."

그러나 마침 형이 죽어 1년을 복상하면서 묘소를 떠나지 않았으며, 형수를 공경하여 의관을 바로하지 않고서는 형수 집에 들어가지 않았다. 뒷날 마원은 郡의 督郵(독우)가 되어 죄수를 司命府로 호송하였는데 죄수가 중죄를 지었지만 불쌍히 여겨 죄수를 풀어주고 마원은 北地郡으로 도주하였다. 나중에 사면을 받았지만 그대로 北地郡에 머물며 목축을 하였는데 식객 중에 그를 따르는 자가 많았으며 나중에는 수백 家戶를 고용하였다. 마원은 隴右郡과 漢中郡 일대를 돌아다녔는데 늘 그의 빈객들에게 말했다. "丈夫가 뜻을 세웠다면 곤궁하더라도 더욱 굳세어야 하며 늙더라도 더욱 당당해야 한다." 그가 가는 곳마다 농사와 목축에 힘써 소나 말, 양이 수천 마리나 되었고 곡식이 수만 穀(곡)이나 비축하였다. 이에 탄식하며 말했다.

"재산을 늘렸다면 그것을 베풀 줄 알아야 하나니, 그렇지 않다면 守錢奴(수전노)가 될 뿐이다."

그리고는 그 재산을 형제나 지인들에게 모두 나눠주었고, 자신은 羊 가죽 웃옷이나 가죽 바지를 입고 살았다.

王莽末, 四方兵起, 莽從弟衛將軍林廣招雄俊, 乃辟援及
同縣原涉爲掾, 薦之於莽. 莽以涉爲鎭戎大尹, 援爲新成大
尹. 及莽敗, 援兄員時爲增山連率, 與援俱去郡, 復避地涼
州. 世祖卽位, 員先詣洛陽, 帝遣員復郡, 卒於官. 援因留西
州, 隗囂甚敬重之, 以援爲綏德將軍, 與決籌策.

| 註釋 | ○乃辟援~ - 辟은 부를 벽. 徵辟(징벽). 법 벽. 피할 피. ○鎭戎
大尹 - 鎭戎(진융)은 天水郡의 개명. 大尹은 태수의 개칭. 다음의 연솔도
태수의 개칭, 태수가 작위가 있으면 牧(公爵), 卒正(侯), 連率(伯)이라 했고
작위가 없으면 大尹이라 호칭했다. ○新成大尹 - 왕망은 漢中郡을 新城이
라 개칭했다. ○增山連率 - 增山은 上郡의 개칭. 連率(연솔)은 太守. ○西
州 - 涼州와 朔方郡 지역. 중원의 서쪽 지역이라는 뜻. 지금의 河西走廊에
서 玉門關에 이르는 지역. ○隗囂(외효, ? - 33) - 왕망 말기 今 甘肅省 동부
일대에 웅거. 隗 험할 외. 성씨. 囂 떠드는 소리 효. 외효는 광무제의 명을
받아 西河지역의 그 지역 군사와 행정을 전담했다. 건무 6년에 반역하였
다가 9년에 병사했다. 13권, 〈隗囂公孫述列傳〉에 입전. ○籌策 - 계책.
책략. 꾀할 주. 運籌.

[國譯]

王莽(왕망) 말기에 사방에서 군사가 일어나자, 왕망의 종제인 衛
將軍 王林(왕림)은 인재를 널리 구했는데 마원과 같은 군의 原涉(원
섭)을 속관으로 초빙했다가 왕망에게 천거하였다. 왕망은 원섭을 鎭
戎大尹(天水太守)에, 마원을 新成大尹(漢中太守)으로 임명하였다.

왕망이 패망할 때 馬援(마원)의 형 馬員(마원)은 增山連率(上郡太守)
였는데 馬援(마원)과 함께 관할 군을 떠나 다시 涼州(양주) 지역으로
피신하였다. 世祖(光武帝)가 즉위하자 馬員은 먼저 낙양으로 찾아
갔고 광무제는 馬員을 본래의 군(上郡)을 다스리게 하였는데, 馬員
은 관직에 있으면서 죽었다. 馬援(마원)은 그냥 西州에 머물고 있었
는데 隗囂(외효)가 매우 존경하면서 마원을 綏德將軍으로 삼아 함께
방책을 결정하였다.

原文

是時, 公孫述稱帝於蜀, 囂使援往觀之. 援素與述同里閈,
相善, 以爲旣至當握手歡如平生, 而述盛陳陛衛, 以延援入,
交拜禮畢, 使出就館, 更爲援制都布單衣, 交讓冠, 會百官於
宗廟中, 立舊交之位. 述鸞旗旄騎, 警蹕就車, 磬折而入, 禮
饗官屬甚盛, 欲授援以封侯大將軍位. 賓客皆樂留, 援曉之
曰, "天下雄雌未定, 公孫不吐哺走迎國士, 與圖成敗, 反修
飾邊幅, 如偶人形. 此子何足久稽天下士乎!" 因辭歸, 謂囂
曰, "子陽井底蛙耳, 而妄自尊大, 不如專意東方."

| 註釋 | ○公孫述(공손술, ?-36년) - 字는 子陽, 公孫은 복성. 益州(巴蜀)
일원을 차지하고 天子라 자칭, 國號는 成家. 建武 12년(서기 36) 멸망. ○里
閈 - 里門, 같은 마을. 閈 마을 문 한. ○都布單衣, 交讓冠 - 都布는 옷감의
종류. 單衣는 적삼. 交讓冠은 새 관을 만들이 주다. ○鸞旗旄騎(난기모기)
- 鸞旗는 수레에 세우는 鸞(난새 난)을 그린 깃발. 旄(깃대장식 모)를 들고 말

에 탄 기병. ㅇ警蹕就車(경필취거) - 警蹕(경필)은 경계병이 길을 치우다. 통행을 금지시키다. 就車는 수레에 타다. ㅇ磬折而入 - 허리를 바짝 구부리고 들어가다. 磬는 경쇠 경. 직각으로 꺾어진 돌로 만든 악기. 이를 여러 개 매달아 놓고 연주한다. ㅇ不吐哺走迎國士 - 吐哺는 입안에 든 음식을 토하다. 吐哺捉髮(토포착발). 賢才를 모시려는 周公의 誠意. 國士는 나라에 꼭 필요한 인재. ㅇ修飾邊幅 - 옷의 가장자리를 모양내다. 본질을 제쳐두고 겉모습만 꾸미다. ㅇ如偶人形 - 偶人은 나무나 진흙으로 만든 사람 모양. 눈코입이 그려졌어도 사람은 아니다. ㅇ何足久稽~ - 稽는 머무를 계. 머물게 하다. 붙잡아두다. 留也. ㅇ子陽井底蛙耳 - 子陽은 공손술의 字. 井底蛙는 우물 안 개구리. 蛙는 개구리 와.

[國譯]

이때, 公孫述(공손술)이 蜀郡에서 칭제하자 외효는 마원을 보내 만나보게 하였다. 마원은 예전에 공손술과 한마을에 살아 서로 친했는데 마원이 도착하자 손을 맞잡고 예전처럼 기뻐하였지만, 공손술은 층계에 위병을 많이 세워놓고 마원을 영입했으며, 상견례를 마치고 객관에 나가 쉬게 하였는데, 마원에게 좋은 천으로 옷을 새로 지어주고 새 관도 만들어 주었으며, 종묘의 관원을 다 모은 뒤에 마원을 옛 벗의 자리에 서게 하였다. 공손술은 鸞旗(난기)를, 旄旗(모기)를 든 기병을 세우고 길을 치운 뒤에 수레에 올라 허리를 바짝 구부리고 들어갔으며, 많은 관원을 모아 매우 엄숙한 의례를 갖추고서 마원에게 작위와 대장군 직위를 하사하려 했다. 마원과 동행한 빈객들이 모두 기꺼이 남으려 하자, 마원이 말했다.

"天下의 雌雄(자웅)이 아직 미정인데, 공손술은 열심히 인재를 영입하여 성패를 시도하지도 않고 오히려 겉모습만 꾸미고 있으니 마치 木偶(목우)와 같은 형상이다. 그런 사람이 어찌 천하의 인재를 끌어 모을 수 있겠는가!"

그리고서 인사하고 돌아와서 위효에게 말했다. "공손술은 우물 안 개구리와 같고 망령되게 제 잘난 줄만 알고 있으니 한마음으로 東方(光武帝)에 귀부하는 것만 못할 것이요."

原文

建武四年冬, 囂使援奉書洛陽. 援至, 引見於宣德殿. 世祖笑謂援曰 "卿遨遊二帝間, 今見卿, 使人大慚." 援頓首辭謝, 因曰, "當今之世, 非獨君擇臣也, 臣亦擇君矣. 臣與公孫述同縣, 少相善. 臣前至蜀, 述陛戟而後進臣. 臣今遠來, 陛下何知非刺客姦人, 而簡易若是?" 帝復笑曰, "卿非刺客, 顧說客耳." 援曰, "天下反覆, 盜名字者不可勝數. 今見陛下, 恢廓大度, 同符高祖, 乃知帝王自有眞也." 帝甚壯之. 援從南幸黎丘, 轉至東海. 及還, 以爲待詔, 使太中大夫來歙持節送援西歸隴右.

| 註釋 | ○建武四年 – 서기 28년. ○使人大慚 – 사람을 크게 부끄럽게 한다. 저쪽에 비해 보여줄 만한 것이 없어서 미안하다. 손님에 대한 겸양의 말. ○非獨君擇臣也, 臣亦擇君矣 – 君擇臣任之, 臣亦擇君而事之. ○陛戟(폐극) – 계단에 창을 든 병졸을 세우다. 陛는 섬돌 폐. 戟은 창극. 끝이 양쪽으로 갈라진 창. ○而簡易若是 – 簡易(간이)는 마음 편안히. ○恢廓大度 – 恢廓(회확)은 도량이 크다. 恢는 넓을 회, 넓힐 회. 廓은 넓을 확, 넓

힐 확. ○黎丘(여구) - 南陽郡의 현명. 今 湖北省 襄陽市 所轄 宜城市. ○東
海 - 군명. 治所 郯縣(담현), 今 山東省 남부 臨沂市(임기시) 관할 郯城縣(담
성현). ○太中大夫來歙 - 來歙(내흡)은 광무제와 동향인, 외효와도 친분이
있어 使者로 여러 번 왕래하였다. 15권, 〈李王鄧來列傳〉에 입전.

[國譯]

建武 4년 겨울, 외효는 마원을 낙양에 보내 世祖에 서신을 올렸
다. 마원이 도착하자 世祖는 宣德殿에서 인견했다. 世祖가 웃으면
서 말했다.

"卿은 두 황제 사이를 오갔는데 지금 경을 만나니 몹시 부끄럽
소."

이에 마원이 고개를 숙여 사례하며 말했다.

"지금 세상에는 주군만 신하를 선택하지 않고 신하도 주군을 골
라서 섬깁니다. 臣은 공손술과 동향이라서 어려서부터 가까웠습니
다. 제가 전에 蜀(公孫述)에 갔을 때 공손술은 계단에 병졸을 많이
세워놓고서 저를 들어오게 하였습니다. 제가 먼 곳에서 왔는데 폐하
께서는 자객이나 나쁜 사람인 줄도 모르면서 어찌 이처럼 태연히 만
나주십니까?"

그러자 광무제가 또 웃으며 말했다.

"경은 자객이 아니라 내가 보기에는 說客(세객)인 것 같소."

마원이 말했다. "천하에 반복이 무상하고 이름이나 낚으려는 자들
은 이루 다 셀 수도 없습니다. 지금 폐하를 뵈오니 도량이 무척이나
넓고 커서 꼭 高祖와 같으니 정말 제왕은 타고 나는 것 같습니다."

광무제도 마원을 크게 칭찬하였다. 마원은 광무제를 수행하여 서

남으로 黎丘(여구)에도 갔었고 (東으로는) 東海郡까지 가 보았다. 낙양에 돌아오자 광무제는 마원을 待詔(대조)에 임명하고 太中大夫인 來歙(내흡)을 시켜 서쪽 隴右(농우, 隗囂)로 돌아가는 마원을 전송케 하였다.

原文

隗囂與援共臥起, 問以東方流言及京師得失. 援說囂曰, "前到朝廷, 上引見數十, 每接宴語, 自夕至旦, 才明勇略, 非人敵也. 且開心見誠, 無所隱伏, 闊達多大節, 略與高帝同. 經學博覽, 政事文辯, 前世無比."

囂曰, "卿謂何如高帝?" 援曰, "不如也. 高帝無可無不可, 今上好吏事, 動如節度, 又不喜飮酒." 囂意不懌, 曰, "如卿言, 反復勝邪?" 然雅信援, 故遂遣長子恂入質.

援因將家屬隨恂歸洛陽. 居數月而無它職任. 援以三輔地曠土沃, 而所將賓客猥多, 乃上書求屯田上林苑中, 帝許之.

| 註釋 | ○東方流言及京師得失 – 流言은 傳言. 東方(洛陽)에서 들은 이야기. 京師得失은 조정의 政治得失. ○非人敵也 – 보통 사람이 상대할 수 없다. ○囂意不懌 – 不懌(불역)은 좋아하지 않다. 싫어하다. 懌은 기뻐할 역. ○故遂遣長子恂入質 – 외효는 장남 隗恂(외순)을 조정에 인질로 보냈다. 그러고도 반역하여 결국 외순은 처형되었다. ○猥多(외다) – 衆多. 猥는 함부로 외. 뒤섞이다. ○上林苑 – 황실용 사냥터 겸 유락 장소. 秦의 舊苑으로 황폐했던 것을 武帝가 중수하며 離宮과 觀, 館 수십 처를 건립했

다. 마원은 놀고 있는 그 땅에서 屯田하여 군량을 확보하려는 뜻. 지금의 陝西省 西安市 周至縣과 戶縣의 접경에 위치. 前漢 上林苑 관리와 황실의 재물 및 鑄錢 담당한 水衡都尉는 질록 二千石.

[國譯]

외효와 마원은 같이 기거하면서 낙양에서 들은 이야기나 조정의 정치 득실에 대해 물었다. 마원이 외효에게 말했다.

"앞서 조정에 갔을 때 황제는 나를 수십 번 불러 만났는데 매번 이야기를 나누면 초저녁부터 날이 밝을 때까지 이어진 적도 있었으니 황제의 재능과 용기와 책략은 보통 사람이 상대할 수 없습니다. 또 마음을 터놓고 성의로 대하여 감추는 것이 없고, 활달하면서도 큰 뜻을 갖고 있어 대략 고조와 비슷합니다. 경학에도 밝고 정사와 文才는 前代의 그 누구도 비교가 안 될 것입니다."

그러자 외효는 "당신은 광무제가 고조에 비해 낫다고 생각합니까?"

"高帝만은 못합니다. 고제께서는 無可며 또 無不可이었습니다만 지금 황제는 관리를 통한 정사를 즐기면서도 행동거지에 절도가 있으며, 음주는 별로 좋아하지 않습니다."

외효는 마음으로 좋아하지 않았지만 마원에게 말했다. "당신 말대로라면 오히려 더 나은 것 아닙니까?" 외효는 평소에 마원을 신뢰하였기에 결국 장자인 隗恂(외순)을 인질로 보내기로 했다.

마원은 가족을 거느리고 외순을 따라 낙양으로 돌아왔다. 낙양에서 몇 달 동안 마원은 아무런 직분이 없었다. 마원은 三輔 지역의 토지가 넓고 기름지며 또 자신의 식객이 너무 많기에 상서하여 (長安)

上林苑(상림원)에서 屯田(둔전)하겠다고 청원하였는데 광무제는 이를 허락하였다.

原文

　會隗囂用王元計, 意更狐疑, 援數以書記責譬於囂, 囂怨援背己, 得書增怒, 其後遂發兵拒漢.

　援乃上疏曰,「臣援自念歸身聖朝, 奉事陛下, 本無公輔一言之薦, 左右爲容之助. 臣不自陳, 陛下何因聞之. 夫居前不能令人輕, 居後不能令人軒, 與人怨不能爲人患, 臣所恥也. 故敢觸冒罪忌, 昧死陳誠. 臣與隗囂, 本實交友. 初, 囂遣臣東, 謂臣曰, '本欲爲漢, 願足下往觀之. 於汝意可, 卽專心矣.' 及臣還反, 報以赤心, 實欲導之於善, 非敢譎以非義. 而囂自挾姦心, 盜憎主人, 怨毒之情遂歸於臣. 臣欲不言, 則無以上聞. 願聽詣行在所, 極陳滅囂之術, 得空匈腹, 申愚策, 退就隴畝, 死無所恨.」

　帝乃召援計事, 援具言謀畫. 因使援將突騎五千, 往來遊說囂將高峻,任禹之屬, 下及羌豪, 爲陳禍福, 以離囂支黨.

| 註釋 |　○王元 - 王元은 외효의 대장군, 建武 9년에 외효가 병사한 뒤에 외효의 아들 隗純(외순)을 왕으로 옹립했다. 나중에 공손술에 의지했다가 광무제에게 귀부했으나 뒤를 이어 우사했다　○狐疑(호의) - 의심이 많다. 狐(여우)는 본래 의심이 많다.　○責譬於囂 - 責譬는 責備. 책망하다.

ㅇ本無公輔一言之薦 – 公輔는 三公과 재상. ㅇ左右爲容之助 – 좌우에서 관용으로 도와주었다. ㅇ居前不能令人輕 – 輕는 앞쪽으로 기울은 수레 지. 수레는 앞쪽이 무거운데 앞뒤 균형이 잡히게 조절하다. 다른 사람을 잘 이끌지도 못한다는 뜻. 다음 句의 軒(수레 헌)은 수레 앞부분이 가벼워 높게 들리는 것. 그러면 수레 뒤에 있는 사람이 뒤를 받쳐주어야 한다. ㅇ盜憎主人 – 도적은 주인을 미워하고 백성은 윗사람을 원망하다. ㅇ得空匈腹 – 마음속을 다 비우다. 하고 싶은 말을 다 하다. ㅇ謀畫(모획) – 策謀.

[國譯]

이때 외효는 王元(왕원)의 계책을 따르며 의심이 많아졌는데, 마원은 여러 번 서신을 보내 외효를 책망하였고, 외효는 마원이 자신을 배신하였다 생각하였기에 서신을 받을 때마다 더욱 화를 내다가 결국은 군사를 일으키며 漢에 항거하였다. 마원은 이에 광무제에게 상소하였다.

"臣 援(원)이 聖朝에 귀부하기로 결심하고서 폐하를 모시게 될 때 본래 三公이나 재상의 한 마디 천거도 없었고 다만 좌우의 도움을 받았습니다. 제가 자신을 말씀드리지 않으면 폐하께서 저를 어떻게 아시겠습니까? 저는 앞에 섰다 하여 남에게 도움이 되지 못하고, 뒤에 있다 하여 윗사람을 잘 보필하지도 못하며, 다른 사람의 억울한 일에 같이 걱정해주지도 못하는 것을 부끄러워합니다. 저는 혹 폐하의 뜻을 거스를지도 모르면서 죽음을 무릅쓰고 속마음을 말씀드리겠습니다. 저는 隗囂(외효)와 본래 친우로 사귀었습니다. 처음에 외효가 저를 폐하에게 보내면서 저에게 '본래 漢에 충성을 바치기로 했지만 足下가 가서 만나보고 마음에 든다면 나도 오직 漢에 충성하겠다.'고 말했습니다. 그리고 제가 되돌아가서 저의 충성을 말하여 善을 따르도록 외효를 이끌었지 어떤 거짓말로 大義를 버리도록 말하지는 않았습니다. 그러나 외효는 스스로 사악한 마음을 품고서 도적이 주인을 증오하듯 악독한 원한을 제 탓으로 돌렸습니다. 제가 말씀드리지 않으면 폐하는 모르실 것입니다. 그래서 폐하 계신 곳에 가서 외효를 격파할 방법과 속마음을 상세히 말씀드리고 방략을 설명한 뒤에 시골로 돌아올 수 있다면 죽어도 한이 없을 것입니다.」

광무제는 마원을 불러 같이 협의하였고 마원은 방책을 모두 다 말했다. 광무제는 마원에게 5천 명 돌격 기병을 거느리고 가서 외효의 부장인 高峻(고준)이나 任禹(임우) 같은 사람에게 왕래하며 유세하고 羌族(강족)의 우두머리에게 무엇이 이득이고 손해인가를 일러주어 외효의 하부 세력을 분열시키게 하였다.

原文

援又爲書與囂將楊廣, 使曉勸於囂, 曰,

「春卿無恙, 前別冀南, 寂無音驛. 援間還長安. 因留上林. 竊見四海已定, 兆民同情, 而季孟閉拒背畔, 爲天下表的. 常懼海內切齒, 思相屠裂, 故遺書戀戀, 以致惻隱之計. 乃聞季孟歸罪於援, 而納王遊翁諂邪之說, 自謂函谷以西, 擧足可定, 以今而觀, 竟何如邪? 援間至河內, 過存伯春, 見其奴吉徔西方還, 說伯春小弟仲舒望見吉, 欲問伯春無它否, 竟不能言, 曉夕號泣, 婉轉塵中. 又說其家悲愁之狀, 不可

言也. 夫怨仇可刺不可毀, 援聞之, 不自知泣下也. 援素知
季孟孝愛, 曾,閔不過. 夫孝於其親, 豈不慈於其子? 有子抱
三木, 而跳梁妄作, 自同分羹之事乎? 季孟平生自言所以擁
兵衆者, 欲以保全父母之國而完墳墓也, 又言苟厚士大夫而
已. 而今所欲全者將破亡之, 所欲完者, 將毀傷之, 所欲厚
者將反薄之. 季孟嘗折愧子陽而不受其爵, 今更共陸陸, 欲
往附之, 將難爲顏乎? 若復責以重質, 當安從得子主給是
哉! 往時子陽獨欲以王相待, 而春卿拒之, 今者歸老, 更欲
低頭與小兒曹共槽櫪而食, 並肩側身於怨家之朝乎? 男兒
溺死何傷而拘遊哉! 今國家待春卿意深, 宜使牛孺卿與諸耆
老大人共說季孟, 若計畫不從, 眞可引領去矣. 前披輿地圖,
見天下郡國百有六所, 奈何欲以區區二邦以當諸夏百有四
乎? 春卿事季孟, 外有君臣之義, 內有朋友之道. 言君臣邪,
固當諫爭, 語朋友邪, 應有切磋. 豈有知其無成, 而但萎腇
咋舌, 叉手從族乎? 及今成計, 殊尙善也, 過是, 欲少味矣.
且來君叔天下信士, 朝廷重之, 其意依依, 常獨爲西州言.
援商朝廷, 尤欲立信於此, 必不負約. 援不得久留, 願急賜
報.」

| 註釋 | ○春卿無恙 – 春卿은 楊廣의 字. 恙은 근심 양.   ○寂無音驛 –
音驛(음역)은 소식 전하다. 驛은 이어지다.   ○天下表的 – 表的은 標的(표
적).   ○過存伯春 – 存은 問. 찾아가다. 伯春은 외효의 아들 隗恂(외순)의 字.

○有子抱三木 – 三木은 형틀, 桎梏(질곡), 족쇄(차꼬)와 수갑.   ○自同分羹
之事乎 – 分羹(분갱)은 아들을 죽여 삶은 국물을 보내오자 그냥 마시다. 樂
羊(악양)이란 사람은 魏將으로 中山國을 공격하였다. 악양의 아들은 그때
中山國에서 잡혀있었는데 중산국에서는 아들을 삶아 죽이고 그 국물(羹 국
갱)을 악양에게 보냈다. 악양은 국물을 마시고 중산국을 공격, 점령하였다.
○今更共陸陸 – 陸陸(육륙)은 평범한 모양. 독립심 없이 남의 뒤나 따르는
모양. 碌碌(녹록).   ○與小兒曹共槽櫪而食 – 小兒曹는 젊은이 무리. 槽櫪(조
력)은 말구유. 여물통.   ○男兒溺死何傷而拘遊哉 – 溺死(익사)는 물에 빠져
죽다. 拘遊는 떠있는 사람을 붙잡다. 遊는 浮游(부유).   ○今國家待春卿意
深 – 여기 국가는 光武帝의 조정.   ○宜使牛孺卿與~ – 牛孺卿은 牛邯(우
한). 漢에 투항 후 護羌校尉가 되었고 來歙(내흡)과 함께 隴右(농우)를 평정
하였다.   ○披輿地圖 – 披는 펼치다. 輿地圖는 지도. 輿는 땅. 땅은 만물을
싣고 있는 수레이다.   ○諸夏百有四乎 – 諸夏는 중국. 夏는 중국. 華夏(화
하).   ○而但萎腇咋舌 – 萎腇(위뇌)는 연약하다. 萎는 시들 위. 腇는 굶주릴
뇌. 咋舌(색설)은 혀를 깨물다. 咋은 깨물 색.   ○叉手(차수) – 팔짱을 끼다.
○常獨爲西州言 – 여기 西州는 외효를 지칭.   ○援商朝廷 – 商은 헤아리
다. 商量. 商은 度也.

[國譯]

　　馬援은 또 외효의 부장인 楊廣(양광)에게 외효를 깨우쳐주기를 바
라는 서신을 보냈다.

　　「春卿(楊廣)께서는 평안하신가요? 전에 (天水郡) 冀縣(기현) 남쪽
에서 헤어진 뒤로 소식을 전하지 못했습니다. 나는 그간 長安으로
돌아왔습니다. 그리고 上林(上林苑)에 머물고 있습니다. 내가 볼 때
온 나라는 이제 평정되었고 백성은 한마음이 되었지만 李孟(계맹, 외

효의 字)은 이를 거부하고 배반하여 천하 사람들의 표적이 되었습니다. 나는 이를 걱정하며, (외효를) 온 나라 사람이 이를 갈며 죽이려하기에 안타까운 마음에 서신을 보내 측은한 마음을 전하려는 뜻입니다. 내가 알기로, 외효는 나를 탓하면서 王遊翁(왕유옹, 王元의 字)의 아첨과 그릇된 주장에 빠져 函谷關(함곡관) 서쪽을 한 발만 디뎌도 평정할 수 있다고 믿고 있는데 지금 형세로 볼 때 끝내 어찌 되겠습니까? 나는 그간에 河內郡에 가서 (외효의 아들) 隗恂(외순)의 집에 가보았는데 외효의 노비 舍(길)이 서쪽(天水郡, 외효의 근거지)에서돌아오자 외순의 동생 仲舒(중서)는 舍(길)을 만나보고 외순의 안부를 묻고 싶으나 끝내 말을 하지 못하고 아침저녁 통곡하는 것을 보고서 어쩌지 못하고 그냥 떠나왔습니다. 여기서 그 집안의 서글픈상황을 말할 수가 없습니다. 원수라면 죽일 수는 있지만 비방만 할수 없다는 말을 듣고서는 나도 모르게 눈물을 흘렸습니다. 나는 평소에 季孟(계맹, 외효)이 효도하고 자애로운 사람이니 아마 曾子(증자)나 閔子騫(민자건)일지라도 이보다 더 낫지 않을 것입니다. 부모에게 효도하는 사람이 어찌 자식에게 자애롭지 않겠습니까? 아들이형틀에 매여 있는데 어찌 멋대로 날뛸 수 있으며 아들을 죽이겠다는데 그냥 두고 보겠습니까? 외효는 평소에 늘 자신이 군사를 많이 보유하고 있는 이유는, 부모의 나라를 보존하고 조상의 무덤은 잘 지키려는 뜻이며 또 사대부들을 후대하려는 뜻이라고 말했습니다. 그러나 지금 그가 지키려는 나라는 멸망하게 되었고, 잘 지키려는 무덤은 허물어지려 하며, 후하게 대우하려는 그들은 지금 박대를 받게되었습니다. 외효는 평소에 공손술을 깎아내리며 그가 내리는 작위를 받지 않았으나 지금은 다시 공손술과 함께 그냥저냥 지내며 공손술에게 의지하려 하니 얼굴 들고 다니기가 어렵지 않겠습니까? 만약 (공손술이) 다시 중요한 인질을 보내라 한다면 외효는 어디서 아들이나 딸을 데려다가 인질로 보내겠습니까! 지난 날 공손술이 외효를 왕(朔寧王)으로 봉하려 할 때 당신은 거절하게 하였는데, 지금 늙어 사직한 뒤에 다시 고개를 숙이고 들어가 젊은 사람들과 함께 같은 솥의 밥을 먹으며 어깨를 나란히 허리를 굽혀 원수의 조정에 서려 합니까? 사나이가 물에 빠져죽을지언정 헤엄치는 사람을 붙잡겠습니까! 지금 조정(광무제)에서는 당신을 심히 중히 여기고 있으며 牛邯(우한)과 다른 원로들로 하여금 외효를 설득하려하고 있는데 만약 외효가 따르지 않는다면 모두 함께 떠나버릴 것입니다. 앞서 지도를 펴보니 천하에 106개 郡國이 존재하는데 어찌 한 구석의 2개 군을 제외하고 전 중국에 104개 군국만 있어야 하겠습니까? 당신이 외효를 섬기는데 밖으로는 君臣의 大義이고, 안으로는 朋友의 道理가 있습니다. 君臣의 관계에서 옳지 않다면 당연히 간쟁을 해야 하고, 붕우에서 잘못이 있다면 응당 권유해야 합니다. 어찌 성공할 수 없다는 사실을 알면서도 몸을 사려 말도 하지 못하고 또 팔짱을 낀 채 따라서 멸족당해야만 합니까? 지금 (외효를 설득하려는) 결심이 선다면 정말 좋은 결과가 있겠지만, 이때를 놓쳐버린다면 어려울 것입니다. 그리고 來君叔〔내군숙, 來歙(내흡)〕은 세상이 알아주는 성실한 사람이며 광무제도 중용하는데 그도 안타까워하며 늘 외효에게 도움이 되는 말을 하고 있습니다. 나는 조정의 뜻을 헤아리며 이 일에 신의를 지키며 맹약을 저버리는 일은 없을 것입니다. 나는 여기에 오래 머물 수 없사오니 급히 회답을 주시기 바랍니다.」

  楊廣(양광)은 끝내 답신을 보내지 않았다.

八年, 帝自西征囂, 至漆, 諸將多以王師之重, 不宜遠入險
阻, 計尤豫未決. 會召援, 夜至, 帝大喜, 引入, 具以群議質
之. 援因說隗囂將帥有土崩之勢, 兵進有必破之狀. 又於帝
前聚米爲山谷, 指畫形勢, 開示衆軍所從道徑往來, 分析曲
折, 昭然可曉. 帝曰, "虜在吾目中矣." 明旦, 遂進軍至第一,
囂衆大潰.

| 註釋 | ○(建武) 八年 — 서기 32년. ○漆 — 右扶風의 漆縣(칠현), 今 陜
西省 咸陽市 관할 彬縣(빈현). ○尤豫未決 — 尤豫(유예)는 猶豫. 尤는 머뭇
거릴 유. ○群議質之 — 質은 정하다. 확정하다. ○第一 — 安定郡 高平縣
(今 寧夏回族自治區남부 固原市) 의 城 이름.

【國譯】

(建武) 八年, 광무제는 친히 서쪽으로 외효를 원정하여 (右扶風
의) 漆縣(칠현)에 도착하였는데, 여러 장수들은 王師의 존엄으로 험
지에 깊이 들어가는 것은 옳지 못하다 했고, 여러 계책은 유예미결
이었다. 그때 마원을 불렀는데 마원이 밤에 도착하자 광무제는 크게
기뻐하며 불러서 그간 논의한 여러 가지를 확정하였다. 마원은 외효
의 장수들이 土崩瓦解(토붕와해)할 상황이라면서 군사가 진격한다면
필히 격파할 것이라고 말했다. 또 황제 앞에서 쌀알 무더기로 산과
계곡을 만들면서 여러 군사들이 진격하고 왕래할 길의 지형과 사정
을 확실하게 설명하였다. 그러자 광무제가 말했다.

"적이 내 눈에 다 들어있다."

날이 밝자, 군사를 (高平縣) 第一城(제일성)까지 진격했고, 외효의
군사는 완전히 붕괴되었다.

九年, 拜援爲太中大夫, 副來歙監諸將平涼州. 自王莽末,
西羌寇邊, 遂入居塞內, 金城屬縣多爲虜有. 來歙奏言隴西
侵殘, 非馬援莫能定.

十一年夏, 璽書拜援隴西太守. 援乃發步騎三千人, 擊破
先零羌於臨洮, 斬首數百級, 獲馬,牛,羊萬餘頭. 守塞諸羌
八千餘人詣援降, 詣種有數萬, 屯聚寇抄, 拒浩亹隘. 援與
揚武將軍馬成擊之. 羌因將其妻子輜重移阻於允吾谷, 援乃
潛行間道, 掩赴其營. 羌大驚壞, 復遠徙唐翼谷中, 援復追
討之. 羌引精兵聚北山上, 援陳軍向山, 而分遣數百騎繞襲
其後, 乘夜放火, 擊鼓叫噪, 虜遂大潰, 凡斬首千餘級. 援以
兵少, 不得窮追, 收其穀糧畜産而還. 援中矢貫脛, 帝以璽
書勞之, 賜牛,羊數千頭, 援盡班諸賓客.

| 註釋 | ○太中大夫 - 大夫는 황제의 顧問과 應對, 政事에 관한 의론을
담당하며 고정 직무는 없고 명에 의거 사자로 출장가거나 확인 보고 등도
담당하였다. 대개 황제의 근신, 총신, 귀척으로 충임. 정원 없음, 많을 때는
수십 명이니 되었다. 太中大夫는 列卿의 하나인 光祿勳의 屬官, 서한에서
는 질록이 比千石이었으나 후한에서는 一千石이었다. 무제 太初 원년에

中大夫를 光祿大夫로 개명(질록 比2천석). 광록대부는 給事中, 侍中 등의 加官을 받아 권한이 강대했다. 後漢에서도 질록은 比二千石이나 점차 開職化 되었다. 中散大夫는 질록 比二千石이었고 정원은 30명이었다. 諫大夫는 武帝 元狩 5년에 처음 설치(질록 比8백석)했는데, 후한에서는 諫議大夫로 명칭을 바꾸고 질록은 6백석으로 내렸고 정원이 없었다. ○臨洮(임조) – 隴西郡의 縣名. 今 甘肅省 남부 定西市 관할 岷縣(민현). ○浩亹(호문) – 현명. 亹는 힘쓸 미. 골짜기 입구 문. 水門 문. ○允吾谷 – 允吾縣의 골짜기, 允吾는 金城郡의 치소, 今 甘肅省 臨夏回族自治州 永靖縣.(省都인 蘭州市 서쪽).

[國譯]

(建武) 9년(서기 33), 마원은 太中大夫가 되었고, 副職인 來歙(내흡)과 함께 涼州(양주) 일대를 평정하는 여러 장수를 감독하였다. 王莽(왕망) 이래로 서쪽의 羌族(강족)은 변경을 침략했고 국경 내에도 거주하였으며, 金城郡의 여러 개 현은 강족이 차지하고 있었다. 내흡은 隴西郡(농서군) 일대에도 강족의 침입이 많아 황폐해졌는데 마원이 아니라면 평정할 수 없다고 상서하였다.

(建武) 11년 여름, 조서를 내려 馬援(마원)에게 隴西太守를 제수하였다. 마원은 곧 보병과 기병 3천 명을 동원하여 先零 羌族(선련 강족)을 臨洮縣(임조현)에서 격파하고 수백 명을 죽이고 말과 소 양 등 1만여 마리를 노획하였다. 요새를 지키는 여러 강족 8천여 명은 마원을 찾아와 투항하였지만 여러 부족 수만 명은 여전히 마을에 모여 살면서 노략질을 하고 浩亹(호문)의 험한 땅에서 저항하였다. 마원과 揚武將軍인 馬成(마성)이 그들을 격파하였다. 강족이 그 처자식을 거느리고 輜重(치중)을 允吾谷(윤오곡)으로 옮겨 저항하자 마원은 곧

샛길로 몰래 진격하여 그들 군영을 습격하였다. 강족은 크게 놀라 붕괴되었지만 다시 멀리 唐翼谷(당익곡)이란 곳으로 옮겨갔다. 강족은 그들 정병을 모아 북쪽 산중에 모여 있었는데 마원은 그 산 주위에 진을 치고 수백 명 기병을 나눠 여러 번 그들 배후를 기습하거나 밤에 불을 지르며 북을 치고 공격하자 적들은 완전히 붕괴되었고, 모두 1천여 명을 죽였다. 마원은 군사가 많지 않아 더 이상 추격하지 않고 그들의 군량과 가축을 거둬 돌아왔다. 마원은 종아리에 화살을 맞았는데, 광무제가 조서를 내려 마원을 위로하며 牛羊 수천 마리를 하사하였는데, 마원은 그 모두를 여러 빈객에게 나눠주었다.

■原文

是時, 朝臣以金城破羌之西, 塗遠多寇, 議欲棄之. 援上言, 破羌以西城多完牢, 易可依固, 其田土肥壤, 灌漑流通, 如令羌在湟中, 則爲害不休, 不可棄也. 帝然之, 於是詔武威太守, 令悉還金城客民. 歸者三千餘口, 使各反舊邑. 援奏爲置長吏, 繕城郭, 起塢候, 開導水田, 勸以耕牧, 郡中樂業. 又遣羌豪楊封譬說塞外羌, 皆來和親. 又武都氐人背公孫述來降者, 援皆上復其侯王君長, 賜印綬, 帝悉從之. 乃罷馬成軍.

│註釋│ ○金城破羌之西 - 破羌(파강)은 현명. ○田土肥壤 - 壤은 부드러운 흙 양. ○羌在湟中 - 湟中(황중)은 지역 이름, 今 靑海省 동북부 西寧

市 湟中縣. 羌族, 漢族, 月氏族(월지족)의 잡거지역. 湟水 유역, 湟羌中(황중
강)은 이 일대에 거주하는 강족의 부족 이름. 87권, 〈西羌傳〉에 입전. ○起
塢候 - 塢는 작은 성채. 둑 오. 隖와 同. 候는 물을 후. 기다리다. 망을 보
다. ○武都氏人 - 武都郡(治所 下辨縣, 今 甘肅省 남부 隴南市 成縣)의 氏
族(저족). 氏人은 沈氏(침저) 羌族.

[國譯]

이때에, 조정에서는 金城郡 破羌縣(파강현) 서쪽은 길이 멀고 침략
이 많다며 군현 포기를 논의하였다. 마원은 破羌縣(파강현) 서쪽은
성곽이 완전하고 쉽게 험지에 의존할 수 있으며, 그 토지는 비옥하
고 관개할 수 있으며, 만약 강족이 湟中(황중) 지역을 차지하게 되면
그 폐해가 그치지 않을 것이니 포기할 수 없다고 상서하였다. 광무
제는 옳다고 여겨 武威(무위) 태수에게 지시하여 金城郡에서 이주해
온 백성을 모두 돌려보내게 하였다. 이에 3천여 호가 각자 금성군의
예전 마을로 돌아갔다. 마원은 상서하여 金城郡에 長吏를 두어 성곽
을 수선하고 작은 성채나 초소를 짓고 水田에 물길을 내어 경작과
목축을 권장하며 금성군에서 생업에 종사케 하였다. 또 강족의 우두
머리인 楊封(양봉)을 보내어 국경 밖의 강족에게 화친을 권유하게
하였다. 또 武都郡의 氏人(저인, 氏族) 중에 공손술을 버리고 투항하
는 자에 대하여 마원은 그들을 侯王이나 君長에 임명하고 인수를 하
사하겠다고 상서하였는데 광무제는 모두 허락하였다. 이에 馬成의
군영을 폐지하였다.

十三年, 武都參狼羌與塞外諸種爲寇, 殺長吏. 援將四千餘人擊之, 至氐道縣, 羌在山上, 援軍據便地, 奪其水草, 不與戰, 羌遂窮困, 豪帥數十萬戶亡出塞, 諸種萬餘人悉降, 於是隴右淸靜.

援務開恩信, 寬以待下, 任吏以職, 但總大體而已. 賓客故人, 日滿其門. 諸曹時白外事, 援輒曰, "此丞·掾之任, 何足相煩. 頗哀老子, 使得遨遊. 若大姓侵小民, 黠羌欲旅距, 此乃太守事耳."

傍縣嘗有報仇者, 吏民驚言羌反, 百姓奔入城郭. 狄道長詣門, 請閉城發兵. 援時與賓客飮, 大笑曰, "燒虜何敢復犯我. 曉狄道長歸守寺舍, 良怖急者, 可床下伏." 後稍定, 郡中服之.

視事六年, 徵入爲虎賁中郞將.

| 註釋 | ○(建武)十三年 - 서기 37년. ○武都參狼羌 - 武都郡의 參狼羌(삼랑강), 羌族(강족)은 羊을 토템으로 숭배하는 '西戎牧羊人.' 본래 지금의 陝西, 甘肅, 青海省 일대에 거주. 西羌으로 통칭. 강족의 거주지를 부족명으로 불렀다. ○氐道縣(저도현) - 隴西郡의 현명. 今 甘肅省 남부 隴南市 관할 禮縣. ○使得遨遊 - 遨遊는 놀다. 遨는 즐겁게 놀 오. ○黠羌欲旅距 - 黠은 간교할 힐. 旅距(여거)는 말을 안 듣다. 不從之貌. ○狄道長 - 狄道縣의 縣長. 道는 縣級 행정 단위, 한족과 이민족의 혼합 거주지. 狄道는 隴西郡의 治所, 今 甘肅省 定西市 관할 臨洮縣. ○曉狄道長歸守寺舍 - 曉는

말해서 일러주다. 깨우치다. 寺舍는 官舍. ○良怖急者 - 良은 심히. 怖急
은 겁이 나고 다급하다. ○虎賁中郎將 - 중랑장은 光祿勳의 속관. 虎賁中
郎將은 호분위의 宿衛 병력을 지휘. 속관으로 左右 僕射(복야), 左右 陛長
(계장), 虎賁中郎은 比六百石. 虎賁侍郎은 比四百石. 虎賁郎中은 比三百石
등 無 定員.

[國譯]

(건무) 13년, 武都郡 參狼羌(삼랑강)과 새외의 여러 부족들이 농서
군을 침략하여 縣長과 관리들을 살해했다. 마원은 4천여 군사를 거
느리고 적을 격파하고 氏道縣(저도현)까지 추격하니 강족은 산 위로
도주하자, 마원은 평지에 진을 치고 그들의 물과 초지를 점거한 채
싸우지 않으니 강족이 곤궁해지며, 우두머리는 수십만 호를 거느리
고 국경을 넘어 도주하였고, 여러 종족 1만여 명이 투항하였는데, 이
후 隴右 일대가 조용하였다.

마원은 은덕과 신의를 베푸는데 힘쓰고 아랫사람을 관용으로 대
했으며 관리의 직분에 맡긴 뒤에 다만 큰일만 처리하였다. 찾아온
賓客과 벗들이 언제나 가득했다. 여러 부서에서 외부 업무를 보고하
면 마원은 그때마다 말했다.

"이런 일은 郡丞(長史)이나 掾吏(연리)가 할 일인데 어찌 이리 번
잡하게 하는가? 이 늙은이 좀 걱정해서 쉬게 해주라. 만약 호족이
백성을 괴롭히거나 교활한 강족이 말을 안 듣는다면 그런 일은 태수
가 할 일이다."

어떤 현에서 원수를 죽였는데 관리가 놀라 강족이 반란을 일으켰
다고 말하자 백성들이 성곽 안으로 몰려들었다. 狄道縣(적도현)의 현

장이 성문 폐쇄와 군사를 동원을 요청하였다. 마원은 이때 빈객과 술을 마시다가 크게 웃으며 말했다.

"燒羌(소강)이 어찌 우리를 침범하겠는가? 적도 현장에게 돌아가 관사나 지키라고 말하고 정말로 겁나는 자는 침상 아래 엎드려 있으라고 하라."

그 뒤에 바로 안정되었고 군 백성들은 모두 복속하였다.

6년을 농서태수로 복무한 뒤에 중앙에 불려 들어가 虎賁(호분) 中郎將이 되었다.

原文

初, 援在隴西上書, 言宜如舊鑄五銖錢. 事下三府, 三府奏以爲未可許, 事遂寢. 乃援還, 從公府求得前奏, 難十餘條, 乃隨牒解釋, 更具表言. 帝從之, 天下賴其便. 援自還京師, 數被進見.

爲人明須髮, 眉目如畫. 閑於進對, 尤善述前世行事. 每言及三輔長者, 下至閭里 少年, 皆可觀聽. 自皇太子, 諸王侍聞者, 莫不屬耳忘倦. 又善兵策, 帝常言 "伏波論兵, 與我意合," 每有所謀, 未嘗不用.

| 註釋 | ○五銖錢 - 武帝(元狩 5년, 前 118년) 때 五銖錢을 처음 발행, 통용했다. 왕망 때 폐지. 後漢에서 다시 통용. 화폐의 무게에 따른 이름(1兩은 15.5g, 1兩은 24銖(수), 1銖는 0.65g), 五銖錢(표면에 '五銖' 二字가 양각)은 隋代(수대)까지 통용되다가 唐 高祖 때 공식적으로 폐지되었다. 八

銖錢, 三銖錢도 있었다. ○難十餘條, 乃隨牒解釋 – 발행이 불가한 이유 10여 조목을 조목별로 풀이하다. ○爲人明須髮 – 明은 피부가 희다.

[國譯]

그전에, 마원이 隴西에 근무하며 상서하여 옛날처럼 五銖錢(오수전)의 주조가 이롭다고 상서했었다. 이 문제가 三公府에 이첩되었는데 삼공부에서는 발행할 수 없다고 상주하여 안건은 폐지되었다. 이에 마원이 돌아와서는 삼공부로부터 예전에 상주한 문건을 얻어서 불가한 이유 10여 조에 대하여 조목 별로 풀이하고 요건을 갖춰 다시 상주하였다. 광무제가 허락했고 온 백성이 그 이득을 보았다.

마원은 피부가 곱고 수염과 머리카락, 눈썹이 그린 듯 아름다웠다. 한가한 때 황제와 대화하면 특히 옛일을 잘 설명하였다. 三輔 지역의 어른들과 이야기를 나눌 때면 마을의 젊은이까지 모두 와서 경청하였다. 皇太子나 王들이 황제를 모시고 이야기를 들으면서 귀를 기우려 지루해 하는 자가 없었다. 특히 군사 책략에 대한 이야기를 잘해서 광무제는 늘 "伏波장군의 論兵은 내 마음에 딱 맞는다."라고 말했고 마원이 하고자 하는 일은 모두 채택되었다.

原文

初, 卷人維汜, 訞言稱神, 有弟子數百人, 坐伏誅. 後其弟子李廣等宣言汜神化不死, 以誑惑百姓. 十七年, 遂共聚會徒黨, 攻沒皖城, 殺皖侯劉閔, 自稱'南嶽大師. 遣謁者張宗將兵數千人討之, 復爲廣所敗. 於是使援發諸郡兵, 合萬餘人, 擊破廣等, 斬之.

| 註釋 | ㅇ卷人維汜 – 卷(권)은 河南郡의 현명. 維汜(유사)는 인명. ㅇ攻
沒睆城 – 睆城(환성)은 廬江郡의 현명.

[國譯]

그전에, (河南郡) 卷縣(권현) 사람 維汜(유사)는 요사한 말로 神을
자칭하면서 제자 수백 명을 거느렸다가 법에 의거 처형되었다. 뒤에
그 제자인 李廣(이광) 등은 유사가 신이 되었고 죽지 않았다며 백성
들을 현혹하였다.

(建武) 17년(서기 41), 마침내 무리를 모아 (廬江郡의) 睆城(환성)
을 공격 함락하며 睆侯(환후) 劉閔(유민)을 죽였고 '南嶽大師'를 자
칭했다. 조정에서는 謁者 張宗(장종)에게 수천 군사를 거느리고 가
서 토벌케 하였지만 도리어 이광에게 패전하였다. 이에 마원을 시켜
여러 군의 군사 1만여 명을 동원하여 이광을 격파하고 죽였다.

原文

又交阯女子徵側及女弟徵貳反, 攻沒其郡, 九眞,日南,合
浦蠻夷皆應之, 寇略嶺外六十餘城, 側自立爲王. 於是璽書
拜援伏波將軍, 以扶樂侯劉隆爲副, 督樓船將軍段志等南擊
交阯. 軍至合浦而志病卒, 詔援並將其兵. 遂緣海而進, 隨
山刊道千餘里.

十八年春, 軍至浪泊上, 與賊戰, 破之, 斬首數千級, 降者萬餘人. 援追徵側等至禁谿, 數敗之, 賊遂散走. 明年正月, 斬徵側, 徵貳, 傳首洛陽. 封援爲新息侯, 食邑三千戶. 援乃擊牛釃酒, 勞饗軍士.

從容謂官屬曰, "吾從弟少遊常哀吾慷慨多大志, 曰, '士生一世, 但取衣食裁足, 乘下澤車, 御款段馬, 爲郡掾史, 守墳墓, 鄉里稱善人, 斯可矣. 致求盈餘, 但自苦耳.' 當吾在浪泊, 西里間, 虜未滅之時, 下潦上霧, 毒氣重蒸, 仰視飛鳶跕跕墮水中, 臥念少遊平生時語, 何可得也! 今賴士大夫之力, 被蒙大恩, 猥先諸君紆佩金紫, 且喜且慚."

吏士皆伏稱萬歲.

| 註釋 | ○交阯 – 交阯는 郡名 겸 刺史部 이름. 交阯(交州)刺史部 治所는 交阯郡 龍編縣. 今 越南國 河內(하노이)市 동쪽 北寧省 北寧市. 南海郡, 蒼梧郡, 鬱林郡, 合浦郡, 交阯郡, 九眞郡, 日南郡 등 7郡을 관할. 日南郡은 後漢 영역 중 최남단. 今 越南國 중부에 해당. ○徵側及女弟徵貳 – 徵側(징측)과 그 여동생 徵貳(징이). ○嶺外六十餘城 – 嶺은 五嶺山脈, 長江 水界와 華南지방 珠江(주강) 水界의 분수령. ○拜援伏波將軍 – 伏波將軍은 계급에 따른 직명이 아니라 지역이나 임무에 따른 명칭이다. ○緣海而進 – 緣海는 沿海(연해). 緣은 가장자리 연. ○隨山刊道 – 刊道는 산을 깎아 길을 내다. 刊은 除也. ○浪泊(낭박) – 지명. 今 越南國 수도 하노이 市 서북. ○擊牛釃酒 – 소를 잡고 술을 거르다. 釃는 술 거를 시. ○衣食裁足 – 裁는 才, 纔(겨우 재). ○乘下澤車 – 下澤車는 물이 많은 길을 잘 다닐 수 있는 수레. 바퀴와 바퀴 사이의 폭이 좁다. ○御款段馬 – 수레나 말을 천천히

몰다. ○下潦上霧 - 潦는 바닥에 고인 물. 큰 비 료. ○飛鳶跕跕墮水中 - 跕跕는 떨어지는 모양. 跕은 밟을 접, 떨어질 접.

[國譯]

그리고 交阯郡(교지군)의 여인인 徵側(징측)과 그 여동생 徵貳(징이)가 반란을 일으켜 교지군을 공격 함락시키자, 이에 九眞, 日南, 合浦郡의 만이들까지 모두 호응하여 五嶺山脈 남쪽의 60여 성을 차지하고서 자립하여 왕이 되었다. 이에 조서를 내려 마원을 伏波將軍으로 임명하였고, 扶樂侯인 劉隆(유륭)을 副職으로, 樓船將軍(水軍지휘관)인 段志(단지) 등을 거느리고 남쪽으로 가서 交阯郡을 공격케 하였다. 마원의 군사가 合浦郡에 왔을 때 단지가 병으로 죽자 조서로 마원이 그 군사도 지휘하게 하였다. 마원은 연해를 따라 또 산을 깎아 1천리 길을 만들었다.

(建武) 18年 봄, 군사가 浪泊(낭박)이란 곳에 도착하여 적도와 싸워 격파하고 수천 명을 죽였으며 1만여 명이 투항하였다. 마원은 징측을 禁谿(금계)란 곳까지 추격하여 여러 번 패퇴시키자 적은 마침내 흩어졌다. 그 다음 해 正月, 징측과 징이를 참수하여 그 수급을 洛陽으로 보냈다. 이에 광무제는 마원은 新息侯(신식후)에 봉하였는데 식읍은 3천 호였다. 마원은 바로 소를 잡고 술을 걸러 군사를 위로하는 잔치를 하였다. 마원이 조용히 부관들에게 말했다.

"나의 사촌 동생인 少遊(소유)는 내가 늘 慷慨(강개)하여 큰 뜻을 품은 것을 보고 '士人이 한평생을 살며 다만 衣食이나 해결하고 작은 수레를 타고 천천히 말을 몰며 郡의 掾史(연사)로 조상의 묘나 지키고 마을에서 착한 사람이라는 말이나 들으면 됩니다. 가득 차고

넘치는 것을 얻으려 한다면 자신만 괴롭습니다.' 라고 말했소. 내가
적을 다 평정하기 전 浪泊(낭박)과 西里(서리)에 있을 때 발아래는 물
이고 머리 위로는 안개가 자욱하며 瘴氣(장기, 축축하고 더운 땅에서 생
기는 毒氣)가 가득한데, 하늘을 보니 하늘을 날아다니던 새가 물속으
로 줄줄이 내려앉는데, 가만히 누워 사촌 동생의 평소 하던 말을 생
각하니 그 말이 어찌 맞겠는가! 지금 여러 분들의 도움으로 황제의
큰 은택을 받았지만 감히 여러분 앞에서 金印과 紫色 印綬를 차고
있으니 한편으로는 기쁘면서도 부끄러울 뿐이요.”

이에 모든 관리와 군사가 모두 엎드리며 만세를 불렀다.

原文

援將樓船大小二千餘艘, 戰士二萬餘人, 進擊九眞賊徵側
餘黨都羊等, 自無功至居風, 斬獲五千餘人, 嶠南悉平. 援
奏言西于縣戶有三萬二千, 遠界去庭千餘里, 請分爲封溪,
望海二縣, 許之. 援所過輒爲郡縣治城郭, 穿渠灌漑, 以利
其民. 條奏越律與漢律駁者十餘事, 與越人申明舊制以約束
之, 自後駱越奉行馬將軍故事.

| 註釋 | ○援將樓船 - 누각이 있는 배. 艘는 배 소. 배를 세는 단위. ○九
眞 - 郡名. 治所는 胥浦縣, 今 越南國 중부 淸化省 서북 東山縣. ○自無功
至居風 - 無功, 居風 모두 九眞郡의 현명. ○嶠南 - 嶠는 산이 높고 뾰쪽
할 교. 교남은 지금의 월남 지역. ○條奏 - 조목별로 상주하다. ○駁者 -
서로 일치하지 않는 것. 어긋날 박. 얼룩말 박. ○駱越 - 駱는 말 이름 낙.

越의 별칭.

【國譯】

마원은 크고 작은 누각이 있는 배 2천여 척을 거느리고 2만여 戰士와 함께 九眞郡 징측의 잔당인 都羊(도양) 등을 공격하여 無功縣에서 居風縣에 이르기까지 5천여 명을 죽여 嶠南(교남, 월남) 지역을 모두 평정하였다. 마원은 西于縣(서우현)에 3만 2천여 호구가 있는데 먼 곳은 현에서 1천여 리나 되기에 서우현에 封溪縣과 望海縣을 더 설치하겠다고 주청하여 허락을 받았다. 마원은 가는 곳마다 군현을 위하여 성곽을 축조하거나 수로를 뚫어 관개를 하여 백성을 이롭게 하였다. 또 越人의 漢의 법률이 서로 어긋나는 10여 조를 조목별로 상주하였고 월인들과 함께 옛 법제로 약조를 하였는데, 이에 駱越(낙월, 越의 별칭)에서는 馬將軍의 전례가 시행되었다.

原文

二十年秋, 振旅還京師, 軍吏經瘴疫死者十四五. 賜援兵車一乘, 朝見位次九卿.

援好騎, 善別名馬, 於交阯得駱越銅鼓, 乃鑄爲馬式, 還上之. 因表曰,

「夫行天莫如龍, 行地莫如馬. 馬者甲兵之本, 國之大用. 安寧則以別尊卑之序, 有變則以濟遠近之難. 昔有騏驥, 一日千里, 伯樂見之, 昭然不惑. 近世有西河子輿, 亦明相法.

子輿傳西河儀長孺, 長孺傳茂陵丁君都, 君都傳成紀楊子阿, 臣援嘗師事子阿, 受相馬骨法. 考之於行事, 輒有驗效. 臣愚以爲傳聞不如親見, 視景不如察形. 今欲形之於生馬, 則骨法難備具, 又不可傳之於後. 孝武皇帝時, 善相馬者東門京鑄作銅馬法獻之, 有詔立馬於魯班門外, 則更名魯班門曰金馬門. 臣謹依儀氏䩭, 中帛氏口齒, 謝氏唇髻, 丁氏身中, 備此數家骨相以爲法.」

馬高三尺五寸, 圍四尺五寸, 有詔置於宣德殿下, 以爲名馬式焉.

| 註釋 | ○(建武) 二十年秋 – 서기 45년. ○瘴疫 – 瘴은 瘴氣, 열대의 풍토병. 疫은 전염병. ○鑄爲馬式 – 말의 모형. ○昔有騏驥 – 騏驥는 명마의 이름. 騏는 천리마 기. 驥는 천리마 기. ○伯樂見之 – 伯樂(백락, 대략 前 680 – 610년) – 原名은 孫陽, 춘추시대 郜國(고국, 今 山東省 菏澤市 부근) 사람. 秦의 伯樂將軍이 되었다. 伯樂은 원래 星宿의 이름. 天馬를 관리하는 별. '使驥不得伯樂, 安得千里之足' 이라는 구절도 있다. 唐 韓愈(한유)의 名句 '世有伯樂, 然後有千里馬'로 유명. 여기에는 懷才不遇의 탄식이 있으니, 곧 '伯樂(賢君)은 不常有나 千里馬(賢才)는 언제나 있다.' 는 의미로 통용된다. ○西河子輿 – 西河郡의 子輿(자여), 子輿는 人名. ○成紀楊子阿 – 天水郡 成紀縣, 今 甘肅省 동남부 平涼市 관할 靜寧縣. ○聞不如親見 – 百聞不如一見. ○東門京 – 東門은 복성, 京은 이름. ○魯班門外 – 魯班은 春秋 名工匠, 중국 工匠의 師祖로 숭앙. 魯班은 魯國의 公輸班, 이외에도 魯班仙師, 公輸先師 등의 칭호, 各地에 魯班殿 또는 魯班廟가 있다. ○儀氏䩭 – 西河郡 儀長孺의 䩭(굴레 기). ○中帛氏口齒 – 中帛氏는 인명. 口齒

는 말의 입과 齒牙. ○謝氏脣鬠 - 脣은 입술 순. 놀랄 진. 鬠는 갈기 기.
○丁氏身中 - 茂陵縣 丁君都의 설명에 의한 몸체.

[國譯]

　(建武) 20년 가을, 마원은 군사를 정돈하여 낙양으로 회군하였는데 軍吏 중에 瘴氣(장기, 열대의 풍토병)와 전염병으로 죽은 자가 10에 4, 5명이었다. 광무제는 마원에게 兵車 1량을 하사하였고 조회에서 위치는 9卿의 다음이었다.

　마원은 말 타기를 좋아하였고 名馬를 잘 감별하였는데 交阯郡에서 駱越(낙월)의 銅鼓(동고)를 녹여 馬式(말의 모형)을 만들었는데 돌아와 광무제에 바쳤다. 마원은 그 表文에서 말했다.

　「하늘을 날아가려면 龍만한 것이 없고 땅 위를 가려면 말보다 나은 것이 없습니다. 말은 군사의 기본이며 나라에 아주 중요합니다. 태평한 시기에는 尊卑(존비)의 서열을 구별할 수 있고, 변란이 일어나면 원근의 난관을 해결할 수 있습니다. 옛날에 騏驥(기기, 천리마의 이름)는 하루에 1천 리를 달릴 수 있었는데 伯樂(백락, 原名 孫陽)은 확실하게 알아보고 의심치 않았습니다. 근세에 西河郡(서하군) 사람 子輿(자여) 역시 相馬에 뛰어났었습니다. 자여는 비법을 西河郡의 儀長孺(의장유)에게 전수하였고, 의장유는 이를 茂陵縣(무릉현)의 丁君都(정군도)에게, 또 정군도는 비법을 (天水郡) 成紀縣의 楊子阿(양자아)에게 전해주었습니다. 臣 援(원)은 일찍이 양자아를 스승으로 모시고 말의 골격을 보는 법을 배웠습니다. 이를 실제에서 적용하니 매번 확실한 효험이 있었습니다. 臣의 우견이지만 傳聞은 親見만 못하고, 모습을 보는 것은 형체를 살피는 것만 못합니다. 지금 살아 있는 말의 형체를 살펴본다 하여도 말의 骨格을 볼 수도 없고 또 그 형상을 후세에 전할 수도 없습니다. 孝武皇帝 때 말을 잘 감별한 東門京(동문경)은 구리를 녹여 말의 형상을 만들어 바치고 조서로 이를 魯班門(노반문) 밖에 세우게 하였는데, 그래서 노반문을 金馬門(금마문)으로 이름을 바꾸었습니다. 저는 (西河郡) 儀長孺(의장유)에 비법에 따른 굴레(鞿, 기)를 만들었고, 中帛氏(중백씨)에 의한 말의 口齒를 謝氏(사씨)의 이론에 의거 말의 입술과 갈기를, 그리고 (茂陵縣) 丁君都의 설명에 의한 몸체를 만들었으니 여러 전문가의 骨相法을 본떴습니다.」

그 말 모형의 높이는 3尺5寸, 둘레는 4尺5寸이었는데 詔令에 의거 宣德殿 마당에 세워 놓고 이름을 名馬式(명마식)이라 하였다.

原文

初, 援軍還, 將至, 故人多迎勞之. 平陵人孟冀, 名有計謀, 於坐賀援.

援謂之曰, "吾望子有善言, 反同衆人邪? 昔伏波將軍路博德開置七郡, 裁封數百戶, 今我微勞, 猥饗大縣, 功薄賞厚, 何以能長久乎? 先生奚用相濟?" 冀曰, "愚不及."

援曰, "方今匈奴,烏桓尙擾北邊, 欲自請擊之. 男兒要當死於邊野, 以馬革裹屍還葬耳, 何能臥床上在兒女子手中邪!"

冀曰, "諒爲烈士, 當如此矣."

| 註釋 | ○反同衆人邪 - 그런데 다른 사람과 똑같습니까? '아무 말도 안 하는가'의 뜻. ○伏波將軍路博德開置七郡 - 路博德은 前漢 武帝 元狩 4년(前 119)에 흉노 원정에 참여했고, 元鼎(원정) 6년(前 111)에는 伏波將軍으로 南越 정벌에 참여하였다. 특히 노박덕은 前 110년에 군사를 거느리고 海南島를 평정하고 珠崖(주애)와 儋耳(담이) 2군을 설치하였다. 《漢書 衛靑 霍去病傳》附傳. 당시에 9군을 설치하였는데 후한에서는 7개 군이 존속했다. ○猥饗大縣 - 猥는 함부로 외. 외람되게도. 饗은 잔치 향. 누리다. 받다. ○馬革裹屍~ - 말가죽으로 시신을 싸다. 裹는 쌀 과. 보자기로 싸다.

[國譯]

그전에, 馬援(마원)이 회군하여 도착 전에 지인들이 많이 나와 마원을 환영하고 위로하였다. 平陵縣 사람 孟冀(맹기)는 책모로 유명했는데 마원을 축하하는 자리에 동참하였다.

마원이 맹기에게 말했다. "나는 당신의 좋은 말씀을 바라고 있는데 다른 사람과 똑같습니까? 옛날 伏波將軍 路博德(노박덕)은 (南越 땅에) 7군을 처음 설치하였는데 봉작은 겨우 수백 호였지만, 지금 나는 적은 고생을 하고도 외람되게도 큰 현을 식읍으로 받았으니 미약한 공적에 후한 상이 어찌 오래갈 수 있겠습니까? 선생이라면 무슨 방책을 쓰겠습니까?"

그러자 맹기는 "저는 할 수 없는 일입니다."라고 말했다.

이에 마원이 말했다.

"지금 흉노와 오환족이 여전히 북방을 소란하게 하는데 나는 흉노를 정벌하겠다고 자청할 것입니다. 男兒가 변방 황야에서 싸우다 죽어 시신이 말가죽에 싸여 들어와 묻히면 그뿐이니, 어찌 침상에 누워 아녀자의 손에서 죽어야 하겠습니까!"

이에 맹기가 말했다. "진정한 烈士라면 응당 그러해야 합니다."

■原文

還月餘, 會匈奴,烏桓寇扶風, 援以三輔侵擾, 園陵危逼,
因請行, 許之. 自九月至京師, 十二月復出屯襄國. 詔百官
祖道. 援謂黃門郎梁松,竇固曰, "凡人爲貴, 當使可賤, 如卿
等欲不可復賤, 居高堅自持, 勉思鄙言." 松後果以貴滿致
災, 固亦幾不免.

明年秋, 援乃將三千騎出高柳, 行雁門,代郡,上谷障塞.
烏桓候者見漢軍至, 虜遂散去, 援無所得而還.

援嘗有疾, 梁松來候之, 獨拜床下, 援不答. 松去後, 諸子
問曰, "梁伯孫帝婿, 貴重朝廷, 公卿已下莫不憚之, 大人奈
何獨不爲禮?" 援曰, "我乃松父友也. 雖貴, 何得失其序
乎?" 松由是恨之.

| 註釋 | ○襄國 – 趙國의 襄國縣. ○祖道 – 遠征하는 군사를 위한 路
祭. ○梁松 – 梁統의 아들. 陵鄕侯 梁松(양송)은 광무제의 딸 舞陽長公主
의 남편, 陵鄕侯로 太僕을 역임, 마원을 무고하였다. 나중에 자신이 비방
죄를 짓고 永平 4년에 하옥되었다가 처형되었다. 34권, 〈梁統列傳〉에 입
전. ○竇固(두고, ?-88년) – 竇融의 조카. 光武帝의 딸 涅陽(열양)공주와 결
혼, 蠻夷 정벌에 공이 많았다. 23권, 〈竇融列傳〉에 입전. ○高柳 – 代郡의
치소, 今 山西省 북쪽 끝 大同市 관할 陽高縣.

(마원은) 돌아온 지 한 달 뒤에, 마침 흉노와 오환족이 右扶風을 노략질하였는데 마원은 三輔 지역이 침략당하면 (역대) 황제의 능원이 위험하다며 원정을 자청하였고 광무제는 허락하였다. 마원은 9월에 장안에 도착하였고, 12월에 다시 출동하여 (趙國의) 襄國縣에 주둔하였다. 조서로 백관을 祖祭(조제)에 참가케 하였다. 이때 마원은 黃門郞인 梁松(양송, 광무제의 사위)와 竇固(두고, 양무제의 사위)에게 말했다.

"무릇 사람이 귀한 자리에 오르면 미천했던 시절처럼 일해야 하는데, 지금 경들이야 다시 미천할 수야 없으니 고귀한 지위를 스스로 잘 지키려면 나의 말을 기억하시오."

양송은 뒷날 너무 높은 자리가 재앙을 불렀고, 두고 역시 거의 피할 수 없었다.

다음 해 가을, 마원은 3천 기병을 거느리고 (代郡의) 高柳縣에서 출동하여 雁門, 代郡, 上谷郡의 변새지역을 순행하였다. 오환족의 척후병이 漢軍의 도착을 알리자 적들은 흩어졌기에 마원은 아무 소득도 없이 돌아왔다.

그전에 마원이 병석에 누웠는데 梁松(양송)이 와서 문안을 하고 양송이 침상 아래서 절을 하였는데 마원은 답례를 하지 않았다. 양송이 돌아간 뒤에 여러 아들이 물었다.

"梁伯孫(梁松)은 황제의 사위라서 조정에서도 매우 고귀하기에 公卿 이하 모두 두려워하지 않는 사람이 없는데 아버님께서는 왜 답례하지 않으셨습니까?"

이에 마원이 말했다.

"나는 양송의 부친의 친우이다. 비록 귀인이라지만 어찌 長幼의 차례를 어기겠는가?"

그러나 양송은 이 때문에 한을 품었다.

原文

二十四年, 武威將軍劉尙擊武陵五溪蠻夷, 深入, 軍沒, 援因復請行. 時年六十二, 帝愍其老, 未許之. 援自請曰, "臣尙能披甲上馬." 帝令試之. 援據鞍顧眄, 以示可用. 帝笑曰, "矍鑠哉是翁也!" 遂遣援率中郞將馬武, 耿舒, 劉匡, 孫永等, 將十二郡募士及弛刑四萬餘人征五溪.

援夜與送者訣, 謂友人謁者杜愔曰, "吾受厚恩, 年迫餘日索, 常恐不得死國事. 今獲所願, 甘心瞑目, 但畏長者家兒或在左右, 或與從事, 殊難得調, 介介獨惡是耳."

明年春, 軍至臨鄕, 遇賊攻縣, 援迎擊, 破之, 斬獲二千餘人, 皆散走入竹林中.

| 註釋 | ○(建武) 二十四年 – 서기 48년. ○武陵五溪蠻夷 – 武陵(무릉)은 荊州刺史部 소속 군명. 治所는 臨沅縣, 今 湖南省 常德市 서쪽. 五溪蠻(오계만)은 五溪의 羌族(강족). ○據鞍顧眄 – 말안장을 잡고 좌우를 보아 가늠하다. 鞍은 안장 안. 顧는 돌아볼 고. 眄은 애꾸눈 면. 한쪽 눈을 감고 가늠해 보다. ○矍鑠哉 – 矍鑠(확삭)은 늙어도 짱짱한 모습. 勇貌, 矍은 늙어 오히려 강건할 확, 놀라 돌아볼 확. 鑠은 녹일 삭. ○年迫餘日索 – 나이가 들어 남은 날이 많지 않다. 索(삭)은 다하다(盡也). 동아줄 삭. 찾을 색.

○甘心瞑目 - 瞑은 눈 감을 명. ○介介獨惡是耳 - 介介(개개)는 耿耿(경경). 불안한 모양. 獨惡是耳는 이것이 늘 부담이 된다. ○軍至臨鄕 - 臨鄕은 무릉군의 지명.

[國譯]

(建武) 24년, 武威將軍 劉尙(유상)이 武陵郡 五溪의 蠻夷를 공격했는데 너무 깊숙이 진격하여 전멸하자 마원은 원정을 다시 자청하였다. 그때 나이 62세였는데, 광무제는 늙은 나이를 생각하여 허락지 않았다. 마원은 자청하면서 "臣은 아직도 갑옷을 입고 말에 오를 수 있습니다."라고 말했다. 광무제가 해보라고 하였다. 마원은 안장을 잡고 눈으로 가름해보고 쓸만하다는 것을 보여주었다. 광무제가 웃으면서 "이 노인네는 늙었어도 짱짱하네!"라고 말했다.

이에 마원은 中郎將 馬武(마무), 耿舒(경서), 劉匡(유광), 孫永(손영) 등과 12개 군에서 모집한 군사와 형 집행을 늦춘 죄수 등 4만여 명을 거느리고 五溪의 만이를 원정하였다. 마원은 저녁에 자신을 전송한 사람들과 헤어지면서 友人인 謁者(알자) 杜愔(두음)에게 말했다.

"나는 황제의 두터운 은택을 입었지만 남은 날이 많지 않으니 늘 나라를 위해 죽지 못할까 걱정이요. 이번에 기회를 얻었으니 기꺼이 죽을 수 있으나 다만 황제의 측근에 있거나 나를 수행한 權貴의 자식을 어찌할 수 없으니 그것이 늘 걱정입니다."

다음 해 봄에, 마원의 군사는 臨鄕(임향)에 주둔하였는데 현을 공격해오는 적도를 맞아 싸워 격파하면서 2천여 명을 죽이거나 생포하자 적도들은 모두 대나무 숲으로 도주하였다.

初, 軍次下雋, 有兩道可入, 從壺頭則路近而水嶮, 從充則塗夷而運遠, 帝初以爲疑. 及軍至, 耿舒欲從充道, 援以爲棄日費糧, 不如進壺頭, 搤其喉咽, 充賊自破. 以事上之, 帝從援策.

三月, 進營壺頭. 賊乘高守隘, 水疾, 船不得上. 會暑甚, 士卒多疫死, 援亦中病, 遂困, 乃穿岸爲室, 以避炎氣. 賊每升險鼓譟, 援輒曳足以觀之, 左右哀其壯意, 莫不爲之流涕.

耿舒與兄好畤侯弇書曰, "前舒上書當先擊充, 糧雖難運而兵馬得用, 軍人數萬爭欲先奮. 今壺頭竟不得進, 大衆怫鬱行死, 誠可痛惜. 前到臨鄉, 賊無故自致, 若夜擊之, 卽可殄滅. 伏波類西域賈胡, 到一處輒止, 以是失利. 今果疾疫, 皆如舒言."

弇得書, 奏之. 帝乃使虎賁中郎將梁松乘驛責問援, 因代監軍. 會援病卒, 松宿懷不平, 遂因事陷之. 帝大怒, 追收援新息侯印綬.

| 註釋 | ○軍次下雋 — 次는 군사가 머무르다(師止也). 병영. 下雋(하준)은 長沙國의 縣名. 雋 영특할 준. ○從壺頭則路近而水嶮 — 壺頭는 山名. 嶮은 험할 험. ○從充則塗夷而運遠 — 充은 武陵郡의 縣名. 塗夷는 길이 평탄하다. 運遠은 운반 거리가 멀다. ○搤其喉咽 — 搤은 잡을 액. 喉咽(후인)은 목구멍, 咽喉와 同. ○援輒曳足以觀之 — 曳足은 다리를 끌다. 질질 끌다. ○耿舒(경서) — 耿況(경황)의 아들, 耿弇(경엄)의 동생. 19권, 〈耿弇列傳〉

참고. ○大衆怫鬱行死 – 怫鬱은 불평불만이 끓어오르다. 鬱怫과 同, 怫은
발끈할 불. 鬱은 막힐 울. 行死는 길에서 죽다, 행군 중에 죽다. ○伏波類
西域賈胡 – 伏波는 馬援. 類는 비슷하다. 賈胡는 이민족의 상인. 賈는 장
사 고. 상인.

[國譯]

　처음에, 군사는 (長沙國의) 下雋縣(하준현)에 주둔해서 두 갈래 길
로 진격할 수 있었으니 壺頭山(호두산)으로 들어가면 길은 가깝지만
물길이 험하였고, (武陵郡의) 充縣(충현)으로 진격하면 길은 평탄하
나 군량 운반 거리가 멀었다. 광무제도 처음에 이를 걱정했었다. 군
사가 갈림길에 오자 耿舒(경서)는 充縣 길을 택하려 하였지만 마원
은 기일이 많이 걸려 군량 소모가 많으니 바로 壺頭山 길을 택하여
적의 급소를 공격하는 것만 못하며, 그리하면 充縣의 적은 저절로
무너진다고 하였다. 마원은 이를 상주하였고 광무제도 마원의 방책
을 허용했다.

　3월, 진격하여 壺頭山(호두산) 아래 진을 쳤다. 오계적은 높은 곳
에 올라 험한 곳을 지켰고 물길이 험하여 배도 올라올 수 없었다. 마
침 한참 더워서 많은 병졸이 돌림병으로 죽었고, 마원도 병에 걸려
누웠는데 절벽을 파서 방을 만들어 더위를 피했다. 적은 매일 험한
곳에서 북을 치고 소리를 질렀는데, 마원은 다리를 끌고 나와 적을
자주 바라보았는데 좌우 모두가 마원의 씩씩한 의기를 슬퍼하며 눈
물을 흘리지 않는 사람이 없었다.

　耿舒(경서)는 그의 형인 好畤侯(호치후) 耿弇(경엄)에게 서신을 보
냈다.

"앞서 제가 상서한대로, 응당 充縣의 적을 먼저 공격했다면 군량 수송은 어려워도 군사는 진군할 수 있었고 수만의 군사는 앞 다퉈 진군했을 것입니다. 지금 호두산에서 막혀 더 나아가지 못하자 많은 군졸의 불만이 끓어오르며 행군 중에 죽어나가니 참으로 애통합니다. 이전에 臨鄕(임향)에서 적이 무단히 덤볐다가 패했지만 만약 적이 밤에 습격해왔으면 전멸할 뻔했습니다. 伏波 장군은 마치 서역의 장사꾼처럼 한 곳에 도착하면 그때마다 머물러서 때를 놓치곤 합니다. 예상한대로 지금 돌림병이 크게 돌고 있으니 모두가 제가 말씀드린 그대로입니다."

경엄은 서신을 받자, 이를 상주하였다. 그러자 광무제는 虎賁中郎將 梁松(양송)을 보내 傳車(전거)을 타고 급히 가서 마원을 문책하고 대신 군사를 지휘케 하였다. 그 무렵 마원은 병사하였기에 양송은 전날의 감정을 풀지 못했지만 그 때문에 마원을 모함하였다. 광무제는 대노하면서 마원의 新息侯(신식후) 印綬(인수)를 회수해 버렸다.

原文

初, 兄子嚴,敦並喜譏議, 而通輕俠客. 援前在交阯, 還書誡之曰,

「吾欲汝曹聞人過失, 如聞父母之名, 耳可得聞, 口不可得言也. 好論議人長短, 妄是非正法, 此吾所大惡也, 寧死不願聞子孫有此行也. 汝曹知吾惡之甚矣, 所以復言者, 施衿結褵, 申父母之戒, 欲使汝曹不忘之耳. 龍伯高敦厚周愼, 口

無擇言, 謙約節儉, 廉公有威, 吾愛之重之, 願汝曹效之. 杜
季良豪俠好義, 憂人之憂, 樂人之樂, 淸濁無所失, 父喪致
客, 數郡畢至, 吾愛之重之, 不願汝曹效也. 效伯高不得, 猶
爲謹敕之士, 所謂刻鵠不成尙類鶩者也. 效季良不得, 陷爲
天下輕薄子, 所謂畫虎不成反類狗者也. 迄今季良尙未可
知, 郡將下車輒切齒, 州郡以爲言, 吾常爲寒心, 是以不願子
孫效也.」

　季良名保, 京兆人, 時爲越騎司馬. 保仇人上書, 訟保 "爲
行浮薄, 亂群惑衆, 伏波將軍萬里 還書以誡兄子, 而梁松,竇
固以之交結, 將扇其輕僞, 敗亂諸夏."

　書奏, 帝召責松,固, 以訟書及援誡書示之, 松,固叩頭流
血, 而得不罪. 詔免保官.

　伯高名述, 亦京兆人, 爲山都長, 由此擢拜零陵太守.

| 註釋 | ○譏議(기의) – 비난하다. 악평하다. 譏는 나무랄 기. 책망하다.
○是非正法 – 正法은 時政. ○施衿結褵 – 옷을 단정히 하다. 衿은 옷깃
금. 옷고름. 褵는 의대 이(리), 香囊(향낭). ○申父母之戒 – 부모의 훈계를
거듭 말하다. ○龍伯高敦厚周愼 – 龍伯高는 인명. 敦厚는 인자 후덕하다.
○刻鵠不成尙類鶩者也 – 鵠는 고니 곡. 類는 닮다. 鶩는 집오리 목. ○所
謂畫虎不成反類狗者也 – 호랑이를 그렸는데 제대로 못 그려 오히려 개와
같게 되었다. ○郡將下車輒切齒 – 下車는 부임하다. 切齒는 이를 갈다.
원한이 많다. ○寒心 – 마음이 섬뜩하다. ○敗亂諸夏 – 諸夏는 중국. 여
러 제후국으로 이루어진 중국. 중국 주변 이민족의 상대적인 개념. ○山
都長 – 山都는 南陽郡의 현명. 侯國, 今 湖北省 襄陽市 관할 穀城縣. ○零

陵太守 － 零陵郡 治所 泉陵縣. 今 湖南省 서남부 永州市.

[國譯]

그전에, 馬援(마원) 형의 아들인 馬嚴(마엄)과 馬敦(마돈)은 둘 다 비판을 좋아하며 경박한 협객들과 어울렸다. 마원은 交阯(교지) 지역 원정 중에 조카들을 훈계하는 편지를 보냈다.

「내가 바라는 것은, 너희들이 남의 잘못을 들으면 마치 부모 이름을 들은 것처럼 듣기만 하고 말하지는 말라는 것이다. 남의 장단점 비판을 좋아하고 망령되게 지금의 정치에 시비하는 것을 내가 가장 싫어하나니, 차라리 죽을지언정 내 자손이 이런 짓을 한다는 말을 듣고 싶지 않다. 너희들이 내가 이처럼 심하게 싫어하는 줄 안다면 옷을 단정히 입고 부모님의 훈계라고 생각해야 하나니 너희들은 결코 이를 잊지 말지어다.

龍伯高(용백고)는 성실 근신하여 입으로는 (남에 대한) 합당한 말도 하지 않으며, 겸손하고 절약하며 청렴한 공직생활에 위엄을 지켜 내가 애지중지하니 너희들이 본받았으면 좋겠다. 杜季良(두계량)은 의협심이 있으며 다른 사람의 걱정을 걱정해주고 남과 같이 즐기며 淸濁이나 輕重에 잘못이 없었기에 부모가 죽자 여러 군에서 문상객이 모두 모일 정도라서 나도 애지중지하나 너희가 본받기를 원하지 않는다.

용백고를 본받다가 그렇게 되지 못하면 그래도 점잖은 사람이 될 것이니, 이는 고니를 만들다가 잘못되면 오리와 비슷한 것과 같다. 그러나 두계량을 본받다가 그렇지 못하면 천하에 경박한 자가 될 것이니, 이는 마치 호랑이를 그리다가 잘못 그리면 개가 되는 것과 같다.

지금까지 두계량의 앞날을 잘 모르겠지만 여러 군의 장수들은 일
단 부임하면 이를 갈고 있으며 주나 군에서는 이러한 두계량을 위에
보고하니, 나는 두계량을 늘 한심하다 생각하기에 너희가 본받기를
원치 않는다.」

杜季良(두계량)의 이름은 保(보)이며, 京兆尹 사람으로 그때 越騎
司馬였다. 두계량(杜保)와 원수진 사람이 두보를 고소하며 "하는 짓
이 경박하고 군중을 현록시키기에 伏波將軍도 1만 리 밖에서 조카
를 훈계하는 편지에 썼으며, 梁松(양송)과 竇固(두고) 등이 두보와 사
귀면서 경박한 짓을 부추겨 중국을 어지럽힙니다." 라고 상서하였
다. 이 고소가 상주되자 광무제는 양송과 두고를 불러 질책하며 상
소 글과 마원의 훈계하는 글을 보여주자 양송과 두고는 피가 나도록
머리를 조아려 처벌되지는 않았다. 이에 조서로 杜保(두보)를 파면하
였다. 龍伯高(용백고)의 이름은 述(술)인데, 같은 경조윤 사람으로 (南
陽郡) 山都 縣長이었는데 이 때문에 零陵(영릉) 태수로 발탁되었다.

初, 援在交阯, 常餌薏苡實, 用能輕身省欲, 以勝瘴氣. 南
方薏苡實大, 援欲以爲種, 軍還, 載之一車. 時人以爲南土
珍怪, 權貴皆望之. 援時方有寵, 故莫以聞. 及卒後, 有上書
譖之者, 以爲前所載還, 皆明珠文犀. 馬武與於陵侯侯昱等
皆以章言其狀, 帝益怒. 援妻孥惶懼, 不敢以喪還舊塋, 裁
買城西數畝地槀葬而已. 賓客故人莫敢吊會. 嚴與援妻子

草索相連, 詣闕請罪. 帝乃出松書以示之, 方知所坐, 上書
訴冤, 前後六上, 辭甚哀切, 然後得葬.

| 註釋 | ○援在交阯 – 交阯에서 徵側(징측)의 난을 토벌. ○常餌薏苡實
– 餌는 먹을 이. 먹이. 薏苡(의이)는 율무. 薏는 율무 의. 苡 질경이 이. 율
무. '薏苡明珠'는 질경이를 좋은 구슬이라고 하다. 터무니없는 모함. 薏苡
之謗(의이지방)도 같은 뜻. ○明珠文犀 – 明珠와 文犀(무늬가 있는 무소
뿔). ○馬武與於陵侯侯昱 – 捕虜將軍楊虛侯 馬武, 雲臺 28將의 한 사람.
22권, 〈朱景王杜馬劉傅堅馬列傳〉立傳. ○槁葬(고장) – 草葬. ○草索相
連 – 함께 새끼줄에 묶여 있다.

[國譯]

그전에, 마원이 交阯(교지)에 있으면서 薏苡(의이, 율무)의 열매가
몸을 가볍게 하고 욕구를 없애주며 瘴氣(장기, 열대 풍토병)를 막아준
다 하여 늘 복용했었다. 남방 율무 열매는 대형이라서 마원은 심어
키우려고 군사가 돌아올 때 수레 하나에 싣고 왔다. 그때 사람들은
남방의 진기한 특산물이라 생각하였고 權貴가 모두 갖고 싶어 했다.
그러나 그때는 마원이 황제의 신임을 받고 있어 달라고 하는 사람이
없었다. 마원이 죽은 뒤에 상소하여 마원이 싣고 온 것은 모두 明珠
이며 무늬 있는 무소뿔이라고 참소하는 자가 있었다. 비록 馬武(마
무)나 於陵侯 侯昱(후욱) 등이 그 실상을 문서로 올렸어도 광무제는
더욱 화를 내었다. 마원의 처와 자식은 겁이 나서 先塋(선영)에 장례
를 치르지도 못하고 겨우 성곽 서편에 몇 마지기 땅을 사서 草葬(초
장)을 치렀다. 빈객이나 아는 친지 누구도 감히 문상하지 못했다. 조

카 馬嚴(마엄)과 마원의 처자는 (감옥에서) 새끼줄에 묶인 채 궐문에 나아가 죄를 받았다. 광무제가 梁松(양송)이 상소한 글을 보여주자 그때서야 마원의 죄를 알고서 글을 올려 원통함을 하소연하였는데 전후 6차례 상소에 그 글이 너무 애절하여 겨우 장례를 마칠 수 있었다.

又前雲陽令同郡朱勃詣闕上書曰,

「臣聞王德聖政, 不忘人之功, 採其一美, 不求備於衆. 故高祖赦蒯通而以王禮葬田橫, 大臣曠然, 咸不自疑. 夫大將在外, 讒言在內, 微過輒記, 大功不計, 誠爲國之所愼也. 故章邯畏□而奔楚, 燕將據聊而不下. 豈其甘心末規哉? 悼巧言之傷類也.」

| 註釋 | ○雲陽 – 左馮翊의 현명. 今 陝西省 咸陽市 관할 淳化縣. ○故高祖赦蒯通而 – 高祖는 漢信에서 반기를 들고 자립하라고 유세한 蒯通(괴통)의 죄를 사면하였다. ○以王禮葬田橫 – 田橫(전횡, ?-前 202)은 田齊의 宗室. 秦漢 교체기에 齊國의 宰相을 역임하고 齊王으로 自立하였으나 패전하고 海島(青島市 앞, 今 田橫島)로 숨었다. 漢高祖 劉邦의 압박에 田橫이 不屈하고 낙양 근처까지 와서 자살하니, 그의 門客 500여 명이 모두 主君을 위해 섬에서 자결했다. 《漢書 魏豹田儋韓王信傳》,《史記 · 田儋列傳》참고. ○故章邯畏□而奔楚 – 章邯(장하)은 (宦官) 趙高가 자신이 보낸 사자를 만나주지도 않자 조고가 두려워 항우에 투항하였다. ○燕將據聊而

不下 - 聊(요, 료)는 지명. ㅇ豈其甘心末規哉 - 末規(말규)는 下計. ㅇ悼巧
言之傷類也 - 傷類는 선한 자를 다치게 하다. 類는 善也.

[國譯]

또 전에 雲陽 현령이었던 (마원과) 같은 군(右扶風) 사람인 朱勃
(주발)이 궁궐에 와서 상소하였다.

「臣이 알기로, 현명한 군왕의 덕정은 신하의 공적을 잊지 않으며
하나의 장점을 받아들이지, 한 사람만을 책망하지 않는다고 하였습
니다. 그래서 高祖는 蒯通(괴통)의 죄를 용서하였고 자신에게 투항
을 거부한 田橫(전횡)도 왕의 의례로 장례를 치르게 하였기에 대신
은 안심하며 아무런 의심도 없었습니다. 본래 大將이 在外하면 여러
讒言(참언)이 내부에 들어오게 되고 작은 잘못도 기록되어 큰 공적
을 인정하지 않게 되니, 이는 나라에서 신중히 처리할 일입니다. 그
러하기에 (秦의 장수) 章邯(장한)은 구설수가 두려워 楚(項羽)에게
항복하였고, 燕의 장수는 聊城(요성)을 차지하고서 항복을 거부하였
습니다. 이런 경우에 어찌 기쁜 마음으로 下策을 택했겠습니까? 巧
言(교언)으로 善行을 모함하는 것이 서글픈 것입니다.」

原文

「竊見故伏波將軍新息侯馬援, 拔自西州, 欽慕聖義, 間關
險難, 觸冒萬死, 孤立群貴之間, 傍無一言之佐, 馳深淵, 入
虎口, 豈顧計哉! 寧自知當要七郡之使, 儌封侯之福邪? 八
年, 車駕西討隗囂, 國計狐疑, 衆營未集, 援建宜進之策, 卒

破西州. 及吳漢下隴, 冀路斷隔, 惟獨狄道爲國堅守, 士民
饑困, 寄命漏刻. 援奉詔西使, 鎮慰邊衆, 乃招集豪傑, 曉誘
羌戎. 謀如湧泉, 勢如轉規, 遂救倒縣之急, 存幾亡之城. 兵
全師進, 因糧敵人, 隴,冀略平, 而獨守空郡, 兵動有功, 師進
輒克. 銖鉏先零, 緣入山谷, 猛怒力戰, 飛矢貫脛. 又出征交
阯, 土多瘴氣, 援與妻子生訣, 無悔吝之心, 遂斬滅徵側, 克
平一州, 間復南討, 立陷臨鄉, 師已有業, 未竟而死, 吏士雖
疫, 援不獨存. 夫戰或以久而立功, 或以速而致敗, 深入未
必爲得, 不進未必爲非. 人情豈樂久屯絶地, 不生歸哉! 惟
援得事朝廷二十二年, 北出塞漠, 南度江海, 觸冒害氣, 僵死
軍事, 名滅爵絶, 國土不傳. 海內不知其過, 衆庶未聞其毀,
卒遇三夫之言, 橫被誣罔之讒, 家屬杜門, 葬不歸墓, 怨隙並
興, 宗親怖栗. 死者不能自列, 生者莫爲之訟, 臣竊傷之.」

| 註釋 | ○間關險難 - 間關(간관)은 崎嶇(기구)하다. 산길이 험하다. 팔
자가 사납다. ○勢如轉規 - 그 형제는 위에서 둥근 것을 굴리는 것 같다.
破竹之勢. 規는 둥근 물건. 規는 그림 쇠, 둥근 것. ○遂救倒縣之急 - 倒縣
은 거꾸로 매달리다. 縣은 懸(매달 현)과 同. ○存幾亡之城 - 幾는 近也. 거
의 망한 城을 살려내다. ○銖鉏先零 - 銖鉏(수서)는 조금씩 뽑아내다. 先
零(선련)은 羌族(강족)의 한 갈래. 零 조용히 내리는 비 령. 부족 이름 련.
○無悔吝之心 - 吝(아낄 린)은 恨也. ○克平一州 - 交阯刺史部의 7개 군.
○僵死軍事 - 僵死는 엎어져 죽다. 僵은 쓰러질 강. 仆也. ○卒遇三夫之
言 - 三夫之言은 저잣거리에 호랑이가 나타났다는 말을 3인이나 와서 말
하면 믿게 된다는 뜻.

[國譯]

「제가 볼 때 故 伏波將軍이었던 新息侯 馬援(마원)은 西州에서 벼슬을 시작한 이후에 聖上의 大義를 欽慕(흠모)하였기에 기구하고 험난한 길을 넘어 온갖 죽음을 무릅쓰면서 수많은 權貴 속에 외로이 곁에서 도와주는 사람 하나 없이 온갖 난관을 이겨내며 호랑이 입속 같은 위기를 돌파하였는데, 이것이 어찌 개인의 안위만을 생각한 계산이었습니까! 그가 (交阯의) 7개 군을 평정할 책임이 福을 불러올 요행수가 될 것을 어찌 알았겠습니까? (建武) 8년, 폐하께서 서쪽으로 隗囂(외효)를 토벌할 때 나라의 계책이 狐疑(호의)에 빠졌고 여러 군영의 군사가 모이지도 않았을 때, 마원은 공격해야 한다는 방책을 건의하며 결국 西州 일대를 평정하였습니다. 吳漢(오한)이 隴右(농우)와 冀縣(기현)으로 통하는 길을 막았을 때, 오직 마원만이 홀로 나라를 위해 狄道縣(적도현)을 굳게 지켰지만 군사와 백성은 굶주리고 지쳐 운명은 경각에 달렸습니다. 마원은 조서에 의거 서쪽 지방에 사명을 받아 변방 백성을 진압하고 위무하면서 호걸들을 불러 모았으며 羌族(강족)을 깨우치고 회유하였습니다. 마원의 지략은 샘물처럼 솟아났고 그 세력은 파죽지세와도 같아 거꾸로 매달린 위급 상황을 구원하였고 거의 망할 지경의 성을 구해냈습니다. 모든 군사가 함께 진공하면서 적의 군량을 우리 것으로 하였고, 隴右(농우)와 冀縣(기현)이 대략 평정된 뒤에도 혼자서 텅 빈 天水郡을 지켰으니, (마원은) 군사를 동원해서는 공을 세웠고 싸움에서는 매번 이겼습니다. 先零(선령)의 강족을 없애면서 산 계곡에 들어가서 맹렬히 힘써 싸우다가 적의 화살이 종아리를 꿰뚫었습니다. 이어 交阯(교지)에 출정하였으니 그 땅은 풍토병이 심한 곳으로 처자와 생이별을 하였지만, 마원은 회한의 마음을 품지 않았고 결국 徵側(징측)을 참수하여 (交阯의) 한 州를 평정하였습니다. 중간에 또 남방 토벌에 나서서 臨鄕(임향)을 차지하여 그의 군사는 공적을 세웠지만 완성하지 못하고 죽었으니 軍吏도 풍토병에 걸렸지만 마원만 홀로 살아남지 못했습니다. 대체로 전쟁이란 혹 오래 버텨서 승리할 수도 있고 빨리 공격하여 패전할 수도 있으며 적진 깊이 진격했다 하여 반드시 이기는 것도 아니며, 진격하지 않는다 하여 나쁜 것도 아닙니다. 사람의 인정상 누가 외진 곳에 오래 남아 있거나 죽어 돌아오는 것을 좋아하겠습니까! 마원이 조정을 섬기기 22년에 북쪽으로는 사막에 출정하였고, 남으로는 강과 바다를 건너면서 풍토병을 무릅쓰고 군진에서 죽었는데 명성은 사라졌고 작위는 빼앗겼고 그 식읍을 후손에 전하지도 못했습니다. 나라 안에서는 마원이 무슨 잘못을 했는지도 모르고 백성은 그에 대한 나쁜 평판을 알지도 못하는데, 연이어 세 사람이 말하면 믿게 되듯 근거도 없는 허황된 참소를 당하여 가족은 대문을 닫아걸고 그 시신은 선영에 들어가지도 못하였으며, 모함이 판을 쳐서 그 문중은 두려워 떨고 있습니다. 죽은 사람이야 말을 못하지만 산 사람은 그를 위해 변호하지 않을 수 없으니, 臣은 이것이 마음 아플 뿐입니다.」

原文

「夫明主醲於用賞, 約於用刑. 高祖嘗與陳平金四萬斤以間楚軍, 不問出入所爲, 豈復疑以錢穀間哉? 夫揔孔父之忠而不能自免於讒, 此鄒陽之所悲也.《詩》云, '取彼讒人, 投

畀豺虎. 豺虎不食, 投畀有北. 有北不受, 投畀有昊.'此言
欲令上天而平其惡. 惟陛下留思豎儒之言, 無使功臣懷恨黃
泉. 臣聞《春秋》之義, 罪以功除, 聖王之祀, 臣有五義. 若援,
所謂以死勤事者也. 願下公卿平援功罪, 宜絶宜續, 以厭海
內之望. 臣年已六十, 常伏田里, 竊感欒布哭彭越之義, 冒
陳悲憤, 戰栗闕庭.」

　　書奏, 報, 歸田里.

| 註釋 | ○夫明主醲於用賞 – 상을 많이 내리다. 醲은 진할 술 농. 후하
다. ○高祖嘗與陳平~ – 陳平은 反間計에 능했다. 項羽와 亞父 范增(범증,
前 278-204)을 이간시켜 떠나보낸 것도 진평의 반간계였다. ○此鄒陽之所
悲也 – 鄒陽(추양)은 孔子나 墨子의 언변으로도 자신을 변명하지 못하고
魯와 宋을 떠나야만 하는 현실을 슬퍼했다. 鄒陽(추양, ?-前 120)은 前漢의
문장가. 縱橫家로 분류됨. 景帝 때, 吳王 劉濞(유비)가 반역할 조짐을 보이자
〈上吳王書〉를 올려 간했으나 듣지 않자 梁 孝王 劉武를 찾아갔다. 그러나
참언으로 하옥되자 〈獄中上梁王書〉를 올려 자기 변호를 했다. 이는 전형
적인 전국시대 辯士 風格의 문장으로 유명하다.《史記 魯仲連鄒陽列傳》
참고.《漢書 賈鄒枚路傳》에 입전. ○《詩》云 –《詩 小雅 巷伯》, 소인의 간
사한 참언을 풍자한 시. ○投畀豺虎 – 畀는 줄 비. 豺 승냥이 시. ○投畀
有昊 – 有昊는 昊天(호천). 하늘. ○豎儒之言 – 豎儒는 腐儒, 못난 유학자,
유학자를 욕하는 말. ○臣有五義 – 聖王이 신하를 제사하는 5가지 경우.
法施於人, 以死勤事, 以勞定國, 能禦大災, 能捍大患의 5가지. ○欒布哭彭
越之義 – 欒布(난포)가 彭越(팽월)의 죽음 앞에 통곡한 의리. 漢 高祖 때 梁
王 팽월은 역모로 낙양에서 梟首(효수)되었다. 이어 누구든 팽월의 시신을
수습하는 자는 같이 처형하겠다고 공고하였다. 그간 팽월의 명을 받아 사

신으로 나갔다 돌아온 난포는 팽월의 시신 앞에 보고하고 팽월을 위해 곡을 했다.

[國譯]

「聖明한 主君은 상을 많이 내리고 형벌은 신중합니다. 高祖께서는 陳平에게 금전 4만 근을 주어 楚軍에게 반간계를 쓰게 하였지만 그 돈의 용도에 대해서는 묻지 않았으니, 어찌 돈이나 곡식으로 군신의 사이가 벌어지겠습니까? 공자와 같은 충성심을 가진 사람도 자신에 대한 참소를 면할 수 없었기에 鄒陽(추양)은 이를 슬퍼했습니다. 《詩經》에 '저 참언하는 소인을 잡아 승냥이나 범에게 주리라. 승냥이나 범도 먹지 않는다면, 북녘 땅에 버리리라. 북녘 땅에서도 받지 않는다면, 하늘(天帝)에게 보내리라.' 하였으니, 이 말은 上天으로 하여금 참언하는 자를 징벌하라는 뜻입니다. 폐하께서는 이 못난 유학자의 말을 유의하시어 공신으로 하여금 黃泉(황천)에서 한을 품지 않게 해주십시오. 臣이 알기로는, 《春秋》 大義에 죄는 功으로 삭감한다고 하였으며, 聖王이 신하를 위해 제사하는 5가지 경우가 있다 하였는데, 馬援(마원)의 경우는 죽을 때까지 열심히 일한 사람이라 할 수 있습니다. 바라옵나니, 公卿으로 하여금 馬援의 작위를 박탈할 것인지, 계승케 할 것인가, 그 功過 平定케 하여 온 나라 백성의 염원을 충족시켜 주십시오. 臣의 나이 이미 60이 넘었고 늘 시골에 살고 있지만 (고조 때) 欒布(난포)가 彭越(팽월)의 죽음 앞에 통곡한 그 의리에 느낀 바 있어 죽음을 무릅쓰고 저의 슬픈 울분을 대궐 앞에 떨면서 진술하였습니다.」

상서한 글이 보고되자 응답이 있었고, 朱勃(주발)은 향리로 돌아갔다.

勃字叔陽, 年十二能誦《詩》,《書》. 常候援兄況. 勃衣方領, 能矩步. 辭言嫺雅, 援裁知書, 見之自失. 況知其意, 乃自酌酒慰援曰, "朱勃小器速成, 智盡此耳, 卒當從汝稟學, 勿畏也." 朱勃未二十, 右扶風請試守渭城宰, 及援爲將軍, 封侯, 而勃位不過縣令. 援後雖貴, 常待以舊恩而卑侮之, 勃愈身自親, 及援遇讒, 唯勃能終焉. 肅宗卽位, 追賜勃子穀二千斛.

| 註釋 | ○方領, 能矩步 – 方領은 목 아래 깃이 정사각형인 儒者의 上衣. 矩步(규보)는 바른 걸음걸이, 행동이 법도에 맞음. 矩는 直角 자 구. 모서리. 법도. ○嫺雅(한아) – 우아하다. ○自失 – 부끄러워하다. ○小器速成 – 大器晚成의 상대적 표현. ○稟學(품학) – 배우다. 稟은 줄 품. 받다. 배우다. 곳집 늠(름). 창고. ○試守渭城宰 – 試守는 1년간의 임시 직책. 試守를 거쳐 眞職을 받았다. ○卑侮 – 업신여기다. 侮는 업신여길 모.

[國譯]

朱勃(주발)의 字는 叔陽(숙양)으로 나이 12세에 《詩》와 《書》를 외웠다. 주발은 마원의 형 馬況(마황)을 자주 찾아뵈었다. 주발은 유생의 옷인 方領(방령)을 입었으며 진퇴가 법도에 맞고 그 언사도 매우 우아하였는데, 마원이 처음 글을 배울 때 주발을 보고서 의기소침하였다. 마황은 마원의 심중을 알고 술을 따라주면서 마원에게 말했다.

"주발은 小器라서 速成했고 그 지혜는 지금이 끝이며, 결국은 너한테 배우게 될 것이니 너무 겁먹지 말라."

주발은 20세 전에 右扶風이 임시 渭城(위성) 현령에 임명하였는데 마원이 장군으로 제후가 될 때까지도 주발은 현령에 불과했다. 마원은 뒷날 높이 출세하고서도 옛 은정으로 주발을 대했지만 낮게 평가하였다. 주발은 마원을 더욱 친하게 대하였고 마원이 참소를 당했을 때 오직 주발만이 끝까지 믿어주었다. 肅宗(章帝)가 즉위한 뒤에 주발 아들에게 곡식 2천 斛(곡)을 하사하였다.

原文

初, 援兄子婿王磐子石, 王莽從兄平阿侯仁之子也. 莽敗, 磐擁富貲居故國, 爲人尙氣節而愛士好施, 有名江淮間. 後遊京師, 與衛尉陰興,大司空朱浮,齊王章共相友善. 援謂姊子曹訓曰, "王氏, 廢姓也. 子石當屛居自守, 而反遊京師長者, 用氣自行, 多所陵折, 其敗必也."

後歲餘, 磐果與司隷校尉蘇鄴,丁鴻事相連, 坐死洛陽獄. 而磐子肅復出入北宮及王侯邸第.

援謂司馬呂種曰, "建武之元, 名爲天下重開. 自今以往, 海內日當安耳. 但憂國家諸子並壯, 而舊防未立, 若多通賓客, 則大獄起矣. 卿曹戒愼之!"

及郭后薨, 有上書者, 以爲肅等受誅之家, 客因事生亂, 慮致貫高,任章之變. 帝怒, 乃下郡縣收捕諸王賓客, 更相牽引, 死者以千數. 呂種亦豫其禍, 臨命嘆曰, "馬將軍誠神人也!"

| 註釋 | ○富貲 − 부유한 자산. 貲는 재물 자. 資와 同. ○司馬呂種 − 馬援의 行軍司馬. 呂種은 인명. ○舊防未立 − 옛날 법금은 아직 개정되지는 않았다. 諸侯王은 빈객과 왕래할 수 없었다. ○及郭后薨 − 光武郭皇后 郭聖通(?−52년, 재위 26−41년), 光武帝 劉秀의 2번째 아내이나 첫 번째 황후. 건무 17년에 폐위되었고, 건무 28년(서기 52년)에 죽었다. ○貫高,任章之變 − 貫高(관고)는 趙王〔張敖(장오), 고조의 사위〕의 신하. 高祖가 趙國에 들렀을 때 사위라고 조왕에게 무례하자, 관고 등은 자신의 주군이 무시를 당했다며 고조를 시해할 계획을 꾸몄다. 뒷날 관고는 처형되었지만 이런 계획을 몰랐던 장오는 무죄로 사면되었다. 任章(임장)의 부친 任宣(임선, 霍光의 사위)은 선제 때 霍禹(곽우, 죽은 霍光의 아들) 역모에 걸려 주살되었는데 임장은 선제가 昭帝 능에 제사할 때 선제를 시해하려고 전날 밤부터 숨어 있다가 발각되어 처형되었다. ○亦豫其禍 − 豫는 관여하다. 끼다. ○臨命嘆曰 − 臨命은 終命, 臨死.

[國譯]

당초에, 마원 형의 사위인 王磐(왕경, 字 子石)은 왕망의 사촌 형 平阿侯 王仁의 아들이었다. 왕망이 패망할 때 왕경은 부유한 자산을 가지고 옛 봉국에 살고 있었는데 사람됨이 지조가 있고 선비를 사랑하며 많이 베풀어 長江과 淮水 일대에 유명했다. 나중에 낙양에 유람하며 衛尉인 陰興(음흥), 大司空인 朱浮(주부), 齊王인 劉章(유장) 등과 어울리며 친하게 왕래했다. 이에 마원은 누나의 아들(생질)인 曹訓(조훈)에게 말했다.

"王氏는 몰락한 집안이다. 子石(王磐)은 응당 은거, 근신해야 하거늘, 오히려 낙양에서 長者(豪俠)들과 어울리며 활개를 치고 사람을 업신여기는데 틀림없이 몰락할 것이다."

1년 쯤 지나 왕경은 司隸校尉 蘇鄴(소업), 丁鴻(정홍) 등에 연좌되어 낙양의 감옥에서 죽었다. 그리고 왕경의 아들 王肅(왕숙)도 뒷날 다시 北宮과 王侯의 저택에 출입하였다.

마원은 그의 司馬 직책에 있는 呂種(여종)에게 말했다.

"建武의 開元으로 천하는 中興하였다고 볼 수 있다. 오늘 이후로 천하는 점차 안정될 것이다. 다만 내 걱정은 여러 제후왕 세력이 커지면서 제후와 빈객과의 교제를 아직은 제한하지 않지만 여러 빈객과 어울리다가는 큰 옥사가 일어날 수 있다. 너희는 이를 조심해야 한다!"

(光武帝) 郭皇后가 죽자, 어떤 사람이 王肅(왕숙) 등 처형된 가문에서 그 빈객들이 상황에 따라서는 옛날 貫高(관고)나 任章(임장)과 같은 변란을 일으킬 수도 있을 것이라고 상서하였다. 광무제는 대노하면서 각 군현에서 여러 제후왕의 빈객을 모두 잡아들이라고 지시하자 이와 관련되어 죽은 자가 수천 명이었다. 呂種(여종) 역시 그 화를 당하여 죽기 전에 탄식하며 말했다.

"馬將軍은 정말 神人이로다!"

原文

永平初, 援女立爲皇后, 顯宗圖書建武中名臣, 列將於雲臺, 以椒房故, 獨不及援. 東平王蒼觀圖, 言於帝曰, "何故

不畫伏波將軍像?"帝笑而不言. 至十七年, 援夫人卒, 乃更
修封樹, 起祠堂.

建初三年, 肅宗使五官中郎將持節追策, 諡援曰忠成侯.
四子, 廖,防,光,客卿.

客卿幼而岐嶷, 年六歲, 能應接諸公, 專對賓客. 嘗有死
罪亡命者來過, 客卿逃匿不令人知. 外若訥而內沈敏. 援甚
奇之, 以爲將相器, 故以客卿字焉. 援卒後, 客卿亦夭沒.

| 註釋 | ○永平初 – 명제의 연호, 서기 58–75년. ○援女立爲皇后 – 明
帝의 황후 馬氏(재위 60–75년). 서기 79년 붕어. 馬援(前 14–서기 49년)
의 막내 딸. 〈皇后紀 上〉에 입전. ○以椒房故 – 椒房(초방)은 후추를 벽에
바른 황후의 방. 황후를 지칭. ○至十七年 – (永平) 서기 74년. ○(章帝)
建初三年 – 서기 78년. ○客卿幼而岐嶷 – 岐嶷(기억)은 뛰어나게 영리하
다. 어렸을 때부터 才氣가 뛰어남. 岐는 높을 기, 갈림길 기(歧와 通). 嶷은
높을 억, 숙성할 억. 산 이름 의(九嶷山). ○外若訥而內沈敏 – 訥은 말 더
듬을 눌. ○故以客卿字焉 – 客卿은 張儀, 孫卿(荀卿, 荀子)의 字. 여기 字
는 字를 짓다. 이름을 짓다. 부르다.

[國譯]

(明帝) 永平 初에, 마원의 딸이 황후가 되었는데(明德馬皇后), 顯
宗(明帝)은 建武 연간의 名臣과 列將을 (南宮의) 雲臺(운대)에 초상
화를 그렸는데, 椒房(초방, 황후)의 生父인 관계로 마원은 포함되지
않았다. 東平王 蒼(창)이 초상화를 보고서 명제에게 "왜 伏波將軍의
초상화는 그리게 하지 않았습니까?" 하고 물었다. 명제는 웃기만

하고 대답하지 않았다.

(永平) 17년에, 마원의 부인이 죽자 분묘를 만들고 나무를 심고 사당을 지었다.

(章帝) 建初 3년, 肅宗은 五官中郎將에게 부절을 갖고 가서 추가로 책봉하였는데 마원을 忠成侯(충성후)라고 하였다. 마원의 4명 아들은 廖(료), 防(방), 光(광)과 客卿(객경)이었다.

馬客卿(마객경)은 어려서부터 뛰어나게 영특했는데 나이 六七에 여러 왕공과 대화를 하고 빈객을 전적으로 상대하였다. 그전에 죄를 짓고 도망친 사람이 우연히 들렸는데 객경은 그를 숨겨주며 나는 사람이 모르게 하였다. 겉으로는 말이 우둔한 것 같아도 속으로는 침착하고 英敏하였다. 마원이 아주 기특하게 여기며 장차 將相이 될 그릇이라 하여 客卿(객경)이라고 이름을 지었다. 마원이 죽은 뒤 얼마 안 있다가 객경도 요절하였다.

原文

論曰, 馬援騰聲三輔, 遨遊二帝, 及定節立謀, 以幹時主, 將懷負鼎之願, 蓋爲千載之遇焉. 然其戒人之禍, 智矣, 而不能自免於讒隙. 豈功名之際, 理固然乎? 夫利不在身, 以之謀事則智, 慮不私己, 以之斷義必屬. 誠能回觀物之智而爲反身之察, 若施之於人則能恕, 自鑒其情亦明矣.

| 註釋 | ○將懷負鼎之願 – 伊尹은 요리사도 탕왕을 만났다. ○讒隙(참극) – 참소로 틈이 벌어지다. 참소를 당하다. ○自鑒其情亦明矣 – 타인에

관한 일을 명확하게 내다볼 수 있는 것도 聰明(총명)일 것이다. 鑒은 볼 감.

[國譯]

范曄(범엽)의 史論 : 馬援(마원)의 三輔에서 명성을 날렸고 (新과 漢의) 교체기에 살면서 지조를 지켜 방책을 정한 뒤 當代의 主君을 섬겼으니, 伊尹(이윤)이 湯王을 만나듯 千載一遇(천재일우)의 기회를 잡았다. 마원은 다른 사람에게 재앙(禍)을 조심하라 훈계하였는데, 이는 마원의 지혜였지만 자신은 참소의 틈바구니에서 벗어나지 못 했다. 功名을 이룬 사람에게는 언제나 참소가 따르지 않는가? 私利 가 없다면 꾸미는 일은 매우 지혜롭고, 자신이 관계되지 않는 경우 에 大義의 결단은 틀림없이 엄격하다. 주변의 사물을 보는 지혜로 자신의 문제를 통찰하고, 또 다른 사람에게도 그렇게 베푼다면 그것 이 바로 관용(恕)이며, 자신의 정황을 바로 볼 수 있다면 그 또한 총 명한 지혜일 것이다.

❷ 馬廖

原文

廖字敬平, 少以父任爲郎. 明德皇后旣立, 拜廖爲羽林左 監,虎賁中郎將. 顯宗崩, 受遺詔典掌門禁, 遂代趙熹爲衛 尉, 肅宗甚尊重之.

時, 皇太后躬履節儉, 事從簡約, 廖慮美業難終, 上疏長樂宮以勸成德政, 曰,

「臣案前世詔令, 以百姓不足, 起於世尙奢靡, 故元帝罷服官, 成帝御浣衣, 哀帝去樂府. 然而侈費不息, 至於衰亂者, 百姓從行不從言也. 夫改政移風, 必有其本. 傳曰, '吳王好劍客, 百姓多創瘢, 楚王好細腰, 宮中多餓死.' 長安語曰, '城中好高髻, 四方高一尺. 城中好廣眉, 四方且半額. 城中好大袖, 四方全匹帛.' 斯言如戲, 有切事實. 前下制度未幾, 後稍不行. 雖或吏不奉法, 良由慢起京師. 今陛下躬服厚繒, 斥去華飾, 素簡所安, 發自聖性. 此誠上合天心, 下順民望, 浩大之福, 莫尙於此. 陛下旣已得之自然, 猶宜加以勉勖, 法太宗之隆德, 戒成, 哀之不終. 《易》曰, '不恒其德, 或承之羞'. 誠令斯事一竟, 則四海誦德, 聲薰天地, 神明可通, 金石可勒, 而況於行仁心乎, 況於行令乎! 願置章坐側, 以當瞽人夜誦之音.」

太后深納之. 朝廷大議, 輒以詢訪.

| 註釋 | ○廖字敬平 - 馬廖(마료, ?-92년). 馬援(마원)의 장남. 明德馬皇后의 큰오빠. 장남이지만 馬援의 작위를 세습하지 못했다. ○衛尉 - 九卿之一. 궁궐을 수비하는 군사 지휘관임. 질록 中二千石. 속관으로 丞(1인, 比千石), 南宮南屯司馬 등 궁궐 각문에 司馬가 있고, 公車司馬令, 衛士令의 속관이 많았다. 前漢의 長樂宮, 建章宮, 甘泉宮이 衛尉는 해당 궁궐의 수비를 담당하나 상설직은 아니었다. ○廖慮美業難終 - 美業은 황후 가

문의 영광, 難終은 뒤끝이 안 좋다는 의미. ㅇ元帝罷服官 - 服官은 황실용 복장을 제조하여 공급하던 齊郡 臨淄(임치)에 설치한 관청. 齊에서 생산되는 비단으로 봄에는 首服, 여름에는 夏服, 겨울에 冬服을 지어 바쳤다. 이를 元帝 初元 5년(前 44)에 폐지하였다. ㅇ吳王好劍客~ - 당시의 俗諺. 創瘢(창반)은 칼에 의한 상처의 흉터. ㅇ高髻 - 높게 올린 머리. 髻는 상투계. ㅇ法太宗之隆德 - 太宗은 文帝(재위. 前 179 - 177년). ㅇ成,哀之不終 - 成帝는 천성이 영특하였으나 趙飛燕을 황후로 맞이하며 사치와 방종에 빠졌고, 哀帝도 즉위 초에 혁신을 추진했으나 이내 男寵 董賢(동현)에 현혹되어 정사를 그르쳤다. ㅇ《易》曰, ~ - 恒卦(항괘), 雷(☳)風(☴)恒의 九三 爻辭(효사). ㅇ誠令斯事一竟 - 竟은 다할 경. ㅇ聲薰天地 - 薰은 蒸也. ㅇ以當瞽人夜誦之音 - 瞽人은 장님. 無目者也. ㅇ輒以詢訪 - 방문가다. 조정에 들어가 자문에 응하다.

[國譯]

馬廖(마료)의 字는 敬平으로 젊어 부친의 보증으로 낭관이 되었다. 明德 馬皇后가 된 뒤에 마료는 羽林左監과 虎賁中郎將을 역임하였다. 顯宗이 붕어하자, 遺詔를 받아 궁궐 문을 관장하다가 趙熹(조희)의 후임으로 衛尉(위위)가 되었는데 肅宗(章帝)이 매우 존중하였다. 그 무렵 皇太后는 몸소 節儉을 실천하고 정사는 간결하였는데 마료는 황후 가문의 끝이 안 좋은 것을 걱정하여 長樂宮(태후 거처, 황태후)에게 德政을 펼 것을 권하는 상소를 올렸다.

「臣이 前世의 詔令을 살펴보면 백성의 궁핍은 세상이 사치를 숭상했기 때문입니다. 그래서 元帝는 (齊郡의) 服官을 폐지하였고, 成帝는 옷을 빨아 입었으며, 哀帝는 樂府 樂官을 줄였습니다. 그렇지만 사치와 낭비는 그치지 않아 나라가 쇠퇴 혼란해진 것은 백성이 궁궐의 일을 따라 하면서 군왕의 명령을 듣지 않았기 때문입니다. 정치를 개혁하고 풍속을 바꾸는 것은 반드시 근본에서 시작해야 합니다. 전해오는 말에 '吳王이 검객을 좋아하자 백성들은 칼 흉터가 많았으며, 楚王이 가는 허리를 좋아하자 궁 안에서 굶어 죽는 여인이 많았다.' 고 하였습니다. 또 장안 백성의 말에 '장안 사람이 높게 올린 머리를 좋아하자 지방에서는 상투가 1자가 넘었다. 성안에서 넓은 눈썹이 유행하자 지방에서는 이마 절반이 눈썹이었다. 성안에서 넓은 소매가 유행하자 지방에서는 한 필 통소매가 유행하였다.' 고 하였습니다. 이런 말이 우스갯소리 같지만 사실과 부합한 면도 있습니다. 앞서 시행한 제도가 얼마 안되어 곧 폐지됩니다. 이는 비록 관리가 법을 따르지 않기도 했지만, 실제로는 장안에서 법을 지키지 않았기 때문입니다. 지금 폐하(皇太后)께서는 거친 비단을 입고 화려한 장식을 없애며 소박 간소한 생활을 하시는데, 이는 폐하의 훌륭하신 천성에 따른 것입니다. 이는 참으로 天心에 부합하고 아래로는 백성의 여망에 따른 것으로 이보다 더 큰 복은 없을 것입니다. 폐하께서 이미 스스로 이렇게 실행하시니 더욱 힘써 실천하시면서 太宗(文帝)의 훌륭한 덕을 본받으시고 成帝와 哀帝의 좋지 않게 끝난 것을 경계해야 합니다. 그래서 《易經》에서도 '도덕을 끝까지 지켜나가지 못한다면 수치가 있을 것이다.' 라고 하였습니다. 이처럼 훌륭하게 시작한 일을 끝까지 지속할 수 있다면 四海의 백성이 성덕을 말하여 아름다운 칭송이 천지에 가득하여 神明과 통하며 金石에 새겨질 것이오니, 하물며 仁愛의 덕으로 仁政을 펴신다면 더 말할 필요가 없을 것입니다. 저 이 건의를 자리 곁에 두고 읽으시고 밤에는 소경을 시켜 좋은 詩歌를 외우게 시키십시오.」

太后는 마료의 상서를 깊이 받아들였다. 조정에 중요한 정사 의논이 있으면 마료는 그때마다 궁에 들어가 자문에 응하였다.

原文

廖性質誠畏愼, 不愛權勢聲名, 盡心納忠, 不屑毁譽. 有司連據舊典, 奏封廖等, 累讓不得已, 建初四年, 遂受封爲順陽侯, 以特進就第. 每有賞賜, 輒辭讓不敢當, 京師以是稱之.

子豫, 爲步兵校尉. 太后崩後, 馬氏失勢. 廖性寬緩, 不能敎勒子孫, 豫遂投書怨誹. 又防,光奢侈, 好樹黨與. 八年, 有司奏免豫, 遣廖,防,光就封. 豫隨廖歸國, 考擊物故. 後詔還廖京師. 永元四年, 卒. 和帝以廖先帝之舅, 厚加賵賻, 使者弔祭, 王主會喪, 諡曰安侯.

子遵嗣, 徙封程鄕侯. 遵卒, 無子, 國除. 元初三年, 鄧太后詔封廖孫度爲潁陽侯.

| 註釋 | ○不屑毁譽 - 屑는 달갑게 여길 설. 毁譽(훼예)는 비방이나 찬양. ○考擊物故 - 物故는 죽다. 物는 無, 故는 事也. ○厚加賵賻 - 賵은 보낼 봉. 賻는 부의 부.

[國譯]

馬廖(마료)는 본성이 질박하고 근신하며 권세와 명예를 누리려 하

지 않았으며, 성심으로 충성하면서 비방이나 칭송도 좋아하지도 않
았다. 담당관리가 옛 제도에 의거 마료 형제를 제후로 봉해야 한다
고 상주하였으나 여러 번 사양하다가 할 수 없이 (章帝) 建初 4년
(서기 79)에 順陽侯(순양후)로 特進에 올랐다. 황제의 하사가 있을
때마다 받을 수 없다고 사양하였기에 경사 사람들이 마료를 칭송하
였다.

아들 馬豫(마예)는 步兵校尉가 되었다. 마태후가 붕어하자 馬氏는
실세하였다. 마료의 천성이 너그러워 자손을 엄격하게 훈육하지 못
했는데 馬豫(마예)는 정사를 비방하는 투서를 하였다. 또 (馬援의 다
른 아들) 馬防(마방)과 馬光(마광)은 사치하였고 당파 만들기를 좋아
하였다.

(建初) 8년에, 담당 관리가 마예의 면직을 상주하였고 마료, 마방,
마광도 봉국으로 옮겨갔다. 마예도 부친을 따라갔는데 죄를 지어 맞
아 죽었다. 뒤에 조서에 의거 마료는 낙양으로 돌아올 수 있었다. 마
료는 (和帝) 永元 4년(서기 92)에 죽었다. 和帝는 마료가 先帝(章帝)
의 외숙이었기에 부의를 많이 하사하였고 사자를 보내 조문케 하면
서 왕과 공주도 문상케 하였으며, 시호는 安侯(안후)이었다.

아들 馬遵(마준)이 계승했는데 程鄕侯(정향후)로 옮겨 봉했다. 마
준이 죽고 아들이 없어 나라를 없앴다. (安帝) 元初 3년에, 鄧太后는
마료의 손자 馬度(마도)를 潁陽侯(영양후)로 이어 봉했다.

❸ 馬防

原文

防字江平, 永平十二年, 與弟光俱爲黃門侍郎. 肅宗卽位, 拜防中郎將, 稍遷城門校尉.

建初二年, 金城,隴西保塞羌皆反, 拜防行車騎將軍事, 以長水校尉耿恭副, 將北軍五校兵及諸郡積射士三萬人擊之. 軍到冀, 而羌豪布橋等圍南部都尉於臨洮. 防欲救之, 臨洮道險, 車騎不得方駕, 防乃別使兩司馬將數百騎, 分爲前後軍, 去臨洮十餘里 爲大營, 多樹幡幟, 揚言大兵旦當進. 羌候見之, 馳還言漢兵盛不可當. 明旦遂鼓譟而前, 羌虜驚走, 因追擊破之. 斬首虜四千餘人, 遂解臨洮圍. 防開以恩信, 燒當種皆降, 唯布橋等二萬餘人在臨洮西南望曲谷.

十二月, 羌又敗耿恭司馬及隴西長史於和羅谷, 死者數百人. 明年春, 防遣司馬夏駿將五千人從大道向其前, 潛遣司馬馬彭將五千人從間道衝其心腹, 又令將兵長史李調等將四千人繞其西, 三道俱擊, 復破之, 斬獲千餘人, 得牛,羊十餘萬頭. 羌退走, 夏駿追之, 反爲所敗. 防乃引兵與戰於索西, 又破之. 布橋迫急, 將種人萬餘降. 詔徵防還, 拜車騎將軍, 城門校尉如故.

| 註釋 | ○防字江平 – 馬防(마방,?–101년), 馬援의 차남. ○積射士 – 발자국을 따라가며 활을 쏘는 군사. 積은 迹과 通. ○臨洮縣(임조현) – 隴西

郡의 縣名. 今 甘肅省 定西市 관할 岷縣(민현).

[國譯]

馬防(마방)의 字는 江平(강평)으로 (明帝) 永平 12년에 동생 馬光 (마광)과 함께 黃門侍郞이 되었다. 肅宗(章帝)이 즉위하자 마방은 中郞將이 되었고 점차 승진하여 城門校尉가 되었다.

(章帝) 建初 2년, 金城郡과 隴西郡 경내의 강족들이 모두 반기를 들자 마방은 車騎將軍 직무 대행이 되어 長水校尉 耿恭(경공)을 副職으로 삼아 北軍 五校의 병력과 여러 군에서 차출한 활을 잘 쏘는 군사 등 3만 명을 거느리고 강족을 토벌에 나섰다. 부대가 (天水郡) 冀縣(기현)에 도착하자 강족의 우두머리 布橋(포교) 등은 南部都尉를 臨洮縣(임조현)에서 포위하였다. 마방은 남부도위를 구원하려 했으나 임조현 길이 험하여 수레 2대가 나란히 갈 수도 없기에 마방은 곧 별도로 2명의 司馬에게 기병 수백 명씩을 거느리고 前, 後軍으로 나누어 임조현 10여 리 되는 곳에 큰 영채를 세우고 깃발을 많이 꽂아놓고 大軍이 내일 아침에 도착한다고 떠들게 하였다. 강족 척후병이 이를 보고서는 漢의 군사가 많아 감당할 수 없다고 알렸다. 그리고 다음 날 아침, 한의 군사가 북을 치며 전진하자 강족은 놀라 도주하였는데 한의 군사는 이를 추격하여 격파하였다. 마방의 군사는 적 4천여 명을 죽이고 임조현의 포위를 풀었다. 마방이 강족에게 은택과 신의를 베풀자 燒當(소당)의 강족은 모두 투항하였지만, 다만 布橋(포교) 등은 2만여 명을 거느리고 임조현의 서남쪽 望曲谷(망곡곡)에 주둔하였다.

12월, 강족은 또 耿恭(경공)의 司馬 및 隴西郡 長史의 군사를 和羅

谷(화라곡)에서 이기니 漢의 군사 수백 명이 전사하였다. 다음 해 봄, 마방은 司馬인 夏駿(하준)에게 5천 군사를 거느리고 큰 길을 따라 전진하게 하였고, 은밀히 司馬 馬彭(마팽)에게 군사 5천을 거느리고 샛길로 진격하여 그 중심을 공격케 하며, 또 將兵長史 李調(이조) 등을 시켜 4천 군사를 거느리고 그 서쪽을 포위하게 한 뒤에 삼면에서 동시에 공격하여 적을 다시 격파하여 1천여 명을 죽이거나 사로잡았으며 소나 양 10여만 마리를 노획하였다. 강족이 도주하자 夏駿(하준)이 추격하였는데 도리어 적에게 패전하였다. 마방은 군사를 이끌고 索西縣(색서현)에서 싸워 또 격파하였다. (강족의) 포교는 급박하게 쫓기다가 무리 1만여 명을 거느리고 투항하였다. 조서를 내려 마방을 회군하게 하여 車騎將軍을 제수하였는데 城門校尉 직책은 이전 그대로였다.

原文

防貴寵最盛, 與九卿絶席. 光自越騎校尉遷執金吾. 四年, 封防潁陽侯, 光爲許侯, 兄弟二人各六千戶. 防以顯宗寢疾, 入參醫藥, 又平定西羌, 增邑千三百五十戶. 屢上表讓位, 俱以特進就第. 皇太后崩, 明年, 拜防光祿勳, 光爲衛尉. 防數言政事, 多見採用. 是冬始施行十二月迎氣樂, 防所上也. 子鉅, 爲常從小侯.

六年正月, 以鉅當冠, 特拜爲黃門侍郎. 肅宗親御章臺下殿, 陳鼎俎, 自臨冠之. 明年, 防復以病乞骸骨, 詔賜故中山王田廬, 以特進就第.

| 註釋 | ○九卿絶席 – 九卿과 떨어진 다른 자리에 앉다. ○執金吾 – 兵器를 들고 非常에 대비한다는 뜻. 吾는 禦(막을 어)의 뜻. 질록 中二千石. 궁성 외곽 경계, 수재나 화재 등 돌발 사태 대비, 황제 행차시 집금오 병력(緹騎 2백 인)이 의장대 역할. 집금오의 副職은 丞 一人, 比千石. 집금오의 행차가 화려하고 멋있기에 光武帝는 일찍이 "벼슬을 한다면 執金吾를, 아내를 맞이한다면 陰麗華를 얻어야 한다.(仕宦當作執金吾, 娶妻當得陰麗華.)" 라고 말했다. ○光祿勳 – 宮殿 警備 담당, 출입자 단속을 담당하는 郎中令(낭중령)을 武帝 太初 원년에 光祿勳(광록훈)으로 개칭했다. 질록은 中二千石. 屬官으로 大夫, 郎, 謁者를 두었다. 衛尉(위위)는 우리나라 수도방위사령관에 해당하고, 光祿勳은 대통령 경호실장 겸 비서실장에 해당하는 요직이다. ○始施行十二月迎氣樂 – 月令에 의거 화순한 기운을 맞이하는 雅나 頌(송)의 正樂을 연주하다. ○爲常從小侯 – 小侯는 다음 제후가 될 미성년인 아들. ○鼎俎(정조) – 솥과 도마. 祭品, 祭物. ○故中山王田廬 – 中山王 劉焉(유언, 광무제와 郭皇后 소생)의 별장.

[國譯]

馬防(마방)의 존귀와 寵信(총신)은 극에 달해 9경과 자리를 달리하였다. 동생 馬光(마광)은 越騎校尉에서 執金吾로 승진하였다. (建初) 4년, 마방을 潁陽侯(영양후)에, 마광을 許侯(허후)에 봉했는데 형제 2인의 식읍은 각 6천 호였다. 마방은 顯宗(明帝)가 병석에 있을 때 의약 시중을 들었고 西羌을 평정했다 하여 식읍 1,350호를 늘려 주었다. 마방은 자주 표문을 올려 퇴임을 자청하였는데 特進의 지위에서 자택에서 쉬게 하였다(출근하지 않아도 된다는 뜻). 皇太后가 붕어한 다음 해 마방은 光祿勳이 되었고, 馬光은 衛尉(위위)가 되었다. 마방은 여러 번 정사에 관한 건의를 올렸고 대부분이 채택되었다. 그 겨울에 처음으로 12월에 새 계절의 기운을 맞이하는 正樂 연주를 시행한 것도 마방의 건의였다. 아들 馬鉅(마거)는 小侯로 늘 부친을 수행하였다.

(建初) 6년 정월, 마거가 관례 하는 날에 특별히 마거에게 黃門侍郎을 제수하였다. 肅宗(장제)는 章臺의 下殿에 친림하여 祭物을 차려 친히 관을 씌워주었다. 다음 해, 마방이 병으로 다시 은퇴를 청하자 조서로 옛 中山王의 별장을 하사하고 特進의 지위로 집에서 쉬게 하였다.

原文

防兄弟貴盛, 奴婢各千人已上, 資産巨億, 皆買京師膏腴美田. 又大起第觀, 連閣臨道, 彌亘街路, 多聚聲樂, 曲度比諸郊廟. 賓客奔湊, 四方畢至, 京兆杜篤之徒數百人, 常爲食客, 居門下. 刺史,守,令多出其家. 歲時賑給鄕閭, 故人莫不周洽. 防又多牧馬畜, 賦斂羌胡. 帝不喜之, 數加譴敕, 所以禁遏甚備, 由是權勢稍損, 賓客亦衰.

八年, 因兄子豫怨謗事, 有司奏防,光兄弟奢侈逾僭, 濁亂聖化, 悉免就國. 臨上路, 詔曰,「舅氏一門, 俱就國封, 四時陵廟無助祭先后者, 朕甚傷之. 其令許侯思愆田廬, 有司勿復請, 以慰朕〈渭陽〉之情.」

| 註釋 | ○膏腴美田 − 膏腴(고유)는 기름진. 비옥한. 膏는 살찔 고. 腴는
아랫배 살찔 유. ○第觀 − 甲第(大 邸宅)와 樓觀. ○彌亘街路 − 彌亘(미긍)
은 이어져서 닿다. 亘은 걸칠 긍. ○曲度比諸郊廟 − 曲度는 풍악의 규모.
郊廟는 郊祀나 宗廟의 제사. ○賓客奔湊 − 奔湊(분주)는 모여들다. 湊는
모일 주. ○奢侈逾僭 − 奢侈(사치)가 지나쳐 참람하다. 僭은 참람할 참. 분
수나 정도에 크게 벗어나다. ○以慰朕〈渭陽〉之情 − 〈渭陽〉은《詩經 秦風
渭陽》. 내용은 외숙을 전송하며 돌아가신 어머니를 그리는 노래이다.

[國譯]

馬防(마방) 형제는 극존의 지위를 누려 각 1천여 명 이상의 노비가
있었고 자산은 수 억에 달했으니 경사 부근의 비옥한 땅을 모두 사
들였다. 또 저택과 누각을 크게 짓고 각 전각을 복도로 연결하여 대
로에 닿았으며 많은 악사를 모아 풍악의 규모는 郊祠(교사)나 종묘
제사와 비슷하였다. 빈객이 사방에서 모여들었는데 京兆 杜篤(두독)
의 무리 수백 명은 늘 그 식객으로 문하에 대기하였다. 刺史나 太守,
현령이 그 가문에서 많이 배출되었다. 歲時에는 향리에 재물을 베풀
어 고향 사람으로 도움을 받지 않은 사람이 없었다. 마방은 또 말이
나 가축을 많이 길렀고 羌族한테서 부세도 걷어들였다. 章帝가 이를
싫어하여 자주 책망했고 여러 제재가 많았는데, 이에 따라 점차 그
권세도 약해졌으며 빈객도 줄어들었다.

(建初) 8년, 마방 형(馬廖)의 아들 馬豫(마예)가 원망과 비방을 한
사안에 연관되어 담당 관리가 마방과 마광 형제의 사치가 지나치고
참람하여 나라의 교화를 혼탁하게 만든다며 모두 관직을 면직시켜
봉국에 보내야 한다고 주청하였다. 마방 형제의 출발에 임하여 皇帝
가 조서를 내렸다.

「외숙이 모두 封國으로 돌아간다면 사계절 능묘에서 돌아가신 황후 제사를 도울 자가 없으니 짐은 심히 마음이 아프다. 許侯(馬光)로 하여금 초가에서 제 잘못을 반성케 할 것이니 담당 관원은 또 다시 주청하지 않는 것이 외숙을 그리는 짐의 마음을 안정케 할 것이다.」

原文

光爲人小心周密, 喪母過哀, 帝以是特親愛之, 乃復位特進. 子康, 黃門侍郞. 永元二年, 光爲太僕, 康爲侍中. 及竇憲誅, 光坐與厚善, 復免就封.

後憲奴誣光與憲逆, 自殺, 家屬歸本郡. 本郡復殺康, 而防及寥子邎皆坐徙封丹陽. 防爲翟鄕侯, 租歲限三百萬, 不得臣吏民. 防後以江南下濕, 上書乞歸本郡, 和帝聽之. 十年, 卒.

子鉅嗣, 後爲長水校尉. 永初七年, 鄧太后詔諸馬子孫還京師, 隨四時見會如故事, 復紹封光子郞爲合鄕侯.

| 註釋 | ○及竇憲誅 – 竇憲(두헌, ?-92), 司空을 역임한 竇融(두융)의 증손. 和帝 永元 4년, 모반을 시도. 賜死. ○丹陽 – 군명. 治所는 宛陵縣, 今 安徽省 동남부 宣城市. ○(永元) 十年 – 서기 98년.

[國譯]

馬光은 사람이 소심 꼼꼼하며 모친상에 과도하게 애도하여 황제가 특별하게 친애하였는데 상을 마친 뒤 다시 特進의 자리에 나아갔다. 마광의 아들 馬康(마강)은 黃門侍郞이 되었다. (和帝) 永元 2년에 馬光은 太僕이 되었고 馬康은 侍中이었다.

두헌이 주살될 때 馬光은 두헌과 친했다 하여 관직에서 파면되어 봉국으로 돌아갔다. 뒷날 두헌의 노비가 마광이 두헌과 함께 반역했다고 무고하자 마광은 자살하였고 가속들은 본군으로 돌아갔다. 그러나 본군에서도 馬康을 처형하였는데, 馬防과 馬廖(마료, 馬防의 형)의 아들 馬遵(마준)은 이와 연좌하여 모두 丹陽郡에 옮겨 봉해졌다. 마방은 翟鄕侯(적향후)가 되었는데 조세 수입은 1년에 3백만 전으로 제한되었고 신하를 거느리지 못하게 하였다. 마방은 뒤에 강남땅이 너무 저습하기에 본 고향으로 돌아가겠다고 청원하여 和帝가 수락하였다. 마방은 (永元) 10년에 죽었다.

마방의 아들 馬鉅(마거)가 계승하였는데, 마거는 나중에 長水校尉가 되었다. (安帝) 永初 7년에, 鄧太后는 모든 마씨의 자손을 낙양으로 돌아오게 하였고 사계절에 맞춰 예전처럼 함께 모일 수 있게 하였으며 다시 馬光의 아들 馬郞(마랑)을 合鄕侯에 이어 봉했다.

❹ 馬嚴

原文

嚴字威卿. 父余, 王莽時爲楊州牧. 嚴少孤, 而好擊劍, 習騎射. 後乃白援, 從平原楊太伯講學, 專心墳典, 能通《春秋左氏》, 因覽百家群言, 遂交結英賢, 京師大人咸器異之. 仕郡督郵, <u>援</u>常與計議, 委以家事. 弟<u>敦</u>, 字孺卿, 亦知名. <u>援</u>卒後, <u>嚴</u>乃與<u>敦</u>俱歸<u>安陵</u>, 居<u>鉅下</u>, <u>三輔</u>稱其義行, 號曰 '<u>鉅下二卿</u>.'

| 註釋 | ○嚴字威卿 − 馬嚴(마엄, 서기 17 - 98), 마원의 조카. 明德馬皇后의 입궁을 상서했고, 사촌 여동생이 황후에 책봉되자 馬嚴은 아예 北地郡으로 이사하고 빈객의 왕래를 끊어 구설수를 피했다. ○楊州牧 − 楊州 자사. ○嚴少孤 − 부모는 馬嚴이 7, 8살에 연이어 죽었다. ○平原楊太伯講學 − 平原은 郡名. 치소는 平原縣, 今 山東省 德州市 平原縣. ○專心墳典 − 墳典은 上古의 典籍, 三墳五典. 三墳은 伏羲, 神農, 黃帝의 책. ○京師大人 − 大人은 長者. ○安陵, 居鉅下 − 安陵은 右扶風의 현명. 惠帝의 능. 鉅下는 지명.

[國譯]

馬嚴(마엄)의 字는 威卿(위경)이다. 부친 馬余(마여)는 王莽 때 楊州牧이었다. 마엄은 어려서 고아가 되었는데, 검술을 좋아하였고 騎射도 배웠다. 뒷날 (작은아버지) 馬援(마원)과 상의한 뒤에 平原郡 출신 楊太伯(양태백)에게 학문을 배웠는데 고전을 열심히 공부하여《春秋左氏傳》에 능통하였고 이어 百家의 많은 서적을 읽었으며, 여러 영명한 사람들과 교류하자 京師의 長者들은 마엄을 큰 인물이라며 특별히 대우하였다. 出仕하여 郡의 督郵(독우)가 되었는데 마원은 수시로 마엄과 논의하면서 家事를 맡겼다. 마엄의 동생 馬敦(마돈)은 字가 孺卿(유경)인데 역시 유명하였다. 마원이 죽은 뒤 마엄과 마돈은 함께 고향 安陵縣으로 돌아와 鉅下(거하)란 곳에 거처하였는데 三輔 지역에서는 형제의 義行을 칭찬하며 '鉅下의 二卿(威卿, 孺卿)' 이라고 불렀다.

原文

明德皇后旣立, 嚴乃閉門自守, 猶復慮致譏嫌, 遂更徙北地, 斷絶賓客.

永平十五年, 皇后敕使移居洛陽. 顯宗召見, 嚴進對閑雅, 意甚異之, 有詔留仁壽闥, 與校書郞杜撫,班固等雜定《建武注記》. 常與宗室近親臨邑侯劉復等論議政事, 甚見寵幸. 後拜將軍長史, 將北軍五校士, 羽林禁兵三千人, 屯西河美稷, 衛護南單于, 聽置司馬,從事. 牧守謁敬, 同之將軍. 敕嚴過武庫, 祭蚩尤, 帝親御阿閣, 觀其士衆, 時人榮之.

| 註釋 | ○明德皇后旣立 – 명제의 황후, 재위 60-75년. 서기 79년 붕어. 馬援의 막내딸. 마원은 이미 죽고 없었다. 馬嚴의 사촌 여동생. ○(明帝)永平十五年 – 서기 72년. ○仁壽闥(인수달) – 궁전 이름. 闥은 궁중 작은 문 달. 궁 안의 협실. ○《建武注記》– 광무제의 起居에 관한 내용.《隋書 經籍志》이후 기록이 없다는 주석이 있다. 당대에 滅失로 추정. ○西河美稷 – 西河는 군명, 美稷은 현명. 今 內蒙古 鄂爾多斯市 관할 準格爾旗 서북. 匈奴中郞將의 주둔지. ○敕嚴過武庫 – 무고는 무기고 건물. 질록 6백석의 武庫令이 관리. ○祭蚩尤 – 蚩尤(치우)는 전설 속의 인물, 苗族(묘족)의 조상. 그 형제가 81인이고 심능의 형제에 사람 말을 할 줄 안다. 얼굴은 구리와 쇠로 만들어졌는데 黃帝와 싸워 패해서 죽었다고 한다. 軍神으

로 숭배 또는 재앙의 근원으로 배척당하는 신령이 치우이다.

[國譯]

明德馬皇后가 책봉되자 馬嚴(마엄)은 바로 폐문하고 근신하였는데, 그래도 구설수가 있을 수 있다 하여 아예 먼 北地郡으로 이사하여 빈객 왕래를 단절하였다.

(明帝) 永平 15년(서기 72), 馬皇后는 칙명을 내려 마엄을 洛陽에 거주하게 하였다. 顯宗(明帝)가 불러 만나보니 마엄의 진퇴와 응대가 매우 우아하여 특별하게 생각하였고 조서로 궁궐 仁壽闥(인수달)에 머물면서 校書郎 杜撫(두무), 班固(반고) 등과 함께 《建武注記》를 편찬케 하였다. 마엄은 늘 宗室 近親인 臨邑侯 劉復(유복) 등과 함께 정사를 논의하였고 명제의 특별한 신임을 받았다. 뒷날 將軍의 長史가 되어 北軍 五校의 군사와 羽林 禁兵 등 3천 명을 거느리고 西河郡 美稷縣(미직현)에 주둔하면서 南單于를 호위해 주었고 자신이 司馬와 從事를 거느릴 수 있도록 허락받았다. 자사부의 牧이나 군 태수들이 마엄을 만나보고 존경하였는데 장군과 같이 대우하였다. 황제는 마엄에게 낙양의 무고에서 蚩尤(치우)를 제사하게 하였는데, 황제가 친히 전각에 나와서 마엄의 부하를 격려하였는데 당시 사람들은 이를 영광으로 생각하였다.

┃原文

蕭宗卽位, 徵拜侍御史中丞, 除子鱄爲郎, 令勸學省中. 其冬, 有日食之災, 嚴上封事曰,

「臣聞日者衆陽之長, 食者陰侵之徵.《書》曰, '無曠庶官,
天工人其代之.' 言王者代天官人也. 故考績黜陟, 以明褒
貶. 無功不黜, 則陰盛陵陽. 臣伏見方今刺史, 太守專州典
郡, 不務奉事盡心爲國, 而司察偏阿, 取與自己, 同則擧爲尤
異, 異則中以刑法, 不卽垂頭塞耳, 采求財賂. 今益州刺史
朱酺, 楊州刺史倪說, 涼州刺史尹業等, 每行考事, 輒有物故,
又選擧不實, 曾無貶坐, 是使臣下得作威福也. 故事, 州, 郡
所擧上奏, 司直察能否以懲虛實. 今宜加防檢, 式遵前制.
舊, 丞相, 御史親治職事, 唯丙吉以年老優遊, 不案吏罪, 於
是宰府習爲常俗, 更共罔養, 以崇虛名, 或未曉其職, 便復遷
徙, 誠非建官賦祿之意. 宜敕正百司, 各責以事, 州郡所擧,
必得其人. 若不知言, 裁以法令. 傳曰, '上德以寬服民, 其
次莫如猛. 故火烈則人望而畏之, 水懦則入狎而玩之. 爲政
者寬以濟猛, 猛以濟寬.' 如此, 綏御有體, 災眚消矣.」

書奏, 帝納其言而免酺等官.

| 註釋 | ○令勸學省中 – 勸學은 勉學. 省中은 궁궐, 宮禁의 中. ○封事
– 비공개 상주문. ○《書》曰 –《書經 皐陶謨(고요모)》. 皐陶(고요)는 舜임금
의 신하. 獄官을 역임. 최초로 감옥과 법률을 만든 사람. 중국 司法의 鼻
祖. ○無曠庶官 – 曠 밝을 광. 공허하다. 관리들이 놀고먹다. ○考績黜陟
– 考績은 치적을 평가하다. 黜은 물리칠 출. 관리를 파면하다. 陟은 오를
적. 승신시키다. ○每行考事 – 考는 拔也. ○丙吉(邴吉, ?–前 55) – 무제
曾孫(宣帝)의 목숨을 살렸고 양육한 은인. 麒麟閣 11공신의 한 사람. 前 59

- 55년 승상 역임. 《漢書》74권, 〈魏相丙吉傳〉에 立傳. ○ 更共罔養 - 罔養은 依違, 어기다. 위배하다. ○ 災眚消矣 - 災眚은 災害. 眚은 눈에 백태가 낄 생. 재해.

[國譯]

肅宗(장제)가 즉위하자 마엄을 불러 侍御史中丞을 제수하였고, 마엄의 아들 馬鱄(마전)을 낭관에 임용하여 궁궐에서 면학하게 하였다. 그 해 겨울에 日食이 일어나자 마엄은 封事(봉사)를 올렸다.

「臣이 알기로는, 日(해)은 모든 陽氣의 근원이며 食(식)은 陰氣가 침식하는 징조입니다. 《書經 皐陶謨(고요모)》에 '여러 관리들이 일을 저버리지 않게 하니, 이는 하늘의 일을 사람이 대신하는 것이다.' 라고 하였으니, 王者란 하늘을 대신한 官人입니다. 그래서 실적을 따져 내치거나 승진을 시켜 褒貶(포펌)을 분명히 하였습니다. 공적도 없는데 내쫓지 않는다면 곧 陰이 극성하여 陽을 능멸하게 됩니다. 臣이 살펴보건대, 지금의 刺史(자사)나 太守는 州,郡을 다스리며 국가에 충성을 다하지 않고 私心으로 관원을 사찰하여 자기편이면 승진시키거나 우대하지만, 자기 뜻과 다르면 형법으로 옭아매거나 또 그것도 아니면 아예 보지도 듣지도 않으면서 재물만을 모으려 합니다. 지금 益州刺史인 朱酺(주포), 楊州刺史인 倪說(예열), 涼州刺史인 尹業(윤업) 등의 행적을 살펴보면 매번 사고를 일으키며 또 인재 추천도 부실하였지만 폄직되지 않으니, 이는 신하로 하여금 위세나 부리고 재물이나 모으게 하는 것입니다. 옛 전례에 의하면, 州와 郡에서 천거하였다고 상주할 경우에 (丞相의) 司直이 그 재능을 살펴 거짓 인재인지 아니면 내실이 있는가를 밝혀 징계하였습니다. 지금도 당연히 이를 점검하며 옛 제도를 따라야 할 것입니다. 예전에 丞相과 御史大夫도 친히 직무를 감독했는데 다만 (宣帝 때) 丙吉은 연노하고 너그러워 잘못한 관리의 죄를 묻지 않았는데 이것이 승상부의 당연한 습관처럼 되었고, 모두가 그렇게 어울려 헛 명성이나 얻으려 했으며, 혹 승상부의 직분을 잘 못하는 자가 있으면 다른 부서로 보내기만 하니, 이는 관직을 설치하고 국록을 주는 본뜻이 아닙니다. 응당 백관을 신칙하고 바로잡아야 하며 업무에 따라 책임을 묻는다면 州와 郡에서도 바른 인재를 천거할 것입니다. 만약 이와 같이 하지 않는다면 법령으로 제재하여야 합니다. 경전(《春秋》)에서도 '上德者는 관용으로 백성을 다스리지만 그 다음에는 엄격할 만한 것이 없다. 불은 뜨겁기 때문에 사람이 보고 무서워하지만 물은 부드럽기에 그 안에서 장난치고 노는 것이다. 爲政者라면 관용으로 엄벌을 대신하거나 엄격함으로 관용을 대신한다.'고 하였습니다. 이와 같다면 통치에 체계가 서고 모든 재해도 사라질 것입니다.」

상서가 들어가자 장제는 그 건의를 받아들였고 朱酺(주포) 등을 파면하였다.

原文

建初元年, 遷五官中郎將, 除三子爲郎. 嚴數薦達賢能, 申解冤結, 多見納用. 復以五官中郎將行長樂衛尉事. 二年, 拜陳留太守. 嚴當之職, 乃言於帝曰, "昔顯親侯竇固誤先帝出兵西域, 置伊吾廬屯, 煩費無益. 又竇勳受誅, 其家不宜親近京師."

是時, 勳女爲皇后, 竇氏方寵, 時有側聽嚴言者, 以告竇憲兄弟, 由是失權貴心.

嚴下車, 明賞罰, 發姦慝, 郡界淸靜. 時京師訛言賊從東方來, 百姓奔走, 轉相驚動, 諸郡遑急, 各以狀聞. 嚴察其虛妄, 獨不爲備. 詔書救問, 使驛係道, 嚴固執無賊, 後卒如言. 典郡四年, 坐與宗正劉軼, 少府丁鴻等更相屬托, 徵拜太中大夫, 十餘日, 遷將作大匠.

七年, 復坐事免. 後既爲竇氏所忌, 遂不復在位. 及帝崩, 竇太后臨朝, 嚴乃退居自守, 訓敎子孫. 永元十年, 卒於家, 時年八十二.

弟敦, 官至虎賁中郎將. 嚴七子, 唯續,融知名. 續字季則, 七歲能通《論語》, 十三明《尙書》, 十六治《詩》, 博觀群籍, 善《九章算術》. 順帝時, 爲護羌校尉, 遷度遼將軍, 所在有威恩稱. 融自有傳.

| 註釋 | ㅇ建初元年 - 章帝의 첫 연호, 서기 76 - 83년. ㅇ置伊吾盧屯 - 伊吾로 간칭. 故地는 今 新疆維吾爾自治區 동부 哈密市. 본래 흉노 呼衍王의 王庭(直轄地). 후한과 흉노의 격전지. ㅇ勳女爲皇后 - 章帝의 章德竇皇后(? - 97年, 황후 재위 78年 - 88) - 章帝 皇后, 大司空 竇融의 증손녀. 竇勳의 딸. ㅇ下車 - 부임하다. ㅇ(和帝) 永元十年 - 서기 98년. ㅇ《九章算術》 - 수학 책. 前漢의 張蒼, 耿壽昌(경수창) 등이 정리 보완한 것으로 알려졌는데 後漢 代에 체계가 확정된 것으로 알려졌다. 九章은 方田章, 粟米章, 衰分章, 少廣章, 商功章, 均輸章, 盈不足章, 方程章, 勾股章 등이다.

○融自有傳 - 60권, 〈馬融列傳〉.

[國譯]

　(章帝) 建初 원년, (마엄은) 五官中郎將으로 승진하였고 아들 셋은 낭관에 제수되었다. 마엄은 현명하거나 유능한 인재를 천거하였고 남의 억울한 일을 해결하였으며 그가 올린 건의는 많이 채용되었다. 다시 五官中郎將에 長樂衛尉의 직무를 겸임하였다. (建初) 2년 陳留郡(진류군) 태수가 되었다. 마엄은 발령을 받으면서 황제에게 말했다.

　"예전에 顯親侯 竇固(두고)는 先帝를 잘못 보필하여 서역에 출병케 했으며 伊吾盧(이오려)성에 둔전케 하였으나 많은 비용만 들었고 이득은 없었습니다. 또 竇勳(두훈)은 반역으로 죽었으니 그 가문은 경사에 살게 할 수 없습니다."

　이때는 두훈의 딸이 황후가 되었고 두씨가 총애를 받을 때였는데 마엄의 말을 엿들은 자가 이를 두훈 형제에게 알렸고 마엄은 이때문에 權貴의 미움을 샀다.

　마엄은 부임하고서 상벌을 분명히 하고 간악한 자를 적발하자 군내가 깨끗 조용했다. 이때 洛陽에서는 동쪽에서 도적떼가 들어온다는 헛소문이 돌면서 백성이 도망쳐 숨었는데 서로 놀라며 여러 군에 서둘러 상황을 보고하였다. 마엄은 모두가 헛소문임을 알고서 아무런 대응도 하지 않았다. 조서를 내려 상황을 묻는 사자들이 줄줄이 내려왔으나 마엄은 도적이 없다고 고집하였는데 끝내 그렇게 되었다. 마엄이 陳留郡을 다스린 지 4년에 宗正인 劉軼(유질), 少府 丁鴻(정홍) 등과 서로 결탁했다 하여 일단 太中大夫가 되었다가 10여 일에 다시 將作大匠(장작대장)이 되었다.

(建初) 7년에, 다시 법을 어겼다 하여 면직되었다. 그 뒤로 이미 두 씨들의 미움을 받고 있어 다시 관직에 나아가지 못했다. 章帝가 붕어하고 竇太后가 臨朝聽政하자 두엄은 退居하고 自守하며 자손을 가르쳤다. 두엄은 (和帝) 永元 10년에 집에서 죽었는데 그때 82세였다.

마엄의 동생 馬敦(마돈)은 虎賁中郞將을 역임했다. 마엄은 七子를 두었는데 다만 馬續(마속)과 馬融(마융)이 유명하였다. 마속의 字는 季則(계칙)인데 7세에 《論語》를 외웠고, 13세에 《尙書》에 박통했으며, 16세에 《詩》를 전공하고 많은 책을 두루 읽었는데 특히 《九章算術》에 밝았다. 마속은 順帝 때 護羌校尉가 되었다가 度遼將軍으로 승진하였는데 임지에서 늘 위엄과 은택을 베풀어 칭송을 들었다. 마융은 따로 입전하였다.

❺ 馬棱

| 原文 |

棱字伯威, 援之族孫也. 少孤, 依從兄毅共居業, 恩猶同産. 毅卒無子, 棱心喪三年.

建初中, 仕郡功曹, 擧孝廉. 及馬氏廢, 肅宗以棱行義, 徵拜謁者. 章和元年, 遷廣陵太守. 時穀貴民饑, 奏罷鹽官, 以利百姓, 賑貧羸, 薄賦稅, 興復陂湖, 漑田二萬餘頃, 吏民刻石頌之.

永元二年, 轉漢陽太守, 有威嚴稱. 大將軍竇憲西屯武威, 棱多奉軍費, 侵賦百姓, 憲誅, 坐抵罪. 後數年, 江湖多劇賊, 以棱爲丹陽太守. 棱發兵掩擊, 皆禽滅之. 轉會稽太守, 治亦有聲. 轉河內太守. 永初中, 坐事抵罪, 卒於家.

| 註釋 | ○馬棱(마릉) − 棱은 모서리 능(릉). ○心喪三年 − 心喪은 상복은 입지 않고 마음으로 服喪하다. ○(章帝) 章和元年 − 서기 89년. ○廣陵太守 − 廣陵은 군명. 治所 廣陵縣, 今 江蘇省 서남부 揚州市. ○(和帝) 永元二年 − 서기 90년. ○劇賊 − 세력이 강한 도적 무리. 劇은 심할 극. ○丹陽太守 − 丹陽郡 治所는 宛陵縣(완릉현), 今 安徽省 동남 宣城市. ○會稽太守 − 會稽郡 治所는 山陰縣, 今 浙江省 북동 紹興市. ○永初中 − 安帝의 첫 연호, 서기 107 − 113년.

[國譯]

馬棱(마릉)의 字는 伯威(백위)인데 馬援의 族孫이다. 어려 부친을 여의고 從兄 馬毅(마의)와 함께 살았는데 그 은애가 친형제와 같았다. 마의가 죽고 아들이 없자 마릉은 3년간 心喪을 마쳤다.

(章帝) 建初 연간에, 郡 功曹를 지냈는데 孝廉(효렴)으로 천거되었다. 馬氏가 폐족이 되었지만 肅宗(章帝)는 마릉이 大義를 지켰다고 불러 謁者(알자)를 제수하였다. (章帝) 章和 원년, 廣陵太守가 되었다. 그때 곡식은 비싸고 백성이 굶주리자 마릉은 鹽官(염관)을 폐지하여 백성을 이롭게 하고 가난한 백성을 구휼하고 부세를 가볍게 해야 한다고 건의하였으며 저수지를 만들어 2만여 頃(경)의 田地에 관개하자 관리와 백성이 비석을 세워 칭송하였다.

(和帝) 永元 2년에, 漢陽太守가 되었는데 위엄이 있다는 칭송을 들었다. 大將軍 竇憲(두헌)이 西州에 나와 武威郡에 주둔하자 마릉은 백성에 부세를 많이 걷어 그 군비를 많이 대주었는데 두헌이 주살되면서 마릉도 죄에 연좌되었다 몇 년 뒤 長江 일대에 강력한 도적떼가 많아지자 마릉은 丹陽太守가 되었다. 마릉은 군사를 동원하여 도적떼를 공격, 모두 잡아 없앴다. 會稽太守로 전직하여 잘 다스린다는 명성을 얻었다. 河內太守로 전근하였다. (安帝) 永初 연간에, 죄를 짓고 면직되어 집에서 죽었다.

原文

贊曰, 伏波好功, 爰自冀,隴. 南靜駱越, 西屠燒種. 徂年已流, 壯情方勇. 明德旣升, 家祚以興. 廖乏三趣, 防邃驕陵.

| 註釋 | ○南靜駱越 – 駱越(낙월)은 越地. ○西屠燒種 – 燒種은 燒羌種. 강족의 일파. ○徂年已流 – 徂는 갈 조. ○廖乏三趣 – 三趣는 恭敬의 단계. 매우 공경한다는 뜻

[國譯]

贊曰,
큰 공을 세운 伏波 馬援은 冀縣과 隴西에서 일어났다.
남으로 越 땅을 평정했고 서쪽의 강족도 물리쳤다.
오가는 세월이 흘러 늙었어도
그의 장한 기개는 한창 성하였다.

明德皇后가 책봉되자 가문이 크게 융성했다.

馬廖(마료)는 공경심이 부족했고 馬防은 더욱 교만했다.

25 卓魯魏劉列傳
〔탁,노,위,유열전〕

❶ 卓茂

▌原文

　卓茂字子康, 南陽宛人也. 父祖皆至郡守. 茂, 元帝時學
於長安, 事博士江生, 習《詩》,《禮》及歷筭. 究極師法, 稱爲
通儒. 性寬仁恭愛. 鄕黨故舊, 雖行能與茂不同, 而皆愛慕
欣欣焉.

　初辟丞相府史, 事孔光, 光稱爲長者. 時嘗出行, 有人認
其馬. 茂問曰, "子亡馬幾何時?" 對曰, "月餘日矣." 茂有馬
數年, 心知其謬, 嘿解與之, 挽車而去, 顧曰, "若非公馬, 幸
至丞相府歸我." 他日, 馬主別得亡者, 乃詣府送馬, 叩頭謝
之. 茂性不好爭如此.

| 註釋 | ○卓茂字子康 - 卓茂(탁무, ?-서기 28), 광무제와 同鄕의 학자. 광무제 즉위 때 늙어 이미 은퇴했었다. 광무제는 卓茂(탁무)를 찾아 자문을 구하고 太傅(태부)에 임용했으나 광무 4년 그가 죽자 후임을 임명하지 않았다. 이후로 황제가 새로 즉위하면 태부를 두어 錄尙書事를 겸임케 하다가 죽으면 다른 사람을 임명하지 않았다. 태부는 三公보다 상위직. 황제의 자문 담당. 상설직은 아니었다. ○南陽宛人 - 南陽은 荊州刺史部의 郡名. 治所는 宛縣(완현, 今 河南省 南陽市 宛城區). ○事博士江生 - 江生은 박사 江翁,《魯詩》의 宗師. ○歷筭 - 曆法과 算術. ○通儒 - 博學多識한 유생. ○孔光 - 孔霸(공패)의 아들. 孔子 14世孫. 成帝 때 博士, 尙書令. 御史大夫, 哀帝 때 丞相 역임. ○嘿解與之 - 嘿는 고요할 묵(默과 通).

[國譯]

　卓茂(탁무)의 字는 子康(자강)으로 南陽郡 宛縣(완현) 사람이다. 父祖는 모두 郡守를 지냈다. 탁무는 元帝(재위, 前 48-33) 때 長安에 유학하여 博士 江生(강생)을 스승으로 섬기며《詩經》과《禮記》와 歷法과 算學을 배웠는데, 가르침을 잘 받아 박학한 선비라고 알려졌다. 천성이 관대 인자하고 남을 공경하며 아껴주었다. 비록 마을 사람이나 벗들이 탁무의 행실을 따라가지 못하더라도 탁무를 흠모하며 좋아하였다.

　탁무는 처음에 丞相府의 관리가 되어 孔光을 섬겼는데, 공광은 탁무를 長者(有德者)라 생각하였다. 한번은 탁무가 외출하는데 어떤 사람이 탁무의 말을 자기 말이라고 하였다. 탁무가 물었다. "당신은 말을 언제 잃어버렸는가?" "한 달이 좀 넘었습니다." 탁무는 자기 말을 몇 년 동안 부렸기에 마음속으로 그가 틀렸다는 것을 알았지만 아무 말 없이 말고삐를 풀어 넘겨주고 수레를 끌고 가면서

그 사람에게 말했다. "혹시 당신 말이 아니면 승상부에 와서 돌려주
시오." 며칠 뒤에 그 사람은 잃어버린 말을 찾았고 승상부로 탁무의
말을 끌고 와 머리를 숙여 사죄하였다. 탁무가 다른 사람과 다투지
않으려는 마음은 이와 같았다.

原文

後以儒術擧爲侍郎, 給事黃門, 遷密令. 勞心諄諄, 視人
如子, 擧善而敎, 口無惡言, 吏人親愛而不忍欺之.

人嘗有言部亭長受其米肉遺者. 茂辟左右問之曰, "亭長
爲從汝求乎? 爲汝有事囑之而受乎? 將平居自以恩意遺之
乎?" 人曰, "往遺之耳." 茂曰, "遺之而受, 何故言邪?" 人
曰, "竊聞賢明之君, 使人不畏吏, 吏不取人. 今我畏吏, 是
以遺之, 吏旣卒受, 故來言耳."

茂曰, "汝爲敝人矣. 凡人所以貴於禽獸者, 以有仁愛, 知
相敬事也. 今鄰里 長老尙致饋遺, 此乃人道所以相親, 況吏
與民乎? 吏顧不當乘威力强請求耳. 凡人之生, 群居雜處,
故有經紀禮義以相交接. 汝獨不欲修之, 寧能高飛遠走, 不
在人間邪? 亭長素善吏, 歲時遺之, 禮也." 人曰, "苟如此, 律
何故禁之?" 茂笑曰, "律設大法, 禮順人情. 今我以禮敎汝,
汝必無怨惡, 以律治汝, 何所措其手足乎? 一門之內, 小者
可論, 大者可殺也. 且歸念之!" 於是人納其訓, 吏懷其恩.

初, 茂到縣, 有所廢置, 吏人笑之, 鄰城聞者皆蚩其不能.
河南郡爲置守令, 茂不能嫌, 理事自若. 數年, 教化大行, 道
不拾遺. 平帝時, 天下大蝗, 河南二十餘縣皆被其災, 獨不
入密縣界. 督郵言之, 太守不信, 自出案行, 見乃服焉.

| 註釋 | ○儒術 – 儒學. ○擧爲侍郎, 給事黃門 – 黃門侍郎은 六百石.
無 定員. 황제를 侍從하며 심부름과 안내 등을 담당. 黃門은 본래 대궐의
문을 의미. 黃門을 지키는 사람. 宦官(환관). 환관의 우두머리는 黃門令, 질
록6百石. ○遷密令 – 河南郡의 密縣, 今 河南省 鄭州市 관할 新密市. ○勞
心諄諄 – 諄諄은 삼가고 성실한 모양. 諄은 타이를 순. 삼가다. 착실한 모
양. ○平帝時 – 재위 서기 1년-5년. ○天下大蝗 – 蝗은 누리 황. 황충.
蝗蟲(황충, 누리)은 우리나라의 메뚜기보다 크며 떼를 지어 날아다니며 초
목을 모두 먹어치우는 곤충.

[國譯]
(탁무는) 유학에 밝다고 천거되어 侍郎으로 給事黃門의 직책을
담당하다가 (河內郡) 密縣(밀현) 현령이 되었다. 탁무는 성심으로 애
써 다스리며 백성을 자식처럼 돌봐주고 착한 자를 뽑아 가르쳤으며
험한 말을 하지 않았기에 현 관리들은 탁무를 친애하면서 차마 속이
지 못했다.

　그전에 어떤 사람이 탁무를 찾아와 자기 마을 亭長이 자기가 보
내준 쌀과 고기를 받았다고 말했다. 탁무는 좌우의 사람들을 물리치
고 그 사람에게 물었다.

　"亭長이 너를 시켜 말하라고 하였느냐? 네가 정장에게 부탁할 일

이 있어 정장에게 주었는가? 아니면 네가 평소에 고맙게 여겨 정장에게 준 것인가?"

그 사람은 "제가 가서 정장에게 주었습니다." 라고 말했다. 탁무는 "네가 주어서 정장이 받았다면 왜 나에게 와서 말하는가?" 라고 물었다. 그 사람은 "저는 현명한 군주는 백성이 관리를 두려워하지 않게 하고, 관리는 백성의 물건을 취하지 않는다고 들었습니다. 지금 저는 관리가 두려워서 정장에게 쌀과 고기를 주었는데, 정장이 그냥 받았기에 현령을 찾아와 말씀드린 것입니다."

탁무는 "너는 사리를 잘 모르는 사람이다. 새나 짐승과 달리 사람이 귀하다는 것은 仁愛를 베풀고 서로 공경할 줄 알기 때문이다. 지금 같은 마을 어른들이 서로 베풀고 받는 것은 사람의 도리로서 서로 친하게 지내려는 뜻이니 관리와 백성도 그렇지 않겠는가? 관리가 부당하게 위력을 써가며 너에게 달라고 했다면 옳지 않다. 대체로 사람으로 태어나 무리 지어 함께 살아가려면 질서나 기강이 있어야 하고 예를 지켜 사귀어야 한다. 너만 혼자 그런 일을 않겠다면 차라리 먼 곳으로 떠나든지 아니면 높이 날아갈지언정 인간 세상에 살 수 있겠는가? 亭長이 평소에 착한 관리라서 歲時에 맞춰 그에게 선물을 보냈다면 그것은 정장에 대한 예의이다."

그 사람이 물었다. "정말 그러하다면 왜 법으로 못하게 합니까?" 이에 탁무가 웃으며 말했다. "법률이란 큰 틀이고 禮義란 인정을 따른 것이다. 나는 지금 너에게 예의를 일러주는 것이니, 네가 남에게 아무런 원한도 없는데 법률로 너를 잡아가둔다면 너는 어찌 손발을 놀릴 수 있겠는가? 법만을 따진다면 집안에서의 작은 잘못이라도 형벌을 내리고 큰 잘못이라면 죽일 수도 있다. 일단 돌아가 생각해

보아라!"

이에 그 사람은 탁무의 가르침을 받았고, 정장은 탁무의 은택에 감사했다.

그전에, 탁무가 密縣에 부임하여 여러 가지를 개혁하자 관리들은 탁무를 비웃었고 이웃 현에서도 탁무를 무능하다고 깔보았다. 河南郡에서 탁무의 업무 처리를 감독하게 했지만 탁무는 싫어하지도 않았고 평소처럼 일하였다. 몇 년이 지나자 백성이 크게 교화되어 길에 떨어진 물건을 주워 갖는 사람이 없었다.

平帝 때 온 나라에 황충이 쓸었고 河南郡 20개 현에 피해가 있었지만 유독 密縣에는 황충이 들어오지 않았다. 督郵(독우)가 이를 보고하자 태수는 믿을 수 없어 직접 나와 살펴본 뒤에 탁무의 선정에 탄복하였다.

■ 原文

是時, 王莽秉政, 置大司農六部丞, 勸課農桑. 遷茂爲京部丞, 密人老少皆涕泣隨送. 及莽居攝, 以病免歸郡, 常爲門下掾祭酒, 不肯作職吏.

更始立, 以茂爲侍中祭酒, 從至長安, 知更始政亂, 以年老乞骸骨歸.

時, 光武初卽位, 先訪求茂, 茂詣河陽謁見. 乃下詔曰

「前密令卓茂, 束身自修, 執節淳固, 誠能爲人所不能爲. 夫名冠天下, 當受天下重賞, 故武王誅紂, 封比干之墓, 表商

容之閭. 今以茂爲太傅, 封褒德侯, 食邑二千戶, 賜几杖, 車馬, 衣一襲, 絮五百斤.」

　復以茂長子戎爲太中大夫, 次子崇爲中郞, 給事黃門. 建武四年, 薨, 賜棺槨冢地, 車駕素服親臨送葬.

　子崇嗣, 徙封汜鄕侯, 官至大司農. 崇卒, 子棽嗣. 棽卒, 子訢嗣. 訢, 子隆嗣. 永元十五年, 隆卒, 無子, 國除.

| 註釋 | ○大司農六部丞 - 왕망은 대사농의 속관 13승을 두고 1인이 1州를 담당하여 농상을 권장하였다. 여기서는 6部라 하였다.　○門下掾祭酒 - 門下掾(문하연)은 州郡의 長과 특별히 가까운 掾吏. 掾은 도울 연. 三公府나 州牧의 祭酒는 참모직이면서 명예직. 後漢 박사의 우두머리는 博士祭酒라 하였다.　○以年老乞骸骨歸 - 乞骸骨은 벼슬을 사퇴하다. 乞身.　○河陽謁見 - 河內郡의 縣名. 今 河南省 焦作市 관할 孟州市 서북.　○執節淳固 - 執節은 節操가 굳다. 淳固는 淳厚하다.　○比干之墓 - 王子比干은 紂王에게 살해되었다.　○表商容之閭 - 表는 旌顯(정현). 선행을 널리 알리다. 商容은 殷의 현인. 閭는 마을의 里門.　○衣一襲 - 襲은 갖추어진 (상하의) 옷을 세는 단위. 옷을 껴입다. 습격하다. 따르다.

[國譯]

　이때, 왕망이 정권을 잡고 있었는데 大司農의 속관으로 六部에 丞(승)을 두고 농사와 蠶業(잠업) 권장하였다. 탁무는 京部丞으로 승진되었는데 密縣의 노소 백성은 모두 눈물을 흘리며 전송하였다. 왕망이 居攝(거섭, 孺子 嬰을 세우고 섭정할 때)하자 탁무는 병으로 사직하고 남양군에 돌아왔는데 여전히 남양군의 門下掾祭酒(문하연제주)였지만 관리 일을 담당하지는 않았다.

更始가 자립한 뒤, 탁무는 侍中祭酒가 되어 경시를 따라 長安에 갔지만 更始의 정치가 문란한 것을 보고 年老하였다며 사직하고 귀향했다.

그때 광무제는 막 즉위하고서 먼저 사람을 보내 탁무를 찾자, 탁무는 (河內郡) 河陽縣에서 광무제를 알현하였다. 이에 조서를 내렸다.

「前에 密縣 현령인 卓茂(탁무)는 謹身 修行하고 節操가 굳고 淳厚하면서도 다른 사람이 할 수 없는 선정을 베풀었다. 천하에 널리 알려진 사람이라면 응당 나라의 큰 상을 받아야 하기에 (周)武王은 紂王(주왕)을 정벌한 다음에 比干(비간)의 묘를 만들어 주었고, 商容(상용)의 마을에 旌門(정문)을 세워주었다. 이제 탁무를 太傅(태부)에 임명하고 褒德侯(포덕후)에 봉하는데 식읍은 2천 호이며 案席과 지팡이, 車馬, 의복 한 벌, 솜 5백 근을 하사한다.」

(光武帝는) 또 卓茂의 長子 卓戎(탁융)을 太中大夫에 임명했고, 次子인 卓崇(탁숭)은 中郞에 給事黃門이 되었다. 建武 4년에, 탁무가 죽자 棺槨(관곽)과 무덤을 만들 땅을 하사하였고 (광무제는) 素服으로 장례에 친림하였다.

아들 탁숭이 계승하였는데 나중에 汎鄕侯(범향후)에 옮겨 봉했고 관직은 大司農에 이르렀다. 탁숭이 죽어 아들 卓棽(탁림)이 계승했다. 탁림이 죽고, 아들 卓訢(탁흔)이 계승했다. 탁흔이 죽고, 아들 卓隆(탁륭)이 계승하였다. (和帝) 永元 15년(서기 103)년에 탁륭이 죽었는데 無子하여 나라가 없어졌다.

■ 原文

初, 茂與同縣孔休,陳留蔡勳,安衆劉宣,楚國龔勝,上黨鮑宣六人同志, 不仕王莽時, 並名重當時. 休字子泉, 哀帝初, 守新都令. 後王莽秉權, 休去官歸家. 及莽簒位, 遣使賫玄纁,束帛, 請爲國師, 遂歐血託病, 杜門自絶.

光武卽位, 求休,勳子孫, 賜穀以旌顯之. 劉宣字子高, 安衆侯崇之從弟, 知王莽當簒, 乃變名姓, 抱經書隱避林藪. 建武初乃出, 光武以宣襲封安衆侯. 擢龔勝子賜爲上谷太守. 勝,鮑宣事在《前書》. 勳事在玄孫〈邕傳〉.

| 註釋 | ○安衆 – 南陽郡의 후국 이름. ○守新都令 – 新都는 南陽郡의 현명. ○簒位 – 簒은 빼앗을 찬. ○賫玄纁,束帛 – 賫는 가져올 재. 齎의 俗字. 玄纁(현훈)은 검은 비단, 束帛(속백)은 비단 5필의 처음과 끝을 연결한 묶음. ○林藪 – 山林. 藪는 덤불 수. ○勝,鮑宣事在《前書》 – 龔勝과 鮑宣은 《漢書》72권, 〈王貢兩龔鮑傳〉에 입전. 前書는 《漢書》. ○〈邕傳〉 – 蔡邕(채옹) 열전. 60권, 〈馬融蔡邕列傳〉(下)에 단독 입전.

[國譯]

그전에, 卓茂와 同縣(南陽郡 宛縣)의 孔休(공휴), 陳留縣(진류현)의 蔡勳(채훈), (南陽郡) 安衆縣의 劉宣(유선), 楚國의 龔勝(공승), 上黨郡의 鮑宣(포선) 등인은 한마음으로 왕망 왕조에 출사하지 않아 이름이 널리 알려졌었다. 孔休의 字는 子泉(자천)으로 哀帝 초에 新都令 대행이었다. 뒤에 王莽이 정권을 잡자 공휴는 사직하고 귀향하였다. 왕망은 찬위한 뒤에 사자에게 흑색과 비단 묶음을 보내 공휴를

國師로 초빙하였지만, 공휴는 피를 토한 뒤 병을 핑계로 두문불출하였다.

　光武는 즉위한 뒤, 공휴와 채훈의 자손을 찾아서 곡식을 하사하고 표창하였다. 劉宣(유선)의 字는 子高(자고)인데, 安衆侯 劉崇(유숭)의 사촌동생으로 왕망이 찬위할 것을 알고 이름을 바꾸고 經書를 꾸려 산림에 은거하였다. 유선이 建武 연간에 출사하자 光武帝는 유선을 安衆侯에 이어 봉했다. 광무제는 龔勝의 아들 龔賜(공사)를 발탁하여 上谷太守에 임명하였다. 공승과 포선의 행적은 《漢書》에 수록되었다. 蔡勳(채훈)의 행적은 그의 玄孫인 蔡邕(채옹)의 열전에 수록했다.

原文

　論曰, 建武之初, 雄豪方擾, 虓呼者連響, 嬰城者相望, 斯固倥傯不暇給之日. 卓茂斷斷小宰, 無它庸能, 時已七十餘矣. 而首加聘命, 優辭重禮, 其與周,燕之君表閭立館何異哉? 於是蘊憤歸道之賓, 越關阻, 捐宗族, 以排金門者衆矣. 夫厚性寬中近於仁, 犯而不校鄰於恕, 率斯道也, 怨悔曷其至乎!

| 註釋 |　○虓呼者連響 – 虓呼者連響, 虓는 범이 울부짖을 효(虎怒也), 울부짖다. 울부짖는 소리. 連響은 연이어 울리다. ○嬰城 – 성을 차지하여 자신을 에워싸고 지키다. 嬰은 빙 눌러질 녕. ○斯固倥傯不暇給之日 – 斯固倥傯不暇給之日. 斯는 이 사. 이것. 固는 진실로, 정말. 倥傯은 괴로운

모양. 倥은 바쁠 공, 어리석을 공. 傯은 바쁠 총. 不暇給之日은 겨를이 없는
시절. ㅇ斷斷小宰 - 斷斷은 오로지, 한가지로 변함없는. 小宰는 작은 고을
의 관리. 현령. 斷斷無它(딴 뜻이 없다)란 말도 있다. ㅇ其與周,燕之君表
閭立館何異哉 - 周,燕之君은 周 武王과 전국시대 燕 昭王. 表閭立館은 정
려를 세워 표창하고 특별한 궁을 지어 모시다. 燕 昭王은 賢者 郭隗(곽외)
를 위한 집을 지어주고 師事하였다. ㅇ蘊憤~ - 蘊憤은 울분이 쌓이다.
正義感을 갖다. 蘊은 쌓을 온. 蓄積하다. ㅇ以排金門者衆矣 - 金門은 대
궐의 문. ㅇ犯而不校鄰於恕 - 犯而不校는 나를 무시하여도 報復하지 않
다. 校는 報也, 鄰은 가깝다(近也). 恕는 忠恕, 관대한 용서. 率斯道也. ㅇ怨
悔曷其至乎 - 怨悔(원회)는 원한 악감정. 曷은 어찌 갈. 언제, 어찌 ~하지
아니하랴? 의문사.

[國譯]

范曄(범엽)의 史論 - 호걸들이 한창 어지러이 다투며 울부짖는 고
함소리가 연이어 들리고 城을 차지한 자들이 마주 볼 정도였던 建武
초기는 정말 혼란하고 힘든 시기였다. 卓茂(탁무)는 겨우 작은 고을
의 현령으로 이미 70세가 넘었고 특별히 다른 능력도 없었다. 그러
나 (광무제가) 제일 먼저 공손한 언사와 후한 예물로 초빙하였으니,
이는 周 武王과 燕 昭王이 정려를 세워 표창하고 특별한 궁을 지어
인재를 초빙한 것과 하나도 다르지 않았다. 이에 울분을 품고 正道
에 귀의하려는 현인들이 먼 곳에서 관문을 지나 가족을 버려둔 채,
도성의 대문을 밀고 찾아오는 자가 많았다. (光武帝의) 온후 관대한
性情은 仁과 같았고, 뜻이 달라도 보복하지 않은 것은 忠恕(충서)에
가까웠는데, 이런 원칙을 지켰으니 다른 원한이 어찌 남았겠는가!

❷ 魯恭

|原文|

魯恭字仲康, 扶風平陵人也. 其先出於魯頃公, 爲楚所滅, 遷於下邑, 因氏焉. 世吏二千石, 哀,平間, 自魯而徙. 祖父匡, 王莽時, 爲義和, 有權數, 號曰'智囊.' 父某, 建武初, 爲武陵太守, 卒官. 時恭年十二, 弟丕七歲, 晝夜號踊不絶聲, 郡中賻贈無所受, 乃歸服喪, 禮過成人, 鄕里奇之. 十五, 與母及丕俱居太學, 習《魯詩》, 閉戶講誦, 絶人間事, 兄弟俱爲諸儒所稱, 學士爭歸之.

| 註釋 | ○魯 頃公(경공) – 재위 前 272-249년. 魯의 마지막 제후. ○義和(희화) – 왕망은 大司農을 義和로 개칭했다가 다시 納言(납언)으로 바꿨다. ○晝夜號踊 – 號踊은 울부짖다. 몹시 슬퍼하다. 踊은 踊(뛸 용)과 同.

[國譯]

魯恭(노공)의 字는 仲康(중강)으로 右扶風 平陵縣 사람이다. 그의 조상은 魯 頃公(경공)에게 출사했는데 魯가 楚에 망하자 下邑(하읍)에 옮겨 살면서 魯를 성씨로 삼았다. 대대로 二千石 관리였는데 哀帝와 平帝 연간에 魯에서 이사하였다. 祖父인 魯匡(노광)은 왕망 시기에 義和(희화, 大司農)였는데 유능하게 商工을 관리하여 '智囊(지낭, 지혜 주머니)'이라 불리었다. 부친은 建武 초기에 武陵太守로 관직에 있으며 죽었다. 그때 노공은 12살, 동생 魯丕(노비)는 7살이었는데 밤낮으로 쉬지 않고 통곡하면서 무릉군에서 주는 賻儀(부의)도 받지 않고 고향에 돌아와 복상하였는데 그 의례가 성인보다도 나아 마을 사람들이 기특하게 생각하였다. 노공은 15세에 모친과 동생인 魯丕 (노비)와 함께 太學 근처에 살면서 《魯詩》를 공부하였는데 대문을 닫고 암송하며 세속 일에 관여하지 않아 형제 모두가 유생의 칭송을 들었고 배우려는 사람이 다투어 모여들었다.

原文

太尉趙憙慕其志, 每歲時遣子問以酒糧, 皆辭不受. 恭憐 丕小, 欲先就其名, 託疾不仕. 郡數以禮請, 謝不肯應, 母强 遣之, 恭不得已而西, 因留新豐敎授. 建初初, 丕擧方正, 恭 始爲郡吏. 太傅趙憙聞而辟之. 肅宗集諸儒於白虎觀, 恭特 以經明得召, 與其議.

| 註釋 | ○太尉趙憙 - 26권, 〈伏侯宋蔡馮趙牟韋列傳〉 立傳. ○問以酒 糧 - 술과 양식을 보내주다. 問은 遺也. ○新豐敎授 - 京兆尹 新豐縣. ○白 虎觀 - 낙양의 궁궐은 크게 南宮과 北宮으로 대별되는데 궁궐의 西門이 白虎門이었다. 觀은 樓觀, 큰 건물. 유학자들이 經義의 異同을 白虎觀에서 토론하고 그 내용을 황제가 결재한 《白虎議奏》를 엮었고, 이와 《白虎通德 論》을 바탕으로 班固(32 - 92년, 字 孟堅)가 《白虎通義》를 撰集(찬집)했다.

[國譯]

太尉인 趙憙(조희)는 魯恭(노공)의 지조를 흠모하여 매 歲時마다 아들을 보내 술과 곡식을 보내왔으나 노공은 하나도 받지 않았다.

노공은 동생 魯丕(노비)가 아직 어리지만 먼저 공명을 이루게 하려고 병을 핑계로 출사하지 않았다. 郡에서는 여러 번 예를 갖춰 초빙해도 노공은 사양하며 응하지 않았는데 모친의 강권에 따라 노공은 부득이 新豊縣에서 글을 가르쳤다. (章帝) 建初 초년에, 노비가 方正한 인재로 천거되자 노공은 처음으로 郡吏가 되었다. 太傅 조희는 이를 알고서 노공을 초빙하였다. 肅宗(章帝)는 여러 유생을 白虎觀에 불러 모았는데, 노공은 경학에 밝아 따로 불러 협의하였다.

原文

蕫復擧恭直言, 待詔公車, 拜中牟令. 恭專以德化爲理, 不任刑罰, 訟人許伯等爭田, 累守令不能決, 恭爲平理曲直, 皆退而自責, 輟耕相讓. 亭長從人借牛而不肯還之, 牛主訟於恭. 恭召亭長, 敕令歸牛者再三, 猶不從. 恭嘆曰, "是教化不行也." 欲解印綬去. 掾史涕泣共留之, 亭長乃慙悔, 還牛, 詣獄受罪, 恭貰不問. 於是吏人信服.

建初七年, 郡國螟傷稼, 犬牙緣界, 不入中牟. 河南尹袁安聞之, 疑其不實, 使仁恕掾肥親往廉之. 恭隨行阡陌, 俱坐桑下, 有雉過, 止其傍. 傍有童兒, 親曰, "兒何不捕之?" 兒言, "雉方將雛." 親瞿然而起, 與恭訣曰,

"所以來者, 欲察君之政跡耳. 今蟲不犯境, 此一異也, 化及鳥獸, 此二異也, 豎子有仁心, 此三異也. 久留, 徒擾賢者耳." 還府, 具以狀白安.

是歲, 嘉禾生恭便坐廷中, 安因上書言狀, 帝異之. 會詔
百官擧賢良方正, 恭薦中牟名士王方, 帝卽徵方詣公車, 禮
之與公卿所擧同, 方致位侍中. 恭在事三年, 州擧尤異, 會
遭母喪去官, 吏人思之.

| 註釋 | ○待詔公車 – 待詔(대조)는 徵士(징사)의 한 종류이며 漢代의 특
수 관직명. 詔는 황제의 명령을 기록한 문서. 명망이 있는 人才를 중용하
기 전에 우선 待詔(조서를 기다린다는 뜻)라는 직명을 부여한다. 황제의
부름을 받아 대기하다가 조서를 받고 그에 따른 임무를 수행 또는 자문에
응하는 관직. 待詔의 종류로 待詔金馬, 待詔殿中, 待詔保宮, 待詔公車, 待
詔黃門, 待詔丞相府 등이 있다. 특수한 분야의 전문가인 경우 예를 들어
太史, 治曆, 音律, 本草의 경우에는 ○○待詔라고 불렸다. 公車는 公車司馬
令(公車令으로도 약칭, 衛尉의 속관, 질록 6百石)의 간칭. 公車는 궁궐의
公車司馬門(北門)의 출입자를 단속 관장한다. 황제에게 上書할 사람이나
황제의 부름에 응하는 사람들이 대기하며 公車司馬令의 지시를 받는다.
○恭貰不問 – 貰는 관용을 베풀다. 사면하다. ○(章帝) 建初七年 – 서기
82년. ○仁恕掾肥親往廉之 – 仁恕掾(인서연)은 형벌을 주관하는 掾吏. 肥
親은 인명. 廉은 확인하다. 살펴보다. ○瞿然而起 – 瞿然은 놀라며 바라
보다. 瞿는 懼. 놀랄 구. 놀라 바라보다. ○嘉禾 – 周 成王 11年(서기 前
1032년)에 唐이란 곳에서 한 줄기에서 두 개의 이삭이 나온 벼(雙穗禾)가
자랐다. 이를 成王에게 헌상하였다. 이에 周公은 〈嘉禾〉 시를 지어 상서로
운 일로 받아들였다. 《史記 魯周公世家》참고. ○中牟 – 河南尹의 현명.
今 河南省 중부 鄭州市 관할 中牟縣.

趙熹(조희)는 魯恭을 直言之士로 천거하였고, 노공은 待詔公車로 있다가 (河南郡) 中牟(중모) 현령을 제수 받았다. 노공은 오로지 德化로 다스리면서 형벌을 쓰지 않았는데, 許伯(허백)이란 사람이 토지 소송을 하였는데 그간 여러 현령이 해결을 못했지만 노공은 曲直을 따져 평결하자 모두 물러나 자책하며 경작하지 않고 서로 양보하였다. 중모현의 어떤 亭長이 다른 사람의 소를 빌려 쓰고는 돌려주지 않자 소 주인이 노공에게 정장을 고소하였다. 노공은 정장을 불러 2, 3번 돌려주라고 권했으나 정장은 말을 듣지 않았다. 이에 노공이 탄식하며 말했다. "이는 나의 교화가 통하지 않는 것이다." 그리고 서는 인수를 풀어놓고 떠나려 했다. 이에 현의 掾史(연사)가 눈물을 흘리며 만류하였고, 정장은 부끄러워 뉘우치고 소를 돌려주고서 옥에 들어가 벌을 자청하자 노공은 용서하고 불문에 붙였다. 이에 관리들이 모두 信服하였다.

(章帝) 建初 7년에, 여러 郡國에 황충이 발생하여 흉년이 들었으나 경계가 서로 엇물렸는데도 中牟縣에는 황충이 들어오지 않았다. 河南尹인 袁安(원안) 이를 듣고서 사실을 믿을 수 없어 仁恕掾(인서연, 刑獄 담당관) 肥親(비친)을 보내 확인케 하였다.

노공은 함께 경작지를 돌아보고 뽕나무 아래 쉬었는데 꿩이 지나가다가 곁에 멈췄다. 그 옆에는 어린아이가 있었는데, 비친이 물었다. "어린아이는 왜 꿩을 잡지 않는가?" 그러자 아이는 "꿩은 아직 새끼입니다."라고 말했다. 이에 비친은 놀라 일어나서 노공과 헤어지며 말했다.

"제가 여기 온 것은 현령의 정치한 자취를 확인하러 왔습니다. 지금 황충도 현의 경계를 넘지 않았으니, 이것이 첫 번째 異狀(이상, 異相)입니다. 현령의 교화가 새나 짐승까지 닿았으니, 이것이 두 번째 이상이고, 어린아이도 仁心을 가졌으니, 이것이 3번째 이상한 일입니다. 더 머물러 공연히 현인을 번거롭게 할 수 없습니다."

비친은 돌아가 하남윤 원안에게 모두 보고하였다.

이 해에 노공이 거처하는 작은 방 옆 마당에 嘉禾(가화)가 자랐는데, 원안은 이를 보고하였고 황제는 기이하게 여겼다. 마침 百官에게 賢良方正한 인재를 천거하라고 명했는데, 노공이 중모현의 명사인 王方(왕방)을 천거하자 황제는 왕방을 公車에 불러 公卿의 천거를 받은 자와 동등하게 예우하였고, 왕방은 시중에 임용되었다. 노공은 3년간 근무하였는데 마침 모친상을 당하여 사임하자 관리와 백성이 모두 노공을 그리워하였다.

原文

後拜侍御史. 和帝初立, 議遣車騎將軍竇憲與征西將軍耿秉擊匈奴, 恭上疏諫曰,

「陛下親勞聖思, 日昃不食, 憂在軍役, 誠欲以安定北垂, 爲人除患, 定萬世之計也. 臣伏獨思之, 未見其便. 社稷之計, 萬人之命, 在於一擧. 數年以來, 秋稼不熟, 人食不足, 倉庫空虛, 國無畜積. 會新遭大憂, 人懷恐懼. 陛下躬大聖之德, 履至孝之行, 盡諒陰三年, 聽於冢宰. 百姓闕然, 三時不聞警蹕之音, 莫不懷思皇皇, 若有求而不得. 今乃以盛春

之月, 興發軍役, 擾動天下, 以事戎夷, 誠非所以垂恩中國, 改元正時, 由內及外也.

萬民者, 天之所生. 天愛其所生, 猶父母愛其子. 一物有不得其所者, 則天氣爲之舛錯, 況於人乎? 故愛人者必有天報. 昔太王重人命而去邠, 故獲上天之祐. 夫戎狄者, 四方之異氣也. 蹲夷踞肆, 與鳥獸無別. 若雜居中國, 則錯亂天氣, 汙辱善人, 是以聖王之制, 羈縻不絶而已.」

| 註釋 | ○侍御史 – 御史中丞(어사중승)의 감독을 받는 侍御史(15인)은 질록 6백석. 관리의 불법을 감찰, 종묘제사 같은 큰 행사에 시어사가 나가 잘못이 있는 관리를 적발하여 탄핵하는 일도 담당. ○日昃不食 – 昃은 기울 측. 해가 지다. ○新遭大憂 – 新은 최근에, 얼마 전. 大憂는 章帝의 붕어. ○盡諒陰三年 – 諒陰은 황제의 居喪. 부모의 상. 諒闇(양암)과 同. 諒은 어질 량. 흉하다. 陰에는 '말을 하지 않다' '廬幕(여막)'의 뜻이 있음. ○三時不聞警蹕之音 – 三時는 章帝가 2월에 붕어하였기에 여름에서 겨울까지 和帝의 행차가 없었다는 뜻. 警蹕(경필)은 소리 질러 길을 치우다. 蹕은 길 치울 필. ○莫不懷思皇皇 – 莫不은 ~하지 않는 사람이 없다. 皇皇은 遑遑(황황). 마음이 급하여 허둥대는 모양. ○則天氣爲之舛錯 – 舛錯(천착)은 어긋나다. 舛은 어그러질 천. ○昔太王重人命而去邠 – 太王은 周 古公亶父(고공단보), 文王의 祖父. 戎狄(융적)이 쳐들어오자 '나 때문에 백성을 전쟁에 동원할 수 없다'며 邠(빈)을 떠나 岐山(기산) 아래로 옮겨가지 邠의 백성이 모두 따라왔다. ○蹲夷踞肆 – 蹲夷(준이)는 다리를 뻗고 앉다. 무례한 짓. 踞肆(거사)는 멋대로 행동하다. 무례하다. 踞는 웅크릴 거. 기대 앉다. 肆는 방자할 사. ○羈縻不絶而已 – 羈縻는 재갈이나 고삐로 통제하다. 羈 말 재갈 기. 재갈을 물리다. 縻는 고삐 미.

[國譯]

　　뒤에 魯恭(노공)은 侍御史가 되었다. 和帝가 즉위한 다음 해 車騎將軍 竇憲(두헌)과 征西將軍 耿秉(경병)을 보내 匈奴 정벌을 논의하자 노공은 상소를 올려 충간하였다.

　　「폐하께서는 나랏일을 고심하시느라 해가 저물도록 식사도 못하시며 정벌을 생각하시는데, 이는 북변을 안정시켜서 백성을 걱정을 덜어주려는 후손을 위한 대계일 것입니다. 그러나 신이 생각해도 이득이 없을 것 같습니다. 사직의 안정과 만백성의 목숨의 목숨이 이 원정이 달렸습니다. 이 몇 년 동안에 가을 작황이 좋지 않아 백성은 식량이 부족하고 나라 창고는 비었고 여분의 비축도 없습니다. 최근 국상을 당해 백성은 크게 걱정하였습니다. 폐하께서는 평소 성덕을 베푸셨고 효심을 가지시고 삼년상을 치루시면서 재상에게 국정을 맡기셨습니다. 백성은 마음이 허전하였으며, 여름, 가을, 겨울이 지나면서 폐하의 외출을 보지 못하였기에 마음으로 크게 걱정이 되어 무엇인가를 찾으려 해도 얻을 수 없는 것 같았습니다. 지금 만물이 홍성하는 봄이지만 군사 동원 때문에 온 나라가 소란스러우니 蠻夷(만이, 흉노)를 평정하는 일은 정녕 백성들에게 은택을 내리고, 正朔(정삭)을 改元하며, 성덕을 중앙에서 지방까지 미치게 하는 일이 아닐 것입니다.

　　만백성은 하늘이 내었습니다. 하늘이 백성을 보살피는 것은 마치 부모가 자식을 돌보는 것과 같습니다. 미물일지라도 있어야할 곳에 있지 않다면 天氣가 틀려지는데, 하물며 사람이 그렇다면 더 어떻겠습니까? 본래 백성을 사랑하는 군주에게는 하늘의 보답이 있습니다. 예전 (周의 선조) 太王이 人命을 중시하여 邠(빈) 땅을 떠났기에 하늘의 보살핌을 받았습니다. 戎狄(융적)은 변방의 별난 자들입니다. 융적은 평소에 오만 무례하여 새나 짐승과 다름이 없습니다. 그들이 나라 안에서 우리와 함께 거주한다면 이는 天氣를 어지럽히고 善人을 욕보이는 일이기에 聖王께서는 그들을 통제하는 방책을 써 왔습니다.」

「今邊境無事, 宜當修仁行義, 尙於無爲, 令家給人足, 安業樂産. 夫人道乂於下, 則陰陽和於上, 祥風時雨, 覆被遠方, 夷狄重譯而至矣.《易》曰, '有孚盈缶, 終來有它吉.' 言甘雨滿我之缶, 誠來有我而吉已. 夫以德勝人者昌, 以力勝人者亡. 今匈奴爲鮮卑所殺, 遠臧於史侯河西, 去塞數千里, 而欲乘其虛耗, 利其微弱, 是非義之所出也. 前太僕祭肜遠出塞外, 卒不見一胡而兵已困矣. 白山之難, 不絶如綖, 都護陷沒, 士卒死者如積, 迄今被其辜毒. 孤寡哀思之心未弭, 仁者念之, 以爲累息, 奈何復欲襲其跡, 不顧患難乎? 今始徵發, 而大司農調度不足, 使者在道, 分部督趣, 上下相迫, 民間之急亦已甚矣. 三輔,并,涼少雨, 麥根枯焦, 牛死日甚, 此其不合天心之效也. 群僚百姓, 咸曰不可, 陛下獨奈何以一人之計, 棄萬人之命, 不恤其言乎? 上觀天心, 下察人誌, 足以知事之得失. 臣恐中國不爲中國, 豈徒匈奴而已哉! 惟陛下留聖恩, 休罷士卒, 以順天心.」

| 註釋 | ○夫人道乂於下 – 人道는 백성의 생활. 乂는 벨 예. 잘 다스려
지다. ○《易》曰 – 水(☵)地(☷)比, 比卦 初六의 爻辭(효사). ○ '有孚盈缶,
終來有它吉' – 선행이 항아리에 가득하면 끝내 특별히 좋은 일이 있을 것
이다. 孚는 미쁠 부. 성실함. 善行. 盈은 가득 찰 영. 缶는 장군 부. 액체를
담는 용기. 주입구와 퇴출구가 같다. ○太僕祭肜 – 太僕은 九卿의 하나.
황제의 거마와 馬政을 담당. 祭肜(제융)은 인명. 祭가 성씨. 肜은 융제사
융. 20권, 〈銚期王霸祭遵列傳〉에 立傳. ○白山之難, 不絕如綖 – 白山은
天山, 흉노족이 신성시하는 산. 綖 실 연. ○都護陷沒 – 西域都護의 군사
가 전멸하다. (明帝) 永平 18년, (서역의) 焉耆國(언기국)과 龜茲國(구자국)
의 군사가 西域都護 陳睦(진목)을 공격하여 漢의 군사를 모두 죽였다. (서
역도호부 폐지). ○迄今被其辜毒 – 迄今은 지금까지. 迄은 이를 흘. 辜毒
(고독)은 심각한 폐해. ○三輔,幷,涼少雨 – 三輔는 전한의 장안 인근 3개
행정구역, 幷은 幷州(長安의 서북쪽의 여러 군. 涼은 涼州, 장안에서 서역
으로 이어지는 여러 郡.

[國譯]

「지금 변경은 무사하니 응당 修仁하고 行義하며, 無爲를 숭상하
여 백성의 살림을 넉넉하게 또 백성이 안심하고 일하게 해야 합니
다. 아래에서 백성 생활이 안정되면 위에서는 陰陽이 조화하여 풍우
가 순조롭고, 먼 곳의 만이도 교화되어 두세 번 통역을 거치면서
찾아올 것입니다.《易經》에 '선행이 항아리에 차면 끝내 좋은 일이
있다.'고 하였으니, 이는 甘雨가 내려 나의 항아리를 가득 채우면
나에게 吉한 일이 일어난다는 뜻입니다. 대체로 德이 남보다 많은
사람은 번창하나 힘으로 남을 이기는 자는 망한다고 하였습니다. 지
금 흉노족은 선비족에게 격파당하여 멀리 史侯河(사후하)의 서쪽, 변

경에서 수천 리 밖으로 달아났는데 흉노족이 지친 기회를 이용하고 또 쇠약한 틈을 탄다면 이는 의로운 일이라 할 수 없습니다. 그전에 (明帝 때) 太僕인 祭肜(제융)은 국경 넘어 먼 곳까지 원정하였지만 흉노족을 하나도 보지 못했고 군사는 지쳐 회군했습니다. 白山(天山) 원정의 고난은 지금까지도 이어지고 있으며, 서역도호부 군사가 전멸하며 병졸의 시신이 쌓였었는데 지금도 그 폐해가 남았습니다. 고아와 과부의 슬픔이 아직 가라앉지 않아서 仁者가 이를 생각하며 탄식하는데, 지금 왜 그 자취를 따라 하면서 백성의 환난을 생각하시지 않습니까? 지금 백성을 징발하지만 大司農(국가재정 담당)은 비용 조달이 어렵다 하고, 使者가 연속 출장을 나가며 업무를 분담하여 재촉하고, 상하급 관청의 압박이 이어지니 백성이 당하는 압박의 고통은 아주 심합니다. 三輔와 幷州(병주), 涼州(양주) 일대는 비가 거의 내리지 않아 보리 뿌리조차 말라버렸고 소의 病死도 날로 심해지니, 이는 바로 천심과 합일하지 못한다는 증거일 것입니다. 많은 신하와 백성들이 모두 '不可' 라고 하는데, 폐하께서는 어찌 한 사람(竇憲, 두헌)의 생각에 따라 만백성의 목숨을 버리려 하시며 백성의 말은 긍휼히 여기지 않으십니까? 위로는 天心을 우러러 보시고, 아래로는 백성의 뜻을 살피신다면 국사의 득실이 충분히 명백할 것입니다. 저는 中原이 (백성의) 中原이 되지 않을까를 걱정할 뿐이지, 어찌 흉노 정벌을(원정의 성패) 생각하겠습니까! 폐하께서는 백성에게 성은을 베푸시고 군사를 쉬게 하여 천심에 순응하셔야 합니다.」

■ 原文

書奏, 不從. 每政事有益於人, 恭輒言其便, 無所隱諱.

其後拜爲《魯詩》博士, 由是家法學者日盛. 遷侍中, 數召宴見, 問以得失, 賞賜恩禮寵異焉. 遷樂安相. 是時, 東州多盜賊, 群輩攻劫, 諸郡患之. 恭到, 重購賞, 開恩信, 其渠帥張漢等率支黨降, 恭上以漢補博昌尉, 其餘遂自相捕擊, 盡破平之, 州郡以安.

| 註釋 | ㅇ無所隱諱 – 꺼리며 숨기다. 諱는 꺼릴 휘. ㅇ《魯詩》博士 – 무제 때 公孫弘의 건의에 따라 五經博士 14명을 설치. 經學 교수를 담당, 나라의 행사나 제도에 의문이 있을 경우 박사가 답변. 박사 중 博士祭酒(전한에서는 博士僕射)가 우두머리, 간칭 祭酒, 질록 6백석. 太學에서 박사의 강의를 듣는 사람을 博士弟子라 통칭. 박사는 弟子 50명까지 둘 수 있었으나 점차 증원, 桓帝 때 태학생의 학생수가 3만 명이었다. ㅇ法學者日盛 – 法學者는 따라 배우는 자. 이때 法은 본받다. ㅇ遷樂安相 – 樂安은 千乘國을 樂安國으로 개칭. 治所 臨濟縣, 今 山東省 淄博市 관할 高青縣. ㅇ東州多盜賊 – 東州는 함곡관 동쪽의 司隷校尉部. 兗州, 豫州, 徐州, 冀州에 대한 범칭. ㅇ重購賞 – 購賞은 현상금을 내걸다. ㅇ補博昌尉 – 樂安國 博昌縣 縣尉. 博昌縣은 今 山東省 북부의 濱州市 남쪽 博興縣.

[國譯]

간언의 상주되었지만 채택되지 않았다. 백성에게 도움이 되는 정사에 대한 논의가 있을 때마다 魯恭은 백성의 이익을 논했는데 꺼리며 숨기는 일이 없었다.

그 뒤에《魯詩》博士를 제수 받았는데 이후 집안에서도 따라 배우는 자들이 많았다. 侍中(시중)으로 승진하였고 황제의 부름을 받아 정사의 득실을 논했으며 예우와 총애가 남달랐다. 樂安國 相이 되었다. 이 무렵에 東州(함곡관 동쪽 지역에) 도적떼가 많아 무리지어 여러 군현을 공격하여 폐해가 많았다. 노공은 낙안국에 도착하여 현상금을 많이 걸고 또 은덕을 베풀자 그 우두머리인 張漢(장한)은 무리를 이끌고 투항하였다. 노공이 장한을 상신하여 (樂安國) 博昌縣의 縣尉에 임명하자 나머지 잔당은 모두 평정되었고, 州郡은 안정되었다.

原文

永元九年, 徵拜議郎. 八月, 飮酎, 齋會章臺, 詔使小黃門特引恭前. 其夜拜侍中, 敕使陪乘, 勞問甚渥. 冬, 遷光祿勳, 選擧淸平, 京師貴戚莫能枉其正.

十三年, 代呂蓋爲司徒. 十五年, 從巡狩南陽, 除子撫爲郎中, 賜駙馬從駕. 時弟丕亦爲侍中. 兄弟父子並列朝廷. 後坐事策免. 殤帝卽位, 以恭爲長樂衛尉. 永初元年, 復代梁鮪爲司徒.

| 註釋 | ○(和帝) 永元九年 – 서기 97년. ○飮酎 – 종묘제사 후 醇酒(순주)를 마시다, 飮福. 酎는 진한 술 주. ○齋會章臺 – (낙양의 궁궐) 章臺에서 君臣이 모이다. ○勞問甚渥 – 勞問은 위로, 渥은 두터울 악. ○駙馬從駕 – 駙馬는 副馬, 副車, 駙馬都尉(질록 比二千石)와 관계없음. 從駕는 어

가를 수행하다. ㅇ殤帝即位 - 서기 105-106년. 和帝가 죽을 때 鄧皇后 소생의 아들이 없어 태어난 지 겨우 백일인 和帝의 다른 후궁 소생 劉隆(유륭)을 데려다가 즉위시키니, 이가 殤帝(상제, 短折不成曰 殤. 殤은 일찍 죽을 상) 이다. 중국 역사상 가장 어린 황제에, 가장 단명한 황제로 기록되었다. 鄧后는 황태후의 지위로 臨朝聽政했다. 1년이 안 되어 상제가 죽자 章帝의 손자 劉祜(유호, 당시 13세)를 和帝의 후사로 삼아 즉위시키니, 이가 安帝이다. 安帝 즉위 후, 鄧太后는 16년간 정사를 직접 처리하였다.

[國譯]

(和帝) 永元 9년(서기 97), (황제는 노공을) 불러 議郎을 제수했다. 8월 (종묘제사 후) 醇酒(순주)를 마시려 (낙양의 궁궐) 章臺에서 君臣이 모일 때, 조서로 小黃門을 시켜 노공을 특별히 앞자리로 나오게 하였다. 그날 밤 노공에게 시중을 제수하였고 황제를 모시고 수레에 陪乘(배승)케 하였으며 특별한 위로도 있었다. 겨울에 光祿 勳으로 승진하였는데, 인재 천거가 매우 청렴 공정하여 京師의 귀인이나 인척 그 누구도 노공의 공정한 인사를 헐뜯지 못했다.

(永元) 13년, 呂蓋(여개)의 후임으로 司徒(사도)가 되었다. 15년, 황제의 南陽郡를 순수에 수행하였고 아들 魯撫(노무)가 郎中이 되었으며, (노무에게) 낭관으로 수레를 타고 어가를 수행케 하였다. 그때 동생인 魯丕(노비) 역시 侍中이었다. 형제와 父子가 모두 조정에 출사했다. (노공은) 뒤에 다른 일로 면직되었다. 殤帝(상제)가 즉위 (105년) 하자, 노공은 長樂衛尉가 되었다. (안제) 永初 원년에 다시 梁鮪(양유)의 후임으로 다시 司徒가 되었다.

原文

初, 和帝末, 下令麥秋得案驗薄刑, 而州郡好以苛察爲政, 因此遂盛夏斷獄. 恭上疏諫曰,

「臣伏見詔書, 敬若天時, 憂念萬民, 爲崇和氣, 罪非殊死, 且勿案驗. 進柔良, 退貪殘, 奉時令. 所以助仁德, 順昊天, 致和氣, 利黎民者也.

舊制至立秋乃行薄刑, 自永元十五年以來, 改用孟夏, 而刺史, 太守不深惟憂民息事之原, 進良退殘之化, 因以盛夏徵召農人, 拘對考驗, 連滯無已. 司隷典司京師, 四方是則, 而近於春月分行諸部, 託言勞來貧人, 而無隱惻之實, 煩擾郡縣, 廉考非急, 逮捕一人, 罪延十數, 上逆時氣, 下傷農業. 案《易》五月〈姤〉用事. 經曰, '后以施令誥四方.' 言君以夏至之日, 施命令止四方行者, 所以助微陰也. 行者尙止之, 況於逮召考掠, 奪其時哉!」

| 註釋 | ○下令麥秋 – 麥秋는 보리가 익는 가을. ○得案驗薄刑 – 按驗은 심리하다. 薄刑(박형)은 輕罪, 輕犯罪. ○敬若天時 – 若은 順也. ○罪非殊死 – 殊死는 신체를 분리시키는 사형. 絞首刑보다 斷頭刑이 더 심한 형벌이다. ○改用孟夏 – 孟夏는 초여름. ○司隷典司京師 – 司隷는 司隷校尉, 여기서는 司隷校尉部. 前漢의 司隷校尉는 처음에 중앙관서에서 사역하는 노예를 감독하는 직책이었다. 前漢 武帝 征和 4년(前 89)에 京師지역, 곧 二輔〔京兆, 右扶風, 左馮翊(좌풍익)〕와 三河(河東郡 河南郡, 河內郡) 및 弘農郡 등 7郡의 관리를 규찰하고 범법자를 다스리는 임무를 수행하도

록 사예교위를 설치하였는데 13자사부와 같은 기능을 수행. 秩 二千石. 後漢의 司隷校尉는 질록 比二千石, 京師와 三輔의 백관, 외척, 제후, 태수를 규찰하고 1州(三輔 등 7郡)를 직접 감찰하여 그 권세가 당당했다. 司隷校尉, 御史中丞, 尙書令을 三獨坐라 호칭한다. 建武 元年에 광무제는 御史中丞(어사중승, 최고 감찰관), 司隷校尉(사예교위, 백관 규찰), 尙書令의 三官을 '三獨坐'라 호칭했는데, 이는 조회 시에 전용석에 혼자 앉는다는 뜻이다. 司隷校尉部의 치소는 洛陽. 東京을 司隷라고도 칭했다. 후한에서는 105개 郡을 사예교위부 등 13부 교위부에 소속시켜 지방을 관할 통제했다. ○《易》五月〈姤〉用事 - 〈姤〉는 괘명. 天(☰)風(☴)姤(천풍구). 姤는 만날 구(遇也), 柔가 剛을 만나다. 邂逅(해후)를 의미. 用事는 업무를 담당하다. 이는 〈姤〉卦 初六의 효사. 一陰이 생기는 五月의 卦이다. ○ '后以施令誥四方' - 명령을 시행해 본 뒤 사방을 다스리다. 이는 〈姤〉의 卦象을 설명한 글. 乾은 천자. 巽은 風으로 호령을 의미. 姤는 后, 后는 君과 通. ○所以助微陰也 - 微陰(미음)은 五月, 5월에 음기가 始生한다고 하였다.

[國譯]

그전에, 和帝 末에 명령하기를 麥秋(맥추)에도 薄刑(박형, 輕罪)을 심리할 수 있게 하였는데, 여러 州郡에서는 가혹한 법 집행만이 요체라 생각하여 점차 한여름에도 옥안을 처리하는 사례가 많았다. 魯恭(노공)은 이를 바로잡으려는 상서를 올렸다.

「臣이 삼가 조서를 읽어보면, 天時에 순응하며 백성을 생각하고 和氣를 숭상하도록 목을 베어 죽이는 형벌이 아니라면 형을 집행하지 못하게 하였습니다. 이는 선량한 백성을 돕고 탐혹 잔인한 자를 물리치며 時令을 따르라는 뜻입니다. 또한 仁德을 도와 하늘 뜻에 순응하고 和氣를 받아 백성을 이롭게 하려는 조치였습니다.

舊制에도 立秋가 되어야만 경범죄를 집행했는데, 永元 15년(서기 103) 이래로 孟夏(초여름)에도 집행하게 개정하자 刺史(자사)나 太守는 백성을 우려하고 업무를 줄이며, 우량한 자를 격려하고 잔인한 짓을 막으려는 교화의 본뜻을 알지 못하고, 한여름에 농민을 소환하여 대질하거나 심문하며 무한정 잡아두고 있습니다. 司隷校尉는 京師를 주관하기에 사방에서 그를 본받게 되는데, 최근에는 봄철에도 각 부서 관원을 내보내면서 말로는 가난한 백성을 돕는다 하지만 실제로는 그런 마음도 없이 군현의 업무만을 번잡하게 만들며, 긴급한 사안이 아닌데도 백성을 소환하여 한 명을 체포하면 수십 명이 연관되게 하여 위로는 和氣를 손상케 하고, 아래로는 백성의 농사를 방해합니다. 《易》에 의하면, 5월에는 〈姤卦(구괘)〉를 적용하는데, 그 경문에 '명령을 시행해 본 뒤 사방을 다스린다.'고 하였습니다. 이는 主君이 夏至 날 명령을 내려 사방의 여행자를 일시 금지시키는데, 이는 5월에 처음 생기는 음기를 돕는 뜻이었습니다. 여행하는 자도 이를 따라야 하거늘, 하물며 백성을 불러 조사하고 고문하며 농사철을 빼앗을 수 있겠습니까!」

原文

　「比年水旱傷稼, 人饑流冗. 今始夏, 百穀權輿, 陽氣胎養之時. 自三月以來, 陰寒不暖, 物當化變而不被和氣. 〈月令〉, '孟夏斷薄刑, 出輕繫. 行秋令則苦雨數來, 五穀不熟.' 又曰, '夏挺重囚, 益其食. 行秋令則草木零落, 人傷於疫'. 大斷薄刑者, 謂其輕罪已正, 不欲令久繫, 故時斷之也. 臣愚以爲今孟夏之制, 可從此令, 其決獄案考, 皆以立秋爲斷, 以順時節, 育成萬物, 則天地以和, 刑罰以淸矣.」

| 註釋 | ○傷稼 – 흉년이 들다. ○人饑流冗 – 떠다닐 용(散也). 冗은 속자. ○百穀權輿 – 權輿는 알을 배거나 이삭이 생기다. ○夏挺重囚 – 挺은 관대하게 대하다. 뺄 정. 重囚는 중죄인.

[國譯]

「근년에 水災와 旱害(한해)로 흉년이 들어 백성은 굶주려 유랑하고 있습니다. 지금 초여름이라서 온갖 곡식이 이삭이 배고 陽氣가 성장하는 시기입니다. 3월 이후로 날씨가 한랭하여 만물이 성장할 때인데도 온화한 기운을 받지 못하고 있습니다. 〈月令〉에 의하면, '孟夏에는 경범죄자를 출옥시켜야 한다. 만약 가을에 행할 형을 집행하면 장마가 계속되어 오곡이 익지 않는다.'고 하였습니다. 또 '여름에는 중죄인이라도 관대하게 대하며 음식을 더 줘야 한다. 형벌을 집행하면 초목이 시들거나 백성이 질병에 시달린다.'고 하였습니다. 경범죄자를 석방하는 것은 경죄가 이미 교화되었기에 오래 가두지 않으려는 뜻이기에 때맞춰 집행을 중단하는 것입니다. 臣의 어리석은 생각이지만 지금 孟夏에도 재판을 하는 제도를 고쳐 지금부터라도 큰 사안의 재판은 입추 이후로 집행하여 계절에 순응하며 만물을 성장케 한다면 천지의 기운이 和順하고 형벌은 보다 청명해 질 것입니다.」

初, 肅宗時, 斷獄皆以冬至之前, 自後論者互多駁異. 鄧太后詔公卿以下會議, 恭議奏曰,

「夫陰陽之氣, 相扶而行, 發動用事, 各有時節. 若不當其時, 則物隨而傷. 王者雖質文不同, 而茲道無變, 四時之政, 行之若一. 〈月令〉周世所造, 而所據皆夏之時也, 其變者爲正朔,服色,犧牲,徽號,器械而已. 故曰, '殷因於夏禮, 周因於殷禮, 所損益可知也'. 《易》曰, '龍勿用'. 言十一月,十二月陽氣潛藏, 未得用事. 雖煦嘘萬物, 養其根荄, 而猶盛陰在上, 地凍水冰, 陽氣否隔, 閉而成冬. 故曰, '履霜堅冰, 陰始凝也. 馴致其道, 至堅冰也'. 言五月微陰始起, 至十一月堅冰至也.

夫王者之作, 因時爲法. 孝章皇帝深惟古人之道, 助三正之微, 定律著令, 冀承天心, 順物性命, 以致時雍. 然從變改以來, 年歲不熟, 穀價常貴, 人不寧安. 小吏不與國同心者, 率入十一月得死罪賊, 不問曲直, 便卽格殺, 雖有疑罪, 不復讞正. 一夫吁嗟, 王道爲虧, 況於衆乎?《易》十一月 '君子以議獄緩死'. 可令疑罪使詳其法, 大辟之科, 盡冬月乃斷. 其立春在十二月中者, 勿以報囚如故事.」

後卒施行.

| 註釋 | ○駁異 – 서로 異論을 내세워 논박하다. 駁은 얼룩말 박. 論駁

하다. ○〈月令〉- 周公이 엮었다고 전해오는《禮記》의 편명. 1년 각각의 달에 시행할 政令과 관련 있는 사물의 활동 및 五行의 相生 체계 등을 기록하였다. 이는 戰國時代와 秦漢의 농업 생산 활동과 풍속과 정령을 알 수 있는 자료이다. ○其變者爲正朔,服色,犧牲,徽號,器械而已 - 正朔은 일 년의 시작. 왕조가 바뀌면 歲首를 달리해야 한다는 개념을 지금은 이해하기 어렵다. 服色은 숭상하는 색깔. 犧牲(희생)은 宗廟祭儀의 吉日. 徽號(휘호)는 깃발(旌旗)의 명칭. 器械는 악기나 무기의 이름. 夏에서는 흑색. 殷에서는 백색, 周에서는 적색을 숭상하였다. ○所損益可知也 -「子張問十世可知也. 子曰, "殷因於夏禮, 所損益, 可知也, 周因於殷禮, 所損益, 可知也. 其或繼周者, 雖百世, 可知也."《論語 爲政》. ○ '龍勿用' -《易》乾(☰, 上下)爲天, 〈乾卦〉初九의 爻辭. ○煦嘘萬物 - 煦는 따뜻하게 할 후. 嘘는 불허. ○根荄 - 뿌리. 荄는 풀뿌리 해. ○陽氣否隔 - 否隔(비격)은 막혀서 통하지 않다. ○履霜堅冰, ～至堅冰也 - 坤(☷, 上下) 爲地, 〈坤卦〉의 象辭. 馴致는 順治. ○助三正之微 - 三正은 天, 地, 人의 발단. 시초. ○不復讞正 - 讞正은 죄를 바르게 평결하다. 讞은 죄 의논할 언. ○一夫吁嗟 - 吁嗟는 탄식하다. 吁는 탄식할 우. 嗟는 탄식할 차. ○ '君子以議獄緩死' -《易》, 風(☴)澤(☱)中孚, 〈中孚卦(중부괘)〉의 象辭. '澤上有風中孚 君子以議獄緩死.' 군자는 이로써 옥사를 논의하여 사형을 緩和한다. ○大辟之科 - 大辟은 死刑.

[國譯]

그전에, 肅宗(章帝) 때 범죄 모두 冬至 이전에 판결이 났는데 그 이후로 논자들이 서로 異論을 내세워 논박하였다. 鄧(등) 太后는 조서로 公卿 이하 모두가 모여 논의하게 하였는데, 魯恭(노공)이 의견을 주청하였다.

「대저 陰陽의 氣는 서로 보완하며 운행하는데 음양에 따른 적용도 계절에 따라 다릅니다. 만약 (음양의 氣가) 계절에 맞지 않다면 그에 상응하여 만물이 傷害를 당합니다. 王者일지라도 바탕이나 문채의 정도가 다르지만 음양의 道가 바뀌지 않기에 사계절의 정령은 하나처럼 비슷합니다. 〈月令〉은 周代에 성립되었는데 그 근거는 夏代에 바탕을 두고 있으며, 바뀐 것은 正朔(정삭)과 服色, 犧牲(희생)과 徽號(휘호, 깃발), 器械(악기나 兵器) 뿐입니다. 그래서 '殷禮는 夏禮에 바탕을 두었고, 周禮는 殷禮에 바탕을 두었기에 그 損益(손익)을 알 수 있다고 하였습니다. 《易》에서 '潛龍(잠룡)은 일을 주관할 수 없다.' 고 하였습니다. 이는 11월과 12월에는 陽氣가 아직은 나타나지 않기에 작용할 수 없다고 하였습니다. 만물이 따뜻한 기운을 받고 뿌리를 자라게 하더라도 위에 있는 陰氣가 성하기에 땅과 물이 얼어 있고, 陽氣는 막혀서 통하지 않기에 겨울이 되는 것입니다. 그래서 '서리가 내리고 얼음이 얼기 시작하는 것은 陰氣의 응결이다. 그 陰道를 그대로 따르면 바로 단단한 얼음이 된다.' 고 하였습니다. 이는 5월의 미약한 음기가 11월에 이르러 단단한 얼음(음기의 극성)이 되는 것입니다.

王者의 興起하면 계절에 따라 법령을 제정합니다. 孝章皇帝께서는 古人의 道를 잘 깨달았기에 天, 地, 人道의 발단에 상응하도록 律令을 제정하여 天心에 순응하고 만물의 性命에 따라 계절에 맞춰 번성하기를 기대하였습니다. 그러나 그간의 변혁 이후로 풍년이 들지 않아 穀價가 늘 비쌌기에 백성이 편안치 못했습니다. 小吏는 황제의 뜻을 알지 못하고 11월이 되면 사형에 해당하는 죄수를 모두 不問曲直하고 바로 처형하였기에 비록 죄상에 의혹이 있더라도 다시 바로 평결할 기회조차 없었습니다. 백성 한 사람의 원한에도 王道가

훼손되거늘, 하물며 많은 백성이라면 어떠하겠습니까?《易》에도 11
월에 '군자는 이로써 옥사를 논의하여 사형을 완화한다.'고 하였습
니다. 이에 다시 명령하여 의혹이 있는 죄는 그 법 적용을 상세히 검
토하되 死刑 罪目이라도 겨울 끝나기 전에 판결하는 것을 중지해야
합니다. 立春이 12월에 있는 해라면 죄수를 전례에 따라 처형을 청
구하지 않게 해야 합니다.」

이 건의는 나중에야 시행되었다.

原文

恭再在公位, 選辟高第, 至列卿郡守者數十人. 而其耆舊
大姓, 或不蒙薦擧, 至有怨望者. 恭聞之, 曰, "學之不講, 是
吾憂也. 諸生不有鄕擧者乎?"終無所言. 恭性謙退, 奏議依
經, 潛有補益, 然終不自顯, 故不以剛直爲稱. 三年, 以老病
策罷. 六年, 年八十一, 卒於家.

以兩子爲郞. 長子謙, 爲隴西太守, 有名績. 謙子旭, 官至
太僕, 從獻帝西入關, 與司徒王允同謀共誅董卓. 及李催入
長安, 旭與允俱遇害.

| 註釋 | ○學之不講, 是吾憂也 – 講은 익히다. 習也.「子曰, "德之不脩,
學之不講, 聞義不能徙, 不善不能改, 是吾憂也."」《論語 述而》. ○諸生不有
鄕擧者乎 – 諸生은 太學의 학생, 前漢에서는 博士弟子, 後漢에서는 諸生
또는 太學生이라 불렀다. 태학생이었으니 鄕에서 천거하지 않았겠는가?
꼭 三公의 천거를 받아야 하는가? ○六年 – 安帝 永初 6년(서기 112). ○司

徒王允 - 董卓(동탁)을 척살하였지만 名士 蔡邕(채옹)도 죽여 민심을 잃었다. 동탁 잔당에게 왕윤은 피살되었고 關中은 대 혼란에 빠졌다. 《三國演義》에서는 貂蟬(초선)의 義父, 초선은 呂布와 동탁의 反目을 유발, 呂布가 동탁을 살해. 초선은 소설 속의 가공인물, 36計 중 美人計와 連環計의 대표적 사례. ○董卓 - 72권, 〈董卓列傳〉에 입전. ○李傕入長安 - 李傕(이각), 郭汜(곽사) 등은 모두 동탁의 부장. 李傕(이각)은 동탁이 피살된 뒤, 謀士 賈詡(가후, 147 - 223)의 방책에 따라 동료 郭汜(곽사) 등과 합작, 獻帝 初平 3년(서기 192), 長安에 들어와 獻帝를 협박하여 4년간 정치를 독단했다. 이각 일당은 내분으로 약해진 뒤에 曹操에게 패망했다.

[國譯]

魯恭(노공)은 두 번 三公의 자리에 올랐는데 賢才를 추천하거나 추천받아 列卿이나 郡守로 발탁된 사람이 수십 명이었다. 그중 오래된 大姓이나 천거의 혜택을 받지 못하여 원망하는 자도 있었다. 노공도 이를 알고 있어 "배우고도 익히지 않는 것은 나의 걱정거리이다. 鄉에서 천거를 받지 못한 諸生이 남아 있는가?" 라고 말하고는 끝내 다른 말이 없었다.

노공은 겸손, 양보하는 성격이었고 상주하는 내용은 모두 경전에 근거를 두었으며, 보이지 않게 보필하면서 끝내 자신을 드러내지 않았기에 강직하다는 칭송은 없었다. (安帝 永初) 3년에, 노환으로 사직했다. 6년(서기 112)에, 81세로 집에서 죽었다.

두 아들은 모두 낭관이 되었다. 長子인 魯謙(노겸)은 隴西太守였는데 치적으로 유명했다. 노겸의 아들 魯旭(노욱)의 관직은 太僕에 이르렀는데, 獻帝를 수행하여 關中에 들어갔다가 司徒 王允(왕윤)과 함께 모의하여 董卓(동탁)을 주살하였다. 李傕(이각) 등이 長安에 침입하여 노욱과 왕윤은 모두 살해당했다.

❸ 魯丕

原文

丕字叔陵, 性沈深好學, 孳孳不倦, 遂杜絕交遊, 不答候問
之禮. 士友常以此短之, 而丕欣然自得. 遂兼通《五經》, 以
《魯詩》,《尙書》敎授, 爲當世名儒. 後歸郡, 爲督郵功曹, 所
事之將, 無不師友待之.

建初元年, 肅宗詔擧賢良方正, 大司農劉寬擧丕. 時對策
者百有餘人, 唯丕在高第, 除爲議郎, 遷新野令. 視事期年,
州課第一, 擢拜靑州刺史. 務在表賢明, 愼刑罰. 七年, 坐事
下獄司寇論.

元和元年徵, 再遷, 拜趙相. 門生就學者常百餘人, 關東
號之曰 '《五經》復興魯叔陵.' 趙王商嘗欲避疾, 便時移住
學官, 丕止不聽. 王乃上疏自信, 詔書下丕.

丕奏曰,「臣聞《禮》, 諸侯薨於路寢, 大夫卒於嫡室, 死生
有命, 未有逃避之典也. 學官傳五帝之道, 修先王禮樂敎化
之處, 王欲廢塞以廣遊宴, 事不可聽.」

詔從丕言, 王以此憚之. 其後帝巡狩之趙, 特被引見, 難
問經傳, 厚加賞賜. 在職六年, 嘉瑞屢降, 吏人重之.

| 註釋 | ○朰字叔陵 – 魯朰는 魯恭의 아우, 右扶風人. ○孳孳不倦 – 孳孳는 부지런한 모양(孜孜). 孳 부지런할 자, 나을 자(번식하다). 倦은 게으를 권. ○遷新野令 – 新野는 南陽郡의 縣名. 今 河南省 南陽市 관할 新野縣. ○擢拜靑州刺史 – 擢는 뽑을 탁. 발탁하다. 靑州 자사 치소는 齊國 臨淄縣, 今 山東省 淄博市 臨淄區. 齊南國, 平原郡, 樂安國, 北海國, 東萊郡, 齊國을 관할. ○司寇論 – 司寇는 2년간 변경 城에서 적을 감시하는 형벌. 論은 논죄하여 형벌을 정하다. ○元和元年徵 – 章帝의 연호, 서기 84 – 86년. ○諸侯薨於路寢 – 路寢은 제후나 王의 正殿. 路殿, ○大夫卒於嫡室 – 嫡室은 正室, 本妻.

[國譯]

魯朰(노비)의 字는 叔陵(숙릉)으로 본성이 침착하고 호학하여 부지런히 학문에 힘썼는데 교우관계도 끊어버리고 知人에 答訪도 하지 않았다. 노비의 士友는 늘 이 때문에 나쁘다고 하였지만, 노비는 기꺼이 스스로 즐겼다. 마침내《五經》에 두루 통하여《魯詩》나《尙書》를 가르쳐 당세의 名儒가 되었다. 고향 군에 돌아와 督郵(독우)와 功曹가 되었는데, 노비가 섬기는 장수는 누구나 노비를 師友로 대우하였다.

(章帝) 建初 元年(서기 76), 肅宗(章帝)은 조서를 내려 賢良方正한 인재를 천거케 하였는데, 大司農인 劉寬(유관)이 노비를 천거하였다. 그때 對策에 응한 자가 백여 명이었는데 노비만이 상급으로 뽑혀 議郎을 제수 받았다가 (南陽郡의) 新野 현령이 되었다. 1년간 재직하며 업무 考課가 州에서 제일이라서 靑州刺史로 발탁되었다. 노비는 인재를 발탁하여 등용하는데 힘썼고 형벌에 신중하였다. (建初) 7년에, 법을 어겨 하옥되었고 2년간 변경에서 감시하는 형을 받

왔다.

(章帝) 元和 원년에, 황제의 부름을 받아 승진하여 趙國의 相이 되었다. 門生과 就學者가 늘 백여 명이 되었기에 관동 지역에서는 노비를 '魯叔陵(魯丕)이《五經》을 다시 흥하게 했다.'고 말했다. 趙王 劉商(유상)은 자신이 질병을 피하려 한다며 수시로 學官에 와서 생활하였으나 노비는 못하게 하면서 따르지 않았다. 이에 趙王의 뜻을 상소하였고 조서가 노비에게 내려왔다.

이에 노비가 상주하였다.

「臣이 알기로는, 《禮》에 諸侯는 路寢(正殿)에서 죽고, 大夫는 嫡室(正室)에서 죽는다고 하였습니다. 死生이 有命하기에 逃避(도피)한다는 글은 없습니다. 學官은 五帝의 道를 傳受하고 先王의 禮樂과 敎化를 연수하는 곳이나 趙王은 학관을 없애 놀이터를 늘리려 하니 따를 수 없습니다.」

조서는 노비의 상소를 들어주었기에 趙王은 노비를 꺼리고 싫어했다.

그 뒤에 章帝가 趙國을 巡狩(순수)할 때 노비를 특별히 불러 經書의 난해한 뜻을 물었고 많은 상을 내리었다. 6년간 재직하면서 상서로운 일이 여러 번 있어 관리나 백성의 존경을 받았다.

原文

永元二年, 遷東郡太守. 丕在二郡, 爲人修通漑灌, 百姓 殷富. 數薦達幽隱名士. 明年, 拜陳留太守. 視事三期, 後坐 稟貧人不實, 徵司寇論.

十一年復徵, 再遷中散大夫. 時, 侍中賈逵薦丕道藝深明, 宜見任用. 和帝因朝會, 召見諸儒, 丕與侍中賈逵,尙書令黃香等相難數事, 帝善丕說, 罷朝, 特賜冠幘履襪衣一襲.

丕因上疏曰,

「臣以愚頑, 顯備大位, 犬馬氣衰, 猥得進見, 論難於前, 無所甄明, 衣服之賜, 誠爲優過. 臣聞說經者, 傳先師之言, 非從己出, 不得相讓, 相讓則道不明, 若規矩權衡之不可枉也. 難者必明其據, 說者務立其義, 浮華無用之言不陳於前, 故精思不勞而道術愈章. 法異者, 各令自說師法, 博觀其義. 覽詩人之旨意, 察〈雅〉,〈頌〉之終始, 明舜,禹,皐陶之相戒, 顯周公,箕子之所陳, 觀乎人文, 化成天下. 陛下旣廣納眘眘以開四聰, 無令芻蕘以言得罪, 旣顯巖穴以求仁賢, 無使幽遠獨有遺失.」

十三年, 遷爲侍中, 免. 永初二年, 詔公卿擧儒術篤學者, 大將軍鄧騭擧丕, 再遷, 復爲侍中,左中郎將, 再爲三老. 五年, 年七十五, 卒於官.

| 註釋 | ○(和帝) 永元二年 – 서기 92년. ○視事三期 – 삼 년. 期는 일 년. 期는 돌 기. ○中散大夫 – 中散大夫는 질록 比二千石이었고, 정원은 30명. ○侍中賈逵(가규) – 36권, 〈鄭范陳賈張列傳〉에 입전. 逵는 한길 규. ○冠幘履襪 – 冠은 갓 관. 머리 맨 위에 착용. 幘는 머리 싸개 책. 履는 신 반 리. 襪는 버선 말 襪과 同. ○無所甄明 – 甄明은 명확히 밝히다. 甄 질 그릇 견. 밝다(明也). ○若規矩權衡~ – 規는 圓, 矩는 직각. 權은 저울 추.

衡은 저울. ○旣廣納謇謇以開四聰 - 謇謇은 충성되고 곧은 모양. 곧을 건, 말 더듬거릴 건. 四聰은 사방에서 듣다. 많은 여론을 참고하다. ○芻蕘(추요) - 나무꾼. 芻는 꼴 추, 베어 묶은 풀. 蕘는 풋나무 요.

[國譯]

(和帝) 永元 2년, 東郡太守로 승진했다. 魯丕(노비)는 2개 군에 재직하면서 백성을 위해 관개사업을 일으켜 백성을 부유하게 했다. 여러 번 은거하는 명사를 천거했다. 다음 해 陳留 太守가 되었다. 3년간 재직했지만 나중에는 빈민에 대한 보고가 부실하다는 죄로 소환되어 司寇(사구)형을 받았다.

(永元) 11년(서기 99), 다시 조정의 부름을 받고 2차례 승진으로 中散大夫가 되었다. 그때는 侍中이 賈逵(가규)가, 노비가 유학에 밝으니 높이 등용해야 한다고 천거하였다. 和帝는 朝會하며 여러 유생을 알현했고, 노비와 侍中인 賈逵(가규), 그리고 尙書令 黃香(황향) 등과 여러 번 논쟁을 하였는데 和帝는 노비의 주장이 옳다 하여 조회를 마친 뒤 특별히 冠과 幘(머리 싸개 책), 신발과 버선 등 의복 한 벌을 하사하였다. 이에 노비가 상소하였다.

「臣은 우둔한데도 높은 자리에 올랐고, 기력이 쇠약한 신하인데도 외람되이 승진하였으며, 어전에서 토론에서 특별히 명백한 새 주장도 없는데 이렇듯 의복을 하사받았으니 폐하의 두터운 은택이 끝이 없습니다. 臣이 알기로, 經論은 先師의 말씀을 전달하는 것이고 자신의 말을 하는 것이 아니기에 서로 양보할 수 없으며 양보한다면 大道가 不明할 것인데, 이는 規矩(규거)나 權衡(권형)을 바꿀 수 없는 것과 같습니다. 질의를 하는 자도 반드시 근거가 있어야 하고 답변하는 자 또한 그 주장을 명확히 밝혀야지 공연히 浮華無用한 말을 어전에서 늘어놓지 않는다면 심원한 사려 없이도 道術은 더욱 명확할 것입니다. 스승으로부터 배운 것이 다르다면 각자 스승의 학설을 말하여 각 주장의 대의를 넓게 볼 수 있어야 합니다. 詩를 읊은 본뜻을 징험해보고 (《詩經》의) 〈雅〉나 〈頌〉의 시작과 끝을 살펴야 하며, 舜과 禹, 皐陶(고요)의 가르침을 명확히 하고, 周公과 箕子(기자) 설명으로 지금의 人文을 관찰한다면 천하가 크게 교화될 것입니다.

폐하께서는 온 천하의 충직한 말을 널리 받아들이시고 나무꾼 같은 미천한 백성의 말이라도 벌하지 않아야 합니다, 또 암혈에 숨어 있는 은자를 발탁하고 널리 인재를 구한다면 먼 지방의 인재도 버려지지 않을 것입니다.」

(永元) 13년, 侍中으로 승진했다가 면직되었다. (安帝) 永初 2년에, 공경에게 조서를 내려 유학에 밝고 학식이 돈독한 자를 천거케 하였는데 大將軍 鄧騭(등줄)이 노비를 천거하였고, 두 번 승진하여 다시 侍中과 左中郎將을 역임하였으며 두 번 三老가 되었다.

(安帝 永初) 5년(서기 111)에, 나이 75세로 관직을 가진 채 죽었다.

❹ 魏霸

┃原文

魏霸字喬卿, 濟陰句陽人也. 世有禮義. 霸少喪親, 兄弟同居, 州里慕其雍和.

建初中, 擧孝廉, 八遷, 和帝時爲鉅鹿太守. 以簡樸寬恕爲政. 掾史有過, 霸先誨其失, 不改者乃罷之. 吏或相毀訴, 霸輒稱它吏之長, 終不及人短, 言者懷慚, 譖訟遂息.

永元十六年, 徵拜將作大匠. 明年, 和帝崩, 典作順陵. 時盛冬地凍, 中使督促, 數罰縣吏以屬霸. 霸撫循而已, 初不切責, 而反勞之曰, "令諸卿被辱, 大匠過也." 吏皆懷恩, 力作倍功.

延平元年, 代尹勤爲太常. 明年, 以病致仕, 爲光祿大夫. 永初五年, 拜長樂衛尉, 以病乞身, 復爲光祿大夫, 卒於官.

| 註釋 | ○濟陰句陽 − 濟陰은 군명. 治所 定陶縣. 今 山東省 서남부 菏澤市 定陶區. 前漢에서는 定陶國. 句陽은 현명. 今 山東省 서남부 菏澤市 북쪽. ○(和帝) 永元十六年 − 서기 104년. ○將作大匠 − 궁궐과 능묘 건축 책임자. 질록 2천석.

[國譯]

魏霸(위패)의 字는 喬卿(교경)으로, 濟陰郡 句陽縣 사람이다. 대대로 예의를 지켜왔다. 위패는 어려 부모를 잃고 형제가 동거하였는데 고을에서는 그 화목을 칭송하였다.

(章帝) 建初 연간에, 孝廉(효렴)으로 천거되었고 8차례 승진하여 和帝 때 鉅鹿(거록) 태수가 되었다. 위패는 간결, 질박, 관용, 용서로 백성을 다스렸다. 掾史(掾吏 연리)들이 과오를 저지르면 위패는 먼저 그 잘못을 타이르고 고치지 않으면 파면하였다. 관리들이 혹 서로 헐뜯거나 참소하면 위패는 매번 다른 관리의 장점을 칭송하고 결코

누구의 단점도 말하지 않았기에 헐뜯은 자는 부끄럽게 생각하여 참소나 소송은 마침내 사라졌다.

(和帝) 永元 16년(서기 104), 조정에서는 위패를 將作大匠(장작대장)에 임명하였다. 다음 해 화제가 붕어하였기에 順陵(순릉) 공사를 감독하였다. 때는 한겨울이라 땅이 얼었는데 궁중에서 보낸 사자(환곤)은 독촉하면서 여러 번 현에서 출장 나온 관리를 벌하여 위패를 독려했다. 위패는 달래기만 하면서 처음부터 심히 책망하지 않았는데, 나중에는 도리어 담당자들을 위로하며 "여러분이 욕보는 것이 모두 내 잘못입니다."라고 말했다. 이에 관리들은 모두 고마워하며 힘써 두 배로 일을 하였다.

(殤帝) 延平 원년(서기 106), 尹勤(윤근)의 후임으로 太常이 되었다. 다음 해 병으로 관직을 사임하였지만 光祿大夫가 되었다. (安帝) 永初 5년(서기 111년), 長樂 衛尉가 되었는데 병으로 사임하려 하자 다시 光祿大夫가 되었다가 관직에 있으면서 죽었다.

❺ 劉寬

原文

　劉寬字文饒, 弘農華陰人也. 父崎, 順帝時爲司徒. 寬嘗行, 有人失牛者, 乃就寬車中認之. 寬無所言, 下駕步歸. 有頃, 認者得牛而送還, 叩頭謝曰, "慚負長者, 隨所刑罪." 寬曰, "物有相類, 事容脫誤, 幸勞見歸, 何爲謝之?" 州里 服其不校.

| 註釋 | ○劉寬(유관, 120-185년). ○弘農華陰人也 - 弘農은 郡名. 治所 弘農縣, 今 河南省 서쪽 三門峽市 관할 靈寶市. 華陰은 현명. 今 陝西省 남 동부 渭南市 관할 華陰市(今 山西省 河南省과 접경). ○順帝時爲司徒 - 順帝 재위 서기 126-144년. 司徒는 大司徒. 前漢의 승상. ○服其不校 - 服은 탄복하다. 校는 갚을 교. 報也.

[國譯]

劉寬(유관)의 字는 文饒(문요)로 弘農郡 華陰縣 사람이다. 부친 劉崎(유기)는 順帝 때 司徒를 역임했다. 어느 날 유관이 길을 가는데 소를 잃어버린 어떤 사람이 유관의 수레에 매인 소를 자기 소라고 하였다. 유관은 아무 말 없이 수레에서 내려 걸어 돌아왔다. 얼마 후, 그 사람이 소를 찾았다며 소를 끌고 와서 머리를 숙여 사죄하였다. "어른께 부끄러운 짓을 하였으니 어떤 벌도 받겠습니다."

이에 유관이 말했다. "짐승이란 게 서로 비슷하니 잘못 볼 수도 있고, 다행히 소가 돌아왔거늘 왜 사죄를 하는가?"

향리에서는 되갚지 않은 유관의 관용에 감복하였다.

原文

桓帝時, 大將軍辟, 五遷司徒長史. 時, 京師地震, 特見詢問. 再遷, 出爲東海相. 延熹八年, 徵拜尙書令, 遷南陽太守. 典歷三郡, 溫仁多恕, 雖在倉卒, 未嘗疾言遽色. 常以爲

'齊之以刑, 民免而無恥'. 吏人有過, 但用蒲鞭罰之, 示辱而已, 終不加苦. 事有功善, 推之自下. 災異或見, 引躬克責. 每行縣止息亭傳, 輒引學官祭酒及處士諸生執經對講. 見父老慰以農里之言, 少年勉以孝悌之訓. 人感德興行, 日有所化.

靈帝初, 徵拜太中大夫, 傳講華光殿. 遷侍中, 賜衣一襲. 轉屯騎校尉, 遷宗正, 轉光祿勳. 熹平五年, 代許訓爲太尉. 靈帝頗好學藝, 每引見寬, 常令講經. 寬嘗於坐被酒睡伏. 帝問, "太尉醉邪?" 寬仰對曰, "臣不敢醉, 但任重責大, 憂心如醉." 帝重其言.

| 註釋 | ㅇ桓帝 - 재위 147 - 167년. ㅇ司徒長史 - 長史는 司徒(丞相), 太尉, 公, 將軍, 太守의 속관, 태수의 속관은 군사에 관한 일 담당. 질록 6백석~1천석. ㅇ東海相 - 동해군을 한때 동해국으로 축소 개편. 동해군의 치소는 郯縣(담현), 今 山東省 남부 臨沂市(임기시) 관할 郯城縣(담성현). ㅇ(桓帝) 延熹八年 - 서기 165년. ㅇ尙書令 - 尙書令은 九卿의 하나인 少府의 속관. 국가 기밀문서의 上奏를 담당, 황제의 측근. 武帝 때는 宦者(환자)가 담당, 成帝 때 일반 관료가 담당. 후한에서는 권력 중추기구인 尙書臺(상서대)의 책임자. 秩祿 1千石. ㅇ'齊之以刑, 民免而無恥' - 《論語 爲政》. ㅇ但用蒲鞭罰之 - 蒲鞭(포편)은 때려도 아프지 않은 부들 가지의 회초리. ㅇ靈帝初 - 靈帝 재위 168 - 188년. ㅇ太中大夫 - 光祿勳의 屬官, 大夫는 정사에 대한 의론을 담당. 황제의 근신, 총신, 귀척으로 충임. 정원 없음, 많을 때는 수십 명이나 되었다. 太中大夫는 질록이 一千石. ㅇ遷侍中 - 侍中은 少府의 속관, 황제의 近侍官, 질록 比二千石. 無定員. 황제 주

변에서 늘 시중들며 매사 진행을 주관 고문 응대가 주요 역할, 어가가 출행 시 가장 유식한 시중의 황제를 모시고 참승. 시중 아래 中常侍는 질록 千石(환관이 담당. 뒤에 비二千石으로 증액). 중상시는 황제의 내궁까지 수행하기에 시중보다 황제와 더 가까웠다. 前漢에서 侍中은 정식 관직이 아니고 加官의 직명이었다. 後漢에서는 지위가 크게 상승하여 질록 比二千石의 實職으로 황제의 심복이었다. 中常侍, 黃門侍郞, 黃門郞 등 환관을 지휘 통솔. ○(靈帝) 熹平五年 – 서기 176년.

[國譯]

桓帝 때, 大將軍의 부름을 받았고 이후 5차례나 자리를 옮겨 司徒長史가 되었다. 그때 京師에 지진이 나자 환제가 특별히 불러 자문을 구했다. 다시 자리를 옮겨 東海國 相으로 나갔다. 延熹(연희) 8년(165년), 조정에 들어와 尙書令이 되었다가 南陽太守로 승진했다. 3개 군 태수를 역임하며 인자 온후하여 아무리 긴급한 상황이라도 화를 내거나 표정을 짓지 않았다. 늘 '형벌로 다스리면 백성이 빠져나가고도 부끄러워하지도 않는다.'고 생각하였다. 관리가 과오를 저지르면 겨우 부들 회초리로 때려 욕을 보일지언정 결코 고통을 가하지는 않았다. 훌륭한 업적이 있으면 부하의 공으로 돌렸다. 혹 재해를 당할 경우 자신의 책임으로 돌렸다. 관내 현을 순행할 경우에 현에서 가까운 亭에서 쉬면서 學官의 祭酒(제주, 박사)나 處士(在家 學者)나 諸生(太學生)을 불러 경전을 강론하였다. 父老를 만나면 농가의 말로 위로하였고 젊은이에게는 힘써 효도하라고 가르쳤다. 백성은 그의 덕행에 감화되어 행실이 바르게 되었고 점차 교화되었다.

靈帝 초기에, 조정에 들어가 太中大夫가 되었고 華光殿에서 시강을 하였다. 侍中으로 승진하고 의복 한 벌을 하사받았다. 屯騎校尉

로 전근했다가 종정이 되었고 다시 光祿勳으로 전직했다. (靈帝) 熹
平 5년, 許訓(허훈)의 후임으로 太尉가 되었다. 靈帝는 學藝를 매우
좋아하여 늘 유관을 불러 경전을 강의케 하였다. 한번은 유관이 술
에 취해 자리에 엎드려 있자, 영제가 물었다. "太尉는 취하셨는가?"
그러자 유관이 올려다보며 말했다.

"臣이 감히 취할 수 없지만 다만 책임이 중대하여 걱정 때문에 취
한 것 같습니다."

靈帝는 그의 말을 늘 사실이라 생각하였다.

寬簡略嗜酒, 不好盥浴, 京師以爲諺. 嘗坐客, 遣蒼頭市
酒, 迂久, 大醉而還. 客不堪之, 罵曰, "畜産." 寬須臾遣人
視奴, 疑必自殺. 顧左右曰, "此人也, 罵言畜産, 辱熟甚焉!
故吾懼其死也." 夫人慾試寬令恚, 伺當朝會, 裝嚴已訖, 使
侍婢奉肉羹, 翻汙朝衣. 婢遽收之, 寬神色不異, 乃徐言曰,
"羹爛汝手?" 其性度如此. 海內稱爲長者.

後以日食策免. 拜衛尉. 光和二年, 復代段潁爲太尉. 在
職三年, 以日變免. 又拜永樂少府, 遷光祿勳. 以先策黃巾
逆謀, 以事上聞, 封逯鄉侯六百戶. 中平二年卒, 時年六十
六. 贈車騎將軍印綬, 位特進, 謚曰昭烈侯. 子松嗣, 官至宗
正.

| 註釋 | ○盥浴 – 세수와 목욕. 盥은 세숫대야 관. 씻다. ○京師以爲諺
– 諺은 속언, 상말. ○遣蒼頭市酒 – 蒼頭는 하인, 노비. ○迂久 – 한참 있
다가. 迂는 멀 우. ○畜産 – 짐승 같은 놈. ○裝嚴已訖 – 치장을 다 마치
다. 裝嚴은 치장, 꾸밈. 訖은 마칠 흘. ○(靈帝) 光和二年 – 서기 179년.
○逯鄕侯 – 逯은 록(녹). ○(靈帝) 中平二年 – 서기 185년. ○宗正 – 九卿
의 하나. 황족 관리 책임자, 劉氏로 임명. 諸王의 嫡庶와 序列. 宗親의 遠近
관계, 종실 후손의 호적 관리, 질록, 中二千石. 종실로 髠刑(곤형, 머리를 깎
는 형벌) 이상을 받은 자는 종정에게 보고되었다. 속관 丞 1인, 질록 比千
石. 여러 公主가의 家令(질록 6백석)도 宗正 소속이었다.

[國譯]

劉寬(유관)은 소탈한 성격에 술을 좋아했으나 씻기를 싫어했는데
이 때문에 경사에 속언이 만들어질 정도였다. 언젠가는 손님이 많이
와서 하인을 시켜 술을 사러 보냈는데 한참이 지나서 하인이 대취해
돌아왔다. 손님이 참지 못하고 "짐승 같은 놈"이라고 욕했다. 유관
은 곧 다른 하인을 시켜 그가 자살할지 모르니 지켜보라고 하였다.
그리고 손님에게 말했다. "그 사람에게 짐승 같다는 욕은 너무 심한
것이지요! 그래서 그 사람이 죽을지 모른다고 생각했습니다."

유관의 부인이 유관을 일부러 화나게 하려고 조회가 있는 날을 보
아 관복 치장을 다 마치자 婢女를 시켜 고깃국을 올리게 하여 일부
러 朝服에 쏟게 하였다. 비녀가 급히 수습을 하자 유관은 낯빛도 바
꾸지 않고 천천히 물었다. "국물에 손을 데지는 않았느냐?" 그의 심
성이 이와 같았다. 나라에서는 그를 長者라고 칭송하였다.

뒷날 日食에 대한 책임을 지고 물러났다. 다시 衛尉가 되었다.
(靈帝) 光和 2년에, 다시 段潁(단영)의 후임으로 太尉가 되었다. 在職

3년에, 일식으로 면직되었다. 다시 永樂少府가 되었다가 光祿勳으로 승진하였다. 이보다 앞서 黃巾賊의 역모가 있을 것이라 생각하여 靈帝에 보고했었고, 逯鄕侯(녹향후)가 되었고 식읍은 6百戶였다. (靈帝) 中平 2년(서기 185)에, 66세로 죽었다. 車騎將軍 인수와 特進 지위를 추증하고, 시호는 昭烈侯였다. 아들 劉松이 계승했는데 관직은 宗正에 이르렀다.

原文

贊曰, 卓,魯款款, 情慤德滿. 仁感昆蟲, 愛及胎卵. 寬,霸臨政, 亦稱優緩.

│註釋│ ○款款 – 충성스런 모양. 款은 정성 관. ○情慤德滿 – 慤은 삼갈 각.

[國譯]

贊曰,

卓茂와 魯恭은 아주 성실하며 은덕은 깊고도 후했다.

그 인덕은 곤충에게도, 애정은 날짐승에도 미쳤다.

劉寬과 魏霸(위패)는 治民에도 관대 온화하였다.

26 伏侯宋蔡馮趙牟韋列傳
〔복,후,송,채,풍,조,모,위열전〕

❶ 伏湛

原文

伏湛字惠公, 瑯邪東武人也. 九世祖勝, 字子賤, 所謂濟南伏生者也. 湛高祖父孺, 武帝時, 客授東武, 因家焉. 父理, 爲當世名儒, 以《詩》授成帝, 爲高密太傅, 別自名學.

湛性孝友, 少傳父業, 敎授數百人. 成帝時, 以父任爲博士弟子. 五遷, 至王莽時爲繡衣執法, 使督大姦, 遷後隊屬正.

註釋 ○伏湛字惠公 - 伏湛(복침. 伏沈, ?-37), 湛은 잠길 침. 맑을 잠, 깊을 잠. 즐길 탐(담). 후손 伏完의 딸이 獻帝의 伏皇后(재위 195-214), 《三國演義》에 나온다. ○瑯邪東武 - 瑯邪(낭야)는 군명. 치소는 開陽縣.

今 山東省 남부의 臨沂市. 東武縣은 今 山東省 동부 濰坊市 관할 諸城市. 東武城縣, 東武陽縣과는 다름. ○濟南伏生 – 《尙書》의 전수자. 이름은 勝(승). ○高密太傅 – 前漢의 현명, 국명(膠西郡을 개편. 高密國). 치소 高密縣. 후한에서는 廢國하여 高密縣. 今 山東省 중부 濰坊市 관할 高密市. ○別自名學 – 일가의 학설을 세우다. ○繡衣執法 – 전한 繡衣御使(수의어사, 황제 특명을 받은 불법자 단속 관리)를 왕망이 수의집법으로 개칭. ○後隊屬正 – (왕망 新朝에서) 河南太守의 개칭.

[國譯]

伏湛(복침. 伏沈, ?-37)의 字는 惠公(혜공)으로 琅邪郡(낭야군) 東武縣 사람이다. 九世祖인 伏勝(복승)의 字는 子賤(자천)으로 소위 濟南(제남)의 伏生(복생)이며, 복침의 고조부인 伏孺(복유)가 武帝 때 東武縣에서 客居하며 講學하다가 그대로 눌러 살았다. 부친인 伏理(복리)는 당세의 名儒로《詩》를 成帝에게 교수하였고 高密王의 太傅(태부)이었기에 《詩經》으로 일가의 학통을 세웠다. 복침은 천성이 효도와 우애가 돈독하였으며 젊어서 부친의 학업을 계승하여 수백 명을 교수하였다. 成帝 때, 부친의 보증으로 博士弟子가 되었다. 5차례 승진하여 王莽(왕망) 때 繡衣執法(수의집법, 前漢 繡衣御使)이 되어 범법자를 단속하였고 뒤에는 後隊屬正(河南太守)이 되었다.

原文

更始立, 以爲平原太守. 時倉卒兵起, 天下驚擾, 而湛獨晏然, 敎授不廢. 謂妻子曰, "夫一穀不登, 國君徹膳, 今民

皆饑, 奈何獨飽?” 乃共食麤糲, 悉分奉祿以賑鄕里, 來客者
百餘家. 時門下督素有氣力, 謀欲爲湛起兵, 湛惡其惑衆,
卽收斬之, 徇首城郭, 以示百姓, 於是吏人信向, 郡向以安.
平原一境, 湛所全也.

　光武卽位, 知湛名儒舊臣, 欲信幹任內職, 徵拜尙書, 使典
定舊制. 時, 大司徒鄧禹西征關中, 帝以湛才任宰相, 拜爲
司直, 行大司徒事. 車駕每出征伐, 常留鎭守, 總攝群司. 建
武三年, 遂代鄧禹爲大司徒, 封陽都侯.

| 註釋 | ○更始立 - 서기 23년. 景帝 아들로 長沙王이던 劉發의 子, 곧
春陵(용릉) 節侯 劉買(유매)의 玄孫이 劉秀(光武帝)이다. 유매의 또 다른 현
손이 更始帝인 劉玄(유현, 字 聖公, ? - 서기 25, 南陽郡 蔡陽縣人)이다. 劉秀와 劉
玄은 같은 항렬로 三從兄弟(삼종형제, 8촌)이다. 劉玄은 앞서 平林의 무리에
속해 있었다. 平林과 新市軍의 장수인 王常(왕상)과 朱鮪(주유) 등은 함께
劉玄을 황제로 옹립하였고, 유현은 연호를 更始(경시)라 했기에 보통 更始
帝라 칭하며 서기 23 - 25년 재위했다. 이를 역사에서는 玄漢(현한)이라 통
칭한다. 11권, 〈劉玄劉盆子列傳〉에 입전. ○平原太守 - 郡名. 治所 平原
縣, 今 山東省 북부 德州市 관할의 平原縣. ○國君徹膳 - 徹膳은 식사와
반찬 가짓수를 줄이다. 徹은 거둘 철. ○麤糲 - 거친 현미, 거친 음식. 麤
는 거칠 추. 粗와 通. 현미 추. 糲는 현미 려. 껍질만 벗긴 알곡. ○徇首城
郭 - 수급을 (여러 사람이 보도록) 성곽 안에 돌리다. 徇은 돌 순, 쫓을 순.
○大司徒鄧禹 - 鄧禹(등우, 서기 2 - 58), 南陽 新野人, 광무제와 가까웠고, 광
무제가 ‘蕭何(소하)처럼 믿을 수 있는 사람’ 이라고 생각했다. 後漢 개국에
크게 기여하였으며 ‘雲臺二十八將’ 의 첫째. 등우의 아들이 鄧訓, 등훈의

딸이 和帝의 황후인 鄧綏(등수). 蜀漢의 鄧艾(등애)는 먼 후손. 16권, 〈鄧寇列傳〉에 입전. 大司徒(사도)는 前漢의 丞相(승상). 司徒(사도)는 백성 교화와 통치의 최고 책임자. 국가의 제도를 마련하고 운영. 지방관의 치적 평가. 국가의 주요 제사를 총괄, 국상에서 梓宮 奉安, 광무제 때 大司徒라 칭했으나 建武 27년부터 大를 없애고 司徒라 호칭.

[國譯]

更始帝가 자립하자(서기 23년) 伏湛(복침)은 平原太守가 되었다. 그 시절 갑자기 각지서 起兵하며 천하가 소란하였지만 복침만은 홀로 평온하였고 강학을 폐하지도 않았다. 복침이 아내에게 말했다. "만약 한 계절 수확만 나빠도 國君은 반찬을 줄인다고 하는데, 지금 백성 모두가 굶주리는데 어찌 나만 배불리 먹을 수 있겠는가?" 그리고서는 다른 사람처럼 거친 현미를 먹으면서 奉祿을 모두 鄕里 사람과 외래객 1백여 가구에 나눠주었다. 그때 평소 집안일을 처리하는 힘 좋은 자가 복침을 위해 기병하려 했는데 복침은 사람을 선동하는 짓이 미워서 그를 바로잡아 처단한 뒤에 그 수급을 성곽에 돌려서 여러 사람이 보게 하자 관리나 백성이 모두 복침을 믿고 따르면서 평원군은 안정되었다. 복침은 평원군 전체를 안전하게 지켰다.

光武帝가 즉위한 뒤, 복침이 名儒이며 舊臣이기에 복침을 신임하며 내정을 맡기려 복침을 불러서 尙書를 제수하고 漢의 옛 법제를 정비케 하였다. 그때 大司徒인 鄧禹(등우)는 서쪽 關中 땅을 정벌하고 있었는데 광무제는 복침의 재능이 재상직을 맡길 수 있다 하여 (丞相)司直을 제수하고 大司徒 직무를 대행케 하였다. 광무제는 정벌을 나갈 때마다 복침에게 낙양을 진부하며 모든 임무를 총괄케 하

였다. 복침은 建武 3년(서기 27년)에, 마침내 등우의 후임으로 大司
徒가 되었고 陽都侯에 봉해졌다.

原文

時, 彭寵反於漁陽, 帝欲自征之, 湛上疏諫曰,

「臣聞文王受命而征伐五國, 必先詢之同姓, 然後謀於群
臣, 加占著龜, 以定行事, 故謀則成, 卜則吉, 戰則勝. 其
《詩》曰, '帝謂文王, 詢爾仇方, 同爾弟兄, 以爾鉤援, 與爾臨
衝, 以伐崇庸.' 崇國城守, 先退後伐, 所以重人命, 俟時而
動, 故參分天下而有其二.

陛下承大亂之極, 受命而帝, 興明祖宗, 出入四年, 而滅檀
鄕, 制五校, 降銅馬, 破赤眉, 誅鄧奉之屬, 不爲無功. 今京
師空匱, 資用不足, 未能服近而先事邊外. 且漁陽之地, 逼
接北狄, 黠虜困迫, 必求其助. 又今所過縣邑, 尤爲困乏. 種
麥之家, 多在城郭, 聞官兵將至, 當已收之矣. 大軍遠涉二
千餘里, 士馬罷勞, 轉糧艱阻. 今兗, 豫, 靑, 翼, 中國之都, 而
寇賊從橫, 未及從化. 漁陽以東, 本備邊塞, 地接外虜, 貢稅
微薄. 安平之時, 尙資內郡, 況今荒耗, 豈足先圖?

而陛下舍近務遠, 棄易求難, 四方疑怪, 百姓恐懼, 誠臣之
所惑也. 復願遠覽文王重兵博謀, 近思征伐前後之宜, 顧問
有司, 使極愚誠, 采其所長, 擇之聖慮, 以中土爲憂念.」

帝覽其奏, 竟不親征.

| 註釋 | ○彭寵反於漁陽 – 彭寵(팽총, ?-29년)은 新朝에서 후한 초기 武將, 漁陽태수로 建武 2년에 반기를 들었다. 漁陽郡 治所는 漁陽縣. 今 北京市 동북부 密雲區. ○征伐五國 – 文王은 殷王의 제후 西伯의 신분으로 犬夷(견이), 密須(밀수), 崇(숭) 등 5國을 정벌 중이었다. ○加占蓍龜 – 蓍龜는 점치다. 蓍는 시초 시. 龜는 거북 귀. 거북 점. ○其《詩》曰 –《詩經 大雅 皇矣》. ○詢爾仇方 – 詢은 물을 순. 같이 꾀하다. 爾는 너 이. 仇方은 우방국, 仇는 짝. 匹也. ○以爾鉤援 – 鉤援(구원)은 城에 오르는 사다리. ○以伐崇庸 – 庸은 城. ○俟時而動 – 때를 기다리다. 俟는 기다릴 사. ○滅檀鄕 – 檀鄕(단향)의 적을 멸하다. 다음의 五校, 銅馬, 赤眉, 鄧奉 등은 모두 왕망 말기 후한 초의 지방 할거세력. ○黠虜困迫 – 간교한 적. 반역자. 黠은 약을 힐. ○今兗,豫,青,翼 – 兗州(연주), 豫州, 青州, 翼州(익주) 등 지금의 河北省 남부, 河南省 동부, 山東省, 安徽省 북부.

[國譯]

그 무렵, 彭寵(팽총)이 漁陽郡에서 반기를 들었는데 광무제가 친히 정벌하려 하자 복침은 이를 간쟁하는 상소를 올렸다.

「臣이 알기로, 文王은 (殷王의) 명을 받아 5國을 정벌하면서 필히 먼저 同姓에게 물어본 연후에 群臣과 협의하고 蓍龜(시귀)로 점을 친 다음에 정벌을 결정하였는데 그러했기에 방책은 성공하였고 점을 치면 吉했으며 싸워서 승리했습니다. 《詩經》에서도 '天帝가 文王에게 이르되, 너의 이웃나라와 함께 협약하고, 너의 형제와 함께 동맹하며, 공격용 사다리를 준비하고 너의 衝車(충차)를 준비하여 崇(숭)의 城을 정벌하라.'고 하였습니다. 崇國이 성을 굳게 지키자 한

때 물러났다가 다시 정벌하였는데, 이는 人命을 중히 여긴 것이고 때를 기다렸다가 공격하였기에 천하를 삼분하여 그 둘을 차지하였습니다.

지금 폐하께서는 큰 혼란의 극점에서 천명을 받아 祖宗의 위업을 일으키시려고 4년이나 전장을 누비면서 檀鄕(단향)의 적도를 박멸하고 五校의 무리를 제압하였으며, 銅馬賊(동마적)을 물리치고 赤眉(적미)를 격파하였으며, 鄧奉(등봉)과 같은 무리를 죽여 매번 큰 공을 세우셨습니다. 그러나 지금 京師에는 군량이 없고 財用도 부족하여 가까운 곳의 적도를 평정하지 못한 상황에서 변방을 먼저 정벌코자 하십니다. 더구나 漁陽(어양)은 北狄(북적, 흉노)와 연접한 곳이기에 교활한 적도가 압박을 받으면 필히 흉노의 도움을 요청할 것입니다. 또 이번에 통과해야 할 여러 고을은 더욱 궁핍한 곳입니다. 그리고 보리농사를 짓는 농가는 모두 성안에 살고 있으며 官兵이 온다면 식량을 모두 거두어 감출 것입니다. 大軍은 2천여 리를 걸어가야 하니 병사와 군마가 모두 지치고 군량 수송은 더 어려울 것입니다. 지금 兗州(연주), 豫州, 靑州, 翼州(익주) 지역은 中國의 중심부이지만 아직도 도적떼가 횡행하면서 교화가 미치지 못하고 있습니다. 漁陽郡 동쪽은 본래 변방으로 외적과 연접한 지역이라서 여러 賦稅도 적은 지역입니다. 평온한 시기에도 오히려 內郡의 지원을 받아야하는데, 하물며 지금처럼 황폐한 시기에 어찌 미리 준비한 것이 있겠습니까?

지금 폐하께서는 가까운 곳의 일을 버려두고 변방의 일에 힘쓰고 쉽게 얻을 수 있는 것을 버리고 어려운 것을 구하려 애쓰시니 사방에서 모두 이상히 여기며 백성은 두려워하니, 이는 저로서도 정말 이해하기 어렵습니다. 다시 말씀드리지만, 옛 文王의 用兵 중시와

다각적인 방책 강구를 참고하시고 지금 정벌 전후의 여러 득실을 고려하시되, 담당자가 여러 의견을 충분히 피력케 하여 그중에서 가장 좋은 방책을 골라 폐하께서 결정하시되 中原을 중심으로 고려하시기 바랍니다.」

광무제는 상주문을 읽고서 결국 원정하지 않았다.

原文

時, 賊徐異卿等萬餘人據富平, 連攻之不下, 唯云, '願降司徒伏公'. 帝知湛爲靑, 徐所信向, 遣到平原, 異卿等即日歸降, 護送洛陽. 湛雖在倉卒, 造次必於文德, 以爲禮樂政化之首, 顚沛猶不可違. 是歲奏行鄕飮酒禮, 遂施行之.

| 註釋 | ○賊徐異卿等~據富平 – 徐異卿(서이경)은 獲索(획색) 무리의 우두머리. 富平은 平原郡의 현명. 後漢에서는 慶次縣으로 개칭, 今 山東省 북부 濱州市 관할 惠民縣. 北地郡의 치소 富平縣은 今 寧夏回族自治區 북부, 黃河 東岸의 吳忠市. ○信向 – 信服하다. ○倉卒, 造次必於文德 – 倉卒은 허둥대다. 경황이 없다. 造次는 별안간. 눈 깜빡할 사이. 造는 갑자기 조. ○顚沛(전패) – 엎어지고 자빠지다. 짧은 시간.

[國譯]

그 무렵, (獲索, 획색 무리의 우두머리인) 徐異卿(서이경) 등 1만여 명이 (平原郡의) 富平縣을 점거하고 있었는데 연일 공격에도 함락되지 않으면서, 다만 '司徒인 伏公에게 투항하고 싶다.' 고 하였다.

광무제는 복침에게 靑州, 徐州 백성이 信服한다는 사실을 알고 平原
郡에서 데려오자, 서이경 등은 그날로 투항하였고 낙양으로 호송되
었다. 복침은 아무리 경황이 없더라도 필히 文德으로 다스리고 禮樂
이 政敎의 첫째이며, 잠깐이라도 어길 수 없다고 믿었다. 이 해에 鄕
飮酒禮 실시를 상주하였고 마침내 시행하였다.

原文

其冬, 車駕征張步, 留湛居守. 時, 蒸祭高廟, 而河南尹, 司
隷校尉於廟中爭論, 湛不擧奏, 坐策免. 六年, 徙封不其侯,
邑三千六百戶, 遣就國. 後南陽太守杜詩上疏薦湛曰,

「臣聞唐,虞以股肱康, 文王以多士寧, 是故《詩》稱'濟濟',
《書》曰'良哉'. 臣詩竊見故大司徒陽都侯伏湛, 自行束脩,
訖無毀玷, 篤信好學, 守死善道, 經爲人師, 行爲儀表. 前在
河內朝歌及居平原, 吏人畏愛, 則而象之. 遭時反復, 不離
兵兇, 秉節持重, 有不可奪之志. 陛下深知其能, 顯以宰相
之重, 衆賢百姓, 仰望德義. 微過斥退, 久不復用, 有識所惜,
儒士痛心, 臣竊傷之. 湛容貌堂堂, 國之光輝, 智略謀慮, 朝
之淵藪. 鬢髮厲志, 白首不衰. 實足以先後王室, 名足以光
示遠人. 古者選擇諸侯以爲公卿, 是故四方回首, 仰望京師.
柱石之臣, 宜居輔弼, 出入禁門, 補缺拾遺. 臣詩愚戇, 不足
以知宰相之才, 竊懷區區, 敢不自竭. 臣前爲侍御史, 上封
事, 言湛公廉愛下, 好惡分明, 累世儒學, 素持名信, 經明行

修, 通達國政, 尤宜近侍, 納言左右, 舊制九州五尙書, 令一
郡二人, 可以湛代. 頗爲執事所非. 但臣詩蒙恩深渥, 所言
誠有益於國, 雖死無恨, 故復越職觸冒以聞.」

| 註釋 | ㅇ車駕征張步 - 車駕는 황제의 御駕. 황제를 지칭. 張步(장보, ?
-32)는 新朝에서 建武 8년 사이, 東部 바닷가의 軍閥(군벌). 한때 천자를 자
칭한 劉永이 張步를 齊王에 봉했다. 12권,〈王劉張李彭盧列傳〉立傳. ㅇ蒸
祭高廟 - 蒸祭(증제)는 겨울 제사. 烝祭와 同. ㅇ徙封不其侯 - 不其(불기)
는 琅邪郡(낭아군)의 현명. 今 山東省 靑島市 관할 卽墨市. ㅇ南陽太守杜詩
- 31권,〈郭杜孔張廉王蘇羊賈陸列傳〉에 입전. ㅇ以股肱康 - 넓적다리
〔股(고)〕와 팔뚝〔肱(굉)〕. 신하. 康은 康寧. 평온. 안정. ㅇ《詩》稱 '濟濟' -
《詩經 大雅 文王》. 濟濟는 많고도 성대한 모양. ㅇ《書》曰 '良哉' -《書經
虞書 益稷》. ㅇ自行束脩 - 束脩는 스승을 처음 뵐 때의 예물. 연령적으로
15세 전후. 脩는 포 수. 말린 육포 묶음. ㅇ訖無毁玷 - 訖은 끝까지, 지금
껏. 毁玷(훼점)은 결점. 흠. 玷은 이지러질 점. ㅇ河內朝歌 - 현명. 今 河南
省 今 河南省 북동부 鶴壁市 관할 淇縣. 한때 殷의 옛 副都. ㅇ朝之淵藪 -
조정의 智囊(지낭)이란 의미. 藪는 덤불 수. 淵藪(연수)는 사물이 많이 모이
는 곳. 淵叢(영총). ㅇ髫髮厲志 - 髫髮(초발)은 어린아이의 뒤로 땋은 머리.
어린아이. 厲志(여지)는 뜻을 세우고 노력하다. 厲는 갈 려. ㅇ實足以先後
王室 - 先後는 서로 이끌다. ㅇ柱石之臣 - 국가의 기둥과 주추가 되는 중
신. ㅇ宜居輔弼 - 천자의 좌측의 신하를 輔, 우측에서 돕는 신하를 弼(도울
필)이라 한다. ㅇ愚戇 - 어리석다. 愚는 어리석을 우. 戇는 어리석을 당.
ㅇ竊懷區區 - 竊는 몰래, 훔칠 절. 懷는 마음에 품다. 區區는 변변치 못하
다. 자질구레하다. ㅇ舊制九州五尙書, 令一郡二人 - 九州는 지방조직의
대강. 五尙書는 국정 주요 담당자. 令一郡二人은 치민에 1군에 2인을 부

는 것이 원칙이라는 뜻.

[國譯]

　그해 겨울에, 황제는 張步(장보)를 정벌하였는데 伏湛(복침)을 남겨 낙양을 지키게 하였다. 그때 고조 묘당에서 蒸祭(증제, 겨울 제사)를 지낼 때 河南尹과 司隸校尉가 묘당에서 논쟁을 하였는데, 복침을 이를 알고도 적발 보고하지 않았다는 죄로 책명에 의거 면직되었다.

　(建武) 6년, 不其侯(불기후)로 옮겨 봉해졌는데 식읍은 3,600호였으며 복침은 봉국에 부임하였다. 그 뒤에 南陽太守인 杜詩(두시)는 복침을 천거하는 상소를 올렸다.

　「臣이 알기로, 唐(堯)과 虞(舜)는 신하의 도움으로 안정을 얻었고 文王은 많은 인재가 있어 나라가 평안하였기에 《詩》에서는 이를 '濟濟多士' 라 일컬었고, 《書》에서는 '股肱良哉(신하도 훌륭하다)' 라고 기록하였습니다. 저 두시가 볼 때 전에 大司徒였던 陽都侯 복침은 배움을 시작한 이후 지금에 이르도록 품행에 아무런 흠집이 없고 성실히 好學하였으며, 善道를 굳게 지키는 경학의 스승이었으며 행실은 모든 사람의 모범이었습니다. 전에 河內郡 朝歌縣에 살 때나 平原郡에서 지내며 관리와 백성의 존경을 받으며 누구나 복침을 본받고자 하였습니다. 변란 속에 뒤집히고 끊이지 않는 전란을 겪으면서도 복침은 지조를 지키며 중심을 잡고 결코 뜻을 바꾸지 않았습니다. 폐하께서도 복침의 능력을 잘 아셨기에 재상의 중임을 맡겨 높였기에 모든 현인이나 백성이 그의 덕행과 의리를 우러러 보았습니다. 그러나 작은 잘못으로 물러난 뒤 오랫동안 등용되지 않았으니 식견이 있는 자는 아쉬워하고 유생은 침통해하며 저 역시 크게 상심하였습니다. 복침의 용모는 당당하니 조정의 빛이라 할 수 있고 지혜와 웅략은 조정의 智囊(지낭)일 것입니다. 어렸을 때부터 큰 뜻을 연마하여 백발이 되도록 쇠약해지지 않았습니다. 복침의 재능은 왕실을 이끌어 줄 수 있고 그의 명성은 먼 지방의 사람에게도 모범이 되었습니다. 옛날에는 제후 중에서 公卿을 선발 임명하였기에 사방의 백성이 고개를 들어 경사를 우러러 보았습니다. 기둥과 주춧돌이 될 중신이 폐하의 좌우에서 보필하고 궁궐에 출입하며 또 숨어 있는 인재를 발탁하여 보완해야 합니다. 우매한 저는 어떤 사람이 재상의 재목인지 잘 모르기에 저의 변변치 못한 생각을 어찌 다 말할 수 있겠습니까? 臣은 이전에, 侍御史(시어사)이었을 때 封事를 올려 복침의 公正과 淸廉(청렴), 그리고 아랫사람을 얼마나 아껴주며, 好惡(호오)를 분명히 하고, 여러 대를 이어온 가문의 유학 전통, 언제나 지켜나가는 명예와 신의, 해박한 경학과 바른 행실, 국정 전반에 통달한 실무능력과 특히 황제의 측근으로서의 업무 추진과 진언의 능력을 말씀드렸습니다. 옛 제도에서는 九州를 나누고 五尙書를 두었으며 一郡 2명의 지방관을 두었는데, 이 모두를 복침은 대신할 수 있습니다. 국정 실무자는 저의 이런 평가를 그르다고 할 수도 있지만, 제가 나라의 두터운 은택을 입었기에 정말 조정에 이득이 된다면 죽어도 여한이 없기에 제 직분을 넘어 죽음을 무릅쓰고 또 상소하는 바입니다.」

原文

十三年夏, 徵, 敕尙書擇拜吏日, 未及就位, 因宴見中暑,病卒. 賜秘器, 帝親吊祠, 遣使者送喪修冢. 二子, 隆, 翕.

翕嗣爵, 卒, 子光嗣. 光卒, 子晨嗣. 晨謙敬博愛, 好學尤篤, 以女孫爲順帝貴人, 奉朝請, 位特進. 卒, 子無忌嗣, 亦傳家學, 博物多識, 順帝時, 爲侍中屯騎校尉. 永和元年, 詔無忌與議郎黃景校定中書《五經》, 諸子百家, 藝術. 元嘉中, 桓帝復詔無忌與黃景, 崔寔等共撰《漢記》. 又自採集古今, 刪著事要, 號曰《伏侯註》. 無忌卒, 子質嗣, 官至大司農. 質卒, 子完嗣, 尙桓帝女陽安長公主. 女爲孝獻皇后. 曹操殺后, 誅伏氏, 國除.

初, 自伏生已後, 世傳經學, 淸靜無競, 故東州號爲'伏不鬪'云.

| 註釋 | ○(建武) 十三年 - 서기 37년. ○賜秘器 - 무덤 안에 들어가는 부장품. ○翕嗣爵 - 복칭의 장자 복륭은 광록대부로 장보에게 사신으로 갔다가 잡혀 죽었다. 그래서 동생 伏翕(복흡)이 작위를 계승했다. ○爲侍中屯騎校尉 - 侍中이며 屯騎校尉. 屯騎校尉는 後漢 중앙 禁軍을 지휘하는 五校尉(前漢에서는 8교위)의 하나, 질록은 比2천석. 屯騎校尉(驍騎校尉로 개명했다가 다시 복원), 越騎校尉(靑巾左校尉로 개명했다가 다시 복원), 步兵校尉, 長水校尉, 射聲校尉를 지칭. 장수교위의 군사는 3천여 명. 나머지 교위 병력은 7백 명을 지휘했다. ○(順帝) 永和元年 - 서기 136년. ○諸子百家, 藝術 - 諸子百家는 《漢書 藝文志》189家이나 여기서는 대략의 숫자이다. 藝術의 藝는 書, 數, 射, 御에 관한 서적. 術書는 醫, 方, 卜書를 지칭. ○(桓帝) 元嘉中 - 서기 151 - 152년. ○《漢記》-《東觀漢記》. 漢代에 《東觀記》로도 불렸는데, 모두 143권이다. 기전체로 후한 光武帝에서 靈帝

까지 역사를 서술한 官撰(관찬)의 當代史이다. 이는 후한 明帝 때 처음 편찬된 이후 章帝, 安帝, 桓帝, 靈帝, 獻帝시 까지 계속되었는데 本紀, 列傳, 表, 載記 등으로 구분 편찬하였고 각각의 기전에 서문이 있다. 이는 각 황제대의 起居注(황제의 언행에 관한 기록), 국가 문서나, 檔案(당안, 이민족과 왕래한 문서), 공신의 업적, 前人의 舊聞舊事, 私人의 저작물 등을 망라한 후한 사료의 총집이라 할 수 있다. 이는 劉珍(유진) 등이 東觀에 설치한 修史館에서 편찬했다 하여 《東觀記》라는 이름이 붙었다. 三國 이후 《史記》, 《漢書》와 함께 三史라 합칭하였으나 唐代 이후 范曄의 《後漢書》가 《東觀漢記》를 대신하게 된다. ㅇ《伏侯註》 - 伏無忌가 찬한 역사책. 일명 《古今注》, 黃帝 이후 漢 質帝(서기 146년)까지 주요 역사적 사건을 요약정리. 宋代 이후 散失. ㅇ女爲孝獻皇后 - 獻帝의 첫 번째 伏皇后. 재위 195 - 214년. 伏皇后 소생 2명의 皇子도 모두 짐독으로 살해되었다. 복황후 형제 및 宗族 1백여 명이 죽었으며, 모친 등 19명을 涿郡(탁군)으로 이주시켰다. 〈皇后紀 下〉 참고.

[國譯]

(建武) 13년 여름, 조정의 부름을 받아 상서에게 임명할 날짜를 정하라고 명하였으나, 취임 전 광무제를 알현하는데 더위를 먹어 병사하였다. 광무제는 무덤 부장품(秘器)을 하사하였고 광무제가 친히 조문하였으며 使者를 보내 장례와 무덤 조성을 돕게 하였다. 두 아들은 伏隆(복륭)과 伏翕(복흡)이었다.

복흡이 작위를 계승했다가 죽자, 아들 伏光(복광)이 이어받았다. 복광이 죽자, 아들 伏晨(복신)이 뒤를 이었다. 복신은 겸양 박애하며 아주 돈독하게 학문을 좋아하였고 그 손녀가 順帝의 貴人이었는데, 복신은 奉朝請이 되었고 特進에 올랐다. 복신이 죽자, 아들 伏無忌

(복무기)가 이었는데 家學을 전수받아 박학다식하였으며 順帝 때 侍中이며 屯騎校尉이었다. (順帝) 永和 원년(서기 136), 조서로 복무기와 議郎 黃景(황경)에게 명하여 궁중의 《五經》과 諸子百家書, 藝術書를 교정하게 하였다. 元嘉 연간에, 桓帝는 다시 조서를 내려 伏無忌와 黃景(황경), 崔寔(최식) 등과 함께 《漢記》를 편찬케 하였다. 또 고금의 사적을 검토하여 주요 사적을 편집한 《伏侯註》를 저술하였다. 복무기가 죽자, 아들 伏質(복질)이 계승했는데, 관직은 大司農에 이르렀다. 복질이 죽자, 아들 伏完(복완)이 계승했는데, 복완은 桓帝의 딸 陽安長公主와 결혼하였다. 복완의 딸은 孝獻皇后가 되었다. 曹操(조조)가 伏皇后를 살해하고 복씨 일가를 주살하여 나라가 없어졌다.

예전 (齊의) 伏生(복생) 이후 대대로 경학을 전승되었고 가문이 淸靜하고 다툼이 없었기에 관동 지역에서는 '복씨 가문은 다투지 않는다.' 고 하였다.

❷ 伏隆

■原文

隆字伯文, 少以節操立名, 仕郡督郵. 建武二年, 詣懷宮, 光武甚親接之.

時, 張步兄弟各擁强兵, 據有齊地, 拜隆爲太中大夫, 持節使靑,徐二州, 招降郡國. 隆移檄告曰,

「乃者, 猾臣王莽, 殺帝盜位. 宗室興兵, 除亂誅莽, 故群

下推立聖公, 以主宗廟. 而任用賊臣, 殺戮賢良, 三王作亂, 盜賊從橫, 忤逆天心, 卒爲赤眉所害. 皇天祐漢, 聖哲應期, 陛下神武奮發, 以少制衆. 故尋,邑以百萬之軍, 潰散於昆陽, 王郎以全趙之師, 土崩於邯鄲, 大肜,高胡望旗消靡, 鐵脛,五校莫不摧破. 梁王劉永, 幸以宗室屬籍, 爵爲侯王, 不知厭足, 自求禍棄, 遂封爵牧守, 造爲詐逆. 今虎牙大將軍屯營十萬, 已拔睢陽, 劉永奔迸, 家已族矣. 此諸君所聞也. 不先自圖. 後悔何及!」

青,徐群盜得此惶怖, 獲索賊右師郎等六校卽時皆降. 張步遣使隨隆, 詣闕上書, 獻鰒魚.

| 註釋 | ○隆字伯文 - 伏隆(복륭, ?-서기 27), 伏湛(복침)의 장자. ○懷宮(회궁) - 낙양 도성의 궁궐 이름. ○張步兄弟 - 張步(?-32년), 徐州 琅邪郡 不其縣 사람. 弟 張弘, 張藍, 張壽. ○乃者 - 이전에, 접때. ○推立聖公 - 聖公은 更始帝 劉玄의 字. ○三王作亂 - 三王은 更始帝가 봉한 淮陽王 張卬(장앙), 穰王 廖湛(요담, 平林兵의 우두머리, 뒷날 적미에 가담), 隨王 胡隱(호은). 이 중 張卬은 장안 궁궐에 들어와 싸워 更始를 대패시켜 도주케 하였다. ○故尋,邑~ - 王尋(왕심), 王邑(왕읍)은 왕망의 일족. ○昆陽(곤양) - 潁川郡(영천군)의 현명. 今 河南省 중앙부 漯河市(탑하시)의 부근. ○全趙之師 - 趙國 전체의 군사. ○土崩於邯鄲 - 邯鄲(한단)은 縣名. 전국시대 趙國의 도읍, 北宋시대에는 北京大名府,《水滸傳》의 무대. 邯은 山名, 鄲은 盡也. 邯山이 여기에 와서 끝난다는 의미. 今 河北省 남부 邯鄲市. ○梁王劉永 - 劉永(?-27년)은 後漢 성립 시기의 割據者, 황족. 12권, 〈王劉張李彭盧列傳〉에 입전. ○已拔睢陽 - 전한의 梁郡은 후한의 梁國, 睢陽縣(수양

현)은 그 치소. 今 河南省 동부 商丘市 睢陽區. 睢는 물 이름 수. 눈 부릅뜰 휴. ○鰒魚(복어) – 바위에 붙어 있고 간단한 껍질이 있는 全鰒(전복). 맹독성의 어류가 아님.

[國譯]

伏隆(복륭)의 字는 伯文(백문)으로 젊어서도 節操를 지켜 이름이 났고 출사하여 郡의 督郵(독우)가 되었다. 建武 2년에, 懷宮(회궁)에 도착하자 광무제가 만나보고서 크게 신임하였다.

그때 張步 兄弟가 각각 강한 군사를 거느리고 齊地를 차지하고 있었는데 광무제는 복륭을 太中大夫에 임명하고 부절을 주어 靑州와 徐州 일대를 돌며 郡國의 투항을 권유케 하였다. 복륭은 각지에 보낸 격문에서 말했다.

「예전에, 교활한 王莽(왕망)은 平帝를 죽이고 제위를 훔쳤다. 종실들이 군사를 일으켜 왕망을 죽여 없앤 뒤에 여러 사람이 劉聖公(劉玄, 更始帝)을 옹립하여 종묘제사를 주관케 하였다. 그러나 경시는 賊臣을 임용하고 賢良한 인재를 죽였으며 三王은 난을 일으켰고, 도적은 종횡하고 천심을 거역하다가 결국 赤眉 무리에게 살해되었다. 皇天이 漢을 보우하사 聖哲하신 분이 때맞춰 출현하였으니 광무제 께서는 神武를 떨치시어 소수의 병력으로 다수를 제압하셨다. 그래서 王尋(왕심)과 王邑(왕읍)의 백만 대군은 昆陽(곤양)에서 궤멸되었고, 趙國 전체의 군사는 邯鄲(한단)에서 토붕와해되었으며, 大肜(대융), 高胡(고호)의 무리들은 漢의 깃발을 보고 패주하였고, 鐵脛(철경)과 五校(오교)는 어느 하나 쓰러지지 않은 무리가 없었다. 梁王 劉永은 다행히도 종실의 명부에 이름이 있었기에 侯王의 작위를 받았지만 만족을 모르고 스스로 화를 불러 작위를 내리고 지방관을 임명하는 거짓과 반역을 저질렀다. 지금 虎牙大將軍의 10대군이 睢陽(수양)을 점령하자 劉永은 도망쳐 숨었고 일가는 이미 멸족되었다. 이런 사실은 여러분도 다 알고 있다. 빨리 스스로 살 길을 찾지 않는다면 그 후회를 어찌 감당하겠는가!」

靑州와 徐州 일대의 群盜는 이를 보고 두려워 떨었는데 獲索(획색)의 적도인 右師郞(고사랑) 등 6개 부대가 즉시 모두 투항하였다. 張步는 사자를 보내 복룡을 따라 대궐에 와서 상서하며 全鰒(전복)을 헌상하였다.

▌原文

其冬, 拜隆光祿大夫, 復使於步, 並與新除靑州牧守及都尉俱東, 詔隆輒拜令長以下. 隆招懷綏緝, 多來降附. 帝嘉其功, 比之酈生. 卽拜步爲東萊太守, 而劉永復遣使立步爲齊王. 步貪受王爵, 尤豫未決. 隆曉譬曰, "高祖與天下約, 非劉氏不王, 今可得爲十萬戶侯耳." 步欲留隆與共守二州, 隆不聽, 求得反命, 步遂執隆而受永封.

隆遣間使上書曰, 「臣隆奉使無狀, 受執凶逆, 雖在困厄, 授命不顧. 又吏人知步反畔, 心不附之. 願以時進兵, 無以臣隆爲念. 臣隆得生到闕廷, 受誅有司, 此其大願, 若令沒身寇手, 以父母昆弟長累陛下. 陛下與皇后, 太子永享萬國, 與天無極.」

帝得隆奏, 召父湛流涕以示之曰, "隆可謂有蘇武之節. 恨不且許而遽求還也!" 其後步遂殺之, 時人莫不憐哀焉.

五年, 張步平, 車駕幸北海, 詔隆中弟咸收隆喪, 賜給棺斂, 太中大夫護送喪事, 詔告琅邪作冢, 以子瑗爲郎中.

| 註釋 | ○牧守 – 州의 牧과 郡의 太守. 州牧은 州의 통치 책임자. 武帝 때 질록 6백석의 자사를 두어 13자사부 관내 군현의 행정을 감독케 하였다. 成帝 때는 자사를 폐하고 질록 2천석의 州牧을 두었다. 후한에서는 다시 자사라고 부르다가 靈帝 中平 5년(서기 188)부터는 다시 卿級의 州牧을 보내 軍과 政의 대권을 쥐고 州의 군현을 통치하였다. ○比之酈生 – 酈食其(역이기)는 漢王(高祖)의 명을 받아 齊에 유세하여 齊王 田廣과 和約을 체결하였고, 齊에서는 歷下(역하)의 軍備를 풀었다. 그러나 蒯通(괴통)의 유세를 받아들인 韓信은 이와 별도로 歷下에 주둔한 齊의 군사를 기습 격파했다. 화가 난 齊王 전광은 역이기를 팽살했다. ○尤豫未決 – 猶豫未決. 尤는 머뭇거릴 유. ○共守二州 – 靑州와 徐州. ○奉使無狀 – 無狀(무상)은 선행이 없다. 직무를 제대로 수행하지 못해 죄가 크다. ○蘇武之節 – 蘇武(소무, ?- 前 60) – 무제 때 中郎將으로 흉노에 사신으로 갔다가 억류되었다(前 100년). 온갖 회유와 협박에도 굴하지 않고 버티다가 昭帝 始元 6년 (前 81) 봄에야 長安에 돌아왔다. 선제 옹립에 참여, 宣帝 麒麟閣(기린각) 11功臣 중 한 사람.《漢書》54권, 〈李廣蘇建傳〉에 입전. ○車駕幸北海 – 군국명. 靑州 관할, 治所는 劇縣, 今 山東省 중부 濰坊市(유방시) 昌樂縣. 前 漢에서는 郡.

【國譯】

그 해 겨울, 伏隆(복륭)은 光祿大夫를 제수 받고 다시 張步(장보)에게 사신으로 나갔는데, 새로 임명된 靑州牧守 대리와 都尉 등과 함께 동쪽으로 향했고, 조서로 복륭은 현령이나 縣長 이하의 관리를 현지에서 직접 임명할 수 있게 하였다. 복륭이 불러 회유하여 안정시키자 많은 사람이 투항해왔다. 광무제는 복륭의 공을 가상히 여기며 酈食其(역이기)에 비유하였다. 그러면서 광무제는 즉시 장보를 東萊太守로 임명했는데, 劉永(유영)도 다시 사자를 보내 장보에게 齊王을 제수하였다. 장보는 왕의 작위를 탐내면서 猶豫未決(유예미결)하였다. 그러자 복륭은 장보를 깨우쳐 말했다. "高祖께서 천하에 약조하기를 劉氏가 아니면 왕을 할 수 없다 하였고, 지금 동래태수도 10만 식읍의 제후와 같습니다."

　그러나 장보는 복륭을 억류하면서 복륭과 함께 靑州와 徐州를 차지하자고 회유하였다. 복륭이 따르지 않고 돌아가 복명하려 하자, 장보는 마침내 복륭을 생포한 뒤에 유영의 작위를 받았다. 복륭은 밀사를 보내 광무제에게 상서하였다.

　「臣 隆(융)은 폐하의 사자로 임무를 제대로 수행치 못하고 흉악한 반도에 잡힌 위기에서 목숨을 돌볼 겨를이 없습니다. 다른 관리나 백성은 장보가 반역할 것을 알고 있지만 마음으로는 장보를 따르지 않고 있습니다. 원하옵나니, 때가 되어 공격하시더라도 저를 괘념치 마십시오. 제가 살아 조정에 도착하여 담당자의 판결을 받는 것이 큰 소원입니다만, 만약 적도의 손에 죽게 되면 저의 父母와 형제는 오래도록 폐하께 누만 끼칠 것입니다. 陛下와 皇后, 그리고 태자께서는 오래토록 천하를 누리시고 하늘처럼 다함이 없기를 바랍니다.」

　광무제는 복륭의 상주를 받고 부친인 복침을 불러 눈물을 흘리면서 글을 보여주며 말했다.

"복릉은 蘇武(소무)의 지조를 지키고 있는데, 답을 할 수도 또 어떻게 데려올 수도 없어 한스럽도다!"

그 뒤에 결국 장보는 복릉을 죽였는데 그때 모든 사람이 그 죽음을 슬퍼하였다.

(建武) 5년, 장보가 평정되었고 어가가 北海郡에 행차했을 때, 조서로 복릉의 작은 동생 伏咸(복함)에게 복릉의 시신을 거두어 장례케 하면서 관과 염할 수의를 하사하였고, 太中大夫가 장례를 돌보게 하여 琅邪郡(낭야군)에 무덤을 만들었으며, 복릉의 아들 伏瑗(복원)을 郎中에 임명하였다.

❸ 侯霸

原文

侯霸字君房, 河南密人也. 族父淵, 以宦者有才辯, 任職元帝時, 佐石顯等領中書, 號曰大常侍. 成帝時, 任霸爲太子舍人. 霸矜嚴有威容, 家累千金, 不事産業. 篤志好學, 師事九江太守房元, 治《穀梁春秋》, 爲元都講.

王莽初, 五威司命陳崇擧霸德行, 遷隨宰. 縣界曠遠, 濱帶江湖, 而亡命者多爲寇盜. 霸到, 卽案誅豪猾, 分捕山賊, 縣中淸靜. 再遷爲執法刺姦, 糾案勢位者, 無所疑憚. 後爲淮平大尹, 政理有能名. 及王莽之敗, 霸保固自守, 卒全一郡.

更始元年, 遣使徵霸, 百姓老弱相攜號哭, 遮使者車, 或當

道而臥. 皆曰, "願乞侯君復留期年." 民至乃戒乳婦勿得舉
子, 侯君當去, 必不能合. 使者慮霸就徵, 臨淮必亂, 不敢授
璽書, 具以狀聞. 會更始敗, 道路不通.

| 註釋 | ㅇ侯霸(후패, ?-서기 37년). ㅇ河南密人也 - 密縣, 今 河南省 鄭
州市 관할 新密市. ㅇ石顯(석현, ?- 前 33년) - 宣帝에서 元帝 시대의 환관.
元帝가 聲色에 탐닉하는 동안 정사를 독단. 蕭望之, 張猛, 京房, 陳咸 등을
박해했다. ㅇ太子舍人 - 질록 2백석, 숙위 담당. 정원 무. 少府 소속. ㅇ九
江太守 - 九江郡 治所는 陰陵縣, 今 安徽省 중동부 滁州市(저주시) 관할 定
遠縣. 今 江西省 九江市가 아님. ㅇ《穀梁春秋》-《春秋》의 註解書,《左氏
傳》,《公羊傳》과 함께 '《春秋》三傳'이라 한다. 春秋시대에 魯國人 穀梁子
가 지었다고 하지만, 그 成書 시기를 前漢 초기로 보고 있고 漢朝에서 學派
가 형성되었다. ㅇ都講 - 學舍에서 강학을 맡은 사람. 門生의 우두머리, 塾
頭. 主講者. ㅇ五威司命 - 五威司命은 왕망의 관직. ㅇ隨宰 - (南陽郡) 隨
縣 縣令. 今 湖北省의 隨州市 관할 隨縣(수현). ㅇ淮平大尹 - 臨淮郡 太守.

[國譯]

侯霸(후패)의 字는 君房(군방)으로 河南郡 密縣 사람이다. 族父인
侯淵(후연)은 환관으로 재능과 언변이 좋아 元帝 때 관직에 있으면
서 石顯(석현) 등을 도와 中書 업무를 전담하여 大常侍라고 불렸다.
후패는 成帝 때 太子舍人이 되었다. 후패는 당당 엄숙한 위용이 있
고 집안에 천금의 재산이 있어 생업에 전념하지 않았다. 돈독한 의
지에 호학하며 九江太守 房元(방원)을 사사하여《穀梁春秋》를 전공
하였는데, 방원을 위해 (門生의) 강학을 주고 담당하였다.
王莽 초기에 五威司命인 陳崇(진숭)이 후패를 德行으로 천거하여

(南陽郡) 隨縣(수현)의 縣令이 되었다. 隨縣(수현)은 영역이 너무 넓고 강과 호수가 많아 죄를 지은 도망자가 모여 도적이 많았다. 후패는 부임한 뒤에 죄지은 强豪(강호)를 잡아 죽이고 각지 산적을 잡아들이자 현내가 청정해졌다. 후패는 두 번 승진하여 執法刺姦(집법자간)이 되어 권세가 있는 자들의 불법을 규찰하면서 꺼리는 바가 없었다. 뒤에 淮平大尹(臨淮 太守)가 되어 행정과 치민에 유능하다는 명성을 얻었다. 왕망이 패망하였지만 후패는 임회군을 혼자 지켜 군 전체가 무사하였다.

更始 원년(서기 23년), 경시는 사자를 보내 후패를 조정에 불렀는데 백성과 노약자들이 서로 부둥켜안고 사자의 수레를 막으며 길에 눕기도 하였다. 백성들은 모두 "侯君을 다시 1년만 더 유임시켜 달라."고 하였다. 백성들은 심지어 수유하는 부인이 아이를 안지 못하게 하면서 태수가 꼭 떠난다면 아이와 어미를 아예 떼어놓겠다고 하였다. 사자는 후패가 조정의 부름에 따른다면 틀림없이 임회군에 반란이 일어날 것이라 생각하며 국서를 후패에게 전달하지 못하고 상황을 보고하였다. 그 무렵 경시제가 패망했고, 도로는 불통이었다.

建武四年, 光武徵霸與車駕會壽春, 拜尙書令. 時無故典, 朝廷又少舊臣, 霸明習故事, 收錄遺文, 條奏前世善政法度有益於時者, 皆施行之. 每春下寬大之詔, 奉四時之令, 皆霸所建也. 明年, 代伏湛爲大司徒, 封關內侯. 在位明察守正, 奉公不回.

十三年, 霸薨, 帝深傷惜之, 親自臨吊. 下詔曰,

「惟霸積善清潔, 視事九年. 漢家舊制, 丞相拜日, 封爲列侯. 朕以軍師暴露, 功臣未封. 緣忠臣之義, 不欲相逾, 未及爵命, 奄然而終. 嗚呼哀哉!」

於是追封諡霸則鄕哀侯, 食邑二千六百戶. 子昱嗣. 臨淮吏人共爲立祠, 四時祭焉. 以沛郡太守韓歆代霸爲大司徒.

| 註釋 | ㅇ建武四年 - 서기 28년. ㅇ壽春 - 九江郡의 縣名. 今 安徽省 六安市 관할 壽縣. ㅇ每春下寬大之詔 - 덕정을 펴 백성에게 혜택을 주라는 내용의 조서. ㅇ奉四時之令 - 월령에 따라 정사를 추진하라는 조서. ㅇ丞相拜日, 封爲列侯 - 승상을 임명하는 날에 승상을 열후에 봉하다. 이는 무제 때 公孫弘을 승상에 제수하면서 시작된 관례였다. ㅇ奄然而終 - 갑자기 죽다. 奄然은 갑작스런 모양. 奄은 가릴 엄. 문득, 갑자기. ㅇ子昱嗣 - 侯昱(후욱)은 建武 24년 馬援을 따라 남만 원정에 참여했다. ㅇ沛郡 - 治所는 相縣, 今 安徽省 북부 淮北市 濉溪縣(수계현).

[國譯]

建武 4년, 光武帝는 侯霸(후패)를 불러 (九江郡) 壽春縣에서 만나 尙書令을 제수하였다. 그때 조정에는 옛 문서도 없었고 또 舊臣이 많지 않았는데, 후패는 옛 관례를 많이 알아서 흩어진 문서들을 수습했고, 前世에 善政을 베풀기 위한 法度나 당대에 유익한 여러 가지 조치를 조목별로 상주하여 모두 시행케 하였다. 매년 봄에 황제가 寬大之詔(덕정을 펴 백성에게 혜택을 주라는 조서)를 내리고 사계절에 월령에 따라 정사를 추진하라는 조서를 내리는 것은 모두 후패의

건의에 따른 것이었다. 다음 해 후패는 伏湛(복침)의 후임으로 大司
徒가 되었고 關內侯에 봉해졌다. 후패는 대사도로 재직하며 합리적
이고 정도를 지켰으며 공정한 처사를 굽히지 않았다.

(건무) 13년에, 후패가 죽었는데 광무제는 매우 애석해하며 친히
조문하였다. 그리고 조서를 내렸다.

「후패는 善을 행하며 청렴하게 9년간 국정을 처리하였다. 漢家의
舊制에 丞相을 임명하는 날에 列侯로 봉했었다. 朕은 군사를 거느리
고 야전에 싸우느라 (대사도를) 공신으로 봉하지 못했었다. 짐은 忠
臣의 大義에 의지했고 법도를 어기지는 않았다지만 (대사도가) 작
위를 받기 전에 갑자기 죽으니 嗚呼(오호)라, 哀哉라!」

이에 후패를 추봉하여 시호를 鄕哀侯라 하고, 식읍은 2,600호였
다. 아들 侯昱(후욱)이 계승했다. 臨淮郡의 관리와 백성은 사당을 세
우고 사철 절기에 따라 제사를 지냈다. 沛郡太守인 韓歆(한흠)이 후
패의 후임으로 대사도가 되었다.

原文

歆字翁君, 南陽人, 以從攻伐有功, 封扶陽侯. 好直言, 無
隱諱, 帝每不能容. 嘗因朝會, 聞帝讀隗囂,公孫述相與書,
歆曰, "亡國之君皆有才, 桀,紂亦有才." 帝大怒, 以爲激發.
歆又證歲將饑凶, 指天畫地, 言甚剛切, 坐免歸田里. 帝猶
不釋, 復遣使宣詔責之. 司隷校尉鮑永固請不能得, 歆及子
嬰竟自殺. 歆素有重名, 死非其罪, 衆多不厭, 帝乃追賜錢

穀, 以成禮葬之.

後千乘歐陽歙, 淸河戴涉相代爲大司徒, 坐事下獄死, 自是大臣難居相任. 其後, 河內蔡茂, 京兆玉況, 魏郡馮勤, 皆得薨位. 況字文伯, 性聰敏, 爲陳留太守, 以德行化人, 遷司徒, 四年薨.

昱後徒封於陵侯, 永平中兼太僕. 昱卒, 子建嗣. 建卒, 子昌嗣.

| 註釋 | ○歙字翁君 - 韓歙(한흠), 歙은 받을 흠. ○隗囂, 公孫述 - 13권, 〈隗囂公孫述列傳〉立傳. ○帝大怒 - 황제가 받은 편지를 읽는데 신하가 말을 끊고 비판하니 대노했을 것이다. ○指天畫地(지천획지) - 손짓 발짓을 하다. ○司隷校尉鮑永 - 29권, 〈申屠剛鮑永郅惲列傳〉立傳. ○衆多不厭 - 많은 사람이 불만을 품다. ○以成禮葬之 - 成禮는 예를 갖추다(具禮). ○於陵侯 - 於陵은 濟南郡의 현명.

[國譯]

韓歙(한흠)의 字는 翁君(옹군)으로 南陽郡 사람이다. 光武帝를 따라 정벌에서 공을 세워 扶陽侯(부양후)가 되었다. 直言을 잘 했는데 꺼리거나 (감정을) 숨기지 않았기에 광무제도 늘 받아들일 수 없었다. 언젠가는 朝會에서 광무제가 隗囂(외효)와 公孫述(공손술)이 보내온 서찰을 읽자, 한흠이 "亡國의 군주는 모두 재주가 많으니, 桀王(걸왕)과 紂王(주왕) 또한 재주가 뛰어났습니다." 라고 말했다. 광무제 화를 내면서 (한흠이 광무제를) 그릇했다고 생각하였다. 한흠은 또 흉년이 들 것 같다고 설명하면서 손짓 발짓을 다하며 그 언사가 매

우 거칠고 억세었기에 죄를 받아 면직당해 고향으로 돌아갔다. 광무
제는 그러고서도 분이 풀리지 않아 다시 사자를 보내 조서로 한흠을
문책하였다. 司隷校尉인 鮑永(포영)이 간청을 하였지만 어쩔 수 없
었으며 한흠과 아들 韓嬰(한영)은 결국 자살하였다. 한흠은 평소에
명성이 높았는데 죽을죄도 아닌데 죽었다며 많은 사람이 불만을 품
고 있어 광무제는 나중에 錢穀을 하사하고 예를 갖춰 장례를 지내게
하였다.

이후로 千乘郡의 歐陽歙(구양흡), 淸河郡의 戴涉(대섭)이 서로 뒤
를 이어 大司徒가 되었으나 사안에 얽혀 하옥되었다가 죽었기에 이
때부터 대신들은 대사도로 승진을 꺼려하였다. 그 후로 河內郡의 蔡
茂(채무), 京兆(경조)의 玉況(옥황), 魏郡의 馮勤(풍근) 등이 모두 대사
도 재직 중에 죽었다.

玉況(옥황)의 字는 文伯(문백)으로 총명하고 지혜가 많아 陳留(진
류) 태수로 재직하며 덕행으로 백성을 교화하였기에 사도로 승진하
였지만 4년 만에 죽었다.

侯昱(후욱)은 뒤에 於陵侯(어릉후)에 옮겨 봉해졌는데 (明帝) 永平
연간에 太僕이 되었다. 후욱이 죽자, 아들 侯建(후건)이 계승했다. 후
건이 죽자, 아들 侯昌(후창)이 계승하였다.

❹ 宋弘

原文

宋弘字仲子, 京兆長安人也. 父尙, 成帝時至少府. 哀帝

立, 以不附董賢, 違忤抵罪. 弘少而溫順, 哀,平間作侍中, 王
莽時爲共工. 赤眉入長安, 遣使徵弘, 逼迫不得已, 行至渭
橋, 自投於水, 家人救得出, 因佯死獲免.

　光武卽位, 徵拜太中大夫. 建武二年, 代王梁爲大司空,
封枸邑侯. 所得租奉分贍九族, 家無資產, 以淸行致稱. 徙
封宣平侯.

| 註釋 |　○宋弘(송홍) – '貧賤之知不可忘, 糟糠之妻不下堂'의 지조로
기억해야 할 사람. ○董賢(동현, 前 23 - 前 1) – 哀帝의 寵臣. 23살에 軍政의
최고 책임자인 大司馬였으니 총애의 정도와 출세가 상식 밖이었다. 애제
의 동성애 파트너로 알려졌다. 애제가 붕어한 그날 자살했다.《漢書 佞幸
傳》에 입전. ○王莽時爲共工 – 共公은 少府의 개칭. 황실의 운영과 관리,
재정을 담당하였다. ○赤眉入長安 – 更始 3년, 光武帝 建武 원년. 서기 25
년. ○違忤抵罪 – 忤는 거스를 오. 抵罪(저죄)는 죄의 경중에 따라 형을 받
다. ○因佯死獲免 – 佯死는 죽은 체하다. 佯은 거짓 양.

[國譯]

　宋弘(송홍)의 字는 仲子(중자)로, 京兆 長安縣 사람이다. 부친 宋尙
은 成帝 때 관직이 少府에 이르렀다. 哀帝가 즉위하고 (애제의 총
신) 董賢(동현) 편이 되지 않고 뜻을 어겨 형벌을 받았다. 송홍은 어
려서부터 온순하였는데 哀帝와 平帝 때 侍中이 되었고 王莽 때에는
共工(少府)이 되었다. 赤眉 무리는 長安을 차지하고(更始 3년, 建武
원년) 사자를 보내 송홍을 불렀는데 핍박으로 어쩔 수 없이 따라가
다가 渭橋(위교, 渭水의 교량)에 이르자 강물로 뛰어내렸고 식구들이

구해내자 죽은 체하여 적미 무리에서 벗어날 수 있었다.

光武帝는 즉위하고서 송홍을 불러 太中大夫에 임명하였다. 建武 2년, 王梁(왕량)의 후임으로 大司空이 되었고 枸邑侯(순읍후)에 봉해졌다. 식읍의 田租와 녹봉은 九族에게 나눠주어 집안에는 남은 자산이 없었으며 청렴한 행실로 칭송을 들었다. 송홍은 宣平侯(선평후)에 옮겨 봉해졌다.

|原文|

帝嘗問弘通博之士, 弘乃薦沛國桓譚才學洽聞, 幾能及楊雄,劉向父子. 於是召譚拜議郎,給事中. 帝每宴, 輒令鼓琴, 好其繁聲. 弘聞之不悅, 悔於薦擧, 伺譚內出, 正朝服坐府上, 遣吏召之. 譚至, 不與席而讓之曰, “吾所以薦子者, 欲令輔國家以道德也, 而今數進鄭聲以亂〈雅〉,〈頌〉, 非忠正者也. 能自改邪? 將令相擧以法乎?” 譚頓首辭謝, 良久乃遣之. 後大會群臣, 帝使譚鼓琴, 譚見弘, 失其常度. 帝怪而問之. 弘乃離席免冠謝曰, “臣所以薦桓譚者, 望能以忠正導主, 而令朝廷耽悅鄭聲, 臣之罪也.” 帝改容謝, 使反服, 其後遂不復令譚給事中. 弘推進賢士馮翊桓梁三十餘人, 或相及爲公卿者.

|註釋| ○沛國桓譚 – 桓譚(환담)은 28권,〈桓譚馮衍列傳〉에 立傳. ○洽聞 – 견문이 넓음. 洽은 윤택할 흡. ○楊雄(揚雄, 前 53 – 18년) – 字 子雲,

말이 어눌해서 문학에 침잠했다. 〈蜀都賦〉 등 賦의 작가로 명성을 날렸지만, 양웅은 賦를 '雕蟲篆刻'과 같은 일이라고 '壯夫不爲'라 하였다. 《法言》, 《太玄》을 저술. 《漢書》 〈揚雄傳(上,下)〉에 입전. ○ 劉向(유향, 前 77 - 前 6) - 原名은 更生(경생). 成帝 때 向으로 改名. 저서로는 《別錄》, 《新序》, 《說苑》, 《列女傳》이 있고 《戰國策》, 《楚辭》를 편찬. 유향의 아들이 經學家 劉歆(유흠). 《漢書》 〈楚元王傳〉에 입전. ○ 議郎 - 郎官은 황제 시종과 호위, 각종 심부름을 담당하며 고유한 행정업무는 없는 職役의 총칭. 議郎(황제 측근의 낭관), 中郎(조정에서 근무하는 낭관), 侍郎(황제 호위), 郎中(궁중에서 근무하는 낭관)의 구분이 있음. 질록 6백석에서 4백석. 議郎은 光祿大夫의 속관으로 정원이 없다. 황제의 顧問에 應對하며 일정한 職役이 없고 명을 받아 사자로 나가 일을 처리한다. 郎官 중 지위가 상대적으로 높아 질록은 6백석이다. ○ 給事中 - 加官의 한 종류. 황제 측근에서 여러 잡무 담당, 황제를 가까이 모실 수 있는 자리. ○ 鄭聲以亂 〈雅〉, 〈頌〉 - 鄭聲은 鄭나라의 음란한 음악. 〈雅〉, 〈頌〉의 詩經의 편명이나, 여기서는 正樂의 뜻. 「子曰, "~放鄭聲, 遠佞人. 鄭聲淫, 佞人殆."」《論語 衛靈公》. 「子曰, "惡紫之奪朱也, 惡鄭聲之亂雅樂也, 惡利口之覆邦家者."」《論語 陽貨》 참고.

[國譯]

광무제가 宋弘(송홍)에게 여러 분야에 박통한 인재를 묻자, 송홍은 沛國의 桓譚(환담)이 才學이 뛰어나고 견문이 넓어 거의 (前漢의) 楊雄(양웅)과 劉向(유향) 父子와 같다면서 바로 추천하였다. 이에 광무제가 환담을 불러 議郎에 임명하고 給事中의 加官을 내렸다. 광무제는 술자리에 늘 환담을 불러 彈琴(탄금)하게 시켰고 환담이 연주하는 번화한 음률을 좋아하였다.

송홍이 이를 알고 싫어하면서 천거를 후회하였는데 환담이 어전

에서 물러나오기를 기다렸다가 (大司空의) 관부에서 관복을 입은
채 사람을 보내 환담을 불렀다. 환담이 들어오자 송홍은 자리에 앉
히지도 않고 질책하였다.

"내가 자네를 천거했던 것은 바른 도덕으로 나라 정사를 보필하
라는 뜻이었는데, 지금 자네는 鄭聲으로 〈雅〉,〈頌〉의 正樂을 어지
럽히니 충직한 사람이 아니다. 자네가 스스로 고치겠는가? 아니면
내가 자네를 법대로 처리해야겠는가?"

환담은 고개를 숙여 사죄하였고 송홍은 한참 뒤에야 환담을 돌려
보냈다. 그 뒤에 모든 신하가 모여 잔치를 하는데 광무제가 환담에
게 탄금하라 하자 환담은 송홍을 한 번 보고서는 연주를 틀려버렸
다. 광무제가 이상히 여겨 물었다. 이에 송홍이 자리에서 물러나며
관을 벗고 사죄하였다.

"臣이 환담을 천거하면서 그가 능히 충의와 정직으로 폐하를 보
필할 수 있다고 생각했으나 지금은 조정이 鄭聲에 탐닉하게 되었으
니 이는 臣의 죄입니다."

광무제는 안색을 바꿔 사과하고 송홍에게 관을 착용하라 하였고
이후에는 환담에게 급사중의 임무를 시키지 않았다. 송홍은 賢士를
많이 천거하였는데 左馮翊(좌풍익) 사람 桓梁(환량) 등 30여 명이나
되었고 나중에 公卿에 이른 자가 많았다.

■ 原文

弘當宴見, 御坐新屛風, 圖畵列女, 帝數顧視之. 弘正容
言曰, "未見好德如好色者." 帝卽爲徹之. 笑謂弘曰, "聞義

則服, 可乎?"對曰, "陛下進德, 臣不勝其喜."

時帝姊湖陽公主新寡, 帝與共論朝臣, 微觀其意. 主曰, "宋公威容德器, 群臣莫及." 帝曰, "方且圖之." 後弘被引見, 帝令主坐屛風後, 因謂弘曰, "諺言貴易交, 富易妻, 人情乎?" 弘曰, "臣聞貧賤之知不可忘, 糟糠之妻不下堂." 帝顧謂主曰, "事不諧矣."

弘在位五年, 坐考上黨太守無所據, 免歸第. 數年卒, 無子, 國除.

弘弟嵩, 以剛强孝烈著名, 官至河南尹. 嵩子由, 元和間爲太尉, 坐阿黨竇憲, 策免歸本郡, 自殺. 由二子, 漢, 登. 登在〈儒林傳〉.

| 註釋 | ○未見好德如好色者 - 《論語 子罕(자한)》에 나오는 孔子의 말. ○湖陽公主新寡 - 湖陽長公主는 본래 황후 소생의 공주 중 연장자를 長公主라 하였으나 황제의 자매 모두를 長公主라 통칭하며 맏이인 경우 大長公主라 칭했다. 광무제의 큰누나인 黃(황)은 湖陽長公主라 했는데 騎都尉 胡珍(호진)과 결혼했었다. ○貴易交 - 벼슬이 높아지면 교우를 바꾸다. ○糟糠之妻 - 고생을 같이 한 아내. 糟는 술지게미 조. 糠은 쌀겨 강. 벼의 껍질을 왕겨라 한다. 왕겨를 벗긴 다음 더 곱게 찧는데 그때 나오는 것이 쌀겨이다. ○竇憲(두헌, ?-92) - 司空을 역임한 竇融(두융)의 증손. 23권, 〈竇融列傳〉에 立傳. 두헌은 외척이며 權臣, 흉노를 정벌한 장군. 뒷날 모반을 시도. 자살. ○策免 - 책서에 의한 면직. 策書는 관리를 임명 또는 면직하거나 자위를 수여하는 공문.

宋弘(송홍)이 황제를 알현할 때 어좌 뒤쪽에 列女가 그려진 새 병풍을 세웠는데 광무제가 고개를 돌려 자주 쳐다보았다. 이에 송홍이 정색을 하고 말했다. "미색을 좋아하듯 덕을 좋아하는 사람을 보지 못했습니다." 황제는 즉시 병풍을 치우게 하였다. 그리고 웃으며 송홍에게 물었다. "옳은 말에 바로 따르면 괜찮은가?" 송홍이 말했다. "폐하께서 덕행을 보이시니 臣은 기쁘기 짝이 없습니다."

그 무렵 광무제의 큰누나인 湖陽公主가 혼자되었는데 광무제는 누나와 함께 신하들을 이야기하며 공주의 의중을 타진하였다. 호양 공주는 "宋弘의 威容과 덕행을 따라올 만한 사람이 없는 것 같습니다."라고 말했다. 광무제는 "한번 알아보겠습니다."라고 했다. 뒷날 송홍을 불러 만나면서 공주를 병풍 뒤에 앉아 있게 한 뒤에 송홍에게 물었다.

"속언에 벼슬이 높아지면 교우를 바꾸고, 부자가 되면 아내를 바꾼다는데 이것은 인정이 아닌가?"

그러자 송홍이 말했다. "제가 알기로, 빈천할 때 知友는 잊을 수 없고, 고생을 같이 한 아내와는 헤어질 수 없다고 하였습니다."

황제가 누나에게 말했다. "일이 잘 되지 않았습니다."

송홍은 5년 동안 재임하였는데 근거도 없이 上黨太守를 탄핵했다는 죄로 면직되어 귀향했다. 그 몇 년 뒤 죽었는데 아들이 없어 나라를 없앴다.

宋弘의 동생 宋嵩(송숭)은 강직하고 효도를 다한다는 칭송을 들었는데 河南尹을 역임했다. 송숭의 아들 宋由(송유)는 (章帝) 元和 연간에 太尉가 되었는데, 竇憲(두헌)의 阿黨(아당)이라 하여 책서로 파면되어 本郡으로 돌아갔다가 자살하였다. 송유의 두 아들인 宋漢(송한)과 宋登(송등)인데, 송등은 〈儒林傳〉에 수록했다.

❺ 宋漢

原文

漢字仲和, 以經行著名, 舉茂才, 四遷西河太守. 永建元年, 爲東平相,度遼將軍,立名節, 以威恩著稱. 遷太僕, 上病自乞, 拜太中大夫, 卒.

策曰,「太中大夫宋漢, 淸修雪白, 正直無邪. 前在方外, 仍統軍實, 懷柔異類, 莫匪嘉績, 戎車載戢, 邊人用寧. 予錄乃勳, 引登九列. 因病退讓, 守約彌堅, 將授三事, 未克而終. 朝廷愍悼, 怛其愴然.《詩》不云乎, '肇敏戎功, 用錫爾祉.' 其令將相大夫會葬, 加賜錢十萬, 及其在殯, 以全素絲羔羊之絜焉.」

子則, 字元矩, 爲鄢陵令, 亦有名跡. 拔同郡韋著,扶風法眞, 稱爲知人. 則子年十歲, 與蒼頭共弩射, 蒼頭弦斷矢激, 誤中之, 卽死. 奴叩頭就誅, 則察而恕之. 潁川荀爽深以爲美,時人亦服焉.

| 註釋 | ○舉茂才   茂才는 秀才, 인재 천거의 한 영역. 광무제(劉秀)의 秀를 諱하여 무재로 개칭.   ○懷柔異類 - 이민족을 회유하다.   ○戎車載

戢 - 戎車는 兵車. 전쟁. 戢은 그만두다. 거둘 즙. ○將授三事 - 將은 장차. 三事는 三公의 직무. ○怛其憯然 - 怛는 슬플 달. 憯은 슬플 참. ○《詩》不云乎 - 《詩經 大雅 江漢》. ○肇敏戎功 - 큰 공을 세웠으니, 肇는 시작할 조. 謀也. 敏은 疾也. 戎功은 大功. ○用錫爾祉 - 錫은 줄 석. 하사하다. 爾는 너 이. 祉는 복 지. 하늘에서 내리는 복록. ○以全素絲羔羊之絜焉 - 素絲는 흰 실. 羔羊은 어린 양가죽. 絜은 잴 혈. 묶다. 깨끗할 결. ○鄢陵令 (언릉령) - 梁國의 鄢縣 현령.

[國譯]

宋漢(송한)의 字는 仲和(중화)인데 경학과 품행에 모두 이름이 났으며 茂才(무재)로 천거된 뒤 4차례 승진하여 西河 太守가 되었다. (順帝) 永建 원년(서기 126)에, 東平國 相과 度遼將軍이 되었는데 바른 행실과 지조를 지켜 威望과 은택으로 칭송을 들었다. 太僕으로 승진하였지만 병으로 사직을 원하자 太中大夫를 제수 받고서 곧 죽었다. 이에 책서를 내렸다.

「太中大夫인 宋漢(송한)은 품행이 바르고 正直 無邪하였다. 앞서 변방에 근무하며 여러 차례 군사를 지휘하였고 이민족을 회유하여 매번 큰 공적을 남겼다. 전쟁을 마친 뒤에 변방 백성을 평안케 하였다. 짐이 그 공훈을 살펴 9경의 반열에 등용하였노라. 병으로 사직하였지만 그 지조는 여전히 견실하였다. 三公의 직무를 맡기려 했는데 병을 이기지 못해 세상을 버렸다. 조정은 이를 애도하나니 슬픔 뿐이로다. 《詩》에서도 '큰 공을 세웠으니, 그대에게 복록을 내리노라.' 라고 하였다. 장군과 공경대부들이 장례에 참석하고 금전 십만 전을 그 빈소에 하사하고 흰 실로 꿰맨 양가죽 수의를 입혀 殮(염)하게 하라.」

宋漢(송한)의 아들 宋則(송칙)의 字는 元矩(원구)로 鄢陵(언릉) 현령이었는데 명성이 있었다. 송칙은 同郡의 韋著(위저), 右扶風의 法眞(법진) 등을 천거하여 사람을 볼 줄 안다는 평판이 있었다. 송칙의 10살 아들이 노비와 함께 쇠뇌(弩) 쏘는 연습을 하다가 노비 쇠뇌의 줄이 끊어지며 화살이 발사되어 아들이 잘못 맞아 즉사하였다. 노비가 고개를 숙이며 죽여 달라고 하였는데, 송칙은 상황을 살펴보고 노비를 용서하였다. 穎川郡(영천군)의 荀爽(순상)은 이를 훌륭한 미덕이라 칭송하였고 그때 사람 모두가 감복하였다.

原文

論曰, 中興以後, 居臺相總權衡多矣, 其能以任職取名者, 豈非先遠業後小數哉? 故惠公造次, 急於鄕射之禮, 君房入朝, 先奏寬大之令. 夫器博者無近用, 道長者其功遠, 蓋志士仁人所爲根心者也. 君子以之得, 固貴矣, 以之失, 亦得矣. 宋弘止繁聲, 戒淫色, 其有〈關雎〉之風乎!

| 註釋 | ○中興以後 - 光武 中興, 後漢의 건국. ○居臺相總權衡多矣 - 臺閣(대각, 尙書)의 우두머리. 總은 총람하다. 움켜쥐다. 權衡은 저울, 권력. ○豈非先遠業後小數哉 - 先은 우선하다. 遠業은 禮治와 德業. 後는 뒤로 하다. 小數는 형벌에 의한 治民. ○惠公 - 伏湛(복침)의 字. ○君房 - 侯霸(후패)의 字. ○夫器博者無近用 - 器博者는 견식이 원대한 사람. 無近用은 눈앞의 이익을 취하지 않다. ○道長者其功遠 - 道長者는 도덕심이 깊은 사람. 其功遠은 공적과 영향이 원대하다. ○其有〈關雎〉之風乎 - 〈關雎〉

은《詩經》의 첫째 장. 그 취지는 進賢과 戒淫.

[國譯]

范曄(범엽)의 史論 : 光武帝의 中興(後漢 건국) 이후로 臺閣의 책임자 국정을 총람한 사람이 많았지만 그 능력으로 직임을 잘 수행하여 명성을 얻은 사람은 禮治와 德業을 우선하고 형벌에 의한 治民을 멀리했기 때문이 아니겠는가? 그래서 伏湛(복침)은 혼란 속에서도 鄕射禮(鄕飮禮)를 서둘러 거행하였고, 侯霸(후패)는 조정에 들어가면서 먼저 寬大令을 반포하도록 상주하였다. 대체로 견식이 원대한 사람은 목전의 이익에 뜻을 두지 않고, 도덕심이 깊은 사람의 공적과 영향이 원대한 것은 아마도 志士와 仁人이 근본에 뜻을 두기 때문일 것이다. 君子가 이러한 성취는 참으로 고귀한 것이고 비록 실패하더라도 역시 얻는 것이 있을 것이다. 宋弘(송홍)이 鄭樂(정악)과 같은 속된 음악을 멀리하고 미색을 경계하였으니, 이는 〈關雎(관저)〉의 풍채를 지녔기 때문일 것이다.

❻ 蔡茂

▌原文

蔡茂字子禮, 河內懷人也. 哀,平間以儒學顯, 徵試博士, 對策陳災異, 以高等擢拜議郎, 遷侍中. 遇王莽居攝, 以病自免, 不仕莽朝.

會天下擾亂, 茂素與竇融善, 因避難歸之. 融欲以爲張掖太守, 固辭不就, 每所餉給, 計口取足而已. 後與融俱徵, 復拜議郎, 再遷廣漢太守, 有政績稱. 時陰氏賓客在郡界多犯吏禁, 茂輒糾案, 無所迴避. 會洛陽令董宣舉糾湖陽公主, 帝始怒收宣, 既而赦之. 茂喜宣剛正, 欲令朝廷禁制貴戚, 乃上書曰,

「臣聞興化致教, 必由進善, 康國寧人, 莫大理惡. 陛下聖德係興, 再隆大命, 即位以來, 四海晏然. 誠宜夙興夜寐, 雖休勿休. 然頃者貴戚椒房之家, 數因恩勢, 干犯吏禁, 殺人不死, 傷人不論. 臣恐繩墨棄而不用, 斧斤廢而不擧. 近湖陽公主奴殺人西市, 而與主共輿, 出入宮省, 逋罪積日, 冤魂不報. 洛陽令董宣, 直道不顧, 干主討姦. 陛下不先澄審, 召欲加箠. 當宣受怒之初, 京師側耳, 及其蒙宥, 天下試目. 今者, 外戚憍逸, 賓客放濫, 宜敕有司案理姦罪, 使執平之吏永申其用, 以厭遠近不緝之情.」

光武納之.

|註釋| ○蔡茂(채무, 前 24 - 서기 47) - 大司徒 역임. ○河內懷人也 - 河內는 司隷校尉府 소속 군명. 치소는 懷縣(회현), 今 河南省 焦作市(초작시) 武陟縣. 河內郡의 영역은 대략 今 河南省의 黃河 이북. ○遇王莽居攝 - 平帝가 죽은 뒤(왕망의 독살설도 있음), 왕망은 어린 孺子 嬰(영)을 황제로 세우고, 왕망은 황제의 권능을 대신했다. 居攝(거섭)은 왕망에 대한 호칭이며 또 연호 대용으로 쓰였다. 서기 6 - 8년. ○張掖太守 - 張掖郡(장액군)

의 治所는 觻得縣(역득현). 今 甘肅省 중부 張掖市. ○廣漢太守 – 廣漢郡의
治所는 雒縣(낙현), 今 四川省 成都市 북쪽의 廣漢市. ○陰氏賓客 – 光武帝
陰皇后 일족의 빈객. ○洛陽令董宣擧糾湖陽公主 – 董宣(동선)이 湖陽公主
의 수레를 막고 살인범을 잡아 처단하자 호양공주가 광무제에게 호소했고
광무제도 크게 화를 내며 동선을 벌했다. 동선은 광무제 앞에서도 끝까지
자기주장을 굽히지 않았다. 이는 아주 유명한 사건이었다. 董宣(동선)은 77
권, 〈酷吏列傳〉에 立傳. ○椒房之家 – 황후의 친족. 椒房(초방)은 온난한
보온을 위해 후춧가루를 벽에 칠했다. 황후의 방. 황후를 지칭. ○繩墨棄
而不用 – 繩墨은 章程. 법 조항. 죄수를 묶는 검은 밧줄. ○斧斤廢而不擧
– 斧斤(부근)은 도끼. 사형 도구. ○干主討姦 – 干는 막다. 인격이나 위신
을 건드리다. 主는 湖陽公主. 討姦은 범인을 색출해내다. ○召欲加箠 –
加箠는 채찍으로 때리다. 箠는 채찍 추. ○厭遠近不緝之情 – 원근 백성의
불만을 해소시켜 주다. 不緝之情은 불만. 緝은 부드럽다. 온화하다. 잡다.
緝은 모을 집.

[國譯]

蔡茂(채무)의 字는 子禮(자례)로 河內郡 懷縣(회현) 사람이다. 哀帝
와 平帝 연간에 유학으로 알려져 부름을 받아 博士에 試補되어 對策
에서 災異(재이)를 논하여 높은 등급으로 발탁되었으며, 議郎에 제수
되었다가 侍中으로 승진하였다. (平帝가 죽은 뒤) 왕망이 거섭으로
황제의 권능을 대신할 때 병으로 사임하였기에 왕망의 新朝에는 출
사하지 않았다.

(왕망 말기) 天下가 요란할 때, 채무는 평소에 竇融(두융)과 친했
기에 피난을 가서 두융에게 의지하였다. 두융은 채무를 張掖郡(장액
군) 태수가 되게 했으나 채무는 固辭하며 관직에 나가지 않았고 보

내주는 급여는 가족이 필요한 만큼만 받았다. 뒷날 두융과 함께 광무제의 부름을 받아 다시 議郞에 임용되었고 거듭 승진하여 廣漢郡 태수가 되었는데 치적이 우수하다는 칭송을 들었다.

그 무렵 (陰皇后의) 陰氏 일족의 賓客(빈객)으로 군내에서 법을 어기는 자가 많았는데 채무는 매번 위반자를 규찰 검거하면서 조금도 봐주지 않았다. 그때 洛陽 현령인 董宣(동선)이 湖陽公主의 잘못을 규탄하였는데 광무제도 처음에는 화를 내며 동선을 잡아 가두려다가 나중에 사면하였다. 채무는 동선의 강한 정의감을 좋아하며 朝廷에서 貴戚들에 대한 禁制를 제정할 필요가 있다 하여 상서하였다.

「臣이 알기로는, 교화를 행하여 실적을 거두려면 필히 선인을 먼저 등용해야 하며, 나라와 백성을 안정시키려면 악인을 잡아들이는 것보다 중요한 것이 없습니다. 폐하의 聖德으로 중흥을 이룩하시고 大命(천명)을 받으셨기에 즉위 이래로 천하가 안정되었습니다. 지금 폐하께서는 실로 아침에 일찍 일어나시고 늦게 자리에 들며 쉬어도 쉬는 것이 아닙니다. 그러나 요즈음 귀척이나 황후의 친족들은 자주 세력을 믿고 관리의 금지사항을 어겨 살인을 하여도 사형에 처하지 않고, 상해를 입혀도 형을 받지 않습니다. 臣이 걱정하는 것은 법을 버려두고 적용하지 않으며, 斧斤(도끼, 形具)를 버려두고 처단하지도 않는 것입니다. 최근에 湖陽公主의 노비가 西市에서 살인을 하고서 공주와 함께 수레를 타고 궁궐을 출입하는데도 여러 날을 두고 죄인을 잡아들이지 않아 冤魂(원혼)을 달래주지 못했습니다. 洛陽 현령 董宣(동선)은 정직한 도리로 황실로부터 득죄할 수 있다는 것을 생각지 않고 湖陽公主의 수레를 막고 범인을 색출했습니다. 폐하께서는 우선 명확하게 살펴보시지 않고 채찍으로 낙양 현령을 벌하셨습니다. 동선이 폐하의 분노를 샀을 때 京師의 백성들은 어떻게 될까 귀를 기우렸으나 동선이 사면되자 천하 백성들은 눈을 비비며 다시 보았습니다. 지금 외척의 교만과 그 빈객의 방종은 칙명으로 有司가 범죄자들을 잡아들이고 치죄해야 하며, 또 공정한 관리들을 앞으로 계속 등용하여 원근 백성의 불만을 해소시켜 주어야 합니다.」

光武帝는 채무의 건의를 받아들였다.

原文

建武二十年, 代戴涉爲司徒, 在職淸儉匪懈. 二十三年薨於位, 時年七十二. 賜東園梓棺, 賻贈甚厚.

茂初在廣漢, 夢坐大殿, 極上有三穗禾, 茂跳取之, 得其中穗, 輒復失之. 以問主簿郭賀, 賀離席慶曰, "大殿者, 宮府之形象也. 極而有禾, 人臣之上祿也. 取中穗, 是中臺之位也. 於字禾失爲秩, 雖曰失之, 乃所以得祿秩也. 袞職有闕, 君其補之." 旬月而茂徵焉, 乃辟賀爲掾.

| 註釋 | ○建武二十年 – 서기 45년. ○淸儉匪懈 – 匪懈는 게으르지 않다. 匪는 아닐 비. 懈는 게으를 해. ○東園梓棺 – 東園은 少府 소속 관청이름. 황제의 장례에 필요한 각종 장치나 기구(이를 凶器라고도 한다)를 제조했다. 梓棺은 가래나무(梓)로 만든 棺(널 관). 梓宮(재궁)이란 말이 있는데, '죽은 황제'란 뜻. ○袞職有闕 – 袞職은 三公의 직위. 袞命. 袞은 곤룡포 곤. 삼공의 예복. 闕은 궐위. 자리가 비다. 闕은 대궐 궐. 缺員, 闕位. 부족하다. 틈.

[國譯]

建武 20년(서기 45년), 蔡茂(채무)는 戴涉(대섭)의 후임으로 司徒가 되었다. 재직 중에 청렴 검소하였고 부지런했다. (建武) 23년 재직 중에 죽었는데, 그때 72세였다. (少府의) 東園(동원)에서 제조한 가래나무(梓)로 만든 棺(관)을 하사하고 여러 賻儀(부의)가 아주 많았다.

채무가 廣漢 太守로 재직할 때, 꿈에 큰 건물에 앉아 있는데 높은 곳에 3가닥의 벼(禾) 이삭이 있어 채무가 뛰어올라 그중 가운데 이삭을 잡았으나 곧 놓쳐버렸다. 채무는 이를 主簿(주부)인 郭賀(곽하)에게 물었는데, 곽하는 자리에서 뒤로 조금 물러나며 축하하기를 "大殿이란 궁궐 관부의 형상입니다. 높은 곳에 벼가 있다면 人臣의 가장 윗자리 녹봉입니다. 그중 가운데 이삭은 삼공의 자리입니다. 글자에 禾와 失은 秩(차례 질, 秩祿)이니 비록 놓쳤지만 그 질록을 얻은 것입니다. 三公의 직위가 궐위되면 태수께서 받으실 것입니다."

한 달 뒤에 채무는 황제의 부름을 받았는데, 바로 곽하를 데려다가 掾吏에 임용했다.

❼ 郭賀

原文

賀字喬卿, 洛人. 祖父堅伯, 父遊君, 並修淸節, 不仕王莽. 賀能明法, 累官, 建武中爲尙書令, 在職六年, 曉習故事, 多所匡益. 拜荊州刺史, 引見賞賜, 恩寵隆異, 及到官, 有殊政.

百姓便之, 歌曰, '厥德仁明郭喬卿, 忠正朝廷上下平'. 顯宗巡狩到南陽, 特見嗟嘆, 賜以三公之服, 黼黻冕旒. 敕行部去襜帷, 使百姓見其容服, 以章有德. 每所經過, 吏人指以相示, 莫不榮之. 永平四年, 徵拜河南尹, 以淸靜稱. 在官三年卒, 詔書愍惜, 賜車一乘, 錢四十萬.

| 註釋 | ○洛人 – 廣漢郡의 치소 雒縣. 漢은 火德을 숭상하였기에 洛의 'ㅟ'을 꺼려 雒으로 대체하고, 洛陽을 雒陽으로 표기했다. 雒縣은 今 四川省 成都市 북쪽의 廣漢市. ○拜荊州刺史 – 형주자사부 치소는 武陵郡 漢壽縣, 今 湖南省 북부 常德市. 南陽郡, 南郡, 江夏郡, 零陵郡, 桂陽郡, 武陵郡, 長沙郡을 관할. ○黼黻冕旒 – 黼黻(보불)은 黼와 黻. 黼는 도끼 모양을 수놓은 의복의 장식. 黻(불)은 己(弓)字 2개를 등지게 수놓은 장식. 冕旒(면류)는 면류관. 冕은 면류관 면. 旒 깃발 류. ○敕行部去襜帷 – 敕行部去襜帷(첨유)는 휘장. 襜은 행주치마 첨.

[國譯]

郭賀(곽하)의 字는 喬卿(교경)인데 (廣漢郡의) 洛縣(雒縣) 사람이다. 祖父인 郭堅伯(곽견백), 부친 郭遊君(곽유군)은 모두 淸節을 닦아 王莽(왕망)에게 출사하지 않았다. 곽하는 법률에 밝았고 여러 관직을 거쳐 建武 연간에 尙書令이 되어 6년간 재직했는데 옛 업무를 잘 알아 정무처리에 많은 도움을 주었다. 荊州刺史(형주자사)가 되었는데 황제가 불러 알현하고 상을 내리며 은총이 아주 융숭하였으며, 임지에 부임해서는 치적이 매우 훌륭하였다. 백성들은 고마워하면서 노래를 지어 불렀다.

'덕을 베풀고 인자 명철하신 郭喬卿, 조정에 충성하니 상하가 모두 평안하네.'

顯宗(明帝)이 巡狩하면서 南陽에 와서는 특별히 불러 만나 감탄하면서 三公의 복식과 黼黻(보불)과 冕旒冠(면류관)을 하사하였다. 명에 의거 관할 지역을 순행할 때 수레 휘장을 걷어 올려 백성들이 그 관복과 면류관을 볼 수 있게 하여 곽하의 도덕을 표창하였다. 곽하가 지나는 곳에 관리나 백성이 모두 서로 깨우치며 영광으로 생각하지 않는 사람이 없었다.

(明帝) 永平 4년에, 중앙으로 불러 河南尹을 제수하였는데 청정하다는 칭송을 들었다. 하남윤 재직 3년에 죽었는데 조서를 내려 심심한 애도와 함께 수레 1량과 금전 40만을 하사하였다.

❽ 馮勤

|原文|

馮勤字偉伯, 魏郡繁陽人也. 曾祖父揚, 宣帝時爲弘農太守. 有八子, 皆爲二千石, 趙魏間榮之, 號曰 '萬石君' 焉. 兄弟形皆偉壯, 唯勤祖父偃, 長不滿七尺, 常自恥短陋, 恐子孫之似也, 乃爲子伉娶長妻. 伉生勤, 長八尺三寸. 八歲善計.

|註釋| ○馮勤(풍근, ?-56년) - 馮 성 풍. 탈 빙. ○魏郡 繁陽人也 - 繁陽은 縣名. 河南省 북부 安陽市 관할 內黃縣. ○長不滿七尺 - 漢代 1尺은 약 23cm. 163cm정도. ○善計 - 算術을 잘했다.

　馮勤(풍근)의 字는 偉伯(위백)인데, 魏郡 繁陽縣(번양현) 사람이다.
曾祖父인 馮揚(풍양)은 宣帝 때 弘農太守였다. 8명의 아들이 모두 二
千石 고관이라서 趙와 魏 일대에서는 매우 영광이라 여기며 '萬石
君'이라고 불렀다. 형제 모두 신체가 장대하였는데 다만 풍근의 조
부 馮偃(풍언)만 신장이 7자가 안 되었는데, 늘 키가 작고 볼품없는
것을 부끄럽게 여겼고 자손이 닮는 것을 걱정하여 아들 馮伉(풍항)
은 키 큰 아내를 맞게 하였다. 풍항이 풍근을 낳았는데, 풍근의 키가
8척 3촌이었다. 풍근은 8살 때부터 산술에 능했다.

原文

　初爲太守銚期功曹, 有高能稱. 期常從光武征伐, 政事一
以委勤. 勤同縣馮巡等擧兵應光武, 謀未成而爲豪右焦廉等
所反, 勤乃率將老母, 兄弟及宗親歸期, 期悉以爲腹心, 薦於
光武. 初未被用, 後乃除爲郎中, 給事尙書. 以圖議軍糧, 在
事精勤, 遂見親識. 每引進, 帝輒顧謂左右曰, "佳乎吏也!"
由是使典諸侯封事. 勤差量功次輕重, 國土遠近, 地勢豐薄,
不相逾越, 莫不厭服焉. 自是封爵之制, 非勤不定. 帝益以
爲能, 尙書衆事, 皆令總錄之.

| 註釋 |　○初爲太守銚期功曹 － 銚는 냄비 요. 성씨. 위군 태수 역임. 20
권, 〈銚期王霸祭遵列傳〉에 입전. 功曹는 郡 太守나 현령의 보좌관, 군에는

功曹掾과 功曹史를 두었다. 鄕吏 중 首席, 태수 부재 시 직무대행. ○給事
尙書 - 상서의 일을 담당하다. ○ "佳乎吏也" - 유능한 관리로다!

[國譯]

처음에는 (魏郡) 太守 銚期(요기)의 功曹였는데 유능하다는 칭송을
들었다. 요기는 광무제를 따라 늘 원정에 나섰기에 魏郡 업무를 하나
같이 馮勤(풍근)에게 위임하였다. 풍근은 같은 縣의 馮巡(풍순) 등과
함께 군사를 일으켜 광무제에 호응하려 했는데 성사되기도 전에 郡
의 세력자인 焦廉(초렴) 등에게 배반당했기에 풍근은 노모와 형제들
을 데리고 요기를 찾아가 의지하였는데, 요기는 풍근 일행 모두가 심
복이라 생각하며 광무제에게 천거하였다. 풍근은 바로 임용되지 않
다가 나중에 겨우 郎中에 임용되어 尙書의 일을 담당하였다. 풍근은
軍糧 업무를 맡아 업무에 정통하고 부지런하여 마침내 광무제의 인
정을 받았다. 매번 광무제를 뵐 때마다 광무제는 측근을 둘러보며
"정말 유능한 관리로다!" 라고 말했다. 이후로 풍근은 諸侯를 封하는
업무를 담당하였다. 풍근은 공적의 서열과 경중을 따지고 侯國(封
地)의 원근과 토지의 좋고 나쁜 정도를 따져 서로 비교하며 순차적으
로 배정하였기에 누구든 불복하는 사람이 없었다. 이로부터 작위를
봉하는 업무는 풍근이 아니면 확정되지 않았다. 광무제는 더욱 유능
하다고 인정하였고 상서의 모든 업무를 풍근이 총괄하게 하였다.

原文

司徒侯霸薦前梁令閻楊. 楊素有譏議, 帝常嫌之, 既見霸

奏, 疑其有姦, 大怒, 賜霸璽書曰,「崇山, 幽都何可偶, 黃鉞
一下無處所. 欲以身試法邪? 將殺身以成仁邪?」使勤奉策
至司徒府. 勤還, 陳霸本意, 申釋事理, 帝意稍解, 拜勤尙書
僕射. 職事十五年, 以勤勞賜爵關內侯. 遷尙書令, 拜大司
農, 三歲遷司徒.

| 註釋 | ○司徒侯霸 – 建武 5년에, 侯霸(후패)는 伏湛(복침)의 후임으로
司徒(前漢의 丞相)가 되었다. 梁令閣楊은 河南尹의 梁縣 현령. 閣은 이문
(里門) 염. 성씨. ○譏議(기의) – 헐뜯다. 비방하다. ○崇山, 幽都何可偶 –
崇山(숭산)과 幽都(유도)가 어찌 마주 보겠는가?(남북으로 對偶가 되겠는
가?) 유배를 보내지 않고 죽여버리겠다는 뜻. 이 두 곳은 堯가 共工(공공)과
驩兜(환두)를 귀양 보낸 곳. ○黃鉞一下無處所 – 황월을 한 번 내리치면 머
물데 없으리라. 黃鉞은 천자의 정벌 도구. 황제 권력의 상징. ○欲以身試
法邪 – 네 몸으로 법을 한번 시험해 보겠는가? ○將殺身以成仁邪 – 아니
면 殺身하여 成仁하겠는가?(그냥 죽어서 이름이라도 건지겠느냐?) 하여
튼 노골적인 위협이다. 그만큼 광무제가 화가 났다는 뜻. ○尙書僕射 –
尙書는 문서 담당자. 상서령의 속관. 상서복야 질록은 6백석. 僕射(복야)는
본래 秦의 관제로(僕, 主也), 弓射 관련 업무 담당자였다. 복야는 주 담당
자, 곧 우두머리란 뜻으로 각 분야별로 복야가 있었다. 侍中僕射, 尙書僕
射, 謁者僕射 등이 그 예이다. 射 벼슬 이름 야. ○大司農 – 국가의 穀物과
재화, 국가 재정 담당. 九卿의 하나. 질록 中二千石. 景帝 後元 원년 治粟內
史(치속내사)를 大農令으로 개칭했다가 武帝 太初 원년 대농령을 大司農으
로 개칭했다. 屬官으로 丞 1인 질록 比 千石, 部丞 1人, 6百石 外에 太倉令,
平準令, 導官令(각 질록 6백석)과 그 아래 丞을 두었다.

司徒(丞相)인 侯霸(후패)는 앞서 (河南尹) 梁縣의 현령이었던 閻
楊(염양)을 천거했었다. 그런데 염양은 평소에 정사를 비방하였기에
광무제가 늘 싫어했는데, 후패의 상주가 올라오자 틀림없이 간악한
모의가 있을 것이라 생각하여 대노하면서 후패에게 璽書(새서)를 보
내 말했다.

「崇山(숭산)과 幽都(유도)가 어찌 마주 보겠는가? 황월을 한 번 내
리치면 머물데 없으리라. 사도는 몸으로 법을 한번 시험해 보겠는
가? 아니면 殺身하여 成仁하겠는가?」

광무제는 풍근에게 책서를 내려 司徒府에 전하게 하였다. 풍근은
다녀와서 후패의 본의를 진술하면서 사리를 따져 설명하자 광무제
의 노기가 조금씩 누그러졌고 풍근을 尙書僕射(상서복야)에 임명하
였다. 풍근은 상서복야로 15년을 재직하면서 부지런히 애를 썼기에
關內侯의 작위를 받았다. 풍근은 尙書令으로 승진했다가 大司農이
되었고, 3년이 지나 司徒로 승진하였다.

先是, 三公多見罪退, 帝賢勤, 欲令以善自終, 乃因宴見從
容戒之曰, "朱浮上不忠於君, 下陵轢同列, 竟以中傷至今,
死生吉兇未可知, 豈不惜哉! 人臣放逐受誅, 雖復追加賞賜
賻祭, 不足以償不訾之身. 忠臣孝子, 覽照前世, 以爲鏡誡.
能盡忠於國, 事君無二, 則爵賞光乎當世, 功名列於不朽, 可

不勉哉!" <u>勤</u>愈恭約盡忠, 號稱任職.

| 註釋 | ○朱浮 − 大司空(前漢 御使大夫) 역임. ○陵轢同列 − 陵轢(능력)은 서로 충돌하다. 불화하다. 軋轢(알력). ○不訾之身 − 비할 데 없이 귀중한 몸. 訾는 量. 無量한 몸, 곧 귀한 몸. ○號稱任職 − 任職은 직무를 잘 수행하다. 적임자이다.

[國譯]

　이에 앞서 죄를 지어 퇴임하는 三公이 많았는데, 광무제는 풍근은 현명한 사람이라 여겨 끝맺음을 잘하게 하려고 한가한 때를 보아 조용히 훈계하였다.

　"(大司空이었던) 朱浮(주부)는 위로는 不忠했고, 아래로는 동료와 불화하여 죄를 짓고 지금까지 왔지만 아무리 사람의 死生이나 吉兇을 알 수 없다지만 어찌 애석하지 않은가! 신하로서 방축되거나 처형된다면 나중에 다시 賞賜를 받거나 賻儀를 많이 받는다 하여도 단 하나의 귀한 몸을 보상할 수 없다. 忠臣과 孝子는 先祖를 영광되게 하니, 사도는 그런 사람을 본받아야 할 것이다. 나라에 충성을 다하며 주군을 섬기는데 두 마음을 품을 수 없으니 작위를 받는다면 본인 당세에도 영광일 뿐만 아니라 공명을 후세에 오래도록 전할 수 있으니 힘써 노력하지 않을 수 없도다!"

　풍근은 더욱 공경 검약하며 충성을 다하였으며 직무를 잘 수행한다는 칭송을 들었다.

勤母年八十, 每會見, 詔敕勿拜, 令御者扶上殿, 顧謂諸王
主曰, "使勤貴寵者, 此母也." 其見親重如此. 中元元年, 薨,
帝悼惜之, 使者吊祠, 賜東園秘器, 賵贈有加.

勤七子. 長子宗嗣, 至張掖屬國都尉. 中子順, 尚平陽長
公主, 終於大鴻臚. 建初八年, 以順中子奮襲主爵爲平陽侯,
薨, 無子. 永元七年, 詔書復封奮兄羽林右監勁爲平陽侯,
奉公主之祀. 奮弟由, 黃門侍郎, 尚平安公主. 勁薨, 子卯
嗣. 卯延光中爲侍中, 薨, 子留嗣.

| 註釋 | ○中元元年 – 광무제의 두 번째 연호. 서기 56 – 57년. ○賵贈
– 하사품. 賵은 보낼 봉. 贈은 보낼 증. ○平陽長公主 – 顯宗(明帝)의 11
녀 중 둘째 공주. ○(章帝) 建初八年 – 서기 83년. ○(和帝) 永元七年 –
서기 95년. ○平安公主 – 肅宗(章帝)의 딸. 황후기의 부에는 平邑公主로
기록되었다. ○(安帝) 延光中 – 서기 122 – 124년.

[國譯]

馮勤(풍근)의 모친은 나이 80세였는데 황제를 알현할 때마다 拜禮
를 하지 않아도 된다고 명했고 모시는 자에게 양쪽에서 부축케 하였
으며, 여러 王이나 공주에게 "司徒 풍근이 높은 자리에 오르고 신임
을 받게 한 분이 바로 모친이다."라고 말할 정도로 풍근을 가깝게
신임하였다. 中元 원년에 풍근이 죽었는데 광무제는 매우 슬퍼하며
사자를 보내 제사를 지내게 하고, 또 東園(동원)에서 제조한 여러 秘
器(부장품)이나 물품을 보내주었다.

풍근에게 아들 7명이 있었는데, 長子 馮宗(풍종)이 계승했는데 張
掖屬國 都尉였다. 中子인 馮順(풍순)은 (명제)의 平陽長公主와 결혼
하였고 大鴻臚(대홍려)를 지냈다. (章帝) 建初 8년에, 풍순의 中子인
馮奮(풍분)은 공주의 작위를 세습하여 平陽侯가 되었는데, 죽어 아들
이 없었다. (和帝) 永元 7년에, 조서로 풍분의 형인 羽林右監 馮勁(풍
경)을 平陽侯로 다시 봉하여(復封) 평양공주의 제사를 지내게 하였
다. 풍분의 아우인 馮由(풍유)는 黃門侍郎이었는데 (章帝의) 平安公主
와 결혼하였다. 풍경이 죽어 아들 馮卯(풍묘)가 계승했다. 풍묘는 (安
帝) 延光 연간에 侍中이었고, 죽어서, 아들 馮留(풍류)가 계승하였다.

❾ 趙憙

原文

趙憙字伯陽, 南陽宛人也. 少有節操. 從兄爲人所殺, 無
子, 憙年十五, 常思報之. 乃挾兵結客, 後遂往復仇. 而仇家
皆疾病, 無相距者. 憙以因疾報殺, 非仁者心, 且釋之而去.
顧謂仇曰, "爾曹若健, 遠相避也." 仇皆臥自搏. 後病癒, 悉
自縛詣憙, 憙不與相見, 後竟殺之.

| 註釋 | ○趙憙(前 4년 - 서기 80년) - 憙는 성할 희, 아름다울 희. ○挾
兵結客 - 挾兵은 兵器를 가지고. 挾은 낄 협. 가지다. 병, ○後遂往復仇 - 復
仇는 원수를 갚다. 복은 報復. 仇는 원수 구. ○無相距者 - 距는 겨루다. 대
항하다. 拒와 同. ○爾曹若健 - 爾曹(이조)는 너희들. 爾는 너 이(汝, 女, 而).

趙憙(조희)의 字는 伯陽(백양)으로 南陽郡 宛縣(완현) 사람이다. 젊어서도 기개와 지조가 있었다. 사촌 형이 남에게 피살되었는데, 아들은 없고 조희는 15세였는데 늘 원수를 갚아야 한다고 생각했다. 그래서 兵器를 준비하고 무리를 맺은 다음에 원수를 갚으러 찾아갔다. 그러나 원수 집은 모두 병에 걸려 대항할 사람이 없었다. 조희는 병을 틈타 죽이는 것은 仁者가 아니라고 생각하여 원수네 식구를 놓아주고 돌아서며 말했다. "당신네들이 만약 병이 나으면 멀리 도망가시오." 원수는 누운 채 모두 매달리며 머리를 숙였다. 뒤에 병이 낫자 스스로 결박하고 조희를 찾아왔는데, 조희는 만나주지 않았지만, 결국 나중에 원수를 죽여버렸다.

更始卽位, 舞陰大姓李氏擁城不下, 更始遣柱天將軍李寶降之, 不肯, 云, "聞宛之趙氏有孤孫憙, 信義著名, 願得降之." 更始乃徵憙. 憙年未二十, 旣引見, 更始笑曰, "繭栗犢, 豈能負重致遠乎?" 卽除爲郞中, 行偏將軍事, 使詣舞陰, 而李氏遂降. 憙因進入潁川, 擊諸不下者, 歷汝南界, 還宛. 更始大悅, 謂憙曰, "卿名家駒, 努力勉之." 會王莽遣王尋, 王邑將兵出關, 更始乃拜憙爲五威偏將軍, 使助諸將拒尋, 邑於昆陽. 光武破尋, 邑, 憙被創, 有戰勞, 還拜中郞將, 封勇功侯.

| 註釋 | ○舞陰 - 전한 南陽郡의 縣名. 후한에서는 南陽郡 舞陰邑. 今河南省 서남부 南陽市 관할 方城縣. ○繭栗犢 - 막 뿔이 난 어린 송아지. 犢(송아지 독)의 뿔(角)이 처음 나올 때 繭(누에고치 견)이나 栗(밤 율)과 비슷하다. 당시 속어. ○名家駒 - 천리마, 千里駒. 駒는 망아지 구.

[國譯]

更始가 즉위한 뒤, (南陽郡) 舞縣陰의 大姓인 李氏가 성에 웅거하며 투항하지 않자, 경시는 柱天將軍 李寶(이보)를 보내 투항을 권했으나 거부하면서 "내가 알기로, 宛縣의 趙氏 가문의 孤孫(獨孫)인 趙憙(조희)가 信義가 있다고 유명하던데 그 사람이라면 투항하겠다."고 말했다. 경시는 바로 조희를 불렀다. 그때 조희는 20세가 안되었는데 불러 보고서 경시가 웃으며 말했다. "막 뿔이 난 어린 송아지가 어찌 무거운 짐을 지고 멀리 가겠는가?" 그리고서는 바로 郎中으로 삼아 偏將軍 직무를 대행으로 무음현에 보냈고 이씨는 드디어 항복하였다. 조희는 이어 穎川郡(영천군)에 들어가 투항하지 않은 세력을 모두 격파하고 汝南郡을 거쳐 宛縣으로 돌아왔다. 更始는 크게 기뻐하며 조희에게 말했다. "卿은 우리의 名家駒(千里馬)이니 힘써 노력하라."

그때 왕망은 王尋(왕심)과 王邑(왕읍)을 보내 군사를 거느리고 關中을 출발하여 원정에 나서자 경시는 조희를 五威偏將軍에 임명하여 여러 장군을 도와 왕심과 왕읍을 昆陽(곤양)에서 막게 하였다. 광무가 왕심과 왕읍을 격파할 때 조희는 부상을 당했는데 전투에서 공을 세워 中郎將에 임명되었고 勇功侯(용공호)가 되었다.

更始敗, 憙爲赤眉兵所圍, 迫急, 乃逾屋亡走, 與所友善韓
仲伯等數十人, 攜小弱, 越山阻, 徑出武關. 仲伯以婦色美,
慮有强暴者, 而已受其害, 欲棄之於道. 憙責怒不聽, 因以
泥塗伯仲婦面, 載以鹿車, 身自推之. 每道逢賊, 或欲逼略,
憙輒言其病狀, 以此得免. 旣入丹水, 遇更始親屬, 皆裸跣
塗炭, 饑困不能前. 憙見之悲感, 所裝縑帛資糧, 悉以與之,
將護歸鄉里.

| 註釋 | ○武關 – 陝西省 商洛市 丹鳳縣 동쪽에 위치. 武關河의 북안,
函谷關, 蕭關, 大散關과 함께 秦의 四塞로 알려졌다. 관중 땅의 南大門격.
○鹿車 – 작고 좁은 수레. 사슴 하나를 실을만한 수레. ○旣入丹水 – 南陽
郡의 현명. ○裸跣塗炭 – 裸은 벗을 나(라). 跣은 맨발 선. 塗炭(도탄)은 지
독한 困窮.

[國譯]

更始가 패망하자, 趙憙(조희)도 赤眉에게 포위되어 긴박하게 쫓겼
는데 지붕을 넘어 도주하면서 평소에 가까운 벗 韓仲伯(한중백) 등
수십 명이 어린아이들을 데리고 산을 넘어 샛길로 武關(무관)을 탈
출하였다. 한중백은 부인이 미색이 있어 포악한 자들에게 해를 당할
까 걱정하여 길에 버리려고 하였다. 그러나 조희는 화를 내며 따르
지 않고 진흙을 그 부인의 얼굴에 바르고 작은 수레에 태운 다음 조
희가 수레를 밀었다. 길에서 도적을 만날 때마다 조희는 나쁜 병에
걸렸다고 설명하여 모면하였다. 일행이 (南陽郡) 丹水縣에 들어와

서 우연히 경시제의 가족을 만났는데 옷도 못 입고 맨발에 낭패를 당해 굶주리고 지쳐 걷지도 못했다. 조희는 그들을 보고 비통해하면서 가지고 있던 비단과 식량을 모두 그들에게 주어 고향으로 돌아가게 하였다.

原文

時, 鄧奉反於南陽, 憙素與奉善, 數遺書切責之, 而讒者因方憙與奉合謀, 帝以爲疑. 及奉敗, 帝得憙書, 乃驚曰, "趙憙眞長者也." 卽徵憙, 引見, 賜鞍馬, 待詔公車. 時, 江南未賓, 道路不通, 以憙守簡陽侯相. 憙不肯受兵, 單車馳之簡陽. 吏民不欲內憙, 憙乃告譬, 呼城中大人, 示以國家威信, 其帥卽開門面縛自歸, 由是諸營壁悉降. 荊州牧奏憙才任理劇, 詔以爲平林侯相. 攻擊群賊, 安集已降者, 縣邑平定.

後拜懷令. 大姓李子春先爲瑯邪相, 豪猾並兼, 爲人所患. 憙下車, 聞其二孫殺人事未發覺, 卽窮詰其姦, 收考子春, 二孫自殺. 京師爲請者數十, 終不聽. 時, 趙王良疾病將終, 車駕親臨王, 問所欲言. 王曰, "素與李子春厚, 今犯罪, 懷令趙憙欲殺之, 願乞其命." 帝曰, "吏奉法, 律不可枉也, 更道它所欲." 王無復言. 既薨, 帝追感趙王, 乃貰出子春.

| 註釋 | ○鄧奉(등봉, ? - 27년) - 후한 초창기 功臣 鄧晨(등신)의 조카. 광무에 협조했다가 반기를 들었다. ○待詔公車 - 待詔(대조)는 徵士(징사)의

한 종류이며 漢代의 특수 관직명. 詔는 황제의 명령을 기록한 문서. 명망이 있는 人才를 중용하기 전에 우선 待詔(조서를 기다린다는 뜻)라는 직명을 부여한다. 황제의 부름을 받아 대기하다가 조서를 받고 그에 따른 임무를 수행 또는 자문에 응하는 관직. 待詔의 종류로 待詔金馬, 待詔殿中, 待詔保宮, 待詔公車, 待詔黃門, 待詔丞相府 등이 있다. 公車는 公車司馬令의 약칭. 궁궐의 公車司馬門(後漢에서는 궁궐의 남문)을 수위하며 황제를 알현할 사람을 관리하고, 백성의 상소문, 지방관이 보내오는 공물도 접수 관리하는 직책. 질록 6백석. 丞과 尉 등 속관도 거느렸다. ○江南未賓 - 賓은 빈복하다. 복종하다. ○簡陽侯相 - 簡陽侯의 인명 미상. 簡陽은 蜀郡의 지명. ○平林侯相 - 平林侯 인명 미상. ○懷令 - 河內郡 懷縣(회현), 今 河南省 焦作市(초작시) 武陟縣. ○大姓李子春 - 大姓은 世家大族. 强宗, 右姓이라고도 표현. 李子春의 다른 행적 미상. ○瑯邪相 - 瑯邪는 琅邪(낭야). ○趙王良 - 趙 孝王, 劉良(?-47). 광무제의 숙부, 光武 형제가 어려서 부친을 여의자, 유량은 조카를 아주 돈독하게 살펴 양육하였다. 14권, 〈宗室四王三侯列傳〉에 입전. ○乃貰出子春 - 貰는 용서하다. 사면하다.

[國譯]

그 무렵, 鄧奉(등봉)이 南陽郡에서 반기를 들었는데 조희는 평소에 등봉과 친했기에 여러 번 서신을 보내 등봉을 질책하였는데, 어떤 자가 조희가 등봉과 함께 모의한다고 참소했고 광무제도 의심했었다. 그러나 등봉이 패망한 뒤 조희의 서신을 읽어 본 광무제는 크게 놀라며 "조희는 정말 바른 사람이다."라고 말하면서, 즉시 조희를 불러서 안장을 얹은 말을 하사하며 待詔公車에 임용했다. 그때 江南지역은 아직 평정되지 않아 도로가 불통했었는데 조희를 簡陽侯(간상후)의 相으로 임명했다. 조희는 군사를 거느리지 않고 혼자 수레를 타고 簡陽(간양)으로 갔다. 그곳 관리와 백성은 조희를 성에 들어오지 못하게 했는데, 조희는 설득하면서 성의 관원을 불러서 관리의 위엄과 신의를 보이자 우두머리는 즉시 성문을 열고 얼굴에 밧줄을 걸고 나와 투항하였으며 다른 보루에 웅거하던 무리들도 모두 투항하였다. 형주자사는 조희가 아주 어려운 상황을 잘 타개하였다고 보고하였고, 조정에서는 다시 平林侯의 相으로 임명하였다. 조희는 여타의 도적 무리를 공격하면서 투항한 백성들을 안정시키자 현은 곧 안정되었다.

　조희는 다시 (河內郡) 懷縣(회현)의 현령이 되었는데 회현의 世家大族인 李子春(이자춘)은 그전에 瑯邪國〔琅邪國(낭야국)〕相을 역임한 사람인데 세력을 믿고 나쁜 짓을 많이 하여 백성이 두려워했었다. 조희는 부임하면서 이자춘의 손자 두 명이 살인을 저지르고서도 아직 죄를 받지 않은 것을 알고 바로 추궁하여 그 죄를 밝혀내고 이자춘을 잡아가두자 두 손자는 자살하였다. 낙양에서 이자춘을 위해 청탁을 하는 자가 수십 명이었지만 조희는 끝까지 모른 척하였다. 趙王 劉良은 그때 병으로 죽기 직전이었는데 황제가 친히 유량을 찾아 문병하며 하고 싶은 말을 하게 하였다. 조왕은 "평소에 李子春과 친했는데, 지금 이자춘이 죄를 지어 懷縣 현령 조희가 죽이려고 하니 그를 살려주시오."라고 말했다. 광무제가 "관리가 법을 집행한 것이니 법을 따를 수밖에 없다."라고 말하자, 조왕은 다시 더 말하지 않았다. 조왕이 죽은 뒤 광무제는 조왕을 생각하여 이자춘을 사면하였다.

原文

其年, 遷憙平原太守. 時, 平原多盜賊, 憙與諸郡討捕, 斬其渠帥, 餘黨當坐者數千人. 憙上言, "惡惡止其身, 可一切徙京師近郡." 帝從之, 乃悉移置潁川, 陳留. 於是擢舉義行, 誅鋤姦惡. 後青州大蝗, 侵入平原界輒死, 歲屢有年, 百姓歌之.

二十六年, 帝延集內戚宴會, 歡甚, 諸夫人各各前言 "趙憙篤義多恩, 往遭赤眉出長安, 皆爲憙所濟活." 帝甚嘉之. 後徵憙入爲太僕, 引見謂曰, "卿非但爲英雄所保也, 婦人亦懷卿之恩." 厚加賞賜.

二十七年, 拜太尉, 賜爵關內侯. 時, 南單于稱臣, 烏桓, 鮮卑並來入朝, 帝令憙典邊事, 思爲久長規. 憙上復緣邊諸郡, 幽, 並二州由是而定.

| 註釋 | ○平原太守 – 平原郡 治所는 平原縣, 今 山東省 북부 德州市 관할의 平原縣. ○惡惡止其身 – 惡惡(오악)은 악을 징벌하다. ○潁川,陳留 – 潁川郡(영천군) 治所는 陽翟縣(양책현), 今 河南省 중부 許昌市 관할 禹州市. 陳留郡의 治所 陳留縣, 今 河南省 동부 開封市. ○誅鋤姦惡 – 간악한 자를 뿌리째 뽑아 제거하다. ○青州大蝗 – 青州刺史部 치소는 臨淄縣, 今 山東省 淄博市 臨淄區(임치구). ○(建武)二十六年 – 서기 50년. ○幽,並二州 – 幽州는 지금 北京市, 河北省 북부 일원. 并州 관할 지역은 지금의 陝西省과 山西省 북부 일원.

[國譯]

　그 해에, 조희는 平原太守로 승진하였는데 平原郡에는 도적떼가 많아 조희는 다른 군과 함께 협조하여 도적을 잡아들이며 그 우두머리를 참수하였는데 관련된 잔당이 수천 명이었다. 이에 조희는 "악을 징벌하더라고 그 본인에 그쳐야 하니 이들을 모두 京師 근처의 군으로 이주시키고자 합니다." 라고 상주하였다. 광무제가 허용하자 잔당을 穎川郡(영천군)과 陳留郡(진류군)으로 이주시켰다. 이어 조희는 의로운 자를 발탁하며 간악한 자를 뿌리 뽑아 제거하였다. 뒷날 靑州 일대에 황충 피해가 심했지만 황충이 평원군에 날아와서는 바로 죽어버렸기에 평원군은 여러 해 풍년이 들었고 백성은 조희를 칭송하였다.

　(建武) 26년, 광무제는 친척을 불러 잔치를 하며 크게 즐겼는데 집안 여러 부인들이 광무제에게 "趙憙(조희)는 성실하며 은의를 많이 베풀었으니, 지난 날 적미 무리에게 쫓겨 장안을 떠날 때 모두가 조희 덕분에 살아남았습니다." 라고 말하자, 광무제도 조희를 가상히 여겼다. 뒷날 조희를 중앙으로 불러 太僕에 임명하면서 조희에게 말했다.

　"卿은 영웅으로 천거되었을 뿐만 아니라 부인들도 경의 은택에 감사하고 있소."

　그리고는 후한 상을 하사하였다.

　27년, 太尉에 임명하며 關內侯의 작위를 하사하였다. 그 무렵 南單于(남선우)가 稱臣(칭신)하였으며 烏桓(오환)과 鮮卑(선비)가 함께 입조하자, 광무제는 조희에게 변방에 관한 업무를 주관하며 장기 계획을 수립케 하였다. 조희는 국경 부근 여러 郡의 회복을 건의하였고 이로써 幽州(유주)와 幷州(병주) 일원이 안정되었다.

三十年, 憙上言宜封禪, 正三雍之禮. 中元元年, 從封泰山. 及帝崩, 憙受遺詔, 典喪禮.

是時, 藩王皆在京師, 自王莽篡亂, 舊典不存, 皇太子與東海王等雜止同席, 憲章無序. 憙乃正色, 橫劍殿階, 扶下諸王, 以明尊卑.

時, 藩國官屬出入宮省, 與百僚無別, 憙乃表奏謁者將護, 分止它縣, 諸王並令就邸, 唯朝晡入臨. 整禮儀, 嚴門衞, 內外肅然.

| 註釋 | ○(建武) 三十年 - 서기 54년. ○封禪 - 封은 천자가 단을 쌓고 제천하는 의식. 泰山의 동쪽에 조성한 壇(단)은 길이 1丈2尺(1丈은 231cm, 1尺 = 23.1cm) 높이 9尺이라는 기록이 있다. 禪(墠, 제터 선)은 땅을 깨끗하게 쓸고(除地) 올리는 제사. 이는 山川의 諸神에 대한 제사. ○正三雍之禮 - 明堂, 靈臺, 辟雍(벽옹)에서의 의례. 明堂은 皇帝가 政敎의 大典을 행하는 건물. 朝會, 祭祀, 慶賞, 養老, 敎學 등의 행사를 집행하는 곳. 靈臺는 본래 周 文王 만들었다는 樓臺. 3월과 9월에 鄕射禮를 거행했다. 辟雍(벽옹)은 본래 周代의 중앙교육기관. 太學이 소재한 곳. 전체적으로 둥근 모양(하늘을 상징)을 물(敎化가 물처럼 흘러 널리 퍼지라는 뜻)이 두르고 있는 형상. 제후국의 교육기관이 있는 곳은 泮宮(반궁)이라고 했다. ○中元元年 - 서기 56년. ○從封泰山 - 泰山은 今 山東省 泰安市 위치. 主峰인 玉皇

峰은 해발 1532.7m. 五嶽 중 東嶽. 중국 諸神이 머무는 곳이라 생각했다.
○及帝崩 - 中元 2년, 서기 57년 2월 戊戌日(무술일), 광무제가 南宮의 前
殿에서 붕어하니, 나이는 62세였다. ○憙受遺詔 - 遺詔는 〈光武帝紀 下〉
참고. ○唯朝晡入臨 - 朝晡는 오전과 오후. 晡는 申時 포. 오후 4시.

[國譯]

(建武) 30년, 趙憙(조희)는 응당 封禪禮(봉선례)와 三雍(明堂, 靈臺,
辟雍)의 의례를 제대로 행해야 한다고 건의하였다. 中元 원년, 조희
는 泰山의 封禪禮를 隨從하였고, 광무제가 붕어할 때(中元 2년) 遺
詔(유조)를 받아 喪禮를 주관하였다.

이때 藩王이 모두 京師에 머물고 있었고 왕망의 찬탈과 혼란으로
옛 典籍도 없었는데, 皇太子와 東海王(劉彊) 등이 한자리에 머무는
등 법도에 질서가 없었다. 이에 조희는 정색을 하고 칼을 들고 어전
계단에 서서 여러 왕들을 모두 계단 아래에 서게 하여 尊卑(존비)를
확실히 구분하였다.

이때 제후국의 관리들도 궁정과 중앙 관서에 출입하며 중앙 관료
와 구분이 없었는데 조희가 상주하여 謁者를 거느리고서 지방 관리들
은 별도의 자리에 머물게 하였고, 여러 제후들도 각자의 사저로 돌아
가 머물다가 朝晡(오전과 오후)에 정해진 시각에만 들어오게 하였다.
조희가 의례를 단속하고 출입을 통제하자 내외가 모두 숙연하였다.

原文

永平元年, 封節鄕侯. 三年春, 坐考中山相薛脩事不實免.

其冬, 代竇融爲衛尉. 八年, 代虞延行太尉事, 居府如眞. 後遭母憂, 上疏乞身行喪禮, 顯宗不許, 遣使者爲釋服, 賞賜恩寵甚渥. 憙內典宿衛, 外幹宰職, 正身立朝, 未嘗懈惰. 及帝崩, 復典喪事, 再奉大行, 禮事修擧.

肅宗卽位, 進爲太傅, 錄尙書事. 擢諸子爲郎吏者七人. 長子代, 給事黃門.

建初五年, 憙疾病, 帝親幸視. 及薨, 車駕往臨吊. 時年八十四. 謚曰正侯.

子代嗣, 官至越騎校尉. 永元中, 副行征西將軍劉尙征羌, 坐事下獄, 疾病物故. 和帝憐之, 賜秘器錢布, 贈越騎校尉, 節鄕侯印綬. 子直嗣, 官至步兵校尉. 直卒, 子淑嗣, 無子, 國除.

| 註釋 | ○(明帝) 永平元年 – 서기 58년. ○中山相薛脩 – (광무제 아들) 中山王 劉焉의 相. ○遭母憂 – 모친상을 당하다. ○及帝崩 – 明帝 崩御(서기 75년). ○錄尙書事 – 前漢의 領尙書事를 개칭. 황제에게 올라가는 모든 문서 업무를 주관하는 尙書臺의 尙書令, 이하 尙書僕射, 尙書, 尙書郎 등은 모두 少府 소속이었다. 후한에서 尙書의 권한이 점차 강대하면서 국가 최고의 대신이 이 상서 업무를 감독하였다. 곧 錄尙書事는 宰相의 의미로 사용. 상서 업무를 감독한다는 뜻이지, 직책을 직접 수행하는 것은 아니다. ○(和帝) 永元中 – 서기 89 – 104년.

[國譯]

(明帝) 永平 원년(서기 58), 조희는 節鄕侯(절향후)에 봉해졌다. 3

년 봄, 中山國 相인 薛脩(설수)의 사안 조사가 부실하다는 죄로 면직되었다. 그해 겨울, 竇融(두융)의 후임으로 衛尉(위위)가 되었다. 8년, 虞延(우연)의 후임으로 太尉 업무를 대행하였는데 태위부에서는 정식과 같았다. 모친상을 당하여 사직하고 상례를 마치겠다고 상소하였으나 顯宗(明帝)은 불허하면서 사자를 보내 상복을 벗게 하였고 賞賜와 恩寵이 매우 돈독하였다. 조희는 내직에서는 宿衛에 관한 업무를 전담하였고 外職으로 지방관을 수행하였는데 언제나 공정하게 업무를 처리하였고 조금도 흐트러짐이 없었다.

明帝가 붕어하자(서기 75년), 다시 장례를 주재하여 국상을 집행하면서 예법에 따라 진행하였다. 肅宗(章帝)이 즉위하며 太傅(태부)로 승진하여 錄尙書事를 담당하였다. 조희의 7명 아들이 낭관에 발탁되었다. 長子 趙代는 給事黃門이 되었다.

(章帝) 建初 5년(80년), 조희가 병이 났을 때 황제가 친히 병문안을 왔었다. 조희가 죽자 황제가 친히 와서 조문하였다. 그때 84세였고, 시호는 正侯(정후)였다.

아들 趙代(조대)가 계승하였는데 관직은 越騎校尉였다. (和帝) 永元 연간에, 征西將軍 劉尙(유상)의 羌族 정벌에 副職으로 출정하였으나 죄를 지어 하옥되었다가 병으로 죽었다. 和帝가 가엽게 여겨 각종 秘器(副葬品)과 錢布를 하사하고 越騎校尉와 節鄕侯의 인수를 추증하였다. 아들 趙直(조직)이 계승했는데, 관직은 步兵校尉였다. 조직이 죽자 아들 趙淑(조숙)이 뒤를 이었으나 아들이 없어 나라가 없어졌다.

❿ 牟融

原文

牟融字子優, 北海安丘人也. 少博學, 以《大夏侯尙書》敎
授, 門徒數百人, 名稱州里. 以司徒茂才爲豐令, 視事三年,
縣無獄訟, 爲州郡最. 司徒範遷薦融忠正公方, 經行純備,
宜在本朝, 並上其理狀.

永平五年, 入代鮑昱爲司隸校尉, 多所擧正, 百僚敬憚之.
八年, 代包咸爲大鴻臚. 十一年, 代鮭陽鴻爲大司農. 是時,
顯宗方勤萬機, 公卿數朝會, 每輒延謀政事, 判折獄訟. 融
經明才高, 善論議, 朝廷皆服其能, 帝數嗟嘆, 以爲才堪宰
相. 明年, 代伏恭爲司空, 擧動方重, 甚得大臣節. 肅宗卽位,
以融先朝名臣, 代趙憙爲太尉, 與憙參錄尙書事.

建初四年薨, 車駕親臨其喪. 時融長子麟歸鄕里, 帝以其
餘子幼弱, 勑太尉掾史敎其威儀進止, 贈賵恩寵篤密焉. 又
賜冢塋地於顯節陵下, 除麟爲郞.

| 註釋 | ○牟融(모융, ?-70년) - 牟는 소 가우는 소리 모. 성씨. ○北海
安丘人 - 今 山東省 동부 濰坊市 관할 安丘市. ○《大夏侯尙書》- 전한의
夏侯始昌(하후시창)의 아들인 夏侯勝(하후승)이 宣帝 때 창립한 《尙書》의 학
풍을 '大夏侯學'이라 부르고, 하후승의 조가 夏侯建(하후건)이 이룩한 학파
를 '小夏侯學'이라 한다. ○豐令 - 豐은 沛國의 豐縣, 今 江蘇省 徐州市
관할 豐縣 ○司徒範遷 範遷(범천)은 인명. ○代鮭陽鴻~ - 鮭陽(휴양,

어채 해)이 성씨, 鴻(홍)이 이름. ○(肅宗) 建初四年 – 서기 79년. ○顯節陵
– 明帝의 능.

[國譯]

车融(모융)의 字는 子優(자우)로 北海郡 安丘縣 사람이다. 젊어 박
학하였고《大夏侯尙書》를 敎授하였는데, 문도가 수백 명이나 되어
향리에 이름이 났었다. 司徒가 茂才(무재)로 모융을 천거하여 沛國
豊縣 현령이 되었는데, 3년 동안에 獄案이나 소송이 없어 豫州의 郡
國에서 최고였다. 司徒 範遷(범천)이 모융을 忠正하고 공평 방정하
며 經學과 품행이 순수하고 바르기에 조정에 근무해야 한다고 천거
하면서 그 치민 실적도 상주하였다.

(明帝) 永平 5년에, 조정에 불려 들어와 鮑昱(포욱)의 후임으로 司
隷校尉가 되었는데 정직한 인재를 많이 천거하여 모든 신료들이 공
경하면서도 두려워하였다. 8년에, 包咸(포함)의 후임으로 大鴻臚(대
홍려)가 되었다. 11년, 鮭陽鴻(휴양홍)의 후임으로 大司農이 되었다.
이 무렵 顯宗(明帝)이 직접 萬機를 친람하면서 공경들의 조회가 많
았고 매번 정사를 논의하거나 옥사를 판결하였다. 모융은 경학에 밝
고 재능이 뛰어났으며 의론에 뛰어나 조정 모두가 그 능력에 승복하
였고 명제도 자주 감탄하며 재상이 될 인재라 생각하였다. 明年에
伏恭(복공)의 후임으로 司空이 되어 행동이 단아하고 방정하며 대신
의 품위를 잘 지켰다. 肅宗(章帝)가 즉위하면서 모융이 先朝의 名臣
이기에 趙憙(조희)의 후임으로 太尉가 되었고 조희와 함께 錄尙書事
를 담당하였다.

(肅宗) 建初 4년에 죽었는데 황제가 친히 조문하였다. 그때 모융

의 장자 牟麟(모린)은 鄕里에 머물고 있었고 그 나머지 아들은 아직 어리기 때문에 太尉府의 掾史들에 명하여 (어린 아들에게) 출입 예의나 용모에 대해 가르쳐주게 하였으며, 상사에 필요한 물건을 하사하는 등 은택과 신임이 매우 두터웠다. 또 (明帝의) 顯節陵(현정릉) 아래에 무덤을 쓸 땅을 하사하였으며, 아들 모린에게 낭관을 제수하였다.

⓫ 韋彪

原文

韋彪字孟達, 扶風平陵人也. 高祖賢, 宣帝時爲丞相. 祖賞, 哀帝時爲大司馬.

彪孝行純至, 父母卒, 哀毀三年, 不出廬寢. 服竟, 羸瘠骨立異形, 醫療數年乃起. 好學洽聞, 雅稱儒宗. 建武末, 擧孝廉, 除郎中, 以病免, 復歸敎授. 安貧樂道, 恬於進趣, 三輔諸儒莫不慕仰之.

顯宗聞彪名, 永平六年, 召拜謁者, 賜以車馬衣服, 三遷魏郡太守. 肅宗卽位, 以病免. 徵爲左中郎將, 長樂衛尉, 數陳政術, 每歸寬厚. 比上疏乞骸骨, 拜爲奉車都尉, 秩中二千石, 賞賜恩寵, 侔於親戚.

| 註釋 | ○韋彪(위표, ?-89) - 韋는 다룬 가죽 위. 성씨. 彪 무늬 표. 범.

○扶風平陵人 - 右扶風의 平陵縣. 平陵은 昭帝의 陵, 今 陝西省 咸陽市 부근. 능 주변에 民戶를 이주시키고 현(陵縣)을 설치. 종묘 제사와 황릉을 관리하는 직책인 太常이 陵縣을 감독 통솔했다. ○高祖賢 - 韋賢(위현, 前 147-66) - 宣帝 本始 3년(前 71)에 승상, 封 扶陽侯, 아들 韋玄成도 元帝 때 승상이 되자 고향 魯國 鄒縣(추현)에 '遺子黃金滿籯, 不如一經(자식에게 황금을 광주리 가득 물려주는 것은 경전 한 권을 가르치는 것만 못하다)'. 라는 속언이 생겼다. 《漢書》73권, 〈韋賢傳〉에 父子 입전. ○羸瘠骨立異形 - 羸는 여월 이. 瘠는 파리할 척. ○恬於進趣 - 恬은 편안할 염. 進趣는 進退. ○比上疏乞骸骨 - 면직을 연이어 상소하다. ○侔於親戚 - (황제의) 친척과 같았다. 侔는 가지런할 모. 꾀하다. 俟(기다릴 사)가 아님.

[國譯]

韋彪(위표)의 字는 孟達(맹달)로, 右扶風의 平陵縣 사람이다. 高祖인 韋賢(위현)은 宣帝 때 丞相이었다. 조부 韋賞(위상)은 哀帝 때 大司馬가 되었다.

위표는 효행이 아주 돈독하였는데 父母의 상에 3년 동안 애통해하며 무덤 여막 밖으로 나가질 않았다. 3년상이 끝났을 때는 야위어 뼈만 남은 형상이라서 몇 년 치료를 받은 다음에야 움직일 수 있었다. 好學하며 견식이 넓어 儒家의 宗師로 불렸다. 建武 말년에 孝廉(효렴)으로 천거되어 郎中을 제수 받았지만 병으로 사임하고 돌아와 문도를 가르쳤다. 安貧樂道하며 공명에 담담하였기에 三輔 일대의 많은 유생이 숭앙하지 않는 사람이 없었다. 顯宗(明帝)가 위표의 명성을 듣고 永平 6년에 불러 謁者(알자)에 임명하고 거마와 의복을 하사하였다. 3차례 승진하여 魏郡太守가 되었다. 肅宗(章帝)가 즉위하자 병으로 사임하였다. (章帝가) 조정에 불러 左中郞將과 長樂衛

尉가 되어 여러 차례 정론을 건의하였는데 결론은 관후한 정치였다. 면직을 연이어 상소하였지만 奉車都尉에 임명되었고, 질록은 中二千石이었는데 하사와 은총이 많아 황제의 친척과 같았다.

原文

建初七年, 車駕西巡府, 以彪行太常從, 數召入, 問以三輔舊事, 禮儀風俗. 彪因建言, "今西巡舊都, 宜追錄高祖,中宗功臣,襃顯先勳, 紀其子孫." 帝納之. 行至長安, 乃制詔京兆尹,右扶風求蕭何,霍光後. 時光無苗裔, 唯封何末孫熊爲鄼侯. 建初二年已封曹參後曹湛爲平陽侯, 故不復及焉. 乃厚賜彪錢珍羞食物, 使歸平陵上冢. 還, 拜大鴻臚.

| 註釋 | ○(章帝) 建初七年 – 서기 82년. ○中宗 – 宣帝. ○鄼侯(찬후) – 蕭何의 작위. ○平陵上冢 – 平陵縣에 있는 韋彪 선조의 무덤.

[國譯]

(章帝) 建初 7년, 황제가 서쪽을 순수할 때 위표를 太常의 代行으로 수종케 하였는데 자주 불러 三輔 지역의 옛일과 예의 풍속에 대하여 물었다. 위표는 황제에게 "이전 서쪽 舊都(長安)을 순수하시면서 高祖와 中宗(宣帝)의 행적을 살펴보시고 功臣의 후손을 찾아 기록하고 공적을 널리 알리십시오."라고 건의하였고, 황제는 수용하였다.

長安에 이르러 곧 京兆尹과 右扶風에게 명하여 蕭何(소하)와 霍光(곽광)의 후손을 찾아보라고 하였다. 그때 곽광의 후손은 없었고 다만 소하의 말손 蕭熊(소웅)을 酇侯(찬후)에 봉하였다. 建初 2년에, 이미 曹參(조참)의 후손 曹湛(조담)을 平陽侯에 봉했기에 이번에는 봉하지 않았다. 이어 위표에게 금전과 좋은 음식을 많이 하사하여 평릉현에 있는 위표 선조의 무덤에 참배하게 하였다. 돌아온 뒤에 위표는 大鴻臚(대홍려)가 되었다.

是時, 陳事者多言郡國貢擧率非功次, 故守職益懈而吏事浸疏, 咎在州郡. 有詔下公卿朝臣議. 彪上議曰,

「伏惟明詔, 憂勞百姓, 垂恩選擧, 務得其人. 夫國以簡賢爲務, 賢以孝行爲首. 孔子曰, '事親孝故忠可移於君, 是以求忠臣必於孝子之門.' 夫人才行少能相兼, 是以 '孟公綽優於趙,魏老, 不可以爲滕,薛大夫.' 忠孝之人, 持心近厚, 鍛煉之吏, 持心近薄. 三代之所以直道而行者, 在其所以磨之故也. 士宜以才行爲先, 不可純以閥閱. 然其要歸, 在於選二千石. 二千石賢, 則貢擧皆得其人矣.」

帝深納之.

| 註釋 | ○貢擧率非功次 − 貢擧는 인재의 천거. 率은 다. 거의. 功次는 순서, 공적의 大小. ○吏事浸疏 − 관리의 직무가 해이해지다. 浸疏(침소)는 점차 소략해지다. ○垂恩選擧 − 垂恩은 황제가 관직을 내림. 選擧는 추천자 중에서 선임함. 투표란 뜻은 없음. ○孔子曰 −《孝經》의 큰 뜻을

해설한 말.《孝經》은 공자 제자의 후학들이 엮은 책이라는 주장이 비교적 통용되고 있다. ㅇ孟公綽~ -《論語 憲問》의 글. ㅇ三代之所以~ -「子曰, "吾之於人也, 誰毀誰譽? 如有所譽者, 其有所試矣. 斯也, 三代之所以直道而行也."《論語 衛靈公》.

[國譯]

이때에, 정사를 논하는 많은 사람들은 郡國의 인재 천거가 거의 순서나 공적의 과다에 따르지 않기에 지방관은 국가에 충성하지 않고 지방 관리 직무도 점차 소략해지는데, 이런 허물의 원인은 州나 郡에 있다고 말했다. 이에 조서로, 이를 朝臣들이 논의케 하였다.

이에 위표가 상주하였다.

「臣의 생각으로, 폐하의 조서는 백성을 위한 걱정이시며 관직 임명과 선임에서 적임자를 얻으려는 뜻입니다. 나라에는 인재 선발이 가장 큰일이고 인재는 효행이 첫째입니다. 孔子께서도 '부모에게 하는 효도를 주군에게 옮겨 실천할 수 있으니 충신은 효자의 가문에서 얻을 수 있다.'고 하였습니다. 인재의 재능과 행실은 어려서부터 타고나는 것입니다. 때문에 (魯의 大夫였던) '孟公綽(맹공작)은 (晉의 家臣인) 趙와 魏의 大家의 가신(老)으로는 훌륭하지만 (小國인) 滕(등)과 薛(설)에서는 대부가 되기 어렵다.'고 하였습니다. 忠孝하는 인재는 마음 바탕(心地)이 후덕하지만 노련한 관리는 마음 바탕이 각박한 사람입니다. 三代 이후로 바른길을 걸어온 사람들은 그들이 연마한 분야에서 유능했던 인재들이었습니다. 인재의 선발은 그들의 능력이나 행실을 우선으로 해야지 문벌을 중시할 수 없습니다. 우선 인재를 선발하는 가장 중요한 실무는 二千石(太守)에게 있으니 태수가 현명한 사람이라면 인재 추천 역시 적임자를 얻을 수 있을 것입니다.」

황제는 위표의 건의를 모두 수용하였다.

原文

彪以世承二帝吏化之後, 多以苛刻爲能, 又置官選職, 不必以才, 因盛夏多寒, 上疏諫曰,

「臣聞政化之本, 必順陰陽. 伏見立夏以來, 當暑而寒, 殆以刑罰刻急, 郡國不奉時令之所致也. 農人急於務而苛吏奪其時, 賦發充常調而貪吏割其財, 此其巨患也. 夫欲急人所務, 當先除其所患. 天下樞要, 在於樞書, 尙書之選, 豈可不重? 而間者多從郎官超升此位, 雖曉習文法, 長於應對, 然察察小慧, 類無大能. 宜簡嘗歷州宰素有名者, 雖進退舒遲, 時有不逮, 然端心向公, 奉職周密. 宜鑒嗇夫捷急之對, 沈思絳侯木訥之功也. 往時楚獄大起, 故置令史以助郎職, 而類多小人, 好爲姦利. 今者務簡, 可皆停省. 又諫議之職, 應用公直之士, 通才謇正, 有補益於朝者. 今或從徵試輩爲大夫. 又御史外遷, 動據州郡. 並宜淸選其任, 責以言績. 其二千石視事雖久, 而爲吏民所便安者, 宜增秩重賞, 勿妄遷徙. 惟留聖心.」

書奏, 帝納之.

| 註釋 | ○承二帝 – 光武帝와 明帝의 치적을 잇다.   ○吏化之後 – 광무
제는 될 수 있으면 공신을 정치 일선에서 배제하고 전문 문사에게 맡기는
방책을 택했다.   ○天下樞要 – 가장 요긴하고 중요한 일. 상서는 황제에
올라가는 모든 문서와 외교 국방에 관한 문서를 담당하였다.   ○察察小慧
– 재치나 부리는 소소한 총명. ○類無大能 – 대부분 특별한 능력이 없다.
○州宰 – 州宰는 지방관, 태수나 현령. ○宜鑒嗇夫捷急之對 – 嗇夫는 관
직명. 園陵의 관리인, 鄉官의 색부는 縣에 一人, 질록 1백석. 捷急之對는
민첩한 응대. 文帝가 상림원에 가서 동물을 관리하는 상림원령(질록 6백
석)에게 물었으나 대답을 제대로 못했다. 그러나 색부가 민첩하게 답변을
잘했다. 문제가 색부를 령에 임명하라고 하였으나 이를 張釋之가 반대하면
서, 絳侯 周勃(주발)은 말은 어눌했으나 진실한 사람이라면서 말만 번지르
하게 잘한다고 높이 등용하면 안 된다고 말했다.   ○絳侯木訥之功也 – 木
訥은 순박하고 말 수가 적음. ○往時楚獄大起 – 明帝 永平 13년(서기 70)
11월, 楚王 劉英(유영)이 모반하자 폐위하여 나라를 없애고 涇縣(경현)에 옮
겼는데, 이와 연관하여 죽거나 이주한 자가 수천 명이었다. ○通才謇正 –
通才는 재능이 많다. 謇正은 충직하다. 謇은 떠듬거릴 건. 충직할 건.

[國譯]

韋彪(위표)는 광무제와 명제의 관리에 의한 통치 전통이 이어지면
서 가혹 각박한 관리를 유능하다 여기고 또 관직의 선임이 재능에
의한 선임이 아니라서 한여름에도 서늘한 날이 많다고 생각하여 이
를 바로잡으려는 글을 올렸다.

「臣이 알기로, 정치와 교화의 기본은 필히 음양에 순응하는 것입
니다. 제가 볼 때 立夏 이래로 더워야 하는데 서늘한 것은 형벌이 너
무 각박하거나 郡國에서 時令을 따르지 않기 때문일 것입니다. 농민

이 바쁠 때 가혹한 관리가 농사 시간을 빼앗고 부세나 요역을 규정에 맞춰 징발해야 하는데 탐관의 백성 재물 탈취는 큰 걱정거리입니다. 백성들에게 가장 긴급한 일은 이를 제거하는 것입니다. 천하에 가장 요긴한 일은 尙書가 처리하기에 상서의 선임이 어찌 중요하지 않겠습니까? 요즈음에 郞官에서 순차를 넘어 상서에 오르는 경우가 많은데 비록 法規를 잘 알고 응대를 잘한다지만 재치나 부리는 소소한 총명이며 대부분 특별한 능력이 없는 자입니다. 응당 지방관을 거치면서 유능하다는 평가를 받은 자 중에서 뽑는다면 비록 응대가 좀 늦겠지만 한결같이 공평을 기할 것이며 직무가 치밀할 것입니다. 응당 (上林苑) 嗇夫(색부)의 민첩한 대응보다는 絳侯(강후, 周勃)의 질박 어눌한 공적을 깊이 고려해야 합니다. 지난 날(明帝 永平 13년) 楚王(劉英)의 큰 옥사 이후로 令史가 낭관의 직무를 돕게 했는데 거개가 小人으로 불법을 저지른 자가 많았습니다. 簡明(간명)한 정사를 구하고자 한다면 이런 자는 모두 파면해야 합니다. 또 諫議(간의)의 직책은 응당 공평 정직하며 재능이 많고 충직한 자를 등용해야만 조정에 유익할 것입니다. 지금이라도 이런 자들을 뽑아 大夫로 등용해야 합니다. 또 御使를 지방관으로 보내야 합니다. 아울러 여러 관직에 맞는 청렴한 인재를 뽑고, 바른 건의와 치적으로 평가해야 합니다. 태수로 오래 근무하면서 관리나 백성을 이롭게 한 자는 응당 질록을 높이거나 큰 상을 하사하고 임의로 전근시키지 않아야 합니다. 이런 일을 유념해 주십시오.」

위표의 글이 상주되자, 황제는 이를 받아들였다.

元和二年春, 東巡狩, 以彪行司徒事從行. 還, 以病乞身, 帝遣小黃門,太醫問病, 賜以食物. 彪遂稱困篤. 章和二年夏, 使謁者策詔曰,

「彪以將相之裔, 勤身飭行, 出自州里, 在位歷載. 中被篤疾, 連上求退. 君年在耆艾, 不可復以加增, 恐職事煩碎, 重有損焉. 其上大鴻臚印綬. 其遣太子舍人詣中臧府, 受賜錢二十萬.」

永元元年, 卒, 詔尙書,「故大鴻臚韋彪, 在位無愆, 方欲錄用, 奄忽而卒. 其賜錢二十萬, 布百匹, 穀三千斛.」

彪清儉好施, 祿賜分與宗族, 家無餘財, 著書十二篇, 號曰《韋卿子》.

| 註釋 | ○(章帝) 元和二年 – 서기 85년. ○困篤 – 위독. 중병. ○(章帝) 章和二年 – 서기 88년. ○耆艾 – 늙은이. 耆는 늙은이 기. 60세(70세). 艾는 쑥 애. 50세. ○中臧府 – 비단과 금전을 보관 관리하는 부서. 창고. 府令 1인 질록 6백석. ○(和帝) 永元 元年 – 서기 89. ○在位無愆 – 愆은 허물 건. 잘못. ○奄忽而卒 – 奄忽은 갑자기. 奄은 가릴 엄. 갑자기. ○《韋卿子》 – 내용 미상.

[國譯]

(章帝) 元和 2년 봄, 황제의 동방 巡狩(순수, 巡行)에 위표는 司徒 업무의 직무대행으로 수행하였다. 낙양으로 돌아와서는 병으로 사

임하려 했는데 황제는 小黃門과 太醫를 보내 문병하며 음식물을 하사하였다. 위표는 결국 위독해졌다. (章帝) 章和 2년 여름, 謁者(알자)를 보내 조서를 내렸다.

「彪(표)는 將相의 후손으로 몸가짐을 바로 하고 행실을 조심하면서 고향을 떠나 여러 해 봉직하였다. 그동안 병이 심하여 연이어 물러나려 하였다. 君은 나이가 많아 다시 더 오래 근무할 수 없고 번잡한 직무가 병을 더 위중하게 할 것이다. 大鴻臚의 인수를 반환토록 하라. 그리고 太子舍人을 집에 보내어 中臧府(중장부)의 금전 20만을 하사토록 하라.」

(和帝) 永元 원년에, 죽었다. 尙書에게 명하였다.

"전임 大鴻臚(대홍려)인 韋彪(위표)는 재임 중 허물이 없어 더 중용코자 했으나 갑자기 죽었다. 금전 20만과 布 1백 필, 곡식 3천 斛(곡)을 하사하라."

위표는 청렴 검소하고 베풀기를 좋아하여 봉록이나 하사품을 일족에게 나눠주어 집에 여분의 재물이 없었다. 12편을 저술하였는데, 이름은 《韋卿子(위경자)》였다.

⑫ 韋義

原文

族子義. 義字季節. 高祖父玄成, 元帝時爲丞相. 初, 彪獨徙扶風, 故義猶爲京兆杜陵人焉.

兄順, 字淑文, 平輿令. 有高名. 次兄豹, 字季明. 數辟公府, 輒以事去. 司徒劉愷復辟之, 謂曰, "卿以輕好去就, 爵位不躋. 今歲垂盡, 當選御史, 意在相薦, 子其宿留乎?" 豹曰, "犬馬齒衰, 旅力已劣, 仰慕崇恩, 故未能自割. 且眩瞀滯疾, 不堪久待, 選薦之私, 非所敢當." 遂跣而起. 愷追之, 徑去不顧. 安帝西巡, 徵拜議郎.

| 註釋 | ○高祖父玄成 － 韋玄成(위현성, ?－前 36년). 丞相 韋賢의 四子. 어사대부 등을 거쳐 승상으로 6년 재직.   ○平輿令 － 汝南郡의 현명. 今 河南省 남부 駐馬店市 관할 平輿縣.   ○爵位不躋 － 작위에 나아가지 않다. 躋는 오를 제.   ○且眩瞀滯疾 － 눈이 어둡고 위장병이 심하다. 眩은 아찔할 현. 어둡다. 瞀는 눈이 흐릴 무. 滯는 막힐 체.

[國譯]

族子인 韋義(위의). 위의의 字는 季節(계절)이다. 高祖父인 韋玄成(위현성)은 元帝 때 丞相이었다. 韋彪(위표)만 혼자 右扶風으로 이사하였기에 韋義는 여전히 京兆 杜陵縣 사람이었다. 위의의 형 韋順(위순)의 字는 淑文(숙문)으로 (汝南郡) 平輿(평여) 현령을 지냈는데 이름이 났었다. 작은형인 韋豹(위표)의 字는 季明(계명)이다. 여러 번 관직에 나갔지만 그때마다 핑계를 대고 그만두었다 司徒인 劉愷(유개)가 다시 찾아가 초빙하면서 韋豹(위표)에게 말했다.

"卿은 벼슬을 너무 쉽게 그만두고 작위에 나아가지 않습니다. 올해도 다 지나가는데, 지금 御史(어사)를 선임하면서 당신을 천거하려는데 며칠만 기다려 주겠소?"

그러자 韋豹(위표)가 말했다.

"미천한 저는 나이도 들고 여러 면에서 부족하지만 당신의 은덕을 흠모하여 뿌리치지를 못하고 있습니다. 지금 눈이 어둡고 위장병이 심하며 오래 견딜 수가 없기에 천거를 받으면서도 감당할 수가 없습니다."

그리고서는 일어나 맨발로 도망쳤다. 유개가 따라갔지만 위표는 샛길로 뒤도 돌아보지 않고 달아났다. 安帝가 서쪽을 순행하다가 위표에게 議郞을 제수하였다.

原文

義少與二兄齊名, 初仕州郡. 太傅桓焉辟擧理劇, 爲廣都長, 甘陵,陳二縣令, 政甚有績, 官曹無事, 牢獄空虛. 數上書順帝, 陳宜依古典, 考功黜陟, 徵集名儒, 大定其制. 又譏切左右, 貶刺竇氏. 言旣無感, 而久抑不遷, 以兄順喪去官. 比辟公府, 不就. 廣都爲生立廟. 及卒, 三縣吏民爲義擧哀, 若喪考妣.

| 註釋 | ○桓焉(환언) - 37권, 〈桓榮丁鴻列傳〉立傳. ○辟擧理劇 - 천거하여 다스리기 어려운 곳을 맡기다. ○廣都長 - 廣都는 蜀郡의 현명. 今 四川省 成都市 雙流區. 長은 호구가 1만 호가 안 되는 현의 縣長. 현령의 질록은 1천석에서 6백석. 縣長의 질록은 5백석 - 3백석. ○甘陵,陳二縣令 - 甘陵은 淸河國의 治所인 甘陵縣, 今 山東省 직할 臨淸市(河北省과 접경) 동북. 陳은 陳國의 治所 陳縣, 今 河南省 동부 周口市 관할 淮陽縣. 前淮陽國. ○考妣 - 돌아가신 부모.

[國譯]

韋義(위의)는 어려서부터 두 형과 함께 이름이 났는데, 처음에는 州郡에 출사하였다. 太傅(태부)인 桓焉(환언)은 위의를 천거하여 다스리기 힘든 (蜀郡) 廣都 縣長에 임명하였고 이어 (淸河國의) 甘陵縣, (陳國의 治所) 陳縣의 현령이 되었는데, 치적이 아주 좋았고 관아가 무사했으며 감옥이 비었었다. 여러 번 順帝에게 고대의 제도에 의한 정치와 관원의 실적에 따른 승진과 좌천, 그리고 名儒를 초빙할 것을 법제로 제정해야 한다고 상서하였다. 또 황제의 측근을 비판하면서 竇氏(두씨) 일족을 배척하였다. 위의의 건의에 대한 회답도 없었으며 오랫동안 눌려 승진하지 못하다가 兄 韋順을 상을 당하여 관직을 떠났다. 그 뒤 여러 번 부름을 받았지만 취임하지 않았다. 廣都縣에서는 살아있는 韋義(위의)를 모시는 사당이 세워졌다. 韋義(위의)가 죽자, 3縣(廣都, 甘陵, 陳縣)의 관리와 백성은 위의의 죽음을 마치 부모를 잃은 듯 슬퍼하였다.

原文

豹子著, 字休明. 少以經行知名, 不應州郡之命. 大將軍梁冀辟, 不就. 延熹二年, 桓帝公車備禮徵, 至霸陵, 稱病歸, 乃入雲陽山, 采藥不反. 有司擧奏加罪, 帝特原之. 復詔京兆尹重以禮敦勸, 著遂不就徵. 靈帝卽位, 中常侍曹節以陳蕃,竇氏旣誅, 海內多怨, 欲借寵時賢以爲名, 白帝就家拜著東海相. 詔書逼切, 不得已, 解巾之郡. 政任威刑, 爲受罰者

所奏, 坐論輸左校. 又後妻驕姿亂政, 以之失名, 竟歸, 爲姦
人所害, 隱者恥之.

| 註釋 | ○韋著(위저) - 韋豹(위표)의 아들. 韋彪(위표)가 아님. ○大將軍
梁冀(양기) - 34권, 〈梁統列傳〉立傳. ○(桓帝) 延熹二年 - 서기 159년.
○雲陽山 - 左馮翊 雲陽縣의 산. 今 陝西省 咸陽市 관할 淳化縣 소재. ○欲
借寵時賢以爲名 - 옛 명성을 얻었던 사람을 명분으로 내세워 불평을 무마
하다. ○拜著東海相 - 東海郡(國)의 治所는 郯縣(담현), 今 山東省 남부 臨
沂市(임기시) 관할 郯城縣(담성현). ○解巾之郡 - 평민의 관을 벗고 郡에 부
임하다. ○坐論輸左校 - 左校에 가서 노역하라는 판결이 나다.

[國譯]

韋豹(위표)의 아들 韋著(위저)의 字는 休明(휴명)이다. 젊어서 경학
과 바른 행실로 이름이 알려졌지만 州郡의 부름에는 응하지 않았다.
大將軍 梁冀(양기)가 불렀어도 응하지 않았다. (桓帝) 延熹(연희) 2년
에, 桓帝(환제)는 公車에 예물을 보내 초빙하자 霸陵(패릉)까지 와서
는 병을 핑계로 돌아가서 바로 雲陽山에 숨어 약초를 캐며 돌아오지
않았다. 담당 관리가 벌을 주어야 한다고 상주하였으나 환제는 특별
히 용서하였다. 다시 京兆尹에게 조서를 내려 예를 돈독히 갖춰 초
빙케 하였지만 위저는 부름에 응하지 않았다. 靈帝(영제)가 즉위하
고 中常侍 曹節(조절)은 陳蕃(진번)과 竇氏(두씨) 일족을 죽여 海內에
원성이 많아지자 옛날 명성을 누렸던 사람을 명분으로 내세워 불평
을 무마하려고 황제가 위저의 집을 방문하여 東海國의 相으로 초빙
해야 한다고 상주하였다. (위저에게 내린) 영제의 조서가 아주 절실

하여 위저는 부득이 평민의 관을 벗고 동해국에 부임하였다. 위저의
정사는 위엄과 형벌로 일괄했고, (타군에서) 벌을 받은 자 처벌을 또
상주했다는 죄에 걸려 左校에 보내져 노역에 종사하라는 판결을 받
았다. 또 後妻가 교만 방자하게 정사를 어지럽혔기에 명성을 잃고
결국 돌아왔지만 악인에게 피살되었는데 은자들은 위저를 수치로
생각하였다.

原文

　贊曰, 湛,霸奮庸, 維寧兩邦. 淮人孺慕, 徐寇要降. 弘實體
遠, 仁不忘本. 憙政多跡, 彪明理損. 牟公簡帝, 身終上袞.

| 註釋 |　○奮庸 – 분기하여 공을 세우다. 庸은 功.　○維寧兩邦 – 侯霸
(후패)는 淮平大尹(臨淮 太守)를 역임하였다. ○徐寇要降 – 徐寇는 徐異卿.
○仁不忘本 – 糟糠之妻不下堂의 지조.　○身終上袞 – 袞職은 三公의 직
위. 袞命. 袞은 곤룡포 곤. 삼공의 예복.

[國譯]

　贊曰,
　伏湛과 侯霸의 치적에, 平原과 臨淮郡이 평온하였다.
　臨淮 백성은 후패를 사모했고, 徐異卿은 복침에게 투항했다.
　宋弘은 원대한 식견에 仁義를 지켜 근본을 잃지 않았다
　趙熹는 훌륭한 치적을, 韋彪(위표)는 정치 득실에 밝았다.
　牟融은 왕제의 인정을 받아 三公의 자리에서 임종했다.

27 宣張二王杜郭吳承鄭趙列傳
〔선,장,이왕,두,곽,오,승,정,조열전〕

❶ 宣秉

原文

宣秉字巨公, 馮翊雲陽人也. 少修高節, 顯名三輔. 哀,平際, 見王氏據權專政, 侵削宗室, 有逆亂萌, 遂隱遁深山, 州郡連召, 常稱疾不仕. 王莽爲宰衡, 辟命不應. 及莽簒位, 又遣使者徵之, 秉固稱疾病. 更始卽位, 徵爲侍中. 建武元年, 拜御史中丞. 光武特詔御史中丞與司隷校尉,尙書令會同並專席而坐, 故京師號曰'三獨坐'. 明年, 遷司隷校尉. 務擧大綱, 簡略苛細, 百僚敬之.

秉性節約, 常服布被, 蔬食瓦器. 帝嘗幸其府舍, 見而嘆曰, "楚國二龔, 不如雲陽宣巨公." 卽賜布帛帳帷什物. 四

年, 拜大司徒司直. 所得祿奉, 輒以收養親族. 其孤弱者, 分
與田地, 自無擔石之儲. 六年, 卒於官, 帝愍惜之, 除子彪爲
郎.

| 註釋 | ○宣秉(선병, ?-30년) - 秉은 잡을 병. ○(左馮翊) 雲陽縣 - 今
陝西省 咸陽市 관할 淳化縣. ○有逆亂萌 - 萌은 싹 맹. ○王莽爲宰衡 -
王莽의 직함. 周公의 직명은 太宰, 伊尹은 阿衡(아형)이었는데, 왕명은 자
신이 그 두 사람과 같은 공적이라며 宰衡(재형)이라 칭했다. ○御史中丞 -
최고 감찰관. ○'三獨坐' - 御史中丞, 司隷校尉(사예교위), 尙書令의 합칭.
이는 조회 시에 전용석에 혼자 앉는다는 뜻. ○司隷校尉 - 前漢 武帝 征和
4년(前 89)에 京師지역, 곧 三輔〔京兆尹, 右扶風, 左馮翊(좌풍익)〕와 三河
(河東郡 河南郡, 河內郡) 및 弘農郡 등 7郡의 관리를 규찰하고 범법자를 다
스리는 임무를 수행하도록 사예교위를 설치하였는데 13자사부와 같은 기
능을 수행했다. 秩 二千石. 後漢의 司隷校尉는 질록 比二千石, 京師와 三
輔의 백관, 외척, 제후, 태수를 규찰하고 1州(三輔 등 7郡)를 직접 감찰하
여 그 권세가 당당했다. 司隷校尉部의 치소는 洛陽. 東京을 司隷라고도 칭
했다. 후한에서는 105개 郡을 사예교위부 등 13교위부에 소속시켜 지방을
관할 통제했다. ○簡略苛細 - 簡略(간략)은 생략하다. 苛細은 사소한 작은
일. 苛는 본래 잔풀 가, 까다로울 가. 꾸짖다. ○楚國二龔 - 龔勝(공승)과
龔舍(공사),《漢書》72卷〈貢兩龔鮑傳〉에 입전. ○大司徒司直 - 司徒를 보
좌하며 관리 감찰을 담당. 뒤에 司直을 폐지하고 長史를 설치. ○擔石之
儲 - 가마니나 항아리에 비축한 곡식.

[國譯]

宣秉(선병)의 字는 巨公(거공)으로 左馮翊 雲陽縣 사람이다. 젊어

서부터 고매한 지조로 三輔 일대에 이름이 났었다. 哀帝와 平帝 연간에 왕망이 정권을 장악하고 종실을 침탈하면서 반역의 싹을 보이자, 선병은 심산에 隱遁(은둔)하였는데 州나 郡에서 연속 초빙하여도 늘 병을 핑계로 出仕하지 않았다. 王莽이 宰衡(재형)이라 칭하면서, 선병을 소환했으나 응하지 않았다. 왕망이 漢을 찬탈한 이후, 사자를 보내 선병을 초빙해도 선병은 여전히 질병을 핑계 대었다. 更始가 즉위하고 부르자 侍中이 되었다. 建武 元年에 御史中丞이 되었는데, 光武帝는 특별히 조서를 내려 御史中丞과 司隷校尉, 尚書令을 조회 시에 전용 석에 따로 앉게 하였기에 낙양에서는 이를 '三獨坐'라고 불렀다. 다음 해 선병은 司隷校尉로 승진하였는데 일의 大綱(대강)을 처리하고 사소한 일을 생략하니 모든 신료의 존경을 받았다.

선병은 천성적으로 절약하며 늘 무명옷에 간단한 음식을 질그릇에 담아먹었다. 광무제가 그 집에 가서 이를 보고 탄식하며 말했다. "楚國의 龔勝(공승)과 龔舍(공사)도 雲陽縣의 宣秉만은 못했을 것이다." 그리고서는 비단과 휘장 집기 등을 하사하였다.

(建武) 4년, 大司徒司直이 되었다. 선병은 녹봉을 받을 때마다 친족을 보살폈다. 친족 중 고아나 가난한 자에게 田地를 나눠주었기에 집안에 여분의 비축이 없었다. 6년, 관직에 있으면서 죽었는데 광무제는 매우 애석해 하며 그 아들 宣彪(선표)에게 郎官을 제수하였다.

❷ 張湛

原文

張湛字子孝, 扶風平陵人也. 矜嚴好禮, 動止有則, 居處幽室, 必自修整, 雖遇妻子, 若嚴君焉. 及在鄕黨, 詳言正色, 三輔以爲儀表. 人或謂湛僞詐, 湛聞而笑曰, "我誠詐也. 人皆詐惡, 我獨詐善, 不亦可乎?" 成,哀間, 爲二千石. 王莽時, 歷太守,都尉.

建武初, 爲左馮翊, 在郡修典禮, 設條敎, 政化大行. 後告歸平陵, 望寺門而步. 主簿進曰, "明府位尊德重, 不宜自輕." 湛曰, "《禮》, 下公門, 軾輅馬. 孔子於鄕黨, 恂恂如也. 父母之國, 所宜盡禮, 何謂輕哉?"

| 註釋 | ○張湛(장잠) – 湛은 깊을 잠, 괼 잠. 잠길 침. 즐길 탐(本音 담). 26권의 伏湛은 (伏沈)이라는 음이 표기되어 있어 복침이라 했다. 張湛(장잠)은 음에 대한 다른 주석이 없어 우리나라에서 통용되는 음을 따랐다. ○若嚴君焉 – 嚴君은 父親. ○詳言正色 – 詳言은 審言, 말을 조심하다. ○以爲儀表 – 儀表는 본보기. 儀는 法也. 表는 正也. ○望寺門而步 – 寺門(사문)은 관아의 문. 寺는 관아 사, 마을 사. 환관을 뜻할 때는 내시 시. ○明府 – 태수에 대한 존칭. 府는 태수의 집무처. ○軾輅馬 – 軾은 수레 가로 나무 식. 수레는 본래 서서 탔다. 수레 앞부분의 가로 손잡이가 軾. 이를 잡고 허리를 굽혀 예를 표했다. 輅馬(노마)는 큰 수레. 輅는 큰 수레 노(로). 임금이 타는 수레. 끌 낙(락). ○孔子於鄕黨, 恂恂如也 – 「孔子於鄕黨, 恂恂如也, 似不能言者.」《論語 鄕黨》. 恂恂(순순)은 공손한 모양, 恂은 정성

순. ○父母之國 – 고향.

[國譯]

張湛(장잠)의 字는 子孝(자효)로 右扶風 平陵縣 사람이다. 단정 엄숙하고 예의를 지켜 행실이 법도에 맞았으며, 집안에 홀로 있으면서도 용의가 언제나 단아하였고, 아내를 대할 때도 마치 엄한 부친과 같았다. 마을에서도 이웃에게 말을 조심하며 근엄하였기에 사람들의 본보기가 되었다. 어떤 사람이 장잠이 일부러 그렇게 꾸민다고 말하자, 장잠이 듣고 웃으며 말했다.

"나는 정말로 꾸민 것이다. 사람들이 거짓꾸밈을 미워하는데 나만 홀로 착한 체한다면 그것도 좋지 않겠는가?"

장잠은 (前漢) 성제, 애제 연간에 태수가 되었다. 왕망 때에도 太守나 都尉를 역임했다. 건무 초년에 左馮翊(좌풍익)이 되었는데, 좌풍익의 전례를 주관하고 教令을 만들어 시행하자 교화가 제대로 시행되었다. 뒤에 휴가로 고향 平陵縣에 돌아갔는데 (평릉현) 관아가 보이자 걸어서 지나갔다. 主簿(주부)가 다가와서 "明府께서는 지위와 도덕이 높으신데 스스로 비하해서는 안 됩니다."

이에 장잠이 말했다.

"《禮記》에도 관청 앞에서는 내리고 높은 분 수레를 보면 예를 갖춘다고 하였다. 孔子께서도 마을에서 공손하였다. 고향에서 예를 잘 지키는 것이 어찌 스스로를 비하하는 것인가?"

五年, 拜光祿勳. 光武臨朝, 或有惰容, 湛輒陳諫其失. 常乘白馬, 帝每見湛, 輒言 "白馬生且復諫矣."

七年, 以病乞身, 拜光祿大夫, 代王丹爲太子太傅. 及郭后廢, 因稱疾不朝, 拜太中大夫, 居中東門候舍, 故時人號曰 '中東門君'. 帝數存問賞賜. 後大司徒戴涉被誅, 帝强起湛以代之. 湛至朝堂, 遺失溲便, 因自陳疾篤, 不能復任朝事, 遂罷之. 後數年, 卒於家.

| 註釋 | ○(建武) 五年 – 서기 29년. ○郭后廢 – 光武郭皇后 郭聖通(곽성통, ?–52년, 재위 서기 26–41년), 光武帝 劉秀의 2번째 아내이자 첫 번째 황후. 건무 17년(서기 41)에 폐위되었다. ○居中東門候舍 – 낙양성 전체에 12개 성문이 있는데 동면 북쪽부터 두 번째 문이 中東門이다. 각 성문에는 校尉 1인(질록 2천석), 사마 1인(질록 천석), 候 1인(질록 6백석)을 두었다. 候舍는 門候의 사택으로 추정. ○戴涉被誅 – 建武 20년. 戴涉(대섭)이 천거한 자가 金을 훔쳤는데 이에 연루되어 주살 당했다. ○遺失溲便 – 오줌을 싸다. 溲便은 소변. 溲는 오줌 수. 반죽하다.

[國譯]

(建武) 5년, 장잠은 光祿勳이 되었다. 광무제가 조회에 나와 혹 지루한 표정을 지으면 장잠은 바로 그 실수를 지적하였다. 장잠은 늘 백마를 타고 다녔는데, 광무제는 장감을 볼 때마다 "白馬生이 또 간언을 하러 들어오는구나." 라고 말했다.

7년, 병으로 퇴임하려 했으나 光祿大夫에 임명되었고 王丹(왕단)

의 후임으로 太子太傅가 되었다. 光武郭皇后가 폐위되었을 때 장잠은 병을 핑계로 입조하지 않았으나 太中大夫에 임명되었고, 中東門의 候舍(후사)에 기거했기에 당시 사람들이 '中東門君'이라고 호칭했다. 광무제는 자주 안부를 묻고 하사품을 내렸다. 뒤에 大司徒인 戴涉(대섭)이 주살되자 광무제는 강제로 장잠을 기용하여 후임에 임명하였다. 장잠이 조당에 들어와서 자신도 모르게 오줌을 싸버리자, 장잠은 병이 심하기에 조정 업무를 감당할 수 없다 하여 결국 파직되었다. 몇 년 뒤 집에서 죽었다.

❸ 王丹

┃原文

王丹字仲回, 京兆下邽人也. 哀, 平時, 仕州郡. 王莽時, 連徵不至. 家累千金, 隱居養志, 好施周急. 每歲農時, 輒載酒肴於田間, 候勤者而勞之. 其墮嬾者, 恥不致丹, 皆兼功自厲. 邑聚相率, 以致殷富. 其輕黠遊蕩廢業爲患者, 輒曉其父兄, 使黜責之. 沒者則賻給, 親自將護. 其有遭喪憂者, 輒待丹爲辦, 鄉鄰以爲常. 行之十餘年, 其化大洽, 風俗以篤.

丹資性方潔, 疾惡彊豪. 時, 河南太守同郡陳遵, 關西之大俠也. 其友人喪親, 遵爲護喪事, 賻助甚豐. 丹乃懷縑一匹, 陳之於主人前, 曰, "如丹此縑, 出自機杼." 遵聞而有慚色. 自以知名, 欲結交於丹, 丹拒而不許.

| **註釋** | ○京兆下邽 – 京兆尹은 행정구역 명칭이며 그 지방관 직명. 下邽는 京兆尹의 현명. 今 陝西省 渭南市 부근. 渭河 북안. ○好施周急 – 베풀어 위급한 사람을 도와주기를 좋아하다. 周急은 급박한 상황에 처한 사람을 도와주다. ○其墮嬾者 – 게으른 자. 墮는 게으를 타, 떨어질 타. 嬾는 게으를 란. ○沒者則賻給 – 沒者는 죽은 자. 賻給은 賻儀(부의)를 보내주다. ○出自機杼 – 자기 집에서 짠 비단. 機杼(기저)는 베 틀. 杼는 북 저. 베틀에서 실을 가로로 넣어주는 도구. 소리 나는 북이 아니다.

[國譯]

王丹(왕단)의 字는 仲回(중회)로 京兆尹 下邽縣(하규현) 사람이다. 哀帝와 平帝 때 州郡에 출사하였다. 王莽(왕망) 때에 연이어 초빙했으나 부임하지 않았다. 집안에 천금의 재산이 있어 은거하며 큰 뜻을 품고 위급한 사람을 즐겨 도와주었다. 해마다 농사철이 되면 논밭 사이로 술과 음식을 갖고 가서 힘써 일하는 자를 위로하였다. 게으름을 피우는 자는 부끄러워 왕단 가까이 오지 못했고 모두 스스로 열심히 일했다. 마을 사람들이 서로 격려하니 살림이 넉넉해졌다. 그중에 경박하여 놀기를 좋아하며 본업을 폐하고 향리의 골칫거리인 사람은 그 부형을 타일러서 꾸짖게 하였다. 사람이 죽으면 부의를 내어 도와주고 친히 護喪(호상)도 하였다. 때문에 부모상을 당한 자는 왕단의 도움을 받아 장례를 치렀는데 마을에서는 으레 그렇게 하였다. 이렇게 10여 년이 지나니 교화가 널리 이루어져 마을 풍속도 돈독해졌다.

왕단은 천성이 방정 순결하였고 강폭한 자를 미워하였다. 그때 河南太守와 같은 군 출신인 陳遵(진준)은 힘곡긴 서쪽에 잘 알려진 협객이었다. 그 사람의 우인이 친상을 당했는데 진준이 호상을 하면서 많은 재물을 도와주었다. 왕단은 비단 1필을 갖고 가서 상주 앞에 펴 보이며 말했다. "나의 이 비단은 집에서 직접 짠 것입니다."

진준이 알고서는 부끄러워했다. 진준은 자신의 명성으로 왕단과 교제하고자 하였으나 왕단은 거절하고 왕래하지 않았다.

原文

會前將軍鄧禹西征關中, 軍糧乏, 丹率宗族上麥二千斛. 禹表丹領左馮翊, 稱疾不視事, 免歸. 後徵爲太子少傅. 時, 大司徒侯霸欲與交友, 及丹被徵, 遣子昱候於道. 昱迎拜車下, 丹下答之. 昱曰, "家公欲與君結交, 何爲見拜?" 丹曰, "君房有是言, 丹未之許也."

丹子有同門生喪親, 家在中山, 白丹欲往奔慰. 結侶將行, 丹怒而撻之, 令寄縑以祠焉. 或問其故, 丹曰, "交道之難, 未易言也. 世稱管,鮑, 次則王,貢. 張,陳兇其終, 蕭,朱隙其末, 故知全之者鮮矣." 時人服其言.

客初有薦士於丹者, 因選擧之, 而後所擧者陷罪, 丹坐以免. 客慚懼自絶, 而丹終無所言. 尋復徵爲太子太傅, 乃呼客謂曰, "子之自絶, 何量丹之薄也?" 不爲設食以罰之, 相待如舊. 其後遜位, 卒於家.

| 註釋 | ㅇ鄧禹(등우, 2-58) - 前將軍은 직명. '前任 將軍'이란 뜻이 아님. 南陽 新野 출신. 광무제가 蕭何(소하)처럼 믿었던 개국공신. '雲臺二十

八將'의 첫째. 和帝 和熹皇后의 조부. 16권, 〈鄧寇列傳〉에 입전. ○領左馮
翊 - 좌풍익을 다스리게 하다. ○大司徒侯霸(후패) - 26권, 〈伏侯宋蔡馮趙
牟韋列傳〉立傳. ○世稱管,鮑 - 管仲과 鮑叔牙(포숙아), '生我字父母 知我
字鮑叔'의 우정. ○次則王,貢 - 王吉과 貢禹(공우), '王陽在位하니 貢公彈
冠하다.'는 말이 생길 정도로 莫逆(막역)한 교제.《漢書》72권, 〈王貢兩龔鮑
傳〉에 입전. ○張,陳兌其終 - 張耳(장이)와 陳餘(진여). 초기에는 刎頸之交
(문경지교)를 맺었으나 뒤에 장이는 漢軍을 거느리고 진여와 싸워 진여를 죽
였다.《漢書》32권, 〈張耳陳餘傳〉에 입전. ○蕭,朱隙其末 - 蕭育(소육)과
朱博(주박)의 교제. 처음에는 소문난 교우였으나 나중에는 틈이 벌어졌다.
《漢書》78권, 〈蕭望之傳〉에 附傳.《漢書》83권, 〈薛宣朱博傳〉에 입전.

[國譯]

그 무렵 前將軍인 鄧禹(등우)는 서진하여 關中을 정벌 중이었고
군량이 부족했는데, 王丹은 일족을 거느리고 보리 2천 斛(곡)을 등
우에게 공급하였다. 등우는 표문을 올려 왕단이 左馮翊(좌풍익)을 다
스리게 하였으나 왕단은 병을 핑계로 벼슬하지 않고 고향으로 돌아
왔다. 왕단은 그 뒤에 조정의 부름으로 太子少傅가 되었다. 그때 大
司徒인 侯霸(후패)가 왕단과 사귀고자 하였는데, 왕단이 조정의 부름
을 받은 것을 알고 아들 侯昱(후욱)을 보내 가는 길에서 기다리게 하
였다. 후욱이 왕단의 수레에 다가와 절을 올리자 왕단도 수레에서
내려 답례를 하였다.

후욱이 물었다. "아버님께서 어르신과 교우를 맺으려 하시는데
왜 저한테 답배를 하십니까?"

왕단이 말했다. "君房(侯霸 字)께서 그런 말씀을 하셨지만, 나는
아직 허락하지 않았습니다."

왕단 아들의 同門生이 친상을 당했고 喪家가 (河北의) 中山國이었는데, 아들이 왕단에게 거기까지 가서 조문하겠다고 말했다. 그리고 동행할 사람과 출발하려 하자 왕단이 화를 내고 아들을 매질하며 비단을 보내어 조문하라고 말했다. 어떤 사람이 그 까닭을 묻자, 왕단이 말했다.

"交友之道의 어려움은 쉽게 설명할 수 없습니다. 세상에서는 管仲(관중)과 鮑叔牙(포숙아)를 제일 칭송하고, 다음으로는 王吉(왕길)과 貢禹(공우)를 꼽습니다. 그러나 張耳(장이)와 陳餘(진여)는 서로 싸워 죽였고, 蕭育(소육)과 朱博(주박)은 뒷날 반목하며 원수가 되었습니다. 그래서 교우를 끝까지 이어가는 사람이 드물다는 것을 알았습니다."

그때 사람들은 왕단의 말에 탄복하였다.

그전에 문객이 어떤 사람을 왕단에게 추천을 부탁했고, 왕단이 그를 천거하여 관리에 임용되었는데 천거된 자가 죄를 짓자 왕단도 그에 연좌되어 면직되었다. 그를 처음에 왕단에게 천거했던 문객은 부끄러워서 스스로 왕단과의 교제를 끊었고 왕단은 아무 말도 하지 않았다. 얼마 뒤에 왕단이 다시 조정의 부름을 받아 太子太傅가 되었는데 왕단은 그 문객을 불러 말했다.

"그대가 스스로 나와 단교하였는데 나를 왜 그렇게 박정한 사람이라 생각하였는가?"

그리고 문객에게 식사를 대접하지 않는 것으로 징벌을 대신하고 예전처럼 똑같이 대해주었다. 왕단은 이후로 관직을 사양했고 집에서 죽었다.

❹ 王良

原文

王良字仲子, 東海蘭陵人也. 少好學, 習《小夏侯尙書》. 王莽時, 寢病不仕, 敎授諸生千餘人.

建武二年, 大司馬吳漢辟, 不應. 三年, 徵拜諫議太夫, 數有忠言, 以禮進止, 朝廷敬之. 遷沛郡太守. 至蘄縣, 稱病不之府, 官屬皆隨就之, 良遂上疾篤, 乞骸骨, 徵拜太中大夫.

六年, 代宣秉爲大司徒司直. 在位恭儉, 妻子不入官舍, 布被瓦器. 時, 司徒史鮑恢以事到東海, 過候其家, 而良妻布裙曳柴, 從田中歸. 恢告曰, "我司徒史也, 故來受書, 欲見夫人."

妻曰, "妾是也. 苦掾, 無書." 恢乃下拜, 嘆息而還, 聞者莫不嘉之.

後以病歸, 一歲復徵, 至滎陽, 疾篤不任進道, 乃過其友人. 友人不肯見, 曰, "不有忠言奇謀而取大位, 何其往來屑屑不憚煩也?" 遂拒之. 良慚, 自後連徵, 輒稱病. 詔以玄纁聘之, 遂不應. 後光武幸蘭陵, 遣使者問良所苦疾, 不能言對. 詔復其子孫邑中徭役, 卒於家.

| 註釋 | ○東海蘭陵 – 東海郡 治所는 郯縣(담현), 今 山東省 남부 臨沂市 (임기시) 관할 郯城縣(담성현). 蘭陵縣(난릉현)은 今 山東省 臨沂市 관할 蘭陵縣. ○《小夏侯尙書》 – 전한의 夏侯始昌(하후시창)의 아들인 夏侯勝(하후승)

이 宣帝 때 창립한 《尙書》의 학파를 '大夏侯學'이라 부르고, 하후승의 조카 夏侯建(하후건)이 이룩한 학파를 '小夏侯學'이라 한다. ○大司馬吳漢辟 – 광무의 개국공신 중 군사적으로 가장 화려한 전공을 세운 사람이 吳漢(오한)이다. 18권, 〈吳蓋陳臧列傳〉立傳. 辟은 초빙하다. ○沛郡 – 治所는 相縣, 今 安徽省 북부 淮北市 濉溪縣(수계현). ○蘄縣(기현, 풀이름 기) – 今 安徽省 북부 宿州市. 패군 치소와 가까운 거리. ○苦掾, 無書 – 일이 바빠서 서신을 쓰지 못했습니다." 掾은 도울 연. 바삐 돌아다니며 일하다. ○何其往來屑屑不憚煩也 – 屑屑(설설)은 잡다한 모양. 屑은 부스러기 설. 憚煩(탄번)은 귀찮게 하다. 憚은 꺼릴 탄. 煩은 괴로워할 번. ○復其~徭役 – 復은 부세나 요역을 면제하다. 徭役(요역)은 노동력 차출.

[國譯]

王良(왕량)의 字는 仲子(중자)로 東海郡 蘭陵縣(난릉현) 사람이다. 젊어서 호학했고 《小夏侯尙書》를 전공하였다. 왕망 때에는 병을 핑계로 출사하지 않고 1천여 명이나 되는 제자를 교수하였다.

建武 2년, 大司馬 吳漢(오한)이 왕량을 초빙하였으나 응하지 않았다. 3년에, 조정의 부름을 받아 諫議太夫가 되어 자주 忠言을 올리고 진퇴에 禮度를 지켜 조정에서도 존경하였다. 沛郡(패군) 태수로 승진하였는데 蘄縣(기현)까지 가서는 병을 핑계로 태수부에 들어가지 않자 관속들이 모두 왕량이 있는 곳으로 나왔고, 왕량은 병이 위독하다며 면직을 신청하였는데 조정에 들어가 太中大夫가 되었다.

6년에, 宣秉(선병)의 후임으로 大司徒司直이 되었다. 관직에 있으면서도 공경 검소하였으며 왕량의 아내는 관사에 오지도 못하고 무명옷에 질그릇을 사용하였다. 그때 司徒府의 掾史(연사)인 鮑恢(포회)가 업무차 동해군에 갔다가 왕량의 본가에 들려 기다렸는데 왕량의 처는 무명 치마에 땔나무를 끌고 밭에서 돌아왔다. 포회가 말했다. "저는 司徒府의 관리로 일부러 서신을 받아가려고 부인을 기다렸습니다." 그러자 왕량의 처가 말했다.

"제가 아내입니다만 일이 바빠서 서신을 쓸 수 없습니다."

포회는 곧 절을 올리고 탄식하며 돌아왔는데 이야기를 들은 모두가 가상하게 여기지 않는 사람이 없었다.

그 후에 병으로 귀향했다가 1년 뒤에 다시 부름을 받아 (河南尹) 滎陽縣(형양현)에 도착했으나 병이 심해져서 더 가지 못하고 우인의 집을 찾아갔다. 그러나 우인은 왕량을 만나주지 않고 "忠言이나 奇謀도 없이 높은 자리나 차지하고서 이리저리 돌아다니면서 어찌 이렇듯 남을 번거롭고 귀찮게 하는가?"라면서 거절하였다. 왕량은 부끄러웠고 이후 연달아 부름을 받았지만 그때마다 병을 핑계 대었다. 조서로 玄纁(현훈, 검은색과 붉은색 비단)를 내리면서 초빙하였으나 끝내 불응하였다. 그 뒤에 광무제가 蘭陵縣(난릉현)에 행차하여 使者를 보내 왕량의 병을 물었지만 왕량은 대답하지 않았다. 광무제는 조서로 왕량 자손에게 현에서 동원하는 요역을 면제시켜주었다. 왕량은 집에서 죽었다.

原文

論曰, 夫利仁者或借仁以從利, 體義者不期體以合義. 季文子妾不衣帛, 魯人以爲美談. 公孫弘身服布被, 汲黯譏其多詐. 事貴木殊而譽毀別議. 何也? 將體之與利之異乎? 宣秉,王良處位優重, 而秉甘疏薄, 良妻荷薪, 可謂行過乎儉.

然當世咨其淸, 人君高其節, 豈非臨之以誠哉! 語曰, '同言
而信, 則信在言前, 同令而行, 則誠在令外' 不其然乎! 張湛
不屑矜僞之誚, 斯不僞矣. 王丹難於交執之道, 斯知交矣.

| **註釋** | ○季文子 – 魯 季孫行父의 시호. 비단옷을 입는 처첩이 없었고
곡식을 먹이는 말이 없었으며 魯 公室에 충성하였다. ○公孫弘(공손홍, 前
200－121년) – 武帝 時 御史大夫, 丞相 역임. 뒤늦게 벼슬에 올랐고 그전에
경제적으로 불우했었다. 公孫弘이 三公의 지위에서 녹봉이 적지 않은데도
무명 이불을 덮고 산다는 것은 사람을 속이는 짓이라고 비난을 받았다(公
孫布被).《漢書》58권,〈公孫弘卜式兒寬傳〉에 입전. ○汲黯(급암) – 武帝
때 직언을 잘한 신하《漢書》50권,〈張馮汲鄭傳〉에 입전. ○咨其淸 – 그
청렴을 찬탄하다. 咨 물을 자. 탄식하다. ○不其然乎 – 정성과 거짓에 따
라 믿느냐 아니 믿느냐가 달라진다는 뜻. ○張湛不屑矜僞之誚 – 不屑은
개의하지 않다. 탐탁하게 여기지 않다. 矜僞는 거짓 위엄. 誚는 꾸짖을 초.
비난하다.

[國譯]

范曄(범엽)의 史論 : 仁을 利用하는 자는 仁을 빌려 이익을 추구하
나 仁義를 體現하는 자는 그러기를 바라지 않아도 義에 합일한다.
(魯國) 季文子(계문자)의 처첩은 비단옷을 입지 못했는데 魯人은 이
를 아름답게 여겼으며 (武帝 때) 公孫弘(공손홍)이 무명옷을 입은 것
을 汲黯(급암)은 모두 거짓이라고 비난하였다. 이처럼 사실은 다르
지 않았지만 칭송과 비난이 각각 달랐다. 왜 그러한가? 그것은 진실
로 체현한 것인가, 아니면 이용했는가가 다르기 때문이다. 宣秉(선
병)과 王良(왕량)이 지위가 높았지만 선병은 기꺼이 검소한 생활을

하였고 왕량 아내가 직접 나무를 한 것은 지나친 검소라고 할 수 있다. 그러나 그때 사람들은 그 청렴을 칭송하였고 황제가 그 節操(절조)를 높이 생각한 것은 그들 행실에 진정성이 있었기 때문이 아니겠는가? 그래서 경전의 말에 '같은 말이라도 믿음이 가는 것은 그 말 이전에 신의가 있었기 때문이며, 같은 명령인데도 잘 지켜지는 것은 정성이 그 명령에 들어있기 때문이다.' 라고 하였으니, 어찌 그렇지 않겠는가! 張湛(장잠)이 거짓 위엄을 꾸민다는 비난에 개의하지 않은 것이 바로 거짓이 없는 것이다. 王丹(왕단)이 교제를 어렵게 생각한 것은 교제를 정확히 아는 것이다.

❺ 杜林

原文

杜林字伯山, 扶風茂陵人也. 父鄴, 成, 哀間爲涼州刺史. 林少好學沈深, 家旣多書, 又外氏張竦父子喜文采, 林從竦受學, 博洽多聞, 時稱通儒.

初爲郡吏. 王莽敗, 盜賊起, 林與弟成及同郡範逡,孟冀等, 將細弱俱客河西. 道逢賊數千人, 遂掠取財裝, 褫奪衣服, 拔刃向林等將欲殺之. 冀仰曰, "願一言而死. 將軍知天神乎? 赤眉兵衆百萬, 所向無前, 而殘賊不道, 卒至破敗. 今將軍以數千之衆, 欲規霸王之事, 不行仁恩而反遵覆車, 不畏天乎?"

賊遂釋之, 俱免於難.

| 註釋 | ○杜林 - 정통 文字學을 小學이라고 한다. (儒家의 책《小學》
이 아님). 杜林은 중국 문자학의 開祖와 같은 사람. 두림은 馬援과 같은 고
향 사람으로 서로 도움을 주었다. ○父鄴 - 杜鄴은《漢書》85권,〈谷永杜
鄴傳〉에 입전. ○外氏張竦父子喜文采 - 外氏는 外家, 두업의 모친은 張敞
(장창)의 딸. 장창의 아들이 張吉, 장길의 아들이 張竦(장송)이다. ○時稱通
儒 - 古今과 세상의 이치에 통달한 유생. 학문이 넓고 깊으며 經世致用에
도 밝은 유학자. 知行合一의 유생. 知行合一을 못하고 講誦이나 하면 俗儒
(속유)이다. ○將細弱俱客河西 - 細弱은 처자와 어린 자식. 河西로 피난하
다. ○襯奪衣服 - 襯奪은 벗겨 빼앗다. 襯는 빼앗을 치. ○反遵覆車 -
오히려 엎어진 수레의 전철을 따르다. 멸망한 赤眉를 따르다.

[國譯]

   杜林(두림)의 字는 伯山(백산)으로 右扶風 茂陵縣(무릉현) 사람이
다. 부친 杜鄴(두업)은 成帝와 哀帝 연간에 涼州刺史를 역임하였다.
두림은 어려서부터 호학하고 깊이 탐구했으며, 집에 많은 책도 있고
또 외가인 張竦(장송) 부자가 문장과 저술을 좋아했기에, 두림은 장
송을 따라 수학하여 博學하고 多聞하여서 당시에 通儒(통유)라는 칭
송을 들었다.
   두림은 처음에 郡吏가 되었다. 王莽이 패망하면서 사방에서 도적
이 일어나자 두림은 동생인 杜成(두성) 및 같은 군의 範逡(범준), 孟冀
(맹기) 등과 함께 어린 가족들을 데리고 河西로 피난하였다. 그러나
도중에 수천 명의 도적떼를 만나서 갖고 있던 재물을 다 약탈당하고
옷까지 벗겨 빼앗겼고, 도적은 두림 등을 칼로 죽이려 하였다. 이에

맹기가 도적을 보고 말했다.

"말이나 한마디 하고 죽겠다. 將軍은 天神을 알고 있는가? 赤眉
(적미)의 백만 군사 앞에는 무적이었지만 잔악무도하여 결국 완전히
패망하였다. 지금 장군은 수천 무리를 거느리고 권력을 잡으려 하면
서 인의와 은택을 베풀지 않고 도리어 엎어진 수레(赤眉, 무리)와 같
은 전철을 따르니, 하늘이 두렵지도 않은가?"

도적 무리는 두림 일행을 풀어주었고, 두림은 겨우 죽음을 면했
다.

原文

隗囂素聞林志節, 深相敬待, 以爲持書平. 後因疾告去,
辭還祿食. 囂復欲令强起, 遂稱篤. 囂意雖相望, 且欲優容
之, 乃出令曰, "杜伯山天子所不能臣, 諸侯所不能友, 蓋伯
夷,叔齊恥食周粟. 今且從師友之位, 須道開通, 使順所志."

林雖拘於囂, 而終不屈節. 建武六年, 弟成物故, 囂乃聽
林持喪東歸. 旣遣而悔, 追令刺客楊賢於隴坻遮殺之. 賢見
林身推鹿車, 載致弟喪, 乃嘆曰, "當今之世, 誰能行義? 我
雖小人, 何忍殺義士!"因亡去.

| 註釋 | ○隗囂(외효, ?-33년) - 왕망 말기 今 甘肅省 동부 일대에 웅거.
외효는 광무제의 명을 받아 西河 일대의 그 지역 군사와 행정을 전담했다.
건무 6년에 반역하였다가 9년에 병사했다. 13권, 〈隗囂公孫述列傳〉에 입

전. 隗 험할 외, 성씨 외. 囂는 시끄러울 효. ○持書平 - 御史中丞의 속관
持書侍御史. 질록 6백석. ○優容之 - 너그러이 포용하다. ○伯夷,叔齊 -
殷末 孤竹君의 두 아들. 文王에 귀의했다가 武王의 紂王 정벌을 諫했다.
首陽山에서 굶어죽었다. ○建武六年 - 서기 30년. ○弟成物故 - 物故는
죽다. ○隴坻(농지) - 隴山. 坻는 비탈 지, 모래섬 지. 隴坻(농저), 隴坂(농판)
과 同. 隴山은 산맥 이름. 동서가 1,800里라는 隴山은 六盤山의 남단을 말
함. 六盤山脈의 제2봉, 寧夏省 固原市 소재 해발 2,928m.

[國譯]

隗囂(외효)는 평소에 杜林(두림)의 지조와 절개를 알고 있었기에
공손하게 상대하면서 持書侍御史에 임명하였다. 뒤에 두림이 병으
로 떠나겠다면서 관직을 사임하였다. 외효는 억지로라도 관직에 붙
잡아 두려했으나 두림은 병이 위독하다고 하였다. 외효는 마음에 불
만이었지만 일단 너그러이 포용하기로 했다. 그리고서는 "杜伯山
(杜林)은 천자일지라도 신하로 복종케 할 수 없고, 제후라도 벗으로
사귈 수 없는 뛰어난 선비이니 아마 周의 곡식 먹기를 수치로 알았
던 伯夷(백이)나 叔齊(숙제)와 같은 분이다. 지금 잠시 나의 師友로
함께 하였지만 만약 길이 트이면 원하는 곳으로 가게 하라."라고 명
령하였다.

두림은 비록 외효에게 억류되었지만 끝내 지조를 굽히지 않았다.
建武 6년에, 동생 杜成이 죽자 외효는 두림이 운구하여 고향으로 돌
아갈 수 있게 하였다. 그러나 두림을 보낸 뒤 외효는 후회하면서 자
객 楊賢(양현)에게 隴山(농산) 근처까지 따라가서 길을 막고 죽이라
고 시켰다. 양현은 두림이 직접 시신을 실은 鹿車(녹거, 작은 수레)를
밀고 가는 것을 보고 탄식했다.

"지금 세상에 누가 저런 대의를 지키겠는가? 내가 비록 소인이지만 어찌 義士를 죽일 수 있겠는가!" 그리고는 그대로 떠나가 버렸다.

原文

光武聞林已還三輔, 乃徵拜侍御史, 引見, 問以經書故舊及西州事, 甚悅之, 賜車馬衣被. 群寮知林以名德用, 甚尊憚之. 京師士大夫, 咸推其博洽.

河南鄭興,東海衛宏等, 皆長於古學. 興嘗師事劉歆, 林旣遇之, 欣然言曰, "林得興等固諧矣, 使宏得林, 且有以益之." 及宏見林, 闇然而服. 濟南徐巡, 始師事宏, 後皆更受林學. 林前於西州得漆書《古文尙書》一卷, 常寶愛之, 雖遭難困, 握持不離身. 出以示宏等曰, "林流離兵亂, 常恐斯經將絶. 何意東海衛子,濟南徐生復能傳之, 是道竟不墜於地也. 古文雖不合時務, 然願諸生無悔所學."

宏,巡益重之, 於是古文遂行.

| 註釋 | ○群寮 – 여러 臣僚. 寮는 벼슬아치 료. ○咸推其博洽 – 博洽은 널리 알아 막힘이 없음. 博은 廣也. 洽은 넉넉할 흡. 두루. 견문이 광대함. ○河南鄭興 – 36권, 〈鄭范陳賈張列傳〉立傳. ○東海衛宏 – 79권, 〈儒林列傳〉(下)에 立傳. ○劉歆(유흠, ?–서기 23년) – 劉向의 아들, 漢朝 宗室, 왕망의 찬위에 협조. 新朝의 國師. 왕망을 죽이려는 어설픈 계획이 탄로나자 자살. 古文經學의 대가. 目錄學의 중요 저작인 《七略》을 저술. 《漢書》〈楚元王

傳)에 附傳. ㅇ《古文尙書》 - 武帝 말기에 공자의 옛집 벽에서 나온 古文
(蝌蚪文字)으로 쓰인 《尙書》. 뒷날 後漢 鄭玄, 馬融(마융) 등이 주석. ㅇ諸生
- 太學의 학생. 前漢에서는 博士弟子, 後漢에서는 諸生 또는 太學生이라
불렀다.

[國譯]

光武帝는 杜林(두림)이 고향 三輔에 돌아온 것을 알고 불러 侍御
史에 임용하였고, 두림을 만나 경서와 故事, 그리고 西州의 사정을
이야기 듣고 크게 좋아하며 거마와 의복 등을 하사하였다. 여러 臣
僚(신료)들도 두림이 명망과 미덕으로 등용되었음을 알고 모두 존경
하면서도 두려워하였다. 京師의 사대부들은 모두 두림의 博學을 높
이 추앙하였다.

河南尹의 鄭興(정흥), 東海郡의 衛宏(위굉) 등은 모두 古學에 뛰어
난 학자였다. 정흥은 일찍이 劉歆(유흠)에게 師事하였는데 두림을
만나자 기뻐하며 말했다.

"두림과 나는 정말 잘 어울릴 것이니, 위굉이 두림을 만난다면 크
게 도움이 될 것이다."

위굉은 두림을 만나본 뒤에 자신도 모르게 깊이 感服하였다. 濟
南郡의 徐巡(서순)은 처음에 위굉에게 사사하였는데 뒤에는 모두 두
림에게서 배웠다. 두림은 전에 西州에 있으면서 옻칠을 한 《古文尙
書》 1권을 얻었는데, 늘 보물처럼 아끼며 전란을 피해 다니면서도
몸에서 떼지 않았다. 두림은 이를 위굉 등에 보여주며 말했다.

"나 두림은 병란 속에 유랑하면서도 늘 이 경전이 끊어질까 두려
웠다. 東海郡의 衛子(衛宏)이나 濟南의 徐生(徐巡)에게 이를 전수하

게 될 줄은 생각도 못하였는데, 이는 필경 正道가 절대 없어지지 않는 것이다. 古文이 지금 時務와는 일치하지 않더라도 太學生도 이를 배운다면 결코 후회가 없을 것이다.”

위굉과 서순은 두림을 더욱 공경하였고 이에 《古文尙書》가 세상에 널리 알려졌다.

｜原文｜

　明年, 大議郊祀制, 多以爲周郊后稷, 漢當祀堯. 詔復下公卿議, 議者僉同, 帝亦然之. 林獨以爲周室之興, 祚由后稷, 漢業特起, 功不緣堯, 祖宗故事, 所宜因循. 定從林議.

　後代王良爲大司徒司直. 林薦同郡範逡, 趙秉, 申屠剛及隴西牛邯等, 皆被擢用, 士多歸之.

　十一年, 司直官罷, 以林代郭憲爲光祿勳. 內奉宿衛, 外總三署, 周密敬愼, 選擧稱平. 郞有好學者, 輒見誘進, 朝夕滿堂.

｜註釋｜ ○郊祀 – 제왕이 도읍 근교에서 행하는 천신과 지신에 대한 제사. 班固의 《漢書》에 〈郊祀志〉가 있다. ○多以爲周郊后稷 – 周의 선조, 姜嫄(강원)이 들에서 거인의 발자국을 밟아 임신하여 출산했다. 이름은 弃(버릴 기), 舜에 의해 논관으로 발탁. 백성에게 농사를 가르쳤다. 稷神. ○議者僉同 – 모두가 같다. 僉은 모두 첨. ○光祿勳 – 궁궐 警備 담당, 출입자 단속을 담당. 질록 中二千石. 屬官으로 大大, 郞, 謁者를 두었다. ○外總三署 – 三署는 五官中郞將(中郞三將의 우두머리, 질록 比二千石, 황제의 고

급 시종관), 左中郞將(궁전 숙위, 질록 比二千石), 右中郞將(중전 전문 숙
위, 황제 호위, 질록 比二千石)과 그 아래 속관 전체. 郡國에서 효렴으로 추
천된 자는 처음에 三署의 낭관에 補任된다. 낭관은 中郞, 議郞, 侍郞, 郞中
으로 구분, 無定員.

[國譯]

다음 해, 郊祀(교사)의 제도 전반을 논의케 하였는데 많은 사람들
이 周에서는 后稷(후직)을 제사하였지만, 漢에서는 堯(요)를 제사해
야 한다고 생각하였다. 이를 다시 공경의 논의에 부쳤는데 論者들은
모두가 같은 의견이었고 광무제 또한 그러하였다. 다만 두림은 周室
의 흥기는 후직의 복을 받았지만 漢의 흥기는 특별하여 堯와는 연관
이 없으며, 祖宗의 옛일은 응당 순환되어야 한다고 말했다. 결국 두
림의 의견으로 결정되었다.

두림은 王良(왕량)의 후임으로 大司徒 司直이 되었다. 두림은 같
은 군의 範逡(범준), 趙秉(조병), 申屠剛(신도강) 및 隴西郡(농서군)의
牛邯(우한) 등을 천거하였는데 모두 높이 발탁되자 많은 문사들이
두림을 따랐다.

(建武) 11년, (大司徒의) 司直官이 폐지되자, 두림은 郭憲(곽헌)의
후임으로 光祿勳(광록훈)이 되어 안으로는 궁궐을 宿衛(숙위)하고, 밖
으로는 三署(五官中郞將과 左, 右中郞將) 업무를 총괄하였는데 업
무처리가 주밀 신중하였으며 공평하게 발탁 승진시켰다. 낭관 중에
호학하는 자를 뽑아 알현하자 조석으로 호학지사들이 모여들었다.

十四年, 群臣上言, "古者肉刑嚴重, 則人畏法令, 今憲律
輕薄, 故姦軌不勝. 宜增科禁, 以防其源." 詔下公卿.

林奏曰,「夫人情挫辱, 則義節之風損, 法防繁多, 則苟免
之行興. 孔子曰, '導之以政, 齊之以刑, 民免而無恥. 導之
以德, 齊之以禮, 有恥且格'. 古之明王, 深識遠慮, 動居其
厚, 不務多辟, 周之五刑, 不過三千. 大漢初興, 詳鑒失得,
故破矩爲圓, 斫雕爲樸, 蠲除苛政, 更立疏網, 海內歡欣, 人
懷寬德. 及至其後, 漸以滋章, 吹毛索疵, 詆欺無限. 果桃菜
茹之饋, 集以成臧, 小事無妨於義, 以爲大戮, 故國無廉士,
家無完行. 至於法不能禁, 令不能止, 上下相遁. 爲敝彌深.
臣愚以爲宜如舊制, 不合翻移.」

帝從之.

| 註釋 |　○(建武) 十四年(서기 38년).　○肉刑 – 신체를 훼손하는 형벌.
○故姦軌不勝 – 姦軌는 범죄. 외형으로 나타나는 범죄는 姦. 드러나지 않
는 凶計같은 것은 軌(간사할 궤).　○科禁 – 法禁 조항.　○孔子曰, '導之以
政~ –《論語 爲政》. 政은 禁令.　○有恥且格 – 치욕을 알게 되어 스스로
따르게 된다.　○周之五刑 – 墨刑, 劓刑(의형, 코벨 의), 剕刑(발 벨 비), 宮刑,
大辟(사형).　○破矩爲圓 – 모진 것을 둥글게 하다. 엄형준법을 폐지하다.
○斫雕爲樸 – 斫은 벨 작. 깎아내다. 雕는 새길 조.　○蠲除苛政 – 가혹한
정치를 없애다. 蠲除(견제)는 제거하다.　○疏網 – 엉성한 그물. 疏網은 배
를 삼킬 만큼 큰 고래도 빠져나갈 수 있는 그물. 엉성한 법망. 老子는 '天
網이 恢恢하여도 疏而不漏.'라고 하였다.　○吹毛索疵 – 촘촘한 털을 불어

가며 하자를 찾아내다. 억지로 남의 결점을 들춰내다. 吹毛求疵 同. ○訛
欺無限 - 訛欺(저기)는 속이다. 기만하다. 죄가 안 되는 것도 죄로 만들어
버리다. 訛는 속일 저. 들춰내다. ○果桃菜茹之饋 - 과일이나 채소를 보
내주다. 菜茹(채여)는 나물 요리. ○家無完行 - 完行은 美行.

[國譯]

(建武) 14년, 여러 신하들이 "옛날에는 肉刑이 엄중하여 백성이
법을 무서워하였지만 지금은 법이 가볍고 느슨하여 각종 범죄를 다
감당할 수가 없으니 法禁 조항을 늘려 그 근원을 막아야 합니다."라
고 상주하였다. 이를 공경이 논의케 하였다. 이에 두림이 상주하였
다.

「대체로 사람의 인정이 좌절되면 節義를 숭상하는 풍조 역시 꺾
이게 되며, 법망이 아무리 煩雜하여도 어떻게든 빠져나가게 됩니다.
그래서 孔子께서도 '법으로 다스리고 刑罰으로 이끌게 되면 백성은
빠져나가 부끄러움도 모르지만, 道德으로 이끌고 義禮로 제도한다
면 치욕을 알아 스스로 따르게 된다.'고 하였습니다. 고대의 훌륭한
제왕은 이를 잘 알아 멀리 내다보며 후하게 베풀면서 번잡한 형벌을
적용하지 않았습니다. 周에서는 五刑(墨, 劓, 剕, 宮, 大辟)에 해당 조
항은 3천 가지에 불과하였습니다. 大漢이 처음에 흥기하면서 옛 정
치의 득실을 살펴서 모진 것을 둥글게 하고(엄형 준법 폐지), 교묘한
꾸밈을 질박하게 하고(浮華를 버리고 질박 숭상), 가혹한 정사를 폐
하면서 법망을 느슨하게 하였기에 온 나라 백성이 기뻐하였고 심성
은 너그러웠습니다. 그 이후로 점차 상세한 규정이 늘어나면서 촘촘
한 털을 불어가며 하자를 찾아내듯 억지로 남의 결점을 들춰내고,

죄가 안 되는 것도 죄로 만들어 버렸으며, 과일이나 채소를 보내주는 것도 뇌물이 되고, 대의에 무방한 사소한 일도 엄중한 형벌로 다스리게 되었기에 나라에는 청렴한 사람이 없어졌고, 가문에서는 美行도 사라졌습니다. 그리하여 법으로도 금할 수 없고 명령으로도 못하게 할 수 없으며, 상하에서 모두 빠져나갈 궁리만하고, 정치의 폐단은 날로 더욱 심해지고 있습니다. 臣의 어리석은 생각이지만 옛제도를 따르면서 바꾸지 말아야 합니다.」

광무제는 두림의 의견을 따랐다.

原文

後皇太子彊求乞自退, 封東海王, 故重選官屬, 以林爲王傅. 從駕南巡狩. 時諸王傅數被引命, 或多交遊, 不得應詔, 唯林守愼, 有召必至. 餘人雖不見譴, 而林特受賞賜, 又辭不敢受, 帝益重之.

明年, 代丁恭爲少府. 二十二年, 復爲光祿勳. 頃之, 代朱浮爲大司空. 博雅多通, 稱爲任職相. 明年薨, 帝親自臨喪送葬, 除子喬爲郎. 詔曰, 「公侯子孫, 必復其始, 賢者之後, 宜宰城邑. 其以喬爲丹水長.」

| 註釋 | ○後皇太子彊求乞自退 – 郭皇后 소생 劉彊(유강), 곽황후가 폐위되고 陰皇后가 책립되자, 태자는 스스로 藩王을 자청하여 東海王에 책봉되었다. 建武 17년(서기 41). ○代丁恭 – 丁恭은 79권,〈儒林列傳〉입전. ○丹水長 – 丹水는 南陽郡의 현명. 今 河南省 南陽市 관할 淅川縣(석

천현). 河南省 서남부 河南省(豫), 湖北省(鄂), 陝西省(陝)의 접경.

[國譯]

뒷날 황태자 劉疆(유강)이 자진하여 藩王이 되기를 원하여 東海王
에 책봉되면서 다시 관속을 선임하게 되어 두림은 동해왕의 太傅가
되었다. 황제의 남쪽 지방 순수를 수행하였다. 그 무렵 여러 왕의 태
부는 황제의 부름을 자주 받았고, 어떤 자는 유람하느라고 황제의
부름을 따르지 않는 일도 있었으나 두림만은 삼가 조심하면서 황제
의 부름에 꼭 입조하였다. 제후 왕의 태부에게 대부분 하사품이 없
었지만 두림은 특별하게 하사품이 많았으나, 두림은 늘 사양하여 황
제는 더욱 존중하였다.

다음 해, 丁恭(정공)의 후임으로 少府가 되었다. (建武) 22년(서기
46), 다시 光祿勳이 되었다. 얼마 있다가 朱浮(주부)의 후임으로 大
司空이 되었다. 두림은 박학하고 실무에 능통하여 재상의 적임자라
는 칭송을 들었다. 다음 해에 죽었는데, 광무제가 친히 조문하고 장
례에 임했으며 아들 杜喬(두교)에게 낭관을 제수하였다. 광무제가
조서를 내렸다.

「公侯의 자손은 필히 공후가 되어야 하고, 賢者의 후손은 城邑을
다스려야 하니 두교를 (南陽郡) 丹水縣의 縣長에 임명토록 하라.」

▌原文

論曰, 夫威强以自禦, 力損則身危, 飾詐以圖己, 詐窮則道
屈. 而忠信篤敬, 蠻貊行焉者, 誠以德之感物厚矣. 故趙孟

懷忠, 匹夫成其仁, <u>杜林</u>行義, 烈士假其命.《易》曰, '人之
所助者信也', 有不誣矣.

| 註釋 | ○蠻貊行焉者 − 蠻貊은 오랑캐. 미개지. 「子張問行 子曰, "言忠
信, 行篤敬, 雖蠻貊之邦, 行矣. 言不忠信, 行不篤敬, 雖州里, 行乎哉?」《論
語 衛靈公》. ○趙孟懷忠 − 趙孟은 晉 대부 趙盾(조순). 조순이 충간을 자주
하자, 晉 靈公은 자객을 시켜 조순을 죽이게 했다. 자객은 새벽에 조순 집
에 들어갔는데 조순은 조복을 입고 입궐 시각을 기다리고 있었다. 자객은
조순을 죽일 수 없어 자살하였다. ○匹夫成其仁 −「子曰, "志士仁人, 無生
以害仁, 有殺身以成仁."」《論語 衛靈公》. ○《易》曰 −《易》〈繫辭傳〉(上).
「天之所助者 順也, 人之所助者 信也.」 ○有不誣矣 − 誣는 속일 무, 꾸밀
무. 업신여기다.

[國譯]
  范曄(범엽)의 史論 : 강한 힘으로 자신을 방어할 수 있으나 힘이 다
하면 위험해지고, 거짓을 꾸며 뜻을 이룰 수 있지만 거짓이 드러나
면 길이 막힌다. 忠信과 篤敬(독경)이라면 蠻貊(만맥, 오랑캐 땅)에서
도 道를 펼 수가 있는데, 이는 德이 만물을 넉넉히 감화시키기 때문
이다. 그래서 趙孟(조맹, 趙盾)의 충성심에 匹夫(필부)도 (자신을 죽
여) 仁을 실천하였고, 杜林(두림)이 대의를 실행하자 烈士(열사, 외효
가 보냈던 자객)는 두림의 목숨을 살렸다. 그래서《易》에서도 '사람이
돕는 자는 바로 信實한 사람이다.' 라고 하였으니, 이는 틀린 말이
아니다.

❻ 郭丹

　郭丹字少卿, 南陽穰人也. 父稚, 成帝時爲廬江太守, 有
淸名. 丹七歲而孤, 小心孝順, 後母哀憐之, 爲鬻衣裝, 買産
業. 後從師長安, 買符入函谷關, 乃慨然嘆曰, "丹不乘使者
車, 終不出關." 旣至京師, 常爲都講, 諸儒咸敬重之. 大司
馬嚴尤請丹, 辭病不就. 王莽又徵之, 遂與諸生逃於北地.

　更始二年, 三公擧丹賢能, 徵爲諫議大夫, 持節使歸南陽,
安集受降. 丹自去家十有二年, 果乘高車出關, 如其志焉.
更始敗, 諸將悉歸光武, 並獲封爵, 丹獨保平氏不下, 爲更始
發喪, 衰絰盡哀.

　建武二年, 遂潛逃去, 敝衣間行, 涉歷險阻, 求謁更始妻
子, 奉還節傳, 因歸鄕里. 太守杜詩請爲功曹, 丹薦鄕人長
者自代而去. 詩乃嘆曰, "昔明王興化, 卿士讓位, 今功曹推
賢, 可謂至德. 敕以丹事編署黃堂, 以爲後法."

| 註釋 | ○南陽穰人 - 穰縣(양현)은 今 河南省 직할의 鄧州市. 河南省의
서남쪽 湖北省의 접경. ○廬江太守 - 廬江郡 治所는 舒縣, 今 安徽省 중서
부 六安市 舒城縣. ○買符入函谷關 - 符는 函谷關을 출입 증빙. 본래 符節
이었는데 비단 쪽으로 대체했다. ○都講(도강) - 學舍에서 강학을 맡은 사
람. 문생의 우두머리, 塾頭. 우리나라 옛 서당에서는 이런 사람을 보통 接
長(접장)이라 호칭. ○逃於北地 - 北地는 군명. 治所 富平縣, 今 寧夏回族

自治區 북부, 黃河 東岸의 吳忠市. ○保平氏 - 平氏는 南陽郡의 현명. 今 河南省 서남부 南陽市 관할 桐柏縣. 湖北省과 접경. ○(南陽太守) 杜詩 - 31권, 〈郭杜孔張廉王蘇羊賈陸列傳〉에 입전. ○黃堂 - 太守의 근무 청사.

[國譯]

郭丹(곽단)의 字는 少卿(소경)으로 南陽郡 穰縣 사람이다. 부친 郭稚(곽치)는 成帝 때 廬江(여강)태수였는데 청렴으로 이름이 났다. 곽단은 7살에 부친을 여의었지만 공손하고 효성스러웠는데 계모는 가엽게 여겨 자기 옷가지를 팔아 곽단을 도와주었다. 뒷날 장안에 유학하러 갔는데 부절을 매입하고 함곡관에 들어가며 다짐하였다. "나는 使者의 붉은 수레를 타지 않고서는 이 관문을 나오지 않으리라." 장안에 와서는 늘 都講(도강)이었고 다른 유생들은 곽단을 존중하였다. 大司馬 嚴尤(엄우)가 곽단을 초빙하였으나 병을 핑계로 가지 않았다. 왕망이 곽단을 부르자, 곽단은 다른 유생과 함께 北地郡으로 도망갔다.

更始 2년(서기 24년), 三公이 곽단을 현명한 인재로 천거하자, 곽단은 諫議大夫가 되어 부절을 갖고 남양군으로 돌아와 투항을 권유하고 안정시켰다. 곽단은 집을 떠난 지 12년 만에 결국 말 그대로 큰 수레를 타고 관문을 나왔다. 更始가 패망하자 많은 장수가 光武帝에게 귀부하며 모두 작위를 받았지만 곽단만은 홀로 (南陽郡의) 平氏縣을 차지하고 투항하지 않았고, 更始帝의 장례를 주관하며 상복을 입고 진심으로 애도하였다.

建武 2년(서기 26), 결국 몰래 도망쳐 헌옷을 입고 샛길로 험한 산을 넘어 경시제의 처자를 찾아가 (경시제의) 부절을 반환하고 (南

陽郡) 고향 마을로 돌아왔다. (南陽) 太守인 杜詩(두시)가 곽단을 불러 功曹(공조)에 임명하였는데, 곽단은 향인 중에서 점잖은 사람을 골라 대신케 하고 떠나갔다. 이에 두시가 감탄하였다.

"옛날 明王이 교화를 잘하여 卿士가 서로 讓位하였다는데, 지금 功曹는 현인을 천거하고 떠났으니 至德이라 할 수 있다. 이를 황제의 칙명으로 기록케 하여 지방관의 모범으로 삼아야 한다."

原文

十三年, 大司馬吳漢辟擧高第, 再遷幷州牧, 有淸平稱. 轉使匈奴中郎將, 遷左馮翊. 永平三年, 代李訢爲司徒. 在朝廉直公正, 與侯霸, 杜林, 張湛, 郭伋齊名相善. 明年, 坐考隴西太守鄧融事無所據, 策免. 五年, 卒於家, 時年八十七. 以河南尹範遷有淸行, 代爲司徒.

遷字子廬, 沛國人, 初爲漁陽太守, 以智略安邊, 匈奴不敢入界. 及在公輔, 有宅數畝, 田不過一頃, 復推與兄子. 其妻嘗謂曰, "君有四子而無立錐之地, 可餘奉祿, 以爲後世業." 遷曰, "吾備位大臣而蓄財求利, 何以示後世!" 在位四年薨, 家無擔石焉.

| 註釋 | ○(建武) 十三年 – 서기 37년. ○再遷幷州牧 – 幷州刺史部 治所는 太原郡 晋陽縣이었고 서북의 여러 군을 관할하였다. ○使匈奴中郎將 – 관직 이름. 흉노에 사신을 보낼 때는 中郎將을 보냈고 평상시 흉노

침입에 대비한 병력을 지휘. 중랑장은 장군 아래 직급. 질록 比二千石.
○左馮翊(좌풍익) – 治所는 高陵縣, 今 陝西省 西安市 高陵區. 三輔의 관할
지역은 京兆尹(長安과 藍田縣 등 今 西安市 동남 지역), 右扶風(우부풍, 長安의 서
쪽), 左馮翊(좌풍익, 장안성의 북쪽)이었다.   ○(明帝) 永平三年 – 서기 60년.
○公輔 – 三公과 四輔, 황제를 보필하는 최고위직. ○立錐之地 – 송곳을
세울만한 땅. 한 뼘의 땅. 錐는 송곳 추.

[國譯]

　(建武) 13년, 大司馬 吳漢(오한)이 불러 높이 등용하였고 두 번 승
진하여 幷州牧(병주목, 幷州刺史)이 되었는데, 청렴 공평하여 이름이
났으며 使匈奴中郞將으로 전직하였다. 左馮翊(좌풍익)으로 승진하
였다가 (明帝) 永平 3년, 李訢(이흔)의 후임으로 司徒(사도)가 되었다.
조정에서는 청렴, 정직, 公正하여 侯霸(후패), 杜林(두림), 張湛(장감),
郭伋(곽급) 등과 나란한 명성을 누렸고 서로 가까웠다. 다음 해, 隴西
太守 鄧融(등융)을 근거 없이 탄핵했다 하여 책명으로 면직되었다.
(永平) 5년, 집에서 죽었는데 나이 87세였다. 河南尹인 範遷(범천)이
淸正한 품행이 있어 후임 사도가 되었다.

　範遷(범천)의 字는 子盧(자려)로 沛國(패국) 사람이며 이전에 漁陽
(어양)태수였는데 지략이 있어 변경이 안정되자 흉노가 감히 침입하
지 못했다. (범천은) 재상의 반열이었지만 집에는 택지 몇 畝에 농
토는 1頃(경)에 불과하였고 그마저 장조카에게 넘겨주었다. 그의 아
내가 말했다.

　"당신은 아들이 넷이나 있지만 송곳을 세울만한 땅도 없으니 봉
록을 남겨 자식을 위해 밑천을 남겨줘야 합니다."

　이에 범천이 말했다.

"내가 대신의 자리에 있으면서 재산을 모으고 사리를 추구한다면 후손에 무얼 보여주겠는가!"

4년을 재위하다가 죽었지만 집안에 여분의 재물이 없었다.

原文

後顯宗因朝會問群臣, "郭丹家今何如?" 宗正劉匡對曰, "昔孫叔敖相楚, 馬不秣粟, 妻不衣帛, 子孫竟蒙寢丘之封. 丹出典州郡, 入爲三公, 而家無遺産, 子孫困匱."

帝乃下南陽訪求其嗣. 長子宇, 官至常山太守. 少子濟, 趙相.

| 註釋 | ○宗正 – 九卿의 하나. 황족 관리 책임자, 劉氏로 임명. 諸王의 嫡庶와 序列. 宗親의 遠近 관계, 종실 후손의 호적 관리, 질록, 中二千石. 종실로 髡刑(곤형, 머리를 깎는 형벌) 이상을 받은 자는 종정에게 보고하게 되었다. 속관 丞 1인, 질록 比千石. 여러 公主家의 家令(질록 6백석)도 宗正 소속이었다. ○孫叔敖(손숙오) – 楚 莊王(前 614 – 591 재위)의 相. 孫叔敖는 죽기 전에 아들에게 "내가 죽은 뒤 왕이 좋은 땅에 너를 봉하겠지만, 좋은 땅은 받지 말라. 다만 楚와 越 사이에 寢丘(침구)라는 곳은 땅도 좋지 않고 이름도 나쁘니 그곳을 받으면 너희가 오래 보유할 수 있다."고 말했다. 寢丘는 後漢 汝南郡 固始縣. ○馬不秣粟 – (사료로) 곡식을 먹이다. 秣 말 먹이 말. 粟은 조 속. 곡식의 총칭. ○常山太守 – 治所는 元氏縣, 今 河北省 石家莊市 관할 元氏縣. 明帝 (永平) 15년 이후 常山國.

[國譯]

　　뒷날 顯宗(明帝)가 朝會를 하면서 群臣에게 물었다. "郭丹(곽단)의 집안은 요즘 어떠한가?" 宗正인 劉匡(유광)이 대답했다.

　　"옛날 孫叔敖(손숙오)가 楚의 재상이었으나 말에게 (사료로) 곡식을 먹이지 않았고, 아내는 비단옷을 입지 못했는데, 그 자손은 나중에 寢丘(침구)에 봉해졌습니다. 곽단은 지방에서 州郡을 다스렸고 조정에서는 三公의 직위에 올랐지만 집에 남긴 재산이 없어 자손이 곤궁하게 살고 있습니다."

　　명제는 그 뒤 南陽을 순수하면서 그 사당을 방문하였다. 곽단의 長子 郭宇(곽우)는 常山太守를 지냈고, 작은아들 郭濟(곽제)는 趙國의 相이었다.

❼吳良

原文

　　吳良字大儀, 齊國臨淄人也. 初爲郡吏, 歲旦與掾史入賀, 門下掾王望擧觴上壽, 諂稱太守功德. 良於下坐勃然進曰, "望佞邪之人, 欺諂無狀, 願勿受其觴." 太守斂容而止. 宴罷, 轉良爲功曹, 恥以言受進, 終不肯謁.

　　時, 驃騎將軍東平王蒼聞而辟之, 署爲西曹. 蒼甚相敬受, 上疏薦良曰,

　　「臣聞爲國所重, 必在得人, 報恩之義, 莫大薦士. 竊見臣

府西曹掾齊國吳良, 資質敦固, 公方廉恪, 躬儉安貧, 白首一節, 又治《尙書》, 學通師法, 經任博士, 行中表儀. 宜備宿衛, 以輔聖政. 臣蒼榮寵絶矣, 憂責深大, 私慕公叔同升之義, 懼於臧文竊位之罪, 敢秉愚瞽, 犯冒嚴禁.」

顯宗以示公卿曰, "前以事見良, 鬚髮皓然, 衣冠甚偉. 夫薦賢助國, 宰相之職, 蕭何擧韓信, 設壇而拜, 不復考試. 今以良爲議郞."

| 註釋 | ○齊國臨淄 - 齊國의 治所. 臨淄縣, 今 山東省 중동부 淄博市(치박시) 臨淄區. ○勃然 - 발끈하다. 勃은 갑작스러울 발. ○東平王蒼聞而辟之 - 東平王蒼 - 東平國은 兗州刺史部 관할. 治所는 無鹽縣, 今 山東省 泰安市 관할 東平縣. 蒼은 劉蒼(유창, ?-83)은 광무제의 아들. 건무 17년에 王. 명제 즉위 후 驃騎將軍. 三公보다 상위직. 章帝 建初 8년에 죽었다. 시호는 憲王. 42권, 〈光武十王列傳〉에 입전. ○公方廉恪 - 公平, 方正, 廉潔(염결) 恪謹(각근), 恪은 삼갈 각. 躬儉安貧. ○白首一節 - 늙었어도 변함없는 지조. ○私慕公叔同升之義 - 衛나라 대부 公孫拔(공손발, 公叔은 시호)은 가신 僎(선)이라는 가신의 操行(조행)이 신중하자 자신과 같은 반열에 승진시켰다. ○臧文竊位之罪 - 魯 대부 臧文仲(장문중)은 柳下惠(유하혜)가 현명한 사람인 줄 알면서도 천거하지 않았는데, 이를 孔子가 비판하였다. 「子曰, "臧文仲其竊位者與! 知柳下惠之賢而不與立也."」《論語 衛靈公》. 竊位(절위)는 자리나 차지하다. 竊은 훔칠 절. ○愚瞽 - 우매하고 사람을 볼 줄 모르다. 瞽는 소경 고. ○鬚髮皓然 - 鬚髮은 수염과 머리카락. 皓然은 하얗다. 皓는 흴 호. 희다.

吳良(오량)의 字는 大儀(대의)로 齊國 臨淄(임치) 사람이다. 처음에
郡吏로 근무했는데 정초에 掾史(연사, 掾吏)들과 함께 태수에게 새해
하례를 하는데 門下掾인 王望(왕망)이 잔을 들어 上壽하면서 태수의
공덕을 아첨하며 칭송하였다. 이때 왕량은 아랫자리에서 발끈하며
일어서서 말했다. "王望(왕망)은 아첨하는 사람이라 거짓으로 아첨
이나 하니 그 잔을 받지 마십시오."

태수는 낯빛을 바꿔 잔을 내려놓았다. 잔치가 파한 뒤 태수는 오
량을 功曹(공조)로 승진시켰는데 오량은 말 한마디로 승진한 것이
부끄러워 끝내 그 직에 나아가지 않았다.

그때 驃騎將軍인 東平王 劉蒼(유창, 光武帝의 아들)은 이를 전해 듣
고 불러서 西曹(서조)에 임명하였다. 유창은 오량을 아주 좋아하면
서 오량을 천거하는 상소를 올렸다.

「臣이 알기로, 나라의 큰일은 인재를 얻는데 있고, 報恩의 大義로
는 인재를 천거하는 일보다 더 중요한 일이 없다고 하였습니다. 제
생각으로 부서의 西曹掾인 齊國 출신 吳良(오량)은 그 자질이 돈후
하면서도 公平方正하고 廉潔誠實하며 청빈 검소하면서 늙도록 변
함없는 지조를 지키고 있습니다. 또《尚書》를 전공하여 스승의 학통
을 이어받았으며 박사 직책을 역임하였고 행실도 예의에 합당합니
다. 이에 宿衛하면서 聖政을 보필할 수 있을 것입니다. 臣 劉蒼(유창)
은 폐하의 큰 은총을 입었기에 무거운 책임을 느끼면서 사적으로
(衛나라) 公叔(公孫拔)이 가신과 함께 승진했던 일을 흠모하오며,
(魯대부) 臧文仲(장문중)이 자리나 차지하고 있었던 허물을 두려워
하기에 감히 우매하여 사람 볼 줄도 모르면서 죽음을 무릅쓰고 이에

천거합니다.」

顯宗(明帝)는 이를 公卿에게 보여주며 말했다.

"전에 오량을 만난 일이 있는데 수염과 머리가 하얗고 衣冠이 아주 위엄이 있었다. 현인을 천거하여 국정을 보좌하는 것은 재상의 직분이기에 蕭何(소하)가 韓信(한신)을 천거하였고, (漢王은) 단을 쌓고 대장군을 제수했으며 그 능력을 걱정하지 않았었다. 지금 오량에게 議郎을 제수하라."

原文

永平中, 車駕近出, 而信陽侯陰就干突禁衛, 車府令徐匡鉤就車, 收御者送獄. 詔書譴匡, 匡乃自繫. 良上言曰, "信陽侯就倚恃外戚, 干犯乘輿, 無人臣禮, 爲大不敬. 匡執法守正, 反下於理, 臣恐聖化由是而弛."

帝雖赦匡, 猶左轉良爲卽丘長. 後遷司徒長史. 每處大議, 輒據經典, 不希旨偶俗, 以僥時譽. 後坐事免, 復拜議郎, 卒於官.

| 註釋 | ○(明帝) 永平 – 서기 58 – 5년. ○信陽侯陰就 – 陰就(음취)는 인명. 陰皇后의 친정 동생. 少府 역임. 陰就(음취)의 아들(陰豐)이 光武帝의 딸 酈邑公主와 결혼하였는데 나중에 아들이 공주를 살해하자(永平 2年) 음취는 자살하였다. ○車府令 – 太僕의 속관, 황제의 거마 관리, 질록 6백석. ○由是而弛 – 이 때문에 풀어지다. 弛(늦출 이)는 廢也. ○卽丘長 – 卽丘의 縣長. 卽丘(즉구)는 東海郡의 현명. 今 山東省 남부의 臨沂市(임기시)

郯城縣 동북. ○司徒長史 – 哀帝 때 丞相을 大司徒로 개칭했고, 그 속관으로 백관의 부정을 감찰하는 司徒司直을 설치했다가 광무 11년에 사직을 폐하고 長史를 두었다. ○不希旨偶俗, 以僥時譽 – 不는 譽까지 해당. 希旨는 황제의 뜻에 맞기를 바라다. 偶俗은 시속에 부합하다. 僥는 바랄 요. 僥倖(요행).

[國譯]

(明帝) 永平 연간에, 황제가 근교에 출행했을 때, 信陽侯 陰就(음취)의 수레가 금위병과 충돌하자 車府令(거부령)인 徐匡(서광)이 음취의 수레를 몰수하고 御者(어자, 마부)를 옥에 보냈다. 조서로 서광을 견책하자 서광은 스스로 감옥에 들어갔다. 이에 吳良(오량)이 상주하였다.

"信陽侯 陰就(음취)는 외척의 세력을 믿고 황제의 근위에 돌진하였으니, 이는 人臣의 예도가 아니며 大不敬 죄를 범했습니다. 서광은 법에 의거 원칙을 지켰지만 도리어 형벌을 받았는데, 臣은 폐하의 훌륭하신 교화가 이 때문에 해이해질까 걱정이 됩니다."

명제는 서광을 사면하였지만 오량을 卽丘(즉구)의 현장으로 좌천시켰다. 오량은 나중에 司徒長史로 승진하였다. 오량은 조정에 큰 논의가 있을 때마다 매번 경전의 대의를 따르면서 황제의 뜻에 맞추거나 시속에 부합하여 세간의 칭송을 들으려 하지 않았다. 뒷날 죄를 지어 면직되었다. 다시 議郞에 임명되었다가 관직에 있으면서 죽었다.

原文

　承宮字少子, 瑯邪姑幕人也. 少孤, 年八歲爲人牧豕. 鄕
里 徐子盛者, 以《春秋經》授諸生數百人, 宮過息廬下, 樂其
業, 因就聽經, 遂請留門下, 爲諸生拾薪. 執苦數年, 勤學不
倦. 經典旣明, 乃歸家敎授. 遭天下喪亂, 遂將諸生避地漢
中, 後與妻子之蒙陰山, 肆力耕種. 禾黍將孰, 人有認之者,
宮不與計, 推之而去, 由是顯名. 三府更辟, 皆不應.

　永平中, 徵詣公車. 車駕臨辟雍, 召宮拜博士, 遷左中郎
將. 數納忠言, 陳政, 論議切愨, 朝臣憚其節, 名播匈奴. 時,
北單于遣使求得見宮, 顯宗敕自整飾, 宮對曰, "夷狄眩名,
非識實者也. 臣狀醜, 不可以示遠, 宜選有威容者." 帝乃以
大鴻臚魏應代之.

　十七年, 拜侍中祭酒. 建初元年, 卒, 肅宗褒嘆, 賜以冢地.
妻上書乞歸葬鄕里, 復賜錢三十萬.

註釋 ｜ ○承宮字少子 – 承이 성씨. 宮이 이름. ○瑯邪姑幕 – 瑯邪(琅
邪, 낭야)郡(國)의 治所는 開陽縣, 今 山東省 남부의 臨沂市. 姑幕(고막)은 현
명. 今 山東省 濰坊市 관할 諸城市 서북. ○諸生 – 太學의 학생. 前漢에서
는 博士弟子, 後漢에서는 諸生 또는 太學生이라 불렀다. ○勤學不倦 – 근
학하며 게으르지 않았다. 어떤 기록에 승궁은 사슴을 잡은 호랑이를 만났
는데, 승궁은 호랑이를 쫓아버리고 사슴을 갖다가 마을 사람과 고기를 나

누어 먹었다. 사슴 가죽을 남에게 주었는데 그가 받지 않았다. 그러자 승궁은 사슴 가죽을 버렸다. 어떤 사람이 왜 그랬느냐고 묻자, 다른 사람에게 준 것을 내가 다시 가질 수도 없고 또 다른 남에게 줄 수도 없어 버렸다고 말했다. ㅇ蒙陰山 – 蒙陰은 泰山郡의 현명. 今 山東省 臨沂市 관할 蒙陰縣, 蒙山의 북쪽. 本書〈校勘記〉에는《東觀記》에 의거 華陰山(今 陜西省 華陰縣 동쪽)이라고 하였다. 漢中으로 피난 갔으니 華陰山이 맞을 것이다. ㅇ肆力耕種 – 온힘을 다해 농사짓다. 肆는 다할 사, 방자할 사. 늘어놓다. ㅇ三府更辟 – 三府는 太尉府, 司徒府, 司空府. ㅇ車駕臨辟雍 – 辟雍(벽옹)은 본래 周代의 중앙교육기관. 太學이 소재한 곳. 제후국의 교육기관이 있는 곳은 泮宮(반궁)이라고 했다. ㅇ陳政 – 정사를 논하다. 陳은 陳述하다. ㅇ侍中祭酒 – 侍中은 황제의 최측근 近侍官. 顧問應對 담당. 무 정원, 후한에서는 질록 比二千石의 實職. 그 우두머리가 侍中祭酒(시중제주, 비상설직, 전한에서는 侍中僕射). 어가 출행 시에 박식한 시중 1인이 參乘, 나머지는 후미에 수행. 中常侍(千石, 宦者, 뒤에 比이천석으로 증액), 黃門侍郎(六百石), 小黃門(六百石, 宦者)을 거느림.

[國譯]

承宮(승궁)의 字는 少子(소자)로 瑯邪郡(낭야군) 姑幕縣 사람이다. 어려 부친을 여의고 8살에 남의 집에서 돼지를 키웠다. 그 마을에 徐子盛(서자성)이란 사람이《春秋經》을 제자 수백 명에게 강학했는데, 승궁은 그 처마 밑에서 쉬며 강학하는 것을 즐겨 구경하다가 경전을 듣고 외워 그 문하에 들어갔는데 여러 문생을 위하여 나무를 해주었다. 여러 해에 걸쳐 고생하면서도 게으르지 않고 근학하였다.《春秋》에 통한 뒤에 집에서 문생을 교수하였다.

왕망이 망하면서 천하가 혼란해지지자 여러 문생과 함께 漢中(한

중)으로 피난하였다. 나중에 처자와 蒙陰山(華陰山) 아래에 가서 온 힘을 다해 농사를 지어 곡식을 추수할 때가 되었는데, 어떤 사람이 자기 땅이라고 하자 승궁은 두말도 없이 넘겨주고 떠났는데 이 때문에 이름이 알려졌다. 三府(太尉, 司徒, 司空府)에서 연이어 불렀으나 모두 불응하였다.

(明帝) 永平 연간에, 조정의 부름을 받아 公車令에게 나아갔다. 車駕(皇帝)가 辟雍(벽옹)에 행차했을 때, 승궁을 불러 博士에 임명하였고 左中郎將으로 승진하였다. 여러 번 忠言을 올렸고 정사를 논하였는데, 의논이 절실하고 또 성의가 있어 朝臣들은 그 氣節을 두려워하였으며 흉노까지 이름이 알려졌다. 그 무렵 北單于(북선우)가 사자를 보내 승궁을 사신으로 보내달라고 하여 顯宗(明帝)가 의용을 갖추라고 명하자 승궁이 대답하였다.

"夷狄(이적, 匈奴)은 이름에 흥미를 가졌을 뿐 실제 적임자를 알지 못합니다. 저는 누추한 생김새라 먼 데까지 보낼 사람이 아니니 위엄이 있는 자를 골라 보내야 합니다."

그러자 명제는 大鴻臚인 魏應(위응)으로 대체하였다.

(永平) 17년(서기 74), 侍中祭酒에 임명되었다. (章帝) 建初 원년(서기 76)에 죽었다. 肅宗(章帝)는 승궁을 기려 탄식하며 무덤 쓸 땅을 하사하였다. 승궁의 처는 글을 올려 고향에 돌아가 장례하겠다고 하자 다시 금전 30만을 하사하였다.

❾ 鄭均

|原文|

鄭均字仲虞, 東平任城人也. 少好黃老書. 兄爲縣吏, 頗
受禮遺, 均數諫止, 不聽. 卽脫身爲傭, 歲餘, 得錢帛, 歸以
與兄. 曰, "物盡可復得, 爲吏坐臧, 終身捐棄." 兄感其言,
遂爲廉潔. 均好義篤實, 養寡嫂孤兒, 恩禮敦至. 常稱病家
廷, 不應州郡辟召. 郡將欲必致之, 使縣令諷將詣門, 旣至,
卒不能屈. 均於是客於濮陽.

| 註釋 | ○鄭均字仲虞 – 仲은 버금 중, 가운데 중. 虞는 헤아릴 우. 舜이
姓氏. ○東平任城 – 任城縣은 今 山東省 서남부의 濟寧市. ○黃老書 – 道
家書. 前漢 文帝와 景帝는 道家의 無爲사상을 바탕으로 백성을 休養生息
케 하여 漢代 태평성세인 文景之治를 이루었다. ○終身捐棄 – 捐棄(연기)
는 버려지다. 捐은 버릴 연. 棄는 버릴 기. ○濮陽 – 東郡의 치소 濮陽縣,
今 河南省 동북 濮陽市(복양시).

[國譯]

鄭均(정균)의 字는 仲虞(중우)로 東平郡 任城縣 사람이다. 젊어 黃
老書를 좋아하였다. 그의 형은 縣吏로 자주 예물(선물)을 받았는데
정균이 여러 번 못하게 말려도 듣지 않았다. 이에 정균은 집을 떠나
품팔이를 해서 1년 뒤에 돈과 비단을 갖다가 형에게 주면서 말했다.

"물건이 없으면 또 벌 수가 있지만 관리가 뇌물을 받으면 죽을 때
까지 몸을 버리게 됩니다."

형은 그 말에 감동하여 청렴결백한 사람이 되었다. 정균은 대의
를 따르고 성실하였으며, 홀로된 형수와 조카들을 양육하며 은택과
예를 돈독히 실천하였다. 늘 병과 가정을 핑계 대며 州나 郡에서 불
러도 응하지 않았다. 군에서는 정균을 초치하려고 현령이 그의 집에
갈 것이라고 거짓 전달을 하였는데 실제로 현령이 가서 설득해도 정
균은 끝까지 굽히지 않았다. 정균은 결국 (東郡의) 濮陽縣(복양현)에
서 客居하였다.

原文

建初三年, 司徒鮑昱辟之, 後擧直言, 並不詣. 六年, 公車
特徵. 再遷尙書, 數納忠言, 肅宗敬重之. 後以病乞骸骨, 拜
議郞, 告歸, 因稱病篤, 帝賜以衣冠.

元和元年, 詔告廬江太守,東平相曰, "議郞鄭均, 束脩安
貧, 恭儉節整, 前在機密, 以病致仕, 守善貞固, 黃髮不怠.
又前安邑令毛義, 躬履遜讓, 比徵辭病, 淳潔之風, 東州稱
仁. 書不云乎, '章厥有常, 吉哉!' 其賜均,義穀各千斛, 常以
八月長吏存問, 賜羊酒, 顯茲異行."

明年, 帝東巡過任城, 乃幸均舍, 敕賜尙書祿以終其身, 故
時人號爲'白衣尙書.' 永元中, 卒於家.

| 註釋 | ○(章帝) 建初三年 – 서기 78년. ○司徒鮑昱(포욱) – 29권, 〈申
屠剛鮑永郅惲列傳〉立傳. ○直言 – 인재 천거의 한 분야. 直言之士. ○(章

帝) 元和元年 – 서기 84년. ○束脩安貧 – 생활이 엄숙 단정하고 청빈하
다. ○前在機密 – 조정의 주요 부서에 재직했다. ○黃髮不怠 – 黃髮은 白
髮. 노인의 머리. 半白의 노인. 머리털이 노란색은 아니다. 검은색이 퇴색
했다. 靑衣童子의 靑衣는 검은색 옷이다. 옛날에 가장 얻기 쉬운 염료는
나무를 태운 재였다. 그래서 灰色(잿빛)으로 염색했다. 우리나라 승복의
색깔이다. 잿빛이 엷으면 청색으로 보인다. 그래서 하인들이나 賤者의 옷
이 되었다. ○安邑令 – 安邑은 河東郡의 현명. 今 山西省 運城市 관할 夏
縣. ○書不云乎 –《書經 虞書 皐陶謨(고요모)》. ○'章厥有常, 吉哉' – '밝
고도 늘 그러하면 길한 것이다.' 章은 밝다(彰). ○八月長吏存問 – 秋 8월
은 결실의 계절, 養老 행사를 했다. 存問은 문안하다. 안부를 묻다. ○羊酒
– 羊 1마리와 술 二石. ○顯茲異行 – 뛰어난 행실을 널리 알리라. ○東巡
過任城 – 過는 들르다. 어디에 이르다. 어떤 경력이나 직책을 거치다 ○任
城 – 東平國 任城縣, 今 山東省 서남부 齊寧市 任城區. ○尙書祿以終其身
– 죽을 때까지 尙書의 질록(6백석)을 지급하다. ○永元中 – 和帝의 연호
(서기 89 – 104년).

[國譯]

(章帝) 建初 3년(서기 78), 司徒 鮑昱(포욱)이 鄭均(정균)을 초빙하
고 直言之士로 천거하였지만 나가지 않았다. 6년, 公車令이 특별히
초빙하였다. 두 번 승진으로 尙書가 되었는데 정균의 충언을 여러
번 채택하였고, 肅宗(장제)는 정균을 존중하였다. 뒷날 정균은 병으
로 면직을 신청하여 議郞을 제수 받고 고향에 돌아왔는데 병의 위중
하자 (章帝는) 의관을 하사하였다.

(章帝) 元和 원년, 조서로 廬江(여강)태수와 東平國 相에게 명했
다.

"議郎이었던 鄭均(정균)은 늘 엄숙 단정하고 청빈 속에서도 공경 검약하며 지조를 지켜 조정의 주요 부서에 근무하다가 병으로 관직을 사임하였지만 선의와 正道를 늙도록 지키고 있다. 또 전에 (河東郡) 安邑 현령 毛義(모의)는 겸손 겸양의 미덕을 지켜 조정의 연이은 부름에도 병이라 사양하였고 그 순결한 풍모는 관동지역에서 인자하다고 일컬어지고 있다. 《書經》에서도 '밝고도 늘 그러하면 길한 것이다.' 라고 하지 않았는가? 정균과 모의에게 각각 1천 斛(곡)의 곡식을 하사하고, 매년 8월에 선임 관리를 보내 안부를 묻고, 羊 1마리와 술 二斗를 하사하여 그 뛰어난 행실을 널리 알리도록 하라."

그 다음 해 章帝는 동쪽을 순수하다가 (東平國) 任城縣을 들려 정균의 집까지 행차하였고 칙명으로 죽을 때까지 尙書의 질록(6백석)을 지급하라고 하였기에 당시 사람들을 정균을 '白衣尙書' 라고 불렀다. 정균은 (和帝) 永元 연간에, 집에서 죽었다.

❿ 趙典

原文

趙典字仲經, 蜀郡成都人也. 父戒, 爲太尉, 桓帝立, 以定策封廚亭侯. 典少篤行隱約, 博學經書, 弟子自遠方至. 建和初, 四府表薦, 徵拜議郎, 侍講禁內, 再遷爲侍中. 時, 帝欲廣開鴻池, 典諫曰, "鴻池泛漑, 已且百頃, 猶復增而深之, 非所以崇唐,虞之約己, 遵孝文之愛人也."

帝納其言而止.

| 註釋 | ㅇ父戒 - 趙戒는 太僕 - 司空 - 司徒 - (桓帝 즉위 후) 태위가 되
었다. ㅇ桓帝(환제) - 재위 147 - 167. ㅇ建和初 - 桓帝의 첫 연호, 147 -
149년. ㅇ四府表薦 - 三府(太尉, 司徒, 司空府)와 大將軍府. ㅇ廣開鴻池
- 鴻池(홍지)는 호수 이름. 今 河南省 洛陽市 관할 偃師市(언사시) 소재. 낙
양 동쪽. 安帝 때 홍지를 백성 생업에 이용할 수 있게 임대했다는 기록이
있다.

[國譯]

趙典(조전)의 字는 仲經(중경)으로 蜀郡 成都 사람이다. 부친 趙戒
(조계)는 太尉였는데 桓帝(환제) 즉위에 공이 있어 廚亭侯(주정후)에
책봉되었다. 조전은 젊어서도 敦厚(돈후), 침착, 검소했으며 경서를
널리 익혔기에 제자가 먼 곳에서도 찾아왔다. (桓帝) 建和 초에, 四
府에서 표문을 올려 조전을 천거하였기에 조정에서 불러 議郎이 되
었고, 황제에게 侍講(시강)을 하였으며 두 번 승진하여 侍中이 되었
다. 그때 환제가 鴻池(홍지)를 더 넓히려 하자 조전이 忠言을 올렸다.
"홍지의 수면이 이미 1百 頃(경)이나 되는데, 이를 또 넓히고 깊게 판
다면 이는 唐(堯)과 虞(舜)의 검약이 아니며 孝文帝의 애민 정신에
어긋납니다."

환제는 조언의 충언을 받아들여 중지하였다.

父卒, 襲封. 出爲弘農太守, 轉右扶風. 公事去官, 徵拜城
門校尉, 轉將作大匠, 遷少府, 又轉大鴻臚. 時, 恩澤諸侯以
無勞受封, 群臣不悅而莫敢諫, 典獨奏曰,

「夫無功而賞, 勞者不勸, 上忝下辱, 亂象干度. 且高祖之
誓, 非功臣不封. 宜一切削免爵土, 以存舊典.」

帝不從. 頃之, 轉太僕, 遷太常. 朝廷每有災異疑議, 輒咨
問之. 典據經正對, 無所曲折. 每得賞賜, 輒分與諸生之貧
者. 後以諫爭違旨, 免官就國.

| 註釋 | ○上忝下辱 – 忝은 더럽힐 첨. 辱은 욕되게 할 욕. ○亂象干度
– 혼란한 현상이 하늘에 나타난다. 成帝 때 성제의 외숙 王氏 5형제를 한
날에 봉했는데, 이날 하늘이 붉게 변하고 누런 안개에 사방에 꽉 찼었다.
哀帝가 진외가(傅氏)와 외가(丁氏)를 제후에 봉하는 날 역시 그러했다는
기록이 있다. ○高祖之誓 – 고조는 劉氏가 아니면 왕이 될 수 없고(非劉
氏不王), 공신이 아니면 제후에 봉할 수 없다(非功臣不封)고 하였다.

[國譯]

조전은 부친이 죽어 작위를 계승했다. 지방관으로 나가 弘農太守
가 되었다가 右扶風에 轉任하였다. 공무로 관직을 떠났다가 다시 부
름을 받아 城門校尉가 되었고, 將作大匠을 지내고서 少府로 승진했
다가 다시 大鴻臚로 전임하였다. 이때 황제의 恩澤으로 공로도 없는
사람이 제후가 되었는데 많은 신하들이 싫어하면서도 이를 간하는
사람이 없었으나 오직 조전만이 간언을 올렸다.

「아무런 공도 없는데 상을 내린다면 힘써 일하는 자를 권장하는 일이 아니며, 위아래 모두에게 욕이 되며 하늘에 혼란한 현상이 나타납니다. 또 高祖의 맹서로도 공신이 아니면 제후에 봉할 수 없다고 하였다. (공로도 없는) 제후의 작위와 식읍을 모두 삭탈하여 옛 법도를 지켜야 합니다.」

그러나 환제는 받아들이지 않았다. 얼마 후 조전은 太僕이 되었다가 太常으로 승진하였다. 조정에서는 재해가 있을 때마다 의문을 토론하였는데 조전은 이에 자문을 하였다. 조전은 늘 경전의 뜻에 의거 바른 논의를 전개하며 굽힘이 없었다. 황제의 하사품을 받을 때마다 이를 가난한 여러 유생에게 나눠 주었다. 뒷날 황제의 뜻을 거스른 간쟁으로 면직되어 봉국으로 나갔다.

‖原文

會帝崩, 時禁藩國諸侯不得奔吊, <u>典</u>愾然曰, "身從衣褐之中, 致位上列. 且鳥鳥反哺報德, 況於士邪!" 遂解印綬符策付縣, 而馳到京師. 州郡及大鴻臚並執處其罪, 而公卿百寮嘉<u>典</u>之義, 表請以租自贖, 詔書許之. 再遷長樂少府, 衛尉. 公卿復表典篤學博聞, 宜備國師. 會病卒, 使者吊祠. <u>竇太后</u>復遣使兼贈印綬, 謚曰<u>獻侯</u>.

│註釋│ ㅇ會帝崩 - 桓帝 붕어는 永康 원년(서기 167년). ㅇ不得奔吊 - 奔喪(분상)을 못하게 하나. 낙양에 들어오지 못하게 하다. ㅇ身從衣褐之中 - 褐衣는 하층민의 옷. ㅇ鳥鳥反哺報德 - 까마귀는 反哺(반포)하여 報

德하는 孝鳥라고 알려졌다. ㅇ 竇太后 - 桓帝의 3번째 황후인 桓思竇皇后.
父 竇武(두무). 환제의 총애는 못 받았지만 환제가 죽는 永康 원년(167)에
解瀆亭侯 劉宏(유굉)을 옹립하니, 곧 靈帝(재위 168 - 189년)이다.

[國譯]

그때 桓帝(환제)가 붕어하였는데 藩國 제후의 奔喪(분상)을 금지하
였다. 그러나 조전은 단호히 말했다.

"이 몸은 하찮은 사람이었으나 (황제의 은덕으로) 고관의 자리에
올랐었다. 까마귀도 反哺(반포)하여 報德하는데 하물며 사대부인 내
가 그만둘 수 있는가!"

조전은 印綬(인수)를 풀어 符策과 함께 縣에 반환하고서 (제후의
자격이 아닌 평민으로) 낙양으로 달려갔다. 이에 州郡과 (제후 관련
업무를 담당하는) 大鴻臚(대홍려)에서는 조전의 죄를 벌해야 한다고
주청하였으나 公卿과 百官은 조전의 大義를 가상하다고 생각하면
서 자신들의 녹봉으로 (조전의) 죄를 속죄하겠다고 주청하자 조서
로 승낙하였다.

조전은 다시 長樂少府와 衛尉(위위)가 되었다. 여러 공경은 조전
이 篤學하고 博聞하니 응당 國師로 초빙해야 한다는 표문을 올렸다.
그때 조전이 병사하자 靈帝는 사자를 보내 조문했다. 竇太后(桓帝
의 竇皇后)는 사자를 보내 (조전의) 인수를 돌려주고 獻侯(헌후)라는
시호를 내렸다.

原文

典兄子謙, 謙弟溫, 相繼爲三公.

謙字産信, 初平元年, 代黃琬爲太尉. 獻帝遷都長安, 以謙行車騎將軍, 爲前置. 明年病罷. 復爲司隷校尉. 車師王侍子爲董卓所愛, 數犯法, 謙收殺之. 卓大怒, 殺都官從事, 而素敬憚謙, 故不加罪. 轉爲前將軍, 遣擊白波賊, 有功, 封郿侯. 李傕殺司徒王允, 復代允爲司徒. 數月病免, 拜尙書令. 是年卒, 諡曰忠侯.

溫字子柔, 初爲京兆丞, 嘆曰, "大丈夫當雄飛, 安能雌伏!" 遂棄官去. 遭歲大饑, 散家糧以振窮餓, 所活萬餘人. 獻帝西遷都, 爲侍中, 同興輦至長安, 封江南亭侯, 代楊彪爲司空, 免, 頃之, 復爲司徒, 錄尙書事.

| 註釋 | ○(獻帝) 初平元年 – 서기 190년. ○代黃琬爲太尉 – 61권, 〈左周黃列傳〉 立傳. ○獻帝遷都長安 – 關東에서 袁紹(원소) 중심한 董卓 토벌군 성립되자, 동탁은 獻帝 협박하여 初平 원년(서기 190)에 장안으로 강제 천도했다. ○車師王侍子爲 – 車師(거사)는 西域의 성곽 국가 이름. 姑師(고사)로도 표기. 지금 新疆省의 奇臺, 哈密, 吐魯番, 烏魯木齊 일대. 국도는 交河城(今 新疆省 투루판 서북 雅爾湖 서쪽). ○董卓所愛 – 董卓(동탁, 141 – 192년), 涼州 隴西 臨洮人. 後漢 말 涼州 軍閥(군벌)이며 權臣, 포악한 행위로 역사상 가장 부정적 평가를 받는 인물. 72권, 〈董卓列傳〉에 입전. ○遣擊白波賊 – 농민 반군의 이름. 白波谷은 西河郡의 지명, 今 山西省 남부 臨汾市(임분시)에서 노략질. ○李傕殺~ – 李傕(이각)은 동탁의 부장, 동탁이 피살된 뒤, 謀士 賈詡(가후, 147 – 223)의 방책에 따라 동료 郭汜(곽사),

張濟(장제) 등과 합작, 長安에 진출하여 獻帝를 협박하여 4년간 정치를 독단했다. 이각 일당은 내분으로 약해진 뒤에 曹操에게 패망했다.

[國譯]

趙典(조전) 형의 아들인 趙謙(조겸)과 조겸의 동생 趙溫(조온)은 모두 삼공의 반열에 올랐다.

조겸의 字는 産信(산신)으로 (獻帝) 初平 원년에 黃琬(황완)의 후임으로 太尉가 되었다. 獻帝가 長安으로 遷都할 때 조겸을 車騎將軍 대행으로 임명하여 전방 경계를 담당했다. 그 다음 해 병으로 사직했으나 다시 司隷校尉가 되었다. 그때 車師王이 보낸 侍子는 董卓(동탁)의 총애를 받으며 여러 번 범법행위를 저지르자 조겸이 잡아죽여 버렸다. 동탁이 대노하며 (사예교위의) 都官從事를 죽였지만 평소에 조겸을 어려워하였기에 조겸을 벌하지는 못했다. 조겸은 前將軍으로 전임되었고 (농민 반군) 白波賊(백파적)을 격파에 공을 세워 郿侯(비후)에 봉해졌다. (동탁이 죽은 뒤) 李催(이각)이 司徒 王允(왕윤)을 살해하자 (조겸은) 다시 왕윤의 후임으로 司徒가 되었다. 몇 달 뒤에 병으로 사직하였고 尚書令에 임명되었다. 이 해에 죽었는데, 시호는 忠侯(충후)였다.

趙溫(조온)의 字는 子柔(자유)인데, 처음에 京兆丞(경조승)이 되었는데 "大丈夫라면 응당 雄飛해야 하거늘 어찌 여자처럼 웅크리고 있어야 하는가!" 라고 탄식하였다.

그리고 관직을 버렸다. 큰 흉년이 들자 집안의 곡식을 풀어 가난한 백성을 구제하였는데 그가 살린 사람이 1만여 명은 되었다. 獻帝가 서쪽으로 옮겨갈 때 侍中으로 헌제의 수레를 모시고 장안에 갔고

江南亭侯가 되었고, 楊彪(양표)의 후임으로 司空이 되었으며, 사직했다가 얼마 후 다시 司徒가 되어 錄尙書事를 겸했다.

原文

時, 李傕與郭汜相攻, 傕遂虜掠禁省, 勳帝幸北塢, 外內隔絶. 傕素疑溫不與己同, 乃內溫於塢中, 又欲移乘輿於黃白城. 溫與傕書曰,

「公前托爲董公報仇, 然實屠陷王城, 殺戮大臣, 天下不可家見而戶說也. 今與郭汜爭睚眥之隙, 以成千鈞之仇, 人在塗炭, 各不聊生. 曾不改悟, 遂成禍亂. 朝廷仍下明詔, 欲令和解. 上命不行, 威澤日損. 而復欲移轉乘輿, 更幸非所, 此誠老夫所不達也. 於《易》, 一爲過, 再爲涉, 三而弗改, 滅其頂, 凶. 不如早共和解, 引軍還屯, 上安萬乘, 下全人民, 豈不幸甚.」

傕大怒, 欲遣人殺溫. 李傕從弟應, 溫故掾也, 諫之數日, 乃獲免. 溫從車駕都許. 建安十三年, 以辟司空曹操子丕爲掾, 操怒, 奏溫辟臣子弟, 選擧不實, 免官. 是歲卒, 年七十二.

| 註釋 | ○郭汜(곽사) - 동탁의 부장. 興平 2년(서기 195년)에 이각과 내분으로 서로 싸웠다. ○北塢(북오) - 長安(西安市) 부근의 軍營. 塢는 둑 오. 성채. 屯軍地. 營居曰 塢. ○睚眥之隙 - 사소한 원한. 睚眥(애자)는 눈

을 흘기다. 睚는 눈초리 애. 흘겨보다. 眥는 눈 흘길 자. 隙은 틈 극. 원한.
○千鈞之仇 － 1鈞은 30斤(당시 1근은 220g), 곧 6.66kg. ○各不聊生 － 聊
生(요생)은 안심하고 살다. 聊는 의지할 료. 애오라지. ○於《易》－ 澤(☱)
風(☴) 大過.〈大過〉卦 上六의 爻辭(효사). ○一爲過～ － 上六의 爻辭(효
사)를 풀이한 말. 잘못을 두 번 세 번 거듭하면 패망한다는 뜻. ○都許 －
許縣에 도읍하다. 建安 원년, 서기 196년. 許는 潁川郡의 현명. 今 河南省
중앙부 許昌市. 조조가 헌제를 영입하면서 許都로 개칭. ○建安十三年 －
서기 208년.

[國譯]

　　그때, 李傕(이각)과 郭汜(곽사)는 서로 공격하였는데 이각은 황궁
을 노략질하고 獻帝를 北塢(북오)로 데려가서 獻帝는 내외 모두와
단절되었다. 이각은 평소에 趙溫(조온)이 자기편이 아니라고 의심하
여 조온을 북오에 데리고 있으면서 다시 황제를 黃白城(황백성)으로
옮기려고 하였다. 이에 조온은 이각에게 서신을 보내 말했다.

　　「公은 앞서 董公(董卓)의 원수를 갚는다고 하였으나 실제로는 황
궁을 도륙하면서 대신을 함부로 죽였으니, 천하 모든 사람들이 이를
보고 말하지 않을 수 없었습니다. 지금 장군은 郭汜(곽사)와 사소한
원한으로 너무 무거워 풀 수도 없는 원수가 되었고 백성들은 도탄에
빠져 안심하고 살 수가 없습니다. 이제 잘못을 고치지 않는다면 큰
화란을 당할 것입니다. 조정에서도 조서를 내려 두 장군을 화해시키
려 했습니다. 황제의 명령을 따르지 않는다면 장군의 은택과 위세는
점차 줄어들 것입니다. 그런데도 지금 다시 황제를 옮겨가려고 하는
데 이는 더욱 해서는 안 될 일이라서 이 老夫도 정말로 이해할 수 없
습니다.《易》에서도 한 번 잘못하고 두 번을 저지르고, 세 번 잘못을

하면서도 고치지 않는다면 머리도 물에 빠져 흉하다고 하였습니다. 그러니 빨리 화해를 하고서 군사를 이끌고 군영으로 돌아가 위로는 萬乘天子를 편히 모시고, 아래로는 백성을 살리는 것이 어찌 좋은 일이 아니겠습니까!」

이각은 대노하며 사람을 보내 조온을 죽이려 했다. 이각의 사촌 동생인 李應(이응)은 전부터 조온의 하급 관리였기에 며칠 동안 이각을 달래어 겨우 면할 수 있었다. 조온은 許縣(허현)으로 옮겨온 헌제를 따라왔다. 建安 13년에, 司空인 曹操(조조)의 아들 曹丕(조비)를 掾吏(연리)로 임용하자 조조는 화를 내면서 헌제에게 조온이 자기 아들을 임용한 것은 인재 등용을 잘못한 것이라 하여 조온은 결국 면직되었다. 이 해에 죽었는데, 나이는 72세였다.

| 原文 |

贊曰, 宣,鄭,二王, 奉身淸方. 杜林據古, 張湛矜莊. 典以義黜, 宮由德揚. 大儀鵠髮, 見表憲王. 少卿志仕, 終乘高箱.

| 註釋 | ○奉身淸方 – 행실이 청렴 방정하였다. ○矜莊 – 근엄하고 장중하다. ○典以義黜 – 義는 桓帝의 붕어를 조상한 일. 黜은 물리칠 출. 黜職. ○大儀 – 吳良의 字. 鵠髮은 백발. ○少卿志仕 – 少卿은 郭丹의 字. ○終乘高箱 – 高箱은 큰 수레. 큰 수레를 타고 관문을 나가겠다고 다짐했었다.

[國譯]

贊曰,

宣秉, 鄭鈞, 王丹과 王良은 행실이 청렴 방정하였다.

杜林은 고전에 근거하였고, 張湛(장잠)은 위엄을 지켰다.

趙典은 義를 지켜 파직되고, 承宮은 仁德으로 이름났다.

吳良은 백발이었지만 東平憲王(劉蒼)의 천거를 받았다.

郭丹은 벼슬에 뜻을 두었는데 결국 큰 수레를 탔다.

28 桓譚馮衍列傳(上)
〔환담, 풍연열전(상)〕

❶ 桓譚

原文

桓譚字君山, 沛國相人也. 父成帝時爲太樂令. 譚以父任
爲郞, 因好音律, 善鼓琴. 博學多通, 遍習《五經》, 皆詁訓大
義, 不爲章句. 能文章, 尤好古學, 數從劉歆, 楊雄辯析疑異.
性嗜倡樂, 簡易不修威儀, 而憙非毁俗儒, 由是多見排抵.

註釋 ○桓譚(환담, 前 23 - 서기 56년) - 音律에 뛰어나 蔡邕(채옹)과 함
께 並稱. 26권 〈伏侯宋蔡馮趙牟韋列傳〉의 〈宋弘傳〉 참고. ○沛國相人也
- 相縣은 沛國의 치소, 今 安徽省 淮北市 관할 濉溪縣(수계현). ○太樂令 -
太常의 속관, 후한에서는 大予樂令, 伎樂을 관장, 나라 제사의 奏樂, 大饗
用樂을 담당, 질록 6백석. 속관으로 丞 1인. ○因好音律 - 弓, 商, 角, 徵

(치), 羽(우)의 五聲의 조화가 音. 律은 六律(黃鍾, 太族 등등). ㅇ皆詁訓大
義 － 詁訓은 訓詁(훈고). 경서의 고증과 자구 해석, 주해. ㅇ不爲章句 － 글
의 章句에 구애받지 않다. ㅇ見排抵 － 배척을 당하다. 排는 밀칠 배. 抵는
칠 지. 거스를 저.

[國譯]

桓譚(환담)의 字는 君山으로 沛國 相縣 사람이다. 부친은 成帝 때
太樂令이었다. 환담은 부친의 직급에 의거 낭관이 되었다. 音律을 좋
아했고 彈琴(탄금)을 잘했다. 박학하여 널리 통하였으며, 五經을 모두
배웠으며, 독서하며 큰 뜻을 주로 익혔으며, 문장의 암기에 치중하지
않았다. 문장을 잘 지었는데 특히 古文 經學을 좋아하였으며, 자주
劉歆(유흠)이나 楊雄(양웅)을 따라 의문이나 이의를 분석하였다. 성격
이 가무와 음악을 좋아하였고 소탈하여 위엄이나 예의를 따지지 않
았으며 俗儒를 놀려주기를 좋아했기 때문에 자주 배척을 당했다.

原文

哀,平間, 位不過郎. 傅皇后父孔鄕侯晏深善於譚. 是時,
高安侯董賢寵倖, 女弟爲昭儀, 皇后日已疏, 晏嘿嘿不得意.
譚進說曰, "昔武帝欲立衛子夫, 陰求陳皇后之過, 而陳后終
廢, 子夫竟立. 今董賢至愛而女弟尤幸, 殆將有子夫之變,
可不憂哉!" 晏驚動, 曰, "然, 爲之奈何?"

譚曰, "刑罰不能加無罪, 邪枉不能勝正人. 夫士以才智要
君, 女以媚道求主. 皇后年少, 希更艱難, 或驅使醫巫, 外求

方技, 此不可不備. 又君侯以后父尊重而多通賓客, 必藉以
重勢, 貽致譏議. 不如謝遣門徒, 務執謙慤, 此修己正家避
禍之道也.'

晏曰, "善." 遂罷遣常客, 入白皇后, 如譚所戒. 後賢果風
太醫令眞欽, 使求傅氏罪過, 遂逮后弟侍中喜, 詔獄無所得,
乃解, 故傅氏終全於哀帝之時. 及董賢爲大司馬, 聞譚名,
欲與之交. 譚先奏書於賢, 說以輔國保身之術, 賢不能用,
遂不與通.

當王莽居攝篡弑之際, 天下之士, 莫不竟褒稱德美, 作符
命以求容媚, 譚獨自守, 默然無言. 莽時爲掌樂大夫, 更始
立, 召拜太中大夫.

| 註釋 | ○傅皇后 – 哀帝의 황후. ○高安侯董賢 – 董賢(동현, 前 23 – 前
1)은 哀帝의 寵臣. 23살에 軍政의 최고 책임자인 大司馬가 되었다. 애제의
동성애 파트너로 알려졌다. ○嘿嘿 – 말이 없음. 嘿 고요할 묵. ○衛子夫
(위자부) – 무제의 衛皇后. 衛太子의 생모, 위태자가 巫蠱(무고)의 禍에 죽자
황후에서 폐위. ○陳皇后 – 무제의 최초 황후. 소생이 없고 투기로 폐위
되었다. ○媚道 – 아첨, 사랑받는 방법. 媚는 아첨할 미. ○謙慤(겸각) –
겸양과 성심. 慤은 성실할 각. ○風太醫令眞欽 – 風은 암시하다. 넌지시
말하다. 사주하다.

[國譯]

哀帝와 平帝 연간에 환담의 직위는 낭관에 불과했다. 傅(부)황후
의 부친인 孔鄕侯 傅晏(부안)은 桓譚(환담)을 아주 잘 대우했다. 이때,

高安侯 董賢(동현)이 황제의 총애를 받았고 동현의 여동생은 昭儀(소의)가 되었는데 부황후는 날로 소외되면서 부안은 말없이 실의에 빠져있었다 이에 환담이 부안을 찾아가 설명하였다.

"그전에 武帝가 衛子夫(위자부)를 황후로 맞이하려 은밀하게 陳(진)황후의 과오를 조사하였고 결국 진황후는 폐위되었으며 위황후가 책립되었습니다. 지금 동현은 대단한 신임을 받고 여동생 또한 총애를 받고 있으니 장차 위자부와 같은 일이 일어나겠지만 걱정하지 않아도 될 것입니다!"

그러자 부안이 놀라면서 물었다. "그러할 것이니 어찌하면 좋겠는가?"

환담이 말했다. "죄 없는 사람에게 형벌을 가할 수 없으며 사악으로는 正人을 이길 수 없습니다. 사대부는 재능이나 지혜로 주군의 신임을 얻고, 여인은 귀여움으로 주군의 사랑을 받아야 합니다. 지금 황후는 연소하여 난관을 겪어보지 않았기에 혹 女醫나 巫女를 통해 밖에서 秘方을 얻으려 할 수 있지만 이런 일은 막아야만 합니다. 또 君侯께서는 황후의 부친으로 존중을 받으며 많은 빈객과 교제하고 있는데, 빈객 중에서는 황후 부친의 권세를 이용하려는 사람도 있을 것이고 또 여러 가지 비난을 받을 수도 있습니다. 따라서 문객들의 방문을 사양하고 겸양과 근신에 힘써야 합니다. 이것만이 자신을 닦아 집안을 바로 세워 화를 피하는 길입니다."

부안은 "옳은 말"이라 했고 늘 붙어있는 빈객을 모두 내보냈으며 궁궐에 들어가 황후에게도 환담의 말을 전했다. 그 뒤에 동현은 太醫令 眞欽(진흠)을 사주하여 傅氏의 罪過를 조사케 하여 결국 황후의 동생 시중 傅喜(부희)를 잡아 가두었지만, 사안을 조사하여도 아무 소득이 없어 결국 풀어주었는데 이 때문에 부씨 일족은 애제 재위 중 무사하였다. 동현은 大司馬가 되었는데 환담의 명성을 알고 교제를 하려 했다. 환담은 동현에게 먼저 서신을 보내 국정을 보필하고 保身할 방법을 말했지만 동현이 받아들이지 않자 결국 교류하지 못했다.

王莽이 居攝(거섭)하고 (平帝를) 찬탈 시해하는 과정에서 천하의 사대부들은 다투어 왕망의 미덕을 칭송하거나 符命을 조작하여 아첨하였지만 환담은 홀로 自守하며 아무 말도 하지 않았다. 왕망 재위 기간에 환담은 掌樂大夫였는데 更始가 즉위하자 환담을 불러 太中大夫에 임명하였다.

原文

世祖卽位, 徵待詔, 上書言事失旨, 不用. 後大司空宋弘薦譚, 拜議郎給事中, 因上疏陳時政所宜, 曰,

「臣聞國之廢興, 在於政事, 政事得失, 由乎輔佐. 輔佐賢明, 則俊士充朝, 而理合世務, 輔佐不明, 則論失時宜, 而擧多過事. 夫有國之君, 俱欲興化建善, 然而政道未理者, 其所謂賢者異也. 昔楚莊王問孫叔敖曰, "寡人未得所以爲國是也." 叔敖曰, "國之有是, 衆所惡也, 恐王不能定也." 王曰, "不定獨在君, 亦在臣乎?" 對曰, "君驕士, 曰士非我無從富貴, 士驕君, 曰君非士無從安存. 人君或至失國而不悟, 士或至饑寒而不進. 君臣不合, 則國是無從定矣." 莊王曰,

"善. 願相國與諸大夫共定國是也." 蓋善政者, 視俗而施敎,
察失而立防, 威德更興, 文武迭用, 然後政調於時, 而躁人可
定. 昔董仲舒言 "理國譬若琴瑟, 其不調者則解而更張." 夫
更張難行, 而拂衆者亡, 是故賈誼以才逐, 而朝錯以智死.
世雖有殊能而終莫敢談者, 懼於前事也.」

| 註釋 | ○世祖 - 성명은 劉秀(前 5年 - 서기 57년, 62세), 在位 서기 25 -
57년(32년). 光武帝는 諡號, 世祖는 廟號, 陵墓는 原陵. ○上書言事失旨 -
상서했으나 광무제의 뜻에 맞지 않다. ○楚莊王 - 名 旅, 재위 前 614 -
591년. ○孫叔敖(손숙오) - 楚 莊王의 賢相. ○所以爲國是也 - 國是는 국
가대사의 바른 方略. ○躁人(조인) - 차분하지 못한 사람. 躁는 성급할 조.
○董仲舒(동중서, 前 179 - 104년) - 《春秋公羊傳》전공. 獨尊儒術 罷黜百家를
주장. 《漢書》56권, 〈董仲舒傳〉에 입전. ○解而更張 - 更張은 거문고 줄을
풀었다가 다시 고쳐 매다. 제도를 바꾸다. ○賈誼(가의, 前 200 - 168) - 文帝
때 長沙王 太傅, 政論으로는 〈過秦論〉, 〈論積貯疏〉, 〈論治安策〉이 유명하
다. 辭賦로는 〈弔屈原賦〉, 〈鵩鳥賦〉, 〈惜誓〉 등이 잘 알려졌다. 《漢書》48
권, 〈賈誼傳〉에 입전. ○朝錯以智死 - 朝錯는 鼂錯(조조). 제후국에 대한
강력한 삭감 정책을 주장. 경제 때 吳楚七國 亂의 빌미를 제공했고 그 때문
에 주살되었다. 鼂는 아침 조(朝와 同). 《漢書》49권, 〈爰盎鼂錯傳〉에 입전.

[國譯]

世祖(光武帝)는 즉위하고 桓譚(환담)을 불러 待詔(대조)에 임명하
였는데, 桓譚(환담)의 상서는 광무제의 뜻에 맞지 않아 채용되지 않
았다. 나중에 大司空 宋弘(송홍)이 환담을 천거하여 議郞에 給事中
이 되었는데, 환담은 時政으로 응당 시행해야 할 정사에 대하여 상

서하였다.

「臣이 알기로는, 나라의 흥성과 쇠퇴는 정치에 있고 정치의 성패는 輔佐(보좌)하는 신하에 달렸습니다. 보좌 신하가 賢明하면 뛰어난 인재가 조정에 가득하여 정사가 時務에 적합하지만, 보좌가 현명하지 못하면 논의가 시의에 맞지 않으며 하는 일이 적합하지도 않습니다. 통치하는 주군은 모두 교화를 널리 행하고 공덕을 이루고자 하지만 나라가 잘 다스려지지 않는 것은 賢者가 없기 때문입니다. 옛날 楚 莊王(장왕)이 孫叔敖(손숙오)에게 말했습니다. "寡人은 국가 대사의 바른 方略을 아직도 모르겠다." 이에 손숙오가 말했습니다. "나라 다스리는 방략이 일정하다면 대중이 싫어하여 아마 대왕께서도 결단할 수 없을 것입니다."

"왕이 결단하지 못한다면 신하가 결단하는가?"

"主君이 사대부에게 교만하면 주군은 내가 아니면 사대부는 부귀를 누릴 수 없다고 생각할 것입니다. 사대부가 주군에게 교만하면 사대부들은 우리가 아니면 주군은 안전할 수 없다고 생각하게 됩니다. 그래서 주군은 나라를 잃을 지경이 되어도 이를 알지 못하고, 사대부는 춥고 배고파도 등용되지 못합니다. 君臣이 협조하지 못한다면 國是란 것도 정해질 수가 없습니다."

이에 장왕이 말했습니다. "옳은 말이요. 相國과 여러 대부가 함께 국가 방략을 정하도록 하시오."

정치를 잘한다는 것은 결국 時俗에 따라 교화를 행하고, 실패를 살펴 대책을 강구하며, 위엄과 은덕을 교대로 보이고, 文武의 방책을 섞어 시행한다면 정치가 시의에 맞을 것이며 조급한 사람도 안정될 것입니다. 옛날에 董仲舒(동중서)는 "나라를 다스리는 것은 거문

고와 같아서 음이 맞지 않는다면 줄을 풀었다가 다시 고쳐 매야 한다.”고 말했습니다. 다시 조여 매는 것은 쉽지 않아 백성의 염원을 거스르면 망하게 됩니다. 그래서 賈誼(가의)는 재주가 뛰어났지만 방출되었고, 朝錯(鼂錯, 조조)는 지혜로웠지만 처형되었으니 세상에 특별한 능력을 갖고 있지만 끝내 말하지 않는 것은 전례가 두렵기 때문입니다.

原文

「且設法禁者, 非能盡塞天下之姦, 皆合衆人之所欲也, 大抵取便國利事多者, 則可矣. 夫張官置吏, 以理萬人, 縣賞設罰, 以別善惡, 惡人誅傷, 則善人蒙福矣. 今人相殺傷, 雖已伏法, 而私結怨仇, 子孫相報, 後忿深前, 至於滅戶殄業, 而俗稱豪健, 故雖有怯弱, 猶勉而行之, 此爲聽人自理而無復法禁者也. 今宜申明舊令, 若已伏官誅而私相傷殺者, 雖一身逃亡, 皆徙家屬於邊, 其相傷者, 加常二等, 不得雇山贖罪. 如此, 則仇怨自解, 盜賊息矣.」

| 註釋 | ○雇山贖罪 – 여자 죄수의 경우 6개월 형을 받아 입산하여 숯을 굽는 노역 대신에 귀가하고서 月 3백 전을 납부케 하였는데, 이를 顧山錢(雇山錢)이라 하였다.

[國譯]

「그리고 法禁의 제정으로는 천하의 악행을 다 근절할 수가 없지만 모든 사람들이 원하는 것, 곧 나라와 백성에게 도움이 많은 법이라면 가능할 것입니다. 예를 들어, 관직을 설치하고 관리를 뽑아 만인을 다스리며 상과 벌을 시행하고 선인과 악인을 구별하여 악인을 제거한다면 선인이 혜택을 받는 것입니다. 지금 백성이 서로 상해를 입히고 살인하여 법에 처벌을 받더라도 사적인 원한을 품어 갈수록 원한이 더 깊어져 한 집안과 재산을 모두 빼앗더라도 세상에서는 의협이며 剛健하다고 칭송하기에 비록 겁약한 사람일지라도 私怨을 복수하려 애쓰는데, 이런 풍조는 사적인 복수를 나라에서 법으로 금하지 않기 때문입니다. 이제 옛 법령을 분명히 하여 만약 법에 의해 처형되었는데도 사적 원한으로 남에게 상해를 입히거나 복수를 한 자는 비록 장본인이 도주했더라도 그 가족을 변방으로 이주시켜야 하고, 상대방에게 상해만 입혔어도 2급을 더하여 처벌하며 雇山錢(고산전, 贖錢)을 내어 속죄하지 못하게 해야 합니다. 이렇게 되면 원한은 점차 해소되고 도적도 없어질 것입니다.」

原文

「夫理國之道, 舉本業而抑末利, 是以先帝禁人二業, 錮商賈不得宦爲吏, 此所以抑並兼長廉恥也. 今富商大賈, 多放錢貨, 中家子弟, 爲之保役, 趨走與臣僕等勤, 收稅與封君比入, 是以衆人慕效, 不耕而食, 至乃多通侈靡, 以淫耳目. 今可令諸商賈自相糾告, 若非身力所得, 皆以臧界告者. 如此, 則專役一已, 不敢以貨與人, 事寡力弱, 必歸功田畝. 田畝修, 則穀入多而地力盡矣.

又見法令決事, 輕重不齊, 或一事殊法, 同罪異論, 姦吏得因緣爲市, 所欲活則出生議, 所欲陷則與死比, 是爲刑開二門也. 今可令通義理明習法律者, 校定科比, 一其法度, 班下郡國, 蠲除故條. 如此, 天下知方, 而獄無怨濫矣.」

書奏, 不省.

| 註釋 | ○擧本業而抑末利 - 本業은 農業. 末利는 商業. 고조 때 상인은 비단옷을 입을 수 없고, 상인의 자손은 관직에 나갈 수 없다고 못 박았다. ○錮商賈不得宦爲吏 - 錮는 제한하다. 商賈(상고)는 상인, 賈는 좌상. 行商이 아님. ○中家子弟 - 中家는 중등, 관원이 아닌 평민. ○皆以贓畀告者 - 장물(압수된 상인의 재산, 이자소득 같은 불로소득)을 신고자에게 주다. 畀는 줄 비(與也). ○事寡力弱 - 商賈의 활동이 적어지고 능력이 약화되다. ○同罪異論 - 같은 죄목이 판결이 다르다. ○蠲除故條 - 옛 조항을 폐지하다. 蠲은 버릴 견, 밝을 견.

[國譯]

「치국의 방도는 本業(農業) 권장과 末利(商業) 억제에 있기에 先帝(高祖)께서는 백성의 두 가지 생업을 금지하여 商賈(상고)는 벼슬을 얻어 관리가 될 수 없게 하였는데, 이는 겸업을 막고 염치를 권장하려는 조치였습니다. 지금 부유한 대상인은 금전을 많이 대여하고 보통 백성 자제가 상인을 위해 일하는데, 그 이자 수입이 제후의 수입과 비교되기에 보통 백성이 부러워하며, 또 (상인은) 농사짓지 않고도 먹을 뿐만 아니라 여러 가지 사치생활로 이목을 즐기고 있습니다. 지금 가령 직접 장사로 얻지 않은 이득을 상인들끼리 서로 규찰하여 신고하게 하고 압수한 불로소득을 신고자에게 주도록 해야 합니다. 이렇게 하면 상인은 본래의 장사에 전념하며 다른 사람에게 대여하지 않게 되어 활동이 적어지고 능력이 약화되니 틀림없이 농사에 전념하게 될 것입니다. 농지가 잘 정비되면 곡식 산출이 많아지고 토지도 충분히 이용하게 될 것입니다.

또 법의 적용을 볼 때 죄의 輕重이 같지 않고 때로는 법규 적용이 달라서 같은 죄목이 판결이 다르고 이에 따라 姦吏들도 이를 빌미로 거래를 하여 살리려 하면 살릴 수 있는 법을 적용하고, 죄로 얽고자 하면 사형에 가까운 조항을 적용하니, 이는 양형 기준이 두 개인 것과 같습니다. 지금, 예를 들어, 義理에 밝고 法律을 잘 아는 관리로 하여금 법률 조항을 비교하여 법도를 일정하게 제정하여 군국에 반포하고 이전 조항을 폐지해야 합니다. 이렇게 되면 천하에 하나의 법이 적용되어 재판에서 억울한 일이나 법의 남용이 없어질 것입니다.」

상주한 글이 올라갔지만 황제는 읽지 않았다.

原文

是時, 帝方信讖, 多以決定嫌疑. 又酬賞少薄, 天下不時安定. 譚復上疏曰,

「臣前獻瞽言, 未蒙詔報, 不勝憤懣, 冒死得陳. 愚夫策謀, 有益於政道者, 以合人心而得事理也. 凡人情忽於見事而貴

於異聞, 觀先王之所記述, 咸以仁義正道爲本, 非有奇怪虛誕之事. 蓋天道性命, 聖人所難言也. 自子貢以下, 不得而聞, 況後世淺儒, 能通之乎! 今諸巧慧小才伎數之人, 增益圖書, 矯稱讖記, 以欺惑貪邪, 詿誤人主, 焉可不抑遠之哉! 臣譚伏聞陛下窮折方士黃白之術, 甚爲明矣, 而乃欲聽納讖記, 又何誤也! 其事雖有時合, 譬猶卜數隻偶之類. 陛下宜垂明聽, 發聖意, 屛群小之曲說, 述《五經》之正義, 略雷同之俗語, 詳通人之雅謀.」

| 註釋 | ○信讖 – 참언을 믿다. ○瞽言(고언) – 우매한 주장. 瞽는 눈멀고. 愚論. ○憤懣 – 분하여 가슴이 답답함. 憤은 화낼 분. 懣은 번민할 만. ○虛誕之事 – 虛誕은 虛妄(허망). ○聖人所難言也 – 聖人(공자)께서도 인간의 본성이나 천도에 관해서는 쉽게 말하지 않다. 「子貢曰, "夫子之文章, 可得而聞也, 夫子之言性與天道, 不可得而聞也."《論語 公冶長》. ○今諸巧慧小才伎數之人 – 巧慧(교혜)는 巧智(교지). 小才는 잔재주. 伎數는 伎는 方技, 의약기술. 數는 술수, 점복이나 명당, 卜地의 기술. ○增益圖書 – 도서는 참위설이나 符命에 관한 책. ○矯稱讖記 – 讖書(예언서)의 기록이라 사칭하다. ○詿誤人主 – 人主를 오도하다. 詿誤는 남을 속여 그릇되게 이끌다. 詿 그르칠 괘, 속일 괘. ○方士黃白之術 – 方士는 方術之士. 黃白之術은 약물로 보통 물질(돌)을 金銀으로 바꿀 수 있다는 기술. 일종의 煉丹術. ○卜數隻偶之類 – 점치는 기술이란 것이 홀짝수를 맞추는 것과 같다. ○屛群小之曲說 – 屛은 가리다. 물리치다. 曲說은 邪說. ○略雷同之俗語 – 雷同은 是非之心이 없이 남을 따라가는 일.

[國譯]

이 무렵, 광무제는 참언을 믿어 어려운 일은 참언에 의거 결정하였다. 또 내리는 賞도 매우 적어졌으며 천하는 여전히 불안하였다. 환담은 다시 상소를 올렸다.

「臣은 앞서 愚論을 말했지만 폐하의 답변을 받지 못하여 답답한 마음에 죽음을 무릅쓰고 말씀드립니다. 어리석은 자의 책략이지만 정사에 도움이 된다면 그것은 민심에 합리적으로 부합되기 때문입니다. 대개 人情은 늘 보는 일에는 소홀하면서도 특별한 소문을 귀하게 여기는 바, 先王이 記述한 것은 모두 仁義와 正道에 바탕을 두었고 기괴하거나 허망한 일은 말하지 않았습니다. 天道와 性命에 대해서는 聖人(공자)께서도 쉽게 말하지 않으셨기에 子貢같은 사람도 들은 바가 없다고 하였는데, 하물며 후세의 천박한 유생이 천도와 성명에 어찌 통할 수 있겠습니까! 지금 巧智(교지)로 잔재주나 부리고 方技(의약기술)나 술수로 점이나 치는 많은 자들이 참위설이나 符命에 관한 내용을 보태고 讖書(예언서)의 기록이라 사칭하면서 미혹하거나 어리석은 자들을 속이며 人主를 오도하고 있는데, 그런 자들을 왜 차단하거나 멀리하지 않으십니까? 臣 譚(담)이 듣기로는, 폐하께서 친히 方術之士가 말하는 黃白之術의 근본을 따져 굴복시켰다 하시니, 이는 아주 명철하신 처사입니다. 그러면서도 讖記(참기)의 내용을 받아들이려 하신다니 이 어찌 잘못이 아니겠습니까! 그런 주장이 비록 이 시대에 맞았다 하더라도 그것은 비유하자면 점치는 기술이란 것이 홀, 짝수를 맞추는 것과 같습니다. 폐하께서는 명철하신 총명을 보시고 聖意을 만씀차시어 여러 가지 邪說을 막아버리시고 《五經》의 正義를 서술하여 雷同하는 속언을 없애주시며 경전에 통달한 자의 정확한 방책을 따라주시기 바랍니다.」

原文

「又臣聞安平則尊道術之士, 有難則貴介冑之臣. 今聖朝
興復祖統, 爲人臣主, 而四方盜賊未盡歸伏者, 此權謀未得
也. 臣譚伏觀陛下用兵, 諸所降下, 旣無重賞以相恩誘, 或
至虜掠奪其財物, 是以兵長渠率, 各生孤疑, 黨輩連結, 歲月
不解. 古人有言曰, '天下皆知取之爲取, 而莫知與之爲取.'
陛下誠能輕爵重賞, 與士共之, 則何招而不至, 何說而不釋,
何向而不開, 何征而不克! 如此, 則能以狹爲廣, 以遲爲速,
亡者復存, 失者復得矣.」

帝省奏, 愈不悅.

| 註釋 | ○道術之士 – 도덕과 학술을 갖춘 사람. ○介冑之臣 – 武臣.
介는 甲也. 冑는 투구 주. ○兵長渠率 – 군사 우두머리, 將領. ○天下皆知
取之～ –《老子道德經》에 비슷한 뜻이 있다.

[國譯]

「그리고 臣이 알기로는, 나라가 평안하면 도덕과 학술을 갖춘 士
人이 존귀하고 국난에는 介冑之臣(개주지신, 武臣)을 중히 여긴다고
하였습니다. 지금 聖朝(漢) 祖宗의 법통을 회복하여 백성의 주군이
되셨지만 사방의 도적이 아직 다 평정되지 못한 것은 임기응변의 적

절한 방략을 취하지 않았기 때문입니다. 臣 譚(담)이 폐하의 用兵을 보면 투항하는 자에게 重賞의 은택으로 유도하거나 때로는 적의 재물을 약탈하지 않은 경우가 없었으며, 군대 將領들은 서로를 의심하거나 때로는 끼리끼리 결탁하여 세월이 가도 해산하지 않고 있습니다. 옛사람의 말에 '천하 사람이 모두 손에 쥐는 것만 얻은 것으로 알지만, 먼저 준 다음에 얻는다는 것을 아는 이는 없다.'고 하였습니다. 폐하께서 진심으로 지위를 무시하면서 賞賜를 중히 여기시고, 군사와 함께 공유하신다면 불러서 누가 오지 않으며, 말해서 무엇인들 이해 못하며, 가려는 곳 어딘들 길이 열리지 않고, 정벌에서 누구를 이기지 못하겠습니까! 이는 좁히는 것이 바로 넓히는 것이며, 느린 것이 빨리하는 길이고, 없애는 것이 다시 존재하는 것이며, 잃는 것이 다시 얻는 길입니다.」

광무제는 상주를 읽고 더욱 불쾌하게 생각하였다.

原文

其後, 有詔會議靈臺所處, 帝謂譚曰, "吾欲以讖決之, 何如?" 譚默然良久, 曰, "臣不讀讖." 帝問其故, 譚復極言讖之非經. 帝大怒曰, "桓譚非聖無法, 將下斬之!" 譚叩頭流血, 良久乃得解. 出爲六安郡丞, 意忽忽不樂, 道病卒, 時年七十餘.

初, 譚著書言當世行事二十九篇, 號曰《新論》, 上書獻之, 世祖善焉.《琴道》一篇未成, 肅宗使班固續成之. 所著賦,誄,書,奏, 凡二十六篇.

元和中, 肅宗行東巡狩, 至沛, 使使者祠譚塚, 鄉里以爲
榮.

| 註釋 | ○靈臺 － 三雍(삼옹, 明堂, 靈臺, 辟雍)의 하나. 靈臺는 본래 周 文
王 만들었다는 樓臺. 음양과 천문의 변화를 관측하는 곳. 3월과 9월에 鄕
射禮를 거행했다. 누대의 높이 三丈, 12개의 문이 있다. 天子의 누대는 靈
臺, 諸侯는 觀臺라고 했다. ○讖之非經 － 讖書(참서)는 經書가 아니다. ○非
聖無法 － 성인을 비난하고 국법을 무시하다. ○叩頭流血 － (용서를 빌며)
머리로 땅을 찧어 피가 흐르다. ○六安郡丞 － 전한의 군명. 치소는 六安
縣, 후한에서는 廬江郡(여강군, 治所 舒縣, 今 安徽省 중서부 六安市)에 편입. 郡
丞은 太守의 副職. ○班固(32－92년, 字 孟堅) －《漢書》저술,《白虎通義》를
撰集(찬집) 40권,〈班彪列傳〉(上, 下)에는 班彪(반표)와 아들 班固을 입전.
○(章帝) 元和 － 서기 84－86년.

[國譯]

   그 후에, 詔令으로 靈臺(영대) 건립 장소를 상의하는 조회에서 광
무제가 환담에게 물었다. "짐은 참서에 의거 결정을 하려는데 어떻
게 생각하는가?" 환담은 한참 있다가 "저는 아직 참서를 읽지 못했
습니다."라고 대답하였다. 광무제가 그 까닭을 묻자, 환담은 讖書(참
서)는 經書가 아니라며 장황하게 설명하였다. 광무제는 대노하면서
"환담은 성인을 비난하고 국법을 무시하니 데려다가 참수하라!"고
하였다. 환담은 (용서를 빌며) 머리로 땅을 찧어 피가 흘렸고 한참
뒤에 용서 받았다. 그러나 환담은 六安郡 郡丞으로 좌천되자 마음이
심란하고 언짢아 가는 도중에 죽었는데, 나이는 70여 세였다.

그전에 환담은 당시 시무책 29편을 저술하여 《新論》이라 하여 광무제에게 올렸는데 광무제가 칭찬을 했었다. 《琴道》 1편은 완성되지 않았는데, 肅宗(章帝)는 班固(반고)에게 이어 완성케 하였다. 환담이 지은 賦(부), 誄(뢰), 書(서), 奏(주)는 모두 26편이다.

(章帝) 元和 연간에, 肅宗(장제)가 동방을 순수하면서 沛國(패국)에 이르러 使者를 보내 환담의 무덤에 제사를 올리게 했는데 마을에서는 이를 영광으로 여겼다.

❷ 馮衍

原文

馮衍字敬通, 京兆杜陵人也. 祖野王, 元帝時爲大鴻臚. 衍幼有奇才, 年九歲, 能誦《詩》, 至二十而博通群書. 王莽時, 諸公多薦擧之者, 衍辭不肯仕. 時, 天下兵起, 莽遣更始將軍廉丹討伐山東. 丹辟衍爲掾, 與俱至定陶. 莽追詔丹曰, 「倉廩盡矣, 府庫空矣, 可以怒矣, 可以戰矣. 將軍受國重任, 不捐身於中野, 無以報恩塞責.」丹惶恐, 夜召衍, 以書示之.

| 註釋 | ○馮衍 – 衍은 넘칠 연. ○祖野王 – 《漢書》 79권, 〈馮奉世傳〉에 입전. ○定陶 – 濟陰國의 治所인 定陶縣, 今 山東省 서남부 菏澤市 定陶區. ○倉廩盡矣 – 倉廩은 군량 창고. 倉 곳집 창. 창고. 廩 곳집 름. 창고. ○可以怒矣 (군량 기인이 없다고) 분노할 수도 있다. ○無以報恩塞責 – 보은의 책임을 다할 수가 없다. 전장에서 용감히 싸워 죽으라는 뜻.

[國譯]

　　馮衍(풍연)의 字는 敬通(경통)으로 京兆尹 杜陵縣 사람이다. 조부
인 馮野王(풍야왕)은 元帝 때 大鴻臚(대홍려)였다. 풍연은 어려서부터
奇才가 있어 나이 9세에 《詩》에 박통하였고, 20세에는 온갖 책을 두
루 다 읽었다. 왕망 때에 여러 사람이 풍연을 천거하였지만 풍연은
사양하며 벼슬하지 않았다. 그 무렵 온 나라에 군사가 봉기하자 왕
망은 更始將軍 廉丹(염단)을 보내 山東 지역을 토벌케 하였다. 염단
은 풍연을 문서 담당 관리로 임명하여 함께 定陶縣에 도착하였다.

　　왕망은 출전한 廉丹(염단)에게 사후 조서를 내렸다.

　　「(군량) 창고가 바닥이 났고 (나라의) 府庫도 비었도다. (군량 지
원이 없다고) 분노할 수도 있다. 또 싸울 수도 있도다. 장군은 나라
의 重任을 받았으니 戰場에서 죽지 않는다면 보은의 책임을 다할 수
가 없을 것이다.」

原文

　　衍因說丹曰, "衍聞順而成者, 道之所大也, 逆而功者, 權
之所貴也. 是故期於有成, 不問所由, 論於大體, 不守小節.
昔逢丑父伏軾而使其君取飮, 稱於諸侯. 鄭祭仲立突而出
忽, 終得復位, 美於《春秋》. 蓋以死易生, 以存易亡, 君子之
道也. 詭於衆意, 寧國存身, 賢智之慮也. 故《易》曰 '窮則
變, 變則通, 通則久, 是以自天祐之, 吉, 無不利.' 若夫知其
不可而必行之, 破軍殘衆, 無補於主, 身死之日, 負義於時,

智者不爲, 勇者不行. 且衍聞之, 得時無怠. 張良以五世相韓, 椎秦始皇博浪之中, 勇冠乎賁, 育, 名高乎太山. 將軍之先, 爲漢信臣. 新室之興, 英俊不附. 今海內潰亂, 人懷漢德, 甚於詩人思召公也, 愛其甘棠, 而況子孫乎? 人所歌舞, 天必從之. 方今爲將軍計, 莫若屯據大郡, 鎭撫吏士, 砥厲其節, 百里之內, 牛酒日賜. 納雄桀之士, 詢忠智之謀, 要將來之心, 待從橫之變. 興社稷之利, 除萬人之害, 則福祿流於無窮, 功烈著於不滅. 何與軍覆於中原, 身膏於草野, 功敗名喪, 恥及先祖哉? 聖人轉禍而爲福, 智士因敗而爲功, 願明公深計而無與俗同."

丹不能從.

| 註釋 | ○昔逢丑父伏軾～ ─逢丑父(봉추보)는 인명. 춘추시대 齊의 신하. 丑의 本音 추. 丑(소 축)이 인명이나 지명으로 쓰일 때는 본음 '추'로 읽어야 한다. 例, 公孫丑(공손추). 父는 남자의 미칭 보. ○伏軾而使其君取飮 ─ 전장에게 위기에 처한 봉추보는 자신이 제후 행세를 하고 齊侯를 수레를 몰게 했는데, 적의 장수에게 잡히자 齊侯에게 물을 떠오게 시켜 적을 속인 뒤 자신이 잡혀갔다. ○鄭祭仲立突而出忽 ─ 鄭은 제후 국명, 祭仲은 鄭의 대부. 突(돌)과 忽(홀)은 鄭 莊公(장공)의 아들 이름. 장공이 죽자 태자 忽(홀)이 즉위해야 하나 제중은 宋의 압력에 굴복해 突(돌)을 옹립하고 忽(홀)을 축출하였다. 그러나 忽(홀)은 제중의 도움으로 나중에 君位를 회복하였다. ○詭於衆意 ─ 衆意를 거스르다. 詭는 違也. ○故《易》曰 ─《易 繫辭傳》(下) ○張良以五世相韓 ─ 張良의 祖父 開地는 韓 昭侯 등 3대에 걸친 재상이었고, 부친 張平은 韓 釐王(이왕)과 마지막 悼惠王을 모신 재상이었

다. ○椎秦始皇博浪之中 - 秦始皇이 韓을 멸망시키자 장량은 전 재산을 털어 力士를 고용해 博浪沙(박랑사)에서 120근 철추로 진시황을 저격하였으나 副車를 맞춰 실패하였다. 《漢書》40권, 〈張陳王周傳〉 참고. ○勇冠乎賁,育 - 孟賁과 夏育, 고대 勇士의 대명사. ○愛其甘棠 - 邵公奭(召公, 召公奭)은 周 武王의 동생. 甘棠(감당) 나무 아래서 백성의 억울한 하소연을 듣고 해결하니 백성들이 그 나무를 베지 않고 아꼈다. 「~蔽芾甘棠, 勿剪勿敗! 召伯所憩.~」《詩經 召南 甘棠》, 成語 '甘棠遺愛'. ○人所歌舞, 天必從之 - 漢의 덕을 기리며 백성이 노래하고 춤추니 하늘이 도울 것이다. 그러니 王莽을 떠나라고 종용하는 뜻.

[國譯]

염단은 두려워 떨며 밤에 馮衍(풍연)을 불러 조서를 보여주었다. 이에 풍연은 염단을 설득하였다.

"제가 알기로, 상황에 순응하며 성취하는 것은 正道의 大要이며, 시세를 거슬러 공을 세우는 것은 權變(권변, 임기응변)의 요점입니다. 그래서 성공을 기약하고자 한다면, 어떤 방법이든 상관없습니다. 大體를 논하기로 한다면 작은 節操를 생각하지 않습니다. 옛날 (齊의 신하) 逢丑父(봉추보)는 수레 軾(식)을 잡고 서서(主君 행세를 함) 主君에게 물을 떠오라고 시켰는데, 이를 (主君을 구한 것을) 제후들은 칭송하였습니다. 鄭나라의 祭仲(제중)은 공자 突(돌)을 옹립하고 (태자) 忽(홀)을 방축하였습니다만 忽(홀)은 나중에 제중의 도움으로 君位를 회복하였는데, 이를 《春秋》에서 높게 평가하였습니다. 대체로 死를 生으로 바꾸고, 存을 亡으로 바꿀 수 있는 것은 군자의 방책입니다. 衆意를 거스르더라도 국가의 안녕을 지키고 자신을 보존하는 것은 현명하고 지혜로운 자의 思慮라 할 수 있습니다. 그래서 《易》

에서도 '窮(궁)하면 變하고, 변하면 開通하게 되고, 개통하면 오래 존재할 수 있나니, 이런 하늘의 도움이 있어 吉하니, 이롭지 않은 것이 없다.'고 하였습니다. 사정이 불가한 줄을 분명히 알면서도 기어이 실행한다든지, 패전한 군사는 주군에게 아무런 도움이 안 되는 것을 알고 있으며, 또 몸이 죽는 날 시대의 大義마저 거스른다는 것을 안다면 그런 일은 智者나 勇者라면 행하지 않을 것입니다. 그리고 제가 알기로, 때를 얻었다면 그냥 보낼 수 없습니다. 張良(장량)의 가문은 五世에 걸쳐 韓의 재상이었기에 秦始皇을 博浪沙(박랑사)에서 저격하였는데, 이는 孟賁(맹분)과 夏育(하육)보다도 용감하였으며 그 명성은 太山보다도 높았습니다. 將軍의 선조는 전에(宣帝 때) 漢朝의 충신이셨습니다. (왕망의) 新室이 흥기할 때 영웅들은 따르지 않았습니다. 지금 온 중국이 혼란으로 무너지면서 백성 모두가 德을 그리는데, 이는 詩人이 (周) 召公을 그리는 것보다 더 심하니 (周에서는) 甘棠(감당)나무를 아꼈거늘 하물며 당신은 漢 충신의 후손이 아닙니까! (漢의 德을 그리며) 백성이 노래하고 춤을 추니 하늘도 도울 것입니다. 지금 장군을 위한 계책으로는 大郡을 점거 주둔하면서 관리들을 진압 위무하며 그들이 지조를 지키도록 권면한다면 백리 안에서 소고기나 술이 날마다 답지할 것입니다. 영웅들을 불러 모아 충성을 바치게 하며 지혜로운 자의 권모를 따르고 점차 민심을 얻어 나가면서 주변 형세의 변화를 살펴야 합니다. 社稷을 부흥시켜 백성을 이롭게 하고 萬人의 해악을 제거해 나간다면 (공신으로) 福祿이 후손에게 무궁하게 이어질 것이며 (장군의) 큰 공적은 영원히 소멸하지 않을 것입니다. 그런데 장군의 군사가 中原에서 패전하면 시신으로 초야나 기름지게 할 것인데 왜 공을 세우지도 못하고 명성마저 잃어 선조까지 치욕스럽게 하렵니까? 聖人은 轉禍하여 爲福하고 智士는 패망할 상황에서도 공을 세우나니 明公께서는 심사숙고하여 속인과 같이 되지는 마십시오."

그러나 염단을 풍연의 말을 따르지 않았다.

原文

進及睢陽, 復說丹曰, "蓋聞明者見於無形, 智者慮於未萌, 況其昭晳者乎? 凡患生於所忽, 禍發於細微, 敗不可悔, 時不可失. 公孫鞅曰, '有高人之行, 負非於世, 有獨見之慮, 見贅於人.' 故信庸庸之論, 破金石之策, 襲當世之操, 失高明之德. 夫決者智之君也. 疑者事之役也. 時不重至, 公勿再計".

丹不聽, 遂進及無鹽, 與赤眉戰死. 衍乃亡命河東.

| 註釋 | ○進及睢陽 − 睢陽(수양)은 梁國(郡)의 치소. 今 河南省 동부 商丘市 睢陽區. 睢는 물 이름 수. 눈 부릅뜰 휴. ○明者見於無形 − 愚者闇於成事의 對偶. ○昭晳 − 뚜렷하다. 晳은 밝을 석. 明也. 왕망의 패망은 확실하다. ○公孫鞅 − 商鞅(상앙, 前 390 − 338). 公孫은 複姓. 법가사상의 대표. 徙木立信(사목입신) 고사의 주인공. ○見贅於人 − 보통 사람이 싫어한다. 贅은 혹 췌, 싫어하다. 증오하다. ○故信庸庸之論 − 평범한 의론. 일상적인 견해. 庸은 常也. ○決者智之君也 − 결단이란 지혜의 주인이다. 결단할 수가 있어야 지혜롭다. ○時不重至 − 重은 거듭. ○無鹽(무염) − 현명. 東平郡의 治所, 今 山東省 중앙부 泰安市 관할 東平縣. ○河東 − 군명. 治

所는 安邑縣, 今 山西省 서남부 運城市 관할 夏縣.

[國譯]

(梁郡의) 睢陽(수양)에 진군하자 풍연은 다시 염단을 설득하였다.

"대개, 현명한 사람은 형체가 생기기 전에 내다볼 수 있고, 지혜로운 자는 일이 벌어지기도 전에 예상합니다만 이미 상황이 분명하다면 어떠하겠습니까? 무릇 환란은 소홀히 한 곳에서 생기고, 禍亂은 미세한데서 싹트는데 패망한다면 후회할 수도 없으며 찾아온 기회를 잃어서도 안 됩니다. 公孫鞅(商鞅)이 말했습니다. '높이 출세한 사람의 행위는 세인의 비난을 받고, 탁월한 사려는 보통 사람이 싫어한다.' 그러하니 평범한 견해는 확실 견고한 좋은 대책을 깨트립니다. 세속의 지조를 따라 하다가는 高明한 德行을 잃게 됩니다. 결단이란 지혜의 결정체(主體)이고 유예한다면 변화에 굴복하게 됩니다. 때는 두 번 오지 않나니, 明公께서는 유예하지 마십시오."

염단은 따르지 않았고 나중에 (東平郡의) 無鹽(무염) 현에 진격하여 赤眉와 싸워 전사하였다. 풍연은 바로 河東郡으로 도망하였다.

原文

更始二年, 遣尙書僕射鮑永行大將軍事, 安集北方. 衍因以計說永曰,

"衍聞明君不惡切愨之言, 以測幽冥之論. 忠臣不顧爭引之患, 以達萬機之變. 是故君臣兩興, 功名兼立, 銘勒金石,

令問不忘. 今衍幸逢寬明之日, 將値危言之時, 豈敢拱默避
罪, 而不竭其誠哉!"

| **註釋** | ○更始二年 – 서기 24년. ○鮑永(포영) – 29권,〈申屠剛鮑永郅
惲列傳〉에 입전. ○衍因以計說永曰 – 계책의 건의와 설득이란 것이 典籍
에서 읽거나 볼 수 있는 내용을 모두 나열하였는데 이럴만한 능력이 있다
고 생각해서 이렇게 설득한 것인지 알 수가 없다. 한마디로 書生의 희망사
항 나열이다. ○切愨之言 – 절실한 말. 진심에서 나오는 건의. 愨은 성실
할 각. ○測幽冥之論 – 심오한 의논을 예측하다. ○將値危言之時 – 危言
은 高言, 천하에 道가 行해진다면 말과 행실이 고매하고 대담하다. 천하가
불안하면 누구나 말조심, 행동 조심을 한다.

[國譯]

　　更始 2년, (경시제는) 尙書僕射(상서복야)인 鮑永(포영)을 파견하여
大將軍 직무 대행으로 임명하여 북방을 진무케 하였다. 馮衍(풍연)
은 계책을 건의하며 포영을 설득하였다.

　　"풍연이 알기로, 明君은 다른 사람의 진심에서 나오는 말을 싫어
하지 않기에 심오한 의논을 예측할 수 있습니다. 또 忠臣은 간쟁 뒤
에 겪을 위험을 걱정하지 않기에 많은 변화에 통달할 수 있다고 하
였습니다. 이 때문에 君臣이 함께 일어나 공명을 이루어 금석에 새
겨 후세에 전하여 큰 공덕을 기억하게 합니다. 지금 관대하고 청명
한 세상에 高言을 할 수 있는 시대를 만났으니 어찌 팔짱을 끼고 침
묵하며 죄인으로 숨어 지내면서 충성을 다하지 않을 수 있겠습니
까!"

"伏念天下離王莽之害久矣. 始自東郡之師, 繼以西海之役, 巴,蜀沒於南夷, 緣邊破於北狄, 遠征萬里, 暴兵累年, 禍挐未解, 兵連不息. 刑法彌深, 賦斂愈重. 衆强之黨, 横擊於外, 百僚之臣, 貪殘於內. 元元無聊, 饑寒並臻, 父子流亡, 夫婦離散, 廬落丘墟, 田疇蕪穢, 疾疫大興, 災異蜂起. 於是江湖之上, 海岱之濱, 風騰波湧, 更相駘藉, 四垂之人, 肝腦塗地, 死亡之數, 不啻太半. 殃咎之毒, 痛入骨髓, 匹夫僮婦, 咸懷怨怒. 皇帝以聖德靈威, 龍興鳳舉, 率宛,葉之衆, 將散亂之兵, 歃血昆陽, 長驅武關, 破百萬之陳, 摧九虎之軍, 雷震四海, 席捲天下. 攘除禍亂, 誅滅無道, 一期之間, 海內大定. 繼高祖之休烈, 修文武之絶業, 社稷復存, 炎精更輝, 德冠往初, 功無與二. 天下自以去亡新, 就聖漢, 當蒙其福而賴其願. 樹恩布德, 易以周洽, 其猶順驚風而飛鴻毛也. 然而諸將虜掠, 逆倫絶理, 殺人父子, 妻人婦女, 燔其室屋, 略其財産. 饑者毛食, 寒者裸跣, 冤結失望, 無所歸命. 今大將軍以明淑之德, 秉大使之權, 統三軍之政. 存撫幷州之人, 惠愛之誠, 加乎百姓, 高世之聲, 聞乎群士, 故其延頸企踵而望者, 非特一人也. 且大將軍之事, 豈得珪璧其行, 束修其心而已哉? 將定國家之大業, 成天地之元功也. 昔周宣中興之士, 齊桓霸强之君耳. 猶有中伯,召虎,夷吾,吉甫攘其蚤賊, 安其疆宇. 況乎萬里之漢, 明帝復興, 而大將軍爲之梁棟, 此誠不可以忽也."

| 註釋 | ○天下離~ - 離는 당하다. 피해를 입다. 遭也. ○東郡之師 -
王莽 居攝(거섭) 원년에, 東郡太守였던 翟義(적의)가 최초로 왕망 토벌을 기
치로 거병하였다. ○西海之役 - 西羌人이 西海태수를 공격 살해하자 왕
망은 군사를 보내 토벌하였다. ○巴,蜀沒於南夷 - 西南夷들이 益州를 공
격하자 왕망은 3년이나 걸려 토벌하였다. ○北狄 - 흉노족. ○暴兵累年
- 暴는 露也. 드러나다. 군사를 동원하다. ○禍拏未解 - 재앙이 아직 끝
나지 않았다. 拏는 잡을 나. 相連하여 당기다. ○刑法彌深 - 형벌은 더욱
가혹해졌다. 왕망 地皇 원년 이후 봄과 여름에도 사형을 집행했다. ○田
疇蕪穢 - 田疇는 경작지. 蕪는 거칠어질 무. 穢 더러울 예. 거칠 땅. ○海
岱之濱 - 東海와 泰山郡 일대, 곧 지금의 山東省 지역. 岱는 岱山(泰山의
별칭). 濱은 물가 빈. 해안지방. ○更相駘藉 - 서로 이어지다. 駘藉(태적)
은 짓밟다. 駘는 둔한 말 태. 짓밟다. 藉는 밟을 적. 깔개 자. ○四垂之人 -
변방의 백성. 垂는 변방 수, 드리울 수. ○不啻太半 - 啻는 뿐 시. ○率宛,
葉之衆 - 宛(완)과 葉(섭)은 당시 南陽郡의 縣名, 葉은 今 河南省 平頂山市
관할 葉縣. 경시제는 南陽郡 사람으로 宛縣과 葉縣(섭현)의 군사를 바탕으
로 즉위하였다. ○歃血昆陽 - 昆陽(곤양)에서 혈전을 치렀다. 歃血(삽혈)은
피를 마시다. 歃은 마실 삽. ○長驅武關 - 武關은 關中의 남대문 격인 관
문. ○九虎之軍 - 왕망이 지방 반란을 진압하기 위해 출동시킨 9명의 장
군과 그 군사. ○席捲天下 - 席卷(석권)은 남은 것이 없다. ○修文武之絶
業 - (周)文王과 武王, 또는 (漢) 文帝와 武帝. 絶業은 偉業. ○炎精更輝 -
炎精은 화덕을 바탕으로 하는 漢 皇室의 국운. ○猶順驚風而飛鴻毛也 -
아주 쉬운 일이란 뜻. 驚風은 强風. 鴻毛(홍모)는 아주 가볍다. ○饑者毛食
- 毛食은 草食, 毛는 풀 모, 풀이 자랄 모. ○寒者裸跣 - 추위에 떠는 자는
옷이 없다. 跣은 맨발 선. ○豈得珪璧其行 - 어찌 그 행실만 고결하게 하

고 珪璧은 圭(홀 규)와 둥근 옥. 고결한 인품. ㅇ束修其心而已哉 - 마음을 바로하겠다고 약속만 하겠습니까? ㅇ申伯,召虎,夷吾,吉甫攘其蟊賊 - 夷吾(이오)는 管仲의 字. 나머지 3인은 周의 중흥을 이룩한 宣王의 신하. 攘은 물리칠 양. 蟊賊는 백성을 해치는 도적. 蟊는 곡식 해충 모. ㅇ安其疆宇 - 疆宇는 疆土. 나라의 영역.

[國譯]

"제 생각으로 천하가 왕망에 의한 폐해를 당한 지 오래 되었습니다. 東郡에서 일어난 군사(翟義의 왕망 토벌 義軍) 이후로 西海郡의 戰役(西羌人이 내습)이 이어졌고 巴郡(파군)과 蜀郡이 南夷에게 점령되었고, 북쪽 국경은 北狄(북적, 흉노)에게 깨지면서 군사는 1만 리 원정에 여러 해 동원하였고, 그 재앙은 아직도 끝나지 않았고 병란도 가라앉지 않았는데, 나라의 형벌은 더욱 가혹해졌고 여러 賦稅는 날로 무거워졌습니다. 강폭한 무리들은 지방에서 횡행하고 모든 관원들은 내부에서 탐욕하며 잔악하였습니다. 백성은 의지할 곳이 없어 춥고 굶주림에 시달리며 父子가 흩어지고 夫婦는 헤어졌으며, 마을은 비었고 경작지는 황폐해졌으며, 질병이 크게 돌았고 각종 재해와 이변이 벌떼처럼 발생하였습니다. 이에 江湖 지역이나 동해안 지방이나 泰山郡 일대에서 병란의 풍파가 크게 일어나 끊임없이 이어졌으며, 변방의 백성은 죽어 肝腦(간뇌)가 땅을 적시며 사망자가 거의 태반일 뿐만 아니라 재앙의 餘毒(여독)이 골수에 사무쳐 백성의 어린아이나 여자까지도 모두 원한과 분노를 품고 있습니다. 皇帝(更始帝)께서는 聖德과 영험한 위엄으로 용과 봉황처럼 일어나 (南陽郡의) 宛(완)과 葉(섭)의 군사를 거느리고 흩어진 각지의 군사를 다시 모아 昆陽(곤양)에서 왕망의 군사를 크게 무찔렀으며, 군사를 동원하여 武關(무관)을 돌파하여 (왕망의) 백만 대군을 격파하였고 (왕망의) 9虎 장군과 그 군사를 깨트려 온 천하에 위엄을 떨쳤고 천하를 席卷(석권)하였습니다. 이제 병란의 재앙을 없애며 무도한 자를 주살하면 일 년 이내로 海內가 크게 안정될 것입니다. 그리하여 高祖의 빛나는 업적을 계승하고 끊겼던 文武의 대업을 이어나갈 것이며 사직을 부흥하여 漢 황실의 국운은 다시 빛날 것이니 그 덕업은 전례에 없는 것이며 비슷한 공로는 또 없을 것입니다.

이제 천하는 스스로 新朝를 없애고 聖스런 漢朝로 진입하면서 복을 받을 것이며 소원을 이룰 것입니다. 그리하여 은덕을 널리 펴면서 영역을 쉽게 넓혀나갈 것이니, 이는 마치 강풍을 타고 기러기 가는 털을 날리는 것과 같을 것입니다. 그러나 여러 장수는 노략질로 天理를 거역하며 백성의 부모와 자식을 죽이고 남의 부녀를 강탈하며 그 가옥을 불태우고 재산을 강탈하고 있습니다. 굶주린 백성은 초식으로 연명하고 추위에 떠는 백성은 옷이 없기에 실망하고 원한에 사무치나 찾아가 의지할 데가 없습니다. 지금 大將軍께서는 淸明 선량한 덕행으로 특사로서 삼군을 통솔하는 권한을 가졌습니다. (대장군께서) 幷州(병주) 백성을 위무하고 애민의 성의를 백성에게 베푼다면 숭고한 명성이 모든 인사들에게 알려지고, 그래서 백성들이 목을 빼고 발꿈치를 들어 기다릴 사람이 한 둘이 아닐 것입니다. 다시 말씀드리지만 大將軍의 책임이 어찌 행실을 고결하게 하고 마음만을 바로 하겠다는 약속뿐이겠습니까? 앞으로 國家를 안정시키는 大業을 이룬다면 天地에 으뜸가는 공적을 성취하는 것입니다. 옛날 周의 中興之主인 宣王(선왕)이나 齊 桓公같은 강한 주군을 모실 것입니다. 다만 申伯(신백), 召虎(소호), 夷吾(이오, 관중), 吉甫(길보)처럼 백성을 해치는 도적 무리를 물리치고 강역을 안정시켜야 합니다. 그렇다면 萬里大國인 漢에 현명하신 황제가 다시 일어나실 것이고, 대장군께서는 나라의 梁棟(동량, 대들보)이 될 것이니 이런 기회는 결코 소홀히 해서는 안 될 것입니다."

原文

"且衍聞之, 兵久則力屈, 人愁則變生. 今邯鄲之賊未滅, 眞定之際復擾, 而大將軍所部不過百里, 守城不休, 戰軍不息, 兵革雲翔, 百姓震駭, 奈何自怠, 不爲深憂? 夫幷州之地, 東帶名關, 北逼强胡, 年穀獨孰, 人庶多資, 斯四戰之地, 攻守之場也. 如其不虞, 何以待之? 故曰'德不素積, 人不爲用. 備不豫具, 難以應卒'. 今生人之命, 縣於將軍, 將軍所杖, 必須良才, 宜改易非任, 更選賢能. 夫十室之邑, 必有忠信. 審得其人, 以承大將軍之明, 雖則山澤之人, 無不感德, 思樂爲用矣. 然後簡精銳之卒, 發屯守之士, 三軍旣整, 甲兵已具. 相其土地之饒, 觀其水泉之利, 制屯田之術, 習戰射之敎, 則威風遠暢, 人安其業矣. 若鎭太原, 撫上黨, 收百姓之歡心, 樹名賢之良佐, 天下無變, 則足以顯聲譽, 一朝有事, 則可以建大功. 惟大將軍開日月之明, 發深淵之慮, 監《六經》之論, 觀孫,吳之策, 省群議之是非, 詳衆上之白黑, 以超〈周南〉之跡, 垂〈甘棠〉之風, 令夫功烈施於千載, 富貴傳於無窮. 伊,望之策, 何以加茲!"

| 註釋 | ○邯鄲之賊未滅 – 王郎(왕랑, ?-24)을 지칭. 왕랑은 한때 光武에 맞섰으나 여러 번 패전한 뒤 밤에 도망하다가 길에서 죽어 참수되었다. 12권, 〈王劉張李彭盧列傳〉에 입전. ○眞定之際復擾 – 眞定은 常山郡의 縣名. 今 河北省 石家莊市 관할 正定縣. 劉楊(유양)을 지칭, 劉楊은 劉揚 또는 劉陽으로도 표기. 전한 景帝의 七世孫. 왕망 시절 폐위되었다가 경시 2년에 기병하여 王郎 편이 되었다가 光武에 귀부, 건무 2년에 起兵, 모반하여 피살. ○東帶名關 – 井陘關(정형관)을 지칭. 名關은 要害地의 관문. ○難以應卒 – 應卒은 갑자기 일을 당하다. ○夫十室之邑, 必有忠信 –《論語公冶長》의 구절. 「子曰, "十室之邑, 必有忠信如丘者焉, 不如丘之好學也."」 ○孫,吳之策 – 孫武와 吳起. ○衆士之白黑 – 白黑은 賢愚. ○伊,望之策 – 伊尹과 太公望.

[國譯]

"그리고 제가 알기로는, 군사가 출동하여 오래 지나면 戰力이 꺾이고, 사람이 걱정이 있으면 변고가 생긴다고 하였습니다. 지금 邯鄲(한단)의 도적 무리(王郎)가 아직 평정되지 않았고 (常山國) 眞定縣이 다시 소란합니다(劉楊의 무리를 지칭). 大將軍의 관할은 백리가 넘지 않는데 守城하는 군사는 쉬지 못하고 전투병도 역시 쉴 겨를이 없으며 戰雲이 감돌면서 백성들은 두려워 떨고 있는데, 어찌 한가롭게 큰 걱정을 안 할 수 있겠습니까? 그리고 幷州(병주)의 땅은 동쪽에 요해지인 관문〔井陘關(정형관)〕이 있고, 북으로는 흉노와 연접했는데, 매년 풍년이 들어 백성과 물자가 풍부하니, 이는 사방에서 내침을 받을 땅이며 공격과 수비의 현장입니다. 그런데 이에 대비가 없다면 어찌 하겠습니까? 그러기에 '평소에 덕을 쌓지 않으면 백성을 부릴 수가 없고, 미리 준비가 없다면 갑작스런 변고에 대응할 수 없다.'고 하였습니다. 지금 백성의 생사는 장군에 달려 있고, 장군은 우량한 인재에 의지할 수밖에 없으니 응당 비적임자를 유능한 자로 교체해야 합니다. 그리고 十室의 작은 마을에도 반드시 성실한 사람이 있다고 하였습니다. 그런 자를 잘 살펴 적임자를 등용하여 大將軍의 영명함을 보여준다면 비록 山野의 백성일지라도 은덕에 감복하며 기꺼이 충성을 다할 것입니다. 그런 연후에 정예 병사를 골라 수비군사로 충원하며 三軍체제를 정비하고 병기를 갖춰야 합니다. 풍요롭고 水利가 용이한 땅을 골라 屯田의 제도를 갖추고 전투사격을 가르치고 숙달시켜 군사력을 널리 선양한다면 백성은 편안히 생업에 종사할 수 있습니다. 만약 太原郡에 주둔하고 上黨郡을 진무하면서 백성의 환심을 얻고 명현의 보좌를 받는다면 천하의 변화가 없고 족히 명성을 날릴 수 있으며, 일단 사태가 발생하면 출동하여 큰 공을 세울 수 있을 것입니다. 바라나니, 대장군께서는 日月과 같은 명철한 지혜와 깊은 사려로 《六經》의 도리를 깊이 터득하고 孫武(손무)와 吳起(오기)의 책략을 분석하면서 여러 의논을 통해 시비를 성찰하시고 여러 謀事 참모의 賢愚를 잘 살피며, 〈周南〉에서 읊은 선정을 따르고 〈甘棠(감당)〉의 은택을 베풀어서 천년을 이어갈 훌륭한 공적을 쌓는다면 부귀를 후손에게 오래도록 전할 수 있을 것입니다. 그렇게 된다면 伊尹(이윤)과 太公望(태공망)인들 어찌 장군보다 더 낫겠습니까!"

永旣素重衍, 爲且受使得自置偏裨, 乃以衍爲立漢將軍,
領狼孟長, 屯太原, 與上黨太守田邑等繕甲養士, 扞衛幷土.

及世祖卽位, 遣宗正劉延攻天井關, 與田邑連戰十餘合,
延不得進. 邑迎母弟妻子, 爲延所獲. 後邑聞更始敗, 乃遣
使詣洛陽獻璧馬, 卽拜爲上黨太守. 因遣使者招永,衍, 永,
衍等疑不肯降, 而忿邑背前約, 衍乃遺邑書曰,

| 註釋 | ○受使得自置偏裨 – 자신이 副官을 임명할 수 있는 권한을 얻
었다. 偏裨는 보좌관. ○ 領狼孟長 – (太原郡의) 狼孟縣 縣長 대리. 狼孟
縣은 今 山西省 太原市 관할 陽曲縣. ○田邑 – 字 伯玉. 나중에 漁陽태수
도 역임. ○天井關 – 雄定關. 太行山의 最南部, 山西省 동남부 晋城市 澤
州縣에 위치, 河南省 焦作市로 통할 수 있는 險要地. 관문 앞에 깊이를 알
수 없는 3개의 우물(샘)이 있다. ○扞衛幷土 – 幷州 일대를 지키다. 扞은
막을 한.

[國譯]

鮑永(포영)은 평소 馮衍(풍연)을 중히 여겼고 자신이 副官을 임명할
권한을 갖고 있어 곧 풍연을 立漢將軍 겸 (太原郡의) 狼孟縣 縣長 대
리로 임명하여 太原에 주둔하며, 上黨太守인 田邑(전읍)과 함께 병기
를 제조하고 군사를 훈련시키면서 幷州(병주) 일대를 지키게 하였다.

世祖(光武帝)가 즉위한 뒤, 광무제는 宗正인 劉延(유연)을 보내 天
井關을 공략케 하였는데, 유연은 전읍과 연 10여 차례 싸웠지만 유
연은 진격하지 못했다. 전읍은 사람을 보내 처자를 데려오다가 유연

의 군사에게 사로잡혔다. 전읍은 나중에 更始가 패망했다는 소식을 들고 사자를 낙양으로 보내 광무제에게 軍馬와 벽옥을 바쳤는데 광무제는 즉석에서 上黨태수에 임명하였다. 그러자 전읍은 사람을 보내 포영과 풍연을 초빙하였는데, 포영과 풍연은 투항하려 하지 않았고, 전읍이 前約을 어긴 것에 분노하면서 풍연은 전읍에게 서신을 보냈다.

■原文

「蓋聞晉文出奔而子犯宣其忠, 趙武逢難而程嬰明其賢, 二子之義當矣. 今三王背畔, 赤眉危國, 天下螘動, 社稷顚隕, 是忠臣立功之日, 志士馳馬之秋也. 伯玉擢選剖符, 專宰大郡. 夫上黨之地, 有四塞之固, 東帶三關, 西爲國蔽, 奈何擧之以資彊敵, 開天下之匈, 假仇讎之刃? 豈不哀哉!」

|註釋| ○晉文 - 晋 文公, 名 重耳. 春秋五霸의 한 사람. 出奔(출분)은 외국에 망명하다. ○子犯 - 文公의 신하인 狐偃(호언)의 字. ○趙武逢難而 - 趙武는 춘추시대 晋의 正卿. 유복자로 태어났는데, 程嬰(정영)과 公孫杵臼(공손저구)의 도움으로 목숨을 건지고 성장하였다. ○三王背畔 - 更始帝가 봉한 淮陽王 張卬(장앙), 穰王 廖湛(요담, 平林兵의 우두머리, 뒷날 적미에 가담), 隨王 胡殷(호은). 이중 張卬은 장안 궁궐에 들어와 싸워 경시제를 대패 도주케 하였다. 背畔은 背叛(배반). ○螘動 - 개미떼처럼 움직이다. 螘(개미 의)는 蟻와 同. ○伯玉擢選剖符 - 伯玉은 田邑의 字. 경시제의 신하로 부절을 갈라 받고 취임하였다. ○東帶三關 - 上黨關, 壺口關, 石陘關(석

형관). ○西爲國蔽 - 蔽는 덮을 폐. 바자. 울타리. ○假仇讎之刃 - 假는 빌려주다. 借給.

[國譯]

「제가 알기로, 晉 文公이 出奔(출분)했을 때 子犯(자범, 狐偃의 字)은 충성을 다했고, 趙武(조무)가 난관을 당했을 때 程嬰(정영)은 지혜를 발휘하였는데, 이 두 사람의 의리는 정당하였습니다. 지금 (更始帝의) 三王은 배반했고 赤眉(적미) 무리는 나라를 위태롭게 하며 개미 떼처럼 움직여 사직이 몰락 위기에 처했으니, 지금이야말로 忠臣이 필요한 때이며 志士가 武功을 세울 때입니다. 伯玉(田邑)께서는 (경시제의) 부절을 갈라 받아서 大郡(上黨郡)을 통치하였습니다. 上黨의 땅은 사방이 험고하여 동쪽으로는 三關(삼관)이 있고 서쪽은 나라의 울타리(국경)인데, 어떻게 郡을 다 彊敵(강적, 光武帝)에게 바칠 수 있으며, 또 이는 천하 혼란을 부추기고 원수에게 칼을 빌려주는 격입니다. 어찌 서글프지 않겠습니까!」

原文

「衍聞之, 委質爲臣, 無有二心, 挈甁之智, 守不假器. 是以晏嬰臨盟, 擬以曲戟, 不易其辭, 謝息守郕, 脅以晉, 魯, 不喪其邑. 由是言之, 內無鉤頸之禍, 外無桃萊之利, 而被畔人之聲, 蒙降城之恥, 竊爲左右羞之. 且邾庶其竊邑畔君, 以要大利, 曰賤而必書. 莒牟夷以土地求食, 而名不滅. 是以大丈夫動則思禮, 行則思義, 未有背此而身名能全者也.

爲伯玉深計, 莫若與鮑尙書同情戮力, 顯忠貞之節, 立超世
之功. 如以尊親係累之故, 能捐位投命, 歸之尙書, 大義旣
全, 敵人紓怨, 上不損剖符之責, 下足救老幼之命, 申眉高
談, 無愧天下. 若乃貪上黨之權, 惜全邦之實, 衍恐伯玉必
懷周趙之憂, 上黨復有前年之禍. 昔晏平仲納延陵之誨, 終
免欒高之難, 孫林父違穆子之戒, 故陷終身之惡. 以爲伯玉
聞此至言, 必若刺心, 自非嬰城而堅守, 則策馬而不顧也.
聖人轉禍而爲福, 智士因敗以成勝, 願自强於時, 無與俗同.

| 註釋 | ○委質(위지) － 仕宦(사환)의 뜻으로 屈膝(굴슬)하다. 무릎을 꿇
다. 몸을 맡기다. 質은 폐백 지, 볼모 잡힐 질. 人質(인질). 質은 贄(폐백 지).
○挈甁之智 － 挈甁(설병)은 들고 다닐 수 있는 작은 병. 한계가 있는 작은
지혜. 挈은 손에 들 설. ○守不假器 － 자기의 물건을 잘 간수하며 남에게
내주지 않다. 여기서는 자기가 맡은 上黨의 땅을 잘 지켜야지, 왜 남에게
주었느냐? 《春秋左傳》昭公 17년 참고. ○晏嬰(안영) － 晏子(前 578 － 前
500년), 字 仲, 諡號가 平이라서 晏平仲(안평중)이라 호칭. 齊國의 大臣, 외
교가. 孔子가 "晏平仲善與人交, 久而敬之"라고 칭찬하였고(《論語 公冶
長》), 司馬遷이 "假令晏子而在, 余雖爲之執鞭, 所忻慕焉."이라고 칭송한
사람.(《史記·管晏列傳》참고). ○擬以曲戟 － 晏嬰(안영, 晏子)이 齊 대부
崔杼(최저)에게 동맹을 강요당하는 협박을 받았는데 갈고리 창이 안영의
목을 겨누고 있어도 굴복하지 않았다. ○謝息守郕 － 謝息(사식)은 魯 孟孫
氏의 가신. 맹손씨가 昭公을 따라 楚에 가 있는 동안 郕(성)을 지키고 있었
다. 晋과 魯의 협박에도 굴하지 않았다. ○鉤頸之禍 － 흉기로 협박을 당
하는 상황. 鉤은 갈고랑이 구. 頸은 목 경. ○桃萊之利 － 桃邑(도읍)과 萊山
(내산)의 이득. 위 謝息(사식)에게 이 땅을 주겠다고 회유하였다. ○郕庶其

- 邾邑(주읍)의 庶其(서기)는 人名. ○竊邑畔君 - 성읍을 팔아 주군을 배신하다. ○賤而必書 - (庶其가) 신분이 천하지만 이를 史書에 기록했다. ○莒牟夷 - 莒國(거국, 춘추시대 今 山東省 日照市 관할 莒縣 소재, 前 431년에 楚에게 멸망, 영역은 齊가 차지). 牟夷(모이)는 人名. ○敵人紓怨 - 紓는 느슨할 서. ○申眉高談 - 申眉는 伸眉(신미). 흐뭇한 표정. ○懷周趙之憂 - 秦은 西周를 차지하고 싶었는데 趙를 원정하여 대패시킨 사건. ○晏平仲納延陵之誨 - 延陵은 延陵季子(연릉계자). 延陵은 지명. 吳王 壽夢의 아들인 季札(계찰)의 封地. ○欒高之難(난고지난) - 欒高(난고)는 인명. 欒(난)은 齊 大夫 子雅(자아). 高는 齊 大夫 子尾(자미). ○孫林父違穆子之戒 - 孫林父(손림보)는 衛 대부 孫文子. 穆子(목자)는 魯 大夫 叔孫彪(숙손표).

[國譯]

「제가 알기로, 무릎을 꿇고 신하가 되었으면 두 마음이 없어야 하며, 작은 지혜라도 갖고 있다면 자기 물건을 잘 지켜 남에게 내주지 않는다고 하였습니다. 이 때문에 晏嬰(안영, 晏子)은 동맹을 강요당하며 갈고리 창이 목을 겨누어도 말을 바꾸지 않았습니다. 謝息(사식)은 (主君을 위해) 郕邑(성읍)을 지키면서 晉(진)과 魯의 협박에도 굴하지 않았기에 郕邑(성읍)을 잃지 않았습니다. 이를 두고 말한다면 (田邑 당신은) 안에서는 흉기로 협박을 당하지도 않았고 밖에서는 桃邑(도읍)과 萊山(내산)의 이익도 없으면서 배신자라는 소리를 듣고 성을 들어 투항하는 치욕을 당했으니 아마도 좌우 측근들도 부끄러웠을 것입니다. 또 邾邑(주읍)의 庶其(서기)는 성읍을 팔아 주군을 배신하였기에 (庶其의) 신분이 미천하였지만 이를 史書에 기록했습니다. 莒國(거국)의 牟夷(모이)는 나라의 땅으로 먹을 것을 바꿨기에 악명이 후세에 남았습니다. 이 때문에 大丈夫의 거동은 禮에 맞아야 하고 행실에 大義를 생각해야 하며 이런 배신이 없어야만 이름과 자신의 육신을 보전할 수 있습니다. 伯玉(田邑)을 위한 좋은 방책으로는 鮑尙書(鮑永)와 한마음으로 온 힘을 다 바쳐 (경시제에 대한) 충성의 지조를 밝히며 역사에 남을 공을 세워야 합니다. 만약 (당신의 배신이) 부모가 잡혀있기 때문이라면 관직을 사임하여 부절을 鮑尙書(鮑永)에 보낸 다음 투항했어야만 大義를 지킬 수 있었고, 그래야만 敵人일지라도 원한을 풀 것이며, 위로는 부절을 받고 신의를 버렸다는 비난을 면할 수 있고, 아래로는 늙은 부모나 자식을 구할 수 있어 고개를 들고 남과 대화해도 세상에 부끄럽지 않을 것입니다. 만약 上黨郡을 다스릴 권력과 그 땅에서 얻는 이득이 아까워 그렇게 했다면 아마도 당신은 틀림없이 西周를 차지하려는 秦에게 당한 趙나라 꼴이 될 것이며 上黨郡 또한 그런 화를 당하게 될 것입니다. 옛날에 (齊의) 晏平仲(晏子)는 (吳) 延陵季子(연릉계자)의 가르침을 받아들였기에 결국 欒高(난고)의 반란을 극복하였고, (衛의) 孫林父(손림보)는 (魯 大夫) 叔孫豹(숙손표)의 훈계를 따르지 않아 죽을 때까지 악명을 뒤집어썼습니다. 당신이 이 글을 받으면 틀림없이 고심을 하시겠지만 스스로 성안의 병사를 격려하며 굳게 지키느냐, 아니면 말을 타고 뒤돌아보지도 않고 떠나가느냐 둘 중의 하나일 것입니다. 聖人은 轉禍爲福을 할 수 있고 智士는 패망의 상황에서 성공을 거두나니, 바라건대 지금 발분하시어 속인과 같이 행동하지 마십시오.」

原文

邑報書曰,

「僕雖駑怯, 亦欲爲人者也, 豈苟貪生而畏死哉! 曲戟在
頸, 不易其心, 誠僕志也. 間者, 老母諸弟見執於軍, 而邑安
然不顧者, 豈非重其節乎? 若使人居天地, 壽如金石, 要長
生而避死地可也. 今百齡之期, 未有能至, 老壯之間, 相去
幾何. 誠使故朝尙在, 忠義可立, 雖老親受戮, 妻兒橫分, 邑
之願也.

間者, 上黨黠賊, 大衆圍城, 義兵兩輩, 入據井陘. 邑親潰
敵圍, 拒擊宗正, 自試智勇, 非不能當. 誠知故朝爲兵所害,
新帝司徒已定三輔, 隴西,北地從風回應. 其事昭昭, 日月經
天, 河海帶地, 不足以比. 死生有命, 富貴在天. 天下存亡,
誠云命也. 邑雖沒身, 能如命何?」

註釋 ○僕雖駑怯 - 僕은 나, 저. 1인칭 겸사. 駑怯(노겁)은 재능도 없
고(駑) 용기도 없다(怯). ○百齡之期 - 1백 년 수명. ○相去幾何 - 차이가
얼마 안 된다. ○故朝 - 更始帝. ○上賊 - 교활한 賊徒 ○黠 - 약을 힐.
간교하다. ○拒擊宗正 - 宗正은 관직명. 여기서는 宗正인 劉延(유연). ○新
帝司徒已定三輔 - 新帝는 광무제. 司徒는 鄧禹(등우). ○不足以比 - 서로
비교가 안 된다. 그 차이가 확연하다. ○死生有命, 富貴在天 - 子夏의 말.
「司馬牛憂曰 ~ 子夏曰, "商聞之矣, 死生有命, 富貴在天. ~. 四海之內, 皆
兄弟也, 君子何患乎無兄弟也?"」《論語 顏淵》.

田邑이 답신을 보냈다.

"제가 비록 재능도 용기도 없다지만 그래도 대장부로 태어났거늘, 어찌 구차하게 살려고 죽음을 두려워하겠습니까! 갈고리 창을 목에 찌르더라도 마음을 바꾸지 않겠다는 것이 바로 내 뜻입니다. 지난번에 老母와 동생들이 (漢의) 군사에 사로잡혔지만 저 역시 노모를 걱정하지 않았으니, 어찌 절개를 중시한 것이 아니겠습니까? 설령 사람이 천지간에 태어나 수명이 금석과 같다면 장생하려고 死地를 피할 수 있지만 인생 백 년을 살 수 없어서 노인과 젊은이의 차이가 얼마 안 됩니다. 정말로 옛 경시제가 지금도 살아날 수만 있다면, 忠義를 세우기 위해서라면 노모가 살육당하고 처자식이 잘려나가는 것이 나의 바램입니다.

최근에 上黨郡의 교활한 많은 무리들이 上黨城을 포위했을 때 나의 군사 두 부대는 井陘關을 차지하고 있었습니다. 나는 몸소 적의 포위를 뚫고 나가 宗正인 劉延(유연)과 맞섰는데 나의 지략과 용기로는 결코 당할 수 없었습니다. 사실 更始帝가 赤眉의 무리에게 시해당한 것을 알았고, 新帝(光武帝)의 司徒(鄧禹)는 三輔지역을 이미 평정하였고, 隴西郡(농서군)과 北地郡(북지군)을 바람처럼 휩쓸고 있었습니다. 그것은 너무 분명하여 마치 日月은 하늘에 떠가고, 河海는 땅에 있는 것처럼 서로 비교가 안 되었습니다. 본래 死生은 有命하고 富貴는 在天이라 하였습니다. 천하에 살고 죽는 것은 정말로 命입니다. 이 田邑이 죽더라도 命을 어찌하겠습니까?"

「夫人道之本, 有恩有義, 義有所宜, 恩有所施. 君臣大義, 母子至恩. 今故主已亡, 義其誰爲, 老母拘執, 恩所當留. 而厲以貪權, 誘以策馬, 抑其利心, 必其不顧, 何其愚乎!

邑年三十, 歷位卿士, 性少嗜欲, 情厭事爲. 況今位尊身危, 財多命殆, 鄙人知之, 何疑君子? 君長, 敬通揭節垂組, 自相署立. 蓋仲由使門人爲臣, 孔子譏其欺天. 君長據位兩州, 加以一郡, 而河東畔國, 兵不入猗, 上黨見圍, 不窺大谷, 宗正臨境, 莫之能援. 兵威屈辱, 國權日損, 三王背畔, 赤眉害主, 未見兼行倍道之赴, 若墨翟累繭救宋, 申包胥重胝存楚, 衛女馳歸唁兄之志. 主亡一歲, 莫知定所, 虛冀妄言, 苟肆鄙塞. 未能事生, 安能事死? 未知爲臣, 焉知爲主? 豈厭爲臣子, 思爲君父乎! 欲搖太山而蕩北海, 事敗身危, 要思邑言.」

|註釋| ○義有所宜 – 守義에 적합한 대상이 있다. ○厲以貪權 – 厲는 厲聲(성난 목소리), 꾸짖다. ○君長 – 鮑永(포영)의 字. 敬通은 馮衍(풍연)의 字. ○蓋仲由使門人爲臣 – 仲由는 子路, 孔子가 병석에 눕자 자로는 젊은 제자를 시켜 大夫의 禮에 의거하여 신하의 자리에 서있게 하였다. 공자가 이를 알고 자로를 꾸짖었다. ○孔子譏其欺天 –「子疾病, 子路使門人爲臣. 病間, 曰, "久矣哉, 由之行詐也! 無臣而爲有臣. 吾誰欺? 欺天乎!~」.《論語 子罕》. ○兵不入猗 – 猗(돼지 체)는 河東郡의 縣名. ○不窺大谷 – 不窺는 군사를 보내지 않다. 구원하지 않다. 大谷은 太原에서 가까운 上黨郡의

현명. 鮑永도 경시제가 패망한 줄 알고서 가까운 上黨郡을 돕지 않았다는 말. ○兼行倍道之赴 − 兼行倍道는 행군 속도를 2배로 급히 달려가다. ○墨翟累繭救宋 − 墨翟(묵적)은 墨子. 宋人. '墨悲絲染' 고사의 주인공. 累繭(누견)은 많이 걸어 발에 굳은살이 여러 번 박히다. 繭은 고치 견. 발에 못이 박히다. ○申包胥重胝存楚 − 申包胥는 楚國의 대부, 伍員(伍子胥)의 친구. 胝는 굳은살 지. ○衛女馳歸唁兄之志 − 衛 宣公의 손녀. 唁은 위문할 언. 失國한 오빠의 마음을 위로하다. ○苟肆鄙塞 − 肆는 방자할 사. 마음대로 말하다. 鄙塞(비색)은 견식이 천박하다. ○搖太山而蕩北海 − 태산을 흔들고 北海를 휘젓다. 불가능한 일. 《孟子》의 '挾泰山而超北海'.

[國譯]

"人道의 근본은 報恩과 守義에 있으며 守義도 적합한 대상이 있고 보은도 상대가 있어야 합니다. 君臣은 大義이며, 母子는 가장 큰 恩情입니다. 지금 更始가 이미 죽고 없는데 누구를 위해 의리를 지켜야 하며, 노모가 잡혀있으니 보은은 응당 유보해야 합니다. 내가 권세를 탐한다고 질책하면서 말을 몰아 도망가고 나의 이기심을 억제하고 城을 버리고 도망하라 권유하는데, 이는 정말 우매한 말입니다!

이 田邑(전읍)도 나이 30에 여러 관직을 거쳤으며 내 천성에 욕심도 없고 무슨 큰일을 벌리고 싶지도 않습니다. 더군다나 지금 세상에 자리가 높을수록 몸은 위험하고, 재물이 많을수록 생명이 위태롭다는 것을 보통 사람도 다 아는데 君子(官人)가 어찌 모르겠습니까? 君長(鮑永)과 敬通(馮衍)도 부절과 관인을 차고 있으니 관직을 주고 빌있습니다. 예견에 (공지기 병석에 눕가) 仲由(子路)가 門人을 시켜 신하 역할을 시켰는데 공자가 이를 알고 하늘을 속인다고 (자로를) 꾸짖었습니다. 君長(포영)은 2개 군을 차지하고 또 하나의 郡을 가지려 하면서 河東郡에서 반란이 일어났어도 그 병력을 (河東郡의) 彘縣(체현)에 보내지도 않았으며, (나의) 上黨郡이 포위되었을 때 (上黨郡의) 大谷縣에 군사를 보내 구원하지도 않았습니다. 宗正 劉延(유연)의 군사가 상당군에 임박했는데도 돕는 자가 아무도 없었습니다. (경시제가) 赤眉 군사의 위세에 굴복하고 국권은 날마다 기울며 三王이 배반하고 赤眉가 경시를 살해하여도 행군 속도를 2배로 급히 달려가는 사람은 없었습니다. (宋의) 墨翟(묵적, 墨子)는 많이 걸어 발에 여러 번 굳은살이 박였고, (楚의) 申包胥(신포서)도 여러 번 굳은살이 박이며 楚를 존속케 하였으며, 衛女(위녀)도 달려가 失國한 오빠를 위로했습니다. 경시제가 죽은 지 1년인데 어디에서 죽었는지도 모르는데 짐작하는 빈말로 구차하게 짧은 소견을 늘어놓고 있습니다. 살아있는 사람을 섬기지 못하는데, 죽은 사람을 어찌 섬기겠습니까? 신하의 도리를 알지도 못하는데, 어찌 主君을 위한다고 하겠습니까? 태산을 흔들고 北海를 휘젓겠다고 한다면 일도 망치고 一身도 위태로울 것이니 나의 말을 생각해 보아야 합니다."

原文

衍不從. 或訛言更始隨赤眉在北, 永,衍信之, 故屯兵界休, 方移書上黨, 云皇帝在雍, 以惑百姓. 永遣弟升及子壻張舒誘降涅城, 舒家在上黨, 邑悉繫之. 又書勸永降, 永不答, 自是與邑有隙.

邑字伯玉, 馮翊人也, 後爲漁陽太守. 永,衍審知更始已
歿, 乃共罷兵, 幅巾降於河內.

| 註釋 | ○訛言 - 헛소문, 거짓말. 訛는 그릇될 와. ○界休 - 太原郡의
현명. ○皇帝在雍 - 皇帝는 更始帝. 隴西郡, 天水郡 일대를 雍州라 통칭했
다. 前, 後漢에서는 지방관제로 雍州(옹주)는 없었다. ○涅城(열성) - 上黨
郡의 현명. 今 山西省 동남부 長治市 관할 武鄕縣. 南陽郡의 涅陽縣이 아
님. ○幅巾降於河內 - 幅巾은 관이 아닌 보통 평민의 頭巾.

[國譯]

馮衍(풍연)은 그 말에 따르지 않았다. 어떤 자가 경시제가 적미 무
리를 따라 북쪽에 살아 있다는 訛言(와언, 헛소문)을 전해주자 鮑永(포
영)과 풍연은 그 말을 믿고, (太原郡의) 界休(계후)현에 屯兵하면서
문서를 上黨郡에 보내 更始가 雍州(옹주)에 살아있다고 말해 백성을
현혹시켰다. 포영은 동생 鮑升(포승)과 사위 張舒(장서)를 (상당군의)
涅城(열성)에 보내 투항을 권유하였는데, 장서의 본가가 上黨에 있기
때문에 田邑(전읍)은 그 가족을 모두 잡아가두었다. 그러면서 포영
에게 서신으로 투항을 권유하였는데 포영은 답변하지 않았고, 이후
전읍과는 틈이 벌어졌다.

田邑의 字는 伯玉(백옥)으로 左馮翊(좌풍익) 사람으로 나중에 漁陽
太守가 되었다. 포영과 풍연은 경시가 이미 죽은 사실을 확실하게
알고서 군사를 해산한 뒤, 평민의 두건을 쓰고 河內郡에 와서 (光武
帝에게) 투항하였다.

帝怨衍等不時至, 永以立功得贖罪, 遂任用之, 而衍獨見
黜. 永謂衍曰, "昔高祖賞季布之罪, 誅丁固之功. 今遭明主,
亦何憂哉!" 衍曰, "記有之, 人有挑其鄰人之妻者, 挑其長
者, 長者罵之, 挑其少者, 少者報之, 後其夫死而取其長者.
或謂之曰, '夫非罵爾者邪?' 曰, '在人慾其報我, 在我欲其罵
人也'. 夫天命難知, 人道易守, 守道之臣, 何患死亡?" 頃之,
帝以衍爲曲陽令, 誅斬劇賊郭勝等, 降五千餘人, 論功當封,
以讒毀, 故賞不行.

| 註釋 | ○高祖賞季布之罪 − 季布는 項羽의 부장으로 漢王을 여러 번
막다른 궁지로 몰았기에 천금의 현상금을 내걸고 계포를 잡으려 했으나
나중에 용서하고 등용하였다. ○誅丁固之功 − 丁固(정고)는 季布의 외숙
으로 항우의 부장이었다. 漢王이 정고에게 쫓겨 거의 잡힐 지경에 "우리
둘이 꼭 이리 괴롭혀야 되겠는가!"라고 말하자, 정고는 그냥 되돌아갔다.
고조로 즉위한 뒤에, 정고가 알현하자 고조는 "項羽가 천하를 잃게 한 자
는 이 사람이다."라며 처형하였다. 《漢書》37권, 〈季布欒布田叔傳〉 참고.
○挑其鄰人之妻者 − 이웃 사람의 아내를 꾀어내다. 유혹하다. 이 이야기
는 《戰國策》에 나온다. ○曲陽令 − 鉅鹿郡의 縣名. 今 河北省 保定市 관할
曲陽縣. ○誅斬劇賊郭勝等 − 劇賊은 劇盜(극도). 大盜. 郭勝(곽승)은 농민
봉기군의 우두머리. ○讒毀(참훼) − 참소하여 헐뜯다.

[國譯]

광무제는 풍연 등이 제 날짜에 도착하지 않아 의심하였는데, 포

영은 세운 공이 있어 사면을 받아 임용되었고 풍연만 내쫓았다. 그러자 포영이 풍연에게 말했다.

"옛날 高祖(고조)께서 季布(계포)의 죄를 사면하였고 丁固(정고)는 공을 세웠지만 주살하였는데, 지금 현명하신 주군을 만났으니 무슨 걱정이겠는가?" 그러자 풍연이 말했다.

"옛 기록(戰國策)에도 있지만 어떤 사람이 이웃에 사는 남의 아내를 유혹하였는데, 나이든 아내를 유혹하자 그 여인이 욕을 하였습니다. 젊은 아내를 유혹하자 수락하였습니다. 뒤에 그 남편이 죽자 나이 많은 여인을 아내로 데려왔습니다. 어떤 사람이 '그 여인은 당신에게 욕을 한 사람 아닙니까?' 라고 묻자, 그가 말했습니다. '남의 아내였을 때는 내 유혹에 넘어오길 원했지만 내 아내라면 남에게 욕하기를 바랍니다.' 사실 天命(천명)은 알 수 없지만 人道(인도)는 지키기 쉬우며 정도를 지키는 신하라면 죽는다 하여 무슨 걱정이겠습니까?"

얼마 있다가 광무제는 풍연을 (鉅鹿郡의) 曲陽(곡양) 현령에 임용하였는데, 풍연은 도적의 우두머리인 郭勝(곽승)을 죽였고 5천여 명의 투항을 받았는데 그 공적으로 제후가 되어야 마땅했지만 讒毀(참훼)를 받아 아무런 상도 받지 못했다.

▌原文

建武六年日食, 衍上書陳八事, 其一曰顯文德, 二曰襃武烈, 三曰修舊功, 四曰招俊傑, 五曰明好惡, 六曰簡法令, 七曰差秩祿, 八曰撫邊境. 書奏, 帝將召見. 初, 衍爲狼孟長,以罪摧陷大姓令狐略. 是時, 略爲司空長史, 讒之於尙書令王護, 尙書周生豐曰, "衍所以求見者, 欲毀君也." 護等懼之, 卽共排間, 衍遂不得入.

後衛尉陰興, 新陽侯陰就以外戚貴顯, 深敬重衍, 衍遂與之交結, 是由爲諸王所聘請, 尋爲司隷從事. 帝懲西京外戚賓客, 故皆以法繩之, 大者抵死徙, 其餘至貶黜. 衍由此得罪, 嘗自詣獄, 有詔赦不問. 西歸故郡, 閉門自保, 不也復與親故通.

| 註釋 | ○建武六年 – 서기 30년. ○日食 – 日蝕(일식), 9월 그믐에 일식이 있었다. ○周生豐日 – 周生은 複姓. ○衛尉陰興, 新陽侯陰就~ – 衛尉는 9卿의 한 사람. 수도를 방어하는 중앙군의 사령관, 陰興과 陰就(음취)는 모두 光烈陰皇后의 친형제.

[國譯]

建武 6년, 日蝕(일식)이 있었다. 풍연은 상서하여 8가지 국사를 건의하였는데 그 첫째는 文德을 顯揚(현양)할 것, 둘째 武烈을 포상할 것, 셋째 舊功을 다시 평정할 것, 넷째 俊傑(준걸)을 널리 초빙할 것, 다섯째 好惡(호오)를 분명히 할 것, 여섯 째 法令을 간소화할 것, 일곱째 秩祿(질록)을 차등화 할 것, 여덟 째 변경의 백성을 위무할 것 등이었다.

상서한 것이 상주되자 광무제가 불러 알현하려고 했다. 그전에 풍연이 狼孟(낭맹)의 縣長(현장)이었을 때 그곳의 大族인 令狐略(영호략)의 죄를 밝혀 세력을 꺾은 적이 있었는데, 이때 영호략은 司空長

史로 풍연을 尙書令인 王護(왕호)와 尙書인 周生豐(주생풍)에게 참소하였다. "풍연이 황제를 알현하려는 뜻은 여러분을 헐뜯으려는 것입니다."

왕호 등은 풍연을 두려워하며 함께 배척하였기에 풍연은 황제를 알현하지 못하였다.

뒷날 衛尉(위위)인 陰興(음흥)과 新陽侯 陰就(음취)는 외척으로서 높은 자리에 올랐는데, 풍연을 깊이 존중하였고 풍연도 그들과 교제를 하였고, 이로써 제후 왕들의 초빙도 받았으며 얼마 뒤에는 司隷從事(사예종사)로 승진하였다. 광무제가 西京(장안) 외척의 빈객들을 징벌하자 대부분이 법에 걸려들었고, 심한 자는 사형이나 유배형에 처했으며 나머지는 모두 관직에서 퇴출시켰다. 풍연도 죄에 걸려들자 스스로 자수하였는데 조서로 불문에 붙였다. 풍연은 서쪽 본 고향으로 돌아가 폐문하고 은신하면서 다시는 친우와 왕래하지 않았다.

28 桓譚馮衍列傳(下)
〔환담,풍연열전(하)〕

原文

建武末, 上疏自陳曰,

「臣伏念高祖之略而陳平之謀, 毀之則疏, 譽之則親. 以文帝以明而魏尙之忠, 繩之以法則爲罪, 施之以德則爲功. 逮至晩世, 董仲舒言道德, 見妒於公孫弘, 李廣奮節於匈奴, 見排於衛靑, 此忠臣之常所爲流涕也. 臣衍自惟微賤之臣, 上無無知之薦, 下無馮唐之說, 乏董生之才, 寡李廣之勢, 而欲免讒口, 濟怨嫌, 豈不難哉!

臣衍之先祖, 以忠貞之故, 成私門之禍. 而臣衍復遭擾攘之時, 値兵革之際, 不敢回行求時之利, 事君無傾邪之謀, 將帥無虜掠之心. 衛尉陰興, 敬愼周密, 內自修敕, 外遠嫌疑, 故敢與交通. 興知臣之貧, 數欲本業之. 臣自惟無三益之才,不敢處三損之地, 固讓而不受之. 昔在更始, 太原執貨財之柄, 居蒼卒之間, 據位食祿二十餘年, 而財産歲狹, 居處日貧, 家無布帛之積, 出無輿馬之飾. 於今遭淸明之時, 飭躬力行之秋, 而怨仇叢興, 譏議橫世. 蓋富貴易爲善, 貧賤難爲工也. 疏遠壅畎之臣, 無望高闕之下, 惶恐自陳, 以救罪尤.」

書奏, 猶以前過不用.

| 註釋 | ○陳平 -《漢書》40권,〈張陳王周傳〉立傳. ○魏尙(위상) - 文帝 때 雲中 태수. 흉노 포로의 숫자가 6명 차이가 난다고 파면되었다. 이때 위상을 변호한 사람이 馮唐(풍당)이었고, 위상은 다시 雲中 태수에 임용되었다. ○董仲舒 -《漢書》56권,〈董仲舒傳〉立傳.《春秋》를 전공. ○公孫弘 -《漢書》58권,〈公孫弘卜式兒寬傳〉立傳. 공손홍은 동중서를 膠西王(교서왕)의 相으로 천거하여 내쫓았다. ○李廣 - 흉노 정벌의 명장. 위청과 약속 기일에 늦었다고 관리 앞에 나가 조사받게 되자, 이광은 자살하였다. 이광의 손자가 李陵(이릉).《漢書》54권,〈李廣蘇建傳〉立傳. ○衛青(위청) - 무제 때 흉노 정벌의 명장. 무제 衛皇后의 동생. 행운과 관운이 좋았다. 《漢書》55권,〈衛青霍去病傳〉立傳. ○無知之薦 - 魏無知(위무지)의 천거. 陳平을 고조에게 처음 추천한 사람. ○臣衍之先祖 - 馮衍(풍연)의 선조는 馮參, 馮參의 누이가 中山王의 태후, 곧 나중에 哀帝의 조모. 傅太后의 모함으로 馮參은 자살하였다. ○回行 - 邪行. ○數欲本業之 - 여러 번 생업의 기본을 만들어 주려고 했다. ○三益之才 - 三益之友.「孔子曰, "益者三友, 損者三友. 友直, 友諒, 友多聞, 益矣. 友便辟, 友善柔, 友便佞, 損矣."」《論語 季氏》. ○飭躬力行之秋 - 飭躬(칙궁)은 몸소 부시런히 힘쓰다.

[國譯]

建武 말기에, 馮衍(풍연)은 자신을 변호하는 상소를 하였다.

「신이 엎드려 생각하건대, 高祖의 雄略에 陳平(진평)의 지모를 가진 사람이라도 헐뜯으면 소원해지고 칭송하면 친근해집니다. 文帝의 총명과 魏尙(위상)의 충성이 있더라도 법으로 얽어매면 죄인이지만 은덕을 베풀면 공신이 됩니다. 가까운 시대의 예를 든다면, 董仲舒(동중서)는 道德을 말했지만 公孫弘(공손홍)의 시샘을 받았고, 李廣(이광)은 흉노 정벌에 지조를 지켰지만 衛靑(위청)의 배척을 받았으니, 이런 일은 충신에 늘 있는 일이기에 다만 눈물을 흘릴 뿐입니다. 臣 衍(연)은 미천한 신하이기에 위로는 魏無知(위무지) 같은 추천을 받지도 못했고, 아래로는 馮唐(풍당)과 같은 변호도 없었으며, 董仲舒만한 才學이나 李廣과 같은 힘도 없기에 참소를 면하고 미움에서 벗어나는 일이 어찌 어렵지 않겠습니까?

臣 衍(연)의 선조는 충정을 다했어도 가문이 모두 화를 입었습니다. 臣 衍(연)은 혼란한 시대에 태어나 병란의 소용돌이에 처했지만 감히 邪行(사행)으로 일시적 이득을 얻으려 하지 않고, 사특한 뜻으로 주군을 섬기지도 않았으며 장수로서는 재물을 약탈하려는 마음도 없었습니다. 衛尉(위위)인 陰興(음흥)은 신중하고 치밀한 성격에 행실을 바로 가지면서도 혐의를 멀리하는 사람이었기에 저와 교제를 하였습니다. 음흥은 저의 가난을 잘 알고 있어 여러 번 생업의 기본을 만들어 주려고 했습니다. 저는 三益의 벗이 될 자질도 없고 그렇다고 三損(삼손)의 처지에 있는 것도 아니기에 그의 도움을 사양하면서 받지 않았습니다. 예전 更始 시절에, 太原郡에서 재물을 모을 수도 있었지만 어느새 관록을 받은 지가 20여 년이 금방 지나가

서 財産은 해마다 줄어들었고 생활은 날로 가난하여 집안에는 여분의 재산이 없고 외출할 때는 거마도 없습니다. 지금 같은 청명한 시대를 만나 몸소 진력하여 善道를 실천하려고 애쓰지만 저에 대한 원한의 감정만 많이 일어나고 저에 대한 비난이 판을 치고 있습니다. 부귀한 사람을 쉽게 선행을 베풀 수 있지만 빈천한 사람은 일을 하여도 가난에서 벗어나기가 어렵습니다. 皇上으로부터 소원해진 농촌의 신하라서 조정에 헌신할 기회도 없기에 황공하오나 저의 신세를 말씀드리옵고 죄과의 경감을 빕니다.」

상서가 상주되었지만 지난날의 과오가 있어 임용되지는 않았다.

原文

衍不得志, 退而作賦, 又自論曰,

「馮子以爲夫人之德, 不碌碌如玉, 落落如石. 風興雲蒸, 一龍一蛇, 與道翶翔, 與時變化, 夫豈守一節哉? 用之則行, 舍之則臧, 進退無主, 屈申無常. 故曰, '有法無法, 因時爲業, 有度無度, 與物趣舍'. 常務道德之實, 而不求當世之名, 闊略杪小之禮, 蕩佚人間之事. 正身直行, 恬然肆志. 顧嘗好俶儻之策, 時莫能聽用其謀, 喟然長嘆, 自傷不遭. 久棲遲於小官, 不得舒其所懷. 抑心折節, 意凄情悲. 夫伐冰之家, 不利雞豚之息, 委積之臣, 不操市井之利. 況歷位食祿 十餘年, 而財産益狹, 居處益貧. 惟夫君子之仕, 行其道也. 慮時務者不能興其德, 爲身求者不能成其功, 去而歸家,復羈旅於州郡, 身愈據職, 家彌窮困, 卒離饑寒之災, 有喪元子之禍.」

| 註釋 | ○又自論曰 – 이는 馮衍의 賦〈顯志〉의 序라 할 수 있다. ○馮子 – 馮衍(풍연)을 자칭. ○以爲~ – ~을 생각하다. 알다. 認爲~, 想~. 以A爲B는 A를 B로 생각하다. A를 B로 삼다. 夫는 發語詞. ○不碌碌如玉, 落落如石 – 碌碌(녹록)은 돌의 빛깔이 아름다운 모양. 碌은 돌 모양 녹(록), 돌 푸를 녹, 자갈 땅 녹. (사람이) 평범하고 보잘것없는 모양. 落落은 돌이 우뚝 솟은 모양. 珞珞(역력)如石. 사람의 재주가 있느냐 없느냐의 문제이다. ○翱翔(고상) – 새가 날아오르는 모양. 翱는 날아오를 고. 翔 날 상. ○夫豈守一節哉 – 어찌 한 가지 주장만 지키겠는가? 상황에 따라 적용할 수 있어야 한다. ○與物趣舍 – 趣舍는 取捨. ○蕩佚人間之事 – 蕩佚(탕일)은 세속에 구애받지 않음. 放蕩縱逸(방탕종일). ○顧嘗好佽儻之策 – 顧는 及也. 佽儻(척당)은 뜻이 크고 재주가 뛰어남(卓異貌), 佽은 뛰어날 척. 착할 숙. 儻은 빼어날 당. ○喟然長嘆(위연장탄) – 한숨을 쉬며 크게 탄식하다. 喟는 한숨 위. ○自傷不遭 – 불운을 스스로 한탄하다. 遭는 만날 조(遇也). ○久棲遲於小官 – 小官에 오래 머물다. 승진하지 못하다. 棲는 깃들 서. 遲 늦을 지. 지체하다. ○夫伐冰之家 – 伐冰은 얼음을 뜨다. 여름철 제사용 얼음을 겨울에 준비하다. 伐冰之家는 卿 大夫 이상의 고급 관원. ○委積之臣 – 委積은 貯蓄(저축). ○爲身求者不能成其功 – 一身의 이득을 얻으려는 자는 큰일을 이루지 못한다. ○復羈旅於州郡 – 羈旅(기여)는 나그네처럼 타관살이를 하다. 지방관이 되어 떠돌다. 羈는 재갈 기. 제약당하다. 타관살이할 기.

[國譯]

馮衍(풍연)은 뜻을 얻지 못하고 물러나 賦(부)를 지었고 또 자신의 일생을 서술하였다.

「馮衍(풍연)의 생각으로 사람의 덕은 옥처럼 아름다울 필요도 없고, 그렇다고 돌처럼 거칠 필요도 없으니(사람의 재주가 있느냐 없느냐의 문제) 풍운에 함께 휩쓸리며 龍과 뱀이 한꺼번에 일어나 道에 따라 날아오르거나 때를 따라 변해야 하나니, 어찌 한 가지 지조만 지켜야 하겠는가?(상황에 따라 적응할 수 있어야 한다) 등용되었다면 뜻을 펴보고 그만두었다면 은거해야 하나니 진퇴에 한 가지 주장만 있지 않으며, 움츠리느냐 펴느냐는 일정한 것이 아니다. 그래서 '법을 따르느냐 아니냐는 때에 따라 다르고, 기량을 펴느냐 아니냐는 상황에 따라 다른 것.'이다. 언제나 道德의 실천에 힘쓰고 當世의 명성을 따르지 않으며, 번쇄한 예절 따위는 과감히 버리거나 속세의 번잡한 일에 구애받지 않아야 한다. 또 바른 몸가짐과 행실로 담담하게 즐겨야 한다. 뜻이 크고 특별하게 뛰어난 책략인데도 그런 책략을 알아들을 만한 사람이 없다면 한숨을 쉬고 크게 탄식하며 불운을 스스로 달래야 할 것이다. 小官에 오래 머물다보니 나의 뜻을 펼 수도 없었다. 나의 心地를 억누르니 마음만 처량하고 슬프도다. 얼음을 뜨는 大家는 돼지나 닭을 키우는 小利를 취하지 않는다. 재물을 쌓아두는 부자는 市井에서 장사 이득을 꾀하지 않는 법이다. 그렇지만 국록을 받은 지 20년이 지나다 보니 재산은 날마다 줄어들고 거처는 더욱 가난해졌도다. 君子의 出仕는 뜻을 실천하는 길이다. 時務에 마음 쓰면 도덕을 실천할 수 없고, 一身의 이득을 얻으려는 자는 큰일을 이루지 못한다. 관직에서 물러가 家鄉에 돌아왔다가 다시 州郡을 떠도는 니그네로 타관살이 하다 보니 몸은 갈수록 관직에 매이고 집안은 더 곤궁하였다. 끝내 춥고 배고픈 처지에 큰 아들을 잃는 재앙을 겪었다.」

原文

「先將軍葬渭陵, 哀帝之崩也, 營之以爲園. 於是以新豐之東, 鴻門之上, 壽安之中, 地勢高敞, 四通廣大, 南望酈山, 北屬涇渭, 東瞰河華, 龍門之陽, 三晉之路, 西顧酆鄗, 周秦之丘, 宮觀之墟, 通視千里, 覽見舊都, 遂定塋焉. 退而幽居. 蓋忠臣過故墟而歔欷, 孝子入舊室而哀嘆. 每念祖考, 著盛德於前, 垂鴻烈於後, 遭時之禍, 墳墓蕪穢, 春秋蒸嘗, 昭穆無列, 年衰歲暮, 悼無成功, 將西田牧肥饒之野, 殖生產, 修孝道, 營宗廟, 廣祭祀. 然後闔門講習道德, 觀覽乎孔老之論, 庶幾乎松, 喬之福, 上隴阪, 陟高岡, 遊精宇宙, 流目八紘. 歷觀九州山川之體, 追覽上古得失之風, 愍道陵遲, 傷德分崩. 夫睹其終必原其始, 故存其人而詠其道. 疆理九野, 經營五山, 眇然有思陵雲之意.」

| 註釋 | ○先將軍葬渭陵 – 先將軍은 馮衍(풍연)의 曾祖인 馮奉世(풍봉세), 渭陵(위릉)은 元帝의 능. ○哀帝之崩也 – 哀帝의 능은 義陵, 의릉을 만들기 위해 위릉에 陪葬(배장)되었던 풍봉세의 무덤을 다른 곳으로 이장해야만 했다는 뜻. ○新豐之東 – 새로 만든 豐邑, 高祖의 부친 태상황을 위해 고향 풍읍을 장안으로 옮겨와 새로 조성한 마을. ○鴻門(홍문) – 지명. 항우의 군영이 있어 漢王이 찾아간 곳. 今 陝西省 西安市 臨潼區 新豐鎭 鴻

門堡村. ○東瞰河華 - 瞰은 볼 감. 내려다 보다. 河는 黃河. 華는 西嶽인 華山. ○龍門之陽 - 龍門山. 今 山西省 河津市 서북, 陝西省 韓城市 동북에 있는 산. 당시 행정구역으로는 左馮翊(좌풍익) 夏陽縣(今 陝西省 韓城市). 黃河의 서쪽. ○三晋之路 - 晋의 家臣인 韓, 衛, 趙가 晋을 분할하였기에 이 삼국을 三晋이라 통칭. ○西顧酆鄗 - 酆(풍)은 周 文王의 도읍. 鄗는 武王의 도읍 鎬京(호경). ○周秦之丘 - 周와 秦의 본거지. ○蓋忠臣 - 歔欷 - 蓋는 덮을 개. 이것(是) 발어사. 대개, 모두, 아마, 오히려, 어찌 아니하리오(何不~, 音 합). 故墟는 폐허. 歔欷(허희)는 흐느끼다. ○春秋蒸嘗 - 蒸祭(증제)와 嘗祭(상제). 제사 이름. ○昭穆無列 - 소목은 선조를 모시는 차례, 부의 신주를 昭에 모시면 그 다음 아들은 穆(목)에 모신다. ○庶幾乎松, 喬之福 - 松은 赤松子, 神農氏 때의 雨師. 신선의 대명사로 통칭. 喬는 신선인 王子喬(왕자교), 주로 학을 타고 날아다니는 모습으로 그려졌다. ○流目八紘 - 八紘(팔굉) 땅 끝 너머 멀고 먼 곳. 九州의 밖을 八禽(팔인)이라 하고, 팔인의 밖이 八紘(팔굉)이다. 紘은 굵은 밧줄 굉. ○疆理九野 - 疆理는 그 영역을 다스리다. 九野는 九州. ○經營五山 - 五山은 五嶽(오악). ○眇然有思陵雲之意 - 眇然(묘연)은 아득히 먼 모양. 高遠한 모양.

[國譯]

「曾祖인 將軍(馮奉世)께서는 渭陵(위릉)에 배장 되었는데 哀帝가 붕어하자 능원을 짓기 위해 新豐(신풍)의 동쪽이며 鴻門(홍문)의 위쪽인 壽安(수안)이란 그곳은 지세가 높게 트이고 사방이 광대하며 남쪽으로는 酈山(여산)이 보이고, 북쪽으로는 涇水(경수)와 渭水(위수)가 흐르며, 동쪽으로는 河水와 華山을 내려다보이고 龍門山의 남쪽 기슭과 三晋(韓, 衛, 趙)로 가는 길도 있으며, 서쪽으로는 酆邑(풍읍)과 鎬京(호경), 그리고 周와 秦의 본거지에 宮觀(궁궐)이 있던 폐허 등 천리 밖 옛 도읍을 볼 수 있는 곳으로 이장하였다. 나는(馮衍) 퇴직하고 여기에 은거했다. 대개 忠臣은 폐허를 지나면서 흐느껴 울고 孝子는 옛집에 가서 슬피 탄식한다. 늘 조상을 생각하나니 선조께서는 앞서 聖德을 이룩하시어 후손을 위해 큰 업적을 남기셨으나 환란의 시대를 당하여 분묘는 잡초에 묻혔고, 봄가을 제사는 끊기고 사당은 어지러이 흩어졌다. 나도 이제 늙고 쇠약하여 아무런 공도 세우지 못한 나를 슬퍼하며, 서쪽으로 이주하여 농사지으면서 가축도 길러 재산을 늘려 효도하면서 사당을 수리하고 제사를 받들겠노라. 그러면서 폐문하고 도덕을 강습하며, 孔子와 老子의 高談을 읽으면 아마 赤松子(적송자)와 王子喬(왕자교)에 가까워지리라. 산비탈을 지나 높은 언덕에도 올라서면 마음은 우주를 날아다니고, 땅 끝 너머 먼 八紘(팔굉)을 생각하리라. 九州山川의 실제 모습을 모두 다 유람하며 上古 得失의 풍운을 추론해보면서 허물어진 正道를 슬퍼하고, 도덕의 붕괴를 애통해 하노라. 대체로 그 결말을 알려면 시작을 찾아야 하는 것이니, 옛사람을 그리며 도덕을 노래하고 九州의 강역을 훑어보고 五山(五嶽)을 두루 유람하면서 아득히 먼 구름 너머로 세속을 잊고 날아보리라.」

＊〈顯志〉 - 馮衍

原文

乃作賦自厲, 命其篇曰〈顯志〉. 顯志者, 言光明風化之情, 昭章玄妙之思也.

其辭曰,

「開歲發春兮, 百卉含英. 甲子之朝兮, 汩吾西征.

發軔新豐兮, 裴回鎬京. 陵飛廉而太息兮, 登平陽而懷傷.

悲時俗之險厄兮, 哀好惡之無常. 棄衡石而意量兮, 隨風波而飛揚.

紛綸流於權利兮, 親雷同而妒異, 獨耿介而慕古兮, 豈時人之所憙?

沮先聖之成論兮, 陵名賢之高風, 忽道德之珍麗兮, 務富貴之樂耽.

遵大路而裴回兮, 履孔德之窈冥, 固衆夫之所眩兮, 孰能觀於無形?

行勁直以離尤兮, 羌前人之所有, 內自省而不慚兮, 遂定志而弗改.

欣吾黨之唐,虞兮, 愍吾生之愁勤, 聊發憤而揚情兮, 將以蕩夫憂心.

往者不可攀援兮, 來者不可與期, 病沒世之不稱兮, 願橫逝而無由.」

| 註釋 | ○乃作賦自厲 – 賦는 漢代에 유행한 文學 형식으로 〈楚辭〉에서 발전하여 시가와 산문의 특성을 합한 형태라 할 수 있다. 漢賦는 辭藻(사조)가 화려하고 筆勢가 힘차다지만 대개 내용은 공허하고 글자와 뜻이 어려워 읽고 이해하기가 쉽지 않다. 시미 상여 이후에 後漢 班固의 〈兩都賦〉, 張衡의 〈二京賦〉, 曹植의 〈洛神賦〉, 西晉 陸機의 〈文賦〉, 左思의 〈三都賦〉

가 유명하고 東晉 陶淵明의 〈歸去來辭〉도 賦의 명편이며, 唐 杜牧(두목)의
〈阿房宮賦〉, 宋 歐陽脩의 〈秋聲賦〉, 소식의 〈赤壁賦〉도 모두 賦의 명작이
다. ○ 命其篇曰〈顯志〉 - 顯은 나타낼 현. 馮衍의 賦 제목. ○開歲發春兮
- 開와 發은 시작하다. 兮(어조사 혜)는 詩歌에 흔히 쓰이는 어조사. 문장의
끝에 쓰여 감탄이나 찬탄의 뜻을 나타내거나 문장의 중간에 쓰여 語勢를
멈추었다가 다음 句를 이어준다. ○百卉含英 - 卉는 풀(草) 훼. ○汩吾西
征 - 汩은 흐를 율(氵에 日 가로 왈. 于筆反), 汨(氵에 日 날 일. 잠길 골. 물
이름 멱)이 아님. 西征은 서쪽으로의 여행. ○發軔新豐兮 - 發軔(발인)은
출발하다. 軔은 쐐기나무 인. 수레 브레이크. ○裴回鎬京 - 裴回는 徘徊
(배회). 裴는 옷 치렁거릴 배, 서성거릴 배. ○陵飛廉而太息兮 - 飛廉은 長
安의 飛廉觀(비렴관), 건물 이름. 飛廉은 본래 神鳥의 이름. ○登平陽而懷
傷 - 平陽은 현명. 今 陝西省 서남 寶雞市 관할 岐山縣(기산현) 서남. ○棄
衡石而意量兮 - 衡石은 추를 돌로 만든 저울. 법도. ○隨風波而飛揚 - 飛
揚은 지조를 버린다는 뜻. ○獨耿介而慕古兮 - 耿介(경개)는 지조가 굳건
해 변치 않는 모양. ○陵名賢之高風 - 陵은 업신여길 릉. ○履孔德之窈
冥 - 履는 밟다. 따르다. 孔德은 大德. 窈冥(요명)은 幽玄(유현). ○孰能觀
於無形 - 孰은 누구? 無形은 大象無形. ○行勁直以離尤兮 - 離尤(이우)는
비난을 당하다. 離는 遭也. 尤는 허물 우, 나무랄 우, 더욱 우. ○羌前人之
所有 - 羌은 굳셀 강, 종족 이름 강. ○不慚兮 - 慚은 부끄러울 참. ○聊
發憤~ - 聊는 애오라지, 다만. 즐길 료, 편안할 료. ○蕩夫憂心 - 蕩은 흩
어버리다. 없애다. ○病沒世之不稱兮 - 죽은 뒤에도 칭송이 없을 것을 걱
정하다.「子曰, "君子疾沒世而名不稱焉."」《論語 衛靈公》.

[國譯]

그리고 사색을 독려하는 賦를 지어 〈顯志〉라 이름을 붙였는데,

顯志(현지)란 光明과 風化의 정경을 노래하여 玄妙(현묘)의 세계와 그 생각을 밝게 드러낸다는 뜻이다.

그 글은 아래와 같다.

「새해의 새봄이라 온갖 풀은 망울졌다.

甲子日 아침에 나는 서쪽으로 여행을 시작한다.

新豐을 지나가고 鎬京(호경)을 둘러본다.

飛廉觀을 지나며 한숨짓고 平陽縣에 들려 感傷에 젖는다.

험악한 時俗에 비탄하고 無常한 好惡(호오)를 슬퍼한다.

법도를 안 따르고 멋대로 놀며 풍파에 따라 지조도 버린다.

권력과 이득에 빠져 친한 이에 雷同하고 남을 시기하나,

홀로 지조 지켜 古人을 숭모하니 세속이 어찌 좋아하리오!

先聖의 定論도 가로 막고 名賢의 高風도 업신여기고,

아름다운 도덕도 무시하고 富貴의 안락만을 얻으려 한다.

大道를 따라 거닐고 大德의 幽玄한 이치를 지켜나가니,

모두 名利에 눈이 멀으니 누가 無形 大道를 보겠는가?

바른 품행도 비난을 당하나 굳센 古人도 그렇게 당했으니,

內心 自省하여 부끄럽지 않고 立志에 고치지 않으리라.

堯와 舜의 大道를 기꺼이 따르고 나의 불우를 슬퍼하나,

기꺼이 발분하며 마음을 편히 하고 걱정을 흩어버리다.

옛날 성현을 따르지 못하고 앞날 현인은 기약할 수 없지만,

사후 칭송도 없어 걱정이나 뜻대로 가고파도 길이 없도다.」

「陟雍時而消搖兮, 超略陽而不反. 念人生之不再兮, 悲六親之日遠.

陟九嵕而臨嶻嶭兮, 聽涇渭之波聲. 顧鴻門而歔欷兮, 哀吾孤之早零.

何天命之不純兮, 信吾罪之所生, 傷誠善之無辜兮, 齎此恨而入冥.

嗟我思之不遠兮, 豈則事之可悔? 雖九死而不眠兮, 恐余殃之有再.

淚汍瀾而雨集兮, 氣滂浡而雲披. 心怫鬱而紆結兮, 意沈抑而內悲.」

| 註釋 | ○雍時(옹치) - 雍은 현명. 今 陝西省 寶雞市 鳳翔縣. 時는 재터 치. 止也, 신령이 머물던 곳. ○略陽 - 天水郡(漢陽郡)의 현명. 今 甘肅省 동부 平涼市 관할 莊浪縣. ○六親 - 夫婦, 父子, 兄弟. ○陟九嵕而臨嶻嶭 兮 - 九嵕(구종)은 산 이름. 嶻嶭(잔알)도 山名. 嵕 산 이름 종. 嶻은 매우 높을 잔. 嶭은 높을 알. ○歔欷(허희) - 흐느끼다. ○哀吾孤之早零 - 零은 落 也. 죽다. 풍연의 長子는 일찍 죽었다. ○齎此恨而入冥 - 齎는 가져가다. 入冥은 죽다. 冥은 어둘 명. 땅속. ○淚汍瀾而雨集兮 - 汍은 눈물 흘릴 환. 瀾은 물결 란. ○氣滂浡而雲披 - 滂浡(방발)은 비가 퍼붓는 모양. 滂은 비 퍼부을 방. 浡 은 일어날 발. 雲披(운피)는 구름이 걷히다. ○心怫鬱而紆結 兮 - 怫鬱(불울)은 마음이 울적하다. 紆結(우결)은 마음에 맺힌 것이 있어 울적하다.

[國譯]

「雍縣 재터에 소요하고 略陽縣을 지나 아니 돌아온다.

한번 뿐 人生에 날로 멀어지는 六親이라 서글프도다.

九崚(구종)과 嵕巀(잔알) 산에 오르고, 涇, 渭水를 지나간다.

鴻門을 돌아보고 흐느끼며 일찍 떠난 아들을 슬퍼한다.

왜 天命이 不純하겠나? 정말 내 죄 때문에 죽었으리니,

誠善, 無辜(무고)한 나의 傷心이니 이 한을 품고 죽으리라.

심원하지 못한 처신을 탄식하고 잘못을 후회한들 어찌하랴?

아홉 번 죽어도 눈을 못 감고 또 재앙이 있을까 두렵다.

비 오듯 눈물이 흐르고 세찬 비가 그치고 구름이 걷히나,

마음은 답답 울적하고 기분도 눌린 듯 슬픔뿐이다.」

原文

「瞰太行之嵯峨兮, 觀壺口之崢嶸, 悼丘墓之蕪穢兮, 恨昭穆之不榮.

歲忽忽而日邁兮, 壽冉冉其不與, 恥功業之無成兮, 赴原野而窮處.

昔伊尹之干湯兮, 七十說而乃信, 皐陶釣於雷澤兮, 賴虞舜而後親.

無二士之遭遇兮, 抱忠貞而莫達, 率妻子而耕耘兮, 委厥美而不伐.

韓盧抑而不縱兮, 騏驥絆而不試, 獨慷慨而遠覽兮, 非庸

28. 桓譚馮衍列傳(下) *341*

庸之所識.

　卑衛賜之阜貨兮, 高顔回之所慕, 重祖考之洪烈兮, 故收功於此路.

　循四時之代謝兮, 分五土之刑德, 林相麓之所産兮, 嘗水泉之所殖.

　修神農之本業兮, 采軒轅之奇策, 追周棄之遺教兮, 軼范蠡之絶跡.

　陟隴山以逾望兮, 眇然覽於八荒, 風波飄其並興兮, 情惆悵而增傷.

　覽河華之決漭兮, 望秦晉之故國, 憤馮亭之不遂兮, 慍去疾之遭惑.」

| 註釋 | ○瞰太行之嵯峨兮 - 瞰 볼 감. 멀리 보다. 내려보다. 太行은 上黨郡 남쪽의 산. 嵯峨(차아)는 산이 우뚝 솟은 모양. ○觀壺口之崢嶸 - 壺口(호구)는 上黨郡 동쪽 山名. 崢嶸(쟁영)은 산이 가파른 모양. 崢은 가파를 쟁. 嶸은 가파를 영. ○悼丘墓之蕪穢兮 - 풍연의 먼 조상의 묘는 上黨郡에 있었다. 蕪穢(무예)는 잡초에 묻혀 황폐한 모양. ○歲忽忽而日邁兮 - 忽忽은 갑자기. 홀연히. 邁는 갈 매. 멀리 가다. 뛰어가다. ○冉冉(염염) - 세월이 가는 모양. 冉은 갈 염. 늘어진 모양. ○皐陶釣於雷澤兮 - 皐陶(고요)는 舜임금의 신하. 獄官을 역임. 최초로 감옥과 법률을 만든 사람. 중국司法의 鼻祖. ○韓盧抑而不縱兮 - 韓盧(한로)는 힘이 좋고 날쌘 사냥개. ○騏驥絆而不試 - 騏驥(기기)는 천리마. ○庸庸(용용) - 평범한 모양. 庸庸碌碌. ○卑衛賜之阜貨兮 - 卑는 천히 여기다. 阜貨는 재산을 늘림. 阜는 크다. 크게 하다. 늘리다. 衛賜(위사)는 子貢(前 520-446년), 複姓 端木,

衛國人, 字 子貢. 孔門十哲의 한 사람. 孔子가 '瑚璉之器'라 칭찬했다. 상인으로 능력 발휘, 中國에서는 財神으로 숭배되기도 한다. ○顏回(안회, 前 521-481) - 顏淵(안연). 字 子淵, 春秋 魯國人. 孔子 72문도 중 첫째. 孔門十哲 중 德行이 제일. ○分五土之刑德 - 五土는 산림, 냇물, 언덕, 웅덩이, 습지. 刑德은 五行의 相生과 相剋. ○神農 - 神農氏, 中國의 전설 시대 農業과 醫藥의 창시자 겸 수호신. 藥王, 五穀王, 五穀先帝, 神農大帝로 불린다. ○采軒轅之奇策 - 黃帝軒轅氏, 《史記》에서는 첫 번째 五帝. 中國文化의 창시자, 中華民族의 祖先으로 추앙되는 전설상의 인물. ○追周棄之遺教兮 - 周棄(주기)는 周의 선조인 后稷. 棄(기)는 이름. ○軼范蠡之絶跡 - 軼은 앞지르다. 范蠡(범려)는 陶朱公. 句踐의 신하. 중국 제일의 사업가, 財神. ○眇然覽於八荒 - 眇然은 아득한 모양. 八荒은 八方의 끝. ○情惆悵而增傷 - 惆悵(추창)은 낙심한 모양. ○覽河華之決漭兮 - 河華는 河水와 華山. 決漭(앙망)은 넓고 큰 모양. 決 넓을 앙, 깊을 앙. 漭은 넓을 망. ○憤馮亭之不遂兮 - 憤은 분하게 여기다. 馮亭(풍정)은 풍연의 先祖, 上黨郡을 들어 趙에 귀항했으나 秦과 싸워 전사했다. ○慍去疾之遭惑 - 慍은 성낼 온. 원망하다. 去疾은 馮去疾(풍거질), 풍연의 선조. 秦始皇의 신하, 2세 원년에 趙高에게 죽음을 당했다.

[國譯]

「高大한 太行山을 조감하고 가파른 壺口山을 관망하니,
무덤은 잡초에 묻혀 황폐하고 제사도 모시지 못해 한스럽다.
세월은 어느덧 훌쩍 흘렀고 이 몸은 세월을 따르지 못하며,
功業을 이루지 못하고 황야에 가난한 삶이 부끄럽도다.
伊尹(이윤)은 湯王을 만나 70세에 유세하여 신임을 얻었고,
皋陶(고요)는 雷澤에서 낚시했고 賴虞(우순)에게 등용되었다.

이윤, 고요 같은 만남도 없기에 忠貞하나 등용되지 못했고,
妻子를 거느리고 농사지으며 장점을 숨겨 자랑하지 않았다.
韓盧(한로)를 묶어 풀지 않고 천리마를 매놓고 타지 않으니,
홀로 慷慨(강개)하여 멀리 유람하니 보통 사람이 알 바 아니로다.
子貢의 재물을 천히 여기고 顔回를 높이 우러러 숭모하나니,
조상의 위대한 업적 받들어 여기에서 성공을 거둬야 한다.
사계절의 순환에 따라 가며 토질에 따라 相生해야 하고,
산림은 山麓에 따라 자라고 水性에 맞춰 번식해야 한다.
神農의 본업을 중시하고 軒轅(헌원)의 奇策을 채용하며,
后稷의 遺敎를 받들고 范蠡(범려)는 성공 뒤 자취를 감췄다.
隴山(농산)에 올라 멀리 바라보니 아득한 八荒은 끝이 없고,
風波가 飄然(표연)히 일어 낙심한 마음에 슬픔만 더한다.
넓고 큰 河水와 華山을, 秦과 晉의 옛 땅을 바라보며,
馮亭(풍정)의 戰死에 울분하고 馮去疾의 죽음을 애통한다.」

原文

「流山嶽而周覽兮, 徇碣石與洞庭, 浮江河而入海兮, 泝淮濟而上征.

瞻燕齊之舊居兮, 歷宋楚之名都, 哀群后之不祀兮, 痛列國之爲墟.

馳中夏而升降兮, 路紆軫而多艱, 講聖哲之通論兮, 心愊憶而紛紜.

惟天路之同軌兮, 或帝王之異政, 堯,舜煥其蕩蕩兮, 禹承平而革命.

幷日夜而幽思兮, 終怲憚而洞疑, 高陽陵其超遠兮, 世孰可與論茲?

訊夏啓於甘澤兮, 傷帝典之始傾, 頌成,康之載德兮, 詠〈南風〉之歌聲.

思唐,虞之晏晏兮, 揖稷,契與爲朋, 苗裔紛其條暢兮, 至湯,武而勃興.

昔三后之純粹兮, 每季世而窮禍, 吊夏桀於南巢兮, 哭殷紂於牧野.

詔伊尹於亳郊兮, 享呂望於酆洲. 功與日月齊光兮, 名與三王爭流.」

| 註釋 | ○徇碣石與洞庭 - 碣石은 산명. 一名 海畔山. 今 河北省 북동부 秦皇島市 관할 盧龍縣, 만리장성이 시작되는 곳. 秦始皇과 漢 武帝가 東巡하며 여기에서 바다를 구경하고 비석을 세웠다. 洞庭은 洞庭湖 안의 洞庭山. 마음속의 유람이지 실제가 아니다. ○馳中夏而升降兮 - 馳는 말 달릴 치. 中夏는 中原. ○紆軫(우진) - 길이 구불구불하다. ○心怲憶而紛紜 - 怲憶(필억)은 마음이 울적하여 가슴이 막히다. 怲은 답답할 필. 憶은 생각할 억. 紛紜(분운)은 心亂하다. 紛은 어지러울 분. 紜은 어지러울 운. ○惟天路之同軌兮 - 惟는 생각하다. 天路는 上天의 길. 同軌는 수레의 폭이 같다. 동일하다. 곧 天道는 어느 시대이건 다름이 없지만, 그 적용이나 지석은 시내에 따라 다르다는 뜻. ○堯,舜煥其蕩蕩兮 煥은 빛나다. 文章貌. 蕩蕩(탕탕)은 政化가 平彰(평창)한 모양. 禹는 夏나라의 禹王. 承平은 태

평성대를 이어받다. 革命은 선양이 아니라 세습시키다. 요와 순, 그리고 禹
에 이르는 선양이 아니라 禹는 제위를 아들 啓에게 물려주었다. 곧 왕조가
성립했다.　○幷日夜而幽思兮 -「子曰, "吾嘗過不食, 終夜不寢, 以思無益,
不如學也."《論語 衛靈公》.　○悁懘而洞疑 - 悁懘(여담)은 마음속으로 근심
하는 모양. 悁는 근심할 여. 의심스러울 도. 懘은 염려할 담. 洞疑(통의)는
마음이 정해지지 않음. 洞은 골짜기 동. 통할 통.　○高陽陵其超遠兮 - 高
陽은 帝 顓頊(전욱)의 號. 五帝의 한 사람.　○世孰可與論茲 - 孰은 누구
숙. 茲는 이 자. 이것, 지금. 무성할 자.　○訊夏啓於甘澤兮 - 訊은 물을 신.
夏啓는 夏 禹王의 아들. 啓와 有扈(유호)가 甘澤(감택)이란 곳에서 싸웠다.
○頌成,康之載德兮 - 周 成王과 康王의 태평성세. 成康之治.　○詠〈南風〉
之歌聲 -〈周南〉,〈召南〉같은 國風의 詩歌. 成康之治의 태평을 칭송한 시
가.　○思唐,虞之晏晏兮 - 晏晏은 和平한 모양.　○揖稷,契與爲朋 - 揖은
절할 읍. 稷은 后稷(후직), 周의 조상, 名 棄. 契(설)은 殷의 조상. 堯帝의 司
徒를 역임했다.　○苗裔紛其條暢兮 - 苗裔(묘예)는 후손.　○至湯,武而勃興
- 殷의 湯王, 周의 武王.　○三后 - 夏, 殷, 周의 개국시조.　○每季世而窮禍
- 季世는 末世.　○吊夏桀於南巢兮 - 吊는 弔喪(조상)하다. 湯王은 桀王(걸
왕)을 南巢(남소)란 곳에 방축했다. 周 武王은 殷 紂王을 牧野(목야)란 곳에
서 죽였다.　○詔伊尹於亳郊兮 - 詔는 고하다. 伊尹(이윤)은 탕왕의 재상.
亳(박)은 湯王의 도읍지.　○享呂望於酆洲兮 - 享은 제사하다. 呂望은 太公
望, 呂尙. 酆은 周 文王의 도읍터, 洲는 사람이 거주할만한 호수나 江의 섬.

[國譯]

　　山岳을 따라 걷고 碣石山과 洞庭山도 돌아보고,
　　長江, 河水 따라 入海하고 淮, 濟水를 거슬러 상류로 온다.
　　燕과 齊의 舊居地를 둘러보고 宋과 楚國의 도읍을 거치니,
　　제왕의 끊긴 제사가 애달프고 列國의 폐허에 가슴 아프다.

中原을 달려 오르내리고 구불구불 굽은 길이 힘 들으니,
聖賢의 大道를 논하더라도 마음은 답답하고 어지럽도다.
天道를 헤아리면 동일 바탕에 帝王 따라 치적이 다르니,
堯舜은 정치 교화가 크게 빛났고 禹는 承平하고 革命했다.
朝夕에 깊이 생각하나 끝내 근심 속에 마음만 불안하고,
高陽氏는 너무 먼 옛날이니, 세상에 누구와 이를 논하랴?
甘澤에서 夏의 啓에게 물으니, 五帝의 법도는 기울었으며,
成, 康王의 은덕을 칭송하고 〈周南〉, 〈召南〉을 노래한다.
唐虞(堯舜)의 화평을 생각하고 后稷과 契(설)을 초빙하여
그들의 후손이 번창하여 湯王과 武王이 勃興(발흥)하였다.
夏, 殷, 周 始祖는 순수했으나 末世는 재난과 禍를 겪었으니,
桀王(걸왕)을 南巢에서, 紂王(주왕)을 牧野에서 슬퍼한다.
亳(박)에서 伊尹에 고하고, 豐洲(풍주)에서 呂尙을 제사하며,
그들 공적은 日月처럼 빛나고 명성은 三王과 함께 전해온다.」

「楊朱號乎衢路兮, 墨子泣乎白絲, 知漸染之易性兮, 怨造
作之弗思.

美〈關雎〉之識微兮, 愍王道之將崩, 拔周唐之盛德兮, 捃
桓,文之謫功.

忿戰國之遘禍兮, 憎權臣之擅彊, 黜楚子於南郢兮, 執趙
武於溴梁.

善忠信之救時兮，惡詐謀之妄作，聘申叔於陳蔡兮，禽苟息於虞虢.

誅犂鋤之介聖兮，討臧倉之訴知，譏子反於彭城兮，爵管仲於夷儀.

疾兵革之浸滋兮，苦攻伐之萌生，沈孫武於五湖兮，斬白起於長平.

惡叢巧之亂世兮，毒從橫之敗俗，流蘇秦於洹水兮，幽張儀於鬼谷.

澄德化之陵遲兮，烈刑罰之峭峻，燔商鞅之法術兮，燒韓非之說論.

誚始皇之跋扈兮，投李斯於四裔，滅先王之法則兮，禍浸淫而弘大.

援前聖以制中兮，矯二主之驕奢，饁女齊於絳臺兮，饗椒舉於章華.

摛道德之光耀兮，匡衰世之眇風，褒宋襄於泓谷兮，表季札於延陵.

摭仁智之英華兮，激亂國之末流，觀鄭僑於溱洧兮，訪晏嬰於營丘.

日曀曀其將暮兮，獨於邑而煩惑，夫何九州之博大兮，迷不知路之南北.

駟素虯而馳騁兮，乘翠雲而相伴，就伯夷而折中兮，得務光而愈明.

款子高於中野兮, 遇伯成而定慮, 欽眞人之德美兮, 淹躊躇而弗去.

意斟愖而不澹兮, 俟回風而容與, 求善卷之所存兮, 遇許由於負黍.

軔吾車於箕陽兮, 秣吾馬於潁滸, 聞至言而曉領兮, 還吾反乎故宇.」

| 註釋 | ○楊朱號乎衢路兮 - 楊朱(陽朱), 魏國, 生平 不可考.《孟子》,《荀子》,《莊子》,《韓非子》에 그 이름이 보임. 墨子보다 늦고 孟子보다 바른 시기로 추정. 天下爲公과 '一毛不拔'의 自愛說을 주장. 衢路는 4거리. 衢는 네거리 구. 楊朱가 통곡한 것은 출발점은 같으나 결과(도착)가 판이하게 틀리기 때문이다. ○墨子泣乎白絲 - 墨子는 흰 실을 여러 가지 색으로 물들일 수 있는 것처럼 인간의 본성을 바꿀 수 있으며 나라도 마찬가지라고 생각했다. ○美〈關雎〉之識微兮 -《詩經》〈關雎(관저)〉의 뜻은 작은 것이나 부인이 정숙하지 않으면 나라가 무너질 수 있다는 뜻이 있다. ○拔周唐之盛德兮 - 周 文王과 唐(堯)의 盛德을 강조하다. ○捃桓,文之謫功 - 捃은 취하다. 주울 군. 齊 桓公과 晋 文公은 覇者로 尊王攘夷(존왕양이)의 공을 세웠다. ○忿戰國之遘禍兮 - 周室이 쇠약해지며 7국이 싸운 시대가 戰國時代이다. 前 5세기에서 前 221년, 진의 통일까지. 전국시대의 시작을 前 476년, 453년, 또는 403년 보는 견해가 일반적이다. 遘禍(구화)는 병화를 당하다. ○黜楚子於南郢兮 - 黜는 폄하하다. 黜陟(출척). 楚王은 왕이 아닌 제후의 子爵으로 폄하했다. 南郢(남영)은 楚의 도읍. 今 湖北省 서부, 荊州市 荊州區에 해당. ○執趙武於溴梁 - 趙武는 晋의 正卿인 趙文子. 溴梁은 溴(싱 이름 격)의 교량. ○聘申叔於陳蔡兮 - 申叔(신숙)은 楚 莊王의 賢臣인 申叔時. 陳蔡는 장왕이 申叔時를 봉한 땅. ○禽荀息於虞虢 - 禽은

擒(사로잡을 금). 荀息(순식)은 晉의 대부. 晉은 虞(우)의 길을 빌려서 出兵하여 虢(괵)을 멸망시켰다. ○誅犁鋤之介聖兮 - 犁鋤(이서)는 齊의 大夫 이름. 공자가 魯에서 선정을 베풀자, 이를 齊 景公이 걱정했다. 이에 이서는 魯에 女樂을 보내라고 건의했다. 齊에서 보낸 여악에 魯 哀公이 빠져들고 정사를 돌보지 않자 공자는 魯를 떠나 周遊했다. 介(끼일 개)는 介入하다. 틈이 벌어지게 하다. 聖은 孔子. ○討臧倉之訴知 - 討는 성토하다. 臧倉(장창)은 魯 平公의 嬖臣(폐신), 아첨하는 신하. 平公에게 孟子(맹자)를 참소하였다. ○譏子反於彭城兮 - 子反(자반)은 楚의 大夫. 彭城(팽성)은 초의 마지막 도읍지, 今 江蘇省 북부 徐州市. ○爵管仲於夷儀 - 管仲(관중)은 齊 桓公의 名相. 夷儀(이의)는 지명. 관중의 건의로 멸망한 邢(형)의 백성을 이곳에 이주시켰다. ○疾兵革之浸滋兮 - 兵革은 병기와 갑옷. 浸滋는 점차 불어나다. ○沈孫武於五湖兮 - 沈은 가라앉히다. 孫武는 兵法의 大家 孫子, 吳王 闔閭(합려)의 장수. 五湖는 太湖, 今 江蘇省 남부와 浙江省(절강성) 북부에 위치, 행정구역은 江蘇省에 속함. 蘇州市, 無錫市, 宜興市, 常州市와 浙江省의 湖州市가 위치. 호수 수면은 해발 3.3m, 가장 깊은 곳이 4.8m의 내륙 潟湖(석호). ○斬白起於長平 - 白起는 秦의 명장으로 趙軍 長平에서 대파. 前後 45만 명을 죽였다고 한다. 長平은 今 山西省 남부 晉城市 관할 高平市에 해당. ○惡叢巧之亂世兮 - 叢巧(총교)는 細巧. ○毒從橫之敗俗 - 毒은 恨스럽게 여기다. 從橫은 蘇秦의 합종책과 張儀의 連橫策. 敗俗은 문란한 풍속. 사회를 어지럽히다. ○洹水(원수) - 河南省의 강 이름. ○幽張儀於鬼谷 - 鬼谷은 蘇秦과 張儀의 스승인 鬼谷子(名, 王禪)의 거주지. 今 江西省 동부 鷹潭市 관할 貴溪市에 해당. ○澄德化之陵遲兮 - 澄(맑을 징)은 맑게 하다. 陵遲(능지)는 쇠퇴하다. ○燔商鞅之法術兮 - 燔은 불사르다. 商鞅(상앙)은 유명한 법가 사상가. 秦에서 변법자강을 실현했다. ○韓非 - 韓非子, 역시 법가 사상가. ○誚始皇之跋扈兮 - 誚는 꾸짖을 초. 始皇은 秦 始皇帝, 재위 前 247-210년, 《史記 秦始皇本紀》참고. 跋扈(발

호)는 제멋대로 날뛰다. 세력이 강하여 제어하지 못하다. ○投李斯於四裔
－李斯(이사, 前 284(?) － 前 208), 楚國 上蔡 출신. 〈諫逐客書〉를 올려 유명해
졌다.《史記 李斯列傳》참고. 四裔는 사방 끝. 四荒. ○饁女齊於絳臺兮 －
饁(들밥 여)는 들에서 일하며 먹는 밥. 女齊는 晋 大夫 司馬侯(사마후). 絳臺
(강대)는 진의 도읍 絳에 만든 누대. ○饗椒擧於章華 － 饗은 잔치할 향. 椒
擧(초거)는 楚 대부 伍擧(오거). 章華는 누각 이름. ○擒道德～ － 擒는 퍼질
이(리). 널리 알리다. ○匡衰世之眇風 － 匡은 바로잡다. 眇風은 微風. ○褒
宋襄於泓谷兮 － 褒는 기릴 포. 포상하다. 宋襄은 宋 襄公, 어리석은 宋襄之
仁의 주인공. 泓谷(홍곡)은 宋 양공과 楚와 싸운 泓水의 골짜기. ○表季札
於延陵 － 季札(계찰)은 吳王 壽夢(수몽)의 막내아들. 延陵(연릉)은 계찰의 封
地. ○摭仁智～ － 摭은 주울 척(拾也). ○觀鄭僑於溱洧兮 － 鄭僑는 鄭나
라 대부 公孫僑(공손교). 字 子産, 春秋末期 鄭國의 政治家, 改革家. 中國 宰
相의 典範.《史記 鄭世家》참고. 溱(진) 洧(유)는 정국의 하천 이름. ○訪晏
嬰於營丘 － 晏嬰(안영)은 제국의 賢相. 營丘(영구)는 齊國의 국도. 今 山東
省 淄博市(치박시). ○日曀曀～ － 曀曀(예예)는 구름낄 예. ○駟素蚪而馳騁
兮 － 駟는 四馬. 수레를 끄는 말 4마리. 素蚪는 흰 용. 蚪(규룡 규)는 뿔이 없
는 용. ○乘翠雲而相伴 － 翠雲은 푸른 구름. 相伴(상양)은 逍遙(소요)하다.
○就伯夷而折中兮 － 伯夷는 不食周粟하고 수양산에 숨은 사람. 折中은 折
衷(절충). ○得務光而愈明 － 務光(무광)은 夏 말기 사람. 隱逸. ○款子高於
中野兮 － 款은 誠心, 子高(伯成子高)는 전설 속의 인물. 堯舜 시절 제후였
는데 禹가 제위에 오르자 물러나 농사를 지었다고 한다. ○欽眞人之德美
兮 － 欽은 흠모하다. 眞人은 신선. ○淹躊躇而弗去 － 淹은 담글 엄. 발길
이 머물다. 躊躇(주저)는 머뭇거리다. ○意斟愖而不澹兮 － 斟愖(짐심)은 생
각이 머뭇거리다. 不澹(부담)은 정하지 못하다. ○俟回風而容與 － 俟는 기
다릴 사. 回風은 회오리마당. 回는 돌릴 회. 容은 從容, 침착하다. ○求善
卷之所存兮 － 善卷(선권)은 舜이 양위하려 하자 가보고 입산한 사람. ○遇

許由於負黍 – 許由(허유)는 堯임금 때 箕山에 은거했던 은자. 堯가 양위하겠다는 말을 듣고 潁水(영수)에서 귀를 씻은 사람. 負黍(부서)는 亭의 이름. 許由의 묘가 그곳에 있다. ㅇ軹吾車於箕陽兮 – 軹은 쐐기나무 인. 수레를 멈추다. 箕陽은 기산의 남쪽 기슭. ㅇ秣吾馬於潁滸 – 秣(꼴 말)은 말을 먹이다. 潁滸(영호)는 영수의 물가. 滸는 물가 호(水涯). ㅇ還吾反乎故宇 – 공상 속에 옛 현인을 다 만나보고 다시 집에 돌아왔다는 뜻.

[國譯]

「楊朱는 네거리서 울었고 白絲 염색에 묵자가 통곡했으니
염색처럼 본성이 바뀌고 생각 없는 조작을 원망하였다.
〈關雎〉의 깊은 뜻을 찬미하며 王道 붕괴를 걱정하였고,
文王과 堯는 盛德을 실천했고 齊桓, 晉文은 霸業을 성취했다.
戰國의 兵禍를 원망하며 權臣의 제멋대로 정치를 증오하며,
南鄧의 楚王을 축출하고 趙武를 湨梁(격량)에서 사로잡았다.
時弊를 구할 忠信을 칭송하고 넘치는 凶計를 증오하며,
申叔을 陳蔡로 예방하고 荀息을 虞虢(우괵)에서 생포한다.
孔子를 배척한 犁鋤(이서)를 죽이고, 맹자를 참소한 臧倉을 성토하며,
子反의 배신을 彭城에서 꾸짖고 管仲을 夷儀(이의)의 땅에 봉한다.
수많은 병란이 싫고 싹트는 전쟁의 빌미가 괴로우니,
孫武를 五湖에 수장하고 白起를 長平에서 죽인다.
난세의 잔재주를 증오하고 어지러운 합종연횡을 한탄하며,
蘇秦을 洹水(원수)에 수장하고 張儀를 鬼谷에 유폐시킨다.
쇠퇴한 德化를 다시 맑게 하고, 준엄한 형벌을 바로잡아서

商鞅의 법규를 모두 불태우고, 韓非子의 책도 태워 없앤다.
秦始皇의 발호를 책망하고 李斯를 사방의 끝으로 내쫓으니,
先王의 法道를 훼멸하고 만연한 화란이 너무 크기 때문이다.
옛 聖王으로 治國하고 晋, 楚王의 교만 사치를 바로잡으며,
晋 女齊를 絳臺(강대)에서, 楚 椒擧를 章華臺서 잔치를 한다.
道德의 광채를 널리 펴고 衰世의 弊風(폐풍)을 바로잡아
宋 襄公을 泓谷(홍곡)에서 칭송하고 季札을 延陵에 표창한다.
仁智의 英華를 모으고 亂國의 末流를 없애고서
鄭子産을 溱洧(진유)에서 숭앙하고, 營丘로 晏嬰을 찾아뵌다.
해는 구름 속에 지려 하는데 홀로 마을에서 번민에 빠지니,
어찌 이리 넓고 큰 九州인가? 길을 잃어 남북을 모르겠도다.
흰 규룡 4마리 몰아 달리고 구름을 타고 하늘을 소요하여
伯夷를 찾아가 절충하고 務光을 만나니 뜻이 확실해졌다.
성심으로 伯成子高를 들에서 만나니 내 생각이 정해졌나니,
眞人의 미덕을 흠모하여 발 길이 머뭇거려 떠나지 못했다.
마음이 흔들려 정하지 못하고 바람 바뀌기를 기다려 침착해지며,
善卷(선권)이 머문 곳에 가보고 許由를 負黍(부서)에서 만났도다.
箕山 남쪽 기슭에 수레를 멈추고 潁水(영수)에서 말을 먹이고,
至言을 듣고서 깨우쳐 옛 집으로 다시 돌아왔도다.」

原文

「覽天地之幽奧兮, 統萬物之維綱, 究陰陽之變化兮, 昭五
德之精光.

躍靑龍於滄海兮, 豢白虎於金山, 鑿巖石而爲室兮, 托高陽以養仙.

神雀翔於鴻崖兮, 玄武潛於嬰冥, 伏朱樓而四望兮, 采三秀之華英.

簒前修之誇節兮, 曜往昔之光勳, 披綺季之麗服兮, 揚屈原之靈芬.

高吾冠之岌岌兮, 長吾佩之洋洋, 飮六醴之淸液兮, 食五芝之茂英.」

| 註釋 | ○幽奧 — 아주 깊숙하다, 아주 오묘하다. ○維綱 — 宗旨. ○五德 — 五行의 德. 물에 적용하면 金, 木, 水, 火, 土이고 인간에게는 仁, 義, 禮, 智, 信이다. ○躍靑龍於滄海兮 — 동방은 靑色이고 청룡이 상징 동물이다. ○豢白虎於金山 — 豢은 기를 환. 서방은 백색이니 백호를 상징하고 五行의 金이라서 金山이라 하였다. ○鑿巖石∼ — 鑿은 뚫을 착. 암석을 파내 은거하다. ○神雀翔於鴻崖兮 — 神雀은 朱雀. 翔은 빙빙 돌아 날 상. ○玄武潛於嬰冥 — 玄武의 玄은 북방의 색, 龜甲이라서 武. 곧 龜蛇. 嬰冥(영명)은 晦昧(회매). 어둡다. 캄캄하다. ○伏朱樓而四望兮 — 伏에 기대다. 朱樓는 붉은 누각. 南方의 건물. ○采三秀之華英 — 采는 採. 따다. 三秀는 芝草. 華英은 꽃. 가장 좋은 것. ○簒前修之誇節兮 — 簒은 잇다. 계승하다. 前修는 前賢. 誇節은 大節. ○曜往昔之光勳 — 曜는 빛을 내다. 往昔은 先祖. ○披綺季之麗服兮 — 披는 옷을 입다. 綺季는 商山四皓(상산사호, 四皓라 간칭)의 한 사람. 秦末의 隱士인 東園公, 夏黃公, 綺里季(기리계), 用里(녹리, 또는 角里)先生. 麗服은 좋은 옷. ○揚屈原之靈芬 — 靈芬은 신령한 芬芳(분방), 향기. ○岌岌(급급) — 높은 모양. ○洋洋 — 훌륭하고 아름다운 모

양. ○飮六醴之淸液兮 - 六醴(육례)는 六氣(陰, 陽, 風, 雨, 晦, 明). ○食五
芝之茂英 - 五芝는 龍仙芝 등 5가지 영지.

[國譯]

※ 아래 단락은 유람을 마치고 옛 집에 돌아와 天地를 두루 다 마
음속에 품고 음양의 이치를 끝까지 탐구하며 신선처럼 생활하겠다
는 의지를 서술하였다.

「天地의 오묘함을 찾고 萬物의 기강을 총람하여
陰陽의 變化를 탐구하고 五德의 정채를 확실히 파악하였다.
靑龍이 滄海에서 약동하고 白虎는 金山에서 자라나며,
바위를 파내 집을 짓고 높은 곳을 찾아 신선을 봉양한다.
朱雀이 큰 斷崖 위를 날아오르고 玄武는 깊은 어둠에 잠기니
붉은 누각에 기대어 사방을 보고 제일 좋은 영지를 따온다.
前賢의 大節을 이어받고 선조의 공훈을 널리 알리며,
綺里季의 멋진 옷에 屈原의 신령한 향기를 발산한다.
나의 관은 높다랗게 솟았고 아름다운 패옥을 차고
六醴(육례)의 淸液을 마시고 5가지 靈芝의 꽃을 딴다.」

原文

「摛六枳而爲籬兮, 築蕙若而爲室, 播蘭芷於中廷兮, 列杜
衡於外術.
攢射干雜蘼蕪兮, 構木蘭與新夷, 光扈扈而煬燿兮, 紛郁

郁(鬱鬱)而暢美,

華芳曄其發越兮, 時怳忽而莫貴, 非惜身之垢軻兮, 憐衆美之憔悴.

遊精神於大宅兮, 抗玄妙之常操, 處清靜以養誌兮, 實吾心之所樂.

山峨峨而造天兮, 林冥冥而暢茂, 鸞迴翔索其群兮, 鹿哀鳴而求其友.

誦古今以散思兮, 覽聖賢以自鎮, 嘉孔丘之知命兮, 大老聃之貴玄,

德與道其孰寶兮, 名與身其孰親? 陂山谷而閑處兮, 守寂寞而存神.

夫莊周之釣魚兮, 辭卿相之顯位, 於陵子之灌園兮, 似至人之彷彿.

蓋隱約而得道兮, 羌窮悟而入術, 離塵垢之窈冥兮, 配喬, 松之妙節.

惟吾志之所庶兮, 固與俗其不同, 既傚儻而高引兮, 願觀其從容.」

| 註釋 | ○揵六枳而爲籬兮 - 揵은 세울 건. 경계. 둑. 枳는 탱자나무 지. 크고 억센 가시가 있다. 長江 남쪽의 橘(귤)을 강북에 심으면 枳(탱자)가 된다고 했다. 籬는 울타리 이(리). ○築蕙若~ - 蕙若(혜약)은 향초. ○播蘭芷於中廷兮 - 播는 뿌릴 파. 파종하다. 蘭芷(난지)는 蘭과 白芷(약초의 하나). ○列杜衡於外術 - 杜衡은 대문을 대신하는 가로 막대. 杜는 막다. 衡

은 저울대. 가로 막대. 外術은 바깥 길. 術은 통로(路也), 길. 꾀 술. ○攢射
干雜蘼蕪兮 ─ 攢은 모을 찬. 射干(사간)은 多年生 草木. 나무를 오를 수 있
는 惡獸의 이름. 雜은 섞여 심다. 蘼蕪(미무)는 약초의 이름. ○構木蘭與新
夷 ─ 木蘭은 나무 이름, 木蓮. 新夷(신이)는 꽃향기가 아주 진한 나무 이름.
4월 초에 피는 라일락. ○光扈扈而煬燿兮 ─ 扈扈(호호)는 광채가 나는 모
양. 煬燿(양요)는 빛나는 모양. ○紛郁郁而暢美 ─ 紛은 많다, 성하다. 紛
華. 郁郁(욱욱)은 향기가 진한 모양. 暢(펼 창)은 通也. ○華芳曄其發越兮 ─
發越은 향기를 내뿜다. ○時恍忽～ ─ 恍忽(황홀)은 눈이 어지럽다. ○非
惜身之埳軻兮 ─ 惜은 아낄 석. 아깝다, 아끼다. 埳軻(감가)는 불우하다. 埳
은 구덩이 감. 坎과 同. 軻는 굴대 가. 멍에. ○憐衆美之憔悴 ─ 憔悴(초췌)
는 수척하다. ○大宅 ─ 天地. ○抗玄妙～ ─ 抗은 고상한 행동을 하다. 抗
行. ○山峨峨而造天兮 ─ 峨峨는 산이 높은 모양. 峨는 높을 아. ○林冥冥
而暢茂 ─ 冥冥은 울창한 모양. ○鸞迴翔索其群兮 ─ 鸞은 새의 이름 난. 瑞
鳥. ○嘉孔丘之知命兮 ─ 孔丘는 공자. 知命은 '五十而知天命.' 孔子는
'不知命 無以爲君子'라고 했다. ○大老聃之貴玄 ─ 老聃(노담)은 老子. 聃
은 노자의 이름. 貴玄은 玄道를 귀히 여기다. ○德與道其孰寶兮 ─「道生
之, 德畜之, 物形之, 勢成之. 是以萬物莫不尊道而貴德. 道之尊, 德之貴, 夫
莫之命而常自然.」《老子道德經》51장. ○名與身其孰親 ─「名與身孰親?
身與貨孰多? 得與亡孰病? 甚愛必大費.」《老子道德經》44장. ○陂山谷而
閑處兮 ─ 陂는 비탈 파. 곁. ○守寂寞而存神 ─ 道는 寂寞(적막) 속에 있고
정신은 外物에 들어있지 않다. 외물에 관여하지 않기에 存神할 수 있을 것
이다. ○夫莊周之釣魚兮 ─ 莊周는 莊子. 周가 이름. '莊周夢蝶(장주몽접)',
'庖丁解牛', '螳螂捕蟬(당랑포선)' 등 成語의 주인공. 莊子가 濮水(복수)에
서 낚시할 때 楚王의 사자가 와서 국정을 맡으라고 할 때 장자는 죽은 神龜
보다는 빌이서 긴흙 속에 기어 다니는 거북이 되겠다(吾將曳尾於塗中)며
거절하였다. ○於陵子之灌園兮 ─ 於陵子(어릉자)는 於陵의 子終(자종)은

楚王이 재상을 맡기려 하자 아내와 함께 도망가 고용살이하며 농사를 지었다. 灌園(관원)은 밭에 물을 주다. ○似至人之彷彿 − 至人과 아주 비슷하다. 至人은 守眞養志하는 신선. 彷彿(방불)은 비슷하다. 분별하기 어렵다. 彷은 비슷할 방. 彿은 비슷할 불. ○旣儵儻而高引兮 − 儵儻(숙당)은 卓異(탁이)하다.

[國譯]

※아래 단락은, 유람을 마치고 돌아와 집에 울타리를 세우고 깨끗하게 청소한 뒤, 곧 자신의 立身行道 후에 인의를 실천하며 깨끗하게 살겠다는 심지를 서술한 〈顯志〉의 결론이다.

「탱자나무 여섯 그루 울타리와 蕙草 계단에 집을 지었으며
뜰에는 난초와 白芷, 길 쪽 가로 막대로 대문을 삼았다.
射干과 蘼蕪(미무)를 고루 심고, 木蘭과 新夷(신이)도 있어
밝은 광채에 빛이 나며 어지러이 향기조차 아름다우니,
꽃향기 널리 퍼져 때맞춰 황홀하나 좋아하는 이 없으니
불우한 신세 아깝지 않지만 시드는 많은 꽃이 애석하도다.
마음은 天地를 오가며 놀고 玄妙의 지조를 바꾸지 않으며,
淸靜한 생활로 養志하며 내 마음을 즐거움으로 채운다.
드높이 산은 솟아 하늘에 닿고 수풀은 빽빽이 무성하며,
난새는 높이 날아 짝을 찾고 무리를 찾는 사슴이 애달프다.
古今의 글을 읽어 마음 달래고 성현의 글에 침착 自重하며,
孔子의 知天命을 좋아하면서 老聃(노담)의 貴玄도 위대하나니,
貴德과 尊道, 어떤 보배이며, 名分과 肉身, 무엇이 소중하랴?
골짜기 근처에 한가히 살며 寂寞 속에 마음을 지킨다.

莊周는 낚시하면서 卿相의 높은 자리를 사양하였으며,
於陵子(어릉자)는 도망쳐 농사하며 신선을 닮았으며,
홀로 은거하며 득도하고 정수를 깨달아 신선이 되어
세속을 떠나 심오한 王子僑와 赤松子를 닮았도다.
나의 지조를 굳게 지키니 세속과 확실히 다르고,
고결 품행은 크게 다르니 먼 뒷날 나를 보아주오.」

原文

顯宗卽位, 又多短衍以文過其實, 遂廢於家.

衍娶北地任氏女爲妻, 悍忌, 不得畜媵妾, 兒女常自操井
臼, 老竟逐之, 遂埳壈於時. 然有大志, 不戚戚於賤貧. 居常
慷慨嘆曰, "衍少事名賢, 經歷顯位, 懷金垂紫, 揭節奉使,
不求苟得, 常有陵雲之志. 三公之貴, 千金之富, 不得其願,
不慨於懷. 貧而不衰, 賤而不恨, 年雖疲曳, 猶庶幾名賢之
風. 修道德於幽冥之路, 以終身名, 爲後世法."

居貧年老, 卒於家. 所著賦,誄,銘,說,〈問交〉,〈德詰〉,〈慎
情〉, 書記說,自序,官錄說,策五十篇, 肅宗甚重其文. 子豹.

| 註釋 | ○顯宗(明帝)卽位 - 서기 58년. ○又多短衍~ - 短은 흉볼 단.
허물 단. 헐뜯다. ○北地 - 郡名. 治所는 富平縣, 今 寧夏回族自治區 북부,
黃河 東岸의 吳忠市. ○悍忌(한기) - 사납고 질투하다. ○畜媵妾 - 畜은
거느리다. 媵妾은 시종, 하녀. 媵은 따라 보낼 잉. ○遂埳壈於時 - 埳壈(감

란)은 뜻을 얻지 못하다. 坎은 구덩이 감. 壈은 불우할 남(람). ㅇ不戚戚於
賤貧 - 戚戚(척척)은 근심하는 모양. 戚은 슬퍼할 척, 괴롭힐 척, 도끼 척.
ㅇ懷金垂紫 - 인수를 차다. 벼슬하다. 金은 印, 紫(자)는 인수. ㅇ年雖疲曳
- 疲曳는 지치고 쇠약하다. 疲는 지칠 피. 曳는 끌 예. ㅇ猶庶幾~ - 庶幾
는 거의 ~하다. ㅇ誄,銘,說 - 誄(뢰)는 祭文. 銘(명)은 찬양하는 문체 이름
(예) 墓誌銘). 說(설)은 문체 이름. 사물을 서술하다. (예) 〈師說〉, 〈愛蓮說〉.

[國譯]

顯宗(明帝)이 즉위한 뒤 馮衍(풍연)의 문장은 그 실제보다 과장되
었다고 헐뜯는 사람이 많아 결국 폐출되어 집에 머물렀다. 풍연은
北地郡의 任氏 딸을 아내로 삼았는데, 사납고 질투가 심하여 하녀도
둘 수가 없어 딸아이가 물 긷고 절구질을 해야만 했는데 늙어서는
아내를 내쫓았으며 끝내 벼슬에서 뜻을 얻지 못했다.

그러나 큰 뜻을 품고 있어 빈천을 걱정하지 않았으며 일상에서
늘 강개한 뜻으로 "나는 젊어 名賢을 따라 배웠고, 높은 관직을 역임
하면서 인수를 차고 부절을 받아 지방에 나갔으며, 不義의 재물을
탐하지 않고 가슴에는 하늘에 닿을 큰 뜻을 품었다. 三公의 높은
자리나 千金의 부자가 되지는 못했지만 그것들은 내 바라는 바가 아
니었다. 나는 가난했지만 뜻을 굽히지 않았고, 낮은 벼슬을 한으로
여기지도 않았으며 지치고 쇠약한 나이에도 나는 名賢의 풍모를 지
켰다. 죽을 때까지 도덕 수양에 힘쓰고 명성을 지켜 후세의 본보기
가 될 것이다." 라고 말했다.

늙어 가난 속에 집에서 죽었다. 그가 저술한 賦(부), 誄(뢰), 銘(명),
說(설)과 〈問交〉, 〈德誥〉, 〈愼情〉과 여러 書記說, 自序, 官錄說, 策

등 50편이 있었는데, 肅宗(章帝)는 풍연의 글을 매우 중히 여겼다. 그 아들이 馮豹(풍표)이다.

❸ 馮豹

原文

豹字仲文, 年十二, 母爲父所出. 後母惡之, 嘗因豹夜寐, 欲行毒害, 豹逃走得免. 敬事愈謹, 而母疾之益深, 時人稱其孝. 長好儒學, 以《詩》,《春秋》敎麗山下. 鄕里爲之語曰, '道德彬彬馮仲文'. 擧孝廉, 拜尙書郞, 忠勤不懈. 每奏事未報, 常俯伏省閤, 或從昏至明. 肅宗聞而嘉之, 使黃門持被覆豹, 敕令勿驚, 由是數加賞賜. 是時, 方平西域, 以豹有才謀, 拜爲河西副校尉. 和帝初, 數言邊事, 奏置戊己校尉, 城郭諸國復率舊職. 遷武威太守, 視事二年, 河西稱之, 復徵入爲尙書. 永元十四年, 卒於官.

| 註釋 | ○後母惡之 - 馮衍의 이 後妻도 늙어 쫓겨났다. ○麗山 - 酈山, 驪山(여산)과 同. 陝西省 西安市 臨潼區 소재, 秦嶺山脈의 갈래, 최고봉 1,302m. 國家級森林公園, 유명한 온천인 華淸池(화청지)가 있는 곳. ○道德彬彬 - 彬彬은 아름다운 모양. 子曰, "質勝文則野, 文勝質則史. 文質彬彬, 然後君子."《論語 雍也》. ○俯伏省閤 - 省의 문 앞에 엎드려 기다리다. ○戊己校尉(무기교위) - 戊己(무기)는 十干의 중앙. 중앙은 土, 곧 황색. 이는

漢을 상징하고 흉노(北)를 제압한다는 뜻으로 택한 이름. 무기교위는 屯田校尉의 개칭. 서역도호의 속관으로 둔전을 관장했다. ㅇ城郭諸國 – 서역의 여러 성곽 국가. 흉노는 고정된 거점(都城)이 없이 이동하는 유목국가로, 이를 行國이라 한다. 이와 달리 오아시스를 중심으로 정주하며 성곽에서 외적을 방어하는 나라를 성곽 국가라고 하였다. 漢은 서역의 성곽 국가와 관계를 강화하며 흉노에 대항하는 체제를 구축했다. 이들 성곽 국가 관리는 西域都護(서역도호)가 담당했다.《漢書》70권,〈傅常鄭甘陳段傳〉참고. ㅇ武威太守 – 武威郡 치소는 姑臧縣, 今 甘肅省 중부 武威市. ㅇ(和帝) 永元十四年 – 서기 102년.

[國譯]

馮豹(풍표)의 字는 仲文(중문)으로, 나이 12살에 모친이 부친에게 쫓겨났다. 後母는 풍표를 미워하여 잠잘 때 풍표를 독살하려 했는데 풍표는 도망쳐서 화를 면했다. 그래도 풍표는 더욱 부지런히 공손히 모셨으나 계모의 질시는 더욱 심했으며 사람들은 풍표의 효도를 칭송하였다. 풍표는 자라면서 儒學을 좋아했고《詩》와《春秋》를 麗山(여산, 驪山)에서 가르쳤는데 향리에서는 이를 두고 '道德이 훌륭한 馮仲文'이라고 칭송하였다. 孝廉(효렴)으로 천거되어 尙書郎에 제수되었고 충직하게 근무하며 나태하지 않았다. 上奏한 업무에 회보가 없으면 어전 앞 문 앞에 엎드려 기다렸는데 때로는 저녁 무렵부터 밤새 기다리기도 했다. 肅宗(章帝)이 이를 알고서 黃門을 시켜 이불을 덮어주게 하면서 풍표를 놀라게 하지 말라고 지시하였으며 이후로 하사품이 많았다.

이때는 西域이 막 평정되었는데 풍표가 才智와 책략이 있다 하여 河西郡 副校尉를 제수하였다. 和帝 初 변방에 관한 업무를 여러 번 상주하였는데 그의 상주로 戊己校尉(무기교위)가 설치되었으며 서역의 여러 성곽 국가를 관할하는 관직을 다시 복구하였다. 풍표는 武威太守로 승진하여 2년간 재직하였는데 河西에서 칭송이 많았으며 다시 조정에 들어와 尙書가 되었다. (和帝) 永元 14년에, 관직에 있으면서 죽었다.

▌原文

論曰, 夫貴者負勢而驕人, 才士負能而遺行, 其大略然也. 二子不其然乎! <u>馮衍</u>之引挑妻之譬, 得矣. 夫納妻皆知取詈己者, 而取士則不能. 何也? 豈非反妒情易, 而恕義情難. <u>光武</u>雖得之於<u>鮑永</u>, 猶失之於<u>馮衍</u>. 夫然, 義直所以見屈於旣往, 守節故亦彌阻於來情. 嗚呼!

| 註釋 | ㅇ負勢而驕人 - 負는 믿다. 뽐내다. ㅇ遺行 - 失行. ㅇ二子不其然乎 - 二子는 鮑永과 馮衍. ㅇ恕義情難 - 은의를 베풀어 용서하는 마음을 갖기가 쉽지 않다. 恕는 용서할 서.

[國譯]

范曄(범엽)의 史論 : 대체로 지위가 높은 자는 권세를 믿고 남에게 교만하며, 才士는 능력을 믿기에 행실이 나쁘다는데 실제 대부분 그러하다 그렇지만 鮑永과 馮衍은 그러하지 않았다. 풍연이 이야기한 아내를 고르는 비유는 적절하다. 대체로 아내를 고를 때는 자신에게 욕을 한 사람을 고를 줄 알면서도, 인재를 고를 때는 그러하지 못하다. 왜 그렇겠는가? 투기하는 마음이야 쉽게 제어할 수 있지만 恩義로 용서하는 마음은 가지기가 쉽지 않기 때문일 것이다. 光武帝가 (자신에 충성하지 않았던) 鮑永은 등용했지만 (처음에는) 풍연을 등용하지 않았다. 그것은 (풍연이 경시제에 대한) 곧은 의리를 지켰다 하여 임용하지 않았던 것이나, 그런 (풍연의) 守節이 뒷날 등용에 더 큰 장애가 되었던 것이다. 안타까울 뿐이다!

原文

贊曰, 譚非讖術, 衍晩委質. 道不相謀, 詭時同失. 體兼上才, 榮微下秩.

| 註釋 | ○讖術(참술) – 미래를 예견할 수 있는 술법. ○衍晩委質 – 委質은 예물을 바치다. 벼슬을 시작하다.

[國譯]

贊曰,
桓譚은 참서를 말하지 않았고 馮衍은 때맞춰 섬기지 못했다.
二人의 道는 달랐으나 時務를 몰랐기에 모두 관직을 잃었다.
모두가 뛰어난 재주가 빛을 보지 못한 채 小官으로 끝났다.

29 申屠剛鮑永郅惲列傳
〔신도강, 포영, 질운열전〕

❶ 申屠剛

原文

申屠剛字巨卿, 扶風茂陵人也. 七世祖嘉, 文帝時爲丞相.
剛質性方直, 常慕史鰌,汲黯之爲人. 仕郡功曹. 平帝時, 王
莽專政, 朝多猜忌, 遂隔絶帝外家馮,衛二族, 不得交宦, 剛
常疾之. 及擧賢良方正, 因對策曰,

│註釋│ ○申屠剛(신도강) — 申屠는 複姓. ○七世祖嘉 — 申屠嘉,《漢書》
42권, 〈張周趙任申屠傳〉에 입전. ○史鰌(사추) — 字 史魚, 衛의 대부. 孔子
도 그의 정직을 칭송했다. 「子曰, "直哉史魚! 邦有道, 如矢, 邦無道, 如矢.」
《論語 衛靈公》, 鰌는 미꾸라지 추. ○汲黯(급암) — 무제 때 직간을 잘하여
'汲直(급직)'이라고 칭했다.《漢書》50권, 〈張馮汲鄭傳〉立傳. ○馮,衛二

族 - 馮은 馮昭儀, 곧 平帝의 조모. 衛는 平帝의 모친 衛姬. 哀帝의 조모 傅昭儀와 모친 程太后 일족과 같은 발호를 예방하려고 왕망이 이들의 장안 출입을 원천 봉쇄하였다. ○賢良方正 - 賢良方正. 直言極諫, 孝廉(孝子, 廉吏)는 인재 천거의 영역.

[國譯]

申屠剛(신도강)의 字는 巨卿(거경)으로 右扶風(우부풍) 茂陵縣(무릉현) 사람이다. 그의 七世祖인 申屠嘉(신도가)는 文帝 때 승상이었다. 신도강은 질박한 성격에 행실이 바르고 늘 史䲡(사추)와 汲黯(급암)의 사람됨을 숭모하였다. 출사하여 郡의 功曹였다. 平帝 때, 왕망이 정사를 독단하면서 조정에서도 시기가 많아 (平帝의) 외가인 馮氏와 衛氏 일족의 왕래나 관직 진출을 금했고 신도강은 늘 이를 비판하였다. 그러다가 賢良方正한 인재로 천거되자 對策을 올렸다.

原文

「臣聞王事失則神祇怨怒, 姦邪亂正, 故陰陽謬錯, 此天所以譴告王者, 欲令失道之君, 曠然覺悟, 懷邪之臣, 懼然自刻者也. 今朝廷不考功校德, 而虛納毀譽, 數下詔書, 張設重法, 抑斷誹謗, 禁割論議, 罪之重者, 乃至腰斬. 傷忠臣之情, 挫直士之銳, 殆乖建進善之旌, 縣敢諫之鼓, 辟四門之路, 明四目之義也.」

| 註釋 | ○謬錯(유착) - 어긋나다. 謬는 그릇될 유(류). ○懼然自刻者也

- 懼는 놀라다. 自刻은 自責. ○殆乖建進善之旌 - 거의 乖는 어긋나다. 旌은 깃발 정. ○縣敢諫之鼓 - 堯는 敢諫之鼓를 설치하여 간언을 들었다. ○辟四門之路 - 辟은 열다.

[國譯]

「臣이 알기로, 국정이 잘못되면 神靈은 불만을 품고, 간사한 자는 국정을 어지럽히며 음양이 뒤바뀌게 되는데, 이는 하늘이 통치자에게 보내는 경고로, 正道를 잃은 주군을 깨우쳐 새롭게 각성케 하는 것이며, 사악한 신하를 놀라게 하여 自責케 하는 것입니다.

지금 조정에서는 공적이나 덕행을 고려하지 않고 함부로 상을 내리며 조서를 자주 반포하여 가혹한 법을 시행하고 비방을 단속한다면서 정사의 비판조차 금지시키며 중죄라면서 요참형에 처하기도 합니다. 이는 忠臣의 기개를 죽이고 직언하는 자의 예기를 꺾는 것이니, 옛날 善人을 천거할 자를 위해 깃발을 세워놓거나 간언할 자가 칠 북을 설치해 놓고, 사방의 언로를 열어 사방을 보는 눈을 밝게 하려는 뜻에 어긋납니다.」

原文

「臣聞成王幼少, 周公攝政, 聽言下賢, 均權布寵, 無舊無新, 唯仁是親, 動順天地, 舉措不失. 然近則召公不悅, 遠則四國流言. 夫子母之性, 天道至親. 今聖主幼少, 始免繈褓, 卽位以來, 至親分離, 外戚杜隔, 恩不得通. 且漢家之制, 雖任英賢, 猶援姻戚. 親疏相錯, 杜塞間隙, 誠所以安宗廟, 重社稷也. 今馮,衛無罪, 久廢不錄, 或處窮僻, 不若民庶, 誠非慈愛忠孝承上之意. 夫爲人後者, 自有正義, 至尊至卑, 其勢不嫌, 是以人無賢愚, 莫不爲怨, 姦臣賊子, 以之爲便, 不諱之變, 誠難其慮. 今之保傅, 非古之周公. 周公至聖, 猶尙有累, 何況事失其衷, 不合天心者哉?」

| 註釋 | ○「臣聞成王幼少, 周公攝政 – 名 旦. 周 文王의 四子로 武王의 동생. 무왕이 죽자 召公奭, 太公望과 함께 成王을 보좌하였다. ○唯仁是親 – 仁者만을 가까이 하다. ○召公不悅 – 문왕의 아들. 名은 奭(석). 召(今 陝西 歧山 서남)와 燕國을 식읍으로 받아 召公奭(燕國 始祖)으로 불렸다. 文王과 武王, 그리고 成王과 康王의 4세를 보필하였다. '甘棠遺愛' 성어의 주인공. ○四國流言 – 周 동방의 四國. 곧 管, 蔡, 商, 奄(엄). ○聖主幼少 – 성주는 平帝. ○始免繦褓 – 겨우 襁褓(강보)에서 벗어나다. 평제는 9세에 즉위하였다. ○杜塞間隙 – 杜塞(두색)은 막다. 間隙(간극)은 틈. ○今之保傅 – 지금 황제의 太保나 太傅.

[國譯]

「臣이 알기로, (周) 成王이 어리기에 周公이 攝政(섭정)하였는데 충언을 받아들이고 賢士를 우대하였으며, 권한 행사와 총애가 공정하였고 新舊를 가리지 않았으며, 仁者만을 가까이 하고 정사가 天地의 뜻에 따르면서 잘못이 없었습니다. 그런데도 가깝게는 召公(소공)도 좋아하지 않았으며 멀리는 四國(管, 蔡, 商, 奄)에서 流言이 퍼지기도 했습니다. 대체로 자식과 어머니는 天道의 至親입니다. 지금 聖主(平帝)는 어린아이로 겨우 襁褓(강보)에서 벗어났습니다. 즉위 이래로 至親과 떨어졌고 外家와도 격리되어 恩情이 통할 수도 없습니다. 본래 漢家의 제도로 정사는 英賢에게 일임하면서도 姻戚(인척)의 도움을 받았습니다. 이처럼 親疏(친소)가 서로 통하면서 틈을 벌리지 않았던 것은 종묘와 社稷(사직)을 안정시키려는 뜻이었습니다. 지금 馮氏와 衛氏는 죄를 지은 것도 아닌데 오랫동안 등용되지 못한 채 궁벽한 곳에 거처하며 보통 서민만도 못하니, 이는 慈愛와 忠孝을 권장하는 뜻이 아닐 것입니다. 후임자는 전임자의 正義를 지키고 인재 등용에서는 지위의 존비나 권세를 가리지 않는다면, 賢人이나 우매한 자 모두 원한이나 불만이 없기에 奸臣賊子(간신적자)가 그런 불만을 이용하거나 거리낌 없이 부정을 저지를 생각을 하지 못할 것입니다. 지금 황제의 太保나 太傅(태부)는 고대의 周公만 못합니다. 周公은 위대한 성인이었는데도 불만이 있었는데, 하물며 지금 그 정도를 벗어나고 천심에 合一하지 않는다면 어떠하겠습니까?」

原文

「昔周公先遣伯禽守封於魯, 以義割恩, 寵不加後, 故配天郊祀, 三十餘世. 霍光秉政, 輔翼少主, 修善進士, 名爲忠直, 而尊崇其宗黨, 摧抑外戚, 結貴據權, 至堅至固, 終沒之後, 受禍滅門. 方今師傅皆以伊, 周之位, 據賢保之任, 以此思化, 則功何不至? 不思其危, 則禍何不到? 損益之際, 孔父攸歎, 持滿之戒, 老氏所愼. 蓋功冠天下者不安, 威震人主者不全. 今承衰亂之後, 繼重敝之世, 公家屈竭, 賦斂重數,苛吏奪其時, 貪夫侵其財, 百姓困乏, 疾疫夭命. 盜賊群輩, 且以萬數, 軍行衆止, 竊號自立, 攻犯京師, 燔燒縣邑, 至乃訛言積弩入宮, 宿衛驚懼. 自漢興以來, 誠未有也. 國家微弱, 姦謀不禁, 六極之效, 危於累卵. 王者承天順地, 典爵主刑, 不敢以天官私其宗, 不敢以天罰輕其親. 陛下宜遂聖明之德, 昭然覺悟, 遠述帝王之跡, 近遵孝文之業, 差五品之屬, 納至親之序, 亟遣使者徵中山太后, 置之別宮, 令時朝見. 又召馮,衛二族, 裁與冗職, 使得執戟, 親奉宿衛, 以防未然之符, 以抑患禍之端, 上安社稷, 下全保傅, 內和親戚, 外絶邪謀.」

| 註釋 | ○昔周公先遣伯禽守封於魯 - 周公의 봉지는 魯國인데, 周公은 鎬京에서 成王을 보필했고 아들 伯禽(백금)을 보내 魯를 통치케 하였다. ○寵不加後 - 周 天子가 후대에 내리는 은총을 받지 않게 하다. ○故配天郊祀 - 魯의 의식은 周 天子와 같았다. ○三十餘世 - 魯는 伯禽에서 頃公(경공)까지 34대를 이어오다가 楚 考烈王에게 멸망당했다. ○霍光秉政 - 霍光(곽광)은 宣帝를 옹립하였기에 선제의 위임을 받아 정사를 독단하였다. ○輔翼少主 - 여기서 少主는 선제. 선제가 즉위할 때 나이가 어리지는 않았으나 민가에서 성장하였기에 정사에는 어린 군주나 마찬가지였다. 선제는 곽광 사후에 친정했다. ○受禍滅門 - 곽광이 죽은 뒤 아들 霍禹(곽우)가 대사마가 되어 권력을 장악하였으나 곽광 아내 顯(현)의 許皇后 독살이 알려지자 곽씨 일족은 모반을 꾀하다가 멸족되었다. ○損益之際 - 《易》의 損卦와 益卦. ○孔父攸歎 - 孔父는 孔子. 공자는 '自損者는 益하고 自益者는 缺'이라는 구절에 이르러 탄식하였다. ○老氏所愼 - 老氏는

老子. 노자는 '持而盈之, 不如其已. 揣而銳之, 不可長保'라고 하였다(已는 止의 뜻).《老子道德經》9章. ㅇ公家屈竭 - 국고가 공허해지다. ㅇ竊號自立 - 참칭하며 제위에 오르다. ㅇ六極之效 - 황제가 힘을 못쓰는 것을 極弱이라 하는 등 6가지의 중대한 폐단. ㅇ危於累卵 - 累卵之危. ㅇ不敢以天官私其宗 - 자기의 일족에게 마음대로 관직을 수여하지 못하다. ㅇ差五品之屬 - 五品은 五常之敎. 父義, 母慈, 兄友, 弟恭, 子孝. ㅇ裁與冗職 - 冗職(용직)은 冗職(散官), 실무책임이 없는 명예직. ㅇ以防未然之符 - 일어날 수 있는 재앙을 미연에 방지하다.

[國譯]

「옛날 周公은 먼저 伯禽(백금)을 보내 封地인 魯를 통치케 하면서 大義로 여러 은전을 대체하였고 후대에서는 天子의 다른 은총도 받지 않게 하였기에 魯에서는 祭天이나 郊祀(교사)를 周 天子와 같이 하면서 34대를 이어왔습니다. 霍光(곽광)은 정사를 독단하며 少主를 보필하면서 국정을 쇄신하고 인재를 등용함에 忠直하다는 명성이 있었지만 (곽씨) 일족만을 높이 등용하며 (宣帝의) 외척을 억압하였고, 귀족과 결탁하여 권력을 견고하게 만들었지만 곽광이 죽은 뒤에 곧 멸족되었습니다. 지금 (平帝의) 太師나 太傅가 모두 伊尹(이윤)이나 周公 같은 지위를 누리며 요직을 차지하였으니, 무슨 일인들 성공하지 못하겠습니까? 그리고 위기를 걱정하지 않는다면 어찌 화란이 일어나지 않겠습니까?《易》의 損卦(손괘)와 益卦에서 孔子는 탄식하였으며 가득 차면 반드시 손해가 뒤따르기에 老子는 이를 조심하라 하였습니다. 대체로 그 공적이 天下에 으뜸인 자는 불안하며 위세가 人主가 두려워할 정도라면 온전할 수 없습니다. 지금 나라가 혼란을 막 겪은 뒤라서 여러 가지 폐단이 이어지고 국고는 비었으며, 무거운 부세를 자주 징수하고 가혹한 관리는 농사철을 빼앗고 있으며, 탐욕스런 관리는 백성의 재물을 침탈하기에 백성은 궁핍 속에 질병으로 죽어가고 있습니다. 도적이 수만 명 떼지어 일어나고 백성은 군사로 충원했으며 참칭하고 제위에 올라 도성을 공격하고 지방 縣邑을 불태웠습니다. 또 백성이 무리 지어 활을 들고 입궁할 것이라는 헛소문에 궁궐 숙위군사가 놀라는 일도 있었습니다. 이런 일은 漢興 이래로 정말 없었던 일입니다. 나라가 미약해지고 사악한 음모를 금지하지 못하자 6가지의 중대한 폐단(六極)이 나타나고 있어 累卵之危(누란지위)에 처했습니다. 王者는 天地의 뜻에 따라 관작을 하사하고 형벌을 주관하기에 자기 일족에게 마음대로 관직을 수여할 수 없으며 친족에 대한 처벌을 마음대로 경감해서도 안 됩니다. 폐하께서는 聖明하신 德을 베풀고 새롭게 각오를 다지면서 먼 옛날 제왕의 자취를 따라 실천하며, 가까이로는 孝文帝의 업적을 배워 五品(五常之教)의 준칙에 의거 至親의 서열을 지키면서 빨리 사자를 보내 中山太后(平帝 祖母)를 모셔다가 別宮에 거처케 하고 때맞춰 찾아뵈어야 합니다. 또 馮氏와 衛氏의 일족에게 재량으로 冗職(용직, 散官)을 수여하고 그들로 하여금 군사를 지휘하며 宿衛(숙위)의 임무를 수행케 하여 차후에 발생할 수 있는 재앙을 미연에 방지하고 환란의 단서를 제어해야 합니다. 그리하여 위로는 사직을 안정케 하고, 아래로는 태보와 태부를 보전케 하고 내외 친척을 화목케 하여 외부의 사악한 음모를 막아야 합니다.」

書奏, 莽令元后下詔曰, 「剛聽言僻經妄說, 違背大義. 其罷歸田里.」

後莽簒位, 剛遂避地河西, 轉入巴, 蜀, 往來二十許年. 及隗囂據隴右, 欲背漢而附公孫述. 剛說之曰,

"愚聞人所歸者天所與, 人所畔者天所去也. 伏念本朝躬聖德, 舉義兵, 龔行天罰, 所當必摧, 誠天之所福, 非人力也. 將軍本無尺土, 孤立一隅, 宜推誠奉順, 與朝幷力, 上應天心, 下酬人望, 爲國立功, 可以永年. 嫌疑之事, 聖人所絕. 以將軍之威重, 遠在千里, 動作擧措, 可不愼與? 今璽書數到, 委國歸信, 欲與將軍共同吉兇. 布衣相與, 況有沒身不負然諾之信, 況於萬乘者哉! 今何畏何利, 久疑如是? 卒有非常之變, 上負忠孝, 下愧當世. 夫未至豫言, 固常爲虛, 及其已至, 又無所及, 是以忠言至諫, 希得爲用. 誠願反復愚老之言."

囂不納, 遂畔從述.

| 註釋 | ○元后 - 元帝의 王皇后. 名은 政君. 왕망의 고모. 왕망은 漢을 찬탈하는 과정에서 元后를 이용했고, 원후는 결과적으로 왕망의 찬탈을 묵인하고 도운 결과가 되었다. 《漢書》97권, 〈外戚傳(上, 下)〉에 역대 황후를 입전했지만 元后는 내용이 많아 98권, 〈元后傳〉에 단독 立傳하였다. ○僻經妄說 - 정경에서 벗어난 망발. ○轉入巴, 蜀 - 巴郡과 蜀郡 지역을 전전하다. ○隗囂據隴右 - 隗囂(외효)는 13권, 〈隗囂公孫述列傳〉에 立傳.

隴右(농우)는 隴西郡. ○本朝 - 光武帝. ○龔行天罰 - 하늘 뜻을 받들어 벌하다. 替天行道(체천행도). 龔은 받들 공. 공손하다. ○所當必摧 - 맞서는 자는 반드시 꺾인다. ○可以永年 - 제후가 되어 후손에게 복록을 물려줄 수 있다는 뜻. ○嫌疑之事 - 불만이거나 또는 결정을 유예할 일.

[國譯]

상서가 올라가자 왕망은 元帝 王皇后(太皇太后)에게 말해 조서를 내렸다.

「申屠剛(신도강)의 상주는 정상이 아닌 망발이며 大義에 위배되니 파직하여 田里로 귀향케 하라.」

뒷날 왕망이 簒位(찬위)하자 신도강은 河西로 피난했다가 巴郡과 蜀郡 일대를 20여 년 전전하였다. 隗囂(외효)는 隴右(농우)를 차지한 뒤에 漢을 배신하고 公孫述(공손술)에 귀부하려 하였다. 이에 신도강은 외효를 설득하였다.

"내가 알기로, 백성이 따르려는 자는 하늘이 내고, 백성이 싫어하는 자는 하늘이 제거한다고 하였습니다. 내가 생각할 때, 本朝(光武帝)는 성덕을 베풀며 義兵을 일으켜서 하늘의 뜻에 따라 반적을 토벌하며 맞서는 자는 틀림없이 꺾어버리니 참으로 하늘이 내린 힘이지 사람의 힘이 아닙니다. 將軍은 본래 한 자의 땅도 없이 中原의 한 구석에 고립되었으니 응당 성심으로 받들며 광무제와 힘을 합쳐 위로는 天心에 부응하고, 아래로는 백성의 여망에 따르면서 나라에 공을 세운다면 영원한 복록을 누릴 것입니다. 사실 聖人은 마음에 차지 않거나 확실치 않은 일을 하지 않습니다. 장군의 위엄이 비록 천리밖에 있다지만 처신이나 업무가 신중하지 않을 수 있겠습니까?

지금 광무제의 국서가 여러 번 전달되었고 광무제께서 국사를 함께 하자고 신임하며 장군과 같이 복록을 누리고자 하였습니다. 보통 사람도 약조를 지키거늘, 하물며 허락한 것을 죽더라도 배신할 수 없는 사람이나 萬乘 천자가 그렇게 말했다면 더 무얼 말하겠습니까!

장군은 무엇이 두렵고, 무엇을 걱정합니까? 갑자기 비정상적인 행동은 위로는 충효를 저버리고 아래로는 세인에게 부끄러울 것입니다. 미리 한 약속이 늘 진심이 아니면 사후에는 더 어쩔 수 없기에 충심으로 권하는 말이니 나의 진심을 받아주기 바랍니다. 이 늙은 사람의 말을 거듭 생각해 주십시오."

외효는 신도강의 말을 받아들이지 않았고 결국 배반하고서 공손술을 추종했다.

原文

建武七年, 詔書徵剛. 剛將歸, 與囂書曰,

「愚聞專己者孤, 拒諫者塞, 孤塞之政, 亡國之風也. 雖有明聖之姿, 猶屈己從衆, 故慮無遺策, 舉無過事. 夫聖人不以獨見爲明, 而以萬物爲心. 順人者昌, 逆人者亡, 此古今之所共也. 將軍以布衣爲鄉里 所推, 廊廟之計, 旣不豫定, 動軍發衆, 又不深料. 今東方政敎日睦, 百姓平安, 而西州發兵, 人人憂憂, 騷動惶懼, 莫敢正言, 群衆疑惑, 人懷顧望. 非徒無精銳之心, 其患無所不至. 夫物窮則變生, 事急則計易, 其勢然也. 夫離道德, 逆人情, 而能有國有家者, 古今未

有也. 將軍素以忠孝顯聞, 是以士大夫不遠千里, 慕樂德義.
今苟欲決意僥幸, 此何如哉? 夫天所祐者順, 人所助者信.
如未蒙祐助, 令小人受塗地之禍, 毀壞終身之德, 敗亂君臣
之節, 汚傷父子之恩, 衆賢破膽, 可不愼哉!」

　　囂不納.

| 註釋 |　○建武七年 – 서기 31년.　○廊廟之計 – 국가 대사, 조정의 책
략. 廊은 조정의 낭하, 복도. 廟는 묘당, 중요 국사는 종묘에서 결정하였다.
○夫天所祐者順 ～ –《易 繫辭傳 上》.　○汚傷父子之恩 – 외효는 아들을
光武帝에게 인질로 보냈다. 외효가 반역하면 아들은 죽게 될 것이니 부자
의 은의는 더럽혀지게 된다는 뜻.

[國譯]

　　建武 7년에, 조서로 申屠剛(신도강)을 불렀다. 신도강은 출발하기
전에 외효에게 서신을 보냈다.

　　「제가 알기로는, 독단으로 전횡하는 자는 고립되고 바른 말을 거
부하면 불통이니 고립과 불통의 정치는 망국의 징조라 하였습니다.
비록 聖明한 사람일지라도, 자신의 뜻을 굽히고 남을 따를 수 있기
에 그 사려에 실책이 없고, 그 처신이 정도를 넘지 않습니다. 聖人은
자신의 견해만을 옳다고 고집하지 않기에 만물을 다 마음에 품을 수
있습니다. 順人者는 昌盛하고, 逆人者가 망한다는 사실은 古今이 마
찬가지입니다. 장군은 布衣로 향리에서 천거를 받았으며 국가 대사
는 종묘에서 결정합니다. 국사는 미리 예정된 것이 아니며, 군사동
원은 깊이 생각하지 않을 수 없습니다. 지금 東方(光武帝)의 政教는

날로 화목하고 백성은 평안하나, 西州에서는 군사를 동원하기에 백성은 걱정 속에 소란하면서 두려워 떠는데 바른 말을 올리는 사람도 없어 대중은 의혹 속에 두 마음을 품고 있습니다. 깊이 생각한 결정이 아니라면 그 환난은 어디서든 발생합니다. 모든 일이 궁지에 몰리면 변화가 생기고, 일이 다급하면 계획은 당연히 바뀌어야 합니다. 도덕을 무시하고 人情을 거스르면서 나라나 가정을 지킨 자는 고금에 없습니다. 장군은 평소에 충효로 이름이 났었기에 사대부는 불원천리 찾아왔고 장군의 德義를 흠모하였습니다. 지금 굳이 僥幸(요행)을 바라면서 결정한 방책이라면 그 결과가 어찌되겠습니까? 순리에 따르기에 하늘이 돕고 믿을 수 있기에 백성이 돕는 것입니다. 하늘의 보우나 백성의 믿음이 없다면 백성은 죽어 그 간뇌가 땅을 적실 것이며 장군은 평생 쌓아온 덕행은 허물어지고 君臣의 지조를 깨트리며 아들은 죽어 부자의 은의도 더럽혀지고, 여러 현명한 사람의 기대에 어긋날 것이니 신중하지 않을 수 있겠습니까!」

외효는 받아들이지 않았다.

原文

剛到, 拜侍御史, 遷尙書令.

光武嘗欲出遊, 剛以隴蜀未平, 不宜宴安逸豫. 諫不見聽, 遂以頭軔乘輿輪, 帝遂爲止.

時內外群官, 多帝自選擧, 加以法理嚴察, 職事過苦, 尙書近臣, 乃至捶撲牽曳於前, 群臣莫敢正言. 剛每輒極諫, 又數言皇太子宜時就東宮, 簡任賢保, 以成其德, 帝並不納.
以數切諫失旨, 數年, 出爲平陰令. 復徵拜太中大夫, 以病
去官, 卒於家.

| 註釋 | ○軔乘輿輪 – 軔은 쐐기나무 인. 止輪木. ○帝自選擧 – 選擧는
등용하다. ○捶撲牽曳於前 – 捶는 종아리 칠 주. 撲 때릴 박. 牽曳는 끌려
가다. ○簡任賢保 – 簡은 간택하다. 고르다. ○平陰 – 河南尹의 현명. 今
河南省 洛陽市 관할 孟津縣. 이곳에 光武帝의 原陵이 있다.

[國譯]

신도강은 낙양에 도착하여 侍御史를 제수 받았고 尙書令으로 승
진하였다.

언젠가 光武帝가 유람을 나가려 하자 신도강은 隴右(농우, 隗囂)와
蜀郡(公孫述)이 평정되지 않았으니 편안히 놀며 즐길 수 없다고 말
하였다. 간언이 받아들여지지 않자 신도강은 머리로 수레바퀴를 막
아 못 가게 하였다. 광무제는 유람을 중지하였다.

그 무렵 조정 신하 대부분은 광무제가 직접 등용하였고 법을 엄
격하게 적용하였으며, 업무도 지나치게 많았고 尙書 같은 近臣은 심
지어 매질을 당하고 어전에서 끌려 나가기도 하였지만 신하 중 누구
도 바른 말을 하지 않았다. 그러나 신도강은 여전히 極諫을 올렸고
또 여러 번 皇太子는 제때에 東宮에 들어가야 하고 현인을 골라 태
자를 교육케 하여 태자의 덕행을 쌓게 해야 한다고 말했으나 광무제
는 모두 받아들이지 않았다. 신도강의 절박한 간언은 황제의 뜻에
들지 않았기에 몇 년 뒤 平陰(평음) 縣令으로 전출되었다. 다시 조정

에 들어와 太中大夫가 되었으나 병으로 사직하고 집에서 죽었다.

❷ 鮑永

原文

鮑永字君長, 上黨屯留人也. 父宣, 哀帝時任司隷校尉, 爲王莽所殺. 永少有志操, 習歐陽《尙書》. 事後母至孝, 妻嘗於母前叱狗, 而永卽去之.

初爲郡功曹. 莽以宣不附己, 欲滅其子孫. 都尉路平承望風旨, 規欲害永. 太守苟諫擁護, 召以爲吏, 常置府中, 永因數爲諫陳興復漢室, 剪滅篡逆之策. 諫每戒永曰, "君長幾事不密, 禍倚人門." 永感其言. 及諫卒, 自送喪歸扶風, 路平遂收永弟升. 太守趙興到, 聞乃嘆曰, "我受漢茅土, 不能立節, 而鮑宣死之, 豈可害其子也!" 敕縣出升, 復署永功曹. 時, 有矯稱侍中止傳舍者, 興欲謁之. 永疑其詐, 諫不聽而出, 興遂駕往, 永乃拔佩刀截馬當匈, 乃止. 後數日, 莽詔書果下捕矯稱者, 永由是知名. 擧秀才, 不應.

| 註釋 | ○屯留(둔류) - 현명. 今 山西省 남동부 長治市 관할 屯留縣. ○父宣 - 鮑宣(포선),《漢書》72권,〈王貢兩龔鮑傳〉에 입전. 포영의 모친 (鮑宣의 妻)은 本書 84권,〈列女傳〉에 입전. ○歐陽《尙書》- 歐陽生(歐陽和伯)이 伏生(복생)으로부터 전수받은《尙書》.《尙書》의 한 학파. 歐陽은

복성. ㅇ承望風旨 - 뜻을 짐작하고 따르다. ㅇ苟諫(구간) - 人名. ㅇ茅土
- 제후를 봉할 때 長安을 기준으로 封地의 소재지 방향에 따른 색(五色)의
흙을 茅(모, 띠풀)로 싸서 주는데, 제후는 그 흙을 封國의 社에 안치하였다.
ㅇ拔佩刀截馬當匈 - 佩刀(패도)은 작은 칼. 截은 자르다. 끊다. 當匈(當胸,
당흉)은 말의 가슴걸이. 가죽으로 만든다.

[國譯]

　鮑永(포영)의 字는 君長으로 上黨郡 屯留(둔류)현 사람이다. 부친
鮑宣(포선)은 哀帝 때 司隷校尉였는데 王莽에게 살해되었다. 포영은
젊어서도 志操를 지켰고, 歐陽《尙書》를 전공하였으며 後母에게 효
도를 다했는데 아내가 후모 앞에서 개를 욕하자 포영은 아내를 바로
내쫓았다.

　포영은 처음에 郡의 功曹가 되었다. 왕망은 포선이 자기편이 아
니었기에 그 자손도 죽이려 했다. 郡 都尉인 路平(노평)은 왕망의 뜻
에 따라 포영을 죽일 기회를 엿보았다. 太守인 苟諫(구간)은 포영을
지켜주려고 불러 관리에 임명했고 늘 태수부에 거처하게 했으며, 포
영은 구간에게 漢室을 회복하기 위해 반역자를 죽일 수 있는 방책을
여러 번 말했다. 그럴 때마다 구간은 포영에게 "君長(鮑永)은 일이
엄밀하지 못하니 곧 화를 당할 수도 있다."고 말했고, 포영은 그 말
에 감동했었다. 구간이 죽자 포영이 운구하여 우부풍으로 돌아가자,
노평은 포영의 동생 鮑升(포승)을 잡아가두었다. 신임 태수 趙興(조
흥)이 부임해서 이를 알고 탄식하며 말했다.

　"나는 漢의 제후였지만 지조를 지키지 못했고 鮑宣(포선)은 지조
를 지켜 죽었는데 어찌 그 아들을 내가 죽일 수 있겠는가!"

그리고는 현에 지시하여 포승을 출옥케 하였고 포영을 다시 공조에 임용하였다. 그때 侍中을 사칭하는 자가 있어 傳舍(전사)에 머물고 있었는데 조홍은 그 자를 만나려 하였다. 포영은 가짜라 짐작하고 가지 말라고 말렸지만 조홍이 수레를 타고 나가려 하자, 포영은 갖고 있던 칼로 말의 가슴걸이를 잘라버려 못 나가게 하였다. 그 며칠 뒤, 왕망은 조서를 내려 관직을 사칭한 자를 체포하라 지시하였는데 이로써 포영은 이름이 널리 알려졌다. 포영은 秀才로 천거되었지만 응하지 않았다.

原文

更始二年徵, 再遷尙書僕射, 行大將軍事, 持節將兵, 安集河東,幷州,朔部, 得自置偏裨, 輒行軍法. 永至河東, 因擊靑犢, 大破之, 更始封爲中陽侯. 永雖爲將率, 而車服敝素, 爲道路所識.

時赤眉害更始, 三輔道絶. 光武卽位, 遣諫議大夫儲大伯, 持節徵永詣行在所. 永疑不從, 乃收繫大伯, 遣使馳至長安. 旣知更始已亡, 乃發喪, 出大伯等, 封上將軍列侯印綬, 悉罷兵, 但幅巾與諸將及同心客百餘人詣河內. 帝見永, 問曰, "卿衆所在?" 永離席叩頭曰, "臣事更始, 不能令全, 誠慚以其衆幸富貴, 故悉罷之." 帝曰, "卿言大!" 而意不悅. 時攻懷未拔, 帝謂永曰, "我攻懷三日而兵不下, 關東畏服卿, 可且將故人自往城下譬之." 卽拜永諫議大夫. 至懷, 乃說更

始河內太守, 於是開城而降. 帝大喜, 賜永洛陽商里宅, 固
辭不受.

| 註釋 | ○幷州,朔部 - 前漢의 幷州刺史部, 朔方刺史部 관할 지역. ○靑
犢(청독) - 왕망 말기, 後漢 초, 농민 봉기군의 한 무리. ○爲道路所識 - 길
을 가는 사람들이 다 알았다. ○誠慚以其衆幸富貴 - 幸은 바라다. 무리를
거느리고 가서 그 세력을 자랑하여 부귀를 얻고 싶지는 않았다는 뜻. ○卿
言大 - 경의 뜻이 너무 엄중하도다! ○攻懷未拔 - 懷縣(회현)은 河內郡의
치소, 今 河南省 북부 焦作市(초작시) 武陟縣. ○洛陽商里宅 - 낙양 商里
(洛陽 동북의 마을)에 있는 저택.

[國譯]

포영은 更始 2년에 부름을 받았고 두 번 승진하여 尙書僕射(상서
복야)로 大將軍事를 대행하며 부절을 받아 군사를 거느리고서 河東
郡과 幷州(병주)와 朔方刺史部를 평정하였는데 필요한 관직을 임명
하고 軍法도 집행할 수 있었다. 포영은 河東郡에 이르러 靑犢(청독)
의 무리를 대파하자 更始帝는 포영을 中陽侯에 봉했다. 포영은 장수
가 되어 군사를 지휘했지만 그 수레나 복장은 검소하였는데 길을 가
는 사람들도 이를 다 알고 있었다.

그 무렵, 赤眉는 更始를 살해했고 三輔지역은 길이 막혔다. 광무
제는 즉위하자, 諫議大夫 儲大伯(저대백)을 보내 부절을 갖고 가서
포영을 行在所로 데려오게 하였다. 그러나 포영은 의심하며 따라가
지 않고 저대백을 잡아두고서 장안으로 급히 사람을 보냈다. 경시제
가 이미 죽었다는 사실을 알게 된 포영은 곧 發喪하면서 저대백을
풀어주고 上將軍과 列侯의 인수를 봉한 뒤에 군사를 모두 해산하였

으며 (관을 쓰지 않고) 두건만 쓰고서 여러 부장과 뜻을 같이하는 빈객 1백여 명과 함께 河內郡으로 왔다.

광무제가 포영을 보고 물었다. "경의 군사는 어디에 있는가?" 이에 포영은 뒷걸음으로 자리를 물리며 말했다.

"臣은 更始를 섬기면서 제대로 받들지도 못했는데 그 군사를 데리고 부귀를 바랄 수 없기에 모두 해산시켰습니다."

광무제는 "경의 뜻은 너무 엄중하도다!"라고 말하면서 속으로는 기뻐하지 않았다. 그때 광무제는 (河內郡) 懷縣(회현)을 공략했지만 이기지 못하고 있었는데 광무제가 포영에게 말했다.

"짐은 회현을 3일이나 공격하였지만 함락시키지 못했는데 關東에서는 경을 따른다 하니, 경이 옛사람들을 데리고 성에 가서 설득토록 하라."

그리고서는 즉석에서 포영에게 諫議大夫를 제수하였다. 포영은 회현에 와서 경시제의 河內太守를 설득하자 회현에서는 즉시 성문을 열고 투항하였다. 광무제는 크게 기뻐하며 포영에게 낙양 商里의 저택을 하사했는데 포영은 굳이 사양하며 받지 않았다.

原文

時, 董憲裨將屯兵於魯, 侵害百姓, 乃拜永爲魯郡太守. 永到, 擊討, 大破之, 降者數千人. 唯別帥彭豐, 虞休, 皮常等各千餘人, 稱'將軍', 不肯下. 頃之, 孔子闕里 無故荊棘自除, 從講堂至於里門. 永異之, 謂府丞及魯令曰, "方今危急而闕里自開, 斯豈夫子欲令太守行禮, 助吾誅無道邪?" 乃

會人衆, 修鄕射之禮, 請豐等共會觀視, 欲因此禽之. 豐等
亦欲圖永, 乃持牛酒勞饗, 而潛挾兵器. 永覺之, 手格殺豐
等, 禽破黨與. 帝嘉其略, 封爲關內侯, 遷楊州牧. 時南土尙
多寇暴, 永以吏人痍傷之後, 乃緩其銜轡, 示誅强橫而鎭撫
其餘, 百姓安之. 會遭母憂, 去官, 悉以財産與孤弟子.

| 註釋 | ○董憲(동헌) – 後漢 초 봉기 세력의 하나. 東海郡 사람 동헌은
東郡에서 기병하였고, 건무 3년에 劉永(유영)은 동헌을 海西王에 봉했다.
○孔子闕里 – 闕里(궐리)는 孔子가 살았던 故里, 山東省 서남부 濟寧市 관
할 曲阜市 闕里街. 曲阜는 魯國의 도읍. 이곳 공자의 사당을 '闕里至聖廟'
라 한다. 衍聖公(연성공, 孔子의 후손 작위)이 대를 이어 거주해온 대저택인
孔府(공부), 城北의 孔林(孔子 및 후손들의 묘지)과 함께 '三孔'이라 불린
다. ○緩其銜轡 – 고삐를 늦추다. 법률로 적절히 통제하다. 銜은 재갈 함.
轡은 고삐 비. ○遭母憂 – 모친상을 당하다.

[國譯]

　그 무렵 (叛賊) 董憲(동헌)의 裨將(비장)들은 魯郡에 주둔하면서 백
성을 약탈하였는데, 광무제는 포영을 魯郡太守에 임용하였다. 포영
이 魯郡에 부임하며 반적을 토벌하여 대파하자 투항자가 수천 명이
었다. 다만 別將인 彭豐(팽풍), 虞休(우림), 皮常(피상) 등은 각각 무리
수천 명을 거느리고 '將軍'이라 칭하면서 투항하지 않았다.

　얼마 후, 孔子 闕里(궐리)의 강당에서 里門에 이르는 길에 가시나
무가 아무 까닭도 없이 모두 없어졌다. 포영은 이상히 여기면서 府
丞과 魯 縣令에게 말했다. "方今 위급한 상황에서 闕里가 저절로 열

린 것은 孔夫子께서 太守에게 行禮를 거행하여 무도한 자를 주살하는 태수를 돕겠다는 뜻이 아니겠는가?"

이어 백성을 모아 鄕射禮(향사례)를 열면서 팽풍 등을 모아 구경하게 한 뒤에 사로잡으려고 했다. 팽풍 등도 마찬가지로 태수를 처치하려고 소고기와 술을 가지고 와서 위로하면서 몰래 병기를 감춰왔다. 포영은 이를 눈치 채고 직접 팽풍을 때려죽이고 무리를 사로잡거나 격파해버렸다. 광무제는 포영의 책략을 가상히 여기면서 關內侯에 봉하고 楊州牧으로 승진시켰다. 그때 남방에서는 여전히 포악한 무리들이 많았는데 포영은 관리와 백성이 그간 고생이 많았다하여 적당히 늦추면서 본보기로 강포한 자를 주살하고서 나머지를 진무하여 백성을 안정시켰다. 그때 모친상을 당하여 관직을 사임했으며 재산은 모두 다른 형제들에게 나눠주었다.

原文

建武十一年, 徵爲司隷校尉. 帝叔父趙王良尊戚貴重, 永以事劾良大不敬, 由是朝廷肅然, 莫不戒愼. 乃辟扶風鮑恢爲都官從事, 恢亦抗直不避强禦. 帝常曰, "貴戚且宜斂手, 以避二鮑." 其見憚如此. 永行縣到霸陵, 路經更始墓, 引車入陌, 從事諫止之. 永曰, "親北面事人, 寧有過墓不拜! 雖以獲罪, 司隷所不避也." 遂下拜, 哭盡哀而去. 西至扶風, 椎牛上苟諫冢

帝聞之, 意不平, 問公卿曰, "奉使如此何如?" 太中大夫

張湛對曰, "仁者行之宗, 忠者義之主也. 仁不遺舊, 忠不忘君, 行之高者也." 帝意乃釋.

後大司徒韓歆坐事, 永固請之不得, 以此忤帝意, 出爲東海相. 坐度田事不實, 被徵, 諸郡守多下獄. 永至成皐, 詔書逆拜爲兗州牧, 便道之官. 視事三年, 病卒. 子昱.

| 註釋 | ○建武十一年 - 서기 35년. ○趙王良 - 趙 孝王, 劉良(? - 47). 광무제의 숙부, 光武 형제가 어려서 부친을 여위자, 유량은 조카를 아주 돈독하게 살펴 양육하였다. 14권, 〈宗室四王三侯列傳〉에 입전. ○都官從事 - 사예교위의 속관. 사예교위는 從史 12인을 거느렸는데 그 우두머리를 지칭. 백관의 불법행위를 감찰. ○恢亦抗直 - 강경하고 정직하다. ○霸陵(패릉) - 文帝의 능. 京兆尹의 현명, 今 陝西省 西安市 霸陵縣. ○椎牛 - 소를 잡다. 椎는 방망이 추. 방망이로 치다. ○張湛(장잠) - 湛은 깊을 잠. 괼 잠. 잠길 침. 즐길 탐(本音 담). 27권, 〈宣張二王杜郭吳承鄭趙列傳〉에 立傳. ○韓歆(한흠) - 직언으로 광무제의 심기를 건드려 면직되었다. ○兗州牧 - 兗州(연주) 刺史. 연주자사부의 치소는 山陽郡 昌邑縣, 今 山東省 서남부 濟寧市 관할의 金鄕縣. 陳留郡, 東郡 등 今 山東省 일대의 郡國을 관할.

[國譯]

建武 11년, 부름을 받아 司隸校尉(사예교위)가 되었다. 광무제의 숙부인 趙王 劉良(유량)은 가까운 친족으로 권세가 대단했는데 포영이 유량을 大不敬罪로 탄핵하자 조정이 숙연하였고 행실을 조심하지 않는 이가 없었다. 포영은 右扶風 사람 鮑恢(포회)를 都官從事에 임명하였는데 포회 역시 강경하고 정직하여 강폭한 자를 두려워하지 않았다.

광무제도 자주 "황족이라도 일단 몸을 사리고 포씨 두 사람을 피하도록 하라."고 말하였으니, 당시 모두가 두려워하였다.

포영이 관하 현을 순시하러 霸陵(패릉)에 가면서 更始帝의 묘를 지나게 되자 수레를 몰아 묘지 좁은 길로 들어가자 종사가 말렸다. 포영은 "내가 직접 北面하여 섬겼는데, 어찌 묘를 지나면서 참배하지 않을 수 있겠는가! 내가 죄를 짓더라도 피하지 않을 것이다." 라고 말했다. 그리고는 수레에서 내려 절을 올리고 슬피 통곡을 한 다음에 떠났다. 서쪽으로 나아가 우부풍에서는 소를 잡아 苟諫(구간)의 무덤에 제사하였다.

광무제가 이를 전해 듣고 못마땅해 하면서 공경에게 "포영의 이런 일을 어찌 해야 하는가?" 라고 물었다. 그러자 太中大夫 張湛(장잠)이 대답했다.

"仁이란 행실의 근본이며 忠이란 義의 중심입니다. 인을 행하며 옛사람을 잊지 않았고 忠을 실천하며 옛 주군을 잊지 않았으니 숭고한 행위입니다."

이에 광무제는 마음이 풀어졌다.

뒷날 大司徒 韓歆(한흠)이 직간으로 죄를 짓자 포영은 간청하였지만 받아들여지지 않았으며 이 때문에 황제의 뜻에 거슬려 東海國 相으로 전출되었다. 포영은 토지면적 통계가 부실하다 하여 조정으로 소환 당했고 많은 태수들이 하옥되었다. 포영이 (河南) 成皐(성고) 현에 도착했을 때 조서가 내려와 포영을 兗州(연주) 刺史에 임명하자 지름길로 임시에 부임하였다. 3년간 재직하다가 병으로 죽었다. 아들은 鮑昱(포욱)이다.

論曰, 鮑永守義於故主, 斯可以事新主矣. 恥以其衆受寵, 斯可以受大寵矣. 若乃言之者雖誠, 而聞之未譬, 豈苟進之悅, 易以情納, 持正之忤, 難以理求乎? 誠能釋利以循道, 居方以從義, 君子之槪也.

| 註釋 | ○故主 – 更始帝. ○聞之未譬 – 듣고서도 알지 못하다. 譬는 알다(曉也). ○居方以從義 – 정직하게 義를 따르다. 居方의 方은 直. 正直.

[國譯]

范曄(범엽)의 史論 : 鮑永(포영)은 옛 주군에게 의리를 지켰으니 이로써 새 주군을 섬길 만 하였다. 옛 군사를 거느려 그로 인해 신임받는 것을 부끄럽게 생각했으니 이로써 더 큰 신임을 얻을 수 있었다. 이렇듯 진언하는 자가 비록 정성을 다하더라도 듣는 자가 그 진심을 알지 못하는 것은 구차하게 인정받으려 듣기 좋은 말을 하면 감정상 쉽게 받아들여지지만, 정직한 도리에 근거한 말은 귀에 거슬려 이치상 납득시키기가 어렵기 때문이 아니겠는가? 참으로 이득을 떠나 正道를 지키고 곧게 大義를 따랐으니, 이는 군자의 氣槪(기개)이다.

❸ 鮑昱

原文

昱字文泉. 少傳父學, 客授於東平. 建武初, 太行山中有
劇賊, 太守戴涉聞昱鮑永子, 有智略, 乃就謁, 請署守高都
長, 昱應之, 遂討擊群賊, 誅其渠帥, 道路開通, 由是知名.
後爲沘陽長, 政化仁愛, 境內清淨.

| 註釋 | ○客授於東平 - 客地인 東平郡에서 敎學하다. 東平郡(國)의 治
所는 無鹽縣. 今 山東省 泰安市 관할 東平縣. ○太行山 - 본래 太行山은
北京市, 河北省, 山西省, 河南省에 걸친 장장 400여 km의 산맥. 보통 河南
省 濟源市(河南省의 직할시, 洛陽市에서 黃河 건너 북쪽에 위치) 이북에서
山西省 晋城市 이남을 지칭. 濟原市 북쪽 王屋山이 유명, '愚公移山' 故事
의 本鄕. ○高都長 - 上黨郡 高都縣, 今 山西省 남부 晋城市. ○沘陽(比
陽)長 - 南陽郡의 현명. 今 河南省 駐馬店市 관할 泌陽縣.

[國譯]

鮑昱(포욱)의 字는 文泉(문천)이다. 젊어 부친의 학문을 전수받았
고 客地인 東平郡에서 敎學하였다. 建武 초년에, 太行山에 강력한
도적 무리가 있었는데 太守인 戴涉(대섭)은 포욱이 鮑永(포영)의 아
들로 智略이 뛰어나다는 말을 듣고 찾아가 만나서 임시 (上黨郡) 高
都(고도) 縣長을 맡아달라고 요청하였는데, 포욱이 수락하였고 마침
내 많은 도적을 토벌 격파하고 그 우두머리를 죽이자 도로가 통하였
고 이로써 이름이 알려졌다. 포욱은 뒷날 (南陽郡) 沘陽(비양, 比陽)

현장을 역임했는데 仁愛로 다스리고 교화하여 관내가 淸淨하였다

原文

荊州刺史表上之, 再遷, 中元元年, 拜司隸校尉, 詔昱詣尙書, 使封胡降檄. 光武遣小黃門問昱有所怪不? 對曰, "臣聞故事通官文書不著姓, 又當司徒露布, 怪使司隸下書而著姓也." 帝報曰, "吾故欲今天下知忠臣之子復爲司隸也." 昱在職, 奉法守正, 有父風. 永平五年, 坐救火遲, 免.

後拜汝南太守. 郡多陂池, 歲歲決壞, 年費常三千餘萬. 昱乃上作方梁石洫, 水常饒足, 漑田倍多, 人以殷富.

| 註釋 | ○荊州刺史 - 泌陽縣은 南陽郡이고, 南陽郡은 荊州刺史의 관할이었다. ○中元元年 - 광무제의 두 번째 연호 서기 56-57년. ○詔昱詣尙書 - 鮑昱에게 尙書府에 가서 공문서에 이름을 기록하라고 명하다. ○使封胡降檄 - 胡는 흉노. 흉노의 투항을 권유하는 격문을 봉함하다. ○不著姓 - 姓을 기록하지 않다. 신하가 상주하는 문서에는 신하의 姓을 기록하지 않고 名만 썼다. ○司徒露布 - 司徒의 서명으로 封緘(봉함)하지 않고 (州郡에) 내려 보내다. 戰勝이나 赦免에 관한 명령 등은 尙書令이 봉하지 않은 채 하급기관에 내려 보냈다. 인사발령 같은 문서는 당연히 상서령이 봉한 뒤에 해당 주군에 배포하였다. ○(明帝) 永平五年 - 서기 62년. ○坐救火遲 - 소방 출동이 늦다. 도성에서 화재가 발생하면 사예교위가 소화 작업을 지휘했다. ○汝南太守 - 汝南郡 治所는 平輿縣, 今 河南省 중남부 駐馬店市 관할 平輿縣. ○方梁石洫 - 수문을 돌로 축조하다. 洫은

봇도랑 혁. 水路.

[國譯]

荊州(형주) 자사가 鮑昱(포욱)의 치적을 보고하였고 (포욱은) 두 번 승진하여 中元 원년에 司隷校尉가 되었는데, 조서로 鮑昱에게 상서부에 가서 공문서에 이름을 서명하고 흉노의 투항을 권유하는 격문을 봉하라고 명했다. 그리고 光武帝는 小黃門을 보내 포욱에게 이상유무를 묻게 하였다. 이에 포욱이 답변하였다.

"臣이 알기로, 이전에 나라에서 내리는 문서에는 姓을 기록하지 않으며 또 司徒가 봉하지 않고 발송하는 문서에 사예교위가 성을 기록케 한 것이 이상합니다." 라고 말했다.

이에 광무제는 "짐은 일부러 이번에 충신의 아들이 다시 사예교위가 되었다는 것을 천하에 알리려는 뜻이다." 라고 말했다.

포욱은 재직하며 법을 받들고 정도를 지키며 부친 포영의 유풍을 이어갔다. (明帝) 永平 5년에, 화재에 消防(소방) 출동이 늦었다 하여 면직되었다. 나중에 汝南太守가 되었는데 여남군에는 저수지가 많았고 해마다 수문이 터져 (수리 비용이) 일 년에 보통 3천여만 전이 소요되었다. 포욱은 이에 상류 쪽에 수로 수문을 돌로 축조하였다. 이에 수량이 넉넉해졌고 관개지역이 넓어지자 백성 생활이 아주 넉넉해졌다.

原文

十七年, 代王敏爲司徒, 賜錢帛什器帷帳, 除子得爲郎.

建初元年, 大旱, 穀貴. 肅宗召昱問曰, "旱既太甚. 將何以
消復災眚?" 對曰, "臣聞聖人理國, 三年有成. 今陛下始踐
天位, 刑政未著, 如有失得, 何能致異? 但臣前在汝南, 典理
楚事, 繫者千餘人, 恐未能盡當其罪. 先帝詔言, 大獄一起,
冤者過半. 又諸徙者骨肉離分, 孤魂不祀. 一人呼嗟, 王政
爲虧, 宜一切還諸徙家屬, 蠲除禁錮, 興滅繼絶, 死生獲所.
如此, 和氣可致." 帝納其言.

| 註釋 | ○(明帝, 永平) 十七年 - 서기 74년. ○(章帝) 建初元年 - 서기
76년. ○災眚(재생) - 재앙. 眚은 눈에 백태 낄 생. 재앙. ○三年有成 - 子
曰, "苟有用我者, 期月而已可也, 三年有成." 《論語 子路》. ○典理楚事 - 明
帝 永初 13년(서기 70) 楚王 劉英의 모반 사건. ○死生獲所 - 죽은 자나
산 자가 제자리를 찾다.

[國譯]

(明帝, 永平) 17년, (鮑昱은) 王敏(왕민)의 후임으로 司徒가 되었
다. 금전과 비단 집기와 휘장 등 하사품이 많았고, 아들 鮑得(포득)은
낭관에 임용되었다. (章帝) 建初 원년, 큰 가뭄이 들었고 곡식이 귀
했다. 肅宗(章帝)이 포욱을 불러 물었다. "가뭄이 너무 심합니다. 어
떠하면 이 재앙을 없앨 수 있겠습니까?" 이에 포욱이 답했다.

"臣이 알기로는, 聖人(孔子)이 나라를 다스린다 하여도 3년이 지
나야 성취할 수 있다고 하였습니다. 지금 폐하께서는 막 天位(帝位)
에 오르셨기에 치적이 나타날 수도 없으니 득실이 있어도 어찌 그
때문에 이변이 일어나겠습니까? 다만 臣이 汝南太守로 재직하며 楚

王 劉英의 獄事를 처리할 때 갇힌 자가 1천여 명이나 되었는데 아마도 그들이 다 죄인은 아니었을 것입니다. 先帝께서도 조서로 큰 옥사가 한 번 나면 원통한 자가 절반이라고 하였습니다. 또 강제 이주된 자는 혈육과 헤어졌으며 孤魂(고혼)은 제사도 없습니다. 한 사람이 탄식에 王道가 무너질 수도 있다 하였으니 강제 이주된 사람을 모두 돌려보내고 禁錮를 해제하며 끊어진 가문을 잇게 하여 죽은 자나 산 자가 모두 제자리를 찾아야 합니다. 이렇게 한다면 和氣를 불러올 수 있을 것입니다.”

章帝는 그 말을 받아들였다.

原文

四年, 代牟融爲太尉, 六年, 薨, 年七十餘.

子德, 修志節, 有名稱, 累官爲南陽太守. 時歲多荒災, 唯南陽豐穰. 吏人愛悅, 號爲神父. 時郡學久廢, 德乃修起橫舍, 備俎豆黻冕, 行禮奏樂. 又尊饗國老, 宴會諸儒. 百姓觀者, 莫不勸服. 在職九年, 徵拜大司農, 卒於官.

子昂, 字叔雅, 有孝義節行. 初, 德被病數年, 昂俯伏左右, 衣不緩帶, 及處喪, 毀瘠三年, 抱負乃行, 服闋, 遂潛於墓次, 不關時務. 擧孝廉, 辟公府, 連徵不至, 卒於家.

| 註釋 | ○(章帝 建初) 四年 – 서기 79년. ○牟融(모융) – 26권, 〈伏侯宋蔡馮趙牟韋列傳〉立傳. ○豐穰 – 풍년, 穰은 볏짚 양. 풍성하다. ○修起

橫舍 – 學舍를 중수하다. 橫은 글 배우는 집 횡(學舍也). ○備俎豆戴冕 – 俎豆(조두)는 祭器, 禮器. 戴冕(불면)은 예복과 禮冠. 戴은 수놓은 옷 불. ○服闋(복결) – 복상을 마치다. 闋은 문 닫을 결. 마치다. 끝나다. ○遂潛於墓次 – 묘지 곁에 은거하다. 墓次의 次는 곳 차, 집 차. 숙소.

[國譯]

(章帝 建初) 4년(서기 79), 牟融(모융)의 후임으로 太尉가 되었고, 6년에 죽었는데, 70여 세였다.

아들 鮑德(포덕)은 지조와 절의를 지켜 이름이 났고 여러 관직을 거쳐 南陽太守가 되었다. 그 무렵 해마다 흉년이나 재해가 많았지만 南陽郡만은 풍년이 들어 관리나 백성이 기뻐하며 태수를 '신령한 태수'라 불렀다. 그때 郡學이 오랫동안 피폐했었는데 포덕은 學舍를 중수하였고 禮器와 禮服, 禮冠을 갖추게 하였고 주악하며 행사를 거행했다. 또 國老를 모신 잔치에 여러 유생을 초청하였다. 이를 본 백성은 감복하지 않는 이가 없었다. 재직 9년에, 조정에 들어가 大司農이 되었고 관직에 있으면서 죽었다.

(鮑德의) 아들 鮑昂(포앙)의 字는 叔雅(숙아)로 효도하며 지조를 지켰다. 앞서 부친이 수년 간 병석에 있을 때 포앙은 좌우에서 시중을 들며 衣帶를 풀지 않았었는데, 상을 당해서 3년 동안 몸이 수척해져서 남이 도와야 겨우 움직일 수 있었고, 복상을 마친 뒤에도 묘소 근처에서 은거하며 세상일에 관여하지 않았다. 효렴으로 천거되었고 관청에서 초빙하는 등 연이은 부름에 응하지 않다가 집에서 죽었다.

❹ 郅惲

原文

郅惲字君章, 汝南西平人也. 年十二失母, 居喪過禮. 及
長, 理《韓詩》,《嚴氏春秋》, 明天文歷數. 王莽時, 寇賊群發,
惲乃仰占玄象, 嘆謂友人曰,

"方今鎭,歲,熒惑並在漢分翼,軫之域,去而復來, 漢必再
受命,福歸有德. 如有順天發策者, 必成大功."

時左隊大夫逯並素好士, 惲說之曰, "當今上天垂象, 智者
以昌, 愚者以亡. 昔伊尹自鬻輔商, 立功全人. 惲竊不遜, 敢
希伊尹之蹤, 應天人之變. 明府儻不疑逆, 俾成天德." 並奇
之, 使署爲吏. 惲不謁, 曰, "昔文王拔呂尙於渭濱, 高宗禮
傳說於巖築, 桓公取管仲於射鉤, 故能立弘烈, 就元勳. 未
聞師相仲父, 而可爲吏位也. 非窺天者不可與圖遠. 君不授
驥以重任, 驥亦俯首裹足而去耳." 遂不受署.

| 註釋 | ○郅惲(질운) – 郅은 고을 이름 질. 성씨. 惲은 도타울 운. ○汝
南西平 – 西平은 현명. 今 河南省 남부 駐馬店市 관할 西平縣. ○仰占玄
象 – 天象을 관찰하다. ○鎭,歲,熒惑並在漢分翼,軫之域 – 중앙의 鎭星, 동
방의 歲星(세성), 남방의 熒惑星(형혹성)은 모두 별 이름. 漢分은 天上의 동
남방에 해당. 翼(익), 軫(진)은 남방의 별, 곧 漢分에 해당. ○左隊大夫逯並
– 左隊는 왕망이 개칭한 潁川郡(영천군). 逯並(녹병)은 인명. 逯은 조심조심
갈 록. 성씨. ○昔伊尹自鬻輔商 – 伊尹은 湯王을 만나려고 그 신하의 요
리사가 되었다가 탕왕을 만났다. 鬻은 팔 육. 자랑하다. 죽(粥) 죽. 輔商은

商(殷)을 보필하다. ○高宗禮傅說於巖築 - (殷) 高宗. 傅說(부열)은 인명. 巖築(암축)은 담을 쌓는 일터. ○射鉤 - 관중이 화살을 쏘아 환공의 허리띠 帶鉤를 맞췄고, 환공은 죽은 척하였다. ○弘烈 - 大業. ○未聞師相仲父 - 師는 呂望, 相은 傅說, 仲父는 管仲을 지칭. ○窺天 - 天意를 예측하다. ○驥亦俯首裹足而去耳 - 驥는 천리마. 俯首는 고개를 숙이다. 裹足은 발을 싸다. 곧 달리지 않다. 질운은 자신을 천리마에 견주었다.

[國譯]

郅惲(질운)의 字는 君章(군장)으로 汝南郡 西平縣 사람이다. 12세에 모친을 잃었는데 喪禮가 보통 사람보다 나았다. 성장한 뒤에《韓詩》와《嚴氏春秋》를 전공하였고 天文과 歷數(曆數)에도 밝았다. 王莽 때 각지에서 도적이 일어나자 질운은 天象을 관찰하고 탄식하며 우인에게 말했다.

"지금 중앙의 鎭星(진성), 동방 歲星(세성), 남방 熒惑星(형혹성)에 모두 翼(익)과 軫(진), 곧 漢分을 떠나갔다가 다시 돌아오니 틀림없이 漢은 천명을 다시 받을 것이며, 有德者에게 돌아갈 것입니다. 만약 順天하며 기병하면 틀림없이 大功을 성취할 것입니다."

그 무렵 左隊(潁川郡) 大夫(太守) 逯並(녹병)은 평소 인재를 아꼈는데, 질운이 녹병을 찾아가 유세하였다.

"지금 上天의 형상으로 智者는 창성하고, 愚者는 멸망합니다. 예전 伊尹(이윤)은 자신을 요리사로 소개하여 商(殷)을 도와 백성을 살리는 공을 세웠습니다. 제가 혹 불손할지 모르지만 감히 伊尹의 자취를 따르면서 天人의 변화에 부응코자 합니다. 明府(太守)께서 혹 의심하지 않는다면 큰일을 이루도록 제가 돕겠습니다."

녹병은 질운을 기특히 여기면서 腞吏에 임용하였다. 질운은 임명을 거부하며 말했다.

"옛 文王은 呂尙(여상)을 渭水에서 만났고, (殷) 高宗은 傅說(부열)을 담 쌓는 일터에서 데려다가 예우했으며, (齊) 桓公(환공)은 管仲이 활을 쏘아 자신의 혁대를 맞춘 뒤에 등용하였어도 모두 大業을 성취하였고 元勳이 되었습니다. 그렇지만 呂望과 傅說과 仲父(管仲)가 吏職에 있었다고는 듣지 못했습니다. 天意를 예측할 뜻이 없다면 원대한 일을 같이 도모할 수 없습니다. 태수께서 천리마 같은 인재에게 중임을 주지 않는다면 천리마 역시 고개를 숙이고 발을 묶고 떠나갈 것입니다."

그리고서 취임하지 않았다.

原文

西至長安, 乃上書王莽曰,

「臣聞天地重其人, 惜其物, 故運機衡, 垂日月, 含元包一, 甄陶品類, 顯表紀世, 圖錄豫設. 漢歷久長, 孔爲赤制, 不使愚惑, 殘人亂時. 智者順以成德, 愚者逆以取害, 神器有命, 不可虛獲. 上天垂戒, 欲悟陛下, 令就臣位, 轉禍爲福. 劉氏享天永命, 陛下順節盛衰, 取之以天, 還之以天, 可謂知命矣. 若不早圖, 是不免於竊位也. 且堯,舜不以天顯自與, 故禪天下, 陛下何貪非天顯以自累也? 天爲陛下嚴父, 臣爲陛下孝子. 父教不可廢, 子諫不可拒, 惟陛下留神.」

莽大怒, 卽收繫詔獄, 劾以大逆. 猶以惲據經讖, 難卽害

之, 使黃門近臣脅悍, 令自告狂病恍忽, 不覺所言. 悍乃瞋
目詈曰, "所陳皆天文聖意, 非狂人所能造." 遂繫須冬, 會
赦得出, 乃與同郡鄭敬南遁蒼梧.

| 註釋 | ○機衡 – 北斗. ○甄陶品類 – 甄陶는 천지가 만물을 성취하고
기르다. 陶甄. 甄은 질그릇 견. 陶工의 물레〔轆轤(녹로)〕. 品類는 만물. ○顯
表紀世 – 紀年(帝王의 年代記)을 또렷하게 밝히다. ○圖錄豫設 – 圖錄을
예시하다. ○孔爲赤制 – 공자가 緯書(위서)를 지어 赤帝(漢)의 제도를 밝
혔다는 뜻. ○神器有命 – 神器(帝位)는 천명에 의한 것이다. ○上天垂戒
– 上天이 훈계를 보여주다. 앞서 말한 鎭, 歲, 熒惑(형혹)星이 漢分에 출현
한 것. ○享天永命 – 享은 받다. 漢은 천명을 받았고 아직 그 천명이 끝나
지 않았다는 뜻. ○陛下順節盛衰 – 천명의 성세에 따라 쇠하면 받고, 성하
면 반환해야 한다는 뜻. ○竊位 – 竊은 盜也. ○故禪天下 – 禪은 禪讓하
다. 父子世襲이 아닌 선양. ○詔獄 – 황제의 명에 따른 체포와 구금, 재판.
○遂繫須冬 – 간혀서 사형이 집행될 겨울을 기다리다. ○蒼梧 – 九嶷山.
舜이 묻힌 山. 今 湖南省 永州市 寧遠縣 남 30km.

[國譯]

　(질운은) 서쪽 長安으로 가서 王莽(왕망)에게 上書하였다.

　「臣이 알기로는, 天地는 사람을 중시하고 만물을 아끼기에 機衡
(北斗)을 운행케 하고 日月이 빛을 내며, 태극의 원기를 통합하여 만
물의 조화를 이루고, 圖錄을 예시하여 제왕의 연대를 예고한다고 하
였습니다. 漢室이 거칠 세월은 長久하며 孔子도 赤制(漢家의 制度)
를 지어 백성이 우매하거나 현혹되지 않고 잔혹한 짓이나 세상을 어
지럽히지 않게 하였습니다. 智者는 順天하여 成德하지만, 愚者는 逆

天하기에 재앙을 받으며, 神器(帝位)는 천명에 따른 것이기에 함부로 취할 수 없습니다. 上天도 훈계를 보여 폐하의 잘못을 깨우치려 하였으니, 본래 신하의 자리로 돌아가는 것이 바로 轉禍爲福일 것입니다. 劉氏는 천명을 받아 누릴 것이니 폐하는 節義와 천명의 盛衰(성쇠)에 순응하여 帝位를 하늘에서 받거나 아니면 천명을 반환하는 것이 바로 천명을 아는 것입니다. 만약 이를 빨리 실천하지 않는다면 제위를 도적질했다는 죄를 면할 수 없을 것입니다. 또 堯와 舜은 하늘이 자기에게 주지 않은 것을 잘 알았기에 천하를 禪讓(선양)하였는데, 폐하는 어찌하여 하늘이 주지 않은 천명을 탐내어 스스로 죄를 짓습니까? 하늘은 폐하의 嚴父와 같고 臣은 폐하의 (바른말을 하는) 孝子와 같습니다. 부친의 가르침은 폐할 수 없고, 자식의 충간은 거절할 수 없는 것이니 폐하께서 유념하시기 바랍니다.」

왕망은 대노하며 즉시 질운을 잡아 詔獄(조옥)에 가두고 大逆罪로 벌하려 하였다. 그러나 질운이 經書와 讖書(참서)에 근거한 것이기에 바로 죽일 수가 없어 黃門 近臣을 보내 질운 자신이 미친병에 정신이 어지러워 뜻도 모르고 상서했다고 말하라고 협박케 하였다. 그러나 질운은 화를 내며 욕을 하였다. "내가 한 말은 모두 天文에 의한 하늘의 뜻이며 狂人이 꾸며댈 수 없는 말이다." 그러면서 갇힌 채 겨울을 기다렸는데 마침 사면을 받아 출옥하게 되자 같은 郡의 鄭敬(정경)과 함께 남쪽 蒼梧山(창오산)에 들어가 은거하였다.

建武三年, 又至廬江, 因遇積弩將軍傅俊東徇揚州. 俊素聞惲名, 乃禮請之, 上爲將兵長史, 授以軍政. 惲乃誓衆曰, "無掩人不備, 窮人於厄, 不得斷人支體, 裸人形骸, 放淫婦女." 俊軍士猶發冢陳屍, 掠奪百姓. 惲諫俊曰, "昔文王不忍露白骨, 武王不以天下易一人之命, 故能獲天地之應, 克商如林之旅. 將軍如何不師法文王, 而犯逆天地之禁, 多傷人害物, 虐及枯屍, 取罪神明? 今不謝天改政, 無以全命. 願將軍親率士卒, 收傷葬死, 哭所殘暴, 以明非將軍本意也." 從之, 百姓悅服, 所向皆下.

| 註釋 | ○建武三年 − 서기 27년. ○廬江 − 郡名. 치소는 舒縣, 今 安徽省 중서부 六安市 舒城縣. ○傅俊(부준) − 22권, 〈朱景王杜馬劉傅堅馬列傳〉에 立傳. ○東徇揚州 − 揚州刺史部의 치소는 九江郡 歷陽縣, 今 安徽省 馬鞍山市 관할의 和縣. 九江郡, 丹陽郡 등 長江 중하류 지역의 郡을 관할. ○無掩人不備 − 無는 毋, 금지사. 방비가 없는 백성을 죽이지 말라. 掩은 갑자기 공격하다. 掩殺(엄살). 가릴 엄. ○窮人於厄 − 백성을 막다른 궁지로 내몰지 말라. ○裸人形骸 − 사람의 옷을 벗기다. 形骸는 몸과 뼈. ○克商如林之旅 − 克은 이기다. 商은 殷나라. 如林은 많은. 旅는 무리. 군사.

[國譯]

建武 3년, 질운은 廬江郡(여강군)에서 揚州刺史部 관내를 평정 중인 積弩將軍(적노장군) 傅俊(부준)을 만났다. 부준은 평소에 질운의 명성을 알고 있어 예를 갖춰 초빙하였고 조정에 보고하여 將兵長史로 삼아 감찰권을 부여하였다. 질운은 이에 군사들에게 다짐하며 말했다.

"무기가 없는 백성을 엄살하거나 궁지로 내몰지 말고, 사람의 팔다리를 자르지 말며 나체로 죽이거나 부녀자를 함부로 겁탈하지 말라."

부준의 군사는 그래도 무덤을 파서 시신을 파헤치거나 백성 재물을 약탈하였다. 이에 질운이 부준에게 간언하였다.

"옛날 文王은 나뒹구는 白骨도 차마 그냥 보지 못했고, 武王은 한 사람의 목숨을 천하와도 바꾸지 않았기에 천지의 감응을 얻어서 商나라 많은 군사를 이길 수 있었습니다. 장군은 어이하여 문왕을 본받지는 못하더라도 天地의 금기를 어기며 많은 사람을 다치게 하고 시신까지 욕을 보여 천지신명의 벌을 받으려 하십니까? 지금 하늘에 사죄하고 정령을 바꾸지 않는다면 명대로 살지 못할 것입니다. 장군께서 친히 사졸을 거느리고서 다치거나 죽은 사람을 보살피거나 거두고 잔혹하게 죽은 사람을 위해 통곡을 한 뒤 본의가 아니었다고 밝히셔야 합니다."

부준은 질운의 말에 따르자 백성도 기꺼이 복종하여 가는 곳마다 모두 투항하였다.

原文

七年, 俊還京師, 而上論之. 惲恥以軍功取位, 遂辭歸鄕里. 縣令卑身崇禮, 請以爲門下掾. 惲友人董子張者, 父先爲鄕人所害. 及子張病, 將終, 惲往候之. 子張垂歿, 視惲, 歔欷不能言. 惲曰,

"吾知子不悲天命, 而痛仇不復也. 子在, 吾憂而不手, 子亡, 吾手而不憂也."

子張但目擊而已. 惲卽起, 將客遮仇人, 取其頭以示子張. 子張見而氣絶. 惲因而詣縣, 以狀自首. 令應之遲, 惲曰, "爲友報仇, 吏之私也. 奉法不阿, 君之義也. 虧君以生, 非臣節也." 趨出就獄. 令跣而追惲, 不及, 遂自至獄, 令拔刃自向以要惲曰, "子不從我出, 敢以死明心." 惲得此乃出, 因病去.

| 註釋 | ○上論之 – (질운의) 공적을 평가하여 상주하다. ○門下掾 – 측근의 보좌관. 掾은 도울 연. ○垂歿 – 혼수상태에 빠지다. ○歔欷(허희) – 흐느끼다. ○但目擊而已 – 다만 바라만 보다. ○遮仇人 – 원수를 죽이다. 遮는 막을 차. 침범하다. ○吏之私也 – 관리의 사적인 일이다. ○虧君以生 – 君(縣令)의 공적 의무를 버리고 (질운의) 생명을 보전하다. 虧는 이지러질 휴. ○跣而追惲 – 맨발로 질운을 쫓아가다. 跣은 맨발 선.

[國譯]

(建武) 7년(서기 31), 부준은 낙양으로 돌아왔고 (질운의) 공적을 평정하여 상주하였다. 질운은 軍功으로 얻는 관직을 부끄럽게 여겨 사임하고 향리로 돌아왔다. 고향의 현령은 자신을 낮추며 예를 갖춰 곁에서 도와달라고 요청하였다. 질운의 董子張(동자장)이란 친우의 부친은 향인에게 살해당했다. 그러나 동자장은 병이 들어 곧 죽게 되었는데 질운이 가서 문병하였다. 동자장은 혼수상태로 질운을 바라보고 흐느끼며 말을 하지 못했다. 이에 질운이 말했다.

"그대가 죽는 것이 서글프지 않고 원수를 갚지 못한 통한을 슬퍼하는 것을 나는 다 알고 있소. 그대가 살아있을 때 나는 그대 원수를 갚지 못할까 걱정이요. 혹 그대가 죽는다면 내가 복수할 것이니 걱정하지 마오."

동자장은 쳐다보기만 하였다. 질운은 즉시 문객과 함께 원수를 죽이고 그 머리를 동자장에게 보여주었다. 동자장은 쳐다보고서는 곧 숨이 끊어졌다. 질운은 그대로 현령을 찾아가 사실대로 자수하였다. 현령이 필요한 조치를 취하지 않자 질운이 말했다.

"친우를 위한 복수라도 이는 사적인 일입니다. 법을 법대로 집행하는 것은 현령의 의무입니다. 공적 의무를 수행하지 않고 나를 살려주려는 것은 현령의 지조가 아닙니다."

질운은 뛰쳐나와 감옥으로 달려갔다. 현령은 맨발로 질운을 쫓아갔으나 잡지 못하였고 감옥에 와서는 칼을 뽑아 들고 질운을 다그치며 말했다.

"당신이 나를 따라 나오지 않는다면 나는 자살하여 내 뜻을 밝히겠소."

질운은 어쩔 수 없이 감옥에서 나왔으나 병을 핑계로 사임하였다.

原文

久之, 太守歐陽歙請爲功曹. 汝南舊俗, 十月饗會, 百里內縣皆齎牛酒到府宴飮. 時臨饗禮訖, 歙敎曰, "西部督郵繇延, 天資忠貞, 稟性公方, 摧破姦兇, 不嚴而理. 今與衆儒共

論延功, 顯之於朝. 太守敬嘉厥休, 牛酒養德." 主簿讀敎,
戶曹引延受賜.

惲於下坐愀然前曰, "司正擧觥, 以君之罪, 告謝於天. 案
延資性貪邪, 外方內員, 朋黨構姦, 罔上害人, 所在荒亂, 怨
慝並作. 明府以惡爲善, 股肱以直從曲, 此旣無君, 又復無
臣, 惲敢再拜奉觥."

歙色慚動, 不知所言. 門下掾鄭敬進曰, "君明臣直, 功曹
言切, 明府德也. 可無受觥哉?" 歙意少解, 曰, "實歙罪也,
敬奉觥." 惲乃免冠謝曰, "昔虞舜輔堯, 四罪咸服, 讒言弗
庸, 孔任不行, 故能作股肱, 帝用有歌. 惲不忠, 孔任是昭,
豺虎從政, 旣陷誹謗, 又露所言, 罪莫重焉. 請收惲, 延, 以明
好惡." 歙曰, "是重吾過也." 遂不宴而罷. 惲歸府, 稱病, 延
亦自退.

| 註釋 | ○歐陽歙(구양흡) − 79권, 〈儒林列傳〉(上)에 立傳. 歙은 줄일
흡. ○督郵繇延 − 督郵(독우)는 郡 太守의 속관, 관할 현의 업무를 감찰, 조
세 납부 실적이나 군사 동원 관련 직무도 감사했다. 太守의 耳目 역할. 繇
延(요연)은 인명. 繇가 성씨. 부역 요. ○愀然 − 얼굴빛이 변하는 모양. 愀
는 정색할 초. 쓸쓸할 추. ○司正擧觥 − 司正은 주례, 진행자. 觥(뿔잔 굉)
은 큰 잔. ○外方內員 − 겉은 방정하지만 내실은 유약하다. ○怨慝並作
− 怨은 원망, 원한. 慝은 사특할 특. ○明府 − 지방관이나 상관에 대한 일
반 호칭. 우리나라에서는 현령이나 군수, 관찰사를 모두 '사또(使道)'로 통
칭했다. ○四罪咸服 − 四罪는 四凶 − 共工(공공), 驩兜(환두), 三苗(삼묘), 鯀
(곤). ○讒言弗庸 − 참언을 받아들이지 않다. 庸은 用也, ○孔任不行 − 심

한 아부가 통하지 않다. 孔은 심하다. 任은 멋대로, 비뚤어지다. 任人은 간
사한 사람. ㅇ豺虎(시호) - 맹수. 여기서는 絲延(요연) 같은 자. ㅇ又露所
言 - 다른 사람의 말을 폭로하다. 질운이 독우 요연의 잘못을 만인이 모인
자리에서 폭로한 것. ㅇ重吾過也 - 重은 다시, 거듭하다.

[國譯]

얼마 뒤에, 太守 歐陽歙(구양흡)의 요청으로 功曹(공조)가 되었다.
汝南郡의 옛 관습에 의해 十月에 연회를 열면 1백 리 이내의 縣에서
는 모두 소고기와 술을 가지고 태수부에 와서 잔치를 벌였다. 그 잔
치 의례를 마치자 구양흡이 말하였다.

"西部의 督郵(독우)인 絲延(요연)은 바탕이 忠貞하고 품성이 공평
방정하며 간사 흉악한 자를 꺾고 엄하지 않고도 잘 다스렸다. 이번
에 여러 유생과 함께 요연의 공적을 높이 평가하여 조정에 표창을
상신하려 한다. 태수는 요연의 공적을 경하하며 이 술로 덕행을 격
려하겠다."

主簿(주부)가 상장을 읽자 戶曹(호조)가 요연을 안내하여 상을 받
게 하였다. 질운은 아래 자리에서 일어나 정색을 하고 앞으로 나와
말했다.

"주 진행자는 큰 잔을 들어 태수의 잘못을 하늘에 고해야 합니다.
사실 요연은 탐욕에 사악하며 겉은 방정하지만 내실은 유약하고, 朋
黨(붕당)을 지어 나쁜 짓을 꾸몄으며, 상관을 속이고 백성에 해악을
저질렀으며, 관할 지역을 어지럽히고 원한을 많이 사면서 나쁜 짓을
하였습니다. 그러나 지금 明府께서는 악행을 선행이라 하여 정직한
관원으로 사악을 따르게 하니, 이는 無君이며 또 無臣과 마찬가지입

니다. 제가 감히 재배하며 잔을 올리겠습니다."

구양흡은 부끄러운 표정으로 말을 하지 못했다. 이에 門下掾인 鄭敬(정경)이 나와 말했다.

"상관이 명석하면 아랫사람이 정직하다고 하였으니, 功曹(郅惲) 의 말이 절실한 것은 태수의 덕행 때문입니다. 왜 공조가 올리는 잔 을 못 받으시겠습니까?"

구양흡은 조금 마음이 풀리면서 말했다. "사실 나의 잘못이니 삼 가 잔을 받겠소."

그러자 질운은 관을 벗어 사죄하며 말했다.

"옛날 舜이 堯帝를 보필하자 四凶(사흉)이 모두 복종하였고 참언 이나 아부도 통하지 않았기에 신하는 열심이었고 堯帝는 즐거웠습 니다. 제가 不忠하였기에 간사한 자가 횡행하였고 탐욕한 자가 군림 했으며 타인을 誹謗(비방)하고 잘못을 폭로하였으니 이보다 더 큰 죄가 없을 것입니다. 저와 요연을 잡아 가두어 잘잘못을 밝혀주시기 바랍니다."

그러자 구양흡이 말했다. "이는 내 잘못을 더하는 것입니다."

그리고서는 더 즐기지 않고 잔치를 마쳤다. 질운은 부서로 돌아 와 병을 핑계로 사임하였고, 요연 역시 스스로 물러났다.

原文

鄭敬素與惲厚, 見其言忤歡, 乃相招去, 曰, "子廷爭綝延, 君猶不納. 延今雖去, 其勢必還. 直心無諱, 誠三代之道. 然 道不同者不相爲謀, 吾不能忍見子有不容君之危, 盍去之乎!"

惲曰, "孟軻以强其君之所不能爲忠, 量其君之所不能爲
賊. 惲業已强之矣. 障君於朝, 旣有其直, 而不死職, 罪也.
延退而惲又去, 不可."

敬乃獨隱於弋陽山中, 居數月, 歆果復召延, 惲於是乃去,
從敬止, 漁釣自娛, 留數十日. 惲志在從政, 旣乃喟然而嘆,
謂敬曰, "天生俊士, 以爲人也. 鳥獸不可與同群, 子從我爲
伊,呂乎? 將爲巢,許, 而父老堯,舜乎?" 敬曰, "吾足矣. 初從
生步重華於南野, 謂來歸爲松子, 今幸得全軀樹類, 還奉墳
墓, 盡學問道, 雖不從政, 施之有政, 是亦爲政也. 吾年耄矣,
安得從子? 子勉正性命, 勿勞神以害生."

惲於是告別而去. 敬字次都, 淸志高世, 光武連徵不到.

| **註釋** | ○其言忤歆 – 忤는 거스를 오. ○誠三代之道 – 三代는 夏, 殷,
周. 直道가 통하던 시대였으나 지금은 그렇지 않다는 뜻. ○然道不同者不
相爲謀 –《論語 衛靈公》의 인용. ○盍去之乎 – 어찌 떠나지 않겠는가? 떠
나는 것이 좋지 않겠는가? 盍은 어찌 ~하지 않겠는가? (例)「顏淵季路侍.
子曰, "盍各言爾志?"《論語 公冶長》. ○孟軻~ – 軻(굴대 가)는 이름. 孟子
(前 372 – 289), 鄒國(今 山東省 鄒城市)人. 性善論에서 출발하여 仁政, 王
道와 德治를 주장. ○弋陽山中 – 汝南郡 弋陽縣(익양현), 今 河南省 동남부
信陽市 관할 潢川縣. ○鳥獸不可與同群 –「"鳥獸不可與同羣, 吾非斯人之
徒與而誰與? 天下有道, 丘不與易也."《論語 微子》. ○將爲巢,許 – 巢父(소
보)와 許由. ○初從生步 – 步는 찾나(尋也). ○重華於南野 – 重華는 舜의
字. 눈동자가 두 개라는 뜻. 南野는 蒼梧山, 九嶷山. 여기서는 이 세상. ○松

子 - 赤松子. ○全軀樹類 - 全軀는 몸을 보전하다. 살아있다. 樹類는 後嗣
(胤嗣)를 남기다. 樹는 심을 수. ○是亦爲政也 -「或謂孔子曰, "子奚不爲
政?" 子曰, "~ 施於有政. 是亦爲政, 奚其爲爲政?"」《論語 爲政》. ○吾年
耄矣 - 耄 늙은이 모. 80, 또는 90세. ○安得從子 - 어찌 당신을 따르겠는
가? 安은 어찌?(何, 焉).

[國譯]

鄭敬(정경)은 평소에 郅惲(질운)과 친했기에, 질운이 태수 구양흡
의 뜻을 거스른 것을 보고 질운을 찾아와 말했다.

"그대가 여러 사람 앞에서 絲延(요연)에게 망신을 주었지만 태수
는 받아들이지 않을 것이오. 요연이 지금은 물러났지만 틀림없이 태
수가 다시 부를 것이오. 三代(夏, 殷, 周)에는 정직이 그대로 통했소.
그래도 道가 다르다면 함께 일을 하지 말라고 했으니, 그대가 태수
에 의해 위기에 처하는 것을 그냥 보고만 있을 수 없으니 잠간이라
도 여기를 떠나는 것이 좋지 않겠는가!"

그러자 질운이 말했다.

"孟子(맹자)는 主君이 할 수 있는 일을 하도록 만드는 것은 忠이지
만, 주군이 (할 수 있지만) 할 수 없는 일이라 여기게 만든다면 주군
을 해치는 일이라고 하였습니다. 나는 이미 태수에게 할 수 있는 일
을 하라고 했습니다. 조정에서 주군을 속이거나 정직하지만 직분을
다하다가 죽지 못하는 것도 똑같은 불충입니다. 요연이 물러났는데
내가 피신하는 것도 옳지 않습니다."

이에 정경은 혼자 (汝南郡) 弋陽山(익양산)에 은거하였다. 몇 달
뒤에 구양흡은 예상대로 요연을 다시 불러들였는데, 질운은 정경이

머문 곳을 찾아가 낚시를 하며 수십 일 머물렀다. 질운은 정사에 뜻이 있어 탄식하며 정경에게 말했다.

"하늘은 인간을 도와주라고 준걸을 태어나게 했습니다. 사람은 새나 짐승처럼 무리로 모여 살 수 없으니, 그대는 나를 따라 伊尹(이윤)이나 呂尙(太公望)이 되겠소? 아니면 巢父(소보)나 許由(허유)가 되어 堯(요)나 舜(순)이라도 그냥 노인네로 보시겠습니까?"

그러자 정경이 말했다.

"나는 지금 괜찮습니다. 처음에는 나도 세상에 나와 重華(舜)과 같은 사람을 찾았지만 지금은 赤松子(神仙)을 찾아 은거하였습니다. 다행히도 이 몸을 보전하면서 후손도 두었으니 고향에 돌아가 조상의 묘나 지키면서 학문에 전념한다면 정사에 직접 관여하지 않지만, 나의 효도가 정사를 돕는 것이니 정사를 펴는 것 아니겠소? 나도 이제 늙을 대로 늙었으니 어찌 그대를 따라간다 하겠소. 그대는 힘써 性命을 보존하되 마음을 너무 써서 건강을 해치지나 마시오."

질운은 정경에 이별을 고하고 떠나갔다. 鄭敬(정경)의 字는 次都(차도)인데 그 지향이 淸純高雅하였고 光武帝가 연이어 초빙해도 응하지 않았다.

原文

惲遂客居江夏教授, 郡擧孝廉, 爲上東城門候. 帝嘗出獵, 車駕夜還, 惲拒關不開. 帝令從者見面於門間. 惲曰, "火明遼遠" 遂不受詔. 帝乃回從東中門入. 明日, 惲上書諫曰,

「昔文王不敢槃於遊田, 以萬人惟憂. 而陛下遠獵山林, 夜

以繼晝, 其於社稷宗廟何? 暴虎馮河, 未至之戒, 誠小臣所
竊憂也.」

書奏, 賜布百匹, 貶東中門候爲參封尉. 後令惲授皇太子
《韓詩》, 侍講殿中. 及郭皇后廢. 惲乃言於帝曰, "臣聞夫婦
之好, 父不能得之於子, 況臣能得之於君乎? 是臣所不敢言.
雖然, 願陛下念其可否之計, 無令天下有議社稷而已."

帝曰, "惲善恕己量主, 知我必不有所左右而輕天也." 后
旣廢, 而太子意不自安, 惲乃說太子曰, "久處疑位, 上違孝
道, 下近危殆. 昔高宗明君, 吉甫賢臣, 及有纖介, 放逐孝子.
《春秋》之義, 母以子貴. 太子宜因左右及諸皇子引愆退身,
奉養母氏, 以明聖教, 不背所生."

太子從之, 帝竟聽許.

惲再遷長沙太守. 先是, 長沙有孝子古初, 遭父喪未葬,
鄰人失火, 初匍匐柩上, 以身扞火, 火爲之滅. 惲甄異之, 以
爲首舉. 後坐事左轉芒長, 又免歸, 避地教授, 著書八篇. 以
病卒. 子壽.

| 註釋 | ○江夏 – 군명. 治所 西陵縣, 今 湖北省 동부 武漢市 新洲區.
○槃於遊田 – 槃은 즐기다(般과 同). 遊田은 사냥. ○暴虎馮河 – 暴虎(포
호)는 호랑이를 맨손으로 때려잡다. 馮河(풍하)는 황하를 그냥 건너가려 하
다. 지나친 용기. 무모한 행위. ○參封 – 琅邪郡(낭야군)의 현명. 위치 미
상. ○郭皇后廢 – 郭聖通(? – 52년, 재위 26 – 41년), 光武帝 劉秀의 2번째
아내(更始 2년, 서기 24에 결혼)이나 건무 2년(26)에 황후에 즉위, 그 후 총

애를 잃고 건무 17년(41)년에 폐위, 건무 28년(서기 52)에 죽었다. ○ 輕天
- 천자의 직임을 소홀히 하다. ○(殷) 高宗明君 - 商朝의 國王, 廟號는 武
丁, 시호는 高宗. 武丁中興을 이룩했다. 고종은 후처 때문에 효자 아들을
죽였다. ○吉甫賢臣 - 尹吉甫, 周 宣王의 중흥을 보좌한 賢臣. 윤길보는
후처 때문에 아들 伯奇를 내쫓았다. ○纖介(섬개) - 티끌, 먼지. 아주 작은
것. ○太子從之 - 劉彊(유강). 광무제의 嫡長子. 모친 곽황후가 폐위된 뒤
에 藩王이 되기를 자원하여 東海王에 봉해졌다. 건무 28년(52)에 봉국에
취임, 明帝 永平 元年(58년)에 34세로 病死했다. ○長沙太守 - 治所 臨湘
縣. 今 湖南省 동북부 長沙市(湖南省 省會). ○古初 - 人名. ○匍匐(포복)
- 기어가다. 엎드리다. ○惲甄異之 - 甄은 살펴보다. 질그릇 구울 견.
○芒長 - 芒은 沛國의 현명. 光武帝가 臨淮縣으로 개명. 今 河南省 직할
永城市. 河南省 동쪽 끝, 安徽省과 접경. ○避地 - 은거하다.

[國譯]

그 뒤, 郅惲(질운)은 江夏郡에 객거하며 문생을 교수하였는데 군
에서 孝廉(효렴)으로 천거하여 (낙양성) 上東門의 候(후)가 되었다.
한번은 광무제가 사냥을 나갔다 한밤에 돌아왔는데 질운은 빗장을
걸고 열어주지 않았다. 광무제는 종자를 시켜 문틈으로 말을 하게
시켰다. 그러자 질운은 "횃불이 밝아 멀리 잘 보입니다."라면서 끝
내 명을 따르지 않았다. 광무제는 결국 東中門으로 들어왔다. 다음
날, 질운은 간언을 상서하였다.

「옛 文王이 사냥을 즐기지 않은 것은 백성을 걱정했기 때문입니
다. 지금 폐하께서는 먼 산림에서 사냥하시느라 밤을 낮 삼아 다니
시니 그것이 사직과 종묘에 무슨 도움이 됩니까? 호랑이를 맨손으
로 때려잡고 황하를 그냥 건너려 한다면 조심하라 말할 필요도 없겠

지만 사냥은 저 같은 소신에게도 걱정이 됩니다.」

상서가 보고되자 질운에게 布 1백 필을 하사하였고, 東中門候를 강등시켜 琅邪郡(낭야군) 參封縣尉로 내보냈다.

뒤에 질운은 皇太子에게 《韓詩》를 전수하며 궁중에서 侍講도 하였다. 郭황후가 폐후되자 질운은 광무제에게 말했다.

"臣이 알기로, 夫婦의 화합은 아버지라도 아들에게 이래라저래라 할 수 없다고 하였으니, 하물며 신하가 주군에게 말할 수 있겠습니까? 이는 신이 감히 말씀드릴 수가 없습니다. 그렇지만 폐하께서는 폐황후의 가부에 관하여 천하가 사직의 안위를 걱정하지 않게 해야 합니다."

이에 광무제가 말했다. "질운은 자신의 생각으로 주군의 생각을 잘 헤아리니, 내가 어느 쪽으로든 국가 대사를 소홀히 하지 않을 것을 잘 알고 있다."

황후가 폐위된 뒤에 태자는 마음이 불안하였는데 질운이 태자에게 말했다.

"불안한 자리에 오래 있다면 위로는 효도가 아니고, 아래로는 자신이 위태롭게 됩니다. 옛날에 (殷의) 高宗 같은 明君이나 (周의) 尹吉甫(윤길보) 같은 賢臣도 아주 작은 일로 효자를 방축했습니다. 《春秋》의 大義로도 모친은 아들 때문에 귀하다고 하였습니다. 太子께서는 응당 좌우나 다른 皇子와의 관계가 어렵다 하여 태자에서 물러나 모친을 봉양하여 폐하의 뜻도 받들고 모친의 뜻도 따라야 합니다."

太子는 그 말에 따랐고 광무제는 결국 수락하였다.

질운은 두 번 승진하여 長沙太守가 되었다. 이전에 長沙郡에 古初(고초)라는 효자가 있었는데 부친상을 당하여 장례를 치루기 전에 이웃의 실화로 불이 나자 고초는 관위에 엎드려 몸으로 불을 막았고 불은 진화되었다. 질운은 현장을 살펴 확인하고 수석으로 천거하였다.

질운은 그 뒤에 업무상 죄로 (沛郡) 芒縣(망현) 縣長으로 좌천되었다가 사직하고 귀향하였고 은둔하며 문도를 교육하면서 저서 8편을 남겼다. 아들은 郅壽(질수)이다.

❺ 郅壽

┃原文

壽字伯孝, 善文章, 以廉能稱, 擧孝廉, 稍遷冀州刺史. 時, 冀部屬郡多封諸王. 賓客放縱, 類不檢節, 壽案察之, 無所容貸. 乃使部從事專住王國, 又徙督郵舍王宮外, 動靜失得, 卽時騎驛言上奏王罪及劾傅相, 於是藩國畏懼, 並爲遵節. 視事三年, 冀土肅淸. 三遷尙書令. 朝廷每有疑議, 常獨進見. 肅宗奇其智策, 擢爲京兆尹. 郡多强豪, 姦暴不禁. 三輔素聞壽在冀州, 皆懷震竦, 各相檢敕, 莫敢干犯. 壽雖威嚴, 而推誠下吏, 皆願效死, 莫有欺者. 以公事免.

┃註釋┃ ○冀州刺史 - 治所는 常山國 高邑縣, 今 河北省 서남부 石家莊市 高邑縣 / 魏郡, 鉅鹿郡, 常山國, 中山國, 安平國, 河間國, 淸河國, 趙國, 渤海郡을 관할. ○類不檢節 - 類는 모두. 다. ○傅相 - 제후왕의 太傅나

왕을 보좌하는 相.

[國譯]

郅壽(질수)의 字는 伯孝(백효)로, 문장을 잘 지었고 청렴, 유능하다
는 칭송을 들어 孝廉(효렴)으로 천거되었으며 점차 승진하여 冀州刺
史(기주자사)가 되었다. 그때 기주 소속 군국에는 많은 왕이 봉해졌
고 그 빈객들은 거의 다 방종하며 법도를 따르지 않았는데 질수는
이들을 사찰하며 불법을 용서하지 않았다. 그리고 자사부의 從事를
왕국에 상주시키고 督郵의 관사를 왕궁 곁에 두어 동정과 잘잘못을
살펴 즉시 말을 달려 왕의 죄상을 보고하여 제후왕의 태부나 相을
탄핵케 하자 번국에서는 질수를 두려워하며 법도를 준수하였다. 이
렇게 3년을 재직하자 기주 관내가 깨끗해졌다. 3차례 승진하여 尙
書令이 되었다. 조정에서 매번 논의가 있을 때마다 늘 홀로 불려가
알현하였다. 肅宗(章帝)도 질수의 지혜를 기이하다 여겨 京兆尹으
로 발탁하였다. 경조윤 지역에도 강한 세력자들이 많아 사악한 범죄
나 폭력이 그치질 않았다. 그러나 三輔지역에서는 평소에 질수의 冀
州刺史로서 치적을 알고 있어 두려워하며 각자 단속하며 범법하지
않았다. 질수는 매우 위엄이 있었지만 아래 관속을 성의로 대했기에
모두 질수를 위해 열심히 일했고 속이려는 자가 없었다. 질수는 업
무관계로 면직되었다.

▌原文

復徵爲尙書僕射. 是時, 大將軍竇憲以外戚之寵, 威傾天下. 憲嘗使門生齎書詣壽, 有所請托, 壽即送詔獄. 前後上書陳憲驕恣, 引王莽以誡國家. 是時, 憲征匈奴, 海內供其役費, 而憲及其弟篤,景並起第宅, 驕奢非法, 百姓苦之. 壽以府藏空虛, 軍旅未休, 遂因朝會譏刺憲等, 厲音正色, 辭旨甚切. 憲怒, 陷壽以買公田誹謗, 下吏當誅.

侍御史何敞上疏理之曰,

「臣聞聖王辟四門, 開四聰, 延直言之路, 下不諱之詔, 立敢諫之旗, 聽歌謠於路, 爭臣七人, 以自鑒照, 考知政理. 違失人心, 輒改更之, 故天人並應, 傳福無窮. 臣伏見尚書僕射郅壽坐於臺上, 與諸尚書論擊匈奴, 言議過差, 及上書請買公田, 遂繫獄考劾大不敬. 臣愚以爲壽機密近臣, 匡救爲職. 若懷默不言, 其罪當誅. 今壽違衆正議, 以安宗廟, 豈其私邪? 又臺閣平事, 分爭可否, 雖唐,虞之隆, 三代之盛, 猶謂謁謁以昌, 不以誹謗爲罪. 請買公田, 人情細過, 可裁隱忍. 壽若被誅, 臣恐天下以爲國家橫罪忠直, 賊傷和氣, 忤逆陰陽. 臣所以敢犯嚴威, 不避夷滅, 觸死瞽言, 非爲壽也. 忠臣盡節, 以死爲歸. 臣雖不知壽, 度其甘心安之. 誠不欲聖朝行誹謗之誅, 以傷晏晏之化, 杜塞忠直, 垂譏無窮. 臣敞謬豫機密, 言所不宜, 罪名明白, 當填牢獄, 先壽僵仆, 萬死有餘.」

書奏, 壽得減死, 論徙合浦. 未行, 自殺, 家屬得歸鄉里.

| 註釋 | ○尚書僕射(상서복야) – 尚書는 황제에 올라가는 문서 담당관. 책임자는 尚書令, 질록 1천석. 상서복야는 질록 6백석. 상서령 부재 시 그 직무를 대행. 尚書의 질록도 6백석. 常侍曹尚書(公卿에 관한 문서 담당), 二千石曹尚書 2명(郡國 二千石에 관한 업무), 民曹尚書(일반 관리에 관한 업무), 客曹尚書 2명(外國夷狄에 관한 업무 담당 – 南曹와 北曹로 구분). 총 6曹 6명에 그 아래 속관을 거느렸다. 僕射(복야)는 본래 秦의 관제로(僕, 主也) 본래 弓射 관련 업무 담당자였는데, 복야는 주 담당자, 곧 우두머리란 뜻으로 각 분야별로 복야가 있었다. 侍中僕射, 尚書僕射, 謁者僕射 등이 그 예이다. 射 벼슬 이름 야. ○竇憲(두헌, ?-92) – 司空을 역임한 竇融(두융)의 증손. 두헌의 여동생이 章帝의 竇황후. 흉노 원정에 공을 세웠으나 和帝 永元 4년, 모반을 시도하여 賜死했다. 23권, 〈竇融列傳〉에 입전. ○何敞(하창) – 43권, 〈朱樂何列傳〉에 立傳. ○爭臣 – 天子의 잘못을 지적하는 신하. 諍臣(쟁신). ○臺閣平事 – 臺閣은 尚書臺의 별칭. ○諤諤以昌 – 諤諤은 직언하는 모양. 諤은 곧은 말 할 악. ○瞽言(고언) – 사리를 잘 모르고 하는 말. 瞽說, 瞽는 소경 고. 愚論, 愚說과 同. ○晏晏之化 – 晏晏은 화락한 모양. ○論徙合浦 – 論은 판결하다. 合浦는 交州(交趾)刺史部의 군명. 대표적인 유배지. 治所는 合浦縣, 今 廣西壯族自治區 동남부 北海市 관할 合浦縣.

[國譯]

郅壽(질수)는 다시 부름을 받아 尚書僕射(상서복야)가 되었다. 대장군 竇憲(두헌)은 외척으로 총애를 받아 그 위세가 천하를 흔들었다. 두헌은 일찍이 문생에게 서신을 주어 질수에 보내 청탁을 하였는데, 질수는 두헌의 문생을 즉시 詔獄(조옥)에 보내버렸다. 그리고 그간 두헌의 방자한 행동을 서술하고 왕망의 전례를 들어 나라를 위한 교훈을 상서하였다. 이때 두헌은 흉노를 원정 중이라서 온 나라가 그 군역과 비용을 부담하였는데, 두헌과 그 동생 竇篤(두독)과 竇景(두경)은 대 저택을 지었고 사치와 불법으로 백성이 고통을 받고 있었다. 질수는 국가 재정이 바닥났어도 원정을 중단하지 않자 조회에서 두헌 등을 비판하였는데 엄정한 목소리와 바른 태도에 그 뜻이 매우 절실하였다. 이에 두헌은 화를 내며 질수가 公田을 사들였다고 모함하였고, 질수는 옥리에 넘겨졌는데 사형에 해당되었다.

이에 侍御史(시어사)인 何敞(하창)은 상서하여 질수를 변호하였다.

「臣이 알기로, 聖王은 四門을 열어 현인을 받아들이고, 四聰(사총)으로 직언의 언로를 열어 거리낌 없이 직언하라는 조서를 내리며, 자유롭게 諫言을 하라는 깃발을 세우고, 거리에서 부르는 백성의 노래를 들었으며, 천자의 잘못을 지적하는 爭臣(쟁신) 7명을 두고 스스로 거울에 비춰보듯 정사의 잘잘못을 생각하였습니다. 그리하여 민심에 어긋나면 잘못을 바로잡았기에 하늘과 백성이 함께 감응하여 그 복을 후대까지 전승할 수 있었습니다. 臣이 볼 때 尙書僕射인 郅壽(질수)는 상서의 업무를 담당하면서 여러 상서와 함께 흉노 원정에 관한 논의를 하였고 그 논의가 정도에 지나쳤다지만 그가 상서하여 公田을 매입하겠다 하여 옥에 가두고 大不敬 죄로 판결하였습니다. 臣의 愚見으로 질수는 나라의 機密近臣으로 그 직분을 다 했다고 생각합니다. 만약 그 자리에서 묵묵히 아무 말도 없었다면 그 죄가 사형에 해당할 것입니다. 지금 질수가 여러 신하의 정론을 어겼다고 하지만 종묘를 안정시키려 한 것이지, 거기에 어찌 사익을 추구했겠습니까? 또 尙書臺이 업무에서 옳고 그름을 논쟁하는 것은 唐堯와 虞舜의 聖代나 三代 盛世가 諤諤(악언, 직)으로 번창한 것과 같으니 그런 비판은 죄가 되지 않습니다. 公田을 매입하겠다고 주청한 것은 아주 작은 人情이니 재량으로 묵인해야 합니다. 질수가 만약 처형당한다면, 臣의 생각으로는, 모든 백성이 나라를 위한 충언이라도 죄라고 생각할 것이며, 和氣를 상하게 하고 음양의 순환을 거역하게 될 것입니다. 臣은 폐하의 위엄을 범하면 멸족된다는 것을 알면서도 죽음을 무릅쓰고 이런 瞽言(고언)을 올리는 것은 질수를 위해서가 아닙니다. 충신이 그 충절을 다했다면 죽음은 당연하다고 생각합니다. 臣은 질수를 잘 알지 못하지만 그 마음을 헤아리면 저도 편안할 뿐입니다. 진정으로 폐하께서 질수를 비방의 죄목으로 처형하여 화락한 사회 풍조를 저해하고 충직한 언로를 막지 않아 후세의 비난을 받지 않기를 청원하옵니다. 臣 敞(창)이 국가의 중대사를 잘못 알아 해서는 안될 일을 상주하여 명백히 죄를 지었다면 감옥에 들어가서 질수보다 먼저 처형되더라도 저의 죄가 남을 것입니다.」

　상서가 보고되자 질수는 사형에서 감형되어 合浦郡에 이주하도록 판결이 났는데 떠나기 전에 질수가 자살하였기에 그 가속은 고향으로 돌아갔다.

▌原文

　贊曰, 鮑永沈吟, 晚乃歸正. 志達義全, 先號後慶. 申屠對策, 郅惲上書. 有道雖直, 無道不愚.

▌註釋▌　ㅇ沈吟(침음) – 생각에 잠기다. 망설이며 결정하지 못하다. 세월을 허송하다(蹉跎). ㅇ先號後慶 – 먼저 울부짖다가 나중에 웃다. 처음

에는 凶하다가 나중에 吉하다.

　　贊曰,

　　鮑永(포영)은 젊어 헤맸지만 나이 들어 성취하였다.

　　得志하고 이름을 얻었으니 먼저 울고 나중에 웃었다.

　　申屠剛(신도강)의 對策과 郅惲(질운)의 上書는

　　치세에도 올곧았고, 난세라도 어리석지 않았다.

30 蘇竟楊厚列傳(上)
〔소경,양후열전(상)〕

❶ 蘇竟

蘇竟字伯況, 扶風平陵人也. 平帝世, 竟以明《易》爲博士講《書》祭酒. 善圖緯, 能通百家之言. 王莽時, 與劉歆等共典校書, 拜代郡中尉. 時匈奴擾亂, 北邊多羅其禍, 竟終完輯一郡. 光武卽位, 就拜代郡太守, 使固塞以拒匈奴. 建武五年冬, 盧芳略得北邊諸郡, 帝使偏將軍隨弟屯代郡. 竟病篤, 以兵屬弟, 詣京師謝罪. 拜侍中, 數月, 以病免.

| 註釋 | ○講《書》祭酒 – 왕망 때 六經祭酒를 설치. 질록은 上卿과 같은 中二千石. ○圖緯(도위) – 점술에 관한 河圖(하도)와 길흉화복을 예언하는 緯書(위서). 經書에 상대적인 뜻. 圖讖(도참), 讖緯說. ○劉歆(유흠, ?–서기

23년) – 劉向의 아들, 漢朝 宗室, 왕망의 찬위에 협조. 新朝의 國師. 왕망을 죽이려는 어설픈 계획이 탄로나자 자살. 古文經學의 대가. 目錄學의 중요 저작인 《七略》을 저술. 《漢書》〈楚元王傳〉에 附傳. ○ 竟終完輯 – 완전하게 다스리다. 輯은 모으다. 화목하다. ○ 盧芳(노방) – 建武 13년, 五原郡에서 흉노 땅으로 도주하였다가 다시 돌아오는 등 반복이 무상했다. 建武 17년(41)에 다시 흉노 땅으로 도주하여 그곳에서 병사했다. 12권, 〈王劉張李彭盧列傳〉에 입전. ○ 隨弟(수제) – 姓이 隨(수), 이름이 弟(제).

[國譯]

蘇竟(소경)의 字는 伯況(백경)으로 右扶風 平陵縣 사람이다. 平帝 때, 소경은 《易》에 밝아 박사로서 《書經》을 강의하는 祭酒가 되었다. 圖讖(도참)에 밝았고 百家의 학문에도 능통하였다 왕망 시절에 劉歆(유흠)과 함께 校書를 주관하였고 代郡의 中尉가 되었다. 그때는 匈奴가 자주 침범하여 북방이 그 피해를 입었는데 소경은 끝내 代郡을 안전하게 지켰다. 光武帝는 즉위하고 곧 소경을 代郡太守에 임용하고 국경 경비를 강화하여 흉노 침입에 대비케 하였다. 建武 5년 겨울, 盧芳(노방)이 북방의 여러 군을 경략하였는데 광무제는 偏將軍인 隨弟(수제)를 시켜 代郡에 주둔케 하였다. 이때 소경은 병이 위중하여 군사를 수제에 소속시키고, 소경은 낙양에 와서 사죄하였다. 소경은 侍中이 되었지만 몇 달 뒤에 병으로 면직되었다.

原文

初, 延岑護軍鄧仲況擁兵據南陽陰縣爲寇, 而劉歆兄子龔

爲其謀主. 竟時在南陽, 與龔書曉之曰,

「君執事無恙. 走昔以摩研編削之才, 與國師公從事出入,
校定秘書, 竊自依依, 末由自遠. 蓋聞君子愍同類而傷不遇.
人無愚智, 莫不先避害然後求利, 先定志然後求名. 昔智果
見智伯窮兵必亡, 故變名遠逝, 陳平知項王爲天所棄, 故歸
心高祖, 皆智之至也. 聞君前權時屈節, 北面延牙, 乃後覺
悟, 棲遲養德. 先世數子, 又何以加. 君處陰中, 土多賢士,
若以須臾之間, 研考異同, 揆之圖書, 測之人事, 則得失利
害, 可陳於目, 何自負畔亂之困, 不移守惡之名乎? 與君子
之道, 何其反也?」

| 註釋 | ○延岑(연잠, ?-36) - 岑은 봉우리 잠. 南陽人, 更始 2년에 漢中
郡에서 거병, 건무 2년에 武安王을 자칭. 赤眉郡을 대파, 公孫述에 투항,
공손술의 大司馬 역임. 建武 12년, 公孫述이 패망할 때 漢將 吳漢에 피살
되었다. ○南陽陰縣 - 今 湖北省 서북부 襄陽市 관할 老河口市. ○君執事
無恙 - 君은 상대방에 대한 존칭. 執事는 좌우, 측근. 無恙은 평안하다. 恙
은 근심 양. 병. ○走昔以摩研編削之才 - 走는 자신에 대한 겸칭, 심부름
으로 바쁜 사람. 종, 노비, 하인. 編은 차례를 정하다(次也). 削은 글자를 칼
로 깎아 지우다. ○與國師公~ - 國師公은 劉歆, 王莽의 국사로 三公보다
고 상위직이었다. ○校定秘書 - 秘書는 궁중의 도서. ○竊自依依 - 依依
은 안타까워 서로 그리는 모양. 헤어지기 섭섭한 모양. ○昔智果見智伯窮
兵必亡 - 智果(지과)는 智伯(지백)의 신하. 智伯은 晉나라의 權門이었으나
韓과 魏에 패망하여 멸족되었다. ○故變名遠逝 - 멀리 떠나다. 逝는 갈 서.
○陳平知項王~ - 陳平은 項羽를 떠나 漢王을 찾아갔다. 진평이 나루를

건널 때 사공의 살해 의도를 알고 옷을 벗어 자신이 가진 것이 없다는 것을 보여주고 사공과 함께 배를 저었다. 이런 순발력과 奇智가 있었다. ○屈節 – 신하가 되어 섬기다. ○北面延牙 – 延牙는 延岑, 牙는 字. ○棲遲養德 – 棲遲(서지)는 쉬다. ○先世數子 – 數子는 여러 사람. 智果와 陳平.

[國譯]

그전에 (漢中賊) 延岑(연잠)의 護軍인 鄧仲況(등중황)은 군사를 거느리고 南陽郡 陰縣에 웅거하며 노략질을 하였는데 劉歆(유흠)의 兄子(조카)인 劉龔(유공)이 그 우두머리였다. 蘇竟(소경)은 그때 南陽郡에 머물고 있었는데 유공에게 서신을 보내 깨우치려 했다.

「귀하께서는 요즈음 평안하신가요? 옛날에 이 몸은 문서나 다루는 직분을 갖고 國師公(劉歆)과 함께 근무하며 궁중 도서를 校定하였고 헤어진 뒤에도 서로 그리며 멀리하지 않았습니다. 내 생각에 君子는 동료를 그리워하면서 불우한 처지를 서로 마음 아파합니다. 사람은 우둔하든 총명을 막론하고 우선은 손해를 피하고 다음에 이득을 찾으려 하며 먼저 뜻을 세우고 뒤에 이름을 얻으려 합니다. 옛날 智果(지과)는 막바지에 몰린 智伯(지백)이 망한다고 생각하여 이름을 바꾸고 멀리 떠나버렸으며, 陳平(진평)은 하늘이 項王(항왕, 項羽)를 버렸음을 알고 高祖에게 귀부하였으니 모두 지혜가 뛰어난 사람이었습니다. 그간 당신은 임시로 (延岑의) 신하가 되어 섬기다가 곧 그만두고 쉬면서 덕을 닦는다고 들었습니다. 예전의 여러 사람(智果나 陳平)말고 또 누구를 더 보태겠습니까? 당신이 살고 있는 陰縣(음현)에는 賢士들이 많다 하니 비록 잠간이라도 그런 사람들과 차이를 생각하거나 圖書를 읽어보고 人事를 예측해본다면 이해득실이 눈에 보일 것인데, 어찌하여 반역의 짐을 지고 악명을 떨쳐버리지 못하고 있습니까? 어찌하여 지켜야 할 군자의 도리를 저버렸습니까?」

「世之俗儒末學, 醒醉不分, 而稽論當世, 疑誤視聽. 或謂天下迭興, 未知誰是, 稱兵據土, 可圖非冀. 或曰聖王未啓, 宜觀時變, 倚彊附大, 顧望自守. 二者之論, 豈其然乎? 夫孔丘秘經, 爲漢赤制, 玄包幽室, 文隱事明. 且火德承堯, 雖昧必亮, 承積世之祚, 握無窮之符, 王氏雖乘間偸簒, 而終嬰大戮, 支分體解, 宗氏屠滅, 非其效歟? 皇天所以眷顧蜘蹰, 憂漢子孫者也. 論者若不本之於天, 參之於聖, 猥以〈師曠雜事〉輕自眩惑, 說士作書, 亂夫大道, 焉可信哉?」

| 註釋 | ○夫孔丘秘經 - 孔子가 지었다는 緯書. ○玄包幽室 - 幽室에 감춰진 현묘한 예언. ○雖昧必亮 - 昧는 새벽 매. 어둡다. 亮은 밝을 량(양). ○終嬰大戮 - 끝내 대대적인 도륙을 당하다. 嬰은 닿다, 병에 걸리다. 갓난아이 영. ○皇天所以眷顧蜘蹰 - 되돌아보며 배회하다. 蜘蹰(지주)는 蜘蛛(지주), 거미. 거미는 빙빙 돌면서 거미줄을 친다. 蹰는 머뭇거릴 주. ○猥以〈師曠雜事〉 - 猥은 함부로 외. 〈師曠雜事〉는 陰陽書. 占書.

[國譯]

「세상의 俗儒나 末流 學者, 취했든 아니면 맨정신이든 모두 현실 정치를 나름대로 고찰 평론하다 보니 잘못된 의견도 듣게 됩니다. 왕조는 교체되기에 누가 잡을지 알지 못한다며 군사를 일으켜 점거하고서 도모할 수 없는 것을 바라는 자도 있습니다. 또 어떤 자는 聖王은 아직 출현하지 않았으니 변화의 때를 보아 강대한 자에 붙어 자신의 세력이나 지키려 합니다. 이 두 가지 주장이 어찌 그럴듯하지 않겠습니까? 孔子가 지었다는 緯書(위서)는 漢을 위한 국운을 예상하고 있습니다. 幽室(유실)에 감춰진 현묘한 예언은 그 문장에 은유가 많지만 그 뜻은 분명합니다. 그리고 (漢의) 火德은 堯舜의 계승이며 지금은 희미해졌지만 틀림없이 입증될 것이며, 그간 漢은 여러 대에 걸친 福祚(복조)를 이어왔고 무궁하게 이어질 징험을 받았지만, 왕망이 틈새를 이용하여 찬탈하였으나 끝내 대대적인 도륙을 당하여 왕망 몸뚱이가 찢겨지고 일족은 도륙을 당하였으니, 이것이 바로 그런 증거가 아니겠습니까? 皇天은 되돌아보고 멈칫거리며 漢의 후손을 걱정하고 있습니다. 어떤 論者는 하늘의 뜻이나 성인의 말씀에 바탕을 두지 않고 제멋대로 〈師曠雜事〉 같은 음양서에 의거 경솔하게 현혹되어 유세하고 글을 지어 퍼트려 大道를 어지럽히니 이런 것을 어찌 믿을 수 있겠습니까?」

|原文

「諸儒或曰, 今五星失晷, 天時謬錯, 辰星久而不效, 太白出入過度, 熒惑進退見態, 鎭星繞帶天街, 歲星不舍氐,房. 以爲諸如此占, 歸之國家. 蓋災不徒設, 皆應之分野, 各有所主. 夫房,心卽宋之分, 東海是也. 尾爲燕分, 漁陽是也.

東海董憲迷惑未降, 漁陽彭寵逆亂擁兵, 王赫斯怒, 命將並征, 故熒惑應此, 憲,寵受殃. 太白,辰星自亡新之末, 失行算度, 以至於今, 或守東井, 或沒羽林, 或裴回藩屏, 或躑躅帝宮, 或經天反明, 或潛臧久沈, 或衰微暗昧, 或煌煌北南, 或盈縮成鉤, 或偃蹇不禁, 皆大運蕩除之祥, 聖帝應符之兆也. 賊臣亂子, 往往錯互, 指麾妄說, 傳相壞誤. 由此論之, 天文安得遵度哉!」

| 註釋 | ○今五星失晷 – 五星은 동방의 歲星(세성), 남방 熒惑星(형혹성), 서방 太白星, 북방 辰星(진성, 水星), 중앙의 鎭星(진성). 失晷(실구)는 常度를 상실하다. 晷는 그림자 구. ○辰星久而不效 – 不效는 출입이 正度를 잃다. ○氐(저), 房(방) – 28宿 중 동방의 별. ○尾爲燕分 – 尾(미)는 寅方의 별 이름. ○東海董憲(동헌) – 후한 초 봉기 세력의 하나. 東海郡 사람 董憲(동헌)은 東郡에서 기병하였고, 劉永(유영)이 동헌을 海西王에 봉했다. ○彭寵(팽총, ?-29년) – 新朝에서 후한 초기 武將, 지방 할거 세력의 하나. 12권, 〈王劉張李彭盧列傳〉에 입전. ○或守東井(동정) – 남방의 별. 남방의 중성은 우림천군에 해당한다는 주석이 있다. ○或躑躅帝宮 – 躑躅(척촉)은 왔다 갔다 하다. 배회하다. 躑은 머뭇거릴 척. 躅은 머뭇거릴 촉. 帝宮은 北辰(북신), 북극성. ○或盈縮成鉤 – 盈縮(영축)은 進退와 同. 成鉤는 갈고리 모양을 이루다. ○或偃蹇不禁 – 偃蹇(언건)은 높고 성대한 모양. 偃은 쓰러질 언. 교만하다. 蹇 절뚝거릴 건. 멈춰서다.

[國譯]

「어떤 유생은 '지금 五星은 常度를 상실하였고 天時도 틀렸으며,

辰星은 오래전부터 그 出入에 正度를 잃었고, 太白星은 出入이 過度하며 熒惑星도 그 進退에 정상이 아니고, 鎭星(진성)은 (昴星과 畢星 사이의) 天街를 맴돌며 歲星은 氐(저)와 房(방) 사이에서 멈추지 않는다.' 는 말을 합니다. 그러면서 이런 현상의 조짐을 國家와 관련이 있다고 생각합니다. 그렇지만 재해나 禍亂은 무고하게 발생하는 것이 아니고 다 상응하는 분야나 主管이 있습니다. 그리하여 房星(방성)이나 心星(심성)은 宋의 天象이며 東海郡에 해당합니다. 尾星(미성)은 燕(연)의 분야이니 漁陽郡에 해당합니다. 東海郡의 董憲(동헌)은 이런 주장에 迷惑(미혹)하여 투항하지 않고 있으며, 漁陽郡의 彭寵(팽총)이 군사를 거느리고 반역하자 황제가 진노하시어 장수에 명하여 모두를 정벌토록 하셨으니, 형혹성이 이에 응한 것이기에 동헌과 팽총은 재앙을 당할 것입니다. 太白星과 辰星(진성)은 왕망의 新나라가 망할 무렵부터 정상궤도를 잃었고 지금에 이르기까지 때로는 남방의 東井(동정) 일대에 머물거나, 때로는 雨林天軍 가운데 들거나 또는 그 중간 사이를 徘徊(배회)하거나 아니면 帝宮(北極星)을 오르내리거나 혹은 종일 빛을 잃었다가, 때로는 오랫동안 모습을 감추거나 빛을 잃고 어두워지거나 또는 휘황하게 빛을 내거나 또는 들고나는 것이 갈고리 모양을 이루거나, 때로는 높고 성대하게 빛을 내며 얽매이지 않으니, 이 모두가 황제가 사악을 모두 소탕할 祥瑞(상서)이며 聖明하신 천자가 나타나 국운이 창성할 징조입니다. 그러나 賊臣亂子들은 이를 잘못 풀이하여 허망한 말을 서로 퍼뜨리며 그르치고 있습니다. 이를 볼 때 天象이 어찌 틀렸다고 말할 수 있겠습니까?」

「乃者, 五月甲申, 天有白虹, 自子加午, 廣可十丈, 長可萬丈, 正臨倚彌. 倚彌卽黎丘, 秦豐之都也. 是時月入於畢. 畢爲天網, 主網羅無道之君, 故武王將伐紂, 上祭於畢, 求助天也. 夫仲夏甲申爲八魁. 八魁, 上帝開塞之將也, 主退惡攘逆. 流星狀似蚩尤旗, 或曰營頭, 或曰天槍, 出奎而西北行, 至延牙營上, 散爲數百而滅, 奎爲毒螫, 主庫兵. 此二變, 郡中及延牙士衆所共見也. 是故延牙遂之武當, 託言發兵, 實避其殃. 今年〈比卦〉部歲, 〈坤〉主立冬, 〈坎〉主冬至, 水性滅火, 南方之兵受歲禍也. 德在中宮, 刑在木, 木勝土, 刑制德, 今年兵事畢已, 中國安寧之效也. 五七之家三十五姓, 彭,秦,延氏不得豫焉. 如何怪惑, 依而恃之?〈葛藟〉之詩, '求福不回', 其若是乎!」

| 註釋 | ○倚彌(의미) − 一名 黎丘(여구), 楚 黎王을 자칭한 秦豐의 도읍지. 今 湖北省 북부 襄陽市 관할 宜城市. 漢水 북안. ○秦豐之都也 − 秦豐(진풍)은 楚의 黎丘鄕人. 楚 黎王(여왕)이라 자칭. 建武 5년에 광무제의 장군에게 생포되었다. ○畢(필) − 서방의 별자리 이름. ○上祭於畢 − 武王 즉위 9년에, 畢宿에 제천하고 紂王을 토벌하려 나가 孟津에서 觀兵하였다. ○八魁(팔괴) − 曆法의 八魁는 春 三月의 己巳 丁丑日, ∼, 冬 三月의 甲寅, 壬戌日 등 4계절 8日을 八魁라 지칭. 별 이름으로 八魁는 主獸之官. ○蚩尤旗(치우기) − 혜성의 한 종류, 꼬리 부분이 구부러져 깃발처럼 보인다. ○出奎而西北行 − 奎(규)는 武庫의 兵器를 주관하는 별. ○奎爲毒螫 − 螫은 쏠 석. 벌레가 독을 쏘다. ○延牙 − 延岑. ○武當 − 南陽郡의 縣名. 今

湖北省 서북쪽 十堰市 관할 丹江口市에 해당. 그 서남쪽에 道教의 성지로
유명한 武當山이 있다. ○〈比卦〉 - 水(坎☵)地(坤☷) 比. ○不得豫焉 -
豫는 즐거움. 즐기다. 기쁨. ○〈葛藟〉之詩 - 葛藟(갈루)는 칡넝쿨. 《詩經
大雅 旱麓》, '豈弟君子 求福不回' 훌륭하신 군자께서 구하시는 복이 틀림
없으리라.

[國譯]

「지난 번, 5월 甲申日, 하늘에 白虹(백홍, 흰 무지개)가 子時부터 午
時까지, 그 넓이가 10丈(장)에 길이가 1萬丈이 될 만했는데 바로 倚
彌(의미)에 나타났습니다. 倚彌(의미)는 바로 黎丘(여구)인데, (叛賊)
秦豐(진풍)의 근거지입니다. 이때, 달도 서방의 畢星(필성)에 들어있
었습니다. 畢星은 天網(천강)이니 無道之君을 망라하여 주관하기에
(周) 武王이 紂王(주왕)을 정벌할 때 畢星에 제사를 올려 하늘의 도
움을 빌었습니다. 그리고 仲夏(5月) 甲申日은 (曆法의) 八魁(팔괴)에
해당합니다. 八魁日(팔괴일)은 上帝가 막혔던 天將을 내보내는 날인
데 惡行과 逆亂(역란) 퇴치를 주관하는 날입니다. 流星의 형상은 蚩
尤旗(치우기)와 비슷한데 營頭(영두), 또는 天槍(천창)이라고도 하고
奎星(규성) 부근에서 출현하여 서북 방향으로 나아가 (叛賊) 延牙(延
岑, 연잠)의 군영 위에 멈췄다가 수백 개의 작은 별로 흩어져 소멸하
였습니다. 奎星은 毒螫星(독석성)으로 武庫의 兵器(軍事)를 주관합
니다. 天象의 이런 변화는 군내의 모든 사람은 물론 연잠의 군사들
도 함께 관망하였습니다. 이 때문에 연잠은 결국 (南陽郡의) 武當縣
으로 옮겨갔는데 말로는 군사를 훈련했다지만 사실은 재앙을 피하
려 했던 것입니다. 금년은 〈比卦〉(水地比)가 주관하는 해인데 하괘

의 〈坤☷〉은 立冬日을 주관하고, 상괘의 〈坎☵감, 水〉은 冬至日을 주관하는데, 水性(坎)은 불을 끄기 때문에 南方(火)의 군사가 재앙을 당하게 되었습니다. (금년 운세로) 德은 中宮에 있고, 刑은 木에 있는데, 木은 土를 이기며, 刑은 德을 제어하니, 이는 금년에 군사진압이 끝나고 나라가 평안할 것을 하늘이 보여주는 것입니다. 또 五七之家의 35개 姓에 彭氏(彭寵), 秦氏(秦豐), 延氏(延岑)은 올해 좋은 일이 없을 것입니다. 그런데 어찌하여 괴이 현혹한 일을 의지하고 믿으려 합니까? 〈葛藟(갈루)〉의 詩에 '求福不回(구하는 복이 틀림없으리라)' 는 바로 이런 것입니다!」

原文

「圖讖之占, 衆變之驗, 皆君所明. 善惡之分, 去就之決, 不可不察. 無忽鄙言! 夫周公之善康叔, 以不從管,蔡之亂也, 景帝之悅濟北, 以不從吳濞之畔也. 自更始以來, 孤恩背逆, 歸義向善, 臧否粲然, 可不察歟! 良醫不能救無命, 彊梁不能與天爭, 故天之所壞, 人不得支. 宜密與太守劉君共謀降議. 仲尼棲棲, 墨子遑遑, 憂人之甚也. 屠羊救楚, 非要爵祿, 茅焦干秦, 豈求報利? 盡忠博愛之誠, 憤懣不能已耳.」

又與仲況書諫之, 文多不載, 於是仲況與龔遂降.

龔字孟公, 長安人, 善論議, 扶風馬援,班彪並器重之. 竟終不伐其功, 潛樂道術, 作〈記誨篇〉及文章傳於世. 年七十, 卒於家.

| 註釋 | ○鄙言 - 俗諺, 卑近한 말. 鄙는 천할 비. ○夫周公之善康叔 -
(周의) 주공은 殷의 遺民 康叔을 衛에 봉했다. ○景帝之悅濟北 - 景帝는
濟北王 劉志(고조의 손자)를 잘 대해주었는데, 劉志는 劉濞(유비)의 吳楚七
國亂에 가담하지 않았다. ○吳濞之畔 - 吳王 劉濞의 반란(景帝 3년, 前
154년). 유비는 高祖의 조카, 고조의 작은형 劉喜의 長子, 吳王. 吳는 풍부
한 소금과 철을 소유한 부국이었다. ○臧否(장부) - 善惡. 棨은 燦. ○人不
得支 - 支는 持. 지탱하다. ○仲尼棲棲, 墨子遑遑 - 棲棲(서서)는 바삐 돌
아다니는 모양. 遑遑(황황)은 마음이 급해 허둥대는 모양. 班固는 "棲棲遑
遑, 孔席不煖하고 墨突不黔."이라고 했다. ○屠羊救楚 - 屠羊은 인명. 屠
羊說(도양설). 楚 昭王이 나라에서 쫓겨갈 때 도양설은 소왕을 따라와 섬겼
다. 소왕이 왕위를 되찾고 도양설을 봉하려 하자, 도양설은 '조상의 고향
을 되찾았고 작록을 회복하였다.' 며 추가 작록을 사양하였다. ○茅焦干秦
- 茅焦(모초)는 秦 始皇에게 죽음으로 간언을 올렸다. ○憤懣(분만) - 분하
여 가슴이 답답함. ○仲況 - 延岑(연잠)의 護軍인 鄧仲況(등중황). ○扶風
馬援,班彪~ - 馬援(마원)은 24권, 〈馬援列傳〉에 立傳. 班彪(반표)는 班固의
부친. 40권, (上), 〈班彪列傳〉에 立傳.

[國譯]

「圖讖(도참)의 占은 수많은 변화에 대한 徵驗(징험)이라는 것을 당
신도 알고 있습니다. (圖讖은) 善惡을 구분하고 去就를 결정할 수
있기에 살피지 않을 수 없고 鄙言(비언)이라고 무시할 수 없습니다!
옛날 周公은 康叔(강숙)을 잘 대우했기에 管叔(관숙)과 蔡叔(채숙)의
반란에 가세하지 않았으며, 景帝는 濟北王(劉志)을 잘 대했기에 제
북왕은 吳王 劉濞(유비)의 반란을 따르지 않았습니다. 更始 이래로
은혜를 버리고 배반하거나 대의와 선행을 지키는 등 그 선악의 분명

한 결과를 살피지 않을 수 있습니까! 良醫라도 죽음을 막을 수 없고 아무리 기둥이 튼튼하여도 하늘과 겨룰 수 없으니 하늘이 무너진다면 인력으로 지탱할 수 없습니다. 太守인 劉君(유군)과 함께 광무제에게 투항을 비밀리에 꼭 의논해 보십시오. 仲尼(孔子)나 墨子는 바삐 돌아다니며 백성을 크게 걱정하였습니다. 屠羊說(도양설)이 楚昭王을 섬긴 것은 爵祿(작록)을 얻으려는 뜻이 아니었고, 茅焦(모초)가 秦始皇에게 죽음으로 간언한 것이 어찌 이득 때문이었습니까? 진정으로 충성을 다하고 博愛(박애)의 마음이었으며 분하고 답답한 마음을 어쩔 수 없었기 때문입니다.」

蘇竟(소경)은 또 (延岑의 護軍인) 鄧仲況(등중황)에게도 서신을 보냈는데, 글이 길어 수록하지 못했지만 등중황과 劉龔(유공)은 광무제에게 투항하였다.

劉龔(유공)의 字는 孟公(맹공)인데, 長安 사람으로 의론을 잘했기에 右扶風의 馬援(마원)이나 班彪(반표)가 높이 평가하였다. 소경은 끝내 자신의 공적을 자랑하지 않고 은거하며 도술을 즐겨 실행하였는데 〈記誨篇〉을 지었고 그의 文章도 후세에 전해왔다. 나이 70에 집에서 죽었다.

❷ 楊厚

｜原文

楊厚字仲桓, 廣漢新都人也. 祖父春卿, 善圖讖學, 爲公孫述將. 漢兵平蜀, 春卿自殺, 臨命戒子統曰, "吾綈袠中有

先祖所傳秘記, 爲漢家用, 爾其修之." 統感父遺言, 服闋,
辭家從犍爲周循學習先法, 又就同郡鄭伯山受〈河洛書〉及
天文推步之術. 建初中爲彭城令, 一州大旱, 統推陰陽消伏,
縣界蒙澤. 太守宗湛使統求爲郡求雨, 亦卽降澍. 自是朝廷
災異, 多以訪之. 統作〈家法章句〉及〈內讖〉二卷解說, 位至
光祿大夫, 爲國三老. 年九十卒.

| 註釋 | ○廣漢新都 - 廣漢郡 治所는 雒縣(낙현), 今 四川省 成都市 북쪽
의 廣漢市. 新都縣은 今 四川省 成都市 新都區. ○緹袟(제질) - 두꺼운 비
단으로 만든 주머니. 緹는 두꺼운 비단 제. 袟은 칼 전대 질. 칼을 넣은 칼
집을 보관하는 주머니. ○爾其修之 - 爾는 너 이(汝 同). 其는 ~하라. ~
하기 바란다. ○犍爲(건위) - 군명. 治所는 武陽縣, 今 四川省 중앙부 眉山
市 彭山區. ○推步(추보) - 日月과 五星의 운행, 절기의 순환에 따른 차이
를 추산하다. 천문역법의 계산. ○(章帝) 建初 - 서기 76 - 83년. ○彭城
(팽성) - 彭城郡(國) 치소인 彭城縣, 今 江蘇省 북부 徐州市. ○國三老 - 三
老는 敎化之官. 鄕, 縣, 郡과 중앙(국가)에 삼로를 두었다. 국가관리가 아
니라 봉록은 없었지만 수시로 하사품을 받았고, 요역을 면제하는 등 크게
우대하였으며 縣令과는 分庭抗禮하였다. 삼노는 황제에게 직접 상소할 수
있었다.

[國譯]

楊厚(양후)의 字는 仲桓(중환)으로 廣漢郡 新都縣 사람이다. 조부
인 楊春卿(양춘경)은 圖讖學(도참학)에 밝았는데 公孫述(공손술)의 장
수였다. 漢兵이 蜀을 평정하자 양춘경은 자살하기 전에 아들 楊統

(양통)에게 말했다.

"나의 비단 칼집 주머니에 선조 때부터 전해오는 秘記가 있는데, 漢家에 유용할 것이니 너는 잘 익히도록 하라."

양통은 부친의 유언에 감명하였고 복상을 마치자 집을 떠나 犍爲郡(건위군)의 周循(주순)을 찾아가 여러 술법을 익혔고, 또 同郡의 鄭伯山(정백산)에게 가서 〈河洛書〉와 천문의 계산 방법을 배웠다. (章帝) 建初 연간에, (彭城郡) 彭城 縣令이 되었는데 州郡에 큰 가뭄이 들자 양통은 陰陽과 재해 消失 술법을 행하여 현 전체가 혜택을 입었다. 太守 宗湛(종잠)은 양통에게 군에도 비를 내리게 해달라고 요청했는데 역시 큰 비가 내렸다. 이후로 조정에 朝廷에서는 災異가 있을 때마다 양통을 자주 찾았다. 양통은 〈家法章句〉와 〈內讖〉 2권을 저술하고 해설하였으며, 관직은 光祿大夫에 이르렀고 國三老가 되어 나이 90에 죽었다.

■原文

統生厚. 厚母初與前妻子博不相安, 厚年九歲, 思令和親, 乃託疾不言不食. 母知其旨, 懼然改意, 恩養加篤. 博後至光祿大夫.

厚少學統業, 精力思述. 初, 安帝永初三年, 太白入斗, 洛陽大水. 時統爲侍中, 厚隨在京師. 朝廷以問統, 統對"年老耳目不明, 子厚曉讀圖書, 粗識其意." 鄧太后使中常侍承制問之, 厚對以爲"諸王子多在京師, 容有非常, 宜亟發遣各還本國." 太后從之, 星尋滅不見. 又克水退期日, 皆如所言.
除爲中郞. 太后特引見, 問以圖讖, <u>厚</u>對不合, 免歸. 復習業
<u>犍爲</u>, 不應州郡, 三公之命, 方正, 有道, 公正特徵, 皆不就.

| 註釋 | ○光祿大夫 − 光祿勳의 속관. 질록 比二千石. 無 定員. 황제의
顧問 應對, 일정 직무 없이 황제의 명에 따라 업무 수행, 諸國의 喪事에 光
祿大夫을 보내 조문케 했다. ○安帝永初三年 − 서기 109년. ○太白入斗
− 태백성이 북두 자리에 보이다. ○星尋滅不見 − 尋은 곧. 얼마 아니 있
을 심. 갑자기. 보통. 찾을 심.

[國譯]

楊統은 楊厚(양후)를 낳았다. 양후의 모친은 전처의 아들 楊博(양
박)을 푸대접하였는데 양후 나이 9살에 모친의 마음을 고쳐주려고
병을 핑계로 먹지도 말도 하지 않았다. 모친이 양후의 뜻을 알고 걱
정하며 마음을 고쳐 양박을 독실하게 키웠다. 양박은 뒷날 光祿大夫
가 되었다.

양후는 어려서부터 부친의 학문을 배웠고 정성으로 힘쓰며 뜻을
생각하였다. 그전에 安帝 永初 3년에, 太白星이 北斗 자리에 나타났
고 洛陽에 큰 비가 내렸다. 그때 양통은 侍中이었고, 양후는 부친을
따라 낙양에 머물고 있었다. 조정에서 양통을 찾아 물었으나 양통은
"나이가 들어 귀와 눈이 어두우나 아들 厚가 圖書를 읽어 그 뜻을 대
략 알고 있습니다." 라고 대답하였다. 鄧(등) 太后가 中常侍를 보내
제서로 홍수 대책을 묻자, 양후가 대답하였다.

"제후 왕과 그 아들이 京師에 많이 모여 있어 비상한 일이 일어나

고 있으니 빨리 각 본국으로 돌려보내는 것이 좋을 것 같습니다."
그러자 태후는 그 말에 따랐고, 곧 태백성도 북두의 자리에서 사라
져 보이지 않았다. 양후는 또 홍수가 끝날 때를 예언하였는데 그 예
언이 맞았다. 양후는 中郞에 임명되었다. 등태후가 특별히 불러 만
나 圖讖(도참)에 관하여 물었는데, 양후의 대답이 맞지 않았기에 양
후는 면직되어 귀향하였다. 양후는 다시 犍爲郡에서 학습하면서 州
郡이나 三公의 부름, 또 方正하고 도덕이 있으며 公正하다 하여 황
제의 특별한 부름에도 응하지 않았다.

原文

永建二年, 順帝特徵, 詔告郡縣督促發遣. 厚不得已, 行
到長安, 以病自上, 因陳漢三百五十年之厄, 宜蠲漢改憲之
道, 及消伏災異, 凡五事. 制書褒述, 有詔太醫致藥, 太官賜
羊酒. 及至, 拜議郎, 三遷爲侍中, 特蒙引見, 訪以時政. 四
年, 厚上言 "今夏必盛寒, 當有疾疫蝗蟲之害." 是歲, 果六
州大蝗, 疫氣流行. 後又連上 "西北二方有兵氣, 宜備邊
寇." 車駕臨當西巡, 感厚言而止. 至陽嘉三年, 西羌寇隴右,
明年, 烏桓圍度遼將軍耿曄.

永和元年, 復上 "京師應有水患, 又當火災, 三公有免者,
蠻夷當反畔." 是夏, 洛陽暴水, 殺千餘人, 至冬, 承福殿災,
太尉龐參免, 荊, 交二州蠻夷賊殺長吏, 寇城郭. 又言 "陰臣,
近戚, 妃黨當受禍."

明年, 宋阿母與宦者襃信侯李元等遘姦廢退, 後二年, 中
常侍張逵等復坐誣罔大將軍梁商專恣, 悉伏誅. 每有災異,
厚輒上消救之法, 而閹宦專政, 言不得信.

| 註釋 | ○(順帝) 永建二年 – 서기 127년. ○因陳漢三百五十年之厄 –
그 당시에 '~州有兵亂 五七弱, 暴漸之效也.'라는 讖言(참언)이 유행했다.
五七은 漢 건국 350년. ○宜蠲漢~ – 蠲은 밝을 견. 제거하다. ○太官賜
羊酒 – 太官은 少府의 속관인 太官令. 황제의 식사 담당관. 질록 6백석. 羊
酒는 양 1마리와 술 2石. ○(順帝) 陽嘉三年 – 서기 134년. ○(順帝) 永和
元年 – 서기 136년. 陰臣 – 私臣. ○宋阿母 – 順帝의 乳母인 山陽君 宋娥
(송아). 遘姦(구간)은 불법을 저지르다. 간통하다. ○中常侍張逵 – 中常侍
(중상시)는 환관, 질록 千石. 無定員. 뒤에 比二千石까지 증액되었다. 逵는
한길 규. 네거리. ○大將軍梁商 – 34권, 〈梁統列傳〉에 입전, 梁商(양상)의
딸 瑩(영)이 桓帝의 梁皇后. 梁太后 부친 梁商이 죽자 아들 梁冀(양기)가 대
장군이 되었고, 質帝를 독살하고(서기 146년) 桓帝를 옹립했다. ○閹宦 –
환관, 내시. 閹은 내시 엄. 宦은 벼슬 환, 내시 환.

[國譯]

(順帝) 永建 2년, 順帝가 특별히 부르면서 조서로 郡縣에서는 서
둘러 보내라고 명했다. 楊厚는 부득이 출발하여 장안까지 와서 병으
로 일단 머무르며 상서하여 漢 350년의 액운을 설명하고 응당 漢의
제도를 바꿔 災異(재이)를 극복해야 하는 등 5가지 국사를 건의하였
다. 황제는 制書로 양후를 포상하게 하였고, 太醫令은 약을, 太官令
은 양고기와 술을 보내게 하였다. 양후가 낙양에 오자 議郞을 제수
하였는데 양후는 3번 승진하여 侍中이 되었으며, 순제는 특별히 불

러 만나보고 그 당시 정사에 관한 의견을 물었다.

(永建) 4년, 양후는 "금년 여름날이 많이 한랭할 것이고 질병과 蝗蟲(황충)의 폐해가 있을 것"이라고 상주하였다. 그 해에 과연 6개 州에서 황충이 발생했고 전염병이 유행하였다. 그 뒤에 연이어 "서북 2개 방향으로 병란의 기운이 있으니 변방에서는 외적에 대비해야 한다."고 상주하였다. 황제는 서쪽지방을 순수하려다가 양후의 건의를 듣고 중지하였다. (順帝) 陽嘉(양가) 3년에, 西羌(서강)족이 隴右郡을 노략질하였고 그 다음 해에는 烏桓族(오환족)이 度遼將軍 耿曄(경엽)을 포위 공격하였다.

(順帝) 永和 원년에, 다시 "京師에 틀림없이 수재가 있고 또 화재가 날 것이며, 三公에서 물러날 자가 있고 蠻夷가 틀림없이 반역할 것"이라고 상주하였다. 이 해 여름에 洛陽에 폭우가 크게 쏟아져서 1천여 명이 죽었으며, 겨울에는 承福殿에서 화재가 났으며, 太尉 龐參(방참)이 면직되었고 荊州와 交州에서 만이들이 침입하여 현령이나 관리를 죽였고 성내를 노략질하였다. 양후는 또 "陰臣(私臣)이나 近戚, 황후 일족이 틀림없이 화를 당할 것이라고 말했다.

다음 해 (順帝 乳母) 宋阿와 환관인 襄信侯 李元 등이 불법을 자행하다 내쫓겼고, 그 2년 뒤에는 中常侍 張逵(장규) 등이 무고죄로 주살되었고, 大將軍 梁商(양상)이 멋대로 전횡하다가 모두 주살되었다. 매번 재해가 있을 때마다 양후는 재해를 없애는 방법을 상주하였지만 환관이 정사를 쥐고 있어 양후의 건의는 상주되지도 않았다.

原文

時大將軍梁冀威權傾朝, 遣弟侍中不疑以車馬, 珍玩致遺
於厚, 欲與相見. 厚不答, 固稱病救退. 帝許之, 賜車馬錢帛
歸家. 修黃,老, 教授門生, 上名錄者三千餘人. 太尉李固數
薦言之. 本初元年, 梁太后詔備古禮以聘厚, 遂辭疾不就.
建和三年, 太后復詔徵之, 經四年不至. 年八十二, 卒於家.
策書弔祭. 鄉人諡曰文父. 門人爲立廟, 郡文學掾史春秋饗
射常祠之.

| 註釋 | ○太尉李固 – 63권, 〈李杜列傳〉에 입전. ○(質帝) 本初元年 –
서기 146년. ○(桓帝) 建和三年 – 서기 149년. ○郡文學掾史 – 郡의 교육
관련 업무 담당 관리.

[國譯]

그때 大將軍 梁冀(양기)의 권위는 조정을 흔들었는데, 동생인 侍
中 梁不疑(양불의)에게 車馬와 여러 진기한 물건을 양후에게 보내면
서 만나려 하였다. 양후는 대답하지 않았고 병이 심하다며 퇴임을
청원하였다. 順帝는 수락하면서 車馬와 錢帛을 하사하여 귀향하게
하였다. 양후는 고향에서 黃老의 뜻을 연구하며 학생을 가르쳤는데
문하에 이름이 오른 자가 3천여 명이나 되었다. 太尉인 李固(이고)는
여러 번 양후를 천거하였다. (質帝) 本初 元年에, 梁太后는 조서를
내려 옛 예를 갖춰 양후를 초빙하였지만 끝내 병이라 사양하며 응하
지 않았다. (桓帝) 建和 3년에, 양태후가 또 조서로 불렀지만 4년이
지나도록 응하지 않았다. 나이 82세에 집에서 죽었다. 황제는 策書

로 조문하였다. 鄕人들은 시호를 文父(문부)라 하였다. 門人들은 묘
사를 지었고 郡의 文學掾史(문학연사)는 봄가을로 饗射禮를 올리며
늘 양후를 제사했다.

30 郎顗襄楷列傳(下)
〔낭의,양해열전(하)〕

❸ 郎顗

郎顗字雅光, 北海安丘人也. 父宗, 字仲綏, 學《京氏易》, 善風角,星筭,六日七分, 能望氣占候吉兇, 常賣卜自奉. 安帝徵之, 對策爲諸儒表, 後拜吳令. 時卒有暴風, 宗占知京師當有大火, 記識時日, 遣人參候, 果如其言. 諸公聞而表上, 以博士徵之. 宗恥以占驗見知, 聞徵書到, 夜縣印綬於縣廷而遁去, 遂終身不仕.

顗少傳父業, 兼明經典, 隱居海畔, 延致學徒常數百人. 晝研精義, 夜占象度, 勤心銳思, 朝夕無倦. 州郡辟召, 擧有道,方正, 不就. 順帝時, 災異屢見, 陽嘉二年正月, 公車徵,

<u>顗乃詣闕拜章曰,</u>

| 註釋 | ○郎顗(낭의) – 郎이 성씨. 顗는 근엄할 의. ○北海安丘 – 北海는 군명. 治所는 劇縣, 今 山東省 중부 濰坊市(유방시) 昌樂縣. 安丘는 현명. 今 山東省 濰坊市 관할 安丘市. ○《京氏易》 – 前漢 京房(경방)이 전승한 《易》. ○善風角,星筭 – 風角은 사방의 바람을 보아 길흉을 예견하는 점. 星筭은 天文과 算術. 筭은 算. ○六日七分 – 점술의 한 분야. ○望氣 – 구름의 형상과 빛깔을 보아 人事에 결부시켜 길흉을 예언하는 占卜. ○賣卜自奉 – 남의 점을 쳐주어 먹고 살다. 奉은 씀씀이, 用度. ○吳令 – 吳郡의 치소, 吳縣의 현령. 今 江蘇省 남부의 蘇州市. ○海畔 – 바닷가. 畔은 물가 반. 澤畔. 두둑 반, 배반할 반. ○有道,方正 – 有道德才藝人, 漢代 擧士 과목의 하나. 方正도 同. ○(順帝) 陽嘉 二年 – 서기 133년.

[國譯]

　郎顗(낭의)의 字는 雅光(아광)으로 北海郡 安丘縣 사람이다. 부친 郎宗(낭종)의 字는 仲綏(중수)로 《京氏易》을 배워 風角(풍각, 風占)과 天文, 算術을 잘했으며 六日七分 같은 점술과 望氣(망기) 같은 占卜에도 능하여 늘 점을 쳐서 먹고 살았다. 安帝의 부름을 받아 대책에서 다른 우생보다 우수하여 나중에 (吳郡의) 吳縣 현령이 되었다. 그때 갑자기 폭풍이 불자 낭종은 京師에 큰 화재가 났다고 말했는데 그 일시를 기록했다가 사람을 보내고 기다렸더니 과연 그 말과 같았다. 여러 사람이 이를 듣고 조정에 보고하자 安帝는 낭종을 박사에 임명하려고 불렀다. 그러나 낭종은 점이 맞아 이름이 알려진 것을 수치로 여겼고 문서가 내려왔다는 것을 알고서 밤에 인수를 현청에 걸어두고 은둔하여 끝내 벼슬길에 나서지 않았다.

郎顗(낭의)는 젊어 부친의 학업을 전수받았고 經學에도 밝았는데, 바닷가에 은거하며 학도를 받았는데 늘 수백 명이 되었다. 낮에는 경의를 연구하고 밤에는 天象을 보아 점을 치며 부지런히 사색하며 아침저녁으로 쉬지 않았다. 주군에서 낭의를 불러 有道하고 方正한 인재로 천거하였으나 벼슬하지 않았다. 順帝 때 재해와 이변이 자주 발생하자 (順帝) 陽嘉 2년 정월에, 공평 정직한 인재로 초빙하자 낭의는 궁궐에 와서 글을 상주하였다.

原文

「臣聞天垂妖象, 地見災符, 所以譴告人主, 責躬修德, 使正機平衡, 流化興政也.《易內傳》曰, '凡災異所生, 各以其政. 變之則除, 消之亦除'. 伏惟陛下躬日昃之聽, 溫三省之勤, 思過念咎, 務消祇悔. 方今時俗奢佚, 淺恩薄義. 夫救奢必於儉約, 拯薄無若敦厚, 安上理人, 莫善於禮. 修禮遵約, 蓋惟上興, 革文變薄, 事不在下. 故〈周南〉之德, 〈關雎〉政本. 本立道生, 風行草從, 澄其源者流淸, 混其本者末濁. 天地之道, 其猶鼓籥, 以虛爲德, 自近及遠者也. 伏見往年以來, 園陵數災, 炎光熾猛, 驚動神靈.〈易天人應〉曰, '君子不思遵利, 茲謂無澤, 厥災蠚火燒其宮'. 又曰, '君高臺府, 犯陰侵陽, 厥災火'. 又曰, '上不儉, 下不節, 炎火並作燒君室'. 白頃繕理西苑, 修復太學, 宮殿官府, 多所構飾. 昔盤庚遷殷, 去奢卽儉, 夏后卑室, 盡力致美. 又魯人爲長府, 閔子騫曰, '仍舊貫, 何必改作'. 臣愚以爲諸所繕修, 事可省減, 稟卹貧人, 賑贍孤寡, 此天之意也, 人之慶也, 仁之本也, 儉之要也. 焉有應天養人, 爲仁爲儉, 而不降福者哉?」

| 註釋 | ○災符 – 재앙의 徵驗, 徵兆. ○《易内傳》– 緯書(위서, 經書의 상대적인 뜻) 이름.《易緯》. 漢代 학자들이《易》의 경문을 참위설의 입장에서 재구성한 책. 鄭玄의 주석이 있다. 문장이 淺俗하고 상호 오류가 많다고 한다. 後漢에서 크게 유행,《隋書 經籍志》에 수록. ○日昃之聽 – 몸소 해가 기울도록 聽政하다. 昃은 해가 기울 측. ○溫三省之勤 – 매일 三省을 실천하다. 溫은 익히다. ○務消祇悔 – 후회가 없도록 힘쓰다. 祇(다만 지)는 大,《易》地(☷)雷(☳)復, 〈復卦〉初九의 爻辭. '不遠復, 無祇悔 元吉'. ○拯薄無若敦厚 – 拯은 건질 증. 薄無는 아주 적음. ○〈周南〉之德 –《詩》國風의 첫째 편, 〈關雎〉는 〈周南〉의 첫 번째 詩. ○鼓篴 – 북(鼓) 피리(篴 피리 약), 가운데가 비었기에 소리가 난다. ○〈易天人應〉–《易緯》의 편명. 다음에 나오는 〈易中孚傳(역중부전)〉도 같음. ○昔盤庚遷殷 – 盤庚(반경)은 前 1300년경의 商의 王. 殷은 今 河南省 북부 安陽市로 천도하였다. ○長府 – 창고. ○閔子騫(민자건) – 孔門十哲의 한 사람(德行). 「子曰, "孝哉閔子騫! 人不間於其父母昆弟之言."」《論語 先進》. ○仍舊貫 – 옛것을 그대로 사용하다. 「魯人爲長府. 閔子騫曰, "仍舊貫, 如之何? 何必改作?" 子曰, "夫人不言, 言必有中."」《論語 先進》. ○稟卹貧人 – 稟卹(늠휼)은 가엽게 여겨 도와주다.

[國譯]

「臣이 알기로, 하늘에 요사한 현상이나 땅에 재앙의 징조가 나타나는 것은 人君에게 견책을 내려 人主가 덕을 닦고 바른 정사를 행하며 교화를 널리 펴게 하려는 뜻이라고 하였습니다. 《易內傳》에서는 '재해와 이변의 발생은 모두 政事 때문이니, 정사가 바뀌면 재해가 없어지고, 악정이 없어지면 재해도 없어진다.'고 하였습니다. 제가 볼 때 폐하께서는 몸소 해가 기울도록 聽政하시고 매일같이 三省을 실천하시며 지나침과 허물이 있는가를 반성하시며 재해가 닥치지 않도록 애를 쓰고 계십니다.

그러나 지금 時俗은 사치와 放逸에 빠졌고 恩義도 사라졌습니다. 사치 풍조는 꼭 검소와 절약으로만 바로잡을 수 있고, 敦厚(돈후)로 경박하고 몰염치를 없앨 수 있으며, 주군이 백성을 편안케 하려면 예의보다 더 중요한 것이 없습니다. 예의와 검약은 主君에서부터 시작되어야 하고, 사치와 경박 풍조를 바로잡는 일은 아래 백성에게 있지 않습니다. 그래서 〈周南〉의 덕풍은 〈關雎(관저)〉에 나타난 政事가 근본입니다. 근본이 확립되면 正道가 나오고, 바람이 불면 풀은 눕게 되어있으며, 근원이 맑으면 그 물도 깨끗하며, 근본이 흐리면 하류도 혼탁합니다. 天地의 道는 마치 북이나 피리와 같이 속이 비어 있어야 하며(中虛) 가까운 곳부터 먼 곳으로 퍼져야 합니다. 臣이 볼 때 작년 이후로 園陵(원릉)에서 화재가 자주 발생하고 화광이 충천하여 신령도 놀랐을 것입니다. 〈易天人應〉에는 '君子가 선행을 따르지 않고 은택을 베풀지 않는다면 재앙의 싹이 궁궐을 불태운다.'고 하였습니다. 또 '人君의 크고 높은 집이 음양을 다치게 하면 불이 난다.'고 하였습니다. 그리고 '위에서 검소하지 않아 아래서도 절약하지 않기에 불길이 주군의 궁실을 태운다.'고 하였습니다, 얼마 전에 西苑(서원)을 크게 중수하고 太學(태학)을 다시 지었으며, 宮殿이나 관청도 미관을 많이 꾸몄습니다. 예전에 盤庚(반경)이

殷(은)에 천도하면서 사치를 버리고 검약하면서 궁궐을 작게 짓고 선행에 힘썼습니다. 또 魯에서 새로운 창고를 지을 때 閔子騫(민자건)은 '옛 것을 그대로 쓰면 되거늘, 왜 새로 짓는가?' 라고 하였습니다. 臣이 어리석은 생각이지만 지금 새로 짓거나 수리하면서도 충분히 절약할 수 있으며, 빈민을 가엽게 여겨 도와주고 고아와 과부를 구제한다면, 이는 하늘의 뜻이며 백성의 복이며, 仁德의 근본이며 절약의 요체가 될 것입니다. 하늘의 뜻에 따라 백성을 부양하고 仁政에 검소한데 하늘이 어찌 복을 내리지 않겠습니까?」

原文

「土者地祇, 陰性澄靜, 宜以施化之時, 敬而勿擾. 竊見正月以來, 陰闇連日. 〈易內傳〉曰, '久陰不雨, 亂氣也, 〈蒙〉之〈比〉也. 蒙者, 君臣上下相冒亂也'. 又曰, '欲德不用, 厥異常陰'. 夫賢者化之本, 雲者雨之具也. 得賢而不用, 猶久陰而不雨也. 又頃前數日, 寒過其節, 冰旣解釋, 還復凝合. 夫寒往則暑來, 暑往則寒來, 此言日月相推, 寒暑相避, 以成物也. 今立春之後, 火卦用事, 當溫而寒, 違反時節, 由功賞不至, 而刑罰必加也. 宜須立秋, 順氣行罰.」

| 註釋 | ○地祇(지기) – 地神. 祇는 땅 귀신 기. 마침 지, 다만 지. ○澄靜 – 맑고 고요하다. ○陰闇 – 陰闇은 陰暗. 闇은 닫힌 문 암. 어둡다. ○〈蒙〉之〈比〉也 – 〈蒙〉은 山(☶)水(☵)蒙의 〈蒙卦〉. 蒙은 막혔던 것이 터지는 형상. 〈比〉는 水(☵)地(☷)比의 〈比卦〉. 比는 서로 친근하게 지내는 형상.

[國譯]

「土는 地祇(지기, 地神)이며, 陰性은 맑고 고요하니 응당 교화에서 敬重하되 흔들어서는 안 됩니다. 臣이 볼 때 正月 이래로 하늘은 연일 흐렸습니다. 〈易內傳〉에 '오랫동안 구름만 끼고 비가 안 내리면 氣가 정상이 아니며 〈蒙〉이 〈比〉에 간 것이다. 蒙(몽)이란 君臣이 상하 간에 서로 침탈하여 혼란한 것이다.' 라고 했습니다. 또 '德政을 펴지 않는 것은 天象이 음한 것이니 비정상이다.' 라고 했습니다. 賢者는 교화의 근본이며 구름은 비를 내리게 하는 도구입니다. 현자를 알고도 등용하지 않는 것은 구름만 끼고 비가 내리지 않는 것과 같습니다. 또 최근 며칠간에 절기에 안 맞게 한랭하며 얼음은 풀렸다가 다시 얼었습니다. 추위가 가면 더위가 오고, 더위가 가면 추위가 오는데, 이는 日月이 서로 밀어내고 추위와 더위가 서로 피하는 것이며 이러해야 만물이 성숙합니다. 금년 立春 이후로 火卦의 작용으로 온난해야 하지만 한랭한 것은 계절에 맞지 않은 것이니, 이는 공적에 따른 상벌이 시행되지 않았고 형벌이 지나쳤기 때문입니다. 응당 입추를 기다려 계절의 기운에 따라 형벌을 집행해야 합니다.」

原文

「臣伏案〈飛候〉, 參察衆政, 以爲立夏之後, 當有震裂湧水之害. 又比熒惑失度, 盈縮往來, 涉歷輿鬼, 環繞軒轅. 火精南方, 夏之政也. 政有失禮, 不從夏令, 則熒惑失行. 正月二日至乎九日, 三公卦也. 三公上應臺階, 下同元首. 政失其道, 則寒陰反節. '節彼南山', 詠自〈周詩〉, '股肱良哉'

著於〈虞典〉. 而今之在位, 競托高虛, 納累鐘之奉, 忘天下
之憂, 棲遲偃仰, 寢疾自逸, 被策文, 得賜錢, 卽復起矣. 何
疾之易而愈之速 以此消伏災眚, 興致昇平, 其可得乎? 今
選擧牧守, 委任三府. 長吏不良, 旣咎州郡, 州郡有失, 豈得
不歸責擧者? 而陛下崇之彌優, 自下慢事愈甚, 所謂大網
疏, 小網數. 三公非臣之仇, 臣非狂夫之作, 所以發憤忘食,
懇懇不已者, 誠念朝廷欲致興平, 非不能面譽也. 臣生長草
野, 不曉禁忌, 披露肝膽, 書不擇言. 伏鑕鼎鑊, 死不敢恨.
謹詣闕奉章, 伏待重誅.」

| **註釋** | ○〈飛候〉－〈周易飛候〉, 京房(경방)이 지은 글. 내용 미상. ○熒
惑(형혹)－남방의 별. 여름을 주관. ○興鬼(여귀)－남방의 별 이름. ○環
繞軒轅－環繞(환요)는 맴돌다. 軒轅(헌원)은 별 이름. 女主, 后宮을 상징.
○三公卦也－삼공에 해당하는 괘이다. ○ '節彼南山'－節은 高峻(고준)
한 모양. 곧 三公의 지위. ○〈周詩〉－《詩經 小雅 節彼南山》. ○股肱良哉
－股肱(고굉)은 신하. 넓적다리와 팔뚝. ○著於〈虞典〉－《書經 虞書 益
稷》. ○納累鐘之奉－많은 봉록을 받다. 鐘은 4斗. ○三府－三公. ○小網
數－작은 그물은 더 촘촘하다. 數은 촘촘할 촉. 자주 삭. 셈 수. ○三公非
臣之仇－여기서 仇는 맞상대. ○伏鑕鼎鑊－伏鑕(복질)을 도끼로 처형할
때 필요한 도끼 받침대, 鼎鑊 (정확)은 삶아 죽이는(烹殺) 솥.

[國譯]

「臣이 〈周易飛候〉를 읽고 눈앞의 여러 정사를 살펴보건대, 立夏
이후로 지진이나 물이 용출하는 폐해가 있으리라 생각합니다. 또 熒

惑星(형혹성)이 정상궤도를 이탈하고 커지거나 작아지며 興鬼星(여귀성)을 지나 軒轅星(헌원성)을 싸고돌며 火精(日)은 南方에 있으니, 이는 (時令의) 夏季 政事입니다. 정사가 禮에 어긋나고 夏令을 따르지 않는다면 熒惑星이 궤도를 벗어나게 됩니다. 正月의 3日부터 9日까지는 三公에 해당하는 괘입니다. 三公은 하늘에 오르는 계단의 상층부에 해당하며 아래 백성에게는 元首(군왕)과 같습니다. 정사가 그 정도를 잃으면 추위나 음기가 서로 어긋나게 됩니다. '節彼南山'은 《詩經 小雅》의 시작이고, '股肱良哉'는 《書經 虞書 益稷》에 있습니다. 지금 자리에 있는 고관은 다투어 높은 지위에서 많은 봉록을 받고 있으면서도 天下에 대한 걱정을 하지 않고 편안하게 병을 핑계 대며 여유를 즐기고 있는데, 한 번 책봉을 받으면 금전도 하사받고 언제든지 다시 등용될 수도 있습니다. 무슨 병이 그렇게 쉽게 빨리 나을 수 있겠습니까? 그렇듯 빠르다면 재해를 소멸케 하여 태평성대를 이룰 수 있을 터인데 그렇게 되겠습니까? 지금 자사나 태수의 선임은 三公에게 맡겨졌습니다. 태수가 불량하면 그 폐단은 州郡의 하급관리에 미치니 州郡의 失政이 어찌 천거한 자에게 책임이 없겠습니까? 지금 폐하께서는 지방관에게 매우 너그럽지만 아래로 갈수록 점점 각박하니, 이른바 큰 그물은 매우 소략하지만 작은 그물은 촘촘합니다. 三公은 臣의 상대가 아닙니다. 臣의 글은 狂夫가 지은 것이 아니오며, 臣이 發憤忘食(발분망식)하며 간절한 염원을 버리지 못하는 것은 진실로 조정과 함께 興平 시대를 이루려는 것이지 눈앞의 칭송을 받으려는 뜻이 아닙니다. 臣은 거친 들에서 살아왔기에 폐하의 금기도 알지 못하고 제 마음을 모두 내보이며 말을 골라 쓰지도 못했습니다. 저는 이로써 처형되거나 烹殺(팽살)을 당하더라도 여한은 없습니다. 삼가 궐문에 이르러 상주하며 중벌을 기다립니다.」

書奏, 帝復使對尙書. 顗對曰

「臣聞明王聖主好聞其過, 忠臣孝子言無隱情. 臣備生人
倫視聽之類, 而稟性愚慤, 不識忌諱, 故出死亡命, 懇懇重
言.

誠欲陛下修乾坤之德, 開日月之明, 披圖籍, 案經典, 覽帝
王之務, 識先後之政. 如有闕遺, 退而自改. 本文,武之業, 擬
堯,舜之道, 攘災延慶, 號令天下. 此誠臣顗區區之願, 夙夜
夢寤, 盡心所計. 謹條序前章, 暢其旨趣, 條便宜七事, 具如
狀對.

| 註釋 | ○帝復使對尙書 – 帝는 順帝. 尙書는 직명. ○乾坤(건곤) – 하
늘과 땅. ○文,武之業 – 文王과 武王의 치적. ○擬堯,舜~ – 擬는 본뜨다.
○攘災延慶 – 재앙을 물리치고 경사를 맞이하다. 攘은 물리칠 양. ○夙夜
夢寤 – 夙夜(숙야)는 밤낮으로. 夢寤(몽오)는 자나 깨나.

[國譯]

(郞顗의) 대책이 상주되자 順帝는 다시 尙書를 보내 물었고, 낭의
는 대책을 올렸다.

「신이 알기로, 明王 聖主는 과오를 지적하는 말을 기꺼이 듣고 忠

臣 孝子는 실제 사실 그대로를 말한다고 하였습니다. 臣은 보통 사람과 같이 보고들을 뿐, 타고난 품성도 어리석어 무엇을 해서는 안 되는가도 모르기에 죽게 될 줄도 모르면서 제 진심으로 다시 말씀 올립니다.

제가 이런 글을 올리는 것은 폐하께서 乾坤(건곤)에 걸친 덕행을 닦으시고, 日月과 같이 명철하신 지혜로 여러 도서와 경전을 살펴보시어 제왕의 직무를 친히 장악하시고 전대의 치적을 이해하시기를 진정으로 바라기 때문입니다. 만약 제가 빠트린 것이 있다면 물러나 다시 올리겠습니다. 본래 文王과 武王의 치적은 堯와 舜의 道를 본떠 재앙을 물리치고 복을 받아 천하를 다스렸습니다. 이 글은 臣 顗(의)의 간절한 소원이라서 밤낮으로 자나 깨나 마음속으로 생각한 것입니다. 먼저 상주한 글의 요지를 이어 분야별로 7조목으로 나누어 대책에 갈음하겠습니다.」

原文

「一事, 陵園至重, 聖神攸馮, 而災火炎赫, 迫近寢殿, 魂而有靈, 猶將驚動. 尋宮殿宮府, 近始永平, 歲時未積, 便更修造. 又西苑之設, 禽畜是處, 離房別觀, 本不常居, 而皆條精土木, 營建無已, 消功單賄, 巨億爲計. 〈易內傳〉曰, '人君奢侈, 多飾宮室, 其時旱, 其災火.' 是故魯僖遭旱, 修政自救, 下鐘鼓之縣, 休繕治之官, 雖則不寧, 而時雨自降. 由此言之, 天之應人, 敏於景響. 今月十七日戊午, 徵日也, 日

加申, 風從寅來, 丑時而止. 丑,寅,申皆徵也, 不有火災, 必
當爲旱. 願陛下校計繕修之費, 永念百姓之勞, 罷將作之官,
減雕文之飾, 損庖廚之饌, 退宴私之樂. 〈易中孚傳〉曰, '陽
感天, 不旋日.' 如是, 則景雲降集, 眚沴息矣.」

| 註釋 | ○聖神攸馮 – 攸는 바 유. 馮은 기댈 빙. 성씨 풍. ○永平 – 明
帝의 연호, 서기 58 – 75년. ○西苑之設 – (順帝) 陽嘉(양가) 2년(서기 133)
에 西苑 증축을 시작했다. ○禽畜是處 – 새와 짐승. ○下鐘鼓之縣 – 下는
그만두다. 없애다. 鐘鼓는 악기. 縣은 懸(매달 현). ○休繕治之官 – 繕은 기
울 선. 손보아 고치다. ○敏於景響 – 敏은 빠르다. 敏捷(민첩). 景響(영향)
은 影響. ○徵日也 – 남방을 徵(치)라 했다. 더위와 가뭄이 드는 날. ○日
加申 – 해가 申時 방향에 있다. ○則景雲降集 – 景雲은 오색구름. ○眚沴
息矣 – 眚沴(생려)는 災氣. 沴는 해칠 려. 흐트러질 전.

[國譯]

「첫째 國事 : 陵園(능원)은 아주 중요한 곳으로 聖神이 의탁한 곳
인데 화재가 나서 寢殿(침전)마저 불탈 뻔하였으니 선조의 혼령께서
크게 놀라셨을 것입니다. 궁궐의 건축을 따져보면 가까이는 (明帝)
永平 연간에 시작하였으니 오랜 기간은 아니지만 수리와 개조는 거
듭했습니다. 또 西苑(서원)의 증설은 새와 짐승을 위한 곳이고, 황제
의 별궁은 본래 늘 거처하는 곳이 아니지만 모두가 土木에 공을 들
이며 그간 쉬지 않고 증축되었기에 노력과 물자가 많이 들어가서 億
단위로 계산될 것입니다. 〈易內傳〉에서는 '人君이 奢侈(사치)하여
궁궐을 많이 꾸미면 날이 가물고 화재가 발생한다.'고 하였습니다.

이 때문에 魯國 僖公(희공)은 旱害(한해)가 닥치자 바른 정치를 펴고 스스로 조심하며 악기를 없앴고, 궁궐 건축 담당 관직을 폐지하자 나라가 완전 평안하지는 않았지만 그래도 때맞춰 비가 내렸습니다. 이처럼 하늘과 인간은 서로 감응하며 빠르게 영향을 끼치고 있습니다. (陽嘉 2년) 이번 달 17일 戊午日은 徵日(치일)이며, 해는 申時 방향(西南)에 있고, 바람은 寅方(인방, 東北)에서 불어와 丑時(축시 01 - 03시)에 그칠 것입니다. 丑時, 寅方, 申時는 모두 徵(치)에 해당하기에 화재가 나지 않으면 틀림없이 旱害(한해)가 있을 것입니다. 폐하께서는 보수 비용을 계산해 보시고 백성의 노역을 늘 생각하시어 건축담당 관직을 폐지하고 온갖 꾸밈을 생략하시며 주방 음식비용도 절감하시고 즐기는 잔치나 오락도 물리치셔야 합니다. 〈易中孚傳〉에서도 '(천자가) 上天을 감응하니 하루도 걸리지 않는다.'고 하였습니다. 이와 같이 된다면 오색구름이 모여들고 災氣는 사라질 것입니다.」

原文

「二事, 去年以來, 〈兌卦〉用事, 類多不效.《易傳》曰, '有貌無實, 佞人也, 有實無貌, 道人也'. 寒溫爲實, 淸濁爲貌. 今三公皆令色足恭, 外厲內荏, 以虛事上, 無佐國之實, 故淸濁效而寒溫不效也, 是以陰寒侵犯消息. 占曰, '日乘則有妖風, 日蒙則有地裂'. 如是三年, 則致日食, 陰侵其陽, 漸積所致. 立春前後溫氣應節者, 詔令寬也. 其後復寒者, 無寬之

實也. 夫十室之邑, 必有忠信, 率土之人, 豈無貞賢, 未聞朝
廷有所賞拔, 非所以求善贊務, 弘濟元元. 宜採納良臣, 以
助聖化.」

| 註釋 | ○〈兌卦〉 - 兌는 기뻐할 태, 괘 이름 태. 沼澤, 西方을 상징.
'兌爲澤(上☱, 下☱)' 兌者, 悅也. 喜悅(희열)의 뜻. ○《易傳》 - 前漢, 京房
이 찬한 서명, 《京氏易》. 《易》의 6종 緯書의 하나. ○外厲內荏 - 겉은 사
납지만(엄숙하나) 안으로는 유순하다. 荏은 부드러울 임. ○夫十室之邑
~ - 「子曰, "十室之邑, 必有忠信如丘者焉, 不如丘之好學也."」《論語 公冶
長》. ○率土之人 - 온 천하의 백성. ○弘濟元元 - 백성을 널리 구제하다.
元元은 백성.

[國譯]

「두 번째 國事 : 작년 이후로 〈兌卦〉가 主이어야 하지만 꼭 그렇
지 않은 일이 많았습니다. 《易傳》에 '형체는 있으나 내실이 없다면
간사한 사람이고, 내실이 있지만 형체가 없는 사람은 道人이다.' 라
고 하였습니다. 寒暑(한서)는 실질이고 淸濁은 형세입니다. 지금 三
公은 모두 선한 모습에 예의도 바르고 겉은 엄숙하지만, 내심은 물
렁하며 주군을 진심으로 섬기지 못하고 국정을 실질로 이끌지 못하
기에 淸濁같이 형체만 있고 寒暑는 일정하지가 않습니다. 占書에서
는 '해가 뜨면 妖風(요풍)이 불어오고, 해가 지면 땅이 갈라진다.' 고
하였습니다. 이렇게 3년이 지나면 日食(日蝕)이 일어나서 陰이 陽을
침해하게 되는 데, 이것은 점진적으로 쌓인 결과입니다. 立春 전후
에 溫氣가 계절의 흐름과 맞았는데, 이는 정사가 관대했기 때문입니

다. 그 이후로 다시 한랭해진 것은 관대한 정사의 내실이 없었기 때문입니다. 十室의 작은 마을에서도 성실한 사람이 틀림없이 있다고 하였으니 온 나라 백성 중에 어찌 바르고 현명한 사람이 없겠으며, 조정에서 그런 사람을 찾아 발탁한다는 말을 듣지 못했으니, 이는 善人을 찾아 일을 맡겨 백성을 널리 구제하지 못하는 것입니다. 응당 현량한 신하를 등용하여 폐하의 교화를 돕게 해야 합니다.」

原文

「三事, 臣聞天道不遠, 三五復反. 今年少陽之歲, 法當乘起, 恐後年已往, 將遂驚動, 涉歷天門, 災成戊己. 今春當旱, 夏必有水, 臣以六日七分候之可知. 未災眚之來, 緣類而應. 行有玷缺, 則氣逆於天, 精感變出, 以戒人君. 王者之義, 時有不登, 則損滋徹膳. 數年以來, 穀收稍減, 家貧戶饉, 歲不如昔. 百姓不足, 君誰與足? 水旱之災, 雖尙未至, 然君子遠覽, 防微慮萌. 《老子》曰, '人之饑也, 以其上食稅之多也'. 故孝文皇帝綈袍革舃, 木器無文, 約身薄賦, 時致昇平. 今陛下聖德中興, 宜遵前典, 惟節惟約, 天下幸甚. 《易》曰, '天道無親, 常與善人'. 是故高宗以享福, 宋景以延年.」

| 註釋 | ○三五復反 – 三正(三統)과 五行. 夏, 殷, 周 三代의 正統. 夏는 寅月(正月)을 歲首로 하였는데, 이를 人統, 殷의 丑月(12월)을 세수로 하였고, 이는 地統, 周는 子月(11월)을 세수로 하였는데, 이를 天統이라 하는데

이 天, 地, 人統을 三統 또는 三正이라 통칭한다. ○行有玷缺 – 玷缺(점결)
은 결점. 옥의 티. 과실. 玷은 이지러질 점. 缺은 이지러질 결. ○《老子》曰
– 「民之饑, 以其上食稅之多, 是以饑. 民之難治, 以其上之有爲, 是以難治.
~.」《老子道德經》75章. ○綈袍革舃 – 두꺼운 비단으로 만든 겉옷과 가죽
신발. 綈는 깁 제. 두껍게 짠 비단. 舃은 신발 석. 귀인이나 부자는 비단으로
만든 신발을 신었다. ○昇平 – 태평한 세상. 升平. ○高宗以享福 – 高宗은
殷王 武丁, 59년 재위에 年百歲의 長壽를 누렸다. ○宋景以延年 – 宋 景公
은 天象에 禍가 主君에 미칠 현상이 나타났지만 그 재앙을 남에게 넘기지
않겠다고 하자 하늘에서 상을 내려 수명 21년을 연장했다고 한다.

[國譯]

「세 번째 國事 : 臣이 알기로, 天道는 멀리 있지 않고 三正과 五行
은 반복됩니다. 금년은 少陽의 해로 역법으로는 큰일이 일어날 것이
나 혹 다른 해로 넘어가게 되면 驚天動地할 일이 일어날 것이며, 天
門을 지난다면 (十干으로) 戊나 己에 재해가 있을 것입니다. 금년
봄에는 가뭄이 닥치고, 여름에는 틀림없이 홍수가 날 것인데 臣은
六日七分의 점을 쳐서 이를 알았습니다. 재앙이 닥치기 전에 이와
비슷한 일이 있을 것입니다. (主君의) 행실에 玷缺(점결, 과실)이 있
다면 天氣와 서로 상극하게 되어 그 精氣가 감응하여 이변이 일어나
人君에게 警戒를 내릴 것입니다. 王者의 大義로도 흉년이 들었다면
음식을 줄여야 할 것입니다. 지난 수년 동안 추수하는 곡식은 해마
다 줄었고 백성들은 가난하고 굶주려 옛날과 같이 넉넉하지 못합니
다. 백성이 不足한데 人君은 누구와 함께 풍족하겠습니까? 수해나
旱害가 아직 닥치지 않았다고 하지만 군자는 멀리 내다보고 그 싹을
미연에 막아야 합니다.《老子》에서 '백성이 굶주리는 것은 위에서

賦稅로 걷어먹는 것이 많기 때문이다.'고 하였습니다. 옛날 孝文皇
帝께서는 두꺼운 비단 겉옷에 가죽 신발을 신었고 木器에는 무늬를
넣지 않았고 절약하고 부세를 가벼이 하여 태평한 세상을 이룩했습
니다. 지금 폐하의 성덕으로 나라가 中興하며 예전 법도를 따라 절
약하니 천하 백성에게 복이 될 것입니다.《易》에서 '天道는 無親하
나니 늘 善人과 친근하다.'고 하였습니다. 이 때문에 (殷의) 高宗은
長壽의 복을 누렸고 宋의 景公도 수명을 크게 늘렸습니다.」

原文

「四事, 臣竊見皇子未立, 儲宮無主, 仰觀天文, 太子不明.
熒惑以去年春分後十六日在婁五度, 推步〈三統〉, 熒惑今
當在翼九度, 今反在柳三度, 則不及五十餘度. 去年八月二
十四日戊辰, 熒惑歷輿鬼東入軒轅, 出后星北, 東去四度, 北
旋復還. 軒轅者, 後宮也. 熒惑者, 至陽之精也, 天之使也,
而出入軒轅, 繞還往來.《易》曰, '天垂象, 見吉兇.' 其意昭
然可見矣. 禮, 天子一娶九女, 嫡媵畢具. 今宮人侍御, 動以
千計, 或生而幽隔, 人道不通, 鬱積之氣, 上感皇天, 故遣熒
惑入軒轅, 理人倫, 垂象見異, 以悟主上. 昔武王下車, 出傾
宮之女, 表商容之閭, 以理人倫, 以表賢德, 故天授以聖子,
成王是也. 今陛下多積宮人, 以違天意, 故皇胤多夭, 嗣體
莫寄.《詩》云, '敬天之怒, 不敢戲豫'. 方今之福, 莫若廣嗣,
廣嗣之術, 可不深思? 宜簡出宮女恣其姻嫁, 則天自降福,

子孫千億. 惟陛下丁寧再三, 留神於此. 左右貴幸, 亦宜惟臣之言, 以悟陛下. 蓋善言古者合於今, 善言天者合於人. 願訪問百僚, 有違臣言者, 臣當受苟言之罪.」

| 註釋 | ○太子不明 – 太子星이 밝지 않다. 心宿의 大星이 天王이고, 그 앞의 별이 太子星이라고 한다. ○婁 – 서방의 별. ○推步〈三統〉 – 三統은 三正. ○翼(익) – 南方의 별. ○柳 – 東方의 별. ○則不及五十餘度 – 熒惑星이 운행이 늦는다는 뜻. ○天之使也 – 하늘에 五帝가 있고, 五星은 그 使者라고 한다. ○嫡媵畢具 – 嫡室과 妾室을 다 갖추었다. ○昔武王下車 – 下車는 임지에 부임하다. 여기서는 殷 紂王 정벌을 마치고 殷 都城에 들어가다. ○出傾宮之女 – 傾은 기울이다. 전부. 다. ○表商容之閭 – 表는 선행을 널리 알리다. 商容은 殷의 현인. 閭는 마을의 里門. ○《詩》云, '敬天之怒, ~ –《詩經 大雅 板》. ○不敢戱豫 – 장난삼아 예측하지 말라. ○丁寧(정녕) – 간곡히. 여러 번 일러 말하다. ○善言天者合於人 – 天意를 잘 예견하는 자는 인심에 부합한다. ○苟言之罪 – 말을 함부로 하는 죄.

【國譯】

「네 번째 國事 : 삼가 臣이 볼 때, 皇子를 태자로 策立하지 않아 태자궁에 주인이 없고, 천문을 보더라도 太子星이 밝지 않습니다. 熒惑星(형혹성)은 작년 春分 이후 16일이 지나서 (西方의) 婁星(누성) 5度되는 곳에 있었는데, 〈三統曆〉에 의거 추산할 때 형혹성은 그때 (南方의) 翼星 9度에 있어야 했는데 지금은 오히려 (東方의) 柳星 3度에 있습니다. 곧 50여 度나 운행이 늦었습니다. 작년 8월 24일 戊辰日(무진일)에 형혹성은 輿鬼星(여귀성)을 거쳐 동쪽으로 軒轅星(헌원성)이 있는 곳을 지나 后星의 북쪽에 출현했다가 동쪽으로 4度를 지나 북쪽으로 돌아왔습니다. 헌원성은 後宮(皇后)입니다. 형혹성은 陽의 정수로 하늘(五帝)의 使者인데 헌원성에 들어갔다 나와 그 주변을 왕래하였습니다.《易》에서는 '하늘에 나타나는 현상으로 吉兇을 알 수 있다.'고 하였으니, 그 뜻은 확실합니다. 禮法에 천자 1인은 九女를 맞이할 수 있는데 9女면 嫡室과 妾室을 다 갖춘 것입니다. 지금 시중드는 宮人이 언제나 천여 명이나 되기에 어떤 여인은 살아있지만 어둠 속에 갇힌 것과 같고 人道도 不通하니(결혼도 못한다는 뜻) 그 울적한 기운이 위로는 황천에 닿아 형혹성이 훤원성의 자리에 들어가게 하여 人倫을 다스리려고 그 운행을 통하여 主上을 깨우치려 한 것입니다. 옛날 武王은 殷의 도성에 들어가 궁궐의 모든 여인을 다 내보냈고, (殷의 賢人) 商容(상용)의 마을 里門에 旌表(정표)를 세워 人倫을 실천하였고 현인의 덕행을 알렸기에 하늘로부터 聖明한 아들을 받으니, 곧 (周) 成王이었습니다. 지금 폐하께서는 많은 궁녀들을 모아 놓고 있어 天意에 어긋나기에 후사들이 어린 나이에 죽어 후손이 아직 없는 것입니다.《詩》에서도 '하늘의 분노를 받들어 장난으로 생각 말라.'고 하였습니다. 지금 폐하의 福으로는 많은 후사가 제일인데 많은 후사를 두려면 인심을 얻지 않을 수 없습니다. 응당 궁녀들을 골라 내보내고 마음대로 시집가게 한다면 하늘에서 저절로 복이 내려 수많은 자손을 둘 것입니다. 폐하께서는 丁寧(정녕) 두 번 세 번 이를 유념하셔야 합니다. 측근의 인척이나 총애를 받는 사람은 臣의 이런 말대로 폐하를 깨우쳐야 할 것입니다. 본래 옛일을 잘 말하면 지금에도 들어맞고, 하늘의 뜻을 잘 말하는 가는 인신에 부합한다고 하였습니다. 바라옵나니, 여러 신하들에게 물어 저의 말이 잘못이라 한다면 저는 함부로 말한 죄로 벌을 받겠습니다.」

「五事, 臣竊見去年閏月十七日己丑夜, 有白氣從西方天
苑趨左足, 入玉井, 數日乃滅.《春秋》曰, '有星孛於大辰.
大辰者何? 大火也. 大火爲大辰, 伐又爲大辰, 北極亦爲大
辰.' 所以孛一宿而連三宿者, 言北辰王者之宮也. 凡中宮
無節, 政敎亂逆, 威武衰微, 則此三星以應之也. 罰者白虎,
其宿主兵, 其國趙,魏, 變見西方, 亦應三輔. 凡金氣爲變, 發
在秋節. 臣恐立秋以後, 趙,魏,關西將有羌寇畔戾之患. 宜
豫宣告諸郡, 使敬授人時, 輕徭役, 薄賦斂, 勿妄繕起, 堅倉
獄, 備守衛, 回選賢能, 以鎭撫之. 金精之變, 責歸上司. 宜
以五月丙午, 遣太尉服干戚, 建井旗, 書玉板之策, 引白氣之
異, 於西郊責躬求愆, 謝咎皇天, 消滅妖氣. 蓋以火勝金, 轉
禍爲福也.」

| 註釋 | ○天苑趨左足 - 天苑(천원)은 서방 句曲 九星이 분포한 곳의 이
름. ○玉井 - 參宿(삼수)의 9星 중 4星이 위치한 자리. ○大辰(대신) - 二十
八宿(이십팔수) 중 東方의 房, 心, 尾宿(미수)를 大辰이라 부른다. ○伐又爲
大辰 - 伐은 罰. 大辰의 다른 이름. ○北極亦爲大辰 - 北極은 北辰(북신).
○罰者白虎 - 白虎는 서방의 參宿(삼수). ○凡金氣爲變 - 서방의 金氣(白
氣)가 玉井에 들어가는 것은 金氣가 변한 것이다. ○回選賢能 - 回는 易

也. ○責歸上司 - 上司는 司馬. 광무제 때 太尉를 司馬로 개칭. ○服干戚
- 干(간)은 방패(楯, 盾) 戚(척)은 도끼. ○建井旗 - 井은 남방의 火에 해당
하는 별. 旗는 깃발 여. ○書玉板之策 - 祝辭를 玉板에 쓰다.

[國譯]

「다섯 번째 國事 : 삼가 臣이 볼 때, 작년 閏 (十)月 17일 己丑日
밤에 白氣가 서방의 天苑(천원)의 왼쪽 아래에서 玉井(옥정)으로 들
어갔다가 며칠 지나서야 사라졌습니다.《春秋》의 기록에도 "혜성이
大辰(대신)에 출현하니 大辰(대신)이란 무엇인가? 큰 불이다. 大火가
大辰이고, 伐(벌)이 곧 大辰이며, 北極(北辰)이 또한 大辰이다." 라
하였습니다. 혜성이 一宿(일수)에서 다른 三宿(삼수)까지 그 빛이 이
어지는 것은 北辰이 王者의 자리이기 때문입니다. 무릇 中宮(여기
서는 중앙)에 절도가 없으면 政敎가 혼란해지고 威武도 쇠약해지니
이에 3개의 星宿(성수)가 상응한 것입니다. 罰이란 白虎(西方의 參
宿)이고, 그 별은 병란을 주관하며 나라로는 趙와 魏(위)에 해당하
며, 변괴가 서방에 보인 것은 三輔 지역에서도 호응한다는 뜻입니
다. 무릇 (서방의) 金氣(白氣)가 玉井에 들어가는 것은 金氣가 변한
것으로, 이는 가을에 발생합니다. 신의 생각으로는 立秋 이후에 趙
와 魏, 또는 關西의 장수 중에서 羌族(강족)의 반역이나 침략의 환란
을 겪을 것입니다. 그러니 미리 여러 군에 경고하여 백성들의 습속
이나 時事를 알아두고 요역을 경감하며 부세를 가볍게 하고 함부로
건물을 짓지 않게 하며 창고나 감옥을 단단히 고치고 수비를 강화하
면서 유능한 관원으로 교체하여 백성을 진무해야 합니다. 이러한 서
방 精氣의 변화는 그 책임이 上司(司馬)에 있습니다. 그러니 5월 丙

午日에, 太尉를 보내 방패와 도끼를 들고 井旟(정여)의 깃발을 앞세우며 祝辭를 玉板에 써가지고서 白氣의 이변을 끌어 당겨 와서 西郊에 나아가 자신의 허물을 탓하며 그간의 죄를 皇天에 사과하여 妖氣(요기)를 없애야 합니다. 이는 火氣로 金氣를 이기는 것이어서 轉禍爲福(전화위복)이 될 것입니다.」

原文

「六事, 臣竊見今月十四日乙卯巳時, 白虹貫日. 凡日傍氣色白而純者名爲虹. 貫日中者, 侵太陽也, 見於春者, 政變常也. 方今中官外司, 各各考事, 其所考者, 或非急務. 又恭陵火災, 主名未立, 多所收捕, 備經考毒. 尋火爲天戒, 以悟人君, 可順而不可違, 可敬而不可慢. 陛下宜恭己內省, 以備後災. 凡諸考察, 並須立秋. 又《易傳》曰, '公能其事, 序賢進士, 後必有喜'. 反之, 則白虹貫日. 以甲乙見者, 則譴在中臺. 自司徒居位, 陰陽多謬, 久無虛己進賢之策, 天下興議, 異人同咨. 且立春以來, 金氣再見, 金能勝木, 必有兵氣, 宜黜司徒以應天意. 陛下不早攘之, 將負臣言, 遺患百姓.」

| 註釋 | ○白虹貫日 - 흰 무지개가 해를 꿰뚫다. 白虹은 兵象, 日은 主君. 主君의 신상에 위해가 닥칠 조짐. 우리가 보통 생각하는 무지개에서 안쪽의 둥근 원이 虹(무지개 홍)이고, 밖의 큰 원은 霓(무지개 예, 암무지개)로 구분한다. 이 무지개는 봄부터 가을까지만 볼 수 있고 해의 반대편에 생긴

다. 白虹은 흰 무지개이니 통상 일곱 빛깔 무지개는 아니다. 해 주변의(日傍) 기운이 백색으로(氣白) 한 가지 색인 것을(純者) 虹이라 부른다는 설명은 곧 햇무리〔日暈(일훈)〕이다. 이를 風虹이라 하고 바람을 주관한다는 설명도 있다. 흰 무지개가 해를 꿰뚫었다는 표현은 결국 태양 주변에 햇무리가 진하게 나타났다는 뜻으로 생각해야만 합리적이다. ○各各考事 - 실적을 평가하다. ○恭陵火災 - 恭陵은 孝安皇帝(재위 107-124년)의 능. (順帝) 陽嘉 원년(서기 132) 11월에 恭陵의 百丈廡(백장무)에서 불이 났었다. ○主名未立 - 主名은 일을 저지른 자. 방화한 자 또는 실화한 자. 立은 定也. 화재 원인은 확실하지 않다는 뜻. ○備經考毒 - 모두 심한 고문을 당했다. ○譴在中臺 - 譴은 꾸짖을 견. 허물. 中臺는 司徒, 前漢의 승상. ○陰陽多謬 - 음양이 많이 어긋났다. 당시 사도는 劉崎(유기)였는데, 宗正이었다가 사도로 승진했었는데, 음양이 순조롭지 못한 것이 사도의 책임이라 하여 陽嘉 3년(134년) 11월에 해임되었다. ○異人同唶 - 사람은 다르나 탄식은 같았다. 여러 사람 모두가 탄식하다. 唶는 물을 자. 탄식하다.

[國譯]

「여섯째 國事 : 삼가 臣이 볼 때, 이달 14일 乙卯日 巳時(사시)에 흰 무지개(白虹)가 해를 꿰뚫었는데, 보통 해 곁의 기운이 백색으로 순일한 것을 虹(무지개, 여기서는 햇무리)이라 부르고 해(日)를 관통한 것은, 곧 太陽(큰 양기)이 침해당하는 것으로 봄철에 볼 수 있으며 정치가 정상이 아니라는 뜻입니다. 지금 중앙의 관서나 지방 관청에서 각각 실적을 평가하는데, 평가를 받는 것은 때로는 급한 일이 아닐 수도 있습니다. 또 恭陵(공릉) 화재의 원인은 아직 확실하지 않지만 많은 사람이 잡혀 들어가 모두 심한 고문을 당했습니다. 이런 화재는 하늘의 훈계로 主君을 깨우치려는 뜻도 있으니, 하늘의 계시를 따르되 어긋나서는 안 되며 계시를 받들되 무시할 수 없습니다. 폐하께서는 조심하고 반성하면서 이후의 재난에 대비하여야 합니다. 이 모든 것을 고찰하여 立秋 이후에 조치를 취해야 합니다. 또 《易傳》에 말하기를, '主君은 할 일을 해야 하나니 賢士를 뽑아 등용하면 뒷날 반드시 기쁜 일이 있다.'고 하였습니다. 그 반대라면 곧 白虹(백홍)이 해를 꿰뚫은 것입니다. (十干의) 甲과 乙에 이런 일이 일어난 것은 그 허물이 中臺(司徒)에 있으니, 지금 司徒가 자리에 오른 이후로 陰陽이 어긋나는 일이 많았고, 오랫동안 자신을 비우고 현자를 추천하는 방책도 없었기에 만백성의 여론이 일어났고 여러 사람 모두가 탄식하였습니다. 또 立春 이래로 金氣가 다시 나타났는데 金은 木을 이기니 틀림없이 병란의 조짐이며 응당 司徒를 파직하여 天意에 순응해야 합니다. 폐하께서 빨리 이런 조짐을 해소하지 않고 저의 말을 믿지 않는다면 그 환난은 백성에게 미칠 것입니다.」

原文

「七事, 臣伏惟漢興以來三百三十九歲. 於《詩三基》, 高祖起亥仲二年, 今在戌仲十年. 〈詩氾歷樞〉曰, '卯酉爲革政, 午亥爲革命, 神在天門, 出入候聽'. 言神在戌亥, 司候帝王興衰得失, 厥善則昌, 厥惡則亡. 於〈易雄雌秘歷〉, 今值睏乏. 凡九二困者, 衆小人慾共困害君子也. 《經》曰, '困而不失其所, 其唯君子乎!' 唯獨賢聖之君, 遭困遇險, 能致命遂志, 不去其道. 陛下乃者潛龍養德, 幽隱屈厄, 卽位之元, 紫

宮驚動, 歷運之會, 時氣已應. 然猶恐妖祥未盡, 君子思患
而豫防之. 臣以爲戌仲已竟, 來年入季, <u>文帝改法</u>, 除肉刑
之罪, 至今適三百載. 宜因斯際, 大蠲法令, 官名稱號, 輿服
器械, 事有所更, 變大爲小, 去奢就儉, 機衡之政, 除煩爲簡.
改元更始, 招求幽隱, 擧方正, 徵有道, 博採異謀, 開不諱之
路. 臣陳引際會, 恐犯忌諱, 書不盡言, 未敢究暢.」

| 註釋 | ○《詩三基》-《詩三朞》,《詩緯》. 孔子의 저작이라 하지만 漢代
에 이루어진 《詩經》의 緯書, 오래 전에 失傳되었다. ○〈詩汜歷樞〉-《詩
緯》의 편명. ○神在天門 - 神은 陽氣, 君의 象. 天門은 12支의 戌(술)과 亥
(해) 사이. ○値睏乏 - 値는 당하다. 睏乏(곤핍)은 困乏. 睏은 졸릴 곤. ○九
二困者 - 九二는 困卦의 밑에서 두 번째 爻(효), 爻는 九, 爻는 六으로 칭한
다. ○《經》曰 -《易》澤(☱)水(☵) 困, 〈困卦〉의 象辭(단사). ○幽隱屈厄 -
順帝는 태자였으나 태자에서 폐위되어 濟陰王에 봉해졌었다. 그런 어려움
과 액운이 있었다는 뜻. ○紫宮驚動 - 紫宮은 별 이름 紫微宮(자미궁), 天
子의 宮. ○至今適三百載 - 文帝가 肉刑의 악법을 폐지한 이후 順帝 陽嘉
2년까지 300년이 되었다. ○機衡之政 - 機衡은 북두칠성 중 제 3星과 5
星, 북두칠성을 대표. 정치 권력에서 가장 중요한 부분.

[國譯]

「일곱 째 國事 : 삼가 臣이 생각으로는, 漢 건국 이후로 339년입니
다. 《詩三基, 詩三朞》란 책에 의하면 高祖께서는 亥仲(해중) 2년에
건국하셨고, 지금 戌仲(술중) 10년입니다. 〈詩汜歷樞(시사역추)〉에서
는 '卯(묘)와 酉(유)년에 정치를 고치고, 午(오)와 亥(해)년에 천명을

개혁하는데 神(陽氣, 主君)은 天門(戌 亥)에 있어 출입하며 기다려 듣는다.' 고 하였습니다. 神明이 戌亥에 있으며 帝王의 興衰(홍쇠)와 得失을 보아 善하면 昌盛케 하고 악하면 멸망케 한다는 뜻입니다. 〈易雄雌秘歷(역웅자비력)〉에 의하면, 지금 한창 睏乏(곤핍, 困乏)한 때를 당하고 있으니 무릇 〈困卦〉의 九二爻는 여러 小人이 함께 君子를 곤경에 빠트려 해치려는 형상입니다. 그래서 《易》의 困卦(澤☱水☵困)에서는 '곤궁 속에서도 있을 곳을 잃지 않나니 오직 군자뿐이다.' 라고 하였습니다. 오직 賢聖한 主君만이 홀로 곤경과 위험에서 목숨을 버려서라도 뜻을 이루며 正道를 버리지 않습니다. 폐하께서는 이전에 潛龍(잠룡, 太子)으로 養德하시다가 폐위되어 濟陰王에 봉해지는 어려움과 액운을 겪으셨습니다. 즉위하시던 해에 紫微宮(자미궁)이 놀란 것은 大運이 트이는 순간에 天時와 天氣가 상응한 것입니다. 그러나 아직도 妖祥(요상)한 기운이 다 없어지지 않았으니 君子는 환난을 걱정하여 예방해야 합니다. 臣의 생각으로, 戌仲(술중)은 이미 끝났으니 내년에 戌季(술계)에 들어가는데 이는 文帝께서 법을 개정하여 肉刑의 형벌을 폐지하신 이후 지금까지 300년이 되는 해입니다. 응당 이런 때를 맞아 법령(형벌)을 크게 완화하시고 官名의 칭호와 수레나 복식과 각종 기물을 적절히 변혁하여 큰 것은 작게, 사치를 검소로 바꾸시면서 주요 국정도 번잡하지 않고 간소하게 시행하십시오. 改元하여 다시 시작하며 은자 초빙, 방정 인재 등용, 도덕군자와 특별한 재능을 가진 자를 널리 찾아보시며 거리낌 없이 말할 수 있는 언로를 열어주셔야 합니다. 臣은 여러 사례를 보아 의견을 진술하였지만 혹시 폐하의 금기에 저촉되는 지도 모르며 이번 상서로 할 말을 다 못했지만 더 깊이 말씀드리지 못하겠습니다.」

臺詰顗曰, "對云 '白虹貫日, 政變常也.' 朝廷率由舊章,
何所變易而言變常? 又言 '當大蠲法令, 革易官號'. 或云變
常以致災, 或改舊以除異, 何也? 又陽嘉初建, 復欲改元, 據
何經典? 其以實對."

| 註釋 |　○臺詰顗 - 臺는 尙書臺. 詰은 詰責(힐책)하다. 顗는 郞顗(낭의).

[國譯]

이에 尙書臺에서는 郞顗(낭의)를 힐책하였다.

"대책에서 '白虹이 貫日(관일)한 것은 政事가 正常에서 벗어났기
때문' 이라 하였는데, 조정에서는 모두가 옛 법도에 따랐는데 무엇
때문에 정상에서 벗어났다고 했는가? 또 '응당 법령을 크게 바꾸고
官號도 바꾸라.' 고 하였다. 또 정상에서 벗어났기에 재해가 일어났
다면서 옛 법을 바꿔 이변을 없애라는 말은 무슨 뜻인가? 또 陽嘉(양
가) 연호를 이제 막 개원하였는데, 다시 개원하라는 말은 경전에 어
떤 근거가 있는지 사실대로 대답하시오."

■原文

顗對曰,

「方春東作, 布德之元, 陽氣開發, 養導萬物, 王者因天視
聽, 奉順時氣, 宜務崇溫柔, 尊其行令. 而今立春之後, 考事

不息, 秋冬之政, 行乎春夏, 故白虹春見, 掩蔽日曜. 凡邪氣乘陽, 則虹霓在日, 斯皆臣下執事刻急所致. 殆非朝廷優寬之本. 此其變常之咎也. 又今選擧皆歸三司, 非有周,召之才, 而當則哲之重, 每有選用, 輒參之掾屬, 公府門巷, 賓客塡集, 送去迎來, 財貨無已. 其當遷者, 競相薦謁, 各遣子弟, 充塞道路, 開長姦門, 興致浮僞, 非所謂率由舊章也. 尙書職在機衡, 宮禁嚴密, 私曲之意, 羌不得通, 偏黨之恩, 或無所用. 選擧之任, 不如還在機密. 臣誠愚戇, 不知折中, 斯固遠近之論, 當今之宜. 又孔子曰, '漢三百載, 斗歷改憲'. 三百四歲爲一德, 五德千五百二十歲, 五行更用. 王者隨天, 譬猶自春徂夏, 改青服絳者也. 自文帝省刑, 適三百年, 而輕微之禁, 漸已殷積. 王者之法, 譬猶江河, 當使易避而難犯也. 故《易》曰, '易則易知, 簡則易從, 易簡而天下之理得矣'. 今去奢卽儉, 以先天下, 改易名號, 隨事稱謂.《易》曰, '君子之道, 或出或處, 同歸殊塗, 一致百慮'. 是知變常而善, 可以除災, 變常而惡, 必致於異. 今年仲竟, 來年入季, 仲終季始, 歷運變改, 故可改元, 所以順天道也. 臣顗愚蔽, 不足以答聖問.」

| 註釋 | ○尊其行令 − 시령에 따라야 한다는 뜻. ○三司 − 三公. ○輒參之掾屬 − 參은 豫. ○機衡(기형) − 국가의 요직. ○機密 − 尙書臺. ○自春徂夏 − 봄에서 여름으로 가다. 徂는 갈 조.

[國譯]

郎顗(낭의)가 답변하였다.

「지금 막 봄철이라 농사를 시작하고 은덕을 베풀어야 할 시기이며 陽氣가 커지면서 만물이 자랄 시기입니다. 王者는 하늘의 계시를 보고 들어 계절의 기운에 맞춰 온화 유순한 정사에 힘쓰며 자연의 時令에 따라야 할 때입니다. 지금 立春 이후에도 관리의 업무 평정이 그치지 않으니 가을이나 겨울의 일을 봄과 여름에 하는 것이기에 白虹(흰 무지개)가 봄에 나타나고 태양의 밝음을 가리는 것입니다. 무릇 邪氣(사기)가 한창 오를 때는 태양 주변에 햇무리가 생기나니, 이는 모두 신하들이 각박하고 다급한 소치입니다. 지금 조정도 여유와 관용의 정치가 없습니다. 이것은 정상에서 벗어나는 허물입니다. 또 인재의 천거와 등용은 모두 三司(三公)에게 있지만 삼공은 周公이나 召公(소공)같은 사람이 아니며, 知人하여 천거의 중책은 담당하고 임용하는 실무는 그 아래 속관에게 있으며, 삼공부의 골목에는 빈객으로 메워졌고 맞이하고 보내면서 재물이 사라지지 않습니다. 승진 해야 할 사람들이 서로 추천받으려고 그 자제를 보내니 도로가 막힐 지경이며 부정의 문이 열렸고 부화한 허위가 판을 치니 이 모두가 옛 법도에 따르는 것이 아닙니다. 尙書의 직무는 군국 기무이고 宮禁이 엄격하여 사사로운 은정이 굳이 통할 수 없고 한 패가 되는 黨人끼리의 은정도 쓸모가 없어야 합니다. 천거와 임용을 상서대에서 관장하는 것이 나을 것입니다. 臣은 어리석어 적당한 절충을 모르지만 나의 현실적인 주장이 지금에 더 잘 맞을 것입니다. 또 孔子는 '漢이 3백 년이 지나면 법을 바꾸게 될 것이다.' 라고 했습니다. 3백 4년이 一德인데 5덕이면 1520년으로 五行을 다시 바꿔

야 합니다. 王者가 하늘의 뜻을 따르는 것이 비유하자면 봄에서 여름으로 바뀌는 것과 같고 푸른 옷을 벗고 붉은 옷을 입는 것과 같습니다. 文帝께서 형법을 완화하신 지 3백 년이 되지만 사소한 금법이 점차 많이 누적되었습니다. 王者의 法은 마치 강물과 같아서 피하기는 쉽지만 범하기는 어렵습니다. 그래서 《易》에서도 '쉬우면 쉽게 알고 간단하면 쉽게 따른다. 쉽고 간략한 것은 천하를 얻을 수 있다.'고 하였습니다. 지금 사치를 금하고 절검을 숭상하여 천하를 이끌려 한다면 먼저 호칭을 바꿔 사리에 맞춰 부르면 됩니다. 그래서 《易》에서도 '君子의 입신처세의 道는 상황에 따라 출사나 은거를 하는 것이니 돌아가는 곳은 하나이지만 길이 다를 뿐이고, 실천은 하나(一)이나 생각은 많이 다를 것이다.' 라고 하였습니다. 이로써 변화하여 좋아진다면 재해를 막을 수 있으나 변화시켜 나빠진다면 재앙을 불러올 것입니다. 금년으로 仲年(중년)이 끝나고 내년부터는 季年(계년)이 시작되는데, 이에 따라 역법의 운행이 바뀔 것이니 그래서 개원해야 하고 이는 천도를 따르는 것입니다. 臣 顗(의)는 어리석고 막힌 사람이라서 폐하의 질문에 대한 답변으로는 부족할 것입니다.」

原文

顗又上書薦黃瓊,李固, 並陳消災之術曰,

「臣前對七事, 要政急務, 宜於今者, 所當施用. 誠知愚淺, 不合聖聽, 人賤言廢, 當受誅罰, 征營惶怖, 靡知厝身.

臣聞刳舟剡楫, 將欲濟江海也, 聘賢選佐, 將以安天下也.

昔唐堯在上, 群龍爲用, 文,武創德, 周,召作輔, 是以能建天地之功, 增日月之耀者也.《詩》云,'赫赫王命, 仲山甫將之. 邦國若否, 仲山甫明之'. 宣王是賴, 以致雍熙. 陛下踐祚以來, 勤心庶政, 而三九之位, 未見其人, 是以災害屢臻, 四國未寧. 臣考之國典, 驗之聞見, 莫不以得賢爲功, 失士爲敗. 且賢者出處, 翔而後集, 爵以德進, 則其情不苟, 然後使君子恥貧賤而樂富貴矣. 若有德不報, 有言不酬, 來無所樂, 進無所趨, 則皆懷歸藪澤, 修其故志矣. 夫求賢者, 上以承天, 下以爲人. 不用之, 則逆天統, 違人望. 逆天統則災眚降, 違人望則化不行. 災眚降則下呼嗟, 化不行則君道虧. 四始之缺, 五際之厄, 其咎由此. 豈可不剛健篤實, 矜矜慄慄, 以守天功盛德大業乎?」

| 註釋 | ○黃瓊(황경) – 61권, 〈左周黃列傳〉에 입전. ○李固(이고) – 63권, 〈李杜列傳〉에 입전. ○人賤言廢 – 지위가 낮은 사람의 말은 실제로 무시된다. ○征營(정영) – 두려워 불안해하는 모양. 惶怖(황포)도 두려워하다. ○靡知厝身 – 몸 둘 바를 모르다. 靡는 쓰러질 미. 없다. 다하다. 厝는 둘 조(措와 同). ○刳舟剡楫(고주염즙) – 배를 만들고 노를 마련하다. 刳는 깎을 고. 剡은 깎을 염. 번쩍번쩍하다. 楫 노 즙. ○群龍爲用 – 郡龍은 賢臣. ○《詩》云 –《詩 大雅 烝民》. ○仲山甫將之 – 魯 獻公의 아들, 西周의 대부. 中山父(중산보)로도 표기. 將은 行也. ○邦國若否 – 若은 順理. 若否는 善惡. ○三九之位 – 三公九卿. ○四國 – 사방의 제후국. ○翔而後集 – (새가) 하늘에서 한번 멍 돌며 날은 뒤에 내려앉다. 「色斯擧矣, 翔而後集.」《論語 鄕黨》의 제일 마지막 장. 내용이 애매한 글이다. 하여튼 새가 하늘을 빙

돌고 상황을 봐서 내려앉는다는 것을 여러 의미로 새길 수 있다. ㅇ進無所趨 – 작위나 사상이 없다. ㅇ四始之缺 – 《詩經》 각 편의 시작. ㅇ五際之厄 – 五際는 卯, 酉, 午, 戌, 亥. 본래 四始란 國風의 시작인 〈關雎〉, 小雅의 시작인 〈鹿鳴〉, 大雅의 시작인 〈文王〉, 頌의 시작인 〈淸廟〉를 지칭한다. 그런데 今文學派의 緯書에서는 《詩經》에 天道의 원리를 포함하고 있다면서 이를 天干 地支와 五行에 맞춰 역사 발전의 규칙성을 설명하려고 '四始'와 '五際'의 이론을 주장하였다. 예를 들어 '四始' 중 하나인 〈大明〉은 亥에 해당하고 水의 시작이라 하였고, '五際'에서 '亥는 革命이고 一際인데 詩 〈大明〉이 이에 해당한다고 주장하는 식이다. ㅇ矜矜慄慄 – 矜矜(긍긍)은 조심하고 자중하는 모양. 慄慄(율률)은 두려워 떠는 모양.

[國譯]

  郎顗(낭의)는 또 상서하여 黃瓊(황경)과 李固(이고)를 천거하면서 재앙을 제거하는 방법을 진술하였다.

  「臣이 먼저 올린 대책의 七事는 중요하고도 긴급한 國事로 지금 당장 시행해야 할 일입니다. 臣은 정말 어리석고 학문이 얕아 폐하의 마음에 들지 못하고, 낮은 지위라서 나의 말은 채용되지 못하고, 벌을 받을 것 같아 두렵고 불안하여 몸 둘 바를 모르겠습니다.

  臣이 알기로, 배를 만들고 노를 마련한다면 바다나 강을 건너가려는 뜻이고, 현인을 초빙하여 보좌하게 한다면 천하를 안정시키려는 것입니다. 예전 堯帝 재위 중에 많은 賢臣이 등용되었고, 文王과 武王이 왕조를 개창하면서 周公과 召公의 보필을 받아 天地에 제일가는 공적을 쌓았으며 日月과 같은 광채를 빛내었습니다. 그래서 《詩》에서는 '赫赫(혁혁)한 王命은 仲山甫가 실천하고 나라의 善惡을 밝히네.'라고 하였습니다. 宣王(선왕)은 중산보의 도움으로 나라의 화합과 융성을 이룩했습니다. 폐하께서는 등극하신 이후로 온갖 정사에 두루 마음을 쓰시고 계시지만 三公과 九卿은 아직 적임자가 아니기에 재해가 자주 닥치며 사방의 제후국도 평안하지 못합니다. 臣이 나라의 典籍을 두루 읽고 또 견문을 종합해보면, 현명한 인재를 얻으면 성공하고 인재를 잃었을 때 실패하지 않은 경우가 없었습니다. 또 賢者가 관직에 나오는 것은 마치 하늘을 빙 돌은 다음에 내려앉는 새와 같기에 爵位로 유덕자를 초빙하는 그 뜻은 구차하지 않으며, 君子로 하여금 빈천을 부끄럽게 여기고 부귀를 즐길 수 있게 합니다. 만약 덕이 있어도 그만한 보답이 없고 건의에 따른 응답이 없다면 유덕자에게는 기쁨이 없으며, 관직에 나아가도 작위나 시상을 기대할 수 없다면 유덕자는 마음을 거두고 山林으로 돌아가 예처럼 큰 뜻을 수양할 것입니다. 賢才를 구하는 것은 위로는 하늘을 받들고, 아래로는 백성을 위하는 것입니다. 인재를 등용하지 않는다면 하늘의 기강을 거스르고 백성의 기대를 버리는 것입니다. 天統을 거스르면 재해가 닥치고 人望을 저버리면 교화가 되지 않습니다. 재해가 닥친다면 백성은 탄식하며 울부짖고 교화가 행해지지 않는다면 王道가 허물어집니다. 四始의 결함과 五際의 액운이 모두 여기에서 일어나게 됩니다. 그러니 어찌 건실하게 또 돈독하게 조심하고 두려워하며 上天이 하사한 盛德과 大業을 지켜나가지 않을 수 있겠습니까?」

原文

「臣伏見光祿大夫江夏黃瓊, 耽道樂術, 清亮自然, 被褐懷寶, 含味經籍, 又果於從政, 明達變復. 朝廷前加優寵, 賓於

上位. 瓊入朝日淺, 謀謨未就, 因以喪病, 致命遂志. 《老子》
曰, '大音希聲, 大器晚成'. 善人爲國, 三年乃立. 天下莫不
嘉朝廷有此良人, 而復怪其不時還任. 陛下宜加隆崇之恩,
極養賢之禮, 徵反京師, 以慰天下. 又處士漢中李固, 年四
十, 通遊,夏之藝, 履顏,閔之仁. 潔白之節, 情同皦日, 忠貞
之操, 好是正直, 卓冠古人, 當世莫及. 元精所生, 王之佐臣,
天之生固, 必爲聖漢, 宜蒙特徵, 以示四方. 夫有出倫之才,
不應限以官次. 昔顏子十八, 天下歸仁, 子奇稚齒, 化阿有
聲. 若還瓊徵固, 任以時政, 伊尹,傅說, 不足爲此, 則可垂景
光, 致休祥矣. 臣顗明不知人, 伏聽衆言, 百姓所歸, 臧否共
嘆. 願泛問百僚, 核其名行, 有一不合, 則臣爲欺國. 惟留聖
神, 不以人廢言.」

| 註釋 | ○江夏黃瓊 – 江夏는 군명. 治所 西陵縣, 今 湖北省 동부 武漢
市 新洲區. ○被褐懷寶 – 갈옷을 입고 살면서 가슴에 보옥을 품다. 초야
에 묻힌 은일. 孔子는 그런 사람이라면 조정에서 관복을 입고 玉笏(옥홀)을
들어야 한다고 말했다. ○明達變復 – 이변에 대하여 밝고 재해의 복원에
유능하다. ○謀謨未就 – 시도하는(謀) 일〔謨(꾀 모)〕이 아직은 성취하지
못했다. ○《老子》曰 –「~大方無隅, 大器晚成, 大音希聲, 大象無形~.」
《老子道德經》41장. 큰소리는 귀로 들을 수 없다. ○三年乃立 –「子曰,
"苟有用我者, 期月而已可也, 三年有成."」《論語 子路》. ○漢中李固 – 漢中
은 군명. 治所는 南鄭縣, 今 陝西省 서남부 漢中市. ○通遊,夏之藝 – 子遊
(자유)와 子夏(자하) 모두 공자의 제자. 孔門十哲은「從我於陳, 蔡者, 皆不及
門也. 德行, 顏回, 閔子騫, 冉伯牛, 仲弓. 言語, 宰我, 子貢. 政事, 冉有, 季

路. 文學, 子游, 子夏.」 ○履顏,閔之仁 - 顏回와 閔子騫(민자건)의 仁道를 실천하다. 履는 신 리. 밟다. 실천하다. ○情同皦日 - 皦日(교일)은 하얀 해. 皦는 玉石이 흴 교. ○卓冠古人 - 고인 중에서도 으뜸이다. 卓은 높을 탁. ○昔顏子十八, 天下歸仁 - 顏子는 顏回, 「顏淵問仁. 子曰, "克己復禮 爲仁. 一日克己復禮, 天下歸仁焉.」《論語 顏淵》. ○子奇稚齒 - 子奇(자기) 는 齊人. 18세에 阿邑(아읍)의 邑宰로 아읍을 크게 교화하였다. 稚齒(치치) 는 어린 나이(稚年).

[國譯]

「臣이 볼 때 光祿大夫인 江夏郡의 黃瓊(황경)은 도술을 즐기고 깨 끗하며 소박하고 가슴에 寶玉을 품은 초야의 은자로서 경전의 참뜻 에 통달하였으며, 과단성 있게 업무를 처리하면서도 재해의 원인과 대책에 밝고도 유능한 사람입니다. 그래서 朝廷에서도 특별히 우대 하여 고위 직책을 맡겼습니다. 황경은 입조한 지가 오래지 않아 시 도한 업무가 아직은 성취하지 못했습니다만 복상과 질병으로 사직 하고 뜻을 접었습니다. 《老子》는 '큰소리는 귀로 들을 수 없고, 큰 그릇은 만들려면 오래 걸린다.' 고 하였습니다. 또 善人이 治國하더 라도 3년이 지나야 성과를 거둘 수 있다고 하였습니다. 지금 황경이 조정에 근무한 일을 누구나 칭송하였지만 원직에 복귀하지 않는 것 을 이상히 여기고 있습니다. 폐하께서는 꼭 융숭한 은혜를 베풀고 養賢의 禮를 다하여 京師로 돌아오게 불러서 온 나라 백성의 마음을 위로하셔야 합니다.

또 漢中郡의 處士인 李固(이고)는 나이가 40세이나 子遊(자유)와 子夏(자하) 같은 학문을 갖추고 顏回(顏淵)와 閔子騫(민사건)지럼 결 백한 절조가 있으며 皦日(교일, 하얀 해)과 같은 忠貞한 마음을 가진 정직한 사람으로 古人에 비해서도 뛰어난 사람이며, 지금 누구도 그만한 사람이 없습니다. 上天의 元精이 모여 王者를 보좌할 인재로 하늘이 李固(이고)를 태어나게 하였으니, 이는 위대한 漢室을 위한 인재라 생각하시어 특별히 부르시고 그 등용을 천하에 널리 알려야 할 것입니다. 대체로 특출한 인재는 관직의 순서와 상관없이 등용하여야 합니다. 옛날 顔子(顔回)는 나이 18살에 극기복례하였으며, (齊人) 子奇(자기)는 어린 나이에 阿邑(아읍)을 교화하여 명성을 얻었습니다. 만약 황경이 관직에 복귀하고 李固를 초빙하여 時政을 맡긴다면 伊尹(이윤)이나 傅說(부열)에 비하여도 부족하지 않을 것이며, 빛을 발하면서 아름다운 祥瑞(상서)를 불러올 것입니다. 臣 顗(의)는 사람 보는데 밝지 못하지만 백성의 소리나 소원과 선악에 대한 탄식이나 평가를 들어 알고 있습니다. 폐하께서는 모든 신료들에게 두루 물어보시고 저의 명분이나 행실을 살펴 하나라도 사실이 아니라면 臣은 主君을 속이는 것입니다. 폐하의 총명으로 지위가 낮은 저의 말이지만 유념해 주시길 바랍니다.」

原文

謹復條便宜四事, 附奏於左,

「一事, 孔子作《春秋》, 書'正月'者, 敬歲之始也. 王者則天之象, 因時之序, 宜開發德號, 爵賢命士, 流寬大之澤, 垂仁厚之德, 順助元氣, 含養庶類. 如此, 則天文昭爛, 星辰顯列, 五緯循軌, 四時和睦. 不則太陽不光, 天地混濁, 時氣錯

逆, 霾霧蔽日. 自立春以來, 累經旬朔, 未見仁德有所施布,
但聞罪罰考掠之聲. 夫天之應人, 疾如景響, 而自從入歲,
常有蒙氣, 月不舒光, 日不宣曜. 日者太陽, 以象人君, 政變
於下, 日應於天. 清濁之占, 隨政抑揚. 天之見異, 事無虛
作. 豈獨陛下倦於萬機, 帷幄之政有所闕歟? 何天戒之數見
也! 臣願陛下發揚乾剛, 援引賢能, 勤求機衡之寄, 以獲斷
金之利. 臣之所陳, 輒以太陽爲先者, 明其不可久暗, 急當
改正. 其異雖微, 其事甚重. 臣言雖約, 其旨甚廣. 惟陛下乃
眷臣章, 深留明思.」

| 註釋 | ○便宜(편의) − 유익. ○書'正月'者 −《春秋》'元年 春正月.'
○敬歲之始也 − 敬은 삼가며 조심하다. ○五緯循軌 − 五緯는 五星, 循軌
는 궤도를 따르다. ○霾霧蔽日 − 霾霧(매무)는 흙비나 진한 황사. 霾는 흙
비가 올 매. ○景響(영향) − 그림자(빛)나 소리. ○蒙氣(몽기) − 어두침침
한 기운. 蒙은 어두울 몽. ○倦於萬機 − 倦은 지치다. 피로하다. 게으르
다. 萬機는 國政. ○帷幄之政 − 帷幄(유악)은 일을 계획하다. 참모. ○乾
剛(건강) − 剛健(강건)한 덕.

[國譯]
  (郞顗는) 정성으로 나라에 유익한 4개 조항의 대책을 다시 상주
하였는데, 아래와 같다.
  「첫째, 孔子께서《春秋》를 저술하며 '春 正月'이라 한 것은 1년의
시작을 삼가녀 소심한 것입니다. 王者는 天象을 본받고 계절의 질서
에 따르면서 仁德의 명성을 얻고 賢才에게 벼슬을 내리며 관대한 恩

澤과 仁厚한 德行을 베풀어 元氣의 생성을 도우며 만물을 양육 성장케 해야 합니다. 王者가 이와 같이 행하면 天文이 밝게 빛나고 星辰(성신)이 제대로 운행하며, 五星도 궤도를 따르고 사계절이 和順할 것입니다. 그렇지 않다면 太陽은 빛을 잃고 天地는 혼탁할 것이며, 계절의 절기도 뒤바뀌어 흙비가 내리거나 (황사가) 해를 가릴 것입니다. 지난 立春 이래로 여러 달이 지나도록 仁德을 널리 베풀었다는 말은 들리지 않고 다만 형벌의 고문 소리만 들을 수 있었습니다. 대체로 上天이 人事에 감응하기는 그림자(빛)나 소리만큼 빠릅니다. 금년 들어 늘 어두침침한 기운이 퍼져 달빛도 희미하고 태양도 선명히 빛나지 않았습니다. 해(日)는 가장 큰 陽이니 人君을 상징하며 아래 정사가 정상이 아니면 태양도 하늘에서 이와 상응합니다. 태양이 밝게 빛나느냐 아니냐는 정치의 좋고 나쁨에 따라 달라집니다. 하늘에 나타나는 이변은 그냥 생기지 않습니다. 어찌 폐하께서만 홀로 국정을 친람하느라 지치고 대신은 국정을 도모하지 않습니까? 어찌 하늘의 경계가 이처럼 자주 보입니까! 臣이 바라는 것은 폐하께서 剛健(강건)한 正氣를 발양하시어 현명하고 유능한 인재를 찾아 등용하시고, 국정의 요체를 찾아서 뜻을 같이 하는 신하에게 맡겨야 할 것입니다. 臣이 말씀드리려는 바는, 태양이 앞서야 하고, 태양이 오랫동안 가려져서는 안 되며 서둘러 잘못을 바로잡아 正道로 돌아가는 것입니다. 작은 이변이 때로는 심히 중대한 일이 될 수 있습니다. 臣의 건의가 비록 간략하지만 그 뜻은 많습니다. 오직 폐하께서만 신의 상소를 보시고 깊이 숙고해 주시기 바랍니다.」

「二事, 孔子曰, ‘雷之始發〈大壯〉始, 君弱臣強從〈解〉起’. 今月九日至十四日, 〈大壯〉用事, 消息之卦也. 於此六日之中, 雷當發聲, 發聲則歲氣和, 王道興也.《易》曰, ‘雷出地奮, 豫, 先王以作樂崇德, 殷薦之上帝’. 雷者, 所以開發萌牙, 辟陰除害. 萬物須雷而解, 資雨而潤. 故《經》曰, ‘雷以動之, 雨以潤之’. 王者崇寬大, 順春令, 則雷應節, 不則發動於冬, 當震反潛. 故《易傳》曰, ‘當雷不雷, 太陽弱也’. 今蒙氣不除, 日月變色, 則其效也. 天網恢恢, 疏而不失, 隨時進退, 應政得失. 大人者, 與天地合其德, 與日月合其明, 璇璣動作, 與天相應. 雷者號令, 其德生養. 號令殆廢, 當生而殺, 則雷反作, 其時無歲. 陛下若欲除災昭祉, 順天致和, 宜察臣下尤酷害者, 亟加斥黜, 以安黎元, 則太皞悅和, 雷聲乃發.」

| 註釋 | ○雷之始發 – 春分 後 5일에는 천둥이 쳐야 만물이 깨어난다고 믿었다. ○〈大壯〉– 괘 이름.〈雷(☳)天(☰)大壯〉. 陽이 굳세고 씩씩한 형상. ○〈解〉– 괘 이름.〈雷(☳)水(☵)解〉解卦는 기강이 풀리다. 없애다. 완화의 뜻. ○雷出地奮 – 奮은 움직이다. ○豫 – 미리 예. 기뻐하다. 괘 이름.〈雷(☳)地(☷) 豫〉, 喜悅(희열)의 뜻. ○殷薦之上帝 – 上帝에게 성대하게 진상하다. 殷은 盛也. 薦은 進之. ○《經》曰 –《易 說卦傳》. ○天網恢恢, 疏而不失 – 하늘의 그물눈이 아무리 넓더라도 빠져나가지 못하다.《老子道德經》73장. ○璇璣動作 – 璇璣는 천체의 회전. 渾天儀(혼천의). 璇은

아름다운 옥 선. 璣는 구슬 기. ㅇ則雷反作 - 겨울에 천둥이 치면 그 다음 해에 흉년이 든다고 믿었다. ㅇ太皓悅和 - 太皓는 하늘. 皓는 희다. 백색. 밝다. 하늘.

[國譯]

「둘째, 孔子도 '천둥은 〈大壯〉괘에서 울리는데, 주군이 미약하고 신하가 강하면 〈解〉卦에서 천둥이 친다.'고 하였습니다. 이달 9일 에서 14일 사이에 〈大壯〉卦가 힘을 써야 하는데 사라지는 괘였습니 다. 그 6일 사이에 당연히 천둥이 쳐야 하고, 천둥이 치면 1년의 기 운이 조화를 이루고 왕도가 興盛합니다. 《易》에서는 '뇌성이 치면 땅이 움직이며 기뻐하나니, 先王은 이에 作樂하고 崇德하여 上帝에 게 성대하게 진상한다.'고 하였습니다. 이처럼 천둥은 만물을 깨워 싹트게 하며 陰氣를 물리치고 害惡을 없애줍니다. 만물은 천둥소리 를 기다려 풀리고 비가 내리면 윤기가 돕니다. 그래서 《易 說卦傳》 에서는 '뇌성이 만물을 깨우고 비가 내려 윤택해진다.'고 하였습니 다. 이에 王者는 관용과 대도를 받들고 봄철 時令을 반포하니 천둥 은 절기에 따라 쳐야 하는데, 천둥이 치지 않고 겨울에 치는 것은 천 둥이 숨은 것입니다. 그래서 《易傳》에서는 '천둥이 쳐야 하는데, 치 지 않는다면 이는 太陽이 약한 것이다.'라고 하였습니다. 요즈음 하 늘의 희뿌연 기운이 없어지지 않고 해와 달도 본색을 잃은 것이 그 증거입니다. 그러나 天網(천망)이 아무리 성기더라도 빠져나가지 못 하는 것이니 때에 따라 진퇴나 정치 상황에 따라 得失이 있는 것입 니다. 大人(天子)은 天地와 그 德을 같이하며 日月함께 밝다고 하였 으며 천제의 운행 역시 하늘의 뜻에 상응합니다. 천둥이란 (天子의)

호령이며 천둥의 작용은 만물을 생장케 합니다. 호령이 없어진다면 살아 있는 것도 죽게 되는데, 반대로 겨울에 천둥이 치면 다음 해에 흉년이 듭니다. 폐하께서 재앙을 없애고 복을 받으시려면 하늘의 뜻에 따라 和氣를 불러와야 하니 신하를 감찰하여 잔혹하게 백성을 해치는 자가 있다면 빨리 몰아내어 백성을 평안케 한다면 하늘도 화락하며 천둥도 칠 것입니다.」

原文

「三事, 去年十月二十日癸亥, 太白與歲星合於房,心. 太白在北, 歲星在南, 相離數寸, 光芒交接. 房,心者, 天帝明堂布政之宮.〈孝經鉤命決〉曰, '歲星守心年穀豐'.《尙書 洪範記》曰, '月行中道, 移節應期, 德厚受福, 重華留之'. 重華者, 謂歲星在心也. 今太白從之, 交合明堂, 金木相賊, 而反同合, 此以陰陵陽, 臣下專權之異也. 房,心東方, 其國主宋.《石氏經》曰, '歲星出左有年, 出右無年'. 今金木俱東, 歲星在南, 是爲出右, 恐年穀不成, 宋人饑也. 陛下宜審詳明堂布政之務, 然後妖異可消, 五緯順序矣.」

| 註釋 | ○房,心 – 房과 心 모두 28星宿(성수) 중 동방의 별. ○光芒 – 빛줄기. 芒은 까끄라기 망. 빛의 뻗침. ○重華 – 별 이름. 舜의 이름. ○金木相賊 – 金克木이어서 서로 상극이다. ○有年, 無年 – 풍년, 흉년. ○宋 – 殷의 유민 微子啓를 봉한 나라. 치소는 商丘, 今 河南省 동쪽 商丘市. 山

東省과 접경. ㅇ五緯 - 五星.

[國譯]

「셋째, 작년 12월 20 癸亥日에 太白星과 歲星(세성)이 房星과 心星 자리에 만났는데 太白星은 북쪽에, 歲星은 남쪽에 있었는데 몇寸의 거리에서 그 빛이 서로 닿았습니다. 房星과 心星은 天帝의 明堂으로 布政하는 자리입니다. 〈孝經鉤命決〉이란 글에 '歲星이 心星에 합쳐지면 풍년이 든다.'고 하였습니다. 《尙書 洪範記》에서는 '月은 운행하며 그 길을 따라가나 계절에 따라 그 위치가 달라지는데, 천자가 후덕하여 복을 받으면 重華(중화)의 자리에 머문다.'고 하였습니다. 重華는 歲星이 心星과 합쳐진 것입니다. 이번에 太白星까지 여기에 따라가 明堂에서 함께 합쳐졌고 金木이 상극이지만 반대로 하나로 합쳐졌는데, 이는 陰이 陽을 이긴 것으로 臣下가 專權을 하는 이변입니다. 房星과 心星은 東方이며 그 별이 주관하는 나라는 宋國입니다. 《石氏經》에서는 '歲星이 왼쪽으로 나타나면 풍년이고, 우측으로 나타나면 흉년.'이라고 하였습니다. 이번에 金木이 함께 동쪽으로 이동하였고 歲星은 남쪽에 있으니, 이는 오른쪽으로 나간 것이니 올해 아마도 흉년이 들 것이며 宋人이 굶주릴 것입니다. 폐하께서는 이를 살피시어 明堂에서 정사를 널리 공포하시면 이후로 요사한 이변이 사라지고 五星도 정상으로 운행할 것입니다.」

原文

「四事,《易傳》曰, '陽無德則旱, 陰僭陽亦旱'. 陽無德者,人君恩澤不施於人也. 陰僭陽者, 祿去公室, 臣下專權也. 自冬涉春, 訖無嘉澤, 數有西風, 反逆時節. 朝廷勞心, 廣爲禱祈, 薦祭山川, 暴龍移市. 臣聞皇天感物, 不爲僞動, 災變應人, 要在責己. 若令雨可請降, 水可攘止, 則歲無隔幷, 太平可待. 然而災害不息者, 患不在此也. 立春以來, 未見朝廷賞錄有功, 表顯有德, 存問孤寡, 賑恤貧弱, 而但見洛陽都官奔車東西, 收繫纖介, 牢獄充盈. 臣聞恭陵火處, 比有光曜, 明此天災, 非人之咎. 丁丑大風, 掩蔽天地. 風者號令, 天之威怒, 皆所以感悟人君忠厚之戒. 又連月無雨, 將害宿麥. 若一穀不登, 則饑者十三四矣. 陛下誠宜廣被恩澤, 貸贍元元. 昔堯遭九年之水, 人有十載之蓄者, 簡稅防災, 爲其方也. 願陛下早宣德澤, 以應天功. 若臣言不用, 朝政不改者, 立夏之後乃有澍雨, 於今之際未可望也. 若政變於朝而天不雨, 則臣爲誣上, 愚不知量, 分當鼎鑊.」

| 註釋 | ○反逆時節 – 봄에는 동풍이 불어야 하는데 서풍이 부니 계절을 거스르는 것이다. ○暴龍移市 – 시장을 옮기다. ○患不在此也 – 기도로는 통하지 않을 것이라는 뜻. ○比有光曜 – 比는 연이어. ○簡稅防災 – 簡稅는 세금을 줄여주다.

[國譯]

「넷째,《易傳》에 '陽이 無德하면 가뭄이 들고, 陰이 陽을 범해도 마찬가지로 가뭄이 든다.' 고 하였습니다. 陽이 無德하다는 것은 人

君이 恩澤을 백성에게 베풀지 않는 것입니다. 陰이 陽을 범한다는 말은 관리에게 봉록을 주는 권한이 公室(朝廷)에 있지 않으며 신하가 專權한다는 뜻입니다. 지난 겨울에서 봄까지 비가 내리지 않고 서풍이 자주 불었는데, 이는 계절을 역행하는 것입니다. 조정에서는 노심초사하며 여러 곳에서 기도를 올리고, 산천에 제사를 지내면서 용왕에 빌고 시장을 옮기기도 하였습니다. 신이 알기로, 皇天이 사물에 감응하는 것은 거짓이 아닌 진심이어야 하며, 인간이 재해를 당하는 것은 인간 본연의 탓이라고 하였습니다. 만약 인간이 비를 내려달라고 빌어서 비가 내리고, 홍수를 그치게 한다면 가뭄이나 홍수가 없는 태평성대를 이룰 수 있을 것입니다. 그래도 재해가 그치지 않는 것은 기도가 통하지 않기 때문입니다. 立春 이래로 조정에서 유공자 포상이나 유덕자 등용, 과부나 고아를 위문하거나 빈약한 백성을 구휼했다는 말은 듣지 못하고, 다만 낙양의 중앙 관리들이 동분서주하며 작은 잘못에도 사람을 잡아가둬서 감옥이 가득 찼다는 말만 들었습니다. 또 臣이 듣기로는, 恭陵의 화재가 난 곳에서 연이어 빛이 번쩍거렸다 하니, 이는 天災(천재)가 분명하며 사람의 허물이 아닐 것입니다. 지난 丁丑日에는 강풍이 천지를 휩쓸었습니다. 바람이란 하늘의 호령이며 위엄에 찬 분노이니 모두가 人君에게 忠厚하라는 훈계라고 생각하였습니다. 또 몇 달이나 비가 오지 않아 보리농사가 흉년이 들 것입니다. 만약 한 가지 곡식만이라도 흉년이 들면 굶주리는 백성이 10에 3, 4나 됩니다. 폐하께서는 성심으로 널리 은택을 베풀어 주시고 백성을 구제해야 합니다. 옛날 堯帝가 9년 대 홍수를 만났을 때 백성마다 10년 양식을 비축했었다 하니 세금을 줄여 흉년에 대비하는 것도 그 방책이 될 것입니다. 바라옵나니,

폐하께서는 백성에게 혜택을 빨리 베푸시어 하늘의 조화에 감응하
셔야 합니다. 만약 臣의 상서를 받아들이지 않고 조정에서도 고치지
않는다면 立夏 이후에도 비가 내릴 가망이 없습니다. 만약 조정에서
정치를 바꿨는데도 하늘에서 비를 내려주지 않는다면, 이는 臣이 폐
하에게 거짓말을 한 것이며 큰 어리석음이기에 신은 응당 팽살을 당
해야 합니다.」

原文

　書奏, 特詔拜郞中, 辭病不就, 卽去歸家. 至四月京師地
震, 遂陷. 其夏大旱. 秋, 鮮卑入馬邑城, 破代郡兵. 明年, 西
羌寇隴右. 皆略如顗言. 後復公車徵, 不行.
　同縣孫禮者, 積惡兇暴, 好遊俠, 與其同里人常慕顗名德,
欲與親善. 顗不顧, 以此結怨, 遂爲禮所殺.

| 註釋 | ○至四月 – (順帝) 陽嘉 2년(서기 133) 4월에 낙양에 지진이 났
었다. ○馬邑城 – 雁門郡의 현명. 今 山西省 북부 朔州市. ○西羌寇隴右
– 陽嘉 3년 7월에 西羌(서강)족이 隴右郡(농우군)을 노략질했었다.

[國譯]

　상서가 보고되자, 특별히 조서를 내려 郞中을 제수하였으나 郞顗
(낭의)는 병으로 사임하고 즉시 귀가하였다. (順帝 陽嘉 2년) 4월에
낙양에 지진이 나서 땅이 함몰되었다. 그 여름에 큰 가뭄이 들었다.
가을에, 선비족이 (代郡의) 馬邑城에 침입하여 代郡의 군사를 격파

하였다. 다음 해 西羌(서강)족이 隴右郡(농우군)을 노략질했다. 대략 낭의의 말이 맞았다. 뒷날 다시 公車令이 초빙했으나 가지 않았다.

같은 縣의 孫禮(손례)란 자는 악행을 일삼는 흉포한 자로 협객을 좋아했는데 낭의의 마을 사람과 함께 낭의의 명성을 흠모한다면서 교제하려고 하였다. 낭의가 원하지 않자 이로써 원한을 사서 낭의는 손례에게 피살되었다.

❹ 襄楷

│原文│

襄楷字公矩, 平原隰陰人也. 好學博古, 善天文陰陽之術. 桓帝時, 宦官專朝, 政刑暴濫, 又比失皇子, 災異尤數. 延熹 九年, 楷自家詣闕上疏曰,

│註釋│ ○襄楷(양해) 字 公矩(공구) - 楷는 나무 이름 해. 矩는 곱자 구. 직각자. ○平原隰陰 - 平原은 군명. 治所 平原縣, 今 山東省 북부 德州市 관할의 平原縣. 隰陰(습음)은 현명. ○桓帝時 - 桓은 팻말 환. 빛나다. 諡 法에 '克敵服遠曰 桓.' 재위 146 - 167년, 延熹(연희) 2년(159)에 환관의 힘을 빌려 외척 梁氏 일당을 제거. 환관의 부패에 따른 太學生의 개혁 요 구에 桓帝가 태학생을 배척한 소위 '黨錮之禍(당고의 화)'를 야기했다. ○延熹九年 - 서기 166년.

襄楷(양해)의 字는 公矩(공구)인데, 平原郡 隰陰縣(습음현) 사람이다. 好學하여 널리 고전을 읽었으며 天文과 陰陽의 學術에 밝았다. 桓帝 때 환관이 조정의 정사를 독단하면서 폭정에 형벌을 남용하였으며, 또 연이어 황제의 아들이 죽었으며 재해와 이변이 아주 자주 일어났다. 延熹(연희) 9년에, 양해는 집에서 대궐에 와서 상소를 올렸다.

原文

「臣聞皇天不言, 以文象設敎. 堯,舜雖聖, 必歷象日月星辰, 察五緯所在, 故能享百年之壽, 爲萬世之法. 臣竊見去歲五月, 熒惑入太微, 犯帝座, 出端門, 不軌常道. 其閏月庚辰, 太白入房, 犯心小星, 震動中耀. 中耀, 天王也, 傍小星者, 天王子也. 夫太微天廷, 五帝之坐, 而金火罰星揚光其中, 於占, 天子兇, 又俱入房,心, 法無繼嗣. 今年歲星久守太微, 逆行西至掖門, 還切執法. 歲爲木精, 好生惡殺, 而淹留不去者, 咎在仁德不修, 誅罰太酷. 前七年十二月, 熒惑與歲星俱入軒轅, 逆行四十餘日, 而鄧皇后誅. 其冬大寒, 殺鳥獸, 害魚鼈, 城傍竹柏之葉有傷枯者. 臣聞於師曰, '柏傷竹枯, 不出三年, 天子當之'. 今洛陽城中人夜無故叫呼, 云有火光, 人聲正喧, 於占亦與竹柏枯同. 自春夏以來, 連有霜雹及大雨雷, 而臣作威作福, 刑罰急刻之所感也.」

| **註釋** | ㅇ百年之壽 - 堯는 117세, 舜은 112세를 살았다고 한다. ㅇ出端門 - 太微星 성좌 남쪽 4星의 가운데 별을 端門(단문)이라고 한다. 正南門. ㅇ而金火罰星~ - 金星인 太白星, 火星인 熒惑星을 罰星(벌성)이라고도 부른다. ㅇ掖門 - 端門 좌우의 별을 掖門(액문)이라 한다. 작은 문, 쪽문이라는 뜻. ㅇ還切執法 - 太微星宿의 남쪽 4星을 執法이라 한다. 切은 바짝 붙어 있다는 뜻. ㅇ而鄧皇后誅 - 桓帝鄧皇后인 鄧猛女(등맹녀, ?-165년), 桓帝의 2번째 황후. 光武帝 雲臺 二十八將의 한 사람인 太傅 鄧禹(등우)의 증손인 鄧香의 딸. 和帝의 鄧皇后〔鄧綏(등수)〕가 등맹녀의 堂祖姑母. 鄧猛女는 美色이 絶倫했는데 황제의 총애를 믿고 투기가 심하여 (桓帝) 延熹(연희) 8년(165)에, 조서로 등황후를 폐위하여 暴室(폭실)에 보내자 등황후는 울분으로 죽었다. 재위 7년. ㅇ害魚鼈 - 魚鼈은 水生 동물의 총칭. 鼈은 자라 별. ㅇ城傍竹柏之葉有傷枯者 - 延熹 9년의 일이었다. ㅇ人聲正喧 - 낙양에 화광이 떠돌아다닌다며 백성이 놀라 소리를 지르며 뛰어다녔다고 한다. 喧은 시끄러울 훤.

[國譯]

「臣이 듣기로, 皇天이 말은 안하지만 천문의 景象으로 뜻을 알린다고 하였습니다. 堯와 舜이 聖人이셨어도 日月星辰의 운행과 五緯(五星)의 소재를 꼭 살폈기에 능히 百壽를 누렸으며 萬世의 모범이 되셨습니다. 臣이 볼 때 작년 5월에 熒惑星(형혹성)이 太微星(태미성) 자리로 들어가 제위를 침범한 뒤에 端門(단문)의 자리로 나왔으니 정상궤도가 아니었습니다. 그 윤달 庚辰日(경진일)에는 太白星이 房星(방성) 자리에 나타나 心星의 작은 별들을 침범하여 中耀星(중요성)을 놀라게 하였는데, 中耀星은 天王이며 그 옆 작은 별은 天王의 아들입니다. 본래 太微星은 天廷이며 (하늘의) 五帝 자리에 해당하며,

金星과 火星은 罰星(벌성)으로 그 안에서 빛을 내고 있으니 占에서는 天子에게 흉한 일이며, 또 함께 房星과 心星 자리에 침범하니 점법으로는 후사가 없다는 뜻입니다. 금년에 歲星(세성)이 장기간 太微星 근처에 있다가 역행하여 서쪽 掖門(액문)에 이르렀으며 되돌아오면서 執法星(집법성)에 바짝 접근했습니다. 歲星(세성)은 木精으로 生氣를 주관하며 殺氣를 증오하지만 太微星을 오랫동안 가리고 떠나가지 않은 것은 그 허물이 仁德을 펴지 않고 형벌이 너무 잔혹하기 때문입니다. 앞서 (陽嘉) 7년 12월에도 형혹성이 歲星과 함께 軒轅星(헌원성) 자리에 들어가 40여 일을 역행하였는데, 그때 鄧(등) 皇后가 죽었고 그 해 겨울이 혹독하게 추워 새와 짐승과 魚鼈(어별)이 많이 죽었으며, 낙양성 주변의 대나무와 측백나무의 잎도 말라 죽었습니다. 臣이 사부한테 듣기로는, '측백과 대나무가 말라 죽으면 3년 안에 천자가 그 영향을 받는다.'고 하였습니다. 이번에 洛陽 성안의 백성들이 까닭도 모른 채 火光이 들어온다고 놀라 소리 지르며 뛰어다녔는데, 이 역시 점법에서 대나무와 측백나무의 고사와 같습니다. 지난봄과 여름 이후로 연이어 서리와 우박이 내리고 홍수와 천둥이 쳤는데, 이는 아랫사람들이 위세를 부리고 사치하며 형벌이 너무 각박하기 때문에 일어난 일입니다.」

原文

「太原太守劉瓆,南陽太守成瑨, 志除姦邪, 其所誅翦, 皆合人望, 而陛下受閹豎之譖, 乃遠加考逮. 三公上書乞哀瓆等, 不見採察, 而嚴被譴讓. 憂國之臣, 將遂杜口矣.

臣聞殺無罪, 誅賢者, 禍及三世. 自陛下卽位以來, 頻行
誅伐, 梁,寇,孫,鄧, 並見族滅, 其從坐者, 又非其數. 李雲上
書, 明主所不當諱, 杜衆乞死, 諒以感悟聖朝, 曾無赦宥, 而
並被殘戮, 天下之人, 咸知其冤. 漢興以來, 未有拒諫誅賢,
用刑太深如今者也.」

|註釋| ㅇ閹竪(엄수) - 환관. 閹은 내시 엄. 竪는 더벅머리 수. 내시.
ㅇ三公 - 당시 太尉 陳蕃 등 司徒, 司空이 함께 상주했지만 받아들여지지
않았다. ㅇ梁,寇,孫,鄧 - 梁冀, 寇榮(구영), 孫壽, 鄧萬世. ㅇ赦宥(사유) - 용
서하다. 사면하다.

[國譯]

「太原太守인 劉瓆(유질)과 南陽太守인 成瑨(성진)은 간사한 무리
를 제거하려는 뜻으로 악인을 주살하였는데, 이는 백성의 여망에 맞
았지만 폐하께서는 환관의 참소를 받아들여 먼 임지에서 체포하였
습니다. 三公이 상소하여 유질 등의 사면을 요청하였으나 받아들이
지 않으시고 엄하게 질책하셨습니다. 이 때문에 나라를 걱정하는 신
하들은 앞으로 입을 다물게 될 것입니다.

臣이 알기로, 무죄한 사람과 賢者를 죽이면 그 화가 3세가 미친다
고 하였습니다. 폐하께서 즉위 이래로 자주 처형하셨으니 梁冀(양
기), 寇榮(구영), 孫壽(손수), 鄧萬世(등만세) 등이 모두 멸족되었으며
그와 연좌된 사람은 셀 수도 없었습니다. 李雲(이운)은 명철한 주군
은 무슨 말이라도 들어야 한다고 상주하였고, 杜衆(두중)도 죽음을
자청하였는데, 이는 폐하를 깨우치려는 뜻이었지만 폐하께서는 용

서하지 않으셨고 모두 잔인하게 처형하였으니 천하 백성들은 그 원통한 죽음을 느꼈습니다. 漢의 건국 이후 간언을 받아들이지 않고 형벌이 이처럼 심했던 적은 없었습니다.」

原文

「永平舊典, 諸當重論皆須冬獄, 先請後刑, 所以重人命也. 頃數十歲以來, 州郡翫習, 又欲避請讞之煩, 輒託疾病, 多死牢獄. 長吏殺生自己, 死者多非其罪, 魂神冤結, 無所歸訴, 淫厲疾疫, 自此而起. 昔文王一妻, 誕至十子, 今宮女數千, 未聞慶育. 宜修德省刑, 以廣〈螽斯〉之祚.」

| 註釋 | ○永平 – 明帝의 연호. ○重論 – 중형으로 판결나다. ○翫習 – 익숙하다. 翫은 즐길 완, 玩과 同. ○請讞之煩 – 죄의 성립 여부와 적용 조항을 중앙의 廷尉에게 질문하는 번거로움. 讞은 평의할 언, 물을 언(얼). 煩은 번거로울 번, 괴로울 번. ○〈螽斯〉之祚 – 자식을 많이 두는 복. 〈螽斯〉는《詩 周南》의 편명. 螽은 베짱이 종. 방아깨비. 큰 암컷이 작은 수컷을 업고 다닌다. 한꺼번에 알을 99개 낳는다고 한다.

[國譯]

「(明帝) 永平 연간의 옛 법제에 의하면, 중죄를 판결되는 모든 사건은 겨울까지 기다려야 하며, 먼저 제청하고 나중에 집행하는 것은 신명을 중시하는 뜻이었습니다. 최근 10여 년 사이에 州와 郡에서는 습관적으로 또 사안을 중앙의 廷尉에게 평결을 요청하는 번거로움을 피하고자 매번 감옥에서 질병으로 죽은 것으로 처리합니다. 고급 관리는 살생의 권한을 갖고 있고 죽은 자의 대부분이 자신의 죄가 아니라서 혼령이 한을 품었지만 하소연 할 데가 없기에 여러 전염병이 유행하게 됩니다. 옛날 文王은 왕비 한 사람에서 열 명의 아들을 두었는데, 지금 폐하는 궁녀가 수천 명이지만 출생과 양육의 경사가 없습니다. 응당 덕을 베풀고 형벌을 완화하여 많은 자식을 두는 복을 누리셔야 합니다.」

原文

「又七年六月十三日, 河內野王山上有龍死, 長可數十丈. 扶風有星隕爲石, 聲聞三郡. 夫龍形狀不一, 小大無常, 故《周易》況之大人, 帝王以爲符瑞. 或聞河內龍死, 諱以爲蛇. 夫龍能變化, 蛇亦有神, 皆不當死. 昔秦之將衰, 華山神操璧以授鄭客曰 '今年祖龍死'. 始皇逃之, 死於沙丘. 王莽天鳳二年, 訛言黃山宮有死龍之異, 後漢誅莽, 光武復興. 虛言猶然, 況於實邪? 夫星辰麗天, 猶萬國之附王者也. 下將畔上, 故星亦畔天. 石者安類, 墜者失勢. 春秋五石隕宋, 其後襄公爲楚所執. 秦之亡也, 石隕東郡. 今隕扶風, 與先帝園陵相近, 不有大喪, 必有畔逆.」

| 註釋 | ○河內 野王 - 野王縣, 今 河南省 북부 焦作市 관할 沁陽市(심양시). ○大人 - 天子. ○華山神~ - 華山은 西嶽. 華山은 西嶽, 今 陝西省

渭南市 관할 華陰市의 남쪽에 위치. 최고봉, 2,155m.   ○祖龍 – 秦始皇.
○死於沙丘 – 前 210(秦始皇 37년, 7월), 秦始皇은 沙丘 平臺(今 河北省
남부 邢臺市 廣宗縣)에서 죽었다.   ○王莽天鳳二年 – 서기 15년.   ○襄公
爲楚所執 – 成語 '宋襄之仁'의 주인공.

[國譯]

「그리고 (桓帝 延熹) 7년 6월 13일, 河內郡 野王縣의 산에서 龍이
죽었는데 그 길이가 수십 丈(장)이었습니다. 右扶風에서는 별이 떨
어져 돌이 되었는데 그 소리가 3개 군에 들렸습니다. 본래 龍이란
그 형상이 하나가 아니며, 크기도 일정하지 않기에《周易》에서도 大
人(天子)에 비유하였고 제왕은 용을 符瑞(符信)으로 사용합니다. 또
河內郡에서 죽은 용이 뱀이었다고 말했습니다. 龍은 변화에 능하며
뱀도 신령이 있기에 죽었다고 할 수도 없습니다. 옛날 秦(진)이 망하
려 할 무렵에 華山(화산)의 신령이 璧玉을 나그네 鄭氏에게 주면서
말했습니다. '금년에 祖龍(秦始皇)이 죽을 것이다.' 시황제는 피하
려고 했지만 沙丘(사구)에서 죽었습니다. 王莽 天鳳 2년, 黃山宮에서
龍이 죽는 이변이 일어났다고 訛言(와언)이 퍼졌고 그 뒤에 漢은 왕
망을 주살하고 광무제가 중흥을 이룩하였습니다. 이처럼 虛言도 사
실로 판명 났는데 하물며 실제라면 어떠하겠습니까? 대체로 별이
하늘에서 빛나는 것은 만국이 王者를 따르는 것과 같습니다. 아래
장수가 위에 반역한다면 별도 하늘에서 역행하게 됩니다. 돌이란 변
하지 않는 것이나 그것이 떨어진다면 세력을 잃는 것입니다. 春秋시
대에 宋에 5번이나 운석이 떨어졌고 그 뒤에 襄公(양공)은 楚에 사로
잡혔습니다. 秦이 망할 때에 東郡에 운석이 떨어졌습니다. 이번에

右扶風에 떨어진 운석은 先帝(高祖)의 능에 가까웠는데, 죽은 사람
은 없었지만 틀림없이 반역이 일어날 것입니다.」

原文

「案春秋以來及古帝王, 未有河淸及學門自壞者也. 臣以
爲河者, 諸侯位也. 淸者屬陽, 濁者屬陰. 河當濁而反淸者,
陰欲爲陽, 諸侯欲爲帝也. 太學, 天子敎化之宮, 其門無故
自壞者, 言文德將喪, 敎化廢也. 京房《易傳》曰, '河水淸,
天下平.' 今天垂異, 地吐妖, 人厲疫, 三者並時而有河淸,
猶春秋麟不當見而見, 孔子書之以爲異也.

臣前上瑯邪宮崇受干吉神書, 不合明聽. 臣聞布穀鳴於孟
夏, 蟋蟀吟於始秋, 物有微而誌信, 人有賤而言忠. 臣雖至
賤, 誠願賜淸閑, 極盡所言.」

| **註釋** | ○河淸 − (桓帝) 延熹 8년에 濟陰郡, 東郡, 濟北郡의 河水가 맑
아졌다. ○學門自壞 − 延熹 5년에 太學의 西門이 저절로 무너졌다. 太學
은 洛城 南쪽 開陽門 밖에 있었다. ○河者, 諸侯位也 − 五嶽을 三公, 四瀆
(사독)을 제후의 지위로 인식했다. ○京房《易傳》 − 京房(前 77 − 37년)의
字는 君明, 漢 元帝 때 魏郡太守 역임. 梁人 焦延壽(초연수)의 《易》을 전수
받았다. 京氏易學을 개창, 《京氏易傳》을 남김. 초연수는 '나의 학문을 이
어받아 죽을 자는 京生'이라고 했다. 《漢書》75권, 〈眭兩夏侯京翼李傳〉
立傳. ○春秋麟不當見而見 − 《春秋》는 '(哀公) 十有四年春 西狩獲麟'으
로 끝난다. ○瑯邪宮崇受干吉神書 − 瑯邪는 군명, 宮崇(궁숭)은 인명. 受

干吉(간길)은 인명. 神書는 道家의 《太平淸領書》(太平經). ㅇ布穀(포곡) -
뻐꾸기. ㅇ蟋蟀(실솔) - 귀뚜라미.

[國譯]

「春秋시대 이래 고대 여러 제왕 시기에 河水가 맑아지거나 太學
의 정문이 무너진 적은 없었습니다. 臣의 생각에, 河水는 諸侯의 자
리이고, 맑다는 것은 陽에 해당하고, 흐린 것은 陰에 속합니다. 河水
는 응당 흐려야 하는데 반대로 맑아졌다면 陰이 陽이 되려는 것이
며, 諸侯가 황제가 되려는 뜻입니다. 太學은 천자가 敎化하는 건물
인데 그 문이 까닭 없이 저절로 붕괴한 것은 장차 文德이 없어지고
敎化가 단절되는 것입니다. 京房(경방)의 《易傳》에 말하길, '河水가
맑으면 천하가 태평하다.' 라고 하였지만, 지금 하늘에는 이변이 나
타나고 땅은 妖氣를 토하며 사람들은 질병에 걸리는 등 3가지 이상
이 한꺼번에 겹치면서 河水가 맑은 것은 春秋시대에 麟(기린)이 나
타날 수 없는데 나타났기에 공자가 이변으로 기록한 것과 같습니다.
臣은 앞서 瑯邪郡(낭야군)의 宮崇(궁숭)이란 사람이 干吉(간길)의 神
書(太平經)를 올렸는데 그 내용은 폐하의 심려와 다르다고 말씀드
렸습니다. 臣이 알기로, 布穀(포곡, 뻐꾸기)은 초여름에 울고, 蟋蟀(실
솔, 귀뚜라미)은 초가을에 울어 미물도 신의를 지키듯 지위가 없는 사
람도 忠言을 말씀드리는 것입니다. 臣이 아주 미천하지만 폐하께서
하고 싶은 말을 다할 기회를 저에게 주시기 바랍니다.」

■原文

書奏不省. 十餘日, 復上書曰,

「臣伏見太白北入數日, 復出東方, 其占當有大兵, 中國弱, 四夷强. 臣又推步, 熒惑今當出而潛, 必有陰謀. 皆由獄多寃結, 忠臣被戮. 德星所以久守執法, 亦爲此也. 陛下宜承天意, 理察寃獄, 爲劉瓆,成瑨虧除罪辟, 追錄李雲,杜衆等子孫.

夫天子事天不孝, 則日食星鬪. 比年日食於正朔, 三光不明, 五緯錯戾. 前者宮崇所獻神書, 專以奉天地順五行爲本, 亦有興國廣嗣之術. 其文易曉, 參同經典, 而順帝不行, 故國胤不興, 孝沖,孝質頻世短祚.」

| 註釋 | ○書奏不省 – 상서가 올라갔으나 (桓帝가) 읽지 않다. ○德星 – 歲星. ○比年日食於正朔 – 延熹 8년 정월 초하루, 延熹 9년 정월 초하루에 각각 일식이 있었다. ○故國胤不興 – 후사가 대를 잇지 못하다. ○孝沖,孝質 – 孝沖皇帝(효충황제)는 順帝의 아들이다. 建康 원년(서기 144) 황태자로 책립되었고, 8월에 황제로 즉위(2세). 다음 해 정월에 죽었다. 質帝는 8세의 즉위, 재위 145–146年(16개월). 大將軍 梁冀(양기)가 독살. ○頻世短祚 – 명이 아주 짧아 일찍 세상을 뜨다.」

[國譯]

상서가 올라갔으나 桓帝는 읽지 않았다. 10여 일 뒤에 襄楷(양해)는 다시 상서하였다.

「臣이 본 바로는, 太白星이 북쪽으로 이동하여 여러 날이 지나서 다시 동방으로 옮겨갔는데 점을 쳐보면 이는 큰 兵亂의 징조이며, 중원의 병력은 약하고 사방 이민족은 강할 것입니다. 臣이 또 추산해보면, 熒惑星(형혹성)이 출현해야 하나 보이지 않으니 틀림없이 음모가 있을 것입니다. 이 모두가 억울한 獄案(옥안)에 원한이 쌓였고 충신을 많이 죽였기 때문입니다. 德星(歲星)이 오랫동안 執法星에 머무른 것도 이와 같습니다. 폐하께서는 하늘의 뜻을 받들어 응당 억울한 옥사가 있었는지 살피시고, 劉瓆(유질)과 成瑨(성진)의 죄를 사면하여 원한을 풀어주며, 李雲(이운)과 杜衆(두중)의 자손을 등용하셔야 합니다.

천자가 하늘을 받드나 不孝하다면 일식이 일어나고 星宿(성수)가 길을 다투게 됩니다. 2년 연속하여 정월 초하루에 일식이 있었고, 三光(日,月,星)이 빛을 잃고 五緯(五星)가 어긋났습니다. 이전에 宮崇(궁숭)이 헌상한 神書는 전적으로 하늘을 받들고 지덕에 순응하며, 오행에 따를 것을 근본으로 나라를 부흥케 하고 많은 후사를 얻을 수 있는 방책이 있었습니다. 그 글은 쉽게 이해할 수 있고 경전처럼 참고할 수 있었으나 順帝께서 따르지 않았기에 나라의 후사가 대를 잇지 못하고 孝沖帝와 孝質帝는 단명하여 일찍 세상을 떴습니다.」

原文

「臣又聞之, 得主所好, 自非正道, 神爲生虐. 故周衰, 諸侯以力征相尙, 於是夏育,申休,宋萬,彭生,任鄙之徒生於其時. 殷紂好色, 妲己是出. 葉公好龍, 眞龍遊廷. 今黃門常侍, 天刑之人, 陛下愛待, 兼倍常寵, 係嗣未兆, 豈不爲此?
天官宦者星不在紫宮而在天市, 明當給使主市里也. 今乃反
處常伯之位, 實非天意.

又聞宮中立黃,老,浮屠之祠. 此道淸虛, 貴尙無爲, 好生
惡殺, 省欲去奢. 今陛下嗜欲不去, 殺罰過理, 旣乖其道, 豈
獲其祚哉! 或言老子入夷狄爲浮屠. 浮屠不三宿桑下, 不欲
久生恩愛, 精之至也. 天神遺以好女, 浮屠曰, '此但革囊盛
血'. 遂不眄之. 其守一如此, 乃能成道. 今陛下淫女艷婦,
極天下之麗, 甘肥飮美, 單天下之味, 奈何欲如黃,老乎?」

| 註釋 | ㅇ神爲生虐 – 정신은 이 때문에 재앙을 불러온다. 심하게 빠지
다. 虐은 사나울 학. 잔인하다, 가혹하다. ㅇ夏育,申休,宋萬,彭生,任鄙之徒
– 모두 강한 힘을 가진 자. ㅇ妲己(달기) – 紂王의 왕비. 紂王이 有蘇氏를
정벌하고 얻은 여인. 酒池肉林의 主體. ㅇ葉公好龍 – 楚의 葉公(섭공)인
沈諸梁, 字 子高. 보통 葉公子高라 기록. 治水에 공적을 남겼다고 한다. 龍
을 즐겨 그렸는데 진짜 용을 보고서는 놀라 달아났다고 한다. ㅇ天市 – 하
늘에서 저자(市)에 해당하는 星宿. ㅇ常伯 – 侍中. ㅇ黃,老 – 黃帝와 老子
의 사상, 無爲와 養性을 중시하는 사상. ㅇ浮屠之祠 – 불교 사원, 절. 浮屠
는 梵文 Buddha(已經覺醒, 깨우친 자)의 음역. 佛陀, 浮陀, 浮圖, 佛로 표
기. ㅇ老子入夷狄爲浮屠 – '老子化胡', 老子가 函谷關을 지나 西域(天竺,
천축)에 가서 天竺人을 교화하여 거기에서 불교가 성립되었다면서 불교와
도교가 同源이라는 주장. ㅇ浮屠不三宿桑下 – 부처는 한 뽕나무 아래 3일
을 머물지 않았다. 한 곳에 집착하는 愛戀(애련)의 마음이 없다는 뜻. ㅇ革
囊盛血(혁낭성혈) – 피(血)가 들어있는 가죽 주머니. 肉身. ㅇ遂不眄之 –

眄은 애꾸눈 면. 한 눈을 감고 상세히 보다. ○單天下之味 - 單은 온통, 전부, 참으로.

[國譯]

「臣이 또 듣기로는, 주군이 어떤 것을 좋아하면 그것이 正道가 아니라도 정신은 그 때문에 재앙을 불러옵니다. 周 말기에 제후들이 서로 공격하며 무력을 숭상하자 (강한 힘을 가진) 夏育(하육), 申休(신휴), 宋萬(송만), 彭生(팽생), 任鄙(임비) 등이 그때 나타났습니다. 殷의 紂王이 好色하자 妲己(달기)가 있었으며, 葉公(섭공, 沈諸梁, 字 子高)이 용을 즐겨 그리자 진짜 용이 그 뜰에 내려왔습니다. 지금 黃門常侍는 天刑을 받은 사람이나 폐하가 사랑으로 대하며 (정상보다) 몇 배를 더 총애하니, 후사가 출생할 기미도 없으니 어찌 이 때문이 아니겠습니까? 天官에서 환관에 해당하는 별(宦者星)은 紫微宮에 있지 않고 天市星(천시성)에 있으며 분명히 저잣거리(市里)에서 물건 사는 일을 담당하고 있습니다. 그런데 지금은 그 반대로 侍中의 자리에 있으니, 실제로 이는 天意가 아닙니다.

또 궁중에 黃老와 불교 사당을 세웠다고 들었습니다. 黃老와 佛道는 淸淨하고 無爲를 숭상하며 살리기를 좋아하고 살생을 미워하며 욕망을 없애고자 합니다. 지금 폐하께서는 좋아하는 것을 버리지 못하시고 사형과 형벌이 도를 크게 넘었으니, 어찌 그런 복을 받을 수 있겠습니까! 또 어떤 사람은 老子가 서역에 가서 浮屠(부도, 부처)가 되었다고 하는데 부처는 한 곳에서 3일을 머물지 않아 오래 있어 생기는 思愛의 정욕은 없앴다니 그 정성은 극에 달한 것입니다. 天神이 예쁜 여인을 부처에 보내자, 부처는 '이는 단지 피를 담은 가죽

주머니'라고 하면서 끝내 쳐다보지도 않았습니다. 그 한결 같기가
이와 같았기에 成道할 수 있었습니다. 지금 폐하께서는 요염한 여인
으로 천하의 미인을 다 불렀고 음식은 온통 천하 진미를 다 모았으
니, 어찌 黃帝나 老子와 같을 수 있겠습니까?」

原文

書上, 卽召詣尙書問狀. 楷曰,

"臣聞古者本無宦臣, 武帝末, 春秋高, 數遊後宮, 始置之
耳. 後稍見任, 至於順帝, 遂益繁熾. 今陛下爵之, 十倍於
前. 至今無繼嗣者, 豈獨好之而使之然乎?" 尙書上其對, 詔
下有司處正.

尙書承旨奏曰, "其宦者之官, 非近世所置. 漢初張澤爲大
謁者, 佐絳侯誅諸呂, 孝文使趙談參乘, 而子孫昌盛. 楷不
正辭理, 指陳要務, 而析言破律, 違背經藝, 假借星宿, 僞托
神靈, 造合私意, 誣上罔事. 請下司隷, 正楷罪法, 收送洛陽
獄."

帝以楷言雖激切, 然皆天文恆象之數, 故不誅, 猶司寇論
刑.

| 註釋 | ○始置之耳 - 무제 때 환관에게 尙書 업무를 처음 맡겼지 환관
을 처음 둔 것은 아니었다. ○漢初張澤爲大謁者 - 張澤(장택)은 환관으로
서 궁 안의 親呂 세력을 제거하는데 협력하였다. ○孝文使趙談參乘 - 文

帝가 환관 趙談(조담)을 參乘으로 태우자, 爰盎(원앙)은 황제는 환관을 가까이 할 수 없다 하여 조담을 어거에서 내리게 했다. 文帝는 景帝를 낳고, 景帝는 皇子를 많이 두었다. 《漢書 景十三王傳》 참고. ㅇ假借星宿 – 假借는 빌려오다. 인용하다. 星宿(성수)는 별자리. ㅇ猶司寇論刑 – 司寇(사구)는 변방 성곽에서 2년간 적을 감시하는 형벌. 論은 평결하다.

[國譯]

상서가 올라가자, 곧 襄楷(양해)를 尙書臺로 불러 정황을 설명케 하자 양해가 말했다,

"臣이 알기로, 옛날에는 본래 환관이 없었는데 武帝 말년에 春秋가 높고 자주 후궁에서 즐기다 보니 비로소 환관을 두었습니다. 그 뒤로 점차 신임을 얻었는데 順帝에 이르러 점차 극성하였습니다. 지금 폐하께서 환관에 작위를 수여하는데 예전보다 10배는 많습니다. 여태껏 후계자가 없는 것도 환관만을 좋아하였기에 그렇게 되지 않았겠습니까?"

尙書가 양해의 답변을 보고하자 유사에게 넘겨 조사하라고 명령했다. 이에 尙書가 황제의 뜻을 받아 상주하였다.

"宦者(환자)의 관직이 근세에 설치된 것은 아닙니다. 漢初에 張澤(장택)은 大謁者(대알자)로 絳侯(강후) 周勃(주발)을 도와 呂氏 일족을 제거하였으며, 孝文帝께서는 趙談(조담)을 參乘(참승)케 했지만 文帝의 후손은 아주 창성하였습니다. 양해는 바르지 못한 언사로 주요 정사에 관하여 법률에 어긋나고 경전에 위배되는 이론으로 논평하였으며, 星宿(성수)를 假借(가차)하여 자신의 뜻대로 신령이라 위탁하면서 사실이 아닌 일로 폐하에게 거짓을 말했습니다. 양해를 司祿

校尉에게 넘겨 벌을 받게 하고 낙양의 옥에 가두어야 합니다.”

그러나 환제는 양해의 상소가 비록 과격한 내용이지만 모두가 천문 현상과 그 운수를 말한 것이기에 죽일 수는 없다 하여 성곽에서 2년간 적을 감시하는 형벌에 처했다.

初, 順帝時, 瑯邪宮崇詣闕, 上其師干吉於曲陽泉水上所得神書百七十卷, 皆縹白素朱介靑首朱目, 號《太平淸領書》. 其言以陰陽五行爲家, 而多巫覡雜語. 有司奏崇所上妖妄不經, 乃收臧之. 後張角頗有其書焉.

及靈帝卽位, 以楷書爲然. 太傅陳蕃擧方正, 不就. 鄕里宗之, 每太守至, 輒致禮請. 中平中, 與荀爽,鄭玄俱以博士徵, 不至, 卒於家.

| 註釋 | ○干吉於曲陽泉水 - 干吉(간길)은 瑯邪(낭야)郡 출신. 曲陽泉은 曲陽山의 냇물. ○皆縹白素朱介靑首朱目 - 縹白(표백)은 청백색, 素는 흰 비단. 朱介는 붉은 케이스, 靑首는 푸른 테를 두르다. 朱目은 붉은 글씨의 제목. ○巫覡雜語 - 무당의 雜語. 巫는 여자 무당 무. 覡은 남자 무당 격. ○張角(장각, ?-184년) - 太平道의 종교지도자. 張角은 본래 낙방한 秀才였는데 入山採藥다가 南華老仙이라는 老人을 만나 동굴 안에 들어가 天書 3권을 받았고 그를 읽어 도통했다고 하였다. 장각은 '蒼天已死, 黃天當立. 歲在甲子, 天下大吉' 할 것이라 선동하였다. ○靈帝卽位 - 後漢 12대 皇帝 (재위 168-189년, 22년), 章帝(肅宗)의 玄孫, 桓帝의 堂姪. ○中平 - 靈

帝의 4번째, 마지막 연호. 서기 184 - 188년. ○ 荀爽(순상) - 62권, 〈荀韓鐘陳列傳〉立傳. ○ 鄭玄(정현) - 35권,〈張曹鄭列傳〉立傳.

[國譯]

그전에, 順帝 때 瑯邪(낭야) 사람 宮崇(궁숭)이 궁궐에 와서 그의 사부 干吉(간길)이 曲陽泉에서 얻은 神書 170권을 바쳤는데, 모두 청백색 비단으로 표구하고 붉고 푸른 테를 두르고 붉은 글씨로 제목을 《太平淸領書》라 하였다. 책은 陰陽五行의 이론으로 무당의 雜語가 많았다. 有司는 궁숭이 헌상한 책은 요망하고 경서의 내용이 아니라고 상서하여 그대로 받아 두었다. 뒷날 張角(장각)이 그런 책을 많이 읽었다.

靈帝(영제)가 즉위하자 양해의 상서가 옳다고 여겨 太傅(태부) 陳蕃(진번)이 方正한 인재라 천거하였으나 나아가지 않았다. 鄕里에서는 존경을 받아 새로 太守가 부임할 때마다 예를 갖춰 초청하였다. (靈帝) 中平 연간에, 荀爽(순상)과 鄭玄(정현)이 함께 양해를 博士로 초빙하였지만 관직에 나가지 않다가 집에서 죽었다.

原文

論曰, 古人有云, '善言天者, 必有驗於人.' 而張衡亦云, "天文歷數, 陰陽占候, 今所宜急也." 郞顗,襄楷能仰瞻俯察, 參諸人事, 禍福吉兇旣應, 引之敎義亦明. 此蓋道術所以有補於時, 後人所當取鑒者也. 然而其敝好巫, 故君子不以專心焉.

| 註釋 | ㅇ張衡(장형) - 서기 78 - 139년, 天文學者, 數學者, 科學者로 渾天儀(혼천의)와 지진계를 발명. 2,500개의 별을 그린 천문도를 작성, 원주율을 계산. 문학가로 〈二京賦〉와 〈歸田賦〉를 창작한 '漢賦四大家'의 한 사람. 太史令, 侍中, 尙書 역임. ㅇ好巫 - 鬼神之事를 즐겨 말하다.

[國譯]

范曄(범엽)의 史論 : 옛사람은 "하늘의 현상을 잘 설명하는 자는 인간사 예측도 잘한다."고 말했다. 張衡(장형)도 "天文과 歷數나 陰陽과 占卜은 지금도 필요하고 중요한 일이다." 라고 말했다. 郎顗(낭의)와 襄楷(양해)는 위로 천문을 보고, 아래로 세상을 살펴 여러 인간사에 吉兇禍福이 부응하는 사실을 말했고 그 교리 또한 정확하였다. 이 모두는 아마 道術로 時務를 보완할 수 있음을 보여주었으니 후인들이 이를 배워 본받아야 할 것이다. 그러나 그 폐단은 鬼神의 일을 즐겨 말하기에 君子는 거기에 專心하지 않았다.

原文

贊曰, 仲桓術深, 蒲車屢尋. 蘇竟飛書, 清我舊陰. 襄,郎災戒, 實由政淫.

| 註釋 | ㅇ仲桓(중환) - 楊厚(양후)의 字. ㅇ蒲車屢尋 - 예를 갖춰 여러 번 초빙하다. 蒲車(포거)는 부들로 수레바퀴를 감싸 충격을 완화한 수레.

○清我舊陰 - 南陽郡 陰縣. 광무제와 同郡이라서 我舊陰이라고 했다.

【國譯】

贊曰,

仲桓(楊厚)는 도술이 깊어 禮로 누차 초빙 받았다.

蘇竟(소경)은 멀리서 上書했고 南陽郡 陰縣은 淸明하였다.

襄楷(양해), 郎顗(낭의)는 문란한 정치를 경고한 것이다.

31 郭杜孔張廉王蘇羊賈陸列傳
〔곽,두,공,장,염,왕,소,양,가,육열전〕

❶ 郭伋

原文

郭伋字細侯, 扶風茂陵人也. 高祖父解, 武帝時以任俠聞. 父梵, 爲蜀郡太守. 伋少有志行, 哀,平間辟大司空府, 三遷爲漁陽都尉. 王莽時爲上谷大尹, 遷幷州牧.

更始新立, 三輔連被兵寇, 百姓震駭, 强宗右姓各擁衆保營, 莫肯先附. 更始素聞伋名, 徵拜左馮翊, 使鎭撫百姓. 世祖卽位, 拜雍州牧, 再轉爲尙書令, 數納忠諫爭.

│註釋│ ○郭伋字細侯 - 伋은 人名 급. 孔子의 손자, 孔鯉의 아들 이름이 伋(前 483 - 402년)이었다. 孔伋의 字는 子思로 '述聖'이라 불리는데, 曾子에게 배웠고 四書의 하나인 《中庸》을 저술하였다. 孟子는 子思의 제

자한테 배웠다. 述聖 子思와 함께 復聖은 顔回, 宗聖은 曾參(증삼), 亞聖은 孟子(맹가)를 지칭한다. ○漁陽都尉 — 漁陽郡은 今 北京市. 都尉는 郡의 軍事 治安 담당자. ○上谷大尹 — 上谷郡 太守. ○幷州牧 — 幷州刺史. ○强 宗右姓 — 大姓, 지방 세력자. ○徵拜左馮翊 — 여기 左馮翊은 행정구역 명칭이 아닌 관직명이다.

[國譯]

郭伋(곽급)의 字는 細侯(세후)로, 右扶風의 茂陵縣 사람이다. (곽급의) 高祖父인 解(해)는 武帝 때 유명한 협객이었다. 부친 梵(범)은 蜀郡太守였다. 곽급은 어려서부터 큰 뜻을 품고 있었는데 哀帝와 平帝 연간에 大司空府의 부름을 받은 이후 3차례 승진하여 漁陽郡 都尉가 되었다. 왕망 시대에는 上谷郡 태수였다가 幷州刺史로 승진하였다.

更始가 막 즉위한 뒤, 三輔 지역은 兵禍를 당해 백성은 크게 불안해했고, 지방 세력자들은 각지서 군사를 거느리고 성에 웅거하면서 更始에 먼저 투항하는 자가 없었다. 경시제는 평소에 곽급의 명성을 알고 있어 곽급을 左馮翊(좌풍익)에 임명하여 백성을 안정시키게 하였다. 世祖(光武帝)가 즉위하자, 곽급을 雍州牧(옹주목, 옹주자사)에 임용했다가 다시 尙書令에 임명하였고 곽급의 忠諫을 여러 번 받아들였다.

原文

建武四年, 出爲中山太守. 明年, 彭寵滅, 轉爲漁陽太守. 漁陽旣離王莽之亂, 重以彭寵之敗, 民多猾惡, 寇賊充斥.

伋到, 示以信賞, 糾戮渠帥, 盜賊銷散. 時, 匈奴數抄郡界, 邊境苦之. 伋整勒士馬, 設攻守之略, 匈奴畏憚遠跡, 不敢復入塞, 民得安業. 在職五歲, 戶口增倍. 後潁川盜賊群起, 九年, 徵拜潁川太守. 召見辭謁, 帝勞之曰, "賢能太守, 去帝城不遠, 河潤九里, 冀京師並蒙福也. 君雖精於追捕, 而山道險厄, 自鬪當一士耳, 深宜愼之."

伋到郡, 招懷山賊陽夏趙宏,襄城召吳等數百人, 皆束手詣伋降, 悉遣歸附農. 因自劾專命, 帝美其策, 不以咎之. 後宏,吳等黨與聞伋威信, 遠自江南, 或從幽,冀, 不期俱降, 駱驛不絕.

| 註釋 | ○建武 四年 - 서기 28년. ○中山太守 - 군명. 治所는 盧奴縣, 今 河北省 직할 定州市, 保定市와 石家莊市 중간. ○漁陽旣離~ - 離는 당하다. ○寇賊充斥 - 도적 무리가 가득했다. 充은 차다(滿也). 斥은 당하다. ○河潤九里 - 황하가 근처 9리의 땅을 비옥하게 하다. '河潤九里 澤及三族'이란 말이 《莊子》에 나온다. ○陽夏(양하) - 縣名. 今 河南省 중동부 周口市 太康縣. ○襄城(양성) - 현명. 今 河南省 중부 許昌市 관할 襄城縣. ○自劾專命 - 직권으로 훈방한 것을 스스로 탄핵하다. ○駱驛(낙역) - 이어지다. 絡繹(낙역)과 同. 連續되다.

[國譯]

建武 4년, 中山太守로 전출되었다. 그 다음 해, (叛賊) 彭寵(팽총)이 죽자 漁陽太守로 전임했다. 漁陽郡은 왕망 시대의 혼란을 겪었고 거기에 彭寵의 반역과 패망이 겹쳐서 간악한 백성이 많았고 도적 무리가 가득했다. 郭伋(곽급)은 부임하여 약속을 분명히 지키면서 우두머리들을 잡아 죽이자 도적들은 점차 흩어졌다. 그 무렵 匈奴가 漁陽郡을 자주 침략하여 변경 백성이 고통을 겪었다. 곽급은 군사와 마필을 정비하고 공격과 수비 전략을 구사하자, 흉노는 두려워 멀리 자취를 감추고 국경을 다시 넘어오지 못했고 백성의 생업은 안정되었다. 재직 5년에, 호구가 배로 늘었다. 그 뒤에 潁川郡(영천군)에 떼도적이 발생하자, 建武 9년에, 부름을 받아 조정에 들어가 영천태수에 임명되었다. 광무제를 알현하고 출발할 때 광무제가 곽급을 위로하였다.

"유능한 태수가 이곳 낙양에서 멀지 않으니 황하가 먼 곳까지 기름지게 하듯 이곳 낙양도 태수의 덕을 입을 것이요. 도적을 잘 잡겠지만 산세가 험하니 혼자 싸운다 생각하며 늘 조심하시오."

곽급은 영천군에 부임하여 陽夏縣(양하현) 산적 趙宏(조굉), 襄城縣의 召吳(소오) 등 수백 명을 불러 회유하자 모두 손을 털고 곽급에게 투항하였는데, 곽급은 그 무리를 모두 고향으로 보내 농사를 짓게 했다. 그러면서 직권으로 훈방한 과오를 상서하였는데 광무제는 곽급을 칭찬하며 벌하지 않았다. 그 뒤에 조굉과 소오의 잔당들은 곽급의 위엄과 신의를 전해 듣고 멀리 江南이나 또는 幽州(유주)나 冀州(기주) 지역에서 기약하지도 않고 찾아와 투항이 그치지 않았다.

原文

十一年, 省朔方刺史屬幷州. 帝以盧芳據北土, 乃調伋爲幷州牧. 過京師謝恩, 帝卽引見, 並召皇太子諸王宴語終日,賞賜車馬衣服什物. 伋因言選補衆職, 當簡天下賢俊, 不宜專用南陽人. 帝納之. 伋前在幷州, 素結恩德, 及後入界, 所到縣邑, 老幼相攜, 逢迎道路. 所過問民疾苦, 聘求耆德雄俊, 設几杖之禮, 朝夕與參政事.

始至行部, 到西河美稷, 有童兒數百, 各騎竹馬, 道次迎拜. 伋問, "兒曹何自遠來?" 對曰, "聞使君到, 喜, 故來奉迎." 伋辭謝之. 及事訖, 諸兒復送至郭外, 問, "使君何日當還?" 伋謂別駕從事, 計日告之. 行部既還, 先期一日, 伋爲違信於諸兒, 遂止於野亭, 須期乃入.

| 註釋 | ○(建武) 十一年 – 서기 35년. ○幷州(刺史部) – 治所는 太原郡 晋陽縣, 今 山西省 太原市 서남. 上黨郡, 太原, 上郡, 西河, 五原, 雲中, 定襄, 鴈門, 朔方郡 등을 관할. ○盧芳(노방) – 왕망 시절에 사람들이 漢의 은덕을 그리워하자, 노방은 漢 武帝의 증손이라 사칭했다. 노방은 한때 五原, 朔方, 雲中, 定襄, 雁門(안문) 등 5개 군을 점령하고 태수와 현령을 임명하였으며, 흉노 군사와 함께 북쪽 변경을 침략, 괴롭혔는데 나중에 漢에 투항했다가 다시 흉노로 도주하는 등 반복이 무상했다. ○几杖之禮 – 노인에게 안석과 지팡이를 하사하는 儀禮. ○使君 – 刺史나 태수를 지칭하는 호칭. 황제명을 받아 출장 나온 관리를 지칭하는 말.

[國譯]

(建武) 11년. 朔方刺史部를 폐지하고 幷州刺史部에 합쳤다. (叛賊) 盧芳(노방)이 북쪽에 웅거하고 있어서 광무제는 곽급을 차출하여 幷州자사에 임명하였다. (곽급이) 낙양에 들려 황제에게 謝恩하

자, 광무제는 곽급을 알현하면서 皇太子와 여러 王을 모두 불러 잔치하며 날이 저물도록 환담했고 車馬와 衣服과 집기 등을 하사하였다. 이 기회에 곽급은 천하의 인재를 영입해야지 南陽 사람만 골라 쓰는 것은 좋지 않다고 건의하였고 광무제는 수용하였다.

곽급은 전에 幷州 관내에 재직하면서 평소에 은덕을 베풀었는데 이때 幷州(병주) 관내에 부임하는 도중에 노인이나 어린아이까지 모두 길에 나와 환영하였다. 곽급은 가는 곳마다 백성의 고충을 묻고 노인을 찾아뵙고 유능한 인재를 초빙하였으며, 노인에게 안석과 지팡이를 하사하였고 조석으로 정사에 대한 의견을 물었다.

곽급이 관내를 순시하다가 西河郡 美稷縣(미직현)에 갔는데, 어린아이 백수십 명이 각자 竹馬를 타고 길가에 나와 절을 올렸다. 곽급이 "어린 분들이 어찌 이리 먼 곳까지 나왔는가?"라고 묻자, 아이들은 "使君께서 오신다는 말을 듣고 기뻐서 나와 뵈었습니다."라고 말했다. 곽급은 감사의 뜻을 표했다. 곽급이 업무를 마치자 아이들이 다시 성곽 밖까지 나와 전송하면서 물었다. "사군께서는 며칠날 되돌아가십니까?" 곽급은 別駕從事에게 날짜를 따져 알려주게 하였다. 각 부 순시를 마치고 돌아가는 길에 그 기일보다 하루 먼저 미직현에 들어가게 되자, 곽급은 아이들과의 약속을 지켜 교외의 亭(정)에서 하룻밤을 지내고서 기일에 맞춰 미직현에 들어갔다.

原文

是時, 朝廷多擧伋可爲大司空, 帝以幷部尚有盧芳之儆, 且匈奴未安, 欲使久於其事, 故不召. 伋知盧芳夙賊, 難卒

以力制, 常嚴烽候, 明購賞, 以結寇心. <u>芳</u>將<u>隋昱</u>遂謀脅<u>芳</u>
降<u>伋</u>, <u>芳</u>及亡入<u>匈奴</u>.

<u>伋</u>以老病上書乞骸骨. 二十二年, 徵爲太中大夫, 賜宅一
區, 及帷帳錢穀, 以充其家, <u>伋</u>輒散與宗親九族, 無所遺餘.
明年卒, 時年八十六. 帝親臨吊, 賜冢塋地.

| 註釋 | ○大司空 – 前漢 御史大夫의 개칭. 질록은 승상(司徒)과 同, 金
印紫綬, 建武 27년 이후 大를 빼고 司空으로 호칭. 관리의 불법 행위 감찰
과 토목 관련 업무를 총괄. ○盧芳之徼 – 徼은 경계할 경. 警과 同. ○夙
賊 – 舊賊, 宿敵. 夙은 일찍 숙. ○太中大夫 – 질록 比二千石, 황제의 顧問
應對가 주 임무. 광록훈의 속관이나 명예직의 성격이 강함.

[國譯]

이때, 朝廷에서 여러 사람이 郭伋(곽급)을 大司空으로 천거하였지
만, 광무제는 幷州자사부에서는 아직도 盧芳(노방)을 경계해야 하고
또 흉노가 아직 안정되지 않았기에 임무를 더 수행해야 한다며 徵召
하지 않았다. 곽급은 노방이 오래된 숙적이라 쉽게 무력으로 제압할
수 없다 생각하여 늘 烽火(봉화) 경계를 엄히 하며 공개적으로 현상
금을 내걸고 내부 분열을 기다렸다. 마침 노방의 장수인 隋昱(수욱)
이 노방을 위협하여 곽급에게 투항하려 하자, 노방은 흉노 땅으로
도주하였다.

곽급이 노환으로 퇴임을 신청하자 建武 22년 곽급을 중앙으로 불
러 太中大夫에 임명하고 주택 1채를 하사했으며, 휘장, 금전, 곡식을
하사하였다. 곽급은 모두를 친족과 九族에 나눠줘 남은 것이 없었

다. 그 다음 해 죽었는데, 86세였다. 황제가 친히 조문하였고 묘지 쓸 땅을 하사하였다.

❷ 杜詩

|原文|

杜詩字君公, 河內汲人也. 少有才能, 仕郡功曹, 有公平稱. 更始時, 辟大司馬府. 建武元年, 歲中三遷爲侍御史, 安集洛陽. 時, 將軍蕭廣放縱兵士, 暴橫民間, 百姓惶擾, 詩敕曉不改, 遂格殺廣, 還以狀聞. 世祖召見, 賜以棨戟, 復使之河東, 誅降逆賊楊異等. 詩到大陽, 聞賊規欲北度, 乃與長史急焚其船, 部勒郡兵, 將突騎趁擊, 斬異等, 賊遂剪滅. 拜成皐令, 視事三歲, 擧政尤異. 再遷爲沛郡都尉, 轉汝南都尉, 所在稱治.

| 註釋 |　○杜詩(두시) − 水排(水力鼓風機, 수력으로 작동하는 대장간의 풀무 送風機)를 발명. 유럽보다 1100년이나 앞섰다고 한다.　○汲縣 − 河內郡의 현명. 今 河南省 북부 新鄕市 관할 衛輝市(縣級).　○蕭廣(소광) − 後漢 초기 장수 이름.　○棨戟(계극) − 棨는 창 계. 戟은 창 극. 斧鉞을 대신하는 木製 信標. 油戟. 이를 가지고 길을 치우거나 통행을 막을 수 있다.　○大陽 − 河東郡의 縣名. 今 山西省 남단 運城市 관할 平陸縣, 황하 북안. 河南省과 접경.　○成皐(성고) − 今 河南省 鄭州市 관할 滎陽市 시북 汜水鎭(사수진).

[國譯]

杜詩(두시)의 字는 君公(군공)으로, 河內郡 汲縣(급현) 사람이다. 젊어 才能이 있어 郡의 功曹로 일했는데 公平하다는 칭송을 들었다. 更始 때, 大司馬府에서 근무했다. 建武 원년, 1년에 3번이나 승진하여 侍御史가 되어 洛陽을 鎭撫(진무)하였다. 그때 將軍인 蕭廣(소광)이 군사를 풀어 백성에게 행패를 부려 백성이 두려워했는데 두시가 타일러도 고치지 않자 소광을 때려죽이고 정황을 보고하였다.

世祖(光武帝)가 불러 만나보고 棨戟(계극, 信標)을 주어 다시 河東으로 가서 투항했던 逆賊 楊異(양이) 등을 토벌케 하였다. 두시는 大陽縣에 도착하여 틈을 보아 북쪽으로 도주하려는 적도들의 계획을 알고서 長史와 함께 급습하여 그들 배를 태워버렸고, 군사를 편성하여 돌격기병을 거느리고 습격하여 양이를 참수하고 적도들을 싹 쓸어버렸다. 이에 두시는 (河南尹의) 成皐(성고) 현령이 되어 3년간 근무했는데 치적이 아주 특별하였다. 다시 승진하여 沛郡(패군) 都尉가 되었다가 汝南郡 都尉로 승진하였는데 재임 중 치적이 훌륭하다는 칭송을 들었다.

原文

七年, 遷南陽太守. 性節儉而政治淸平, 以誅暴立威, 善於計略, 省愛民役. 造作水排, 鑄爲農器, 用力少, 見功多, 百姓便之. 又修治陂池, 廣拓土田, 郡內比室殷足. 時人方於召信臣, 故南陽爲之語曰, '前有召父, 後有杜母.'

| 註釋 | ○(建武) 七年 – 서기 31년. ○水排 – 수력 송풍기. ○召信臣 (소신신) – 漢 元帝 때 南陽 太守로 재직하며 湍水(단수, 漢水의 支流)에 水利 사업을 통해 3만여 頃(경)의 농지를 개간하여 백성을 풍족케 하였다. 《漢書》89권, 〈循吏傳〉에 立傳.

【國譯】

(建武) 7년(서기 31), 杜詩(두시)는 南陽太守로 승진하였다. 천성이 근면, 검소하고 정사는 청렴 공평하였으며, 흉포한 자를 죽여 권위를 세웠고 계획을 잘 세워 백성의 부역을 경감하였다. 水排(수배, 수력 송풍기)를 만들었는데 쇠를 녹여 농기구를 만들 때 노력을 절감하는 효과가 있어 백성에게 도움이 되었다. 또 저수지를 축조하고 경지를 확충 개간하여 郡內의 모두 戶口가 부유하였다. 그래서 당시 사람들이 召信臣(소신신)과 비슷하다 생각하여 南陽 속어에 '앞에는 아버지 같은 召信臣, 뒤에는 어머니 같은 杜詩.' 라 하였다.

原文

詩自以無勞, 不安久居大郡, 求欲降避功臣, 乃上疏曰,

*〈乞退郡疏〉– 杜詩

「陛下亮成天工, 克濟大業, 偃兵修文, 群帥反旅, 海內合和, 萬世蒙福, 天下幸甚. 唯匈奴未讋聖德, 威侮二垂, 陵虐中國, 邊民虛耗, 不能自守, 臣恐武猛之將踓勤, 亦未得解甲囊弓也. 夫勤而不息亦怨, 勞而不休亦怨, 怨恨之師, 難復

責功. 臣伏睹將帥之情, 功臣之望, 冀一休足於內郡, 然後
卽戎出命, 不敢有恨. 臣愚以爲 '師克在和不在衆', 陛下雖
垂念北邊, 亦當頗泄用之. 昔湯,武善御衆, 故無忿鷙之師.
陛下起兵十有三年, 將帥和睦, 士卒鳧藻. 今若使公卿郡守
出於軍壘, 則將帥自屬, 士卒之復, 比於宿衛, 則戎士自百.
何者? 天下已安, 各重性命, 大臣以下, 咸懷樂土, 不讎其功
而屬其用, 無以勸也. 陛下誠宜虛缺數郡, 以俟振旅之臣,
重復厚賞, 加於久役之士. 如此, 緣邊屯戍之師, 競而忘死,
乘城拒塞之吏, 不辭其勞, 則烽火精明, 守戰堅固. 聖王之
政, 必因人心. 今猥用愚薄, 塞功臣之望, 誠非其宜.」

| 註釋 | ○不安久居大郡 – 南陽郡은 광무제의 世居地인데다 황족과 그
인척이 많고 황제도 자주 행차하였다. 남양군수로 재직이 불안했을 것이
다. ○偃兵修文 – 武治를 그만두고 문치정책을 펴다. ○反旅 – 班師(반
사). 군사가 회군하다. ○未譬聖德 – 聖德을 알지 못하다. 譬는 曉也. 깨닫
다. ○威侮二垂 – 威는 잔인하다. 侮는 업신여길 모. 二垂는 서쪽과 북쪽
의 변방. ○解甲囊弓 – 갑옷을 벗고 활을 활집에 넣다. 囊는 활집 고. ○冀
一休足於內郡 – 內郡에 근무하며 쉬기를 원한다. 休足은 행군을 멈추다.
쉬다. ○ '師克在和不在衆' – 勝戰은 人和에 있지, 군사의 다소에 있지 않
다. ○亦當頗泄用之 – 그래도 역시 혼용해야 한다. 泄은 雜也. 뒤섞다.
○忿鷙之師 – 분노로 공격하는 군사. 鷙는 새 매 지. ○士卒鳧藻 – 사졸도
불만이 없다. 오리가 수초를 좋아하는 것과 같다. 鳧는 오리 부. 藻는 水草
조. ○自屬 – 스스로 힘쓸 것이다. 屬는 힘쓰다. 勉也. ○士卒之復 – 사졸
의 대우를 좋게 하다. 復은 조세를 면제하다. 좋게 대우하다. ○比於宿衛

- 羽林宿衛와 비슷한 대우를 해주다.

[國譯]

杜詩(두시)는 특별한 노고도 없이 大郡(南陽郡)에 오래 근무하는 것이 불안하여 낮은 관직으로 옮겨 功臣의 압력을 피하려고 상소를 올렸다.

*〈乞退郡疏〉- 杜詩

「폐하께서는 上天의 뜻을 성취하시고 大業을 이루셨으며, 武治를 그만두고 文興 정책을 펴시면서 모든 군사를 중앙으로 회군시키고 海內의 화합을 이루셨으며, 萬世에 이어질 복록을 받으셨으니 천하 백성에게도 다행한 일입니다. 다만 흉노만이 아직도 聖德을 깨닫지 못하고서 서쪽과 북쪽의 국경을 위협하고 중원 백성을 업신여기고 있어 변방 국고의 재물을 모두 소모하면서도 아직도 계속 방어를 해야 하는데, 臣이 걱정하는 것은 비록 猛將들이 애를 쓰지만 아직은 갑옷을 벗고 병기를 손에서 놓을 수 없다는 것입니다. 將卒이 애를 쓰기만 하고 쉬지 못하거나 고생만하고 보상이 없다면 원성이 나오는 것이니, 불만이 있는 군사는 책무를 다하거나 공을 세우기가 어렵습니다. 臣이 목도한 바, 將帥의 정서나 功臣(武將)들의 염원은 內郡(後方)에 근무하며 충분히 휴식한 다음에 다시 군명을 받아 출동할 수 있다면 불만이 없을 것입니다. 臣은 어리석지만 '勝戰은 人和에 있지 병력의 다소가 아니다.' 라고 생각합니다. 폐하께서는 늘 北邊만을 걱정하시지만 그래도 (복무와 휴식을) 적절히 혼용하셔야 할 것입니다. 예전 湯王(탕왕)과 武王은 군사를 잘 제어했기에 분노를 갖고 적을 공격하는 군사가 아니었습니다. 폐하께서 起兵하신 지 이미 13년이나 되셨으며, 將帥가 和睦하면 사졸 역시 불만이 없습니다. 지금 만약 公卿이나 郡守로 하여금 軍陣에 나와 복무하게 한다면 장수 역시 스스로 분발할 것이며, 사졸의 대우를 개선하여 (羽林) 宿衛(숙위)와 비슷하게 대우를 해준다면 전선의 사졸도 용기백배할 것입니다. 왜 그렇겠습니까? 천하는 이미 안정되었고 모두가 자신의 목숨을 소중히 여기고 大臣 이하 모두가 편안한 세상을 원하기에 공적에 상응한 보상 없이 계속 복무를 요구한다면 더 이상 어떻게 독려할 방법이 없을 것입니다. 폐하께서는 지금 결원이 된 여러 郡에 훌륭한 공을 세운 무신을 임명하고 오래 복무한 軍吏에게도 충분히 포상해 주어야 합니다. 그렇게 된다면 변방에 주둔한 군사는 더 열심히 죽음을 무릅쓸 것이며, 변방 보루에서 적과 싸우는 軍吏도 노고를 마다하지 않을 것이니, 烽燧(봉수)의 경계 태세는 더욱 강화되고 방어 체계도 공고해질 것입니다. 聖王의 다스림은 언제나 백성 마음에 순응하여야 합니다. 지금 저의 우매한 저의 방책이 채택된다면 功臣들의 염원을 충족할 것이니 결코 나쁘지 않을 것입니다.」

原文

「臣詩伏自惟忖, 本以史吏一介之才, 遭陛下創制大業, 賢俊在外, 空乏之間, 超受大恩, 牧養不稱, 奉職無效, 久竊祿位, 令功臣懷慍, 誠惶誠恐. 八年, 上書乞避功德, 陛下殊恩, 未許放退. 臣詩蒙恩尤深, 義不敢苟冒虛請, 誠不勝至願,願退大郡, 受小職. 及臣齒壯, 力能經營劇事, 如使臣詩必有補益, 復受大位, 雖析珪授爵, 所不辭也. 惟陛下哀矜!」

| 註釋 | ○伏自惟忖 - 忖은 헤아릴 촌. 미루어 생각하다. ○本以史吏一介之才 - 史吏는 지방관아의 하급 서리. 一介는 보잘 것 없는. ○令功臣懷慍 - 建武 초기의 공신은 전부 무장이었다. 懷慍(회온)은 큰 불만을 품다. ○雖析珪授爵 - 珪는 圭의 古字. 손에 쥐는 홀.

[國譯]

「臣 詩(시)가 삼가 저를 생각해보면, 본래 하급 서리로 보잘 것 없는 사람이었는데, 폐하께서 大業을 개창하시는 때를 만나 뛰어난 인재가 모두 戰場에 나가서 자리가 비어 있는 틈에 과분하게도 大恩을 받았지만 지방관으로 백성을 제대로 돌보지 못했고, 직무도 잘 수행치 못하면서 오랫동안 국록과 자리를 차지하여 功臣(武臣)으로 하여금 큰 불만을 품게 하였으니, 진정 두렵기만 합니다. (지난 建武) 8년에도 上書하여 큰 공을 세운 사람을 위해 사직하려 했지만 폐하께서는 각별하신 은총으로 퇴임을 허락지 않으셨습니다. 臣 詩(시)는 많은 성은을 입었지만 大義에 비춰볼 때, 진심이 아닌 구차한 청원이 아니라 진정 간절히 바라오니, 大郡에서 퇴임하여 낮은 직분을 받고자 합니다. 또 臣은 아직 젊기에 힘써 어려운 일을 감당할 수 있으니 (나중이라도) 만약 제가 필요한 일이 있다면 다시 대임을 받을 수 있고 홀(珪)을 나눠 다른 작위를 받더라도 사양하지 않을 것입니다. 폐하께서 불쌍히 여겨 주십시오.」

帝惜其能, 遂不許之. 詩雅好推賢, 數進知名士淸河劉統
及魯陽長董崇等.

初, 禁網尙簡, 但以璽書發兵, 未有虎符之信, 詩上疏曰,

「臣聞兵者國之兇器, 聖人所愼. 舊制發兵, 皆以虎符, 其
餘徵調, 竹使而已. 符第合會, 取爲大信, 所以明著國命, 斂
持威重也. 間者發兵, 但用璽書, 或以詔令, 如有姦人詐僞,
無由知覺. 愚以爲軍旅尙興, 賊虜未殄, 徵兵郡國, 宜有重
愼, 可立虎符, 以絶姦端. 昔魏之公子, 威傾鄰鄰國, 猶假兵
符, 以解趙圍, 若無如姬之仇, 則其功不顯. 事有煩而不可
省, 費而不得已, 蓋謂此也.」

書奏, 從之. 詩身雖在外, 盡心朝廷, 讜言善策, 隨事獻納.
視事七年, 政化大行. 十四年, 坐遣客爲弟報仇, 被徵, 會病
卒. 司隷校尉鮑永上書言詩貧困無田宅, 喪無所歸. 詔使治
喪郡邸, 賻絹千匹.

| 註釋 | ○雅好推賢 － 雅는 평소. 平常. ○淸河 － 郡(國)名. 治所는 甘
陵縣, 今 山東省 직할 臨淸市(河北省과 접경) 동북. ○魯陽 － 南陽郡의 현
명. 今 河南省 중부 平頂山市 관할 魯山縣. ○虎符之信 － 군사를 동원할
수 있는 信符, 銅으로 제조. 길이 6촌, 두 개로 분리. 동원 형태에 따라 5종
류가 있었다. ○魏之公子 － 전국시대 魏 昭王의 아들 無忌(信陵君). ○猶
假兵符 － 魏將 晋鄙(진비)의 애첩 如姬(여희)를 시켜 진비의 虎符를 훔쳐내
게 했고, 魏軍을 동원하여 趙의 위급을 구원케 하였다. ○讜言善策 － 讜言

은 곧은 말. 올바른 건의. ㅇ司隷校尉鮑永 – 29권, 〈申屠剛鮑永郅惲列傳〉에 立傳.

[國譯]

광무제는 杜詩(두시)의 능력이 아깝다며 끝내 허락하지 않았다. 두시는 평소에 賢才를 즐겨 추천하였는데, 淸河郡의 劉統(유통)과 (南陽郡) 魯陽 縣長 董崇(동숭) 등을 천거하였다.

그전에는, (나라의) 법금도 간략하여 璽書(새서)만으로도 發兵이 가능했고 虎符를 증빙으로 사용하지 않았다. 이에 두시가 상소하였다.

「臣이 알기로, 군사 동원은 나라의 兇事이기에 聖人도 신중을 기했습니다. 舊制에 發兵하려면 언제나 (銅製) 虎符가 있어야 했고, 그밖의 다른 동원이나 조달에는 竹製 호부를 사용했습니다. 호부가 일단 맞아야만 인증되었기에 국가의 명령이 확실하였고 그 동원에 권위가 있었습니다. 요즈음 군사 동원은 국새가 찍힌 문서나 詔令으로 가능한데, 만약 간악한 자가 위조하더라도 진위를 알 수가 없습니다. 제 생각에, 지금도 군사가 출동 중이나 반적을 소탕하지 못한 상황에서 각 郡國의 군사 동원은 신중해야 하기에 虎符제도를 채택하여야만 위조를 막을 수 있습니다. 옛날에 魏 公子(信陵君)의 명성은 이웃 나라에도 잘 알려졌었는데도 병부를 훔쳐내어 趙의 위급을 구원하였지만, 만약 (장수의 애첩) 如姬(여희)의 원수를 갚아주지 않았으면 그 공이 성취될 수 없었습니다. 호부의 사용이 번거롭긴 하지만 생략할 수 없으며 비용이 들더라도 부득이한 일이란 아마 이런 경우일 것입니다.」

상서가 보고되자 그대로 채택되었다.

두시는 비록 지방관이었지만 성심으로 조정을 섬겨 바른 말과 홀륭한 정책을 업무에 따라 건의하였다. 7년간 (南陽 태수로) 재직했는데 정사와 교화가 크게 성공하였다. (建武) 14년에, 자객을 보내 동생 원수를 보복한 죄로 소환 당했는데 마침 병사하였다. 사예교위 鮑永(포영)은 두시가 田宅도 없이 빈곤하여 장례를 치룰 수도 없다고 상서하였다. 조서로 南陽郡에서 治喪하게 하면서 비단 1천 필을 부의금으로 지급케 하였다.

❸ 孔奮

原文

孔奮字君魚, 扶風茂陵人也. 曾祖霸, 元帝時爲侍中. 奮少從劉歆受《春秋左氏傳》, 歆稱之, 謂門人曰, "吾已從君魚受道矣." 遭王莽亂, 奮與老母,幼弟避兵河西.

建武五年, 河西大將軍竇融請奮署議曹掾, 守姑臧長. 八年, 賜爵關內侯. 時天下擾亂, 惟河西獨安, 而姑臧稱爲富邑, 通貨羌胡, 市日四合, 每居縣者, 不盈數月輒致豐積. 奮在職四年, 財産無所增.

事母孝謹, 雖爲儉約, 奉養極求珍膳. 躬率妻,子, 同甘菜茹. 時天下未定, 士多不修節操, 而奮力行清潔, 爲衆人所笑, 或以爲身處脂膏, 不能以自潤, 徒益苦辛耳. 奮旣立節,治貴仁平, 太守<u>梁統</u>深相敬待, 不以官屬禮之, 常迎於大門, 引入見母.

| 註釋 | ○吾已從君魚受道矣 - 나는 이미 君魚(孔奮)에게서 도를 배웠다. 孔奮의 道가 자신보다 더 우수하다는 뜻. ○竇融(두융) - 왕망과 更始를 거쳐 서쪽 변방에서 입신하였다. 광무제의 공신이었고 다른 공신과 달리 관직을 오래 담당하였는데, 이는 두융의 특별한 처세술이었다. 두융의 여동생이 章帝의 황후가 되었고 章帝 붕어 이후 어린 和帝를 대신하여 臨朝聽政하였다. 23권, 〈竇融列傳〉立傳. ○姑臧 - 武威郡의 치소, 今 甘肅省 중부 武威市. ○菜茹 - 채소. 茹는 채소 여, 연할 여. ○梁統深相敬待 - 34권, 〈梁統列傳〉立傳.

[國譯]

孔奮(공분)의 字는 君魚(군어)로, 右扶風 茂陵縣 사람이다. 曾祖인 霸(패)는 元帝 때 侍中이었다. 공분은 젊어 劉歆(유흠)에게서 《春秋左氏傳》을 배웠는데, 유흠은 공분을 칭찬하며 "나는 이미 君魚(孔奮)에게서 도를 배웠다."고 말했다. 왕망의 난세를 만나 공분은 老母와 어린 동생을 데리고 河西로 피난했다.

建武 5년, 河西大將軍인 竇融(두융)은 공분에게 議曹掾(의조연)의 직을 대리케 하며 姑臧縣(고장현)의 縣長을 겸임케 하였다. 8년에, 공분은 關內侯 작위를 받았다. 그 무렵 천하가 어지러웠지만 河西郡만 안정되었고 姑臧은 富邑으로 알려졌는데, 고장은 羌族이나 흉노와 물자를 교역하면서 하루에 4번씩 시장이 열렸고 현에 사는 사람들은 누구나 몇 달이면 충분한 재산을 모을 수 있었다. 孔奮(공분)은 4년 재직했지만 재산을 늘리지 않았다.

모친을 극진히 봉양했는데 자신은 검소 절약했지만 모친에게는 좋은 음식을 다 구해 봉양했다. 공분은 처와 자식과 함께 채소를 즐겨먹었다. 그때 천하가 아직 안정되지 못하여 지조를 지키지 않는 士人이 많았지만 공분은 바른 길을 지키면서 청렴결백하여 때로는 사람의 웃음거리가 되었는데, 어떤 사람은 공분이 부유한 현을 다스려 스스로 부유할 수 있는데도 헛고생만 한다고 말했다. 공분은 지조를 지켜 인자, 공평하게 현을 다스렸으니, 太守 梁統(양통)은 공분을 아주 공경하여 관리의 禮로 대우하지 않고, 大門에서 공분을 맞이하면서 매번 안에 들어가 (양통의) 모친을 뵙게 하였다.

原文

隴蜀旣平, 河西守令咸被徵召, 財貨連轂, 彌竟川澤. 惟奮無資, 單車就路. 姑臧吏民及羌胡更相謂曰, "孔君清廉仁賢, 擧縣蒙恩, 如何今去, 不共報德!" 遂相賦斂牛馬器物千萬以上, 追送數百里. 奮謝之而已, 一無所受. 旣至京師, 除武都郡丞.

時, 隴西餘賊隗茂等夜攻府舍, 殘殺郡守, 賊畏奮追急, 乃執其妻子, 欲以爲質. 奮年已五十, 唯有一子, 終不顧望, 遂窮力討之. 吏民感義, 莫不倍用命焉.

郡多氐人, 便習山谷, 其大豪齊鐘留者, 爲群氐所信向. 奮乃率屬鐘留等令要遮抄擊, 共爲表裏. 賊窘懼逼急, 乃推奮妻子以置軍前, 冀當退卻, 而擊之愈厲, 遂禽滅茂等, 奮妻子亦爲所殺. 世祖下詔褒美, 拜爲武都太守.

| 註釋 | ○咸被徵召 – 모두 다(咸) 중앙으로 徵召(징소)하다. ○彌竟川
澤 – 천택과 도로를 가득 메웠다. ○武都郡丞 – 武都郡 태수의 副職. 治所
下辨縣, 今 甘肅省 남부 隴南市 成縣. ○郡多氐人 – 氐는 종족명. 五胡族
의 하나. ○要遮抄擊 – 적을 막아 공격하다.

[國譯]

隴右郡과 蜀郡이 다 평정되자, 河西郡 태수와 현령 등은 모두 중
앙으로 부름을 받았는데, (돌아가는) 재물과 짐을 실은 수레가 연이
어 川澤을 가득 메웠지만 孔奮(공분)만은 재산이 없어 수레 하나로
길을 떠났다. 姑臧縣(고장현)의 관리와 백성, 강족이나 흉노인들이
서로 "孔使君께서 청렴하고 인자하셨기에 우리 모두가 은혜를 입었
는데, 지금 이렇게 떠나가게 하면 우리가 은혜를 갚지 못하는 것이
다."라고 말했다. 그리고서는 牛馬와 器物 등 1천만 전 이상을 거둬
서 공분을 수백 리 따라와 전송하였다. 공분은 그것들을 모두 사양
하고 하나도 받지 않았다. 洛陽에 도착하자 공분은 武都 郡丞(군승)
을 제수 받았다.

이때, 隴西(隴右) 일대의 잔당인 隗茂(외무) 등은 밤에 태수부 관
사를 습격하여 태수를 잔인하게 살해한 뒤에 공분의 추격을 겁내어
공분의 처와 자식을 인질로 잡아갔다. 공분은 이미 50세가 넘었고
아들이 하나뿐이었지만 처자식을 생각하지 않고 전력을 다해 적을
토벌하였다 관리와 백성도 그 의리에 감동하여 죽음을 무릅쓰고 분
전하지 않는 자가 없었다.

武都郡에는 산에 익숙한 氏族(저족)이 많이 살았는데, 그 우두머리인 齊鐘留(제종류)란 자는 저족의 신망을 받고 있었다. 공분은 이에 제종류 등을 거느리고 독려하며 적의 잔당을 막아 안팎으로 합동작전을 폈다. 궁지에 몰린 적은 다급하자, 공분의 처와 아들을 군진의 앞에 세워두고 공분의 군사가 퇴각하기를 바랐지만 공분은 적을 더욱 심하게 공격하여 마침내 외무 등을 사로잡거나 섬멸하였는데 공분의 아내와 아들도 살해당했다. 世祖(광무제)는 조서로 공분을 포상하면서 武都太守를 제수하였다.

|原文|

奮自爲府丞, 已見敬重, 及拜太守, 擧郡莫不改操. 爲政明斷, 甄善疾非, 見有美德, 愛之如親, 其無行者, 忿之若讎, 郡中稱爲淸平.

弟奇, 遊學洛陽. 奮以奇經明當仕, 上病去官, 守約鄕閭, 卒於家. 奇博通經典, 作《春秋左氏刪》. 奮晚有子嘉, 官至城門校尉, 作《左氏說》云.

| 註釋 | ○甄善疾非 – 선행을 밝혀 장려하고 비리를 질시하다. 甄은 밝을 견. ○忿之若讎 – 원수를 대하듯 분노했다. ○《春秋左氏刪》 – 刪은 깎을 산. 그 뜻을 刪定(산정)하다. ○《左氏說》 – 여기서 說은 疏(소)와 같은 뜻. 疏는 註釋. 조목별로 기술하다.

[國譯]

　孔奮(공분)은 武都郡 郡丞일 때도 존경을 받았는데 太守를 제수받자 온 군내에서 행실을 바로 하지 않는 사람이 없었다. 공분은 행정에 명쾌하였으며 선행을 밝혀 장려했고, 비리를 미워하였으며 미덕을 갖춘 자는 부모처럼 친히 대했지만 품행이 나쁜 자는 원수를 대하듯 분노하니 군내가 모두 淸廉公平하다고 칭송하였다.

　동생인 孔奇(공기)는 洛陽에 유학했었다. 공분은 공기가 경학에 밝아 벼슬길에 나가야 한다고 생각하여 병으로 사임하고 향리에서 검소하게 살다가 집에서 죽었다. 공기는 경전에 박통하여 《春秋左氏刪》을 저술하였다. 공분이 늦게 얻은 아들 孔嘉(공가)는 관직이 城門校尉에 올랐고, 《左氏說》을 저술하였다.

❹ 張堪

原文

　張堪字君遊, 南陽宛人也, 爲郡族姓. 堪早孤. 讓先父餘財數百萬與兄子. 年十六, 受業長安, 志美行厲, 諸儒號曰'聖童'.

　世祖微時, 見堪志操, 常嘉焉. 及卽位, 中郎將來歙薦堪, 召拜郎中, 三遷爲謁者. 使送委輸縑帛, 並領騎七千匹, 詣大司馬吳漢伐公孫述, 在道追拜蜀郡太守. 時漢軍餘七日糧, 陰具船欲遁去.

堪聞之, 馳往見漢, 說述必敗, 不宜退師之策. 漢從之, 乃
示弱挑敵, 述果自出, 戰死城下. 成都旣拔, 堪先入據其城,
撿閱庫藏, 收其珍寶, 悉條列上言, 秋毫無私. 慰撫吏民, 蜀
人大悅.

| 註釋 | ○張堪(장감) - 견딜 堪. ○爲郡族姓 - 郡內의 大姓. ○中郞將
來歙(내흡) - 15권, 〈李王鄧來列傳〉에 입전. ○大司馬 吳漢(오한) - 군사적
으로 화려한 전공을 세운 後漢의 개국공신. 18권, 〈吳蓋陳臧列傳〉 立傳.
○秋毫(추호) - 아주 미세한. 毫는 가는 털 호.

[國譯]

張堪(장감)의 字는 君遊(군유)로, 南陽郡 宛縣 사람으로 郡內의 大
姓이었다. 장감은 어려 부친을 여의었다. 선친의 유산 수백만 전을
모두 조카에게 나눠주었다. 나이 16세에 長安에 유학하였는데 큰 뜻
을 품고 힘써 실천하였기에 여러 유생은 장감을 '聖童'이라 불렀다.
世祖(光武帝)는 즉위 전에 장감의 지조를 보고 늘 가상히 여겼었
다. 즉위하자 中郞將 來歙(내흡)이 장감을 천거하자 불러 郎中을 제
수했고, 장감은 3번 승진하여 謁者(알자)가 되었다. 장감은 비단과
말 7천 필을 가지고 公孫述(공손술)을 토벌하는 大司馬 吳漢(오한)에
게 수송하였는데, 가는 도중에 蜀郡太守로 다시 임명되었다. 그때
오한의 군사는 겨우 7일 치 군량을 보유하고 있어 은밀히 배를 준비
하여 후퇴할 계획을 세우고 있었다.
장감은 소식을 듣고 달려가 吳漢에게 공손술은 필패할 것이니 군
사를 후퇴하려는 방책은 옳지 않다고 설득하였다. 吳漢은 장감의 건

의에 따라 약한 척하면서 공손술에게 도전하자 공손술이 직접 출전했고, 공손술은 (蜀의) 成都城에서 전사했다. 成都城을 점령하게 되자 장감은 먼저 성에 들어가 창고의 물건을 검열하고 그 보물을 모두 회수하여 품목별로 상서하였고 털끝만큼도 私利를 챙기지 않았다. 장감이 (蜀의) 관리와 백성을 위무하자 蜀人은 크게 기뻐했다.

原文

在郡二年, 徵拜騎都尉, 後領票騎將軍杜茂營, 擊破匈奴於高柳, 拜漁陽太守. 捕擊姦猾, 賞罰必信, 吏民皆樂爲用. 匈奴嘗以萬騎入漁陽, 堪率數千騎奔擊, 大破之, 郡界以靜. 乃於狐奴開稻田八千餘頃, 勸民耕種, 以致殷富. 百姓歌曰, '桑無附枝, 麥穗兩岐. 張君爲政, 樂不可支'.

視事八年, 匈奴不敢犯塞.

帝嘗召見諸郡計吏, 問其風土及前後守令能否. 蜀郡計掾樊顯進曰, "漁陽太守張堪昔在蜀, 其仁以惠下, 威能討姦. 前公孫述破時, 珍寶山積, 捲握之物, 足富十世, 而堪去職之日, 乘折轅車, 布被囊而已." 帝聞, 良久嘆息, 拜顯爲魚復長. 方徵堪, 會病卒, 帝深悼惜之, 下詔褒揚, 賜帛百匹.

| 註釋 | ○騎都尉 − 騎兵都尉, 질록 比二千石. 無定員. 羽林 騎兵을 관리. ○杜茂(두무) − 22권, 〈朱景王杜馬劉傅堅馬列傳〉에 立傳. ○高柳 − 현명. 代郡의 치소, 今 山西省 북쪽 끝 大同市 관할 陽高縣. ○漁陽太守 −

군명. 치소는 漁陽縣, 今 北京市 동북의 密雲區. ㅇ狐奴(호노) - 漁陽郡의
현명. 今 北京市 順義區 동북. ㅇ捲握 - 거머쥐다. 捲은 감아 말 권. 握은
손에 쥘 악. ㅇ魚復長 - 魚復 縣長. 巴郡의 현명. 今 重慶市 동북부 奉節縣
동쪽 白帝城. 三峽水庫(Sānxiá Dam) 구역. 長江 북안.

[國譯]

   (장감은) 태수로 재직 2년에 조정에 들어가 騎都尉를 제수 받았
고, 뒤에 票騎將軍 杜茂(두무)의 군영을 지휘하여 匈奴를 高柳(고류)
縣에서 격파하였고 漁陽太守가 되었다. 장감은 위법자들을 잡아가
두고 신상필벌을 엄히하자 吏民이 기꺼이 따랐다. 흉노족 1만여 기
병이 어양군에 침입했을 때 장감은 수천 기병을 거느리고 맞서 싸워
대파하자 군내가 안정되었다. 이어 狐奴縣(호노현)에서 경작지 8천
여 頃(경)을 개간하였고 백성에 농사를 권장하여 백성은 부유하였
다. 이에 백성이 칭송하였다. '뽕나무는 잔가지가 없지만 보리는 두
이삭이 나왔네. 張태수가 다스리니 그 즐거움 셀 수가 없네!'
   재직 8년에, 흉노는 경계를 침범하지 못했다.
   광무제는 일찍이 각 군에서 올라오는 計吏(계리)를 만나 각 군의
風土나 전 현직 지방관의 능력을 물어보았다. 蜀郡에서 올라온 계리
樊顯(번현)이 나와 말했다.
   "漁陽太守 張堪(장감)이 예전에 촉군에 근무하면서 아랫사람에
인자한 혜택을 베풀고 위엄으로 나쁜 관리를 벌했습니다. 전에 公孫
述이 격파당할 때 보물이 산처럼 많았고 챙길만한 재물은 10대손까
지 먹고 살만큼 많았습니다만 장감이 떠나는 날에 조그만 수레 하나
끌고 가는데 무명으로 만든 자루(행낭) 뿐이었습니다."

광무제는 듣고 한참을 탄식하였는데, 번현을 (巴郡) 魚復 縣長에
임명하고, 바로 장감을 중앙으로 불렀지만 장감은 마침 병사하였다.
광무제는 심히 애도하면서 조서를 내려 칭찬하였고 비단 1백 필을
하사하였다.

❺ 廉範

原文

廉範字叔度, 京兆杜陵人也, 趙將廉頗之後也. 漢興, 以
廉氏豪宗, 自苦陘徙焉. 世爲邊郡守, 或葬隴西襄武, 故因
仕焉. 曾祖父襃, 成,哀間爲右將軍, 祖父丹, 王莽時爲大司
馬庸部牧, 皆有名前世. 範父遭喪亂, 客死於蜀漢, 範遂流
寓西州. 西州平, 歸鄕里.

年十五, 辭母西迎父喪. 蜀郡太守張穆, 丹之故吏, 乃重
資送範, 範無所受, 與客步負喪歸葭萌. 載船觸石破沒, 範
抱持棺柩, 遂俱沈溺, 衆傷其義, 鉤求得之, 療救僅免於死.
穆聞, 復馳遣使持前資物追範, 範又固辭. 歸葬服竟, 詣京
師受業, 事博士薛漢. 京兆,隴西二郡更請召, 皆不應.

永平初, 隴西太守鄧融備禮謁範爲功曹. 會融爲州所擧
案, 範知事譴難解, 欲以權相濟, 乃託病求去, 融不達其意,
大恨之. 範於是東至洛陽, 變名姓, 求代廷尉獄卒. 居無幾,

融果徵下獄, 範遂得衛侍左右, 盡心勤勞. 融怪其貌類範而
殊不意, 乃謂曰, "卿何似我故功曹邪?" 範訶之曰, "君困厄
瞀亂邪!" 語遂絶. 融繫出因病, 範隨而養視, 及死, 竟不言,
身自將車送喪致南陽, 葬畢乃去.

| 註釋 | ○廉範 — 雲中, 武威, 武都 太守 역임. 建初 연간에 蜀郡太守로
善政, 백성의 칭송을 들었다. ○趙將廉頗(염파) — 趙의 藺相如(인상여)와 刎
頸之交(문경지교)를 맺은 趙의 장군.《史記 廉頗藺相如列傳》참고. ○苦陘
(고형) — 中山國의 현명. 章帝 때 漢昌縣으로 개명. ○襄武(양무) — 隴西郡
의 현명. 今 甘肅省 남부 定西市 隴西縣. ○庸部牧 — 왕망이 益州를 庸部
로 改名. ○西州 — 巴郡, 蜀郡을 지칭. ○葭萌(가맹) — 廣漢郡의 현명. 今
四川省 북부 廣元市 서남. 陝西省과 연접. 葭는 갈대 가. ○薛漢(설한) —
79권, 〈儒林列傳〉(下)에 立傳. ○君困厄瞀亂邪 — 困厄(곤액)은 곤란과 災
厄(재액). 瞀亂(무란)은 헛보이다. 잘못 보다. 瞀는 어두울 무.

[國譯]
　　廉範(염범)의 字는 叔度(숙도)인데, 京兆尹 杜陵縣 사람으로 (戰國
時代) 趙의 장군 廉頗(염파)의 후손이다. 漢이 건국될 때, 廉氏(염씨)
는 大族으로 (中山國) 苦陘(고형)에서 이사하였다. 여러 대에 걸쳐
변방 郡守를 지냈으며 어떤 조상은 隴西郡 襄武縣(양무현)에 묻혔기
에 隴西에서 출사하였다. 曾祖父인 褒(포)는 成帝와 哀帝 연간에 右
將軍이었고, 祖父인 丹(단)은 王莽 때 大司馬로 庸部(益州) 牧을 지
내며 명성을 누렸었다. 염범의 부친은 난리를 당해 蜀漢에서 객사하
였는데 염범은 유랑하다가 西州(巴,蜀)에 정착하였고 西州가 평정

되자 고향으로 돌아왔다.

염범은 15세에 모친을 떠나 서쪽으로 가서 선친의 유골을 찾았다. 蜀郡太守 張穆(장목)은 옛날에 廉丹(염단)의 하급관리였는데 많은 재물을 염범에게 보내 주었지만 염범은 받지 않았다. 염범은 우인과 함께 유해를 짊어지고 걸어서 (廣漢郡의) 葭萌(가맹)까지 와서 배를 탔지만 배가 바위에 부딪쳐 침몰하게 되자, 염범은 관을 끌어안고 함께 물에 잠겼는데 여러 사람이 그 뜻을 가슴 아파 하며 갈고리로 건져 올려서 구호하여 염범은 겨우 소생하였다. (촉군 태수) 장목이 소식을 듣고 사람을 급히 보내 앞서 주었던 금전을 다시 보내왔지만 염범은 굳이 사양하였다. 귀향하여 장례와 복상을 마치자 장안에 가서 博士 薛漢(설한)을 모시고 배웠다. 京兆尹과 隴西郡에서 다시 초빙하였지만 염범은 응하지 않았다.

(明帝) 永平 초년에, 隴西 太守 鄧融(등융)은 예물을 갖춰 염범을 데려다가 功曹에 임명하였다. 그러나 마침 등융은 涼州자사부에 고발당했는데 염범은 사안이 쉽게 해결될 수 없다는 것을 알고 도와주기로 생각하여 병을 핑계로 떠나겠다고 하자, 등융은 염범의 뜻을 모르고 크게 서운해하였다. 염범은 바로 동쪽 낙양으로 가서 이름을 바꾸고 廷尉府의 獄卒이 되었다. 얼마 안 있어 예상대로 두융은 조정에 소환되어 하옥되었는데, 염범은 좌우로 지켜주면서 마음을 다해 부지런히 도와주었다. 두융은 예전 功曹와 비슷한 생김새를 이상히 여기며 물어보았다. "당신은 예전 功曹와 어찌 그리 닮았는가?" 그러나 염범은 두융을 책망하며 말했다. "당신이 지금 곤경에 처했기에 잘못 본 것이요." 그러면서 말을 막아버렸다. 두융은 출옥했지만 병에 걸렸는데 염병은 두융을 돌보아 간병하면서도 죽을 때까지

끝내 말하지 않았으며 몸소 수레에 싣고 南陽郡까지 운구한 뒤에 장례를 마치고 떠나갔다.

原文

後辟公府, 會薛漢坐楚王事誅, 故人門生莫敢視, 範獨往收斂之.

吏以聞, 顯宗大怒, 召範入, 詰責曰, “薛漢與楚王同謀, 交亂天下, 範公府掾, 不與朝廷同心, 而反收斂罪人, 何也?” 範叩頭曰, “臣無狀愚戇, 以爲漢等皆已伏誅, 不勝師資之情, 罪當萬坐.”

帝怒稍解, 問範曰, “卿廉頗後邪? 與右將軍褒, 大司馬丹有親屬乎?” 範對曰, “褒, 臣之曾祖, 丹, 臣之祖也.” 帝曰, “怪卿志膽敢爾!” 因宥之. 由是顯名.

│ 註釋 │ ○坐楚王事誅 – 楚王 劉英의 모반 음모. 明帝 永平 13년(서기 70) 11월. ○無狀愚戇 – 無狀은 선행이 없다. 愚戇(우당)은 어리석다. ○師資之情 – 인생을 살아가는데 교훈을 받은 정의. 사제관계. ○因宥之 – 宥는 용서하다. 사면하다.

[國譯]

뒷날 三公府의 부름을 받았는데(관리가 되다), 그때 (師傅인) 薛漢(설한)은 楚王(劉英)의 사안에 연좌되어 주살되었다. 故人의 門生

중 누구도 돌아보는 사람이 없었지만 염범은 혼자 시신을 거두었다. 관리가 이를 보고하자, 顯宗(明帝)은 대노하며 불러 힐책하였다.

"薛漢(설한)은 楚王과 함께 역모를 꾀하여 천하를 어지럽혔고, 너는 삼공부의 관리로 조정과 한마음이어야 하나 도리어 죄인을 거두었는데, 왜 그랬는가?" 그러자 염범이 머리를 숙여 말했다.

"臣은 잘한 일도 없고 어리석지만 설한 등은 이미 모두 죽었으나 그래도 사제의 情誼를 버릴 수 없었으니 만 번 죽어 마땅합니다."

明帝는 화를 가라앉히며 염범에게 물었다.

"卿이 廉頗(염파)장군의 후손인가? 右將軍 褒(포)와 大司馬 丹(단)이 선조인가?"

염범은 "褒(포)는 臣의 증조이고, 丹(단)은 臣의 조부입니다."

명제는 "경의 뜻과 膽量이 놀랍도다!"라며 염범을 사면하였다. 염범은 이로써 유명해졌다.

原文

擧茂才, 數月, 再遷爲雲中太守. 會匈奴大入塞, 烽火日通. 故事, 虜入過五千人, 移書傍郡. 吏欲傳檄求救, 範不聽, 自率士卒拒之. 虜衆盛而範兵不敵. 會日暮, 令軍士各交縛兩炬, 三頭爇火, 營中星列. 虜遙望火多, 謂漢兵救至, 大驚. 待旦將退, 範乃令軍中蓐食, 晨往赴之, 斬首數百級, 虜自相轔藉, 死者千餘人, 由此不敢復向雲中.

| 註釋 | ○擧茂才 - 茂才는 選擧(선거, 인재 등용) 과목의 하나. 전한에서는 秀才, 後漢에서는 光武帝를 諱하여 茂才로 개칭. 孝廉(효렴)도 동일. ○雲中太守 - 治所 雲中縣, 今 內蒙古 呼和浩特市(內蒙古自治區 首府) 관할 托克托縣(黃河 북안). ○軍中蓐食(욕식) - 새벽 밥. 잠자리에서의 식사. 蓐은 깔개 욕. ○自相轔藉 - 서로 깔리고 밟히다. 轔 수레바퀴 린(인). 수레에 치다. 藉는 깔리다. 밟혀죽다.

[國譯]

(염범은) 茂才(무재)로 천거되었고 몇 달 안에 두 번이나 승진하여 雲中太守가 되었다. 그때 흉노족이 대거 침입하였는데 봉화가 날마다 피어올랐다. 전례에 의하면, 적이 5천 명 이상이면 이웃 군에 격서를 보내야 했다. 관리들이 격서를 보내 도움을 청하자고 하였으나 염범은 거절하면서 직접 군사를 거느리고 적을 막았다. 흉노 적병이 많아 염범의 군사는 상대가 되지 않았다. 마침 해가 저물자 염범은 군사로 하여금 횃불을 양 팔에 묶고 세 갈래 횃불을 들고 군영 안에 줄지어 늘어서게 하였다. 적들이 멀리서 보고서는 구원병이 도착했다고 생각하며 크게 놀랐다. 적은 날이 밝으면 퇴각하려 했는데, 염범은 군사에게 새벽밥을 먹이고 바로 적진을 공격하여 수백 명을 죽이자 적들은 서로 깔리고 밟혀 죽은 자가 1천여 명이나 되었고, 이후로는 또다시 雲中郡을 넘보지 못했다.

原文

後頻歷武威,武都二郡太守, 隨俗化導, 各得治宜. 建初中, 遷蜀郡太守, 其俗尙文辯, 好相持短長, 範每厲以淳厚, 不受偸薄之說. 成都民物豐盛, 邑宇逼側, 舊制禁民夜作, 以防火災, 而更相隱蔽, 燒者日屬. 範乃毁削先令, 但嚴使儲水而已.

百姓爲便, 乃歌之曰, '廉叔度, 來何暮? 不禁火, 民安作. 平生無襦今五絝'. 在蜀數年, 坐法免歸鄕里. 範世在邊, 廣田地, 積財粟, 悉以賑宗族朋友.

| 註釋 | ㅇ隨俗化導 – 습속을 존중하며 교화하다. ㅇ偸薄之說 – 경박한 주장. 偸는 훔칠 투. ㅇ成都民物豐盛 – '1년이면 마을이 생기고(成聚), 2년이면 읍이 되고(成邑), 3년이면 도시가 된다(成都).'는 成都는 예부터 유명했다. 현재 四川省 省會인 成都市의 별칭은 '蓉城', 또는 '錦官城' 簡稱 '蓉'이며, 2013년 人口가 1,430만의 대도시이다. ㅇ邑宇逼側 – 읍내의 민가가 좁고 붙어있다. ㅇ儲水 – 물을 비축하다. ㅇ無襦今五絝 –襦는 속옷 유. 저고리. 絝는 바지 고.

[國譯]

뒤에 연이어 武威郡과 武都郡의 태수를 역임하였는데, 습속을 존중하며 백성을 교화하여 양호한 치적을 거두었다. (章帝) 建初 연간에, 蜀郡太守로 승진하였는데 그 풍속은 文章과 변론을 숭상하며 서로 長短을 따지기를 좋아하였는데 염범은 늘 돈후 순박하면서 경박한 주장을 받아들이지 않았다. (蜀郡의 치소인) 成都(성도)는 백성과 물산이 풍족하나 민가가 좁고 붙어있어 예부터 밤에 일을 못하게 하여 화재를 예방코자 했으나 몰래 불을 켜고 일을 하였기에 화재가 날마다 일어났다. 이에 염범은 옛 금령을 해제하는 대신 방화수를 비축케 하였다.

이에 생활이 편리하자 백성이 노래를 지어 불렀다.

'廉叔度(염숙도, 염범)는 왜 늦게 오셨나요? 불을 켤 수 있으니 백성은 편히 일하네. 평생 적삼도 없이 살다가 지금은 바지가 5벌이네.'

蜀郡에 몇 년 재직했는데, 법을 어겨 사직하고 귀향하였다. 염범은 대대로 변방에 살면서 토지를 개간하고 재물을 모아 가지고 일족과 붕우를 구제하였다.

原文

肅宗崩, 範奔赴敬陵. 時廬江郡掾嚴麟奉章吊國, 俱會於路. 麟乘小車, 塗深馬死, 不能自進. 範見而愍然, 命從騎下馬與之, 不告而去. 麟事畢, 不知馬所歸, 乃緣蹤訪之. 或謂麟曰, "故蜀郡太守廉叔度, 好周人窮急, 今奔國喪, 獨單是耳." 麟亦素聞範名, 以爲然, 卽牽馬造門, 謝而歸之. 世伏其好義, 然依倚大將軍竇憲, 以此爲譏. 卒於家.

初, 範與洛陽慶鴻爲刎頸交, 時人稱曰, '前有管,鮑, 後有慶,廉.' 鴻慷慨有義節, 位至瑯邪,會稽二郡太守, 所在有異跡.

| 註釋 | ㅇ肅宗崩 - 章和 2년, 서기 88년. ㅇ大將軍 竇憲(두헌, ?-92).

司空을 역임한 竇融(두융)의 증손. 23권, 〈竇融列傳〉에 立傳. 두헌은 외척이며 權臣, 유명한 장군. 뒷날 모반을 시도. 賜死. ㅇ刎頸交 - 刎頸之交, 刎 목 벨 문. 頸은 목 경.

[國譯]

肅宗(章帝)이 붕어하자, 염범은 敬陵(경릉)으로 奔喪(분상)하러 떠났다. 그때 廬江郡(여강군) 掾吏(연리)인 嚴麟(엄린)은 문서를 가지고 조문을 가다가 길에서 염범을 만났다. 엄린은 작은 수레를 타고 가다가 수렁 길에 빠져 말이 죽어 더 갈 수도 없었다. 염범은 이를 불쌍히 여겨 수행하는 종자의 말을 풀어 주고 말도 없이 떠나갔다. 엄린은 업무를 마친 뒤 말을 돌려줄 데를 몰라 온 길을 그대로 찾아갔다. 어떤 사람이 엄린에게 "예전 蜀郡太守였던 廉叔度(염숙도)는 남의 곤궁한 사정을 잘 도와주는데, 지금 국상에 갔으니 아마 그분일 것이다."라고 말해주었다. 엄린도 평소에 염범의 명성을 들어 알고 있어 염범의 집을 찾아 사례하고 귀향하였다. 세상 사람들은 염범의 의리에 늘 감복하였지만 大將軍 竇憲(두헌)에 의지했기에 비난을 받아야 했다. 염범은 집에서 죽었다.

그전에 염범과 洛陽의 慶鴻(경홍)은 刎頸之交(문경지교)를 맺고 있었는데, 당시 사람들은 '옛날에는 管仲과 鮑叔이, 지금에는 경홍과 염범이 있네.' 라고 말했다. 경홍은 강개하며 의리와 절조가 있었는데 瑯邪(낭야)와 會稽郡(회계군)의 太守를 지냈고 임지에서 특별한 치적을 남겼다.

論曰, 張堪,廉範皆以氣俠立名, 觀其振危急, 赴險厄, 有
足壯者. 堪之臨財, 範之忘施, 亦足以信意而感物矣. 若夫
高祖之召欒布, 明帝之引廉範, 加怒以發其志, 就戮更延其
寵, 聞義能徙, 誠君道所尙, 然情理之樞, 亦有開塞之感焉.

| 註釋 | ○欒布(난포) – 난포는 젊은 시절에 彭越(팽월)과 친구였는데, 난
포는 나중에 燕 臧荼(장도)의 장군이 되었다. 漢王은 장도를 격파했고 난포
는 포로가 되었는데 彭越(팽월)은 고조에게 말해 난포를 살렸고, 난포는 梁
國의 大夫가 되었다. 고조가 팽월을 멸족시켰을 때 난포는 齊에 사신으로
갔다가 돌아와 팽월을 위해 제사하고 곡을 하였다. 고조는 팽월을 팽살하
려다가 그의 말에 감동을 받아 살려주었는데, 난포는 뒷날 景帝 吳楚七國
亂의 진압에 공을 세웠다. 《漢書》37권, 〈季布欒布田叔傳〉에 立傳. ○然
情理之樞 – 門이 樞(지도리 추)에 의거 열리고 닫히는 것처럼 情理도 어떤
감정이나 계기가 있어야만 소통이 되거나 막힌다는 뜻.

[國譯]

范曄(범엽)의 史論 : 張堪(장감)과 廉範(염범)은 의기와 氣槪(기개)로
유명하였는데, 남의 위급을 도와주고 위험을 감내하여 남을 움직일
수 있었다. 장감은 재물 앞에, 염범은 施惠의 보답을 생각하지 않았
으니 성의가 있고 감동을 주었다. 마치 高祖가 欒布(난포)를, 明帝가
염범을 불러 화를 내어 죽이려 했으나 그들의 志氣에 감명을 받아
더욱 신임하였으니, 이처럼 대의에 따른 행동은 군자가 숭상할 바이
며, 情理에도 어떤 계기가 작용해야만 감정도 트이거나 막힐 수 있

을 것이다.

❻ 王堂

原文

王堂字敬伯, 廣漢郪人也. 初擧光祿茂才, 薦穀城令, 治有名迹, 永初中, 西羌寇巴郡, 爲民患, 詔書遣中郎將尹就攻討, 連年不克. 三府擧堂治劇, 拜巴郡太守. 堂馳兵赴賊, 斬虜千餘級, 巴,庸淸靜, 吏民生爲立祠. 刺史張喬表其治能, 遷右扶風.

| 註釋 | ○廣漢郪人也 – 郪(처)는 현명. 今 四川省 綿陽市 관할 三臺縣. ○薦穀城令 – 東郡 穀城縣. ○(安帝) 永初中 – 서기 107-113년. ○巴,庸淸靜 – 庸은 漢中郡 上庸縣.

[國譯]

王堂(왕당)의 字는 敬伯(경백)으로 廣漢郡 郪縣(처현) 사람이다. 처음에는 光祿勳이 茂才(무재)로 천거하여 (東郡의) 穀城(곡성) 현령이 되어 치적이 좋았다. (安帝) 永初 연간에, 西羌(서강)족이 巴郡(파군)을 침략하여 백성을 괴롭히자 조서로 中郎將 尹就(윤취)를 보내 토벌케 하였으나 몇 년이 지나도 이기지 못했다. 이에 三公府에서는 왕당이 어려운 일을 잘 해결한다고 천거하여 巴郡太守에 임명되었다. 왕당은 군사를 정비하여 적과 싸워 1천여 명을 죽이거나 생포하

자 巴郡과 (漢中郡) 上庸縣(상용현) 지역이 안정되었고, 백성은 生祠
(산 사람의 사당)를 세웠다. (益州) 자사인 張喬(장교)가 그 지적을
상신하자 右扶風(우부풍)으로 승진하였다.

原文

安帝西巡, 阿母王聖,中常侍江京等並請屬於堂, 堂不爲
用. 掾史固諫之, 堂曰, "吾蒙國恩, 豈可爲權寵阿意, 以死
守之!" 卽日遣家屬歸, 閉閤上病. 果有誣奏堂者, 會帝崩,
京等悉誅, 堂以守正見稱.

永建二年, 徵入爲將作大匠. 四年, 坐公事左轉議郎. 復
拜魯相, 政存簡一, 至數年無辭訟. 遷汝南太守, 搜才禮士,
不苟自專, 乃敎掾史曰, "古人勞於求賢, 逸於任使, 故能化
淸於上, 事緝於下. 其憲章朝右, 簡覈才職, 委功曹陳蕃. 匡
政理務, 拾遺補闕, 任主簿應嗣. 庶循名責實, 察言觀效焉."
自是委誠求當, 不復妄有辭敎, 郡內稱治.

時大將軍梁商及尙書令袁湯, 以求屬不行, 並恨之. 後廬
江賊迸入弋陽界, 堂勒兵追討, 卽便奔散, 而商,湯猶因此風
州奏堂在任無警, 免歸家. 年八十六卒. 遺令薄斂, 瓦棺以
葬.

子稚, 淸行不仕. 曾孫商, 益州牧劉焉以爲蜀郡太守, 有
治聲.

| **註釋** | ○安帝西巡 – 在位 20년(106 – 125), 延光 4년(서기 125), 3월에 南陽郡에 행차했다가 돌아오는 도중에 붕어했다. ○阿母王聖 – 安帝 乳母 王聖, 野王君에 피봉. 황태자 保(보)를 모함. 뒷날 雁門郡으로 강제 이주되었다. 王聖, 江京 일당의 태자 모함에 관한 자세한 전말은 15권, 〈李王鄧來列傳〉의 來歷傳(내력전) 참고. ○(順帝) 永建二年 – 서기 127년. ○左轉議郎 – 議郎으로 좌천되다. 의랑은 질록 6백석. ○簡覈才職 – 문서와 조사, 직무능력 평가. 覈은 핵실할 핵. 조사하다. ○後廬江賊迸入弋陽界 – 廬江(여강)은 郡名. 迸入은 흩어져 들어오다. 弋陽(익양)은 汝南郡 弋陽縣, 今 河南省 동남부 信陽市 관할 潢川縣.

[國譯]

安帝가 서쪽을 순수할 때 安帝의 乳母인 王聖(왕성)과 (宦官) 中常侍인 江京(강경) 등은 王堂(왕당)에게 청탁을 했는데, 왕당은 청탁을 거절하였다. 아래 掾史(연리)도 왕당에게 (청탁을) 들어줘야 한다고 말했지만, 왕당은 "나는 國恩을 받아 이 직책에 있거늘, 어찌 權貴와 총신에게 굽혀야 하겠는가, 죽어도 들어줄 수 없다!"고 말했다. 왕당은 그 날로 가족을 고향으로 돌려보내고 폐문한 뒤에 병이 났다고 말했다. 과연 왕당을 헐뜯는 자가 있었지만 마침 安帝가 붕어했고, 江京 등은 모두 주살되었으며 왕당은 正道를 지켰다는 칭송을 들었다.

(順帝) 永建 2년(서기 127), 조정의 부름을 받아 將作大匠이 되었다. 4년에, 업무상 죄를 지어 議郎으로 좌천되었다. 다시 魯國 相에 임명되었는데 정사는 한결같았고 수년 동안 訟事가 없었다. 汝南(여남) 태수로 승진하자 才士를 찾아 예우하였고 멋대로 정치하지 않으면서 掾史(연사)들에게 말했다.

"古人은 애써 賢才를 얻어 마음 편히 능력자에게 일을 맡겼으니,

상관은 청명한 교화를 행했고 아래서는 화목하게 업무를 처리하였다. 나라 법도와 조정 고관에 관한 업무, 문서와 조사 관련 업무 및 직무능력 평가는 功曹인 陳蕃(진번)에게 위임하겠다. 일반 행정업무와 여러 庶務 관련은 主簿(주부)인 應嗣(응사)가 담당할 것이다. 앞으로 명분과 실적을 따지고 언행과 치적에 의거 평가를 하겠다."

이후 왕당은 이치에 맞게 정사를 폈고 허망한 언사나 보고가 없어지면서 郡內 행정에 칭송을 들었다.

그때 大將軍 梁商(양상)과 尙書令 袁湯(원탕)의 청탁이 있었으나 들어주지 않자, 이들은 왕당에게 원한을 품었다. 뒤에 廬江(여강)의 도적 무리가 패망하며 (汝南郡) 弋陽縣(익양현)으로 흘러 들어오자, 왕당은 군사를 동원하여 토벌하였고 적도들은 즉시 모두 도망했는데도, 양상과 원탕은 (豫州) 刺史를 사주하여 왕당이 재임 중 경계를 취하지 않았다고 보고를 올리게 하자, 왕당은 면직되어 귀가하였다. 86세에 죽었다. 유언으로 검소하게 염을 하고 옹기로 만든 관에 장례하게 하였다.

아들 王稚(왕치)는 행실이 淸高하였으나 벼슬하지 않았다. 증손인 王商(왕상)은 益州牧 劉焉(유언)이 蜀郡太守가 되게 하였는데 치적이 좋다는 명성이 있었다.

❼ 蘇章

| 原文

蘇章字孺文, 扶風平陵人也. 八世祖建, 武帝時爲右將軍.

祖父純, 字桓公, 有高名, 性强切而持毀譽, 士友咸憚之, 至乃相謂曰, "見蘇桓公, 患其教責人, 不見, 又思之." 三輔號爲'大人.' 永平中, 爲奉車都尉竇固軍, 出擊北匈奴, 車師有功, 封中陵鄕侯, 官至南陽太守.

| 註釋 | ○八世祖建 - 蘇建(소건)과 아들 蘇武(소무)는《漢書》54권, 〈李廣蘇建傳〉에 입전. 소건보다 소무가 널리 알려졌다. ○號爲'大人' - 大人은 長老. 존경의 뜻 내포. ○奉車都尉竇固 - 竇固(두고, ?-88년)는 永平 17년에 흉노족을 蒲類海 부근에서 격파하고 車師國(거사국)에 입성했다. 竇구명 두. 성씨. 23권, 〈竇融列傳〉에 입전. ○車師有功 - 車師는 西域의 성곽 국가 이름. 姑師(고사)로도 표기. 지금 新疆省의 奇臺, 哈密, 吐魯番, 烏魯木齊 일대. 국도는 交河城(今 新疆省 투루판 서북 雅爾湖 서쪽).

[國譯]

蘇章(소장)의 字는 孺文(유문)으로, 右扶風 平陵縣 사람이다. 八世祖인 蘇建(소건)은 武帝 때 右將軍이었다. 祖父인 純(순)의 字는 桓公(환공)인데, 高名하고 강직한 성품에 타인에 대한 품평을 잘해 士友들이 모두 두려워하면서 서로 말했다. "蘇桓公(蘇純)을 보면 그 책망이 두렵지만, 안 보면 보고 싶다." 그래서 삼보지역에서는 소순을 '大人'이라 불렀다. 소순은 (明帝) 永平 연간에, 奉車都尉 竇固(두고)의 軍吏로 북흉노를 격파하고 車師國 정벌에 공을 세워 中陵鄕侯에 봉해졌으며, 관직은 南陽太守를 역임했다.

原文

章少博學, 能屬文. 安帝時, 擧賢良方正, 對策高第, 爲議郎. 數陳得失, 其言甚直. 出爲武原令, 時歲饑, 輒開倉廩, 活三千餘戶. 順帝時, 遷冀州刺史. 故人爲淸河太守, 章行部案其奸臧. 乃請太守, 爲設酒肴, 陳平生之好甚次.

太守喜曰, "人皆有一天, 我獨有二天." 章曰, "今夕蘇孺文與故人飮者, 私恩也, 明日冀州刺史案事者, 公法也."

遂擧正其罪. 州境知章無私, 望風畏肅. 換爲幷州刺史, 以推折權豪, 忤旨, 坐免. 隱身鄕里, 不交當世. 後徵爲河南尹, 不就. 時天下日敝, 民多悲苦, 論者擧章有幹國才, 朝廷不能復用, 卒於家. 兄曾孫不韋.

| 註釋 | ○武原令 - 楚國의 현명. 今 江蘇省 북부 徐州市 관할 邳州市(비주시). ○淸河太守 - 治所는 甘陵縣, 今 山東省 직할 臨淸市(河北省과 접경) 동북. ○河南尹 - 행정구역명이면서 관직명.(우리나라의 서울시장 겸 경기지사). 後漢이 洛陽(雒陽)에 도읍한 뒤에 前漢의 長安이 京兆尹에 속한 전례에 따라 建武 15년(서기 39)에 河南郡을 河南尹으로 개칭했고, 21개 현을 관할하였으며(順帝 永和 5년, 서기 140년), 司隸校尉部 소속이었다.

[國譯]

蘇章(소장)은 젊어 널리 배웠고 글을 잘 지었다. 安帝 때 賢良方正한 인재로 천거되었고 對策이 우수하여 議郎이 되었다. 여러 번 정치의 득실을 논했는데 그 언사가 매우 절실하였다. (楚國의) 武原현령이 되었는데, 그 해에 큰 흉년이 들자 바로 창고를 열고 백성을 구휼하여 3천여 호의 백성을 살렸다. 順帝 때 冀州(기주)자사로 승진하자 友人이 淸河太守였는데 소장은 순시하면서 친우의 부정을 알게 되었다. 소장은 친우인 태수를 불러 술자리를 마련하고 그동안 교제한 깊은 우정을 말했다.

그러자 태수는 좋아하며 말했다. "다른 사람에게 하늘이 하나이지만 나는 두 개의 하늘이 있도다." 이에 소장이 말했다. "오늘 저녁이 蘇孺文(소유문, 蘇章)이 벗과 술을 마시는 것은 사적인 우정이지만, 내일 冀州刺史로 죄를 조사하는 것은 公法입니다."

그리고서는 그 죄상을 바로잡았다. 이에 기주자사부 관내에서는 소장이 사적으로 봐주지 않는다는 것을 알고 바람에 쏠리듯 두려워하였다. 소장은 幷州(병주)자사로 전직해서도 권세를 부리는 호족을 꺾었지만 황제의 뜻을 거슬러 면직되었다. 소장은 향리에 은신하고서는 누구와도 교제하지 않았다. 뒤에 河南尹으로 부름을 받았지만 취임하지 않았다. 그때 세상은 날마다 타락하고 백성은 고통을 받았는데, 많은 사람들이 국정을 보필할 인재로 소장을 말했지만 조정에서는 등용하지 못했고 소장은 집에서 죽었다. 소장 형의 증손이 蘇不韋(소불위)였다.

❽ 蘇不韋

|原文|

不韋字公先. 父謙, 初爲郡督郵. 時魏郡李暠爲美陽令, 與中常侍具瑗交通, 貪暴爲民患, 前後監司畏其勢援, 莫敢

糾問. 及謙至, 部案得其贓, 論輸左校. 謙累遷至金城太守, 去郡歸鄉里.

漢法, 免罷守令, 自非詔徵, 不得妄到京師. 而謙後私至洛陽, 時暠爲司隷校尉, 收謙詰掠, 死獄中, 暠又因刑其屍, 以報昔怨.

| 註釋 | ○督郵(독우) – 郡 太守의 속관, 관할 현의 업무를 감찰, 조세 납부 실적, 군사동원 관련 직무도 감사, 太守의 耳目 역할. ○美陽 – 右扶風의 縣名. 今 陝西省 咸陽市 관할 武功縣. ○糾問(규문) – 죄를 조사하다. 訊問(신문)하다. ○論輸左校 – 左校令에 보내 노동형으로 판결하다. 左校는 左校令의 간칭. 左校令은 장작대장의 속관, 질록 6백석. 安帝 때 설치. 장작대장 관할 工徒(工匠)를 관리하였다. ○金城太守 – 金城郡 治所는 允吾縣, 今 甘肅省 臨夏回族自治州 永靖縣.(省都인 蘭州市 서쪽). ○詰掠(힐략) – 조사하며 책망하다.

[國譯]

蘇不韋(소불위)의 字는 公先이다. 부친 蘇謙(소겸)은 처음에 郡의 督郵(독우)였다. 당시 魏郡(위군) 사람 李暠(이호)는 (右扶風의) 美陽 縣令이었는데, 中常侍 具瑗(구원)과 교제하며 탐욕과 폭정으로 백성에 해악을 끼쳤지만 전후에 그 누구도 뒤를 두려워하여 제대로 조사한 자가 없었다. 소겸이 부임하여 현장에서 이호의 장물을 찾아내었고, 죄인은 左校令에게 보내 노동형에 종사하도록 조치하였다. 소겸은 여러 번 승진하여 金城太守가 되었다가 사직하고 향리로 돌아갔다.

漢法에 태수나 현령을 사임한 자는 중앙의 부름이 아니면 마음대로 낙양에 출입할 수 없었다. 그러나 소겸은 사적인 일로 낙양에 들어왔다가 당시 司隸校尉였던 李暠(이호)에게 잡혀 조사받으며 고문을 당해 옥사하였고, 이호는 시신에 매질을 하여 옛날 원한을 앙갚음하였다.

原文

不韋時年十八, 徵詣公車, 會謙見殺, 不韋載喪歸鄕里, 瘞而不葬, 仰天嘆曰, "伍子胥獨何人也!" 乃藏母於武都山中, 遂變名姓, 盡以家財募劍客, 邀暠於諸陵間, 不克.

會暠遷大司農. 時右校芻廥在寺北垣下, 不韋與親從兄弟潛入廥中, 夜則鑿地, 晝則逃伏. 如此經月, 遂得傍達暠之寢室, 出其床下. 值暠在廁, 因殺其妾並及小兒, 留書而去. 暠大驚懼, 乃布棘於室, 以板籍地, 一夕九徙, 雖家人莫知其處. 每出, 輒劍戟隨身, 壯士自衛.

不韋知暠有備, 乃日夜飛馳, 徑到魏郡, 掘其父阜冢, 斷取阜頭, 以祭父墳, 又標之於市曰 '李君遷父頭'. 暠匿不敢言, 而自上退位, 歸鄕里, 私掩塞冢槨. 捕求不韋, 歷歲不能得, 憤恚感傷, 發病歐血死.

| 註釋 | ○瘞而不葬 – 묻기만 하고 장례는 치루지 않다. 瘞는 묻을 예, 매장하다. ○伍子胥(오자서) – 名은 員, 子胥(자서)는 字. 伍子胥의 부친 吳

奢(오사)와 형이 楚王에게 살해되자, 오자서는 吳王에 등용되어 楚에 복수를 했고 楚 平王의 시신을 매질했다. 獨何人也는 '어찌 그 한 사람이겠나!' 나도 오자서처럼 복수를 하겠다는 뜻. ○武都山中 — 武都는 군명. 治所는 下辨縣, 今 甘肅省 남부 隴南市 成縣. ○右校芻廥 — 右校尉府의 말 사료를 보관하는 창고. 芻는 꼴 추, 여물 추. 가축의 사료. 廥는 창고 괴. ○在寺北垣下 — 관청 건물 북쪽 담장 아래. ○鑿地 — 땅굴을 파다. 鑿은 뚫을 착. ○魏郡 — 治所는 鄴縣(업현), 今 河北省 邯鄲市 관할 臨漳縣. ○憤恚感傷 — 분노와 걱정. 憤는 화를 낼 분. 恚는 성낼 에.

[國譯]

蘇不韋(소불위)는 그때 18살로 조정의 부름을 받아 公車에 와서 父親이 살해당한 것을 보고 소불위는 시신을 운반하여 향리로 돌아와 매장만 하고 장례는 치루지 않았다. 그리고 하늘을 우러러 탄식하였다. "伍子胥(오자서)가 어찌 그뿐이겠냐!" (나도 오자서처럼 복수를 하겠다!) 소불위는 곧 바로 모친을 武都郡의 산속에 숨겨놓고서 성명을 바꾸고 가재를 털어 검객을 사 가지고 李暠(이호)를 묘지 사이에서 요격하였지만 성공하지 못했다.

그때 이호는 大司農으로 승진했었다. 右校尉府의 사료 보관창고는 그 관청 건물 북쪽 담장 아래에 있었다. 蘇不韋와 친 사촌형제는 창고에 몰래 들어가 밤에는 땅굴을 파고 낮에는 숨어있었다. 그렇게 한 달이 지나 마침내 이호의 침실 침상 아래를 뚫고 나왔다. 그러나 이호는 변소에 가서 그 첩실과 어린아이만 죽이고 글을 써놓고 나왔다. 이호는 크게 놀라 방 안에 가시나무를 들여놓고 나무 널판을 바닥에 깔았으며 하룻밤에도 9번씩 옮겨 다녔기에 집안 식구도 어디서 자는지 몰랐다. 또 이호가 외출할 때는 창과 칼을 지녔고 장사를 뽑아 호위케 하였다.

　소불위는 이호가 대비가 철저한 것을 알고 바로 밤낮으로 지름길로 魏郡(위군)에 가서 이호 선친 李阜(이부)의 무덤을 파서 그 머리를 잘라다가 선친의 무덤에 제사를 지낸 뒤에 마을의 거리에 '李君遷(李翯) 아비의 머리'라고 써서 내걸었다. 이호는 이런 사실을 숨기고 말도 못하고 스스로 관직에서 물러나 고향에 가서 부친의 棺槨(관곽)을 몰래 다시 매장하였다. 이호는 소불위를 잡아내려 했지만 일 년이 넘도록 잡지 못하자 분노와 원한으로 병이 나서 피를 토하고 죽었다.

原文

　不韋後遇赦還家, 乃始改葬, 行喪. 士大夫多譏其發掘冢墓, 歸罪枯骨, 不合古義, 惟任城何休方之伍員.

　太原郭林宗聞而論之曰, "子胥雖云逃命, 而見用强吳, 憑闔廬之威, 因輕悍之衆, 雪怨舊郢, 曾不終朝, 而但鞭墓戮屍, 以舒其憤, 竟無手刃後主之報. 豈如蘇子單特孑立, 靡因靡資, 强仇豪援, 據位九卿, 城闕天阻, 宮府幽絶, 埃塵所不能過, 霧露所不能沾. 不韋毀身焦慮, 出於百死, 冒觸嚴禁, 陷族禍門, 雖不獲逞, 爲報已深. 況復分骸斷首, 以毒生者, 使暠懷忿結, 不得其命, 猶假手神靈以斃之也. 力惟匹夫, 功隆千乘, 比之於員, 不以優乎?"

　議者於是貴之.

| 註釋 | ○任城 - 任城國의 治所 任城縣, 今 山東省 서남부 濟寧市. ○方之伍員 - 伍員(伍子胥)에 비교하다. ○闔廬(합려, 閭閭) - 春秋시대 吳國의 왕. 재위 기원 前 514 - 496년. 春秋 五霸의 한 사람. 伍子胥와 孫武를 등용. ○雪怨舊郢 - 雪怨은 원한을 씻다. 郢(영)은 楚의 도읍. 今 湖北省 荊州市 江陵縣. 오자서는 楚 平王의 墓를 파내 시신에 3백대 매질을 하여 부친과 형의 죽음에 대한 원한을 분풀이했다. ○單特孑立 - 單特은 홀로. 孑立(혈립)은 외로이. ○以毒生者 - 산 자(李暠)에 고통을 주다. ○功隆千乘 - 그 공은 1천 배는 더 크다.

[國譯]

蘇不韋(소불위)는 뒤에 사면을 받아 집에 돌아왔고, 곧 다시 장례를 치루고 服喪하였다. 士大夫들은 소불위가 이호의 부친 묘를 발굴하여 죽은 사람에게 죄를 돌린 것은 古來의 대의에 맞지 않는다고 비난하였지만, 그래도 任城縣의 何休(하휴)란 사람은 소불위를 伍員(伍子胥)와 같다고 하였다. 太原의 郭林宗(곽림종)은 이를 듣고서 소불위를 평했다.

"오자서가 도망했지만 막강한 吳에 등용되었으며, (吳王) 闔廬(합려)의 권위와 빠르고 용감한 군사의 도움으로 옛 楚에 원한을 풀었지만 楚를 멸망시키지 못했고, 겨우 묘지의 시신에 매질하는 것으로 울분을 대신하였을 뿐 끝내 (楚王의) 후손에게는 칼날을 들이대지도 못했다. 오자서가 어찌 소불위처럼 혼자 외로이 아무런 도움이나 물자도 없이 복수를 했는가? 소불위의 상대는 강하고 권세의 도움을 받는 9卿의 지위에 있었고, 그 집은 하늘이 지켜주는 성궐 같아서 먼지도 들어갈 수 없었고 안개나 이슬도 적시지 못할 정도였다. 소불위는 자신의 몸을 혹사시키며 초조 속에서 온갖 죽음을 무릅쓰

고 삼엄한 포위를 뚫었으며, 멸문지화를 당할 수 있는 위협 속에서
도 잡히지 않았으니 너무 힘든 복수였다. 또 원수 부친 해골의 머리
를 자른 것은 살아있는 아들(李暠)에게 고통을 주었다. 그리하여 이
호로 하여금 번뇌와 분노로 제 명대로 살 수 없게 하였으니, 이는 신
령의 손을 빌려 원수를 죽게 한 것이다. 비록 필부의 힘이었지만 그
공은 1천 배는 더 크다고 할 수 있다. 伍員(伍子胥)에 비교해도 더
낫지 않겠는가?"

이에 論者들은 소불위의 복수를 높이 평가하였다.

原文

後太傅陳蕃辟, 不應, 爲郡五官掾. 初, 弘農張奐睦於蘇
氏, 而武威段熲與暠素善, 後奐,熲有隙. 及熲爲司隸, 以禮
辟不韋, 不韋懼之, 稱病不詣. 熲旣積憤於奐, 因發怒, 乃追
咎不韋前報暠事, 以爲暠表治謙事, 被報見誅, 君命天也, 而
不韋仇之. 又令長安男子告不韋多將賓客奪舅財物, 遂使從
事張賢等就家殺之. 乃先以鴆與賢父曰, "若賢不得不韋,
便可飮此."

賢到扶風, 郡守使不韋奉謁迎賢, 卽時收執, 並其一門六
十餘人盡誅滅之, 諸蘇以是衰破. 乃段熲爲陽球所誅, 天下
以爲蘇氏之報焉.

| 註釋 | ㅇ太傅陳蕃(진번) − 66권,〈陳王列傳〉에 立傳. 辟은 부를 벽. 초

빙하다. ○五官掾 - 군현에는 功曹, 五官掾, 廷掾(정연) 등의 관리가 근무하였다. 掾은 도울 연. 功曹가 군현 관리 중 수석, 五官掾은 서무 담당. ○張奐(장환), 段熲(단경) - 65권, 〈皇甫張段列傳〉에 立傳. ○長安男子 - 장안현의 男子. 男子는 각 家戶의 어른 가장. 秦漢代의 일반 백성(평민)은 신분상 등급이 있었는데, 1등급(公士)부터 8등급[公乘(공승)]까지는 일반 백성(男子)의 爵位(작위)였다. ○陽球(양구) - 77권, 〈酷吏列傳〉에 立傳.

[國譯]

뒤에 太傅인 陳蕃(진번)이 초빙했으나 蘇不韋는 응하지 않고 郡의 五官掾(오관연)이 되었다. 그전에 弘農郡의 張奐(장환)은 蘇氏와 화목했고, 武威郡의 段熲(단경)은 李暠(이호)와 평소에 잘 지냈는데, 나중에 장환과 단경은 틈이 벌어졌다. 단경은 司隸校尉(사예교위)가 되어 예를 갖춰 소불위를 초빙했으나 소불위는 두려워서 병을 핑계로 가지 않았다. 단경은 그동안 장환에게 울분이 쌓여 화를 내었고 마침내는 소불위가 이전에 이호에게 복수한 사안을 추궁하였는데, 이호가 蘇謙(소겸)의 사안을 보고하여 다루었고, (소겸이) 조사 중에 죽게 되었지만, 이는 천자의 명령에 따른 것이었는데도, 소불위가 이호에게 복수를 한 것이라고 (단경은) 생각하였다. 또 단경은 長安縣의 어떤 男子를 시켜 소불위가 많은 빈객을 거느리고 있으면서 외삼촌의 재물을 탈취하였다고 고발케 한 뒤에, 나중에 (사예교위의) 從事인 張賢(장현) 등을 소불위의 집에 보내 죽이게 하였다. 단경은 먼저 鴆毒(짐독)을 장현의 부친에게 주면서 말했다. "만약 장현이 소불위를 죽이지 못하면 바로 이 약을 마십시오."

장현이 우부풍에 도착하자, 우부풍은 소불위를 보내 장현을 영접하라고 내보냈는데, 장현은 소불위를 잡아가뒀고 아울러 그 집안 60

여 명을 모두 죽여버렸기에 이로부터 蘇氏는 쇠약해졌다. 그러나 단경은 陽球(양구)에게 주살되었으니 세상 사람들은 蘇氏의 원수를 갚았다고 생각하였다.

❾ 羊續

原文

羊續字興祖, 太山平陽人也. 其先七世二千石卿校, 祖父侵, 安帝時司隷校尉. 父儒, 桓帝時爲太常. 續以忠臣子孫拜郞中, 去官後, 辟大將軍竇武府. 及武敗, 坐黨事, 禁錮十餘年, 幽居守靜. 及黨禁解, 復辟太尉府, 四遷爲廬江太守.

後揚州黃巾賊攻舒, 焚燒城郭, 續發縣中男子二十以上, 皆持兵勒陳, 其小弱者, 悉使負水灌火, 會集數萬人, 並執力戰, 大破之, 郡界平. 後安風賊戴風等作亂, 續復擊破之, 斬首三千餘級, 生獲渠帥, 其餘黨輩原爲平民, 賦與佃器, 使就農業.

|**註釋**| ○太山平陽 － 太山郡(泰山郡), 治所는 奉高縣, 今 山東省 중부 泰安市 岱嶽區(대악구). 平陽은 山陽郡 南平陽侯國. 今 山東省 濟寧市 관할 鄒城市(추성시). 맹자의 출생지. ○二千石卿校 － 질록 이천석에 해당하는 卿과 校尉. ○忠臣子孫拜郞中 － 二千石 이상 관리의 자제는 郞官에 임용될 수 있었다. 이를 仕子라 하였다. 일종의 蔭敍(음서) 제도. 郞中令의 속관

인 郎官(낭관, 郎吏)은 황궁, 조정의 각종 門戶 수비와 황제 호위 임무를 수행. 議郎, 中郎, 侍郎, 郎中의 직분이 있고 질록 比3백석부터 6백석까지 여러 층. 무 정원, 1천 명일 때도 있었다. 任子(2천석 이상 관리의 자제를 낭관에 특채)에 의한 임용, 貲選(자선, 재물을 바치고 임용), 軍功에 의거 임용 등 임용방법이 다양했다. 武帝 때부터는 孝廉이나 明經으로 추천된 자 중에서도 임용. 일정 기간이 지나면 승진할 수 있기에 관직에 들어가는 첫 계단이었다.   ○大將軍 竇武(두무) - 桓帝의 3번째 황후인 桓思竇皇后의 생부. 69권, 〈竇何列傳〉에 입전.   ○坐黨事 - 黨錮(당고)의 禍를 지칭. 67권, 〈黨錮列傳〉 참고. 당시 黨人으로 지목된 사람의 門生, 故吏, 父子, 兄弟는 現職에서 배제하고(免官) 신규 임용도 불가한 禁錮(금고)에 처했다.   ○舒 - 廬江郡(여강군)의 치소인 舒縣, 今 安徽省 合肥市 관할 廬江縣. ○安風 - 廬江郡의 현명.   ○原爲平民 - 原은 사면하다.   ○佃器 - 농기구. 佃은 밭 갈 전.

[國譯]

羊續(양속)의 字는 興祖(흥조)로, 太山郡(泰山郡) 平陽縣 사람이다. 그 선조는 7世에 걸쳐 2천석의 卿(경)이나 校尉였다. 조부 侵(침)은 安帝 때 司隷校尉였다. 부친 儒(유)는 桓帝 때 太常이 되었다. 양속은 忠臣의 자손이라 하여 郎中에 제수되었다. 낭관을 사임한 뒤에 다시 竇武(두무)의 大將軍府에 근무했다. 두무가 몰락한 뒤 黨錮(당고)의 禍에 연루되어 禁錮(금고)에 처해 10여 년간 조용히 은거하였다. 나중에 금고가 해제되자 다시 太尉府의 부름을 받았고 4번 승진하여 廬江(여강) 태수가 되었다.

뒷날 揚州(양주) 일대의 황건적이 (廬江郡) 舒縣(서현)을 공격하여 성곽을 불태우자, 양속은 현의 20세 이상 남자를 수만 명을 동원하여 모두 병기를 들게 부대에 편성하였고, 그중 약한 자는 모두 물을 날라 불을 끄게 하면서 모두 힘껏 싸우게 하여 적을 대파하자 군내가 평온하였다. 뒤에 (廬江郡의) 安風縣의 도적인 戴風(대풍) 등이 난을 일으켰지만 양속은 다시 격파하여 3천여 명을 죽였고 그 우두머리를 생포하였으며, 나머지 무리는 사면하여 평민이 되게 했고 농기구를 빌려주어 농사를 짓게 했다.

原文

中平三年, 江夏兵趙慈反叛, 殺南陽太守秦頡, 攻沒六縣, 拜續爲南陽太守. 當入郡界, 乃羸服間行, 侍童子一人, 觀歷縣邑, 采問風謠, 然後乃進. 其令長貪絜, 吏民良猾, 悉逆知其狀, 郡內驚竦, 莫不震懾. 乃發兵與荊州刺史王敏共擊慈, 斬之, 獲首五千餘級, 屬縣餘賊並詣續降, 續爲上言, 宥其枝附. 賊旣淸平, 乃班宣政令, 候民病利, 百姓歡服.

時, 權豪之家多尙奢麗, 續深疾之, 常敝衣薄食, 車馬羸敗. 府丞嘗獻其生魚, 續受而懸於庭, 丞後又進之, 續乃出前所懸者以杜其意. 續妻後與子祕俱往郡舍, 續閉門不內妻, 自將祕行, 其資藏惟有布衾,敝袛裯, 鹽,麥數斛而已, 顧敕祕曰, "吾自奉若此, 何以資爾母乎?" 使與母俱歸.

|註釋| ㅇ中平三年 - 靈帝의 연호 서기 184 - 188년. ㅇ羸服間行 - 해진 옷을 입고 샛길로 가다. 羸 여윌 리(이). ㅇ令長貪絜 - 縣令이나 縣長

의 탐욕과 청렴. 絜은 헤아릴 혈. 깨끗할 결(潔과 同). ○莫不震懾 － 震懾
(진섭)은 두려워 떨다. ○宥其枝附 － 宥는 용서할 유. 枝附는 따라다닌 자.
심복. ○候民病利 － 백성에게 해가 되는 지, 이익이 되는 가를 살펴보다.
○敝袛裯 － 敝는 해질 폐. 袛는 속적삼 저. 裯는 홑이불 주.

[國譯]

　(靈帝) 中平 3년, 江夏郡의 병졸인 趙慈(조자)가 반란을 일으켜 南
陽太守 秦頡(진힐)을 죽이고 6개 현을 공격 차지하자, (조정에서는)
羊續(양속)을 南陽太守에 임명하였다. 양속은 남양군에 들어가면서
시동 하나만 데리고서 해진 옷에 샛길로 가면서 여러 현읍을 돌며
백성이 부르는 노래를 들어보고 부임하였다. 양속은 縣令, 縣長의
탐욕과 청렴, 관리의 선악을 미리 다 알고 있어 군내 모두가 놀라 두
려워 떨지 않는 자가 없었다. 양속은 곧 군사를 동원하여 荊州刺史
王敏(왕민)과 함께 趙慈(조자)를 공격하여 참수하고, 5천여 명을 죽이
거나 생포하자 관내 다른 잔당은 모두 양속을 찾아와 투항하였고,
양속은 보고한 뒤에 잔당을 사면해 주었다. 적도가 모두 평정되자
양속은 정령을 반포하고 백성의 利害 여부를 살펴보자 백성은 기뻐
복종하였다.

　그 무렵, 세력이 있는 자들의 사치가 아주 심했는데, 양속은 이를
싫어하며 늘 해진 옷에 검소하게 먹고 수레도 꾸미지 않았다. 태수
부의 副職이 양속에게 생선을 보냈고, 양속은 이를 받아 대청에 매
달아 두었는데 나중에 그가 다시 생선을 갖고 오자 양속은 전에 매
달았던 생선을 보여주며 사양하였다. 양속의 처와 아들 祕(비)가 군
관사를 찾아오자 양속은 문을 닫고 아내를 들어오지 못하게 한 뒤

에, 아들만 데리고 들어가 해진 적삼과 홑이불, 그리고 소금과 보리 몇 말을 보여준 뒤에 아들에게 일러 말했다. "나의 봉록이 이것뿐이 니, 어떻게 네 어미를 먹여 살리겠느냐?"

그리고는 모친과 함께 돌려보냈다.

原文

六年, 靈帝欲以續爲太尉. 時拜三公者, 皆輸東園禮錢千 萬, 令中使督之, 名爲'左騶'. 其所之往, 輒迎致禮敬, 厚加 贈賂. 續乃坐使人於單席, 擧縕袍以示之, 曰, "臣之所資, 惟斯而已." 左騶白之, 帝不悅, 以此故不登公位. 而徵爲太 常, 未及行, 會病卒, 時年四十八. 遺言薄斂, 不受賵遺.

舊典, 二千石卒官賻百萬, 府丞焦儉遵續先意, 一無所受. 詔書褒美, 敕太山太守以府賻錢賜續家云.

| 註釋 | ○(靈帝 中平) 六年 - 靈帝가 죽고, 少帝와 獻帝가 즉위하던 해. ○皆輸東園禮錢千萬 - 황제는 생전에 자신의 능묘를 건축하였다. 능묘에 들어갈 여러 기물과 葬具를 제조하는 관청이 東園이고, 少府의 속관 東園 匠令을 두었다. ○名爲'左騶(좌추)' - 騶는 騎士, 마부의 뜻. ○縕袍(온포) - 솜옷. ○不受賵遺(봉유) - 賵 보낼 봉. 부의금품.

[國譯]

(靈帝 中平) 6년, 靈帝는 羊續(양속)을 太尉에 임용하려고 했다. 그때 三公에 임용되는 자는 모두 東園禮錢 1천만을 내야 했는데, 中

使를 보내 이를 독려했고, 그 사자를 '左騶(좌추)'라 하였다. 좌추가 오면 예를 갖춰 맞이하고 뇌물도 후하게 제공하였다. 양속은 좌추를 얇은 방석에 앉히고 縕袍(온포)를 꺼내 보여주며 말했다. "臣이 낼 수 있는 것은 이것뿐입니다." 좌추가 황제에게 보고하자, 황제는 좋아하지 않았고 결국 이 때문에 삼공의 지위에 오르지 못했다. 양속은 太常에 임명되었는데 출발 전에 병으로 죽었고 48세였다. 검소하게 장례를 치루고 부의금품을 받지 말라고 유언하였다.

옛 법제에는 二千石 관리가 재임 중에 죽으면 나라에서 1백만 전을 賻儀로 주었는데 府丞 焦儉(초검)은 양속의 뜻을 따라 하나도 받지 않았다. 조서로 양속을 기리고 太山太守에게 太山府의 賻儀錢을 양속의 집에 보내주게 하였다.

⓾ 賈琮

▌原文

賈琮字孟堅, 東郡聊城人也. 擧孝廉, 再遷爲京兆令, 有政理跡.

舊交阯土多珍産, 明璣,翠羽,犀,象,玳瑁,異香,美木之屬, 莫不自出. 前後刺史率多無淸行, 上承權貴, 下積私賂, 財計盈給, 輒復求見遷代, 故吏民怨叛. 中平元年, 交阯屯兵反, 執刺史及合浦太守, 自稱'柱天將軍'. 靈帝特敕三府精選能吏, 有司擧琮爲交阯刺史. 琮到部, 訊其反狀, 咸言賦斂過重, 百姓莫不空單, 京師遙遠, 告冤無所, 民不聊生, 故聚爲盜賊. 琮卽移書告示, 各使安其資業, 招撫荒散, 蠲復傜役, 誅斬渠帥爲大害者, 簡選良吏試守諸縣, 歲間蕩定, 百姓以安. 巷路爲之歌曰, '賈父來晩, 使我先反, 今見淸平, 吏不敢飯'. 在事三年, 爲十三州最, 徵拜議郎.

|註釋| ○東郡聊城(요성) – 今 山東省 북서 끝 聊城市, 京杭大運河와 黃河 교차점. ○明璣,翠羽,犀,象,玳瑁,異香,美木之屬 – 明璣(명기)는 둥글지 않은 구슬. 翠羽(취우)는 물새의 푸른 깃. 犀는 무소 서. 犀角. 象은 코끼리 상. 象牙. 玳瑁(대모)는 거북 종류, 장식품. 異香은 향료. 美木은 香木. ○民不聊生 – 백성이 안심하고 살 수가 없다. 聊 애오라지 료. 안심할 요, 즐길 요. ○招撫荒散 – 뿔뿔이 흩어진 백성을 불러 按撫(안무)하다. ○蠲復傜役 – 요역 면제를 분명히 하다.

[國譯]

賈琮(가종)의 字는 孟堅(맹견)으로 東郡 聊城縣(요성현) 사람이다. 孝廉으로 천거되어 두 번 승진하여 京兆(경조) 현령이 되었고 괜찮은 치적을 쌓았다.

전부터 交阯(교지) 땅에서는 진기한 산물이 많았으니 明璣(명기), 翠羽(취우), 犀角(서각), 象牙(상아), 玳瑁(대모)와 향료, 香木 등 그곳에서 나오지 않는 것이 없었다. 전후의 교지자사들은 거의 다 청렴하지 않았는데, 위로는 權貴를 모셔야 하고 아래로는 사익을 챙겨야 했으며, 일단 재물을 긁어모은 뒤에 다시 승진해 갈 자리를 구해야 했기에 관리나 백성들은 원한이 쌓여 반역하였다. (靈帝) 中平 원년에, 交阯(교지)에 주둔한 군사가 반란을 일으켜 刺史와 合浦郡 太守를 생포하고 '柱天將軍'을 자칭했다. 靈帝는 특별히 삼공부에 명하여 유능한 관리를 선정케 했는데 담당자가 가종을 交阯刺史로 천거하였다.

가종은 자사부에 도착하여 그 반란 상황을 알아보니 모두가 賦稅가 지나치게 많아 백성은 너나없이 가산이 한 푼도 없고 京師가 너무 멀어 원한을 호소할 수도 없으며, 백성이 안심하고 살 수가 없어 무리가 모여 도적이 되었다고 하였다.

가종은 즉시 문서를 보내 각자 생업에 종사토록하고 뿔뿔이 흩어진 백성을 불러 按撫(안무)하면서 요역 면제를 분명히 밝히고, 큰 해악을 끼친 우두머리를 참수하며 우량한 관리를 골라 여러 현을 지키게 하자 일 년 남짓에 혼란이 진정되고 백성은 안정되었다. 이에 백성들이 골목과 길에서 노래를 불렀다.

'賈父(賈琮)가 늦게 오셔서 우리는 먼저 반역했지만 지금 깨끗한 세상이니 관리가 감히 착복을 못하네.'

가종이 재임 3년에, 치적은 13자사부에 제일이었고 조정에 들어와 議郞이 되었다.

原文

時, 黃巾新破, 兵兇之後, 郡縣重斂, 因緣生姦. 詔書沙汰刺史, 二千石, 更選淸能吏, 乃以琮爲冀州刺史. 舊典, 傳車驂駕, 垂赤帷裳, 迎於州界. 及琮之部, 升車言曰, "刺史當

遠視廣聽, 糾察美惡, 何有反垂帷裳以自掩塞乎?"乃命御
者褰之. 百城聞風, 自然竦震. 其諸臧過者, 望風解印綬去,
惟癭陶長濟陰董昭,觀津長梁國黃就當官待琮, 於是州界翕
然. 靈帝崩, 大將軍何進表琮爲度遼將軍, 卒於官.

| 註釋 | ○黃巾新破 – '黃巾賊의 亂', 또는 '黃巾起義'로 기록. 中平(중
평) 원년(184년), 鉅鹿郡(거록군)의 張角(장각)은 '黃天'을 자칭하며, 그 무
리 36방을 거느렸는데 모두 머리에 黃巾을 쓰고 반란을 일으켰다. ○沙汰
(사태) – 사람이나 물건을 가려내다. ○垂赤帷裳 – 수레에 붉은 휘장을 치
다. ○命御者褰之 – 걷어 올리다. 褰은 옷자락을 들어 올릴 건. ○癭陶(영
도) – 현명. 鉅鹿郡의 치소, 今 河北省 邢臺市 부근 寧晉縣. ○觀津長 – 觀
津은 安平國의 현명(前漢에서는 信都郡). 今 河北省 남부 衡水市 관할 武
邑縣. ○大將軍 何進(하진, ?–189) – 南陽郡 宛縣 출신, 본래 가축을 잡는
屠戶(도호) 출신, 이복 여동생이 입궁하여 靈帝의 황후가 되었다. 大將軍으
로 錄尙書事 겸임. 환관 세력을 꺾겠다고 董卓(동탁)을 불러들인 장본인.
十常侍에게 피살. 69권, 〈竇何列傳〉에 입전.

[國譯]

　그때, 黃巾賊의 亂이 진압된 뒤라서 군현에서는 부세를 무겁게
부과하였고 그에 따른 부정도 많았다. 詔書를 내려 刺史와 태수를
가려내고 청렴한 관리를 다시 선임하면서 賈琮(가종)은 冀州(기주)자
사가 되었다. 전례에 따르면, 3마리 말이 끄는 수레에 붉은 휘장을
내리고 부임하면 주의 경내에서 영접하였다. 가종이 기주에 부임할
때 수레에 올라 말했다.

　"刺史는 멀리 보고 널리 들어 선악을 규찰해야 하는데 휘장을 내

려 왜 스스로 귀와 눈을 막고 가려야 하겠는가?"

그리고 馭車(어거)에게 명해 휘장을 들어 올리게 하였다. 모든 城에서는 이 소식을 듣고 저절로 두려워하였다. 그리고 악행이나 불법을 저질렀던 자들은 풍문을 듣고 미리 인수를 풀어놓고 떠나갔는데, 오직 瘰陶(영도) 縣長인 濟陰(제음) 출신 董昭(동소)와 觀津(관진) 현장인 梁國 출신 黃就(황취)만이 가종을 접대하니 기주 관내가 바로 안정되었다. 靈帝가 붕어하자 大將軍 何進(하진)은 표문을 올려 가종을 度遼將軍에 천거하였고 가종은 재임 중에 죽었다.

⑪ 陸康

原文

陸康字季寧, 吳郡吳人也. 祖父續, 在〈獨行傳〉. 父褒, 有志操, 連徵不至. 康少仕郡, 以義烈稱, 刺史臧旻擧爲茂才, 除高成令. 縣在邊垂, 令戶一人具弓弩以備不虞, 不得行來. 長吏新到, 輒發民繕修城郭. 康至, 皆罷遣, 百姓大悅. 以恩信爲治, 寇盜亦息, 州郡表上其狀. 光和元年, 遷武陵太守, 轉守桂陽, 樂安二郡, 所在稱之.

| 註釋 |　○吳郡吳人 – 吳郡의 治所인 吳縣. 今 江蘇省 남부의 蘇州市. ○〈獨行傳〉 –《後漢書》81권, 봉건통치에 저항하거나 고상한 지조를 지킨 인물의 열전. 22명을 입전했다. ○高成令 – 渤海郡의 현명. 今 河北省 남동부 滄州市 鹽山縣. 山東省과 접경. ○(靈帝) 光和元年 – 서기 178년.

○遷武陵太守 - 武陵郡 治所는 臨沅縣, 今 湖南省 북부 常德市 서쪽. ○桂陽 - 郡名. 治所는 郴縣(침현), 今 湖南省 남부 郴州市(침주시). ○樂安郡(國) - 千乘國, 治所 臨濟縣, 今 山東省 淄博市(치박시) 관할 高靑縣.

[國譯]

陸康(육강)의 字는 季寧(계령)인데, 吳郡의 吳縣사람이다. 祖父인 陸續(육속)은 《後漢書》〈獨行傳〉에 수록했고, 부친 陸褒(육포)는 志 操를 지켜 연 이어 부름을 받았어도 응하지 않았다. 육강은 젊어 吳 郡에 출사했는데 義烈로 칭송을 들었으며, (揚州) 刺史 臧旻(장민)이 茂才(무재)로 천거하여 (渤海郡) 高成 현령이 되었다.

고성현은 변방에 있어 법령으로 매 戶마다 1인은 활을 준비해 놓 고 불의의 사태에 대비하여 (집을 지키며) 왕래할 수도 없었다. 또 縣長이 새로 부임하면 그때마다 백성을 동원하여 城郭을 수리했었 다. 육강이 부임해서는 이런 전례를 모두 폐지하자 백성이 크게 좋 아하였다. 육강이 신의를 바탕으로 다스리자 도둑도 점차 없어졌고 주군에서는 이런 치적을 보고하였다. (靈帝) 光和 원년에, 武陵太守 로 승진했고 桂陽과 樂安郡 태수를 역임하면서 임지에서 칭송을 들 었다.

原文

時, 靈帝欲鑄銅人, 而國用不足, 乃詔調民田, 畝斂十錢. 而比水旱傷稼, 百姓貧苦.

康上疏諫曰, 「臣聞先王治世, 貴在愛民. 省繇輕賦, 以寧天下, 除煩就約, 以崇簡易, 故萬姓從化, 靈物應德. 末世衰主, 窮奢極侈, 造作無端, 興制非一, 勞割自下, 以從苟欲, 故黎民吁嗟, 陰陽感動. 陛下聖德承天, 當隆盛化, 而卒被詔書, 畝斂田錢, 鑄作銅人, 伏讀惆悵, 悼心失圖. 夫十一而稅, 周謂之徹. 徹者通也, 言其法度可通萬世而行也. 故魯宣稅畝, 而螟灾(災)自生, 哀公增賦, 而孔子非之. 豈有聚奪民物, 以營無用之銅人, 捐舍聖戒, 自蹈亡王之法哉! 傳曰, '君擧必書, 書而不法, 後世何述焉?' 陛下宜留神省察, 改畝從善, 以塞兆民怨恨之望.」

書奏, 內幸因此譖康援引亡國, 以譬聖明, 大不敬, 檻車徵詣廷尉. 侍御使劉岱典考其事, 岱爲表陳解釋, 免歸田里. 復徵拜議郎.

| 註釋 | ○以崇簡易 - 幹略과 便易(편이)를 숭상하다. ○黎民吁嗟 - 백성이 탄식하다. 吁는 탄식할 우. 嗟는 탄식할 차. ○惆悵(추창) - 失心하여 탄식하다. 惆는 失心할 추. 悵은 슬퍼할 창. ○周謂之徹 - 徹은 세법의 이름. 수확의 10분의 1을 징수하는 세법. 통할 철. ○螟灾(연재) - 蝗蟲(황충)의 재해. 螟은 황충 새끼 연. 灾는 災와 同字. ○自蹈亡王之法哉 - 蹈는 밟을 도. 亡王은 秦始皇. 진시황은 천하의 병기를 거두어 金人 12개를 만들어 놓고 망했다.

[國譯]

그때, 靈帝는 銅人을 주조하려 했으나 국가 財用이 부족하자 조서를 내려 民田 1畝(무)에 10전을 징수케 하였다. 그러나 연이은 수해와 가뭄으로 흉년이 들어 백성 생활은 고통이었다. 이에 陸康(육강)은 간언을 상소하였다.

「臣이 듣기로는, 先王의 治世는 愛民을 귀히 여겼습니다. 요역과 부세를 가볍게 하여 천하를 평안케 하였고, 번잡한 정령을 폐지하여 약법을 시행했으며, 간략과 便易(편이)를 숭상하였습니다. 이에 백성은 교화되고 신령은 성덕에 감응하였습니다. 末世에 타락한 군주는 사치가 끝이 없었고 무단히 일을 만들며, 법제는 하나가 아니었고, 백성을 수탈하여 욕망을 채웠기에 백성은 탄식했고 음양은 감동하여 재해를 내렸습니다. 폐하께서는 聖德으로 천명을 이었으니 응당 교화를 크게 펴야 하는데 조서를 펴보니 갑자기 농지에 田錢을 징수하여 銅人을 주조하려 하시니, 臣은 읽고 나서 낙심에 탄식하고 슬퍼 어찌할 바를 모르겠습니다. 수확량의 10분의 1 징수를 周에서 徹(철)이라 하였는데, 徹(철)이란 通(통)이니 그 법도가 萬世에 걸쳐 시행된다는 뜻입니다. 그래서 魯의 宣公工이 토지세를 새로 거두자 蝗蟲(황충)의 재해가 저절로 닥쳤고, 哀公이 부세를 더 징수하자 孔子도 옳지 않다고 하였습니다. 어찌 백성의 재산을 빼앗아서 아무 쓸모도 없는 銅人을 만들어야 하며 성왕의 훈계를 저버리고 멸망한 진시황의 뒤를 밟아야 하겠습니까! 옛글에서도 '主君의 행동을 필히 기록해야 하나니, 기록을 본받지 않는다면 후세에 무슨 말을 하겠는가?' 라고 하였습니다. 폐하께서는 응당 마음을 써서 살피시고 잘못을 고쳐 바른 길을 따라야만 백성의 원한과 원망을 막을 수 있을 것입니다.」

상서가 올라가자, 궁궐 幸臣은 이에 대하여 육강이 망국의 군주를 聖明하신 폐하에 비유한 것은 大不敬이라고 모함하며 육강을 檻車(함거)에 실어 廷尉에게 보내야 한다고 하였다. 시어사인 劉岱(유대)는 상소를 상세히 읽어보고 바른 뜻을 서술한 것이라 보고하고 육강을 면직시켜 고향에 돌아가게 하였다. 육강은 나중에 다시 부름을 받아 議郎이 되었다.

原文

會廬江賊黃穰等與江夏蠻連結十餘萬人, 攻沒四縣, 拜康廬江太守. 康申明賞罰, 擊破穰等, 餘黨悉降. 帝嘉其功, 拜康孫尙爲郞中.

獻帝卽位, 天下大亂, 康蒙險遣孝廉計吏奉貢朝廷, 詔書策勞, 加忠義將軍, 秩中二千石. 時袁術屯兵壽春, 部曲饑餓, 遣使求委輸兵甲.

康以其叛逆, 閉門不通, 內修戰備, 將以禦之. 術大怒, 遣其將孫策功康, 圍城數重. 康固守, 吏士有先受休假者, 皆遁伏還赴, 暮夜緣城而入. 受敵二年, 城陷. 月餘, 發病卒, 年七十. 宗族百餘人, 遭離饑厄, 死者將半. 朝廷愍其守節, 拜子俊爲郞中.

少子績, 仕吳爲鬱林太守, 博學善政, 見稱當時. 幼年曾謁袁術, 懷橘墮地者也, 有名稱.

| 註釋 | ○獻帝(헌제) 卽位 - 서기 189년, 獻帝의 첫 연호 初平 원년은

서기 190년. ○袁術(원술, ?-199) - 字 公路, 後漢末, 三國 初期의 軍閥. 袁紹(원소)의 아우. 亂世에 稱帝했다가 반년을 못 견디고 피를 토하고 죽었다. 흉포하기가 董卓(동탁) 못지않았다. ○部曲 - 部曲은 군대의 편제, 대장군은 5部(각부의 지휘관은 校尉, 속관 軍司馬)를 거느림. 部 아래 曲(지휘관은 軍候). 曲 아래 屯(屯長). ○孫策(손책) - 孫堅의 기반을 이어받은 孫策은 豫章太守 華歆(화흠)의 항복을 받으며 세력을 키웠고, 자신을 曹操에게 모함한다고 吳郡太守 許貢을 죽였다. 그러나 사냥하던 중에 許貢의 家客에게 습격당해 큰 부상을 당한다. 치료 과정에서 道士 于吉을 죽이나 孫策은 그 虛像에 시달리다가 26세에 죽었다. ○陸績(육적, 188-219) - 孫權 휘하 관리, 〈二十四孝〉 중 '懷橘遺親(회귤유친)' 故事의 주연. ○鬱林(울림) - 今 廣西壯族自治區 동남부 玉林市.

[國譯]

그때 廬江郡(여강군)의 도적인 黃穰(황양) 등은 江夏郡(강하군)의 蠻夷(만이)와 연결하여 10여만 명이 4개 현을 공격하여 차지하자, 조정에서는 陸康(육강)을 廬江(여강)태수로 삼았다. 육강은 신상필벌을 분명히 하며 황양 등을 격파했고 잔당은 모두 투항하였다. 獻帝는 그 공을 가상히 여겨 육강의 손자 陸尙(육상)을 郎中에 임명하였다.

헌제 즉위 이후로 천하는 크게 어지러웠는데 육강은 위험을 무릅쓰고 孝廉으로 천거된 計吏를 보내 조정에 공물을 바쳤는데, 헌제는 조서로 육강의 노고를 치하하면서 忠義將軍을 加官하고 질록을 中二千石으로 올려주었다. 그 무렵 袁術(원술)은 (九江郡) 壽春縣에 주둔하고 있었는데, 그 부대가 기아에 시달리게 되자 (육강에게) 사자를 보내 군량과 병기를 요구하였다.

육강은 원술의 반역하려는 뜻을 알고 있어 성문을 닫고 왕래하지 않고 전투 준비를 하며 방어하였다. 원술은 대노하며 장수 孫策(손책)을 보내 육강을 공격케 하여 성을 여러 겹 포위하였다. 육강은 성을 고수하였고, 먼저 휴가를 받은 관리나 병사는 성 주변에 숨어 있다가 한밤에 성벽을 타고 들어가기도 하였다. 육강은 적을 맞아 2년간 싸웠지만 성은 함락되었다. 그 한 달 뒤에 육강은 병이 나서 죽었고, 나이 70이었다. 육강의 일족 1백여 명도 기아에 시달리면서 죽은 자가 절반이나 되었다. 조정에서는 그 충절을 애틋하게 여겨 육강의 아들 陸俊(육준)을 郞中에 임명하였다.

육강의 막내아들 陸績(육적)은 吳(孫權)를 섬겨 鬱林(울림) 태수가 되었는데, 博學하고 善政으로 당대에 칭송을 들었다. 어린 6살에 袁術(원술)을 배알할 때 귤을 숨겨 품었다가 떨어트린 사람으로 명망이 높았다.

原文

贊曰,

伋牧朔藩, 信立童昏. 詩守南楚, 民作謠言. 奮馳單乘, 堪駕毁轅. 範得其朋, 堂任良肱. 二蘇勁烈, 羊,賈廉能. 季寧拒策, 城隕衝輣.

| 註釋 | ㅇ伋牧朔藩 - 伋은 郭汲(곽급), 牧은 牧民. 백성을 양육하다. 지방을 다스리다. 朔藩은 북쪽 변방. ㅇ信立童昏 - 어린아이들과의 약속을 지켰다 昏은 노인. ㅇ詩守南楚 - 南楚는 南陽郡. ㅇ民作謠言 - 杜詩의 농지 개간을 '前有召父, 後有杜母' 라고 칭송했다. ㅇ奮馳單乘 - 奮은 孔奮

(공분). 소환될 때 재물이 없어서 수레 하나만 끌고 간 일. ○堪駕毀轅 − 堪은 張堪(장감). 毀轅(훼원)은 낡은 수레. 재물 앞에 당당했던 2인을 칭송했다. ○範得其朋 − 範은 廉範(염범). 蜀郡太守로 10世孫도 먹고 살만한 재물 앞에서 깨끗했다. '西南得朋'이라는 《易》의 구절을 인용. 여기서는 西南(蜀郡)의 민심을 얻었다는 뜻. ○堂任良肱 − 堂은 王堂. 王堂은 능력 있는 屬吏에게 정사를 맡겨 郡을 잘 다스렸다는 뜻. ○二蘇勁烈 − 二蘇는 蘇章(소장)과 蘇不韋(소불위). 勁烈은 강경한 의협심. ○羊,賈廉能 − 羊續(양속)과 賈琮(가종). ○季寧拒策 − 季寧은 陸康(육강). 策은 孫策. ○城隕衝軿 − 隕(떨어질 운)은 함락되다. 軿은 兵車 팽.

[國譯]

贊曰,

郭汲(곽급)은 지방관으로 어린 백성에게도 신의를 지켰다.

杜詩(두시)는 南陽郡을 잘 다스려 백성의 칭송을 들었다.

孔奮(공분)은 전 재산이 수레 하나, 張堪(장감)도 낡은 수레 뿐.

廉範(염범)은 민심을 얻었고, 王堂은 좋은 속관에게 맡겼다.

蘇章과 蘇不韋의 강한 의협심, 羊續과 賈琮의 청렴과 능력.

陸康(육강)은 孫策과 싸워 城이 함락되며 兵車도 부서졌다.

저자 약력

陶硯 진기환陳起煥

서울 대동세무고등학교 교장을 역임하였고 개인 문집으로 《陶硯集》 출간.
주요 저서로는 중국 고전소설 《儒林外史》 국내 최초 번역, 《史記講讀》, 《史記 人物評》,
《中國의 土俗神과 그 神話》, 《中國의 신선이야기》, 《上洞八仙傳》, 《三國志 故事成語 辭
典》, 《三國志 故事名言 三百選》, 《三國志의 지혜》, 《三國志 人物評論》, 《精選 三國演義
原文 註解》, 《中國人의 俗談》, 《水滸傳 評說》, 《金甁梅 評說》, 《논술로 읽는 論語》, 《十八
史略 中(下)·下(上)·下(下)》, 《唐詩三百首 上·中·下》共譯, 《唐詩逸話》, 《唐詩絶句》, 《王維》,
《漢書》 全 10권, 《後漢書 (一)·(二)·(三)권》 외

E-mail : jin47dd@hanmail.net

原文 譯註

後漢書(四)
후 한 서

초판 인쇄   2018년 5월 16일
초판 발행   2018년 5월 30일

역   주 | 진기환
발행자 | 김동구
디자인 | 이명숙·양철민
발행처 | 명문당(1923. 10. 1 창립)
주   소 | 서울시 종로구 윤보선길 61(안국동)
　　　　우체국 010579-01-000682
전   화 | 02)733-3039, 734-4798(영), 733-4748(편)
팩   스 | 02)734-9209
Homepage | www.myungmundang.net
E-mail | mmdbook1@hanmail.net
등   록 | 1977. 11. 19. 제1~148호

ISBN 979-11-88020-56-0 (04910)
ISBN 979-11-88020-43-0 (세트)
30,000원

* 낙장 및 파본은 교환해 드립니다.
* 불허복제